GUILLAUME III

STATHOUDER DE HOLLANDE ET ROI D'ANGLETERRE

ÉTUDE HISTORIQUE

SUR LA VIE ET LES CAMPAGNES DE CE PRINCE

D'APRÈS LES DOCUMENTS, LA PLUPART INÉDITS,

Du Dépôt de la Guerre

PAR

LE Cte DE LORT-SÉRIGNAN

Capitaine au 104° régiment d'infanterie

PARIS

LIBRAIRIE MILITAIRE DE J. DUMAINE

30, RUE ET PASSAGE DAUPHINE, 30

1880

Tous droits réservés

GUILLAUME III

ÉTUDE HISTORIQUE ET MILITAIRE

AUTORISATION D'IMPRESSION

Cet ouvrage a été publié dans le SPECTATEUR MILITAIRE suivant autorisation de la RÉUNION DES OFFICIERS donnée en décembre 1874. — Le premier article a paru le 15 juillet 1875. — L'avis de la communication à la RÉUNION est mentionné à la fin de ce premier article.

GUILLAUME III
1650 - 1702.

GUILLAUME III

STATHOUDER DE HOLLANDE ET ROI D'ANGLETERRE

ÉTUDE HISTORIQUE
SUR LA VIE ET LES CAMPAGNES DE CE PRINCE

PASSAGE DU RHIN. — SENEFFE. — CASSEL. — SAINT-DENIS PRÈS MONS. LA BOYNE. — FLEURUS. — LEUSE. — STEINKERQUE. — NEERWINDEN.

D'APRÈS LES DOCUMENTS LA PLUPART INÉDITS
Du Dépôt de la Guerre

PAR

LE C^{TE} DE LORT-SÉRIGNAN
Capitaine au 104e régiment d'infanterie

OUVRAGE ENRICHI DE CARTES, DE PLANS, ET D'UNE EAU FORTE
Par Schomberg

PARIS
LIBRAIRIE MILITAIRE DE J. DUMAINE
30, RUE ET PASSAGE DAUPHINE, 30
1880
Tous droits réservés

INTRODUCTION

> « La vraie histoire nationale est encore
> » ensevelie dans la poussière des chro-
> » niques contemporaines. »
> AUGUSTIN THIERRY.

Lorsque la France, sous Louis XIV, semblait avoir réuni autour du grand Roi tout ce que l'Europe avait produit de talents et de génie, un homme se rencontra parmi les étrangers dont la renommée parut balancer la gloire de ce que nous avions de plus éclatant et de plus illustre.

Guillaume III, avec des apparences communes, fut un des personnages les plus illustres de son siècle : il n'est pas de guerre, pas d'intrigue, pas d'événement auxquels nous ne le voyons mêlé, soit en secret, soit à ciel ouvert.

Certes, ce n'était point d'un mince courage que de s'attaquer, bien chétif en somme, à ce soleil qui éblouissait l'Europe. Il l'osa, pourtant, et sa constance fut sur le point de le conduire à son but.

Il nous a semblé que c'était une étude digne de quelque intérêt que celle de cette vie si remplie, de ce caractère sombre et persévérant que jamais un obstacle ne découragea, qui marcha ferme, impassible vers le but à atteindre, sans que ni les misères de la guerre, ni les dégoûts du trône, l'aient fait un instant faiblir.

Des maîtres en l'art d'écrire ont traité avant nous cette matière, et pourtant Guillaume III, si populaire en Hollande et en Angleterre, n'a point dans notre histoire la renommée dont il devrait jouir. C'est qu'il ne posséda point les vertus qu'on estime surtout en France : la loyauté, la franchise, la générosité. Il eut malgré cela de belles qualités. Il fut courageux au combat, calme au milieu de la mêlée ; il fut honnête et sut commander à ses passions en un temps où Charles II avait mis à la mode une licence et un relâchement immodérés des mœurs. On a dit que cette nature flegmatique, n'ayant point d'appétits matériels, n'avait point eu à les dompter. C'est une profonde erreur : il ressentit au contraire des passions ardentes qu'il sut réprimer parce qu'elles étaient incompatibles avec le respect de lui-même.

Nous tenons à établir ce fait.

Au reste, ce n'est point uniquement un caractère que nous avons cherché à tracer.

La vie de Guillaume III présente comme nous le disions plus haut, cette particularité qu'elle se trouve intimement liée aux plus grands faits et à tous les événement célèbres du règne de Louis XIV depuis 1672 ; en particulier, pour les actions militaires et les choses de guerre, il eut sans cesse pour adversaires les généraux les plus recommandables et les mieux famés de son temps: Turenne, Condé, Schomberg, Luxembourg.

Certes, toutes ces campagnes et la vie de ces grands hommes ont été maintes fois racontées, cependant on se tromperait en croyant qu'on a tout dit sur cette vaste matière. La fin du XVIIᵉ siècle et tout le XVIIIᵉ virent éclore une foule de récits et de mémoires où la vérité était le plus souvent notoirement tronquée. La critique historique était alors comme en enfance. La pureté de la diction et l'élégance du style avaient le pas sur la véracité et l'exactitude des faits. D'un autre côté les moyens d'arriver à cette exactitude manquaient presque complétement : le Dépôt de la guerre où nous avons pu consulter les pièces officielles, les correspondances diplomatiques, les véritables documents de l'histoire de Louis XIV, était un sanctuaire inaccessible au public. C'est ainsi que le *Siècle de Louis XIV*, de Voltaire, qui parut, à sa première édition, comme le chef-d'œuvre de l'histoire, ne peut plus être prisé par nous que comme un récit bien écrit, mais véritablement sans valeur au point de vue de la critique et de l'exactitude des faits.

Il y avait donc là quelque chose à faire.

D'un autre côté, pour la partie militaire, les campagnes de Condé restent encore à étudier. On a souvent mis en parallèle le grand Condé et Turenne, et si l'on accorde à ce dernier la véritable science militaire, la connaissance du soldat, les combinaisons savantes, on affecte, la plupart du temps, de classer Condé parmi les étourdis heureux qui gagnent les batailles sans savoir comment ni pourquoi.

Nous ne nous rangeons point parmi les écrivains qui ont ainsi jugé le vainqueur de Rocroy. Condé fut, comme Turenne, un grand et savant militaire : il eut, comme Turenne, ses procédés stratégiques et tactiques parfaitement définis et nettement tracés : nous le ferons voir à propos de Seneffe. Quant au maréchal de Luxembourg, le deuxième grand adversaire de Guillaume, nous essayerons de démontrer, qu'élève de Condé, il ne fut point inférieur à ce grand maître ; que peut-être même, il le dépassa quelquefois.

Sous ce rapport, la vie de Guillaume de Hollande nous amènera à des conclusions qui n'ont point encore été tirées; c'est à vrai dire la nouveauté de ces aperçus qui nous a engagé à les publier. Guillaume III, Condé et Luxembourg sont assurément trois des plus grandes personnalités militaires du règne de Louis XIV, étroitement unies l'une à l'autre, allant deux à deux comme Montecuccoli et Turenne, Villars et le prince Eugène.

Que peut-on voir de plus attachant que les débuts de la guerre de Hollande en 1672 : un jeune homme de vingt-deux ans est aux prises avec les trois meilleurs généraux du Roi de France : il a vingt-cinq mille hommes à opposer à cent mille ennemis, il n'a appris encore la guerre que dans les livres et n'a eu pour précepteur que des légistes et des marchands. Cependant il n'hésite point, il assume sur sa tête cette responsabilité terrible du salut ou de la ruine de la patrie, et quand on examine avec quelles chances il tentait cette suprême lutte, on ne peut nier qu'il n'y eût dans cet homme avec de généreux instincts, les éléments d'une organisation supérieure. Que devinrent ces germes précieux et comment furent-ils souvent étouffés par d'autre sentiments plus vulgaires et plus bas? c'est ce que nous chercherons à faire connaître dans le courant de cette étude.

Une histoire complète de Guillaume III serait assurément un fort intéressant et utile travail ; mais nous n'avons point tenté de l'entreprendre. Nous avons essayé de mettre en lumière les leçons d'art et de science militaires que nous donne cette longue lutte de Guillaume III contre les grands généraux de Louis XIV : ce côté de cette ère mémorable n'a été traité encore par personne ; quant à la partie politique, nous avons voulu la laisser de côté.

C'est un sujet digne d'étonnement que les campagnes de Condé et de Guillaume III n'aient été commentées que par Feuquières quand elles offraient un si vaste sujet d'études et de remarques aux écrivains militaires si féconds et si studieux du dernier siècle. Sauf le travail un peu diffus du chevalier de Beaurain, il n'existe sur ces opérations militaires aucun ouvrage sérieux : quant aux campagnes de Luxembourg écrites par le chevalier de Beaurain, père du précédent, elles ont le grand mérite d'avoir été écrites sur des notes du maréchal de Puységur, mais les faits principaux y sont noyés dans les détails, et les enseignements n'y sont point toujours heureusement mis en lumière (1).

Ce grand siècle de Louis XIV, quand on l'étudie avec quelque insistance, a quelque chose qui fascine, qui attache d'une façon étrange. Il y eut assurément à cette époque des misères que nous ne connaissons plus, mais aussi que de puissance et de grandeur: grands hommes et grandes choses, victoires éclatantes et conquêtes de longue durée, la France arbitre du monde et Louis XIV arbitre des rois de l'Europe. Que de coalitions fomentées en vain contre ce colosse: coalitions terribles, dirigées par des hommes que leur haine contre la France, leur ambition et leur génie rendaient également redoutables; tout cela fut tenté en vain, et Guillaume III, le plus célèbre de ces ennemis, devait mourir le jour même où la France mettait sur la tête d'un des princes de la maison de Bourbon une des plus pesantes et des plus riches couronnes de l'Europe.

C'est une des plus saines joies que nous ayons goûtées

(1) Le maréchal de Puységur avait écrit l'histoire des quatres dernières campagnes de Luxembourg, nous dirons plus tard comment ces précieux commentaires ont disparu.

en ces temps d'appauvrissement, de défaite et d'humiliation que l'étude attentive de cette France du xviie siècle, ne signant un traité que pour s'annexer une province et ne remettant l'épée au fourreau qu'au lendemain d'une victoire. Nous nous sommes réjouis au fond de notre cœur, en voyant Guillaume d'Orange, ce grand ennemi de la France, lutter en vain contre cette nation superbe qui l'obscurcissait malgré lui. Certes Guillaume III fut dans la force du terme ce que l'on a coutume d'appeler de nos jours un patriote : il aima ardemment son pays, il préféra sa patrie à lui-même, il consacra sa vie à l'affranchissement de cette patrie du joug moral sous lequel la tenait le roi de France et véritablement il mourut à la peine. De tels caractères et de tels exemples sont recommandables et dignes de louanges dans toutes les nations, et nous savons les estimer même chez nos ennemis.

Nous avons la confiance que nous n'aurons point en vain consacré notre temps et nos forces à l'étude de ces grandes leçons de notre histoire. Nous livrons au public un sujet neuf et inconnu encore, si vieux et si usé qu'il paraisse être tout d'abord : « la vraie histoire nationale, disait Augustin Thierry, est encore ensevelie dans la poussière des chroniques contemporaines. Personne ne songe à l'en tirer, et l'on réimprime encore des compilations inexactes, sans vérité et sans couleur, que faute de mieux nous décorons du nom d'histoire de France. »

Ces quelques lignes sont profondément vraies.

Nous avons essayé, dans la mesure de nos forces, d'élucider une des époques de notre histoire les plus célèbres, et les plus fécondes en enseignements militaires ; ce n'est point à nous de dire si nous avons réussi.

GUILLAUME III

STATHOUDER DE HOLLANDE ET ROI D'ANGLETERRE

ÉTUDE

HISTORIQUE ET MILITAIRE

CHAPITRE PREMIER

Guillaume III, d'Orange et de Nassau, naquit à la Haye le 14 novembre 1650. Il était fils de Henriette Marie Stuart sœur de Charles II plus tard roi d'Angleterre, et de Guillaume II stathouder de Hollande, qui mourut à l'âge de vingt-quatre ans, six jours avant la naissance de son fils.

Quelque temps avant sa mort, Guillaume II eut un violent démêlé avec les États généraux qui avaient jugé à propos de diminuer l'effectif des troupes que la République entretenait en temps de paix. Vivement offensé d'une mesure qui portait atteinte à son autorité, ce prince résolut d'en châtier les promoteurs. Il fit saisir et emprisonner à Louvestein six des principaux des États qui depuis longtemps s'étaient fait remarquer par leur opposition. Le plus illustre fut Corneille de Witt, bourgmestre de Dordrecht. Bientôt un accommodement eut lieu entre Guillaume II et les États: Bicker, bourgmestre d'Amsterdam, fut déposé et les cinq autres furent rendus à la liberté et réintégrés dans leur charge.

Cette affaire n'eût pas eu de suite si la mort du stathouder n'avait donné l'occasion d'en faire sortir une révolution.

Encore irrités de la dernière mesure de Guillaume II, au commencement de 1654 les États tinrent une assemblée extraordinaire où une motion de la faction républicaine réclama l'abolition du stathoudérat. La proposition fut adoptée ; on déclara que la famille d'Orange était à jamais déchue du gouvernement et qu'à l'avenir un magistrat choisi parmi les membres des États remplirait l'office du stathouder avec le titre de *Grand Pensionnaire*. Le grand pensionnaire devait être le premier député de la première province. Ses fonctions devaient être surtout administratives ; il avait la direction des affaires intérieures et étrangères, la haute main sur la justice et le commerce, nommait les généraux dont le titre devait être confirmé par le suffrage des citoyens, mais il ne pouvait commander lui-même les armées de terre ou de mer, ni sortir des Provinces-Unies pour faire la guerre.

On nomma à cette charge Jean de Witt, bourgmestre de la province de Hollande, dont le frère avait été emprisonné par Guillaume II.

Cependant la princesse Henriette ne pouvait rien contre cette révolution qui mettait à néant les droits de son fils au stathoudérat. En vain elle essaya de réveiller dans l'armée et dans le peuple les sentiments de fidélité qu'elle y savait régner. Un enfant de trois mois ne pouvait encore exciter les sympathies, il n'y eut pas même un soulèvement en sa faveur. Remarquons toutefois que cette révolution fut complètement l'œuvre des États : aussi verrons-nous plus tard le peuple prendre sa revanche et renverser à son tour ce qu'avaient fait malgré lui ses gouverneurs.

Guillaume grandit donc entouré du respect qu'on portait à l'unique descendant d'une race ancienne et vénérée en Hollande, à un prince de l'Empire, mais non point comme un prétendant pouvant un jour revendiquer la première place de son pays. Dès cet âge cependant il eut un ennemi, Cromwell, qui poursuivait en lui le sang de Charles Ier, secondait le parti des républicains et cherchait à détruire par ses agents ce que cet enfant pouvait encore avoir d'espérances en Hollande.

Nous avons peu de détails sur la jeunesse de ce prince, qui d'ailleurs se passa uniforme et sans incidents. Ce n'était pas un enfant ordinaire ; il aimait peu à jouer, à rire, et ne se plaisait guère aux distractions qui attirent habituellement les enfants. Pourtant l'étude ne semblait point l'intéresser davantage et en somme il fut peu instruit. Ni les sciences et leurs calculs profonds, ni la littérature ou l'étude de l'histoire n'eurent prise sur son intelligence. La philosophie paraissait l'intéresser davantage. Il s'occupait de discussions théologiques et de questions religieuses, ce qu'il faut attribuer plutôt aux circonstances et au goût de son époque qu'à une inclination particulière. La seule étude à laquelle il prit un goût sérieux fut celle des langues : il apprit toutes celles de l'Europe, sans arriver à en bien parler aucune. Déjà taciturne et rêveur, il n'aimait point la société et se plaisait peu dans l'espèce de cour que la princesse Henriette sa mère, et ses partisans eussent aimé à lui voir entretenir. Il méprisait le faste et n'y faisait point consister la grandeur, mais au fond, son cœur s'ouvrait déjà à l'ambition qui fut plus tard l'unique mobile de sa vie, et à cet âge il formait des rêves que l'état actuel de sa famille semblait rendre irréalisables. Il était enfant ce qu'il fut jeune homme, ce qu'il demeura encore homme mûr, ferme, tenace, impossible à décourager. Il ne pouvait effrayer ses ennemis qui le prenaient pour un esprit médiocre dont on n'avait pas à tenir compte: on ne le voyait pas s'occuper des affaires de l'État, mais, en secret, il lisait Machiavel et apprenait comment on renverse un empire. Du reste, dès cette époque, les hommes sérieux qui l'approchaient reconnaissaient en lui des qualités supérieures sans qu'on se doutât encore de ce que cachaient cette timidité feinte et cet amour de la solitude. « De temps en temps, dit un auteur contemporain (1), nous allons faire notre cour au prince, à qui je donnerois sujet de se plaindre, si je dis seulement que jamais personne de sa qualité n'a eu l'esprit si bien fait que lui à son âge. » (2)

Pour l'extérieur, c'était un enfant lymphatique, faible de corps, impropre à supporter les fatigues; qui eût dit alors qu'il deviendrait le guerrier le plus endurci de son temps!

Chose bizarre et qui fait certainement honneur aux républicains de cette époque, l'homme qui veillait le plus attentivement sur Guillaume d'Orange et s'intéressait le plus à lui, ce n'était point un orangiste, c'était le grand pensionnaire lui-même, c'était Jean de Witt.

Jean de Witt, assurément un des beaux caractères de cette grande époque, avait été élevé dans l'admiration des républiques anciennes. On voyait dans cet homme un mélange de l'austérité spartiate et du luxe un peu commun du marchand enrichi. Ennemi de tout ce qui portait l'épée, il avait pris pour devise le *cedant arma togœ* de ce Romain courtisan qui fut aussi un républicain. Il n'avait point pardonné à Guillaume II l'emprisonnement des bourgmestres

---

(1) Saint-Evremont, lettre au marquis de Créqui, 1665. Amsterdam, chez: Covens et Mortier, tome second, page 403.

(2) Le jeune prince avait alors quatorze ans.

à Louvestein et reportait sur le fils la rancune vouée au père. La haine de ce marchand vertueux pour tout ce qui était soldat et aristocrate avait quelque chose de grave, de mesuré, d'austère, qui ne ressemblait en rien à une basse jalousie. Tout en faisant ses efforts pour empêcher que Guillaume III n'arrivât jamais à la charge et aux honneurs obtenus jadis par son père, il tâchait à donner au jeune prince une éducation morale et virile qui eût pu le convertir pour ainsi dire aux théories républicaines. S'il lui parlait des princes ses ancêtres, et il le faisait souvent, c'était pour opposer la sage modération et le désintéressement du *Taciturne* qui avait fondé l'indépendance des Provinces-Unies, à l'ambition de Maurice de Nassau qui n'avait pas craint pour s'emparer du pouvoir absolu d'immoler un sage comme Barnevelt.

Jean de Witt surveillait donc l'éducation de Guillaume, l'habituait à cette idée que la Hollande, peuple marchand et pacifique, avait pour toujours renoncé aux idées belliqueuses qui l'avaient agitée un instant et, qu'en somme, le stathoudérat n'avait plus de raison d'être. C'était une erreur funeste et dont il devait devenir lui-même la première victime.

En dépit de ses théories humanitaires, Jean de Witt venait de s'engager avec l'Angleterre dans une guerre malheureuse. L'amiral Tromp périt au combat naval livré devant Cattwick et la Hollande fut obligée de signer une paix très avantageuse et très honorable pour l'Angleterre, mais flétrissante pour les vaincus. Cromwel trouva là une occasion d'atteindre en ses intérêts le prince d'Orange. Par un article du traité de 1654 les Hollandais s'engageaient à ne plus recevoir Charles II qui errait alors en exil, et promettaient d'exclure à l'avenir ceux de la maison d'Orange de toutes les charges de leur république.

Deux ans après la Hollande était en guerre avec la Suède : les États obtinrent l'alliance du roi de Danemark, qui s'en trouva mal, car Copenhague, sa capitale, fut assiégée et bombardée. Les Hollandais accoururent à son secours et livrèrent dans le détroit du Sund un combat sanglant où périrent deux de leurs amiraux. Les Suédois levèrent le siège et consentirent à traiter.

En 1660 le commerce florissant des Hollandais rendit les Anglais jaloux à tel point qu'ils résolurent d'arrêter par les armes une aussi grande prospérité ; une seconde cause de haine et de guerre se joignait à celle-là. La compagnie des Indes orientales qui chaque année voyait augmenter ses revenus construisait de jour en jour de nouveaux vaisseaux : de là, accroissement des bâtiments de guerre pour convoyer les navires marchands et veiller à la sûreté des nationaux. Ce fut la cause pour les Hollandais de craintes et de rivalités profondes chez leurs voisins d'outre-Manche qui pensaient avec raison qu'une puissance maritime s'élevant ainsi en face de la leur pouvait leur causer un grave préjudice.

La guerre fut donc déclarée et l'on put voir combien étaient faibles les ressources militaires de la Hollande. Charles II, qui avait succédé à Richard Cromwell, sachant que les Arminiens de Hollande avaient avec les républicains d'Angleterre des relations secrètes qui tendaient à susciter des obstacles à sa politique et à le renverser du trône, espéra qu'il pourrait, les armes à la main, changer le gouvernement des Provinces-Unies et mettre à la tête de la République comme stathouder son neveu Guillaume alors âgé de seize ans. Jean de Witt eut connaissance de ces projets et sentant son impuissance contre la plus faible armée de débarquement, il implora l'alliance de la France dont il obtint six mille hommes : nous sommes en 1666. Ces troupes furent dirigées contre l'évêque de Munster, qui ravageait impunément les duchés de Gueldre et de Juliers.

Sur mer la Hollande fut victorieuse, et ses succès empêchèrent un débarquement : l'Angleterre demanda la paix et l'obtint à Bréda le 31 juillet 1667.

C'était le temps où, vainqueur des Pays-Bas, le roi Louis XIV songeait à punir les Hollandais de l'avoir arrêté par leur médiation au milieu de ses conquêtes. D'autres griefs s'ajoutaient à ceux-là.

Il semblait que cette intervention des Provinces-Unies eût tourné la tête aux bourgeois d'Amsterdam; ils venaient de frapper cette médaille fameuse où l'on lisait : « *Assertis legibus; emendatis sacris; adjutis, defensis, conciliatis Regibus; vindicata marium libertate; stabilita orbis et Europæ quiete.* »

Louis XIV, qui n'aimait point qu'on lui résistât et chez qui l'idée patriotique atteignait des limites dont nous ne doutons plus guère, avait résolu de châtier ces témérités et ces vanités insolentes. Au surplus, la cause principale de sa résolution à cet instant fut moins l'idée de venger notre dignité atteinte que d'écraser la puissance des Hollandais aux Indes et de transmettre à nos colonies et à notre marine le rang et la prépondérance des Provinces-Unies dans les Indes. C'est cette idée, qu'il est bon d'affirmer et qu'on a trop souvent méconnue, qui fut la cause véritable de la guerre de 1672. Comme il demandait au grand Condé le moyen de transporter à notre marine cette puissance de la flotte des Provinces : « Je n'en connais qu'un, repartit le prince, c'est de les soumettre (1). »

Cette réponse était profonde et politique, bien autre-

---

(1) Desormeaux, *Histoire de Louis II, prince de Condé*, t. II, p. 275.

ment habile que cette phrase de Louvois au prince de Condé, le 1ᵉʳ septembre 1671 : « Le véritable moyen de parvenir à la conquête des Pays-Bas espagnols est d'abaisser les Hollandais *et de les anéantir, s'il est possible* (1). »

L'anéantissement de la Hollande ne nous rapportait rien et nous mettait à dos toute l'Europe, au lieu que nous profitions de son abaissement et que nous en tirions pour notre marine et nos intérêts commerciaux et politiques un avantage considérable.

Ici apparaît le profond sens politique de Louis XIV. Cette guerre de Hollande, il la méditait depuis trois ans; sans cesse importuné par Louvois pour la commencer dès 1671, il sut temporiser, donner le temps à la diplomatie de lui trouver des alliés et d'isoler les Provinces-Unies. Qu'on ne dise point ici que nous parlons sans preuves : dans un mémoire fameux de Louis XIV sur la campagne de 1672, le roi de France explique lui-même les causes qui l'ont porté à faire la guerre à la Hollande. « Chacun sait, dit-il, que les Hollandois doivent leur établissement en république libre à la puissante protection que les rois mes prédécesseurs leur ont accordée depuis près d'un siècle, soit contre la maison d'Autriche, leur ancienne souveraine, soit contre l'Empire et l'Angleterre; chacun sait que, sans son appui, ces puissances, ou liguées ensemble ou agissant séparément, auroient, en divers temps, englouti cet État. Ces événements sont de nos jours et il suffit, pour le prouver, d'alléguer la dernière guerre que l'évêque de Munster, un des plus faibles princes de l'Empire, sans aucun subside ni secours étranger, a faite en dernier lieu à cette république qui étoit à deux doigts de sa perte sans les troupes auxiliaires que je lui envoyai. La postérité, qui n'aura pas été

(1) Mémoire cité par M. Mignet.

témoin de tous ces événements, demandera quel a été le prix et la reconnaissance de tous ces bienfaits. Pour la satisfaire, je veux lui apprendre que dans toutes les guerres que les rois mes prédécesseurs ou moi-même avons entreprises depuis près d'un siècle contre les puissances voisines, cette république ne nous a non-seulement pas secondés de troupes ni d'argent et n'est pas sortie des bornes d'une simple et tiède neutralité, mais a toujours tâché de traverser, ou ouvertement ou sous main, nos progrès et nos avantages. Ce qui vient d'arriver le justifie assez. J'avois inutilement sollicité l'Espagne, après la mort du Roi catholique, de rendre justice à la reine sur les légitimes prétentions qu'elle avoit sur les Pays-Bas. Accablé de refus continuels, j'avois pris les armes et avois porté la guerre dans ces provinces, pour faire valoir les droits de cette princesse et lui faire restituer les États qui lui appartenoient. Dieu, qui est le protecteur de la justice, avoit béni et secondé mes armes; tout avoit plié devant moi et, à peine avois-je paru que la plupart des meilleures places des Pays-Bas s'étoient soumises à mon obéissance. Au milieu de toutes ces prospérités, l'Angleterre ni l'Empire, convaincus de la justice de ma cause, quelque intérêt qu'ils eussent à arrêter la rapidité de mes conquêtes, ne s'y opposèrent point. Je ne trouvai dans mon chemin que mes bons, fidèles et anciens amis les Hollandois, qui, au lieu de s'intéresser à ma fortune comme à la base de leur État, voulurent m'imposer des lois et m'obliger à faire la paix et osèrent même user de menaces en cas que je refusasse d'accepter leur médiation. J'avoue que leur insolence me piqua au vif et que je fus près, au risque de ce qui pourroit arriver de mes conquêtes aux Pays-Bas espagnols, de tourner toutes mes forces contre cette altière et ingrate nation; *mais ayant appelé la prudence à mon secours* et considéré que je n'avois ni le nombre de troupes ni la qualité des alliés requis pour une pareille entreprise, je dissimulai, résolu de remettre la punition de cette perfidie à un autre temps. »

Qui prétendrait dire qu'il n'y ait point là le sens profond d'un politique habile et de premier ordre sachant admirablement subordonner à l'entraînement du premier moment et à la passion personnelle l'intérêt général des affaires et celui de l'État. Et ici, qu'on nous permette une petite digression.

Dans cette véritable fièvre de critique et d'analyse historique qui nous brûle depuis cinquante ans il semble qu'un certain nombre d'écrivains se soit donné la tâche de refaire à tort et à travers notre histoire simplement en écrivant : oui, là où le livre porte : non.

C'est une exagération qui, non relevée, nous laisserait dans une ignorance pire que les ouvrages dont on prétend corriger les erreurs. La grande figure de Louis XIV a subi en particulier les atteintes de ces *rebouteux* de la littérature qui sous prétexte de détruire des légendes mutilent le plus souvent la vérité. A les entendre, c'est un bien petit maître que Louis XIV, ne sachant ni la guerre, ni la diplomatie, ni la politique, point brave, point instruit, en somme un prince de mince aloi.

En vérité, quand on voit de telles opinions émises par des hommes dont on ne peut s'empêcher de reconnaître d'autre part le mérite, il faut croire qu'ils dénigrent là avec intention et que les passions politiques et mesquines du jour sont pour beaucoup dans leurs appréciations.

D'autres, que nous estimons profondément et dont nous sommes heureux d'avoir médité les travaux, nous semblent avoir dépassé le but en grossissant outre mesure certaines figures qui brillèrent d'un vif éclat certainement à côté du grand roi, mais qui n'eurent jamais cette prépondérance que leur panégyriste veut leur attribuer. L'éminent auteur de l'*Histoire de Louvois*, M. Camille Rousset, a consacré quatre volumes à la glorification de ce ministre de la guerre qui fut certainement le mauvais génie de Louis XIV. Tout d'abord, en lisant cette longue et intéressante étude, nous avons été frappé étrangement de voir M. Rousset expliquer à l'honneur de Louvois des faits que nous avions été habitués à considérer comme de grandes fautes du ministre : tels par exemple l'échange des prisonniers après la campagne de 1672, le fractionnement des troupes en cinquante garnisons, cette même année, les dilapidations et vexations ordonnées par Louvois à nos intendants en Hollande en 1673 (1). Et comme nous nous étonnions de ce qui nous paraissait une partialité étrange, nous nous sommes souvenus de la préface de l'ouvrage et nous avons relu les lignes suivantes qui nous ont expliqué ce qui nous avait paru si bizarre : « Nouer un commerce intime et de tête à tête avec les plus grands hommes d'un grand siècle ; tenir entre ses mains les lettres originales de Louis XIV, de Turenne, de Condé, de Vauban, de Luxembourg et de tant d'autres, dont l'écriture semble encore fraîche, comme si elle était tracée d'hier ; démêler sans peine tous les secrets de la politique et de la guerre ; assister à la conception et à l'éclosion des événements ; surprendre l'histoire, pour ainsi dire à l'état natif, quelle plus heureuse fortune et quelle plus grande joie ! Je vivais au sein même de la vérité ; j'en étais inondé, enivré, pénétré. »

Voilà, croyons-nous, où le panégyriste de Louvois se trompe. Ce n'est point dans la correspondance de Louvois

---

(1) *Histoire de Louvois*, par C. Rousset, de l'Académie française, t. I et II.

qu'il faut chercher le jugement de ses actes : les faits y sont, mais les faits sont parfois condamnables et là tous les actes apparaissent, comme justes, naturels, rationnels, louables. A un autre point de vue, nous croyons qu'il faut beaucoup rabattre de ces éloges donnés sans réserves à Louvois et qu'une grande partie des réformes introduites à cette époque dans l'armée sont dues à Michel Le Tellier, son père. « J'entrevis alors, dit un auteur militaire dont nous partageons rarement les idées sur le siècle de Louis XIV, une figure militaire, parfaitement inconnue et pourtant *la plus grande qui ait existé en France*, celle du secrétaire d'État de la guerre, Michel Le Tellier, le père de M. de Louvois. »

Cette assertion va beaucoup plus loin que nous-même et nous paraît exagérée : c'est entre ces deux exagérations que doit être la vérité.

Nous aurons plusieurs fois à parler de Louvois et comme nous le ferons en termes qui sembleront parfois étranges nous avons tenu à cette déclaration.

A Dieu ne plaise que nous méconnaissions en lui le grand administrateur, l'homme d'ordre et de discipline, mais ce que nous flétrirons hautement, c'est une ambition démesurée, la joie du parvenu, aimant à se faire donner du *monseigneur* par des Vauban, des Chamilly, des Rochefort. On ne peut nier que l'inimitié qu'il garda toute sa vie pour Condé et Turenne n'ait été souvent préjudiciable à la France; de telles faiblesses deviennent à certains moments des fautes que l'histoire ne saurait laisser passer sans un blâme énergique : nous n'admettrons jamais que le succès soit la balance ou se pèsent les réputations des hommes.

Dans presque tous ses actes Louvois fait preuve d'une *habileté* qui côtoie souvent la rouerie : parfois cette rouerie est absolument blâmable, quelquefois aussi elle demeure de bonne guerre, comme par exemple dans ses trafics avec les Pays-Bas en 1671 et au commencement de 1672. Le ministre français n'ignorait point qu'avant d'être *citoyens*, les Hollandais étaient *marchands* : aussi résolut-il de faire tous ses approvisionnements en Hollande même, chez l'ennemi qu'il dépouillait ainsi avant l'entrée en campagne. L'agent de cette délicate mission fut un fournisseur nommé Berthelot, qui, mal famé et peu honorablement connu sur les marchés de l'Europe, prit pour la circonstance le nom de Lefèvre; il fut spécialement chargé de l'achat des grains et des fourrages.

On adjoignit à Berthelot un banquier juif d'Amsterdam nommé Sadoc, qui eut pour mission d'accaparer tout ce qu'il pourrait en munitions de guerre, poudre, plomb, boulets, salpêtres, mèches.

Il n'était point possible que de tels achats fussent pratiqués à l'insu des États, mais, nous l'avons dit, toute affaire de négoce passait avant l'intérêt de la république et l'on ferma les yeux sur ces trafics. Tant il est vrai que la passion du gain et l'amour du lucre se développent chez un peuple aux dépens du respect des intérêts de la chose publique et du véritable patriotisme.

Sadoc, qui n'était d'aucun pays, mais bien juif et marchand, fit admirablement les affaires de Louvois. Réalisant pour lui-même des bénéfices énormes, il acheta et fit porter dans l'électorat de Cologne dont l'évêque était avec nous, d'immenses quantités de munitions de guerre : quatre cent mille livres de poudre, cent soixante milliers de salpêtre, douze milliers de soufre, deux cents milliers de plomb, deux cents milliers de mèche (1). Toutes ces munitions

(1) Desormeaux.— (Sadoc à Louvois.— Jolly et Berthelot à Louvois.) — *Dépôt de la guerre*, 261.

furent bien payées, les Hollandais n'en demandaient pas davantage.

Au moment de la guerre de Hollande la seule force de cette république consistait en vaisseaux et en troupes de mer. Depuis vingt ans l'armée de terre avait été négligée et la première raison est que depuis ce temps les Provinces-Unies n'avaient point eu à soutenir de guerre sérieuse sur le continent. Jean de Witt disait avec raison que la Hollande pouvait devenir une grande puissance maritime, tandis qu'elle ne serait jamais qu'un petit État sur la terre ferme. Aussi n'avait-il eu en vue que l'extension de la marine, l'accroissement du nombre des vaisseaux.

L'idée de rendre impossible toute restauration orangiste avait bien été aussi pour quelque chose dans sa conduite et sous ce rapport il est inexcusable. Il n'avait point songé qu'en négligeant l'armée il s'aliénait tout un parti qu'il eût été préférable de gagner et qu'il demeurerait ainsi sans appui au jour des orages et des ingratitudes populaires.

Les officiers licenciés, et leur nombre était grand, avaient grossi le nombre des mécontents : pour la première fois peut-être ils pensèrent au jeune prince qui grandissait inconnu et presque oublié en un coin obscur de la Hollande. A vrai dire, le prince d'Orange représentait le véritable pouvoir national : il ne tenait point son droit d'une faveur passagère du peuple, mais d'une longue suite de services rendus par sa famille aux Provinces-Unies, et comme il arrive au moment des grandes crises et des dangers imminents, on commençait à prononcer son nom dans les Provinces plus haut qu'on ne l'avait fait depuis vingt ans. Le coup d'État des députés en 1651 apparaissait peu à peu tel qu'il avait été : une violation flagrante de droits imprescriptibles et auxquels il n'était point permis de toucher. Le peuple a parfois du bon sens et les Hollandais, gens pratiques et sérieux, commençaient à comprendre où les avait menés l'abolition du stathoudérat.

Guillaume III avait vingt et un ans; il eut vent de ces plaintes populaires et les entretint avec habileté. Sans affectation ou plutôt avec une modestie habilement calculée, il faisait entendre à ces braves gens qu'il n'eût jamais désiré le stathoudérat si cette autorité ne lui eût permis de rendre à l'armée le rang qu'elle avait occupé dans l'État sous ses aïeux. Ces paroles furent entendues et grossirent le parti des mécontents. L'aristocratie, qui tout entière était demeurée orangiste, était aussi fatiguée que l'armée de ces bourgeois qui, en gouvernant la république, ne s'occupaient que de commerce, sans songer que toute la gloire ne consistait pas à être la nation qui vendît le plus de cannelle sur les marchés de l'Europe.

Peut-être ces mécontentements eussent-ils été apaisés et, sagement calmés, n'auraient point abouti à une révolution, lorsque la déclaration de guerre de Louis XIV, jetant la terreur en Hollande, vint brusquer les événements et hâter le dénoûment d'une situation politique fort embarrassée.

De quels côtés chercher des alliés? L'Europe entière, sauf l'Espagne et l'électeur de Brandebourg, était en bons rapports avec Louis XIV. Pour trois millions de subside annuel et la Zélande en expectative, Charles II, par le traité secret de Douvres, avait promis au roi de France sa flotte et son armée. La Suède lui fournissait seize mille hommes moyennant cinq cent mille livres pour les entretenir. L'Empire et l'Empereur avaient juré de garder la neutralité, le duc de Savoie faisait semblant de se soumettre; quant à l'Italie, elle ne comptait plus depuis longtemps.

En un mot, notre diplomatie et la terreur inspirée par

ce grand nom de Bourbon avaient isolé la Hollande, qui ne pouvait guère compter que sur ses propres forces.

Malgré d'habiles négociations l'Espagne avait éludé les propositions d'alliance ou de traité avec la France. Prévoyant bien qu'une fois les Provinces-Unies conquises, les Pays-Bas subiraient tôt ou tard la domination française, le cabinet de Madrid refusa énergiquement de tourner ses armes contre la Hollande. En secret même il se prépara à soutenir ses anciens ennemis et sur les instances de Beverning, ministre des Provinces-Unies à Madrid, il donna ordre au comte de Monterei, gouverneur des Pays-Bas, de mettre six mille hommes à la disposition des États (1).

Le second allié, secret comme le premier, des Provinces-Unies, fut l'électeur de Brandebourg, Frédéric-Guillaume. On voit dès cette époque percer chez ces princes brandebourgeois ou prussiens, comme il conviendra de les appeler, cette ambition qui devait les amener à fonder après deux siècles et à travers mille péripéties, le nouvel empire d'Allemagne. Dès 1660 le prince Frédéric-Guillaume s'était rapproché de la Hollande et avait offert, le cas échéant, son alliance. C'était, à vrai dire, un mince appui que celui de ce pauvre électorat, perdu au milieu des steppes désertes de la haute Allemagne, sur les bords glacés de la mer du Nord. Mais à une époque où les armées de dix mille hommes étaient considérées comme importantes, le secours des vingt-cinq mille soldats proposés par l'électeur avait un certain poids.

Les Hollandais en gens rompus aux affaires estimaient qu'en général les hommes ne donnent rien pour rien, aussi se tinrent-ils tout d'abord sur la réserve ne voyant point bien ce que l'électeur trouvait d'avantageux à les soutenir.

(1) *Histoire du vicomte de Turenne*, par Ramsay, t. II, p. 158.

L'électeur était animé, comme nous l'avons dit, d'une ambition peu commune; un moment il avait espéré se créer à la faveur de la guerre de Trente Ans un domaine plus étendu et plus productif que son maigre électorat, et remplacer le chapeau à plumes qui surmontait ses armes par une couronne royale : la paix de Westphalie avait fait évanouir ces rêves. Quelle que fût sa déception, il jouait au roi, entretenait une cour et en ouvrait les portes à tout ce qu'avait l'Europe d'officiers ruinés, de gentillâtres endettés, de condottieri mal famés. Ces gens mangeaient, buvaient, dansaient en grand seigneur et payaient à coups de bâton le créancier audacieux qui eût osé leur présenter une note; après quoi ils se demandaient pourquoi, ayant aussi bon ton, ils n'auraient point une cour comme celle de Louis XIV.

Mais comment y parvenir? L'électeur y songea longtemps et conçut le dessein de s'emparer des Provinces-Unies en rétablissant à son profit le stathoudérat (1). Le duché de Clèves qu'il avait sous sa suzeraineté et auquel prétendaient les Hollandais, devait être l'appât au moyen duquel il attirerait les Provinces. Celles-ci, qui avaient à percevoir certains impôts sur des terrains limitrophes du pays de Clèves, s'avançaient peu à peu dans ce duché et n'étaient arrêtées par aucune plainte ni réclamation de l'électeur. Au contraire, Frédéric-Guillaume affectait de ne point faire attention à ces usurpations; il laissait aux mains des Hollandais plusieurs de ses places, entretenait avec les États généraux des relations suivies, s'efforçant de toutes manières de gagner leurs bonnes grâces.

Sur ces entrefaites la déclaration de guerre vint mettre à sa merci la Hollande et un traité d'alliance offensive et dé-

---

(1) Ramsay, *Histoire du vicomte de Turenne*, t. II, p. 158.

fensive fut conclu par lequel l'électeur s'engagea à fournir vingt-cinq mille hommes; il devait faire également une diversion vers le Rhin, contre les évêques de Munster et de Cologne. Frédéric-Guillaume se crut certainement près du but : il n'avait point longtemps à attendre pour être déchu de ses espérances.

La déclaration de guerre était datée du 6 avril : elle avait été signée à Saint-Germain. L'émotion fut vive en Hollande et Jean de Witt comprit qu'il était impuissant à maîtriser cet élément populaire qu'il avait cru pouvoir apprivoiser. Ne pouvant résister au peuple, le grand pensionnaire résolut d'aller au-devant de ses volontés, et sur sa proposition, malgré l'interdiction établie par l'*Édit perpétuel de* 1654, Guillaume d'Orange fut nommé capitaine général des troupes de la République.

Jean de Witt s'apercevait trop tard de la faute qu'il avait commise en ne ménageant point ses ennemis. Inquiet, pressentant une catastrophe imminente, il eut avec le jeune prince une conférence suprême où il lui fit jurer de ne point aspirer au stathoudérat. La promesse fut donnée, mais assurément avec l'idée de la violer à la première occasion. Au surplus Jean de Witt n'eut plus dès cette époque la moindre illusion sur son élève et il comprit que ses leçons d'abnégation répétées avaient été données en pure perte.

Déjà le jeune prince avait été en Angleterre solliciter de son oncle Charles II, la promesse de rétablir le stathoudérat, parole immédiatement donnée et de bon cœur, celle-là. D'autre part le traité de Douvres était signé, et Charles II, en faisant la guerre aux Provinces-Unies, pensait servir la cause de son neveu; nous verrons plus tard la nomination de Guillaume III au stathoudérat imposée par

Charles II à la Hollande, comme condition absolue de la conclusion de la paix.

Guillaume III était à cette époque, nous l'avons dit déjà, un jeune homme de vingt-deux ans, déjà endurci à la fatigue, quoique ayant conservé jusque-là son apparence débile et chétive. Il avait le flegme hollandais joint à l'esprit sérieux des Anglais. D'une profondeur d'idées qui semblait de la lourdeur, subtil, adroit, dissimulé, impassible devant le danger et le bravant surtout par inertie, méprisant la mort, mais point chevaleresque, audacieux, mais retors et contraint, il semblait n'accepter le commandement qu'à regret quand, au fond du cœur, il savourait ce premier honneur comme le commencement de sa réintégration en la dignité souveraine. Il n'était point général et n'avait encore appris l'art militaire que dans les livres, il montra pourtant, dès ses débuts, une assurance, une profondeur, une prudence et une capacité étonnantes.

L'armée qu'il avait à commander se composait de vingt-cinq mille hommes, presque tous fantassins. Les officiers avaient peu fait la guerre, les soldats pas plus qu'eux. « Il me sembloit que nous avions devant les yeux ces bons bourgeois frondeurs à qui nous avions donné *la première aux Corinthiens.* »

Que pouvait-on tenter avec de pareilles troupes surtout lorsque l'on savait que, sous les drapeaux ennemis, marchaient une noblesse brave, aguerrie, pleine d'ardeur, une armée nombreuse formée de vieux soldats, commandée par des généraux qui s'appelaient Turenne et Condé.

Guillaume eut alors connaissance du plan de campagne conçu par les États généraux; il le modifia et résolut d'attendre l'invasion : au surplus l'infériorité et le petit nombre de ses troupes ne lui permettaient pas l'attaque. On renforça la garnison de Maëstricht, qui fut ainsi défendue par quatorze mille hommes, et le prince d'Orange avec ses vingt-cinq mille combattants se tint derrière l'Yssel pour protéger Amsterdam.

Cependant Louis XIV marchait contre la Hollande à la tête d'une armée formidable de cent vingt-deux mille hommes, dont vingt-sept mille cavaliers, suivie de quatre-vingt-dix-sept pièces de canon.

Le prince de Condé se tenait près de Givet avec vingt-cinq mille hommes; vers le nord-est, les évêques de Munster et de Cologne devaient entrer dans les provinces de Groningue et d'Over-Yssel; ils étaient appuyés par le duc de Luxembourg, dont la vaillante humeur rappelait l'ardeur de Condé. Chamilly, à la tête de quelques mille hommes, se portait dans la province de Liége, tandis que le gros de l'armée s'avançait vers Maëstricht avec Turenne et Louis XIV. Enfin, les deux flottes française et anglaise devaient faire une descente en Zélande, afin qu'un véritable cercle de canons entourât les Provinces-Unies. Ruyter reçut alors des États généraux l'ordre d'attaquer les escadres alliées.

Dès le 4 avril, Louis XIV avait écrit à du Quesne : « Ayant résolu de déclarer la guerre aux Hollandois dans trois jours, je vous fais cette lettre pour vous en donner avis et vous dire en même temps que mon intention est que vous mettiez promptement en rade avec tous mes vaisseaux que j'ai fait armer à Brest, pour y attendre ceux de Rochefort sur lesquels le sieur comte d'Estrées doit s'embarquer et vous joindre dans peu de jours, afin d'entrer dans la Manche et vous joindre à la flotte angloise, pour faire la guerre aux Hollandois nos ennemis communs (1). »

Le 13 mai l'escadre française joignait à Portsmouth la

---

(1) Archives de la Marine.— Ordres du Roi, 1672.

flotte anglaise et les deux amiraux alliés arrêtèrent leur ordre de bataille : les flottes alliées comprenaient quatre-vingt-un vaisseaux, vingt-quatre brûlots et seize frégates légères; la flotte des États comptait quatre-vingt-onze vaisseaux de toutes grandeurs, quarante-quatre brûlots, et vingt-trois yachts.

Ce fut le 7 juin 1672 que se livra la bataille navale dite de Southwood-Bay. La mêlée fut terrible et l'action indécise : la flotte anglo-française, divisée en trois escadres, fut cependant coupée par Ruyter, qui semble, en définitive, devoir garder l'honneur de cette journée; la descente projetée sur les côtes de Zélande ne put avoir lieu et les troupes de débarquement reçurent l'ordre de se joindre au corps de Chamilly.

Cependant, sur terre, rien n'avait encore transpiré du plan de Louis XIV : l'armée française s'élevait, nous l'avons dit, au chiffre considérable de cent-vingt-deux mille hommes ainsi répartis : le régiment des gardes françaises et celui des gardes suisses formant un total de cinq mille fantassins (1); les gardes du corps, les mousquetaires, les gendarmes et les chevaux de la maison du Roi : ces troupes étaient l'élite de l'armée, elles comptaient trois mille cavaliers environ, les plus grands noms de France et l'élite de la noblesse.

L'infanterie de ligne comprenait quarante-six régiments, formant un total d'environ cinquante-sept mille hommes; douze régiments étrangers, comprenant trente mille hommes; soixante-dix-huit régiments de cavalerie française et neuf de cavalerie étrangère; en tout quatre-vingt-sept régiments à cheval donnant vingt-sept mille chevaux.

C'était la première fois qu'une armée aussi considérable

(1) Les compagnies des gardes françaises avaient cinquante hommes, celles des gardes suisses deux cents.

allait entrer en campagne, ayant ses vivres assurés, ses étapes marquées avec la régularité et l'exactitude de notre administration contemporaine. L'armée française qui envahit la Hollande en 1672 demeure actuellement encore un modèle d'organisation, de concentration et d'administration.

En dehors de ces troupes venait l'artillerie. Elle comprenait quatre-vingt-dix-sept pièces de campagne et de place, de calibres divers, approvisionnées de soixante-douze mille boulets, six cents bombes et cent cinquante mille grenades. A la suite de l'artillerie venaient les convois de vivres et trois équipages de pont, l'un de cent pontons de cuivre, les deux autres de cent bateaux chacun (1).

Des ordres précis avaient été donnés pour que la plus sévère discipline empêchât tout désordre et tout gaspillage : une ordonnance réglait également le service de table des officiers généraux, majors et autres, servant dans les armées.

Défense fut faite d'avoir aucun repas à plus de trois services : la vaisselle plate fut proscrite, on dut se contenter de plats de grandeur uniforme, et ne contenant que des mets d'une même sorte; également le luxe des vêtements était réglementé, la modération était recommandée pour les chamarrures d'or et d'argent et pour les dentelles.

Enfin les instructions suivantes, qu'on semble pouvoir attribuer à Condé, furent données aux troupes.

(1) Tiroirs de Louis XIV. D. G. — D. G. 266.

Prescription du Roy pour marcher en païs ennemy.

« Autant qu'il se pourra faire, on marchera sur trois colonnes, la grande partie de l'artillerie et les bagages estant toujours au milieu, et il sera bon que l'on puisse communiquer aisément de l'une à l'autre, en advisant que si les ennemis sont sur la gauche ou sur la droite, il faudra avoir de ce costé des détachements de cavalerie ou de dragons, qui se porteront tantôt à l'avant-garde et tantot sur les aisles, faisant la première contenance au cas où l'ennemi feroit mine d'attaquer.

» Et s'il y a à la gauche ou à la droite de l'armée un fleuve ou grosse rivière, par où l'on ne craigne point d'estre incommodé, comme aussy des bois ou forests par lesquelles il n'y ait point d'issue, il sera à propos de placer sur ce dit flanc les bagages, et l'artillerie qui ne va point à teste, et les autres colonnes doubleront sur le côté opposé.

» Quand l'ennemi sera éloigné de plusieurs jours de marche et que le païs ne se trouvera point fourni de vivres, il se pourra faire prendre aux colonnes une route plus écartée, sous la conduite et responsabilité des maréchaux de camp qui les conduiront à l'heure ditte au lieu fixé pour la réunion, qui ne sera jamais plus esloigné que de vingt-quatre heures. Et prendront les dits maréchaux de camps de camps telles dispositions qu'ils jugeront à propos pour le départ de leurs colonnes, suyvant la nature du païs à traverser, faisant reconnoistre les chemins et autres voyes pour qu'un retard imprévu ne se produise, n'y ayant rien si difficile à la guerre que la réunion en un mesme point de plusieurs corps d'hommes à la mesme heure.

» Chaque soir, estant conneu que le vaguemestre doit

prendre l'ordre du maréchal des logis, il fera en sorte de partir à heure convenable, pour réparer les chemins ainsy qu'il sied à sa charge, réunira les guides et autres seuretés, et après cela rassemblera les bagages autour de son faillion (1), les fera ensuitte deffiler dans l'ordre qu'ont les régiments dans les brigades et suivant le poste des brigades à l'avant-garde, au corps de bataille ou à l'arrière-garde (2).

» Le capitaine des guides (3) veillera qu'il ne manque jamais de cette sorte de gens qu'il prendra aux bourgs et communautés sur la route et connoissant bien le païs, et les sommera au nom du Roy de ne dire que vérités, leur faisant craindre que la moindre mauvaise foy leur couste la vie.

» Et si le païs est couppé de deffilés ou de bois comme il a lieu communément en Hainaut et dans le païs de Namur, l'infanterie passera d'abord le deffilé, ayant entrelassé ses bataillons avec des esquadrons, et sera établie à droite et à gauche desdits deffilés, bois et hauteurs et demeurera ainsy postée pour ayder la cavallerie et artillerie à traverser. »

On voit la connaissance de la guerre dont témoignent ces prescriptions; on y reconnaît la main de Turenne et de Condé, et l'on est forcé d'avouer que nous copions encore de nos jours ces principes si nettement formulés il y a deux cents ans passés.

(1) Fanion. Dans Tréville : « Faillion : manière d'estendart qui sert de signal. »

(2) Les choses ne s'étaient pas encore passées ainsi, et il en était souvent résulté de grands inconvénients. On lit dans les *Travaux de Mars* : « Il y a un ordre particulier dans l'infanterie pour la marche des bagages, car les bagages des plus vieux corps vont les premiers, quand bien mesme ces vieux régiments seraient dans la troisième ligne. »

(3) Le capitaine des guides, chargé, comme son nom l'indique, de raccoler les guides et de les répartir à la tête des colonnes ou des convois, était une sorte de prévôt qui dépendait directement du maréchal de camp.

C'est une intéressante étude, beaucoup plus profitable que ne le croient aujourd'hui nombre d'officiers, que celle des manœuvres d'exercices et des évolutions tactiques des troupes de cette époque. En général, on connaît peu les armées de Louis XIV ; nous parlons de la vie intérieure des régiments, des détails du service, de la somme de connaissances tactiques possédées par les moindres officiers du xviie siècle.

Il arrive qu'en examinant à fond une telle matière, on est tout étonné de voir combien difficile était alors l'étude raisonnée et bien complète des manœuvres, ce qui n'empêchait point que chacun ne possédât à fond ces longs et obscurs règlements qui effrayeraient aujourd'hui les plus intrépides.

L'organisation intérieure des corps était la suivante : Il y avait par régiment, c'est-à-dire par réunion de deux bataillons (1), un colonel, un lieutenant-colonel (2), un maréchal des logis, un prévôt, un chirurgien-major, un aumônier.

Il y avait par bataillon un major et un ayde-major (3) et par compagnie un capitaine, un lieutenant, un sous-lieutenant ou un enseigne, deux sergents, trois caporaux, cinq anspessades (4) ou appointés, enfin un chirurgien

---

(1) Sauf le régiment du Roy, qui en avait quatre.

(2) Le lieutenant-colonel n'existait que dans l'infanterie et les dragons.

(3) « Le major de cavalerie est toujours le premier capitaine de son régiment et le commande en l'absence du mestre de camp. Celuy d'infanterie n'a pas de compagnie et ne peut prétendre à aucun commandement qu'après tous es capitaines, à moins qu'il n'ait commission particulière pour cela. » Le major et l'ayde-major remplissaient les fonctions réunies de nos majors et de nos adjudants-majors.

(4) On disait à cette époque : lanspassade. — « Les lanspassades estoient autrefois des cavaliers démontéz qu'on faisoit servir dans l'infanterie durant la campagne, jusqu'à ce que leurs capitaines leur eussent donné d'autres chevaux ; ils soulagent les caporaux et sont comme leurs lieutenants. » *L'art de la guerre*. Paris, 1679.

« nommé communément frater, pour panser les malades et faire la barbe aux soldats ».

Avant la paix d'Aix-le-Chapelle, toutes les compagnies comptaient un enseigne; en 1672, il n'y en avait plus que dans les compagnies aux gardes, et deux par régiment, un pour la compagnie colonelle et l'autre pour celle du lieutenant-colonel. Il y avait pourtant trois drapeaux par bataillon, mais on les faisait porter par les lieutenants réformés. Ce nom de *lieutenants réformés* avait été adopté après la suppression des enseignes : on le donnait indifféremment au sous-lieutenant ou à l'enseigne, c'est-à-dire au troisième officier de la compagnie.

Il y avait par régiment une sorte de tribunal spécial, dit *Justice*, qui connaissait de tous les crimes et délits commis par les soldats. Cette *Justice* comprenait le major, les aydes-majors, l'aumônier, le maréchal des logis, le prévôt et son lieutenant, le greffier, le chirurgien major, six archers et l'exécuteur.

Le capitaine, qui avait le pouvoir de nommer à tous les emplois inférieurs dans sa compagnie, n'avait pas le droit d'enlever un grade : toute faute pouvant entraîner la cassation était soumise à la *Justice*, qui seule décidait. Le capitaine d'une compagnie, sous Louis XIV, avait à peu près les mêmes devoirs qu'aujourd'hui : nous ne parlons pas des droits. « L'infanterie, écrit Tréville, a esté de tous temps l'escole de la guerre, et c'est toujours par elle qu'ont commencé ceux qui ont voulu se perfectionner dans ce métier. Un jeune gentilhomme a bien meilleure grâce à porter le mousquet qu'à servir en qualité de cavalier; les grands seigneurs nous en tracent le chemin... J'ay entendu dire à monsieur de Turenne, estant au siége du fort de Skin, qu'il s'étonnoit que les Hollandois deffendoient si mal leurs places, veu qu'autrefois toutes les personnes de qualité envoyoient leurs enfants chez eux pour y apprendre la guerr et que lui-même y avoit commencé à porter le mousquet.

» Ce n'est pas assez à un gentilhomme d'estre à la teste d'une compagnie d'infanterie pour apprendre quelque chose, s'il ne s'attache fortement à son employ, de la manière qu'il suit :

» Il doit toujours avoir une compagnie nombreuse de bons et vigoureux soldats, bien entretenus d'armes et d'habits, les connoissant tous par leurs noms et sçachant de quoy chacun est capable en particulier. Ce n'est pas un déshonneur pour luy de les aller visiter souvent dans leur logement et de voir s'ils ont soin de s'y tenir proprement...

» Une compagnie se paye tous les cinq jours de la paye du Roy entière, à la réserve d'un sol que le capitaine retient chaque jour aux soldats pour les entretenir d'habits, linge, souliers et chapeaux ; il n'y a pas de mal qu'il leur fasse luy-mesme le prest, il remarque mieux ce qui leur manque et les oblige à se tenir nettement et de prendre soin de leurs habits....

» Son mestier est de conduire sa compagnie partout où il sera commandé par son colonel, marchant luy-mesme à la teste, avec le haussecol, la pique à la main.... Un bon capitaine doit ordonner luy-mesme la marche de sa compagnie ou par deux ou par quatre, mettant les piquiers à la queue, ou dans le centre en forme de bataillon, prenant son poste à la teste, le lieutenant à la serre-file, le sous-lieutenant ou l'enseigne à la teste des piques et les sergents sur les aisles : et en cet ordre, la mener au rendez-vous tambour battant.

» Il doit exercer ses soldats à se servir de leurs armes, leur apprendre à se mettre en bataille et s'y remettre estant rompus, et leur montrer touttes les évolutions nécessaires à l'infanterie, à faire des huttes ou logements de campagne et tous autres exercices de guerre.... Il faut qu'il sçache faire combattre ses gens seuls et en compagnie; qu'il connoisse les avantages des lieux, des armes, du temps et des occasions pour s'en prévaloir. Qu'il s'attache à entendre les fortifications, la manière d'attaquer et de deffendre une place, comment et de quelle façon on doit conduire les ouvrages, afin que, venant son rang de mener ou de garder un travail, il ne fasse pas quelque tour d'apprenty. Un capitaine qui sait bien son mestier est capable de posséder toute sorte de grands emplois (1). »

Au moment de la guerre de Hollande, le bataillon français se composait de seize compagnies, et variait, comme effectif, de six cents hommes à mille. Il se formait sur six rangs (2) et quelquefois sur huit, partagé en trois gros ou corps accolés l'un à l'autre, sans intervalle.

La distance entre chaque rang était de trois pas.

Les piquiers, en un seul corps, formaient le centre du bataillon; les mousquetaires étaient répartis sur chaque aile, chacun de ces trois gros étant d'un égal effectif.

Les évolutions comprenaient les doublements, les contre-marches, les conversions et les carrés. Le nombre des for-

---

(1) *L'art de la guerre et la manière dont on la fait à présent.* Paris, chez Michallet, rue Saint-Jacques, place Saint-Paul, proche la Fontaine Saint-Séverin. 1679 Cet ouvrage est dû à Louis de Gaya, sieur de Tréville, capitaine au régiment de Champagne. Il contient sur la formation des armées sous Louis XIV de très-précieux détails; malheureusement il est très-rare.

(2) « Les bataillons se font depuis 600 jusqu'à mil hommes; on les met à six de hauteur, et quelquefois, mais rarement, à huit. »
Les Travaux de Mars, par ALAIN MANESSON MALLET, Parisien, ingénieur des camps et armées du Roy de Portugal, nommé sergent-major d'artillerie dans la province d'Alentejo. Paris, chez Claude Bardin, au Palais, 1671.

mations assimilables aux carrés était considérable : il y avait le carré d'hommes, le carré de terrain, le carré de grand front, le carré en croix à centre vide usité aujourd'hui dans l'armée russe, le carré à angles émoussés ou octogone, l'octogone à centre vide.

Tous ces mouvements, exécutés avec la plus grande précision, exigeaient des calculs préparatoires longs et difficiles. Voici, par exemple, la manière de former le bataillon de grand front, c'est-à-dire un rectangle :

« Pour faire un bataillon de grand front, on suppose toujours qu'on sçache le nombre d'hommes du bataillon, et l'on demande combien l'on veut d'hommes de front et combien on en veut en hauteur. Si l'on veut sçavoir le nombre des hommes de la hauteur, on divisera le nombre des hommes du bataillon par le nombre des hommes de front, que l'on suppose aussi connu ; comme supposant un bataillon de 120 hommes, dont on détermine le rang sur le front de 20 hommes, pour savoir la hauteur ou la file, diviser 120 par 20, le quotient donnera six pour le nombre de soldats de la file ou de la hauteur. »

Les commandements étaient, comme les manœuvres, nombreux et peu concis. Pour l'exercice, on faisait ouvrir les files d'un pas pour donner au soldat la liberté des bras. — Les files étant ouvertes, le major commandait aux sergents :

« Sergents, prenez garde à vous.

» A droite et à gauche par demis-rangs formez les files sur les aisles du bataillon.

» Marche ! »

Il commandait ensuite aux officiers :

« Messieurs les officiers, on va faire l'exercice.

» A droite et à gauche prenez vos postes sur les aisles du bataillon.

» Marche ! »

Le maniement du mousquet était précédé des trois commandements suivants :

« Soldats, prenez garde à vous.

» Observez le silence.

» Portez bien vos armes ! »

La charge du mousquet, les mouvements de joue et de feu comprenaient trente-cinq *temps* dans certains régiments, trente-huit dans d'autres.

Les feux s'exécutaient de la façon et aux commandements suivants :

« Les cinq premiers rangs, genoux à terre.

» Mousquetaires de serre-file, apprestez-vous.

» En joüe — Tirez.

» Cinquième rang, debout.

» Mousquetaires, apprestez-vous.

» En joüe. — Tirez ! »

Et ainsi des autres. Pendant que les premiers rangs tiraient, ceux de derrière rechargeaient leurs mousquets et se tenaient prêts pour le premier commandement.

On tirait quelquefois en marchant. Dans ce cas, le premier rang tirait d'abord, puis démasquait le second et allait se reformer derrière le sixième. Le second rang faisait ce qu'avait fait le premier, et ainsi de suite jusqu'à ce qu'on revînt à la formation normale.

Les commandements étaient :

« A droite et à gauche par demy rang, gagnez la queüe du bataillon.

» Marche ! »

Pendant les feux, les officiers se tenaient en serre-file : les feux terminés, ils reprenaient leur place au commandement suivant du major :

« A droite et à gauche, messieurs les officiers, reprenez vos postes à la teste du bataillon.

Marche ! »

Sur le champ de bataille, la disposition ordinaire comprenait trois lignes : l'ordre de marche comprenait également trois corps. En bataille, la première ligne, en marche de la tête de la colonne, s'appelait *avant-garde*; la seconde ligne, ou le gros de la colonne, portait le nom de *bataille*; la troisième ligne était dite *réserve* ou *arrière-garde*, suivant que la formation était en bataille ou en colonne.

L'ordre de bataille était généralement en échiquier, c'est-à-dire que les corps de la deuxième ligne correspondaient aux intervalles de la première; il en était de même pour la troisième ligne par rapport à la deuxième.

Chaque ligne était formée de cavalerie et d'infanterie, la cavalerie occupant les ailes, l'infanterie le centre; parfois aussi la cavalerie était dispersée dans les intervalles des bataillons d'infanterie.

A une époque où les combats étaient de véritables quadrilles où l'on s'attendait de part et d'autre, et dans lesquels l'un ne commençait point avant que l'autre ne se fût déclaré prêt, un ordre déterminé, réglé à l'avance et invariable, présidait au placement de chaque corps sur la ligne de bataille.

Ainsi, l'avant-garde ou première ligne était réputée poste d'honneur : les plus anciens régiments, en commençant par les *Petits-Vieux*, l'occupaient de droit et sans que l'on dérogeât jamais à cette règle. Dans chaque ligne, le plus ancien corps avait l'extrême droite, le second moins ancien l'extrême gauche, puis le tour se reprenait par la droite et la gauche, de la même manière, de telle sorte que le centre de chaque ligne était le moins honorable.

Le régiment des gardes et les gendarmes du Roy faisaient exception à cette règle et demeuraient toujours placés dans la *bataille*.

La cavalerie était encore en très-grande proportion dans les armées, aussi comptait-on deux ou trois escadrons de 150 à 200 *maîtres* pour un bataillon de 600 à 1000 hommes. Cette proportion diminua un peu vers la fin du règne de Louis XIV, surtout depuis 1703, époque à laquelle le fusil à baïonnette à douille donna à l'infanterie son importance véritable.

L'artillerie, sur le champ de bataille, se plaçait dans les intervalles de l'infanterie : en marche, elle était à l'avant-garde : « Quand l'armée a sur sa route l'ennemy en teste et qu'elle marche par un pays commode, ouvert et estendu, on se tient en estat de combattre : on jette la cavalerie sur les ailes ; mais la gendarmerie se met derrière la seconde ligne, le *canon marche à la teste de la première ligne*. » Ainsi, un principe qui de notre temps a eu peine à se faire accepter dans notre armée, était admis il y a deux cents ans dans l'artillerie de Louis XIV.

Le réseau de sûreté en campagne était formé d'une série de grand'gardes d'infanterie disposées à une demi-lieue en avant du camp. Chaque régiment d'infanterie de la première ligne en fournissait une ; plus en avant étaient établies des grandes'gardes de cavalerie, dites gardes avancées, composées d'environ vingt *maîtres*, comme on disait alors, qui fournissaient chacune une vedette à portée de mousquet du poste. Enfin, en troisième lieu venait ce qu'on appelait la garde-folle, qui reconnaissait au loin toutes les avenues par lesquelles on arrivait sur le camp, battait l'estrade sur tout le front de l'armée et se tenait en contact permanent avec l'ennemi.

Nous verrons à propos de Senèffe un exemple de ces sortes de grand'gardes.

Le contact pris avec l'ennemi et le jour du combat arrivé, les troupes étaient disposées suivant l'ordre invariable que nous avons indiqué déjà.

« Quand l'armée se met en bataille, il faut qu'il y ait un pas géométrique, ou cinq pieds d'intervalle, entre chaque cavalier, et trois pieds entre chaque fantassin : ce qui s'entend pour le front ou distance d'une file à l'autre. Mais dans le choc, les files se resserrent.

» On laisse cent pas de terrain entre la première et la seconde ligne et deux cents pas entre la seconde et la troisième, afin d'avoir de l'espace pour rallier les troupes, si elles sont rompues. Et s'il y avoit moins de terrain, il arriveroit que les troupes d'une ligne venans à plier, renverseroient les troupes de la seconde qui en seroient trop proches.

» Dans chaque ligne, les bataillons sont éloignés des bataillons, et les escadrons des escadrons, d'une distance à peu près égale à celle de leur front. Ainsi le front d'un escadron estant à peu près de deux à trois cents pieds, l'intervalle entre deux escadrons sera à peu près de 200 à 300 pieds, et le front d'un bataillon estant à peu près de 170 à 180 pieds, l'intervalle entre deux bataillons sera à peu près égal à ce front.

» L'on laisse ces intervalles, parce que les escadrons et bataillons de la seconde ligne se mettent vis-à-vis des intervalles de la première : et que de mesme les corps de l'arrière-garde se placent vis-à-vis des intervalles qui sont entre les corps de bataille, afin que les uns et les autres aillent plus facilement aux ennemis par ces distances, et que si la première ligne vient à être rompue, au lieu de se renverser sur les troupes de la seconde, comme il arriveroit, si les corps de toutes les lignes faisoient des files, elle puisse se rallier derrière son terrain et laisser ces intervalles libres à la seconde ligne, qui s'avancera pour soutenir ce qui aura plié. »

Ces règles formaient le fond de notre manière de combattre et étaient journellement appliquées par les Condé, les Turenne, les Luxembourg; chez l'ennemi que nous allions attaquer, l'armée était en retard d'un quart de siècle sur la nôtre.

Nous avons dit déjà que les forces de Guillaume d'Orange consistaient en vingt-huit mille hommes peu aguerris, mal armés et inhabiles à une résistance sérieuse. Ces vingt-huit mille hommes se répartissaient comme il suit :

Infanterie	24 805 hommes	(1)
Cavalerie	2 705	»

C'était ce que l'on appelait l'*ordinaire des guerres*; il y avait bien aussi l'*extraordinaire*, qui devait donner 33 000 fantassins et 5 000 chevaux, mais c'était là une garde nationale sans solidité ni instruction aucune, qu'il n'était pas facile de mobiliser.

Nous avons des notes très-curieuses sur ce qu'était à cette époque l'armée de la Hollande au point de vue de la valeur individuelle du soldat et de l'esprit militaire de la nation. Il est impossible, en lisant ces documents, de ne pas faire de comparaison et de ne pas voir combien l'amour du lucre, l'habitude du bien-être, le luxe, peuvent influer sur la vie d'un peuple, en lui enlevant, au moment d'une invasion, la vigueur qui jadis avait fait sa prospérité et sa grandeur.

(1) Etats de guerre de la République.

« Étant à Berg-op-zoom, écrit Gourville, je me trouvai chez le maréchal des logis (1) des deux compagnies de cavalerie qui y estoient en garnison, *lequel tenoit cabaret.*

» Le bruit étant qu'elles devoient aller ailleurs, je m'avisai de lui dire qu'il falloit donc qu'il laissât le soin de sa maison à sa femme, pendant le temps qu'il seroit absent. Il me répondit que cela ne se faisoit pas comme je le pensois, qu'il ne quitteroit point son logis, mais qu'à la vérité cela lui coûteroit quatre ou cinq cents livres pour donner au capitaine qui alloit venir, et que moyennant cette somme, *il étoit dispensé du service. Je lui demandai s'il en étoit ainsi des cavaliers, il me répondit que c'étoit la même chose,* et qu'à la réserve de quelques-uns qui étoient regardés comme domestiques du capitaine, chacun savoit ce qu'il devoit donner par mois, et qu'il n'y en avoit point qui ne payât au moins douze ou quinze pistoles au capitaine, et qu'ainsi on pouvoit dire que le maréchal des logis, non plus que ses cavaliers, ne changeoient jamais de place.

» Je fus bien étonné d'entendre parler d'une cavalerie composée de bourgeois qui ne sortoient jamais de leurs maisons, et jugeant que cela valoit bien la peine de m'en assurer, je lui demandai encore s'il croyoit que le même usage fût établi dans les lieux où il y avoit de l'infanterie en garnison; il m'assura que c'étoit la même chose. Je lui demandai aussi si le capitaine profitoit de tout cela; il me dit qu'il savoyt ce qu'il en devoit rendre aux autres officiers. J'en parlai, sans marquer mon dessein, à M. de Mont-

---

(1) Le maréchal des logis de régiment avait le soin de la distribution des fourrages et des logements. A cette époque, cet emploi était souvent occupé par l'ayde-major, et ne doit pas être confondu avec la charge de *maréchal des logis d'armée* qui était remplie par un officier général.

bas (1), qui me dit que cela se pratiquoit ainsi. Je lui dis que son régiment d'infanterie devoit lui valoir beaucoup, il me répliqua qu'il n'en étoit pas tout à fait de même dans l'infanterie, *mais qu'il y avait toujours quelques revenants bons de ce côté-là.* M. de Lionne me parut très-étonné, et demanda si j'avois informé M. le prince (2) de tout ce que je disois ; je lui répondis que j'en avois informé Son Altesse avec encore plus de détails, surtout au sujet de l'infanterie, dont tous les officiers n'avoient presque pas servi ; que c'étoit par cette voie que M. de Witt se concilioit les cœurs de la plupart des bourgmestres en leur faisant donner des charges pour leurs enfants (3). »

La Hollande, ne disposant que de pareilles troupes, devait considérer la partie comme perdue d'avance : cependant elle ne désespéra point.

Le 5 mai après midi, Louis XIV était arrivé à Charleroy, où s'était massé le gros des forces françaises : le Roi de France était résolu à entamer sur le champ les opérations. Le 9 au matin le maréchal de Turenne se mit en marche dans la direction de Maestricht, entra à Viset, à quelques lieues en amont de la place, puis, tournant à droite, poussa jusqu'à Maseyk, poste important, en aval et au nord de Maestricht.

Maseyk se rendit après simple sommation.

Cette marche hardie, à portée de canon, pour ainsi dire, d'une place qui renfermait une garnison nombreuse, donnait une idée de la hardiesse et de l'énergie des opérations qui allaient être tentées. La prise de Maseyk isolait en outre

---

(1) Montbas, Français d'origine, était colonel au service des Provinces. Il avait épousé une des filles de Grotius

(2) Le prince de Condé.

(3) *Mémoires de Gourville.*

Maestricht du reste de la Hollande; le siége de Maestricht pouvait paraître au premier abord difficile, mais avec l'armement d'artillerie que traînait avec elle l'armée française, ce siége ne pouvait durer longtemps. Une fois Maestricht emporté, Louis XIV avait au sein même du pays ennemi une base solide, un point d'appui inébranlable, un magasin et un arsenal facile à approvisionner et à garder : le siége de Maestricht semblait donc indiqué clairement et les Hollandais eux-mêmes avaient compris l'importance d'un tel point stratégique en consacrant à sa défense la garnison nombreuse dont nous avons parlé.

Il se trouva que lorsque tous les militaires étaient d'accord sur la question du siége de Maestricht, un bourgeois fut d'un avis contraire, et, chose singulière, dans le conseil du roi, l'avis de ce bourgeois, qui n'était autre que Louvois, l'emporta.

Le prince de Condé, dont certaines gens, nous l'avons dit déjà, voudraient ramener les grandes qualités militaires à une certaine fougue heureuse sur le champ de bataille, le prince de Condé opta pour le siége de Maestricht et fit voir que se jeter en aveugles sur la Hollande ne pouvait que donner de mauvais résultats. Un tel avis, dans la bouche d'un homme dont le tempérament était en apparence une audace excessive, eût dû donner à réfléchir.

Le prince montra que la Hollande, en approchant du Zuyderzée, était un pays difficile, marécageux, coupé de cours d'eau, de ruisseaux, de canaux ; qu'il fallait s'attendre à trouver dans cet état même des lieux un obstacle insurmontable à une marche rapide, qu'il fallait donc s'assurer une base sûre près du théâtre des opérations, un pivot stratégique solide d'où on pût manœuvrer sans se préoccuper de ses derrières, un centre d'où rayonneraient les petits corps qu'on serait obligé d'employer pour la conquête partielle de ce pays coupé, qui demeure comme une vaste réunion de grandes îles.

Il ajoutait que la prise de Maestricht ne devait point coûter ce que certains se l'imaginaient : on avait dans la place un parti catholique puissant qui voyait avec plaisir l'arrivée du Roi de France, on disposait d'une artillerie de place formidable, on avait assez de troupes pour la bloquer entièrement et la priver de toute communication avec le dehors, enfin on ne pouvait se dissimuler que la possession par l'armée française d'une place comme Maestricht, en ouvrant le pays à Louis XIV, jetait la consternation dans l'armée ennemie et facilitait singulièrement la victoire finale.

Louvois répondit qu'en s'arrêtant tout d'abord aux lenteurs d'un siége on donnait à la Hollande le temps de se reconnaître et que par là même on perdait toutes ses chances de succès, qu'il était plus digne de la grandeur du Roi et plus conforme à sa devise d'entrer sans s'arrêter jusqu'au centre de la Hollande et de frapper du premier coup au cœur de la nation, qu'enfin la place de Maestricht, bloquée comme elle l'était dès cette époque, ne pouvait plus donner d'inquiétude et pouvait être considérée comme prise.

Le grand Turenne eut la faiblesse d'opter pour ce dernier parti, et il est à observer, dit le chevalier de Beaurain, que le projet le plus mesuré, le plus prudent, le plus lent, fut embrassé par celui des deux dont le caractère était le plus ardent et le plus actif, et qu'au contraire le parti le plus vif, le plus décidé, le plus hardi, fut soutenu par celui qui passait pour le plus flegmatique et le plus froid.

Comme toujours, Louis XIV se rangea du côté de Turenne

et le siége de Maëstricht fut abandonné : la suite devait prouver que Condé avait eu raison.

Il n'y avait donc plus qu'à se porter en avant et à atteindre au plus tôt le centre de la Hollande.

En marchant directement vers le nord on se heurtait de front à la triple ligne du Wahal, du Leck et du vieux Rhin; pour éviter ces difficultés, le prince de Condé décida le Roi à appuyer vers l'est, de manière à atteindre Wesel et Emmerick. On devait avoir là les deux rives du Rhin, on verrait devant soi l'armée du prince d'Orange qui s'était réfugiée derrière l'Yssel, comme il a été dit, on pourrait alors marcher plus facilement sur Amsterdam, soit en passant par Arnheim, c'est-à-dire par un brusque mouvement de flanc, soit en remontant jusqu'à Zutphen et Deventer, c'est-à-dire jusqu'au bas Yssel.

Cependant, aucun succès n'avait suivi encore la marche hardie de Turenne sur Maseyck : Louis XIV chercha un moyen de frapper un coup digne de cette armée que regardait l'Europe, et résolut d'attaquer quatre villes à la fois.

« J'ai estimé plus avantageux à mes desseins et moins commun pour ma gloire, d'attaquer tout à la fois quatre places sur le Rhin, et de commander en personne à tous les quatre siéges. J'ai choisi pour cet effet Rhinberg, Wesel, Burick et Orsoi... J'espère qu'on ne se plaindra pas que j'ai trompé l'attente publique. »

Le 2 juin, Louis XIV arrivait devant Orsoi dont la contrescarpe fut enlevée le même soir. Le lendemain, 3, la ville capitulait à merci. Le 4 ce fut au tour de Burick. Le 5 Condé entrait dans Wesel et le 6 dans Rhinberg. La prise de ces quatre villes donnait à l'armée française les deux rives du Rhin, et Guillaume III put croire qu'il allait avoir bientôt l'armée française tout entière devant lui : quelques lieues à peine le séparaient des avant-postes de Condé à Emmerick. Indigné de la lâche façon dont s'étaient comportés les gouverneurs de Rhinberg et de Wesel, il fit décapiter le premier et dégrader le second; mais ces rigueurs ne devaient point arrêter l'armée française dans cette marche rapide, où au seul nom de Louis XIV la plupart des places ouvraient leurs portes sans tirer un coup de canon.

Nous disons la plupart, et à dessein, car certains gouverneurs montrèrent qu'ils ne ressemblaient en rien à ceux de Wesel et de Burick.

« Dans le même temps (1) Turenne assiégeait Rées. Il arriva que les Français rencontrèrent un brave homme et qui forma le projet de se défendre; mais il eût été trop extraordinaire d'en rencontrer deux. Wimbergen, c'est le nom du gouverneur de Rées, avoit donné inutilement au commandant d'un fort dépendant de sa place et qui importoit à sa défense des ordres conformes à ce qu'il vouloit faire lui-même.

» Cet officier se rendit à la première sommation des Français. Le gouverneur de Rées ne se découragea point pour cela et refusa d'en faire autant. Condé se joignit à Turenne et voulut en imposer à l'ennemi par l'éclat de son nom et de sa réputation.

» Le Hollandois avoit à sa porte les deux premiers généraux de l'Europe, et en dedans des séditieux qui vouloient le forcer à se rendre. Ceux-ci se portèrent aux derniers excès contre lui. Enfin il céda à la nécessité et demanda à Condé les honneurs de la guerre. Ce grand homme, sur qui le mérite avoit des droits même dans un ennemi, penchoit à les lui accorder; mais il crut devoir envoyer des députés au Roi pour décider de la capitulation. *Louvois*

(1) Chevalier de BEAURAIN, *Introduction à la campagne de* 1674.

refusa durement ce que Condé avait promis d'espérer et ne vit que témérité et insolence où le prince n'avait trouvé que de la bravoure. Wimbergen refusa à son tour de signer les articles envoyés par le ministre, il vouloit s'enterrer sous les ruines de sa place déjà fort endommagée. Le clergé et les bourgeois s'ameutèrent de nouveau avec la plus grande violence, menacèrent la garnison et s'opposèrent au service de l'artillerie.

» Wimbergen fut forcé de sacrifier son honneur et son courage, et la garnison se rendit prisonnière de guerre. »

Nous nous sommes arrêté sur cet incident pour montrer combien Louvois fut la plupart du temps inhabile et méchant dans des circonstances où la douceur eût été autant de la justice que de la bonne politique. C'est à ses procédés barbares envers nos ennemis que nous devons cette haine vivace que nous portent aujourd'hui les nations d'au delà du Rhin.

Nous ne pouvons malheureusement l'oublier aujourd'hui.

Après avoir exagéré les mérites de Louvois, il est temps de lui rendre les responsabilités qu'il doit supporter et les fautes qu'il commit trop souvent par fatuité excessive et orgueil démesuré.

Depuis la prise de Wesel, Condé n'avait point perdu son temps. La ville d'Emmerick, les forts d'Hulst, de Dorkel et de Quesel s'étaient rendus à la première sommation, il se trouva donc que les deux rives du Rhin étaient aux mains du Roi de France, sans qu'on eût éprouvé, de la part de l'ennemi, une tentative sérieuse de résistance.

Le prince d'Orange, quelque désir qu'il eût d'arrêter les

progrès insolents d'une armée qui n'avait point encore subi un échec, était contraint par le faible effectif de ses troupes à se tenir sur une défensive absolue. Au surplus, il avait à garder l'Yssel contre les troupes du duc de Luxembourg, qui venait de s'emparer de Koeworden sur le Wecht et surtout contre le corps du comte de Roye que Louis XIV venait de détacher au-devant même de Westerford où était le quartier général de l'armée orangiste.

Guillaume d'Orange sentit encore que, quoiqu'il en fût, il ne pouvait laisser sans défense une ligne aussi importante que celle du Rhin, entre Millingen et Arnheim; il comprenait même que c'était le véritable point où il eût dû se tenir avec le gros de ses forces, car ce point était le seuil de la Hollande, et, en le franchissant, Louis XIV ne trouverait plus guère d'obstacles jusqu'à Amsterdam; mais les ordres des États généraux étaient formels, et tout ce qu'il put faire fut d'envoyer un corps de quelques bataillons qui devait, en cas de besoin, se faire appuyer par la garnison d'Arnheim et celles des diverses petites places du Betaw qu'on trouve entre Arnheim et Nimègue.

Les choses en étaient à ce point lorsque le Roi de France, qui était à Rées avec Turenne, reçut une lettre du prince de Condé lui exposant qu'on aurait toute facilité à franchir le Rhin en un endroit appelé le passage de la *Maison du péage* ou *Tolhuys*, que la grande sécheresse avait rendu presque guéable; que les pontons de cuivre de M. Martinet étaient arrivés la veille; qu'enfin l'on n'entendait plus parler de M. de Monbas qui, selon ce que l'on pouvait prévoir, s'était retiré dans Arnheim.

Louis XIV avait tout d'abord décidé de franchir l'Yssel et non le Rhin, mais l'espérance que lui donnait le prince de Condé que le passage du Rhin au Tolhuys serait une nouvelle victoire changea sa première décision. Il est probable que Condé fut mandé au quartier royal pour donner verbalement les explications qui manquaient à sa lettre : un conseil de guerre, composé du duc d'Orléans, de Turenne et de Condé fut tenu devant le Roi au camp de Rées, et le passage du Rhin au Tolhuys, *sur un pont de bateaux*, décidé.

Le 11 juin, au matin, le prince de Condé rejoignit son quartier général et donna des ordres pour que le pont de bateaux fût immédiatement commencé ; c'était par ce pont que devait franchir le fleuve le gros de l'armée, artillerie, infanterie et cavalerie : néanmoins la sécheresse dont nous avons parlé fit songer qu'on trouverait peut-être dans les environs un endroit guéable où pourrait passer quelque peu de cavalerie, ce qui activerait d'autant le mouvement et obligerait en tous cas l'ennemi à diviser ses forces.

Cependant, le 11 au soir, Louis XIV était arrivé au camp du prince de Condé.

Désireux de reconnaître immédiatement l'emplacement du passage et de voir si les travaux du pont étaient activement poussés, il descendit jusqu'au fleuve et gagna le point même de la berge destiné à recevoir le premier ponton. Il se trouva que les travaux d'accès, pentes, rampes, talus, avaient pris un temps tellement considérable, qu'à cette heure le premier ponton n'était point encore placé. Le Roi, tout en exprimant son mécontentement, fixa l'emplacement de deux batteries et ordonna qu'on en commençât immédiatement la construction ; ces dispositions prises, il remonta vers Emmerick.

En ce moment, un paysan hollandais, du nom de Jean Petersen, se présenta au quartier général et demanda à parler au général en chef.

Introduit auprès du prince de Condé, il parla d'un gué assez large, dit-il, pour que toute la cavalerie française y passât à l'aise. Il faisait nuit déjà, et il n'était guère possible de reconnaître le soir même jusqu'à quel point on pouvait ajouter foi au dire de ce traître, mais le lendemain au point du jour, le comte de Guiche, M. de Beringhen, M. de Nantouillet et quelques autres, s'en furent au fleuve et y mirent leurs chevaux. L'eau était beaucoup plus profonde que ne l'avait indiqué le guide, le courant était violent et le gué très-étroit. Dans l'endroit où l'on pouvait garder pied le plus longtemps, il y avait encore vingt-cinq à trente pas à nager.

Le comte de Guiche rentra immédiatement au camp, et s'étant présenté au Roi, lui rendit compte que le gué était *large, sans danger, facile*, que toute la cavalerie le passerait en trois fois moins de temps qu'elle ne franchirait le pont, qu'en se servant du gué on avancerait l'opération d'un jour, attendu qu'après le travail de toute la nuit il n'y avait encore que six pontons de placés.

On voit combien s'avançait le comte de Guiche en prétendant que le gué était large, facile et sans danger; il parvint, grâce à ce stratagème, à rallier le Roi à son avis, mais il trouva entièrement contre lui le prince de Condé. Ce dernier objecta au Roi que c'était une véritable folie que de tenter de forcer à cheval et à la nage un large fleuve, profond et impétueux, quand dans quelques heures on allait le pouvoir passer sans danger sur un pont solide, large et défiant l'artillerie ennemie; que ce n'était point la peine d'avoir des hommes comme Martinet, ni de faire construire des pontons aussi solides et aussi bien confectionnés que ceux qu'on traînait avec soi depuis Saint-Germain, si ce n'était pour s'en servir et en tirer tout l'avantage que de telles inventions donnaient à l'armée française sur ses ennemies. Qu'il comprenait bien, en vérité, que MM. de Guiche, de Coislin, de Nantouillet, voulussent avoir l'honneur de se montrer devant le Roi, en lutte avec la cavalerie des Hollandais et le courant de leurs fleuves, que toutefois il ne lui était pas permis à lui, général, de laisser compromettre cette brillante Maison du Roi pour laquelle le passage du Rhin à cheval pouvait devenir un désastre sans gloire.

Le Roi congédia alors M. de Guiche et monta à cheval avec Condé pour aller reconnaître par lui-même à quel point en était le pont. Il se trouva, en effet, qu'il n'était guère avancé et qu'il ne pouvait être terminé que dans la soirée, mais trop tard pour que l'on pût songer à entreprendre ce passage avant le lendemain.

Il était bien vrai que l'ennemi était depuis la veille averti, par le commencement des travaux sur le fleuve, que c'était en cet endroit que l'armée française avait résolu d'entrer dans le Bétaw. Dès lors, il devenait urgent de se hâter, et vingt-quatre heures de retard pouvaient rendre beaucoup plus difficile une opération qu'on avait d'abord espéré effectuer sans danger. Le Roi calcula toutes les chances et finit par ramener Condé à l'idée que tout en attendant l'achèvement du pont pour faire passer sur la rive gauche l'infanterie, l'artillerie et même la plus grande partie de la cavalerie, on pourrait essayer de la bonne volonté de jeunes gentilshommes désireux de faire preuve de bravoure et d'audace en présence de leur Roi, pour occuper ne serait-ce qu'avec un rideau de troupes la rive gauche et permettre ensuite au gros de l'armée d'atteindre cette rive tout à son aise, c'est-à-dire après l'entier achèvement du pont.

Condé ne goûtait guère cette manière de voir : il s'y rendit pourtant, et à peine rentré au camp il donna immédiatement des ordres pour que la Maison du Roi passât le fleuve à la nage et s'emparât des quelques lignes de défense ennemies qu'on apercevait de l'autre côté du fleuve à proximité de la rive.

Le comte de Guiche, qui avait sondé le gué lui-même, devait tout naturellement conduire le mouvement : il prit donc le commandement d'une colonne de deux mille chevaux à la tête de laquelle marchait le régiment des cuirassiers (1) du comte de Revel.

« Le comte de Guiche, après avoir ordonné qu'on desserrât les sangles des chevaux et qu'on leur ôtât la gourmette afin qu'ils pussent nager plus aisément, entra dans l'eau précédé de douze cuirassiers et suivi de tout le régiment dans un si grand ordre qu'ils semblaient marcher sur terre. »

Cependant le général Wurtz, qui avait succédé depuis quelques jours au colonel de Monbas dans le commandement des troupes hollandaises de la rive gauche du Rhin, prit aussitôt ses dispositions pour repousser une attaque dont la témérité était notoire et le succès douteux.

Bien que les travaux du pont de bateaux lui eussent enlevé toute idée d'un passage à la nage, et qu'il n'y fût point préparé, sa cavalerie fut néanmoins prête assez tôt pour entrer dans le fleuve à la rencontre des cuirassiers français et essayer tout d'abord de leur barrer passage.

Cette manœuvre eût réussi peut-être, car le peu de largeur du gué eût empêché les Français de se servir de l'avantage de leur nombre, mais en cet instant l'artillerie française, qui depuis le commencement du passage tirait avec violence sur les tranchées de la rive gauche (2), dirigea

---

(1) Ce régiment est aujourd'hui le 8e cuirassiers.
(2) RAMSAY, « Le Roi fit faire un grand feu du canon. » T. II, p. 174.

alors son feu sur ces escadrons hollandais et les contraignit à regagner la terre ferme (1).

Les Hollandais n'ayant pour toute artillerie que trois petites pièces placées à la tour du Tolhuys ne pouvaient songer à résister au feu de l'artillerie française; ces trois pièces furent du reste bientôt réduites au silence et la colonne du comte de Guiche put gagner la rive gauche du Rhin.

Nous avons dit que le gué était fort étroit et que si peu que l'on s'en écartât à droite ou à gauche, l'on courait risque de ne pouvoir résister au courant : quelques imprudents se noyèrent pour avoir voulu dépasser le comte de Guiche qui ouvrait la marche; ce furent à peu près les seules pertes qu'on éprouva dans le fleuve même. « On avoit d'abord passé presqu'à la file, on reconnut cette faute, et on traversa en colonne serrée et sur plusieurs cavaliers de front. Par ce moyen on abrégeoit l'opération et on diminuoit le danger en rompant le cours des eaux du fleuve. Les Français se trouvèrent bientôt très en force et au nombre de six mille chevaux à la rive gauche. »

Le prince de Condé voyant que le mouvement réussissait au-delà de toute espérance, jugea qu'il était de son devoir de passer sur la rive gauche pour prendre la direction du combat qui ne pouvait manquer de devenir sérieux, car on voyait déjà l'infanterie hollandaise *apprêter les piques*, ce qui était le mouvement d'une troupe marchant à l'ennemi.

Comme son âge, et surtout sa goutte, lui interdisaient

(1) Il est singulier que le chevalier de Beaurain ne parle point de cet épisode dans son *Introduction à la campagne de* 1674. Il dit seulement : « La cavalerie marcha en très-bon ordre au premier escadron français *qui parut sur le bord du fleuve.* » Ramsay dit : « La cavalerie de Wurtz avança dans l'eau pour combattre et fit une décharge. » Enfin Louis XIV lui-même, dans son *Mémoire sur la campagne de* 1672, que nous citons plus loin, raconte tout au long l'épisode de l'entrée dans le fleuve, à l'encontre des Français, de la cavalerie hollandaise.

de passer le fleuve à la nage, il fit avancer un bateau plat et y descendit avec le duc d'Enghien et le duc de Longueville. Le prince traversa ainsi le Rhin sur le flanc de la colonne de cavalerie qui continuait à passer et quand déjà on entendait un feu assez peu nourri, il est vrai, de mousqueterie et de pistoletade sur la rive gauche.

En effet, au bout de quelques instants d'un combat très-mollement soutenu, la cavalerie hollandaise avait plié à peu près sur toute la ligne, laissant à l'infanterie, retranchée derrière quelques mauvaises haies et dans deux ou trois fossés mal creusés, le soin d'arrêter l'armée française. Cette infanterie, bien qu'elle eût préféré se retirer, ne voulut pas le faire sans combattre et s'apprêta, ainsi que nous l'avons dit, à bien recevoir la cavalerie française.

C'est à ce moment que le prince de Condé abordait de l'autre côté du fleuve, en compagnie du duc de Longueville et du duc d'Enghien; ces deux jeunes gens, que la crainte d'arriver trop tard pour prendre part au combat avait surexcités outre mesure, rallièrent une douzaine de leurs camarades aussi braves mais aussi étourdis, et cette bande intrépide et folle, craignant que l'infanterie hollandaise ne lâchât pied avant d'être chargée, se précipita sur les tranchées ennemies, criant : « Tue, tue, sus, sus, point de quartier à cette canaille ! »

Bien que ces jeunes gens fussent soutenus à proximité par les cuirassiers de Revel, l'infanterie hollandaise fit sur eux, à quelques pas, une décharge de mousqueterie qui tua le duc de Longueville, Guitry, Brouilly et Aubusson. Vivonne, Marsillac, Termes, Beauveau, Montauban, Coislin, Dumesnil, Saulx et La Salle furent dangereusement blessés.

Cet incident déjà bien regrettable pour l'imprudente témérité avec lequel il avait été amené eût pu devenir bien autrement funeste pour toute l'armée. En effet, le prince de Condé voyant son neveu, le duc de Longueville, qu'il affectionnait particulièrement et comme un fils, se jeter presque seul au-devant de l'infanterie hollandaise, pressentant un malheur, s'élança à sa poursuite pour l'arrêter et éviter une mort qui lui paraissait assurée. Il n'arriva que pour voir étendu à terre le cadavre inanimé du jeune duc, mais à ce moment un capitaine hollandais du nom d'Ossembrock courut à lui et lui appuya son pistolet sur la tête ; Condé fit un mouvement et reçut au poignet gauche la balle qui l'eût inévitablement tué. Ossembrock tomba percé de coups d'épée, mais il s'en fallut de peu qu'il n'eût fait payer cher aux Français leur brillante victoire.

Cependant l'infanterie hollandaise, après deux ou trois décharges, avait essayé de battre en retraite : elle fut alors chargée avec vigueur par les cuirassiers et la Maison du Roi, qui en peu de temps la mirent en complète débandade ; il se fit un grand massacre de ces fantassins, et en deux heures il n'y eut plus un Hollandais entre Nimègue et Arnheim.

La journée s'avançait et vers le soir le pont de bateaux fut terminé. Louis XIV, qui avait traversé le fleuve dans une barque, donna immédiatement l'ordre de faire passer l'infanterie, en même temps qu'il envoyait prévenir le maréchal de Turenne d'avoir à venir prendre le commandement en chef que le prince de Condé, blessé, ne pouvait plus garder.

On ne nous pardonnerait pas de parler de ce fameux passage du Rhin sans examiner ce qu'y fut, au vrai, la conduite de Louis XIV qu'on a essayé de tourner à ce propos en ridicule, sur la foi de deux vers de Boileau.

Nous ne perdrons point notre temps à parler du courage personnel d'un prince qui fut un Français et un

Bourbon et qui des tranchées de Stenay où il fit ses premières armes au lendemain de Malplaquet où il fut près de partir pour aller mourir à la frontière au milieu de ses troupes, s'est exposé souvent comme un soldat, toujours comme un général et comme un roi; mais il nous plaît de citer ici les lignes qu'a consacrées au passage du Rhin un écrivain sceptique, esprit fin et mordant, qui a cru pourtant devoir déposer ici sa verve taquine pour rendre hommage à la vérité. Voici comment s'exprime M. Sainte-Beuve à propos du passage du Rhin raconté par M. Rousset.

« L'on en vient à ce fameux passage du Rhin, poétiquement chanté par Boileau et très-simplement raconté par Louis XIV. A vrai dire, Boileau a raconté la chose aussi bien, aussi élégamment qu'un fait d'armes aussi compliqué peut se décrire en vers; mais comme on a toujours affaire à des moqueurs, il n'a pas assez songé au parti qu'on tirerait contre son héros de cet éloge un peu fastueux où il l'a représenté comme inactif et immobile :

> Louis, les animant du feu de son courage,
> Se plaint de sa grandeur qui l'attache au rivage.

» Boileau, sans le vouloir, a porté par là préjudice à Louis XIV devant la postérité. Le Roi pourtant fit à ce passage tout ce qu'il devait faire; il le dit dans son propre récit, sans se vanter d'ailleurs et en s'appliquant à rendre à chacun la justice qui lui est due. Il vient de parler de la sécurité des Hollandais (1) sur ce point de la branche principale du Rhin, tandis qu'ils avaient porté toutes leurs précautions et leur vigilance sur les autres bras du fleuve.

(1) Nous avons dit que cette sécurité n'était point dans l'esprit de Guillaume d'Orange.

Ai-je besoin de m'excuser de la longueur des citations que je suis forcé de faire? C'est ici du *classique* inédit s'il en fût jamais, c'est du pur Louis XIV.

» En effet, nous dit le Roi, la profondeur, la rapidité et la largeur du Rhin, pouvoient donner quelque confiance et mettre l'esprit en repos. Cependant, sur le rapport de plusieurs gens du pays que le comte de Guiche avoit menés le long du fleuve pour visiter les bords et qui assurèrent qu'on pouvoit le passer vis-à-vis le Tolhus, je résolus, de l'avis du prince de Condé, de faire tenter le passage. Le comte de Guiche, à la tête des cuirassiers et de la brigade de Pilloy et de plusieurs gens de qualité de la cour, volontaires, se jeta dans le Rhin; un escadron des ennemis, qui étoit posté dans le Tholus, débusqua brusquement de son poste et se jeta de son côté, d'assez bonne grâce, dans le Rhin pour disputer le passage au comte de Guiche, et fit sa décharge dans le milieu de l'eau, de laquelle Guitry, grand maître de ma garde-robe; Nogent, maréchal de camp et maître de ma garde-robe; Théobon et quelques autres officiers furent tués; Revel, colonel des cuirassiers, et quelques autres, blessés. J'avois moi-même posté une batterie un peu au-dessous de l'endroit où se faisoit le passage, qui le voyoit à revers; à peine l'escadron fut entré dans l'eau que je fis tirer dessus. Le grand feu de canon favorisa le passage et ébranla si fort les ennemis qu'ils se retirèrent en désordre et portèrent à Monbas, qui étoit avec le gros de ses troupes dans son camp au-dessous de Tolhus la triste nouvelle du passage forcé et de l'entrée de mes troupes dans le Betau. Ce contre-temps fâcheux déconcerta si fort Monbas qu'il ne songea plus qu'à la retraite du côté d'Arnheim. A peine les premières de mes troupes furent passées que le prince de Condé, le duc d'Enghien son fils et le duc de Longueville, qui, au bruit du passage, avoit accouru à toute bride d'auprès du comte de Roye avec lequel il étoit détaché, passèrent le Rhin dans une petite barque et leurs chevaux à la nage. Le prince ne songea d'abord qu'à mettre ce qu'il y avoit de cavalerie en bataille, afin de marcher ensuite avec un corps réglé aux ennemis, ou pour les combattre, ou du moins pour les inquiéter dans leur retraite.

» J'étois présent au passage, qui fut hardi, vigoureux, plein d'éclat et glorieux pour la nation. »

» Vous aurez remarqué ces mots : « le passage qui fut *glorieux pour la nation.* » Louis XIV ne se donne que comme ayant été présent et reporte la gloire sur la nation même.

» Ne l'oublions pas, c'est un roi national que Louis XIV. »

Le passage du Rhin entre Arnheim et Nimègue rendait désormais inutile la présence de Guillaume d'Orange derrière l'Yssel : le jeune prince abandonna donc les positions où il s'était retranché dans la prévision d'une bataille et se replia sous Utrecht avec l'idée bien déterminée de défendre à outrance cette place.

Pendant cette retraite, l'armée française forçait l'une après l'autre toutes les places du Betaw. Ce fut d'abord le fort de Schenk, situé dans l'angle du Rhin et du Wahal, et qui tint vingt-quatre heures ; Knozemburg ; Arnheim, où l'on s'attendait à trouver quelque résistance et qui ouvrit ses portes sans tirer un coup de canon.

Ces succès rapides avaient produit dans toute la Hollande un trouble et une effervescence effrayante pour les États. Si Louis XIV, réunissant en un seul corps les détachements occupés à tenir garnison dans les nombreuses places conquises, avait alors marché sur Amsterdam, nul doute que la capitale de la Hollande n'eût ouvert ses portes.

Nul doute qu'il ne faille encore ici s'en prendre à Louvois : « Le prince de Condé et le maréchal de Turenne, dit l'auteur de l'*Histoire de Turenne*, avoient conseillé au roi, immédiatement après le passage du Rhin, de raser la plupart des places fortes que l'on prendroit et de ne garder que celles qui seroient nécessaires pour la conservation des conquêtes. Le Roi paraissoit goûter leurs conseils, mais Louvois, qui étoit d'un autre sentiment, fit conserver toutes les places fortifiées. Ainsi l'armée française fut presque épuisée par plus de cinquante garnisons. »

Le jour même de la prise du fort de Schenk, le maréchal de Turenne envoya le marquis de Rochefort avec cinq ou six mille hommes battre l'estrade entre la Haye et Amsterdam, rançonner et jeter la terreur dans ce pays, annonçant la prochaine arrivée du gros de l'armée française. A cette date, cette terreur était déjà à son comble : une lettre de Jean de Witt en donnera une juste idée :

« Monsieur mon frère,

» Ma dernière est du 18 courant. Nous avons depuis reçu votre lettre du 17 avec la liste des vaisseaux, frégates, yachts, brûlots, et l'indication des lieux où ces bâtiments se trouvent dans ce moment.

» Les choses vont ici, Dieu me pardonne, de mal en pis, et le pire des maux c'est une désobéissance et une effervescence presque générales parmi les habitants, tant dans les villes que dans le plat pays. C'est au point que la semaine passée, les bourgeois d'Utrecht ont enlevé avec violence les clefs de la ville aux bourgmestres, et se sont emparés des portes. Après avoir commis divers actes d'insubordination, ils ont refusé d'ouvrir les portes aux troupes des États de Son Altesse (1). Ceci dura pendant quelques jours; puis revenus à des sentiments plus calmes, quelques députés des États de cette province sont allés inviter Son Altesse à entrer dans la ville, ce qui eut lieu. Mais comme les habitants d'Utrecht n'ont pas voulu consentir à la démolition des faubourgs, et que cette circonstance rend la place incapable de se défendre, on a jugé convenable de faire replier les troupes revenues des villes situées sur l'Yssel, sur la province de Hollande, dans l'espoir de pouvoir s'en servir à la défense de cette contrée, conjointement avec les inondations qui y ont été pratiquées.

» Ces troupes consistent en sept régiments d'infanterie qu'on peut appeler dévalisés et ne formant au total que trois ou quatre mille fantassins et environ cinq mille chevaux.

» La ville d'Utrecht a envoyé des députés au prince de Condé pour capituler.

» Dans plusieurs villes de la Hollande le peuple s'est montré comme à Utrecht. Aussi les magistrats disent-il qu'on ne peut percevoir aucun impôt, même ceux qu avoient déjà été consentis.

» Les paysans s'opposent généralement dans les campagnes à l'ouverture des écluses et au percement des digues; mais depuis l'arrivée des troupes les inondations s'effectuent. Lorsqu'on somma hier les paysans de venir travailler sur le Rhin aux redoutes et au percement des digues, pas un homme ne s'est présenté. Les États de Hollande ont pris immédiatement une résolution sévère à ce sujet; mais, en attendant, le temps s'écoule et les travaux n'avancent point.

(1) Le prince d'Orange.

» Le fort de Knodsemburg près de Nimègue et la ville d'Arnheim se sont rendus la semaine dernière. Que le Tout-Puissant, dans sa miséricorde, nous préserve de nouveaux désastres ! (1) »

Cette lettre fait allusion à deux faits dont nous n'avons pas parlé encore, mais dont nous allons nous occuper : ces deux faits sont l'abandon de la ville d'Utrecht par le prince d'Orange, et les inondations.

Nous avons dit qu'après le passage du Rhin, le prince d'Orange s'était replié sous Utrecht, décidé à y faire une défense énergique, mais les États en décidèrent autrement, et malgré les insistances de Guillaume, Utrecht, pour les raisons énoncées dans la lettre de Corneille de Witt, dut être abandonné.

Pendant ce temps, le marquis de Rochefort, que nous avons vu quitter le camp du maréchal de Turenne, le jour de la prise du fort de Schenck, avait battu le pays entre l'Utrecht et l'Yssel, entrant successivement à Bunnik, Trybergen, Maren, Walkenburg, Genkel, Panpel, et s'était rabattu sur Doesburg dont Louis XIV faisait le siége.

Sur ces entrefaites, on apprit l'abandon d'Utrecht par le prince d'Orange. Utrecht abandonné, Amsterdam était découvert : Rochefort eut donc l'ordre d'aller reconnaître la capitale de la Hollande, et il partit pour sa nouvelle mission le 18 juin dans l'après-midi, muni des instructions de Louvois.

Le hardi partisan s'avança sans obstacles jusqu'à Amersford qu'il occupa le 19, envoya de là, le même jour,

(1) Cette lettre est du 20 juin 1672. On remarquera que Corneille de Witt parle déjà des inondations comme d'une chose faite depuis au moins vingt-quatre heures.

un parti de cinquante chevaux et de cent dragons commandés par M. de Rannes, avec ordre de s'emparer de Naerden et de la petite ville de Muyden, qui est à deux heures à peine d'Amsterdam.

Muyden fut occupé sans résistance et abandonné le soir même comme poste sans importance : on n'y trouva pas un caporal hollandais, mais le lendemain le prince Jean Maurice de Nassau-Siegen y entra avec trois régiments de cavalerie et un d'infanterie.

On conserve au Dépôt de la guerre l'original autographe du Rapport (1) adressé au Roi par le marquis de Rochefort sur cette hardie expédition qui l'amena aux portes d'Amsterdam.

On voit par cette pièce qu'en ordonnant à M. de Rannes de s'avancer jusqu'à Naerden et Muyden, le marquis ignorait complétement l'importance de cette dernière place : « Je viens, dit-il, d'envoyer M. de Rannes avec cinquante chevaux et cent dragons à Naerden, et *visiter le château de Muyden pour y mettre les dragons; car la ville ne se peut garder, mais le château est bien, à deux petites heures d'Amsterdam.* »

Or, il se trouva que Muyden était un poste de la plus haute importance, qu'à Muyden étaient les écluses permettant de mettre sous l'eau tout le pays en avant d'Amsterdam et que, par conséquent, en prenant Muyden on prévenait les inondations. Sans les inondations, la route était libre jusqu'à la capitale de la Hollande, et aucune force humaine ne pouvait plus empêcher Louis XIV d'aller y signer la paix.

Il se trouva encore que le 17 juin (2), Louis XIV avait

---

(1) *Dépôt de la guerre.* Tome 276, n° 96.

(2) Les dates sont ici très-importantes. Dans son *Histoire de Louvois*, M. Rous-

reçu du comte d'Estrades, notre ancien ambassadeur, une lettre où il était dit :

« Je reçois des avis que le peuple de la ville d'Utrecht a pris les armes contre ceux qui vouloient faire sortir leurs effets et leurs hardes, et même qu'ils les ont pillés...... S'ils peuvent sauver leurs biens et leur liberté, l'on peut juger qu'ils traiteront avec Votre Majesté et qu'ils se donneront à Elle.

» Par la prise de cette ville, Votre Majesté réduira la Hollande à tout ce qu'elle voudra, en ne perdant pas de temps, et *en envoyant un corps de troupes pour se saisir de Muyden*, où sont les écluses, *d'où il pourra pousser jusqu'aux portes d'Amsterdam, sans rien craindre*, et l'obliger même à traiter.....

» Connaissant la manière du gouvernement de la Hollande, comme je fais depuis plusieurs années, j'en puis parler à Votre Majesté avec plus de sûreté qu'un autre, et lui dire que, présupposé qu'elle s'empare d'Utrecht et *des lieux ci-dessus marqués*, elle pourra abolir la république. »

Il est déplorable que M. de Louvois ne se soit pas donné la peine de lire cette dépêche, ou du moins ne l'ait pas lue avec attention.

On ne saurait contester que cette lettre n'ait été la cause de l'expédition de M. de Rochefort, c'est-à-dire qu'elle ne soit arrivée avant le départ du marquis. De Wesel à Doësburg, on compte de dix-huit à vingt lieues : or, dix-huit à

sel a naturellement adopté celle du 18 d'après M. Mignet. Nous préférons nous tenir à celle du 17 donnée par un recueil intitulé : *Ambassades du comte d'Estrades, Amsterdam,* 1718, publié sur les pièces officielles fournies par la famille. M. Henri Martin s'est déclaré depuis longtemps en faveur de cette date du 17 juin et de ce recueil. Dans un récent travail sur Guillaume III et Louis XIV le baron Sirtema de Grovestins s'est tenu également à la date du 17.

vingt lieues pour un courrier de cabinet font quatre heures, cinq heures au plus : en adoptant même la date du 18 comme date de la lettre, on ne peut sauver Louvois de l'accusation de négligence, et d'une négligence impardonnable. Il est bien évident que Rochefort ne peut être compromis dans cette affaire : pour ses contemporains, pour Louis XIV même, Rochefort fut le vrai coupable : c'est que ni les uns ni l'autre n'eurent la lettre de d'Estrades avec laquelle l'histoire vient aujourd'hui rendre un jugement impartial.

Nous n'allons pas si loin que certains historiens d'un haut mérite et d'un jugement incontesté, qui à ce propos ont proféré le mot de trahison. Nous ne croyons pas qu'il y ait eu trahison froidement résolue et réellement délibérée, c'est, à notre avis, exagérer que de soupçonner Louvois de sentiments aussi infâmes. C'est bien assez qu'on puisse lui reprocher avec justice une négligence qui, par ses résultats funestes, eut toute la valeur de la trahison.

Si, au lieu de rester à Amersford où il n'y avait rien à faire, Rochefort se fût transporté le 19 avec sa cavalerie à Muyden, toute l'armée des États n'eût pas été capable de l'en déloger. Cette armée était à cette époque dans une désorganisation complète. Son effectif était dérisoire. A la date du 20 juin le prince de Nassau était arrivé, comme nous l'avons dit, à Muyden avec trois régiments de cavalerie et un régiment d'infanterie : la place de Gorkum avait été confiée au maréchal de Würtz qui disposait de quatre régiments, deux d'infanterie, deux de cavalerie; Goejaenwerwellenluis était défendu par quatre régiments de cavalerie et un d'infanterie commandés par le prince de Hoorn; Schonoven était gardé par le marquis de

Louvigny (1), ayant avec lui trois régiments, dont deux de cavalerie et un d'infanterie, enfin à Boodengraven, en arrière de Naerden, se tenait le prince d'Orange avec trois régiments de cavalerie et deux d'infanterie.

Rien ne peut mieux donner une idée de l'état de délâbrement dans lequel se trouvaient ces troupes que les lettres suivantes adressées de Muyden au prince d'Orange par le prince Jean de Nassau-Siegen qui couvrait Amsterdam.

Muyden, du 20 d'Juny, s. n. 1672.

« Monsieur, hyer messieurs les magistrats de la ville d'Amsterdam ont désiré me parler pour adjouster l'un et l'autre pour la défense du pays. Mais cela estoit de si longue durée que j'ay perdu vingt-quatre heures de temps; néantmoins *j'ay fait ouvrir tous les écluses*, ce qui nous fortifiera grandement; je n'ay ni canon, n'y amunition de guerre, ni palles (2); les paysans ordonnés pour le travaille sont tous fuiés, entre temps les ennemis ont occupé Amersfort et Naerden, *mesme ont ils cru occuper cette place icy;* mais percevant nos troupes, ils se sont retirés, nous les avons repoussés jusques dans la porte de Naerden, où ils ont fait grand feu; je crois fermement qu'ils nous attaqueront au premier jour, puisque la place est d'une grande étendue. J'ai prié messieurs les bourguemaistres d'Amsterdam de me prévoir de canon et autres nécessités; mais je doute fort qu'ils le feront, d'autant que je trouve un grand désordre dans la mesme ville... PS. Parce que je doute que le magistrat d'Amsterdam m'envoyera le susdit canon, il plaira à Vostre Altesse de mettre ordre que le canon, avec les nécessités requises, soit envoyé de la Haye icy. »

Il paraît que ni les munitions ni le canon n'arrivèrent,

(1) *Alias*, Louvignies.
(2) Balles.

car à la date du 22 juin nous trouvons une autre lettre qui est encore un cri de détresse. C'est toujours le prince de Nassau-Siegen qui parle.

« Je me trouve icy dans la plus grande perplexité du monde, d'autant que je n'ay qu'un régiment de cinq cens hommes pour défendre des places de trois heures de distance, dont Muyden seul requiert deux régiments, et cela encore sans pales ni amunition de guerre, quoyque je les ai demandé plusieurs fois de messieurs d'Amsterdam, mais en vain; quant on commande les troupes vers l'ennemy, qui se montre à tout moment, nos soldats cryent tout haut : « Nous n'avons n'y poudre n'y mêches. » On m'avait fait espérer d'avoir quatre ou six cens paisans pour travailler, je n'en ay pas un, tous se sont retirés la nuit, en sorte que je ne sais faire le moindre retranchement. »

Le jour même le prince de Nassau reçut enfin d'Amsterdam quelques munitions et il en rendit immédiatement compte au prince d'Orange, à la date du 23 juin; toutefois la situation demeurait toujours aussi sombre.

« Monsieur, ensuite de ma dernière, messieurs d'Amsterdam m'ont envoyé mille livres de poudre, mêches et palles à l'advenant et six pièces de canon à trois livres sur les affûts hauts un pied de la terre, très-bonnes pour boire des santées, sans canonier, point de pales n'y autres nécessité requises; je crois fermement qu'on me veut perdre icy, les ennemis ne laissent pas de nous éveiller avec des petites parties, ayant encore aujourd'hui tué deux des nostres..... »

« Les paisans de la province d'Utrecht se sont déclarés d'estre nos ennemys, prennent les armes contre nous et ont blessé deux de nos cavaliers : la moindre chose ne se passe icy que les ennemys à Naerden le sçavent aussitôt, et cela par nos propres habitants. Hyer, mé venu la compagnie du capitaine Raësvelt, qui a commandé à Steenveyk; si je pouvais avoir encore d'autres, il sera très-nécessaire, d'autant que nos soldats s'enfuient à cause de la fatigue des guardes et travaille, et tous ceux qui ont leur femme et enfants dans par l'ennemy prises s'en vont non obstant que je fais toute diligence imaginable pour l'empescher; mais ils s'en vont de nuict de leurs postes en sorte que je puis asseurer Vostre Altesse que je n'ai pas six cents hommes d'infanterie, contés dans la compagnie du sudit Raësvelt. Je n'auray jamais cru que de la ville d'Amsterdam, j'aurai eu si peu d'assistance, à grand'peine, m'ont-ils à la fin envoyié cinquante travaillieurs; jusqu'à cette heure-cy, je ne sceu obtenir le nombre de cent pelles pour faire travaillier les cavaliers; j'ay jugé d'estre nécessaire que Votre Altesse eût cognoissance jusques aux moindres choses, afin de ne point imputer que les défauts viennent de ma négligence. »

Une autre lettre d'une date postérieure trouvera sa place ici par le genre des détails qu'elle fournit : « Monsieur, l'ivrognerie parmi nos officiers domine si fort icy, qu'il n'est pas croyable, touts mes menaces sont vain, encore que je les ay faits prendre en arrest; *les capitaines n'ont point de honte de monter la garde touts souls;* je n'y vois plus de remède, si ce n'est que Votre Altesse me donne le pouvoir de les suspendre de leurs charges, jusqu'à ce qu'elle en ordonne autrement. Hyer au soir l'enseigne du capitaine Croelart, nommé Dick Johan van Sondenbalk, a tué le capitaine des armes de la même compagnie estant sou et sé sauvé, en sorte que cette place est vacante. » (1).

(1) Archives de la maison d'Orange. — Correspondance du prince de Nassau-Siegen, citée par le baron de Grovestins.

Le prince de Condé qui, tout malade qu'il fût, envoyait chaque jour un courrier d'Emerick à Doësburg, suppliait le Roi de ne point s'attarder à un siége sans importance, mais de marcher plus tôt résolûment sur une place dont la conquête terminait la guerre. « Il apprenoit dans son lit les succès du Roi; il demandoit sans cesse s'il étoit à Amsterdam. » Turenne joignait ses instances à celles du prince. Malheureusement Louvois n'était pas de cet avis; « les conseils de Louvois, opposés à l'avis des plus grands hommes de guerre de cette époque, paralysèrent les opérations de l'armée française. »

Ce fut un grand malheur pour Louis XIV et pour la France : au moment où l'on était près de mettre fin à une campagne où l'on ne comptait que des victoires, par une paix infiniment glorieuse pour le Roi et le pays, l'ambition d'un homme allait nous jeter dans de nouvelles luttes et faire massacrer encore sans résultat des milliers de braves gens.

CHAPITRE II

L'étude de l'histoire montre que la défaite a été souvent pour un peuple abâtardi par une civilisation malsaine, le berceau d'où il est sorti avec une jeunesse nouvelle, purgé de ses souillures passées et prêt à conquérir une prospérité nouvelle. Le commerce, c'est-à-dire l'amour du gain, du luxe, du bien-être, a toujours été l'occupation principale des nations qui tombent : les peuples jeunes, peu enclins à l'agio, sachant vivre de peu, ont toujours été les peuples conquérants. En 1672, avec ses richesses et son prestige qui avait semblé invincible, la Hollande venait de se voir réduite à néant : elle avait donné l'exemple d'une faiblesse morale, pire que son impuissance matérielle.

Alors devant cet affreux désastre qui, en deux mois leur enlevait le sol de la patrie, leurs richesses et jusqu'à leur nom, les Hollandais se séparèrent en deux camps : certains chez lesquels vibrait encore quelque sentiment énergique, quelque idée de foi et de patrie, pensèrent que tout ce qui était matière étant perdu, il fallait du moins mourir honorablement. Ceux-là déclarèrent qu'ils n'accepteraient de paix que celle qui garantirait le libre exercice de leur religion, leur autonomie absolue, l'intégrité du noyau des Provinces, c'est-à-dire qui ne céderait au vainqueur que les Provinces frontières disputées déjà par les Évêques-électeurs, l'Espagne, l'Empire et l'Électeur de Brandebourg : à la tête de ces hommes se plaçait Guillaume d'Orange.

Pour la première fois l'énergie du jeune prince allait apparaître d'une façon éclatante : il s'agissait pour la Hollande de vivre vassale et humiliée si elle faisait la paix, ou de tenter, en continuant la guerre, une lutte presque impossible.

Cette campagne de 1672 fut pour Guillaume cette occasion unique parfois dans la vie des hommes qui, saisie au bond, les fait grands et connus, ou, perdue, les laisse ignorés et obscurs.

Jusque-là les affaires des Provinces avaient été conduites par Jean de Witt avec une énergie et une habileté dignes d'éloges. Cette politique incontestablement remarquable, avait ramené au parti du Grand Pensionnaire nombre de membres influents du parti orangiste qui avaient vu avec peine reposer leurs espérances sur un jeune homme chétif, frêle, sauvage et comme à demi muet. Personne, si ce n'est Witt peut-être, n'avait deviné sous ces dehors peu brillants un esprit d'élite, une nature énergique, une volonté impossible à plier.

Ce fut dans le parti orangiste comme un coup de foudre, un revirement soudain des esprits quand on vit cet enfant presque méprisé et pris en pitié, être le seul de ses concitoyens que n'abattissent pas les malheurs inouïs de la Hollande, le seul qui dans ces circonstances terribles ne désespérât point de la patrie.

Avec Guillaume III, le parti militaire allait revenir au pouvoir en Hollande : ce parti, au milieu de difficultés sans nombre, devait sauver son pays.

En face de la noblesse et de l'armée décidées à ne déposer les armes qu'à la signature d'une paix honorable et conservant aux provinces l'intégrité du territoire, la liberté de son culte et l'autonomie du gouvernement, un autre parti, celui des bourgeois, inclinait à terminer la guerre moyennant n'importe quelles conditions.

A la tête de cette dernière faction était Jean de Witt.

De fait et au point de vue militaire, la continuation de la guerre paraissait impossible : Louis XIV était aux portes d'Amsterdam : le Brabant, la Gueldre, l'Over-Yssel, l'Utrecht, la Zélande, demeuraient aux mains des armées françaises ; les Provinces-Unies, réduites à la province de Hollande et à la Haye, n'existaient plus que de nom. Pourtant, quelque chose était plus triste encore que la situation militaire des Provinces, c'était l'état moral des esprits et la désunion qui régnait au sein même du gouvernement et des États-Généraux.

Ces États donnaient le plus funeste exemple de désaccord et de mésintelligence, alors que l'ennemi était aux portes, que le sol de la patrie était foulé par l'étranger, alors enfin que l'unité de l'action et de la délibération s'imposait au bon sens et au patriotisme et demeurait l'unique moyen de sauver la patrie. En ce moment apparut clairement l'infériorité du système de gouvernement oligarchique : l'oligarchie menait les provinces à l'anarchie et à la ruine quand le stathoudérat, c'est-à-dire la monarchie, les avait conduites à la grandeur, à la prospérité et à la victoire.

De Witt, avec toutes ses qualités, son bon sens, sa vertu

austère, apparaissait tel qu'il était au fond : un idéologue, point pratique, sans décision, sans énergie même, habile à conduire les hommes quand les hommes ne tirent point à la rène, mais impuissant à dompter une foule furieuse et à arrêter, quand il l'eût fallu à tout prix, des rébellions séditieuses. De Witt sentait que son pouvoir précaire n'avait plus, en Hollande, que des ennemis : la populace toujours ingrate et injuste lui reprochait les récentes défaites et les désastres du pays, et lui en demandait tout haut raison. A coup sûr le Grand Pensionnaire avait en partie la responsabilité de ces défaites, mais cette responsabilité, l'ingratitude populaire la rendait beaucoup plus considérable qu'elle n'était. De gros mots, des menaces, des outrages, étaient prononcés tout haut dans les clubs de carrefour et par les orateurs de taverne, quand il eût fallu à tout prix se grouper autour du gouvernement établi, demeurer uni pour être fort ; le peuple songeait à une révolution, estimant qu'un changement dans le gouvernement devait amener forcément un bien.

Les hommes sont toujours les mêmes ; les races succèdent aux races, les peuples aux peuples, mais le cœur humain ne change point ; l'instabilité est son fait : *populus novitatis amans*, écrivait Sénèque en parlant des Romains ; on le dirait encore avec autant de justesse des Hollandais de 1672, et de nos jours aussi de bien d'autres peuples qu'il ne convient point de citer ici.

A vrai dire, pourtant, le peuple, en cette circonstance, était conduit par un autre sentiment que par un désir irraisonné de révolution et de désordre. Les vieillards, les hommes mûrs même, ceux qui avaient connu Guillaume II et, sous lui, la Hollande forte et respectée, songeaient que le retour au stathoudérat était l'unique ressource qui restait au pays, si l'on voulait songer à continuer la guerre. L'érection en République des Provinces-Unies, saluée il y a vingt ans comme une ère de prospérité nouvelle, n'apparaissait plus que comme un soulèvement irrégulier, fait d'un petit nombre, que l'on expiait cruellement à cette heure. Ces mêmes hommes qui en 1651 s'étaient mis, de leur propre autorité, au pouvoir, n'apparaissaient que comme des factieux subissant aujourd'hui la peine du talion. Jean de Witt, homme intègre, intelligent et droit, politique adroit et habile à la conduite des affaires intérieures, avait su par une sage administration donner quelque légalité à l'*édit perpétuel*; mais en négligeant absolument l'armée et en donnant tous ses soins au commerce et à l'industrie il avait enlevé à son pays le moyen de se défendre en un jour donné contre les ambitions de l'étranger, et ce jour venait de se lever.

Dès lors, on oubliait ses services pour ne parler que de ses fautes, et c'est à ce sujet que nous ne pouvons nous empêcher de plaindre cet homme qui, malgré tous ses torts, avait droit encore à l'estime, à la considération et à la reconnaissance de ses concitoyens.

Nous l'avons dit, les États-Généraux donnaient à l'Europe un triste spectacle de dissensions intestines.

Avec de Witt, le Grand Pensionnaire, inclinant visiblement à la paix avec la France, un autre homme partageait les responsabilités de la mauvaise direction des affaires et du triste état dans lequel étaient plongées les provinces : cet homme était Fagel, l'ancien Pensionnaire de Harlem, qui était devenu en 1670 greffier supérieur des États-Généraux et secrétaire de la correspondance diplomatique.

Esprit rusé, subtil, ambitieux, Fagel avait été jadis chaud

partisan de l'Édit perpétuel, et s'était à cette époque rapproché de Jean de Witt, dont il était à vrai dire une créature. Le Grand Pensionnaire, trop honnête pour soupçonner ces ambitions hypocrites, en avait fait un homme important dans l'État en l'élevant à la seconde charge de la République.

C'était à Fagel, chargé, comme nous l'avons dit, de la correspondance diplomatique, qu'il fallait imputer en grande partie l'aigreur de nos relations avec la Hollande depuis 1669, et en dernier lieu la déclaration de guerre du Roi de France.

Comme de Witt, Fagel portait à la maison d'Orange une haine profonde, mais il différait du Grand Pensionnaire en ce qu'il savait faire taire cette haine quand elle allait être un obstacle à son ambition et à ses convoitises.

Nous l'avons dit, la Hollande, à la fin de juin 1672, était divisée en deux partis : celui de la guerre à outrance, mené par le prince d'Orange; celui de la paix à tout prix, conduit par Jean de Witt. Au fond, Fagel appartenait à ce dernier parti; toutefois il était trop clairvoyant pour ne pas s'apercevoir que la popularité du Grand Pensionnaire diminuait chaque jour, et, désireux d'avoir un pied dans les deux camps, il songea qu'il était temps de se rapprocher de Guillaume, dont les chances d'arriver au pouvoir grandissaient d'heure en heure. Tout récemment, il s'était vivement opposé à la décision des États conférant au prince le titre et les fonctions de Capitaine général de l'Union : il avait à se faire pardonner cette opposition, et il crut le moment arrivé de commencer sa volte-face.

Le 14 juin 1672, le Grand Pensionnaire ayant proposé aux États-Généraux d'envoyer au Roi de France des députés pour demander la paix, Fagel soutint publiquement le parti de la défense à outrance et reprocha à de Witt son découragement et sa faiblesse.

Après une discussion violente, la majorité donna cependant raison au Grand Pensionnaire et décida d'envoyer aux Rois de France et d'Angleterre des propositions en vue de la cessation des hostilités : ces propositions devaient être portées à Charles II par MM. van Halluyn et Dickvelt; par Pierre de Groot, de Nassau-Odick, Eeck et de Gendt à Louis XIV.

Le quartier général du Roi de France était alors au château de Keppel, et c'est là que le 22 juin 1672 les députés des Provinces s'abouchèrent avec les marquis de Louvois et de Pomponne.

S'il en faut croire les mémoires du temps, l'attitude de ces fiers républicains fut plus qu'humble devant les représentants du Roi, mais ce sera la honte éternelle de Louvois d'avoir abaissé encore par une réception hautaine et d'insolents discours des hommes que les malheurs inouïs de leur patrie rendaient assurément respectables. Louvois dit à de Groot que le Roi de France n'était disposé à faire la paix qu'autant que la Hollande consentirait à la cession de tout le pays conquis par Louis XIV, et au payement d'une indemnité pécuniaire couvrant tous les frais de la guerre, tant ceux de l'armée française que des armées alliées ; qu'en tout cas on ne pouvait entamer de négociations qu'avec des députés ayant plein pouvoir pour traiter sur de telles bases, et que l'on verrait plus tard, dans la discussion, s'il y avait lieu de modifier ces conditions.

De Groot répondit que les États-Généraux, en l'envoyant au Roi de France, lui et ses compagnons, n'avaient pas songé à de telles rigueurs; que ses instructions étaient incomplètes, et qu'il devait retourner à la Haye chercher des pouvoir plus étendus.

Il partit le lendemain.

Ce fut dans la capitale de la Hollande une stupéfaction générale suivie d'une explosion de colère quand on apprit la réception des ambassadeurs de l'Union et les exigences du marquis de Louvois. Jean de Witt sembla lui-même se révolter à l'idée de la cession de territoire réclamée par le vainqueur. Toutefois il encouragea de Groot à persister dans sa mission, comptant sur la loyauté de Louis XIV pour ne point anéantir totalement son pays.

De Groot se présenta donc aux États assemblés, et après avoir dépeint la situation militaire et politique de l'État sous les plus sombres couleurs, demanda aux députés de pleins pouvoirs pour la paix.

La discussion fut violente et la séance orageuse. Insultes, récriminations, outrages, menaces, tel fut le résumé de ces tristes débats. Les députés d'Amsterdam et d'Alkmaar se prononcèrent pour la guerre à outrance; Dordrecht, Harlem, Gorkum, Leyde, Schiedam, Delft, Schoonhoven, Edam, Purmerend, Medemblick, Munnikendam opinèrent pour la paix; Rotterdam, Gouda, Brielles, Enkhuisen et Horn s'abstinrent.

Devant cette dissidence, devant l'opposition des députés d'Amsterdam, l'abstention de villes aussi considérables que Rotterdam et Horn, de Groot demanda que le vote définitif fût renvoyé au lendemain, et cette motion fut acceptée.

Le lendemain vit un semblable orage et de nouveau une discussion passionnée; cependant l'absence des députés d'Amsterdam et des cinq villes de Frise, Groningue, Drenthe et Over-Yssel permit aux députés présents d'émettre à l'unanimité un vote conservant à de Groot et aux députés ses compagnons les pouvoirs nécessaires pour conclure la paix sur les bases suivantes :

1° Cession au Roi de France de Maestricht et de tout le pays appelé *la Généralité*.

2° Indemnité totale des frais de la guerre, tant pour la France que pour l'Angleterre et ses alliés.

3° Maintien de l'autonomie du reste des Provinces.

4° Maintien du culte protestant.

5° Maintien du Grand-Pensionnat.

6° Garantie donnée au prince d'Orange que ses biens particuliers lui seront conservés.

Cette dernière clause fait peu d'honneur au patriotisme de Guillaume, qui, au milieu des désastres de son pays, songeait du moins à sauver sa fortune personnelle et les biens de sa famille.

Ces conditions furent acceptées à la majorité de douze voix contre sept, c'est-à-dire à l'unanimité des députés présents.

Il était impossible pourtant de ne point communiquer aux provinces qui s'étaient abstenues une résolution qui liait leur sort aussi bien que celui de la Hollande. A Amsterdam, on semblait revenu à des sentiments plus pacifiques, quand, dans une séance de l'assemblée municipale, les conseillers, entraînés par le vieux bourgmestre Tulp, par Walkenier et le grand bailli Hasselaert, jurèrent de repousser toute condition de paix. « Serait-il possible, s'écria Walkenier, qu'aucun de nous fût assez lâche pour vouloir renoncer à cette précieuse liberté que nos ancêtres ont défendue avec tant de valeur par la guerre de quatre-vingts années, et qu'ils nous ont acquise au prix de tant de sang? Plus notre ville surpasse toutes les autres villes de la Hollande par l'avantage de la situation, ses moyens de défense, son artillerie, ses munitions de guerre et de bouche (1), et le nombre de ses habitants, plus nous sommes obligés de faire des efforts extraordinaires pour la défendre. Par ce moyen nous mettrons fin aux malheurs qui affligent l'État, nous le mettrons à l'abri du joug que veut lui imposer un monarque qui cherche à établir sa puissance aux dépens de la liberté de toutes les nations de l'Europe.

» Pourquoi ne serions-nous pas capables de rendre ce service à notre patrie? Amsterdam est-elle moins considérable que Dantzig et Copenhague? La première sauva la Pologne et l'autre le Danemark et la Norvége, en faisant tête à l'ennemi, auquel il ne restait plus que la conquête de ces deux villes à faire pour être maître de ces deux royaumes. La ville de Hambourg, isolée au milieu de tant d'ennemis qui portent envie à sa liberté, ne sait-elle pas la conserver?

» Imitons l'exemple de ces généreux défenseurs de leur liberté, et ne souffrons pas qu'on puisse jamais nous reprocher que par notre faute une si puissante ville se soit rendue esclave avant la destruction entière des autres villes de la Hollande; si nous devons périr, succombons du moins les derniers et ne nous soumettons au joug qu'on veut nous imposer que lorsqu'il ne nous restera plus aucun moyen de nous en garantir (2). »

« Il est temps, ajouta alors le grand baillif Hasselaert, il est temps de renoncer à l'esprit de parti et de faction. Bannissons toutes sortes de divisions. Unissons-nous plus étroitement que jamais. La question pour laquelle nous sommes aujourd'hui assemblés ne nous est point particu-

---

(1) Nous avons vu par les lettres du prince de Nassau-Siegen et de Jean de Witt que « cette artillerie, ces munitions de guerre et de bouche » se bornaient à fort peu de chose.

(2) *Histoire d'Amsterdam*, livre XIV.—BASNAGE, *Annales*, tome II, p. 243, citée par le baron de Grovestins.

lière, elle est commune à toute l'Europe. Il ne s'agit pas seulement ici de la conservation de nos villes ou de nos provinces. De la résolution que nous allons prendre dépend le malheur ou le bonheur de la chrétienté. Puisque la destinée de toutes les nations de l'Europe est entre vos mains, faisons en sorte qu'on ne puisse jamais reprocher à notre mémoire d'avoir négligé de mettre en œuvre ce qui pouvait affirmer le repos et la tranquillité de tant de peuples. Les désastres qui affligent notre patrie nous fournissent aujourd'hui une occasion de donner à toute la terre des preuves éclatantes de notre courage et de laisser à la postérité un monument éternel de notre fermeté. Agissons donc de concert, et faisons tout ce qui est en nous pour nous garantir du précipice où nos ennemis veulent nous entraîner (1). »

A vrai dire, Amsterdam fut la seule ville qui fit preuve de pareils sentiments et d'une aussi fière énergie; cependant quand le 26 juin les États assemblés en session extraordinaire notifièrent la résolution précédemment votée, les députés de Frise et de Zélande se joignirent à ceux d'Amsterdam et protestèrent qu'ils s'opposaient à toute concession. Un tumulte épouvantable s'en suivit et peu s'en fallut que ces graves magistrats ne quittassent leurs siéges curules pour en venir aux mains.

Le plus ancien député de la Frise, auquel appartenait la présidence (2), refusa de siéger, disant qu'il ne pouvait sanctionner une délibération absolument opposée à ce qu'il avait ordre de voter. Les députés d'Utrecht et de Zé-

---
(1) *Histoire d'Amsterdam*, livre XIV. — BASNAGE, *Annales*, tome II, p. 243, citée par le baron de Grovestins.
(2) La présidence des États avait lieu par semaine et était dévolue tous les huit jours à une province différente.

lande, dont le tour suivait, refusèrent également le fauteuil.

Devant cette opposition, la Hollande, bien que son tour ne lui donnât point la présidence, s'en empara pourtant et le vote eut lieu. De tristes scènes terminèrent cette séance : Fagel, qui comme greffier supérieur avait le contre-seing de tous les actes des États, refusa de signer la délibération, disant que la Hollande se substituait à l'Union et que l'acte n'était point valable. Ce refus amena une contestation violente entre Fagel et de Groot. Ce dernier n'attendait que ses pleins pouvoirs pour aller rejoindre ses collègues au quartier général de Louis XIV. « Partez, lui dit Fagel, partez, allez vendre votre patrie ; mais vous aurez de la peine à mettre l'acheteur en possession de ce que vous lui aurez vendu. » De Groot répliqua qu'il valait mieux sacrifier une partie que de perdre la totalité : « Vous espérez sauver vos terres », s'écria Fagel, « mais on y sèmera du sel, afin que leur stérilité apprenne à la troisième génération ce que vous avez fait, à l'ombre du plein pouvoir que vous vous faites délivrer. Quant à moi, j'aimerais mieux me laisser hacher menu que de me charger d'une pareille négociation. »

Quoi qu'il en fût, le vote avait eu lieu, et de Groot, investi de pouvoirs l'autorisant « à faire ce qu'il croirait nécessaire pour le service et le bien de l'État », partit pour Keppel, résolu à signer la paix à quelque condition que ce fût. Dès le soir même de son arrivée, il prévenait officiellement Louvois de son retour ; en conséquence, une entrevue fut décidée pour le lendemain, dans laquelle les premières bases d'une trêve, puis d'un traité définitif, devaient être posées : on pouvait croire que la guerre de Hollande était terminée.

Cependant, à la nouvelle du départ de de Groot pour le

camp français et des négociations entreprises à l'instigation de Witt, l'effervescence, qui avait gagné jusqu'au plus misérable village des provinces, s'accrut encore d'intensité, et sembla rendre quelque énergie à ce peuple que les lettres du prince de Nassau-Siegen nous montraient tout à l'heure si fatigué de la guerre, si apathique et si démoralisé. De Witt, déjà détesté et secrètement abhorré, ne put plus sortir de chez lui sans avoir à redouter de publics outrages et des insultes en pleine rue. L'ingratitude populaire devait aller plus loin.

Le 22 juin au soir, c'est-à-dire quelques jours avant les événements que nous venons de raconter, le Grand Pensionnaire fut attaqué dans une rue de la Haye par quatre hommes masqués qui le percèrent de coups de poignard et le laissèrent pour mort sur le carreau.

Recueilli par une patrouille et ramené chez lui, Jean de Witt, dont, par un hasard providentiel, les blessures n'étaient point mortelles, eut la force de dicter à un secrétaire une lettre aux États-Généraux détaillant le criminel attentat dont il venait d'être victime et demandant la poursuite des assassins.

Le cœur humain est ainsi fait, que de semblables violences exercées contre un homme abhorré et détesté aujourd'hui lui rendront demain sa popularité et sa faveur. Ce revirement des esprits eut lieu en partie à la nouvelle de la tentative d'assassinat dont venait d'être victime le Grand Pensionnaire. L'opinion publique réclama énergiquement la poursuite des coupables, et, à la suite d'une information minutieuse, un jeune homme nommé van der Graaf, fils d'un conseiller, fut arrêté et incarcéré.

Van der Graaf avoua son crime, fut condamné à mort et exécuté.

En vain on avait supplié de Witt d'intercéder pour le coupable : il demeura inflexible. En vain ses amis lui représentèrent que cette générosité pouvait lui rendre sa popularité perdue et assurer de nouveau son pouvoir aujourd'hui précaire ; lui-même sentait la vérité de ces remontrances, mais son honnêteté le trouva inflexible : « Le crime est là, répondit-il, van der Graaf mérite la mort ; justice doit être faite. L'impunité ne sert qu'à enhardir les scélérats et à en augmenter le nombre. Le peuple me hait sans raison, et je ne veux pas rechercher son amitié par une démarche que je blâme (1). »

La haine populaire un instant calmée par le crime de la Haye, reprit bientôt toute sa violence et de nouveau les jours du Grand-Pensionnaire furent en danger. Aussi bien ne fut-ce plus Jean de Witt seul qui fut menacé, mais son vieux père et son frère le grand-bailli Corneille, le vainqueur de Southwood-bay. La ville de Dordrecht, patrie de de Witt, vit d'ignobles scènes de pillage. « Déjà la multitude furieuse avait insulté de Witt père, qu'elle regardait comme le chef d'une faction dont ses deux fils étaient les plus fermes soutiens. Ce vieillard conservait, il est vrai, toute son antipathie contre la maison d'Orange et l'âge n'avait pas amorti chez lui d'anciennes rancunes politiques. Sa maison fut pillée, puis la populace effrénée courut à l'Hôtel de Ville où elle s'empara d'un tableau représentant l'expédition de Chatam. La tête du portrait principal, celui de Corneille de Witt, fut découpée et attachée au gibet (2). »

Tristes scènes, violences sans nom.

Quand une populace se porte contre un homme, contre le

---

(1) SANSON, *Histoire de Guillaume III*, t. II.
(2) Baron SIRTEMA DE GROVESTINS.

chef de l'État à de tels excès, la répression doit être énergique et prompte. Jean de Witt, dans l'affaire de Van der Graaf, avait tenté un dernier effort : aujourd'hui blessé et malade, loin des affaires et retenu forcément chez lui, il demeurait sans influence sur les États, qui, prévoyant sa chute, s'éloignaient de lui comme de quelqu'un voué à une disgrâce certaine.

Ce fut la petite ville de Veer en Zélande qui donna le signal de la révolution : elle força les magistrats à abolir l'Édit perpétuel et à proclamer Stathouder de Zélande Guillaume III, prince d'Orange.

Après Veer vint le tour de Dordrecht et de la Hollande. A la suite des troubles que nous avons signalés à Dordrecht, la populace s'était emparée des clefs des magasins d'armes; la foule se porta en masse à ces magasins, criant *A bas l'Édit perpétuel! Vive le prince d'Orange Stathouder! A bas de Witt!* Les magistrats eurent la main forcée, l'édit fut abrogé, et Guillaume fut invité à venir à Dordrecht recevoir du peuple même la consécration de la dignité souveraine.

Pendant qu'un exprès lui portait cette invitation, une triste scène avait lieu de nouveau dans la maison de Corneille de Witt.

Corneille de Witt était malade et dans son lit quand la populace déchaînée entoura sa maison, poussant des cris furieux et le menaçant de mort s'il se refusait à signer la décision du conseil municipal abolissant l'édit perpétuel; l'intrépide soldat opposa tout d'abord à ces factieux de formelles dénégations, mais enfin, cédant aux prières de sa femme et de ses enfants, de ses amis, il apposa son nom à l'acte qui décrétait la déchéance de son frère.

Ce fut dans les provinces comme une acclamation unanime en faveur de Guillaume III. Harlem, Delft, Amsterdam, Rotterdam proclamèrent immédiatement le prince stathouder de leurs provinces respectives, et, le 8 juillet 1672, les États généraux assemblés lui conférèrent le titre et les pouvoirs de stathouder, capitaine et amiral général de l'Union.

Ainsi sombraient sous la violence et dans une émeute populaire le coup d'État des bourgmestres et la faction de Louvestein.

C'était précisément le moment où de Groot rentrait à La Haye porteur des exigences du Roi de France.

Louis XIV, cédant aux conseils funestes de Louvois, avait rendu la paix impossible en exigeant de l'ennemi vaincu des conditions inacceptables ; au surplus, ces conditions eussent-elles été beaucoup plus douces, n'avaient guère à cette heure de chance d'être acceptées.

Louis XIV ne consentait à traiter que sur les bases suivantes :

Cession à la France :

1° De Maestricht et de tout le pays dit la Généralité;

2° De la ville de Delfzul (Groningue) et de vingt paroisses voisines de Groll, Breevort et Borkul;

3° De tout le territoire situé entre le Rhin, le Leck et les Pays-Bas espagnols.

4° Vingt-quatre millions de livres en indemnité des frais de guerre;

5° Envoi annuel d'une ambassade des principaux des États pour reconnaître que la République ne tenait son existence que de la générosité du Roi de France;

6° Liberté entière pour tout sujet français de voyager et de trafiquer en Hollande, sans contrôle ni examen;

7° Retrait des ordonnances de prohibition édictées depuis 1662, visant le commerce et les navires français.

En même temps que de Groot apportait aux États le dernier mot du roi de France, ceux-ci recevaient de Charles II la notification des conditions imposées par la Grande-Bretagne. Ces conditions n'étaient ni moins dures ni moins humiliantes que celles envoyées par Louvois.

La lettre de Charles II portait en substance :

1° Que le stathoudérat devait être rétabli en faveur du prince d'Orange et déclaré héréditaire dans sa famille de mâle en mâle;

2° Que les ports de la Brielle à l'embouchure de la Meuse, de Flessingue et de l'Ecluse en Zélande, à l'embouchure de l'Escaut, devaient être livrés à la flotte anglaise;

3° Que cette flotte aurait le droit au salut du pavillon des États;

4° Que l'Angleterre recevrait une indemnité de 2 500 000 livres (françaises) pour droit de pêche sur ses côtes et de 12 500 000 autres livres pour indemnité de guerre.

Une note explicative de la première clause portait qu'au cas de minorité du stathouder, la régence appartiendrait au roi d'Angleterre et aux États avec égal pouvoir.

Guillaume III, qui depuis plusieurs mois négociait avec Charles II pour détacher ce prince de l'alliance française, fut vivement surpris de voir la rigidité de pareilles exigences. A part la première clause, les conditions de la Grande-Bretagne étaient aussi inacceptables que celles du roi de France : les États et Guillaume III refusèrent les unes et les autres.

Ce rejet était ainsi conçu :

« Ayant été délibéré sur les conditions de paix proposées par le seigneur roi d'Angleterre et le seigneur roi de France, après avoir pris le très-prudent avis de Son

Altesse, il a été trouvé bon et arrêté de déclarer par les présentes que, bien que Leurs Hautes Puissances fussent très-aises de voir la paix rétablie entre lesdits seigneurs rois de France et de la Grande-Bretagne et cet Etat, néanmoins les conditions dont il vient d'être parlé sont si dures et si insupportables, que Leurs Hautes Puissances ne se pourront jamais résoudre à les accepter, mais qu'elles se trouvent forcées de défendre cet État et ses habitants de tout leur pouvoir (1). »

Ouvertement c'en était fait du parti de la paix, mais en secret et par des agents officieux on négociait encore et l'on n'était pas loin d'arriver à une entente. On se tromperait beaucoup en croyant que les relations diplomatiques entretenues à cette époque par Guillaume III et par de Witt eussent le caractère de négociations faites au nom d'un peuple par son souverain.

La mission de de Groot terminée, les pourparlers furent repris d'un côté entre Charles II et Guillaume d'Orange, de l'autre entre Louvois et le Grand Pensionnaire.

Ce n'est point un des faits les moins curieux de l'histoire de cette époque, que de voir ces deux Hollandais, si différents par leurs principes, leurs idées, leurs vues politiques, leurs ambitions diverses, réunis, ou pour mieux dire agissant à part, mais sur un même terrain, pour garder la puissance souveraine.

On ne saurait pourtant douter qu'il n'y eût plus d'honnêteté politique dans le Grand Pensionnaire que dans le Stathouder.

Nous avons vu ce dernier faire inscrire au nombre des conditions proposées à Louis XIV celle du maintien des

(1) Baron SIRTEMA DE GROVESTINS, t. II, p. 385

biens de la maison d'Orange ; également dans les conditions signifiées par Charles II, nous trouvons la réintégration de la maison d'Orange dans tous ses honneurs et dignités, et en particulier en celle du stathoudérat déclaré héréditaire de mâle en mâle dans cette famille.

Rien de semblable n'apparaît dans les relations de de Wit avec Louvois et Luxembourg ; ce qui est prouvé, au contraire, c'est que derrière l'armée et la noblesse qui formaient la classe honorable mais peu nombreuse du parti orangiste, classe obéissant aux conseils du patriotisme le plus élevé et du plus grand désintéressement, en arrière, disons-nous, venait une *queue* misérable et criminelle qui devait bientôt se porter aux derniers excès.

A la date du 8 août 1672, Stouppe, l'agent de Louvois, écrivait d'Utrecht à son ministre : « Le bas peuple et la canaille sont ici en très-grand nombre et ils sont aussi fort affectionnés à ce même prince (d'Orange).

» Les magistrats, les honnêtes gens et les bourgeois sont de la faction de M. de Witt, fort opposés au parti du prince ; ils ont montré grand déplaisir de le voir établi dans le poste où il est, parce qu'ils craignent qu'il se servira de la puissance du roi d'Angleterre pour les soumettre à sa domination, et que par ce moyen ils seraient aussi esclaves des Anglais qu'ils considèrent comme leurs ennemis, qui veulent les détruire absolument, pour se rendre maîtres de tout le commerce (1). »

La dernière phrase du mémoire de Stouppe montre que si attentif que fût le prince d'Orange à dissimuler ses rela-

---

(1) *Campagne de Hollande en* MDCLXXII, *sous les ordres de Mgr* LE DUC DE LUXEMBOURG, etc., à la Haye, chez Pierre de Hondt, 1759, page 118. Stouppe écrivant à Louvois à la date du 8 août 1672, joint à sa lettre une pièce intitulée *Mémoire touchant l'état de la ville d'Utrecht*. C'est de ce mémoire qu'est tirée notre citation.

tions avec Charles II, ces relations n'en étaient pas moins connues ou soupçonnées.

Le stathouder entretenait à Londres un agent officieux appelé de Reede ou de Wrède, qui, en cherchant à détourner Charles II de l'alliance du roi de France, devait, en cas où les provinces eussent été réduites à capituler à merci, sauver du moins la maison d'Orange et le stathoudérat.

Malgré le traité conclu avec Louis XIV, le roi d'Angleterre conservait pour son neveu une très-réelle et très-vive affection, séparant les intérêts des provinces de ceux du stathouder, voulant grandir et accroître ces derniers, détruire ou affaiblir autant que possible les autres.

Le 28 juillet, c'est-à-dire quelques jours avant que Stouppe n'écrivît son mémoire, Charles II écrivait à Guillaume d'Orange la lettre suivante (1) :

« Mon neveu, Monsieur de Reede, m'ayant fait rapport du mauvais état auquel vous étiez, j'en ai été extrêmement déplaisant; mais ce qui m'afflige le plus, c'est qu'il semble que vous avez quelques appréhensions que je vous porte moins d'affection que je n'ai fait par le passé. Je vous prie d'être pleinement persuadé que ce sont des appréhensions sans aucun fondement et hors toute raison, parce qu'au contraire j'ai toujours la même tendresse et le même respect pour votre personne que j'aie jamais eu, tant au regard de votre propre dignité qu'au regard du sang dont nous participons tous deux. Je n'ai non plus oublié aucun des bons services que votre père m'a rendus pendant sa vie, dont l'obligation demeurera toujours gravée dans mon cœur. Je vous prie de croire, quoique l'état présent des affaires ne m'ait pas permis de correspondre avec vous et de vous

---

(1) BASNAGE, *Annales des Provinces-Unies*, t. II, page 351.

communiquer mes desseins et mes traités, que, dans toutes ces négociations que j'ai eues avec le Roi Très-Chrétien, j'ai toujours tâché d'avancer vos intérêts autant que la nature de la chose me l'a pu permettre en quelque façon.

» Les insolences et continuelles machinations contre moi de ceux qui ont eu depuis quelque temps en ça, si grande part au gouvernement des Provinces-Unies, m'ont obligé de m'allier avec le Roi Très-Chrétien qui a le même sujet de plainte contre eux, afin d'abattre l'orgueil insupportable de la faction de Louvestein, et de nous assurer à l'avenir contre des insultes de cette nature. La confiance que j'ai en l'alliance du Roi Très-Chrétien, l'affection qu'il a pour votre personne et l'aversion contre ceux qui ont fait voir qu'ils étaient mes ennemis aussi bien que les vôtres, me promettent une bonne issue de tous ces troubles à votre égard, et si les habitants de ces provinces eussent considéré leur faute à temps et vous eussent conféré la même autorité et dignité dont vos illustres ancêtres ont été si longtemps et si dignement pourvus, le Roi Très-Chrétien et moi serions sans doute demeurés dans une parfaite amitié avec elles.

» Néanmoins, je suis extrêmement satisfait de ce que le peuple de ces provinces a fait dernièrement en votre faveur, en vous ayant élu pour leur gouverneur général, et lorsque j'aurai vu que les affaires auront été mises en un tel état, qu'il ne sera plus au pouvoir de cette faction violente, ou d'aucune autre aussi malicieuse, de dissoudre ou de rendre infructueux ce qu'on a fait présentement, et que je pourrai délivrer mes sujets des oppressions et des injures qu'ils ont été obligés de souffrir si longtemps, je tâcherai de protéger vous et vos amis, et ferai tous mes efforts auprès de mon bon frère le Roi Très-Chrétien, de donner une telle fin à tous ces troubles que tout le monde pourra voir le soin particulier que j'ai de votre personne et quel égard j'aurai, pour l'amour de vous, à l'intérêt des Provinces-Unies. Enfin je puis vous assurer que vous serez contraint de croire fermement que j'ai toujours eu l'affection et l'inclination imaginable, et telle que vous le pouvez souhaiter pour votre bien (1). »

Cette lettre est remarquable en ce qu'on y voit clairement la différence établie par Louis XIV et Charles II entre le prince d'Orange et les Provinces-Unies. Pour les deux rois chrétiens, les provinces sont des États en rébellion qu'il faut replacer sous le sceptre de leur souverain légitime; Guillaume III est un prince déshérité qu'il convient de réintégrer dans la dignité de ses ancêtres. Il se trouva que par une ambition peu commune, ce déshérité crut bon de passer du côté des révoltés pour lutter avec eux contre ceux qui ne lui voulaient que du bien. Une telle conduite, qui eût pu amener sa ruine, fut au contraire la cause première de son prestige et de sa grandeur. Mais il convient de ne pas fausser en ce point l'histoire, de ne pas oublier que Charles II et Louis XIV n'avaient point contre Guillaume les ressentiments qui les animaient contre les Provinces, et de bien comprendre enfin que le stathouder, qui devait être pendant trente ans le brandon des discordes européennes, eût pu, avec des vues pacifiques et avec une ambition moins grande, éviter à des peuples déjà

---

(1) Cette lettre, citée également par le baron de Grovestins, y est appréciée d'une façon qui nous paraît aussi fausse que passionnée : « Il (Charles II) *y affectait*, dit M. de Grovestins, de ne chercher que le bien de son neveu... C'est bien là l'esprit de la famille des Stuarts qui parle : l'astuce ayant recours aux bonnes paroles, le traître se faisant bonhomme... » Et plus loin : « La lettre de Charles II n'est donc qu'un monument de la conduite artificieuse de ce prince. » Comme nous le disons plus loin, la lettre de Charles II est toute de bonne foi.

épuisés, les campagnes de 1672 à 1678, la guerre de la ligue d'Augsbourg et celle peut-être de la Succession d'Espagne.

Pendant qu'il négociait en secret avec Charles II, Guillaume III, soutenu par la faveur populaire, poursuivait ouvertement l'anéantissement de la faction de Louvestein et l'attaquait surtout dans son principal et premier représentant : le Grand Pensionnaire.

Déjà en butte, ainsi que nous l'avons exposé plus haut, à toutes les haines de la foule et de cette *canaille* dont parlait Stouppe à Louvois, Jean de Witt se vit bientôt inculpé tout haut de péculat. Ce grand homme, dont l'intégrité et l'austérité étaient les vertus premières, fut accablé d'une accusation pareille : il écrivit au prince d'Orange pour lui demander une lettre démentant de telles calomnies. Il se plaignait aussi qu'on accumulât sur sa tête les responsabilités des malheurs de la patrie et qu'on fît uniquement peser sur lui le triste état dans lequel s'était trouvée l'armée au commencement de la guerre.

Sur ce dernier point, malheureusement, il n'était guère justifiable.

Quant au crime de péculat, il réfuta l'accusation mensongère en termes si convaincus, que les honnêtes gens ne purent avoir aucuns doutes ; mais quant à obtenir de Guillaume une réponse catégorique, il n'y arriva point.

Le Stathouder n'avait point la franchise et la loyauté qui se plaisent à honorer un ennemi vaincu ; il avait là une trop belle occasion de frapper de Witt pour ne la point saisir avec rapidité ; il écrivit au Grand Pensionnaire en termes incertains et vagues, disant que « pour ce qui était du maniement des deniers de la correspondance secrète, il ne pouvait rien lui dire là-dessus, sinon qu'il n'en avait aucune connaissance et que messieurs les députés de l'État en pouvaient donner meilleur témoignage qu'un autre. »

Cette réponse perfide fut le dernier coup porté au pouvoir de Jean de Witt. La populace l'expliqua à son gré, suivant que sait faire la haine, quand la passion est seule juge et la partialité unique conseillère : de Witt comprit que son rôle politique était terminé, qu'il avait en Guillaume III un ennemi trop acharné et trop fort pour qu'il pût lutter : il résolut de donner sa démission.

Le 4 août il déposait cette démission entre les mains des États de Hollande qui l'acceptèrent.

Quatre jours après, Fagel, l'intrigant dont nous avons parlé, lui succédait.

Ainsi s'en allait de Witt, victime de l'ingratitude populaire et de l'ambition d'un homme sans préjugés. La lettre dans laquelle il annonce sa démission à Ruyter est d'une grandeur admirable. Cette simplicité, ce calme modeste, ces regrets exprimés sans amertume constituent une page comparable, à notre avis, aux plus beaux morceaux de ce genre que nous a légués l'antiquité. « La prise des villes sur le Rhin en si peu de temps, dit-il, l'irruption de l'ennemi jusqu'aux bords de l'Yssel et la perte totale des provinces de Gueldres, d'Utrecht et d'Over-Yssel presque sans résistance, et par une lâcheté inouïe, si ce n'est par trahison de la part de quelques-uns, m'ont, de plus en plus, confirmé la vérité de ce qu'on appliqua autrefois à la république romaine : *Prospera omnes sibi vindicant, adversa uni imputantur*. C'est ce que j'ai éprouvé moi-même. Le peuple de la Hollande ne m'a pas seulement chargé de tous les désastres et de toutes les calamités survenus à notre république, il ne s'est point contenté de me voir tombé, désarmé et sans défense entre les mains de quatre individus qui avaient l'intention de me massacrer, mais lorsque par un effet de la providence divine j'ai échappé aux coups des assassins et que j'ai été guéri de mes blessures, il a pris une haine violente contre ceux de ses magistrats qu'il croyait avoir le plus de part dans la direction des affaires publiques. C'est principalement contre moi que cette haine s'est manifestée, quoique je n'aie été qu'un serviteur de l'État. C'est ce qui m'a obligé à demander ma démission de la charge de Grand Pensionnaire. »

Au surplus cette démission et le retour dans la vie privée de ce grand citoyen, revêtu hier des plus hautes dignités de l'État, ne suffisait plus à la haine de ses ennemis. Il lui fallait pour trouver le calme, sinon l'oubli, se réfugier dans la mort, ce suprême asile que les haines humaines ne sauraient plus franchir que par la calomnie. Tout ce qui portait le nom de Witt semblait également abhorré, et le grand-bailli Corneille, dont nous avons déjà vu plus haut la maison envahie et la vie menacée, allait subir encore un autre outrage.

Soudoyé par on ne sait quels infâmes, un misérable, le chirurgien Tichelaar, de Putten, déposa devant les États qu'il avait reçu de Corneille de Witt promesse d'une place et de trente mille florins pour assassiner le Stathouder.

On ajouta foi, on fit semblant d'ajouter foi aux calomnies de Tichelaar, et malgré que Corneille de Witt ne fût justiciable que des magistrats de Dordrecht, les États de La Haye évoquèrent l'affaire, sous prétexte qu'elle intéressait non point une seule province, mais la république tout entière.

Tichelaar, interrogé, soutint sa déposition avec une effronterie peu commune, et alla jusqu'à demander d'être soumis à la question comme Corneille.

Il eût été généreux de la part de Guillaume d'Orange de s'interposer en cette affaire et de prendre fait et cause

7

pour un homme comme Corneille de Witt. Il ne le fit point.

Son âme jalouse et mesquine se plaisait à voir en une telle infortune, si atroce et si injuste qu'elle fût, le frère de celui qu'il estimait son mortel ennemi.

Corneille de Witt, le glorieux soldat qui cinq ans auparavant avait conduit à Chatam, conjointement avec Ruyter, les vaisseaux hollandais victorieux, fut soumis à la question comme le dernier des misérables.

Mais quand, sous l'effort du treuil bandé par le bourreau, ses chairs distendues se déchiraient et ses os craquaient, impassible, il protesta de son innocence, cita ses juges à comparoir devant le tribunal de Dieu ; puis, quand la souffrance atteignit son paroxysme, ses lèvres s'ouvrirent encore une fois, mais pour réciter la magnifique ode d'Horace, qui trouvait en lui-même une fatale et terrible application.

> Justum et tenacem propositi virum,
> Non civium ardor prava jubentium,
> Non vultus instantis tyranni
> Mente quatit solidâ : neque Auster
> Dux inquieti turbidus Adriæ
> Nec fulminantis magna Jovis manus.
> Si fractus illabatur orbis
> Impavidum ferient ruinæ (1).

Bien qu'on n'eût arraché à Corneille aucun aveu, et qu'on n'eût entendu aucun témoin à charge confirmant le dire de Tichelaar, les États ne craignirent point de con-

---

(1) Q. HORATII FLACCI *odarum liber III.. Virum sapientem nihil extimescere.* « L'honnête homme, ferme en ses résolutions, ne saurait changer de sentiment pour obéir aux exigences injustes d'une populace déchaînée ; il ne se laisse point intimider par la présence ou les menaces d'un tyran : ni la tempête qui bouleverse la mer Adriatique, ni les foudres redoutables de Jupiter ne sauraient ébranler sa fermeté. Le monde entier s'écroulerait sur lui que ses décombres l'écraseraient sans l'effrayer. »

damner au bannissement un homme dont le seul crime était de porter un nom antipathique à la foule.

Corneille fut reconduit en prison, et c'est là seulement qu'on lui lut sa sentence. Cet homme que n'avaient point ému la torture ni les affreux traitements du bourreau, trouva d'énergiques paroles pour flétrir la condamnation inique qui le frappait honnête et innocent ; il se plaignit surtout qu'on ne lui eût point signifié son arrêt à l'audience, ainsi que le voulait la loi. Mais quel est celui de ses juges qui eût osé affronter le regard de cette victime des haines populaires?

A peine Corneille de Witt avait-il été réintégré dans son cachot, qu'une populace avinée et immonde entoura la prison, poussant des cris de mort et vociférant des injures. Ce sera l'opprobre éternel de Guillaume III que ces mêmes misérables aient entremêlé leurs invectives de hourras et de vivats en faveur du nouveau Stathouder.

Le prince d'Orange avait depuis longtemps connaissance du mauvais vouloir de la populace envers les de Witt; il eût dû comprendre que son devoir et son honneur, que le respect qu'il se devait à lui-même, à son nom, à celui de sa patrie, l'obligeaient à protéger contre des haines sans cause et sans fondement les deux premiers citoyens de la république. — Il n'en fit rien.

Pendant ce temps, l'émeute grandissait dans La Haye et s'augmentait d'instant en instant de cette tourbe immonde qui grouille les jours d'émeute par les rues et autour des Hôtels de ville. Jean de Witt, attiré dans la prison par un message supposé, trouva son frère sur son lit de souffrance. Après le courage et la fermeté d'âme dont avait fait preuve Corneille à l'audience, la nature, faible et brisée, reprenait ses droits : le torturé gisait sur son grabat sans force et presque sans vie.

Il se releva pourtant à l'entrée du Grand Pensionnaire, et, comprenant que ce dernier était victime d'un affreux guet-apens : « Mon frère-aimé, lui dit-il, que venez-vous faire ici? »

Au dehors, la populace rugissait, affolée et ivre de sang : les menaces, les injures, les provocations arrivaient aux deux frères, mal arrêtées par l'épaisseur des murailles. Corneille et Jean de Witt se préparèrent à la mort.

En ce moment le bruit courut dans la foule que plusieurs milliers de paysans marchaient sur la ville pour piller les maisons et délivrer les de Witt. Le comte de Tilly, qui à la tête de quelques cavaliers gardait la prison et avait pu jusqu'alors empêcher les émeutiers de forcer les portes, fut requis d'aller au-devant de la prétendue attaque pour s'y opposer et protéger la ville. Il s'y refusa tout d'abord, sentant bien que son départ était l'arrêt de mort des deux prisonniers. Mais de toutes les rues les rebelles recevaient du renfort, et Tilly se voyait près d'être forcé ; d'un autre côté, il savait que le Stathouder avait été mandé, et il pouvait supposer que le prince arriverait à temps pour prévenir une catastrophe ; il réunit donc ses hommes, et, vidant la place, se porta au-devant d'un ennemi imaginaire.

Alors se passa une de ces scènes ignobles qui sont la honte non point du seul peuple qui les fomente, mais aussi bien de l'humanité. En un instant la populace furieuse enfonce les portes de la prison, arrive en hurlant des menaces atroces jusqu'à la chambre renfermant les de Witt ; les serrures sautent sous l'effort de ces misérables qui reculent tout d'abord devant le calme de leurs victimes, mais c'est l'arrêt d'un instant : « Tu vas mourir », dit un forcené à Corneille, et il assène sur la tête du grand bailli un coup de crosse de mousquet. Jean de Witt et son frère sont entraînés hors de la prison, poussés à coups de piques, de mousquets ou de pertuisanes, de corridors en corridors, d'escaliers en escaliers. Arrivés sur le perron, à la vue du reste de la foule, la populace les accueille par des sifflets, des huées et d'horribles imprécations. Jean de Witt veut parler, mais un coup de crosse le précipite à terre, il tombe en avant sur le visage ; en même temps Corneille, qui ne pouvait plus se soutenir, reçoit dans les reins un coup de hallebarde ; il tombe sur les genoux et s'affaisse bientôt complétement. C'est le signal d'une véritable boucherie : les assassins se précipitent sur les deux victimes, chacun veut donner aux cadavres son coup de mousquet, de pique ou de couteau ; en un instant Corneille et Jean de Witt sont déchirés en lambeaux, mis à nus, et n'offrent bientôt plus que des restes n'ayant presque plus vestige de forme humaine.

« Après que les deux frères eurent rendu l'âme, on déchira leurs habits en mille morceaux. On traîna leurs corps nus au lieu où se font les exécutions ; on les pendit par les pieds ; on leur coupa le nez, les oreilles et les doigts, qu'on exposa ensuite en vente par toute la ville ; on leur arracha les entrailles. Enfin quelques-uns passèrent jusqu'à cet excès d'inhumanité de prendre des morceaux de leur chair et de les manger, tant était enragée la brutalité du peuple (1). »

(1) *Histoire de Guillaume III, roi de la Grande-Bretagne.* — *Tome premier, contenant ce qui s'est passé depuis la naissance de ce prince jusqu'à la réduction de l'Irlande.* — A Amsterdam, chez Pierre Brunel, sur le Dam, *à la Bible d'or.* — 1703.

Cet ouvrage en deux volumes, imprimé sans nom d'auteur, est dû, pensons-nous, à Abel Boyer le lexicographe. Abel Boyer quitta la France à la révocation de l'édit de Nantes, alla à Genève, puis en Angleterre où il mourut en 1729, après un séjour de quarante ans. C'était un fervent admirateur de Guillaume III, qu'il défend très-chaudement d'avoir pris part à la mort des de Witt : les lignes que nous avons citées tirent de là même un intérêt particulier. — Il était né à Castres, en 1664, et composa divers ouvrages, entre autres le *Dictionnaire anglais* si souvent réimprimé depuis.

Ainsi périrent deux grands citoyens, victimes du peuple dont ils avaient pendant plus de vingt ans défendu les droits et dirigé les affaires.

L'histoire n'a jamais enregistré que des éloges au compte de Corneille de Witt, qui, peu mêlé à la politique, n'avait paru au pouvoir que comme un militaire habile, honnête et énergique. Il n'en est point de même de son frère le Grand Pensionnaire.

S'il ne s'est trouvé personne qui n'ait protesté d'une façon absolue et indignée contre sa mort si digne de commisération et de pitié, il s'est rencontré des historiens et des écrivains qui ont prétendu trouver dans Jean de Witt la personnification de l'ambition politique, sacrifiant jusqu'à l'existence de la patrie à la conservation de leur pouvoir éphémère.

Ces historiens, Hollandais pour la plupart, reprochent vivement au Grand Pensionnaire l'ambassade de Grootius comme une faiblesse et une lâcheté. A les entendre, Jean de Witt n'aurait fait à Louis XIV des propositions de paix que par la crainte où il se trouvait de voir la défaite des États mettre aux mains de Guillaume III le souverain pouvoir. A notre avis, une telle manière de voir est erronée. Sans examiner si une telle thèse n'est point soutenue au profit et pour le besoin d'idées politiques toutes modernes, il nous semble impossible d'admettre qu'avec le caractère bien connu de Jean de Witt, qu'après une administration de vingt années, intègre, habile et honnête, enfin que dans l'état de désarroi où se trouvaient les provinces au mois de juin 1672, le Grand Pensionnaire ne crût pas, en toute conscience, agir pour le meilleur bien de l'État en proposant la paix au roi de France, même aux plus dures conditions.

La mort de Jean de Witt devait, en tout cas, lui faire pardonner bien des fautes. C'est encore un problème que n'a pu résoudre l'histoire que de savoir quelle avait été la part de Guillaume III dans cette catastrophe. Sa responsabilité paraît néanmoins y être considérable, si l'on considère l'amnistie accordée par le prince aux assassins, et en particulier la libéralité dont il combla le chirurgien Tichelaar. De tels crimes souillent la plus belle vie, et la mort de Jean de Witt reste une ineffaçable tache dans l'histoire de Guillaume III.

Pendant que les excès populaires que nous venons de raconter se passaient à Dordrecht et à La Haye, les négociations allaient leur train par l'Europe. Excités par le nouveau Stathouder, l'Empire et l'Empereur Léopold, l'Électeur de Brandebourg, le Roi de Danemark, le Landgrave de Hesse-Cassel et le Duc de Brunswick se liguaient en une coalition formidable dirigée contre Louis XIV. Du 13 au 23 juin fut rédigé le premier traité entre l'Empereur Léopold et l'Électeur de Brandebourg ; le second, du 25 juillet, était passé entre les États généraux et l'Empereur, le troisième, du 12 au 22 septembre, unissait l'Empereur, le Roi de Danemark, le Landgrave de Hesse-Cassel, le Duc de Brunswick et l'Électeur de Brandebourg.

En vain une diplomatie habile, Vauguyon à Berlin, le chevalier de Grémonville à Vienne, avaient-ils essayé de conjurer cet orage et d'isoler, comme au commencement de 1672, les Provinces-Unies des autres États de l'Europe. Grâce à l'activité de Guillaume III, grâce à la haine de l'électeur de Brandebourg pour le nom français, une véritable ligue était formée contre Louis XIV, qui, constituée soi-disant pour le maintien des traités de Westphalie, des Pyrénées et d'Aix-la-Chapelle, n'avait de but en réalité que de saper la suprématie du grand roi et la prépondérance éclatante de la France sur'le continent.

Mais avant d'aller plus loin, il ne sera pas inutile de nous arrêter quelques instants pour voir quelle avait été la conduite de Louis XIV depuis le passage du Rhin et les résolutions prises dans les conseils du roi de France touchant la manière de continuer la guerre et de s'assurer la victoire.

On se souvient que le prince de Condé avait été blessé au passage du Rhin. Transporté d'abord à Emerik, puis à Utrecht, le grand homme de guerre était incapable encore de reprendre la direction des armées ; à sa blessure s'étaient joints d'abord un érysipèle fort grave, puis une attaque de goutte qui le força à garder presque constamment le lit.

Louis XIV, qui dès les premiers jours de juillet avait formé le projet de rentrer en France, eut avec Turenne, Condé et Louvois, de nombreuses conférences où furent discutées les mesures à prendre en vue de la bonne continuation de la guerre.

Comme cela s'était passé déjà au moment de l'invasion de la Hollande, à propos du siége de Maestricht, de vives discussions s'élevèrent entre Turenne et Condé d'une part, Louvois de l'autre.

Deux points en litige étaient à résoudre : d'abord la question des places fortes, en second lieu celle des prisonniers. La question des places fortes était celle-ci. Devait-on garder les nombreuses petites places sans importance conquises sur les Hollandais depuis le commencement de la guerre ? Ces places exigeaient chacune une garnison plus ou moins considérable : la grande armée de juin 1672, peu à peu démembrée pour ce service, s'était en cinq mois réduite à rien. Or ces places n'avaient, sauf trois ou quatre, aucune importance stratégique : on sait qu'à cette époque on aimait à fortifier la moindre baraque ; il n'y aurait donc aucun inconvénient à démanteler ces grands villages qui ne servaient qu'à affaiblir inutilement l'armée d'opération.

Ainsi opinèrent Turenne et Condé, mais le marquis de Louvois fut d'un sentiment contraire, et « eut la témérité de combattre l'avis des deux plus grands hommes de guerre de leur siècle ». D'après un état qu'on trouvera plus loin, état dressé à la date du 19 septembre 1672, on verra que le nombre des places à garder était de trente (et non pas de vingt-six comme le dit M. Rousset). Ces trente places sont nommées dans l'état, puis après les noms vient le dénominatif : *Divers postes* dans lequel sont compris cinq ou six bourgs fortifiés sans importance. Ces trente-cinq places contenaient 972 compagnies et 118 escadrons : les 972 compagnies à 40 hommes donnent 38 880 soldats, et les 118 escadrons donnent 17 600 maîtres (l'escadron de 150 maîtres) ; c'est donc un total de 66 480 hommes, environ 70 000 avec les officiers, qu'on avait extrait peu à peu de l'armée d'opération. Si l'on ajoute à ces 70 000 hommes la Maison du roi qui entra à Paris avec Louis XIV au 1er août, 3000 chevaux, 3 à 4000 blessés ou malades dont 2000 dans la petite ville de Cirk seulement (1), enfin 2 à 3000 tués ou morts du feu, de blessures ou de maladie, on arrive au total de 80 000 hommes que nous devons diminuer du chiffre de 127 000 soldats avec lesquels on était entré en campagne. La grande armée s'était donc réduite à 42 000 hommes divisés en trois corps, dont le plus fort ne comptait pas 14 000 hommes.

---

(1) « On comptait dans le camp (de Cirk) plus de deux mille soldats luttant contre la mort et hors d'état d'être transportés. » *Actions mémorables du prince de Condé*, par le P. BERGIER. — DÉSORMEAUX, t. IV, page 327.

Quelque funeste que pût être un tel désagrégement de nos forces, Louvois le conseilla, et « Louis XIV eut la faiblesse de souscrire aux vues d'un ministre ambitieux, qui ne multipliait les places et les garnisons que pour avoir plus d'emplois à distribuer. » Tel fut le conseil imprudent où vint se briser une puissance qui avait menacé de tout engloutir. Qu'arriva-t-il? On n'était pas encore au mois d'août que le monarque se trouva sans armée. Toutes ses troupes étaient éparses et dispersées dans plus de quarante places (1)...

La seconde faute commise par le Roi de France, sur le funeste conseil de Louvois, fut de rendre aux Hollandais, pour 50000 écus, les trente mille prisonniers qu'on leur avait faits. Condé avait conseillé au roi d'envoyer ces hommes travailler au canal du Midi; mais son avis ne sut prévaloir. Cependant, en rendant les prisonniers on donnait à l'armée

---

(1) DÉSORMEAUX, *Histoire de Louis II, prince de Condé.* — M. Rousset défendant Louvois à propos du démantèlement de petites places de Hollande, cite le passage suivant de Ramsay. : « Le prince de Condé et le maréchal de Turenne avaient conseillé au roi, immédiatement après le passage du Rhin, de n'en rendre aucun (les prisonniers), de les envoyer travailler au canal de Languedoc, *de raser la plupart des places fortes* qu'on prendroit et de ne garder que celles qui seroient nécessaires pour la conservation des conquêtes. *Le roi paroissoit goûter leur conseil;* Louvois, qui étoit d'un autre sentiment, fit délivrer tous les prisonniers pour une rançon médiocre, et conserver toutes les places fortifiées : ainsi l'armée françoise fut presque épuisée par plus de cinquante garnisons. »

M. Rousset, en citant ces lignes, dit : « Le premier reproche qu'on fait à Louvois est celui d'avoir affaibli l'armée en la disséminant. Voilà le passage de l'*Histoire de Turenne* qui sert de fondement *unique* à cette accusation. »

On peut voir, par la citation de Désormeaux, que la source est loin d'être *unique* comme l'assure le panégyriste de Louvois. Nous citerons encore pour être de notre avis, l'*Histoire de la vie de Louis de Bourbon, prince de Condé.* — A Cologne, chez Richard Lenclume, 1693; l'*Histoire du règne de Louis XIV*, du comte de Locmaria, etc., etc. Au surplus, que peut-on ajouter à la remarque que le marquis de Louvois eut contre lui, en cette décision, Turenne et Condé?

dévalisée (1) du prince d'Orange un élément de puissance auquel elle ne pouvait s'attendre ; Guillaume III sut profiter d'une telle façon d'agir, en même temps que s'en repentait Louis XIV. « Je partis pour m'en retourner en France, écrit ce dernier prince dans son *Mémoire* sur la campagne de 1672, n'ayant à me reprocher que l'extrême indulgence que j'avois eue pour près de vingt mille (2) prisonniers de guerre en les renvoyant en Hollande, lesquels ont formé *les principales forces que cette République a depuis employées contre moi.* »

Que peut-on dire de plus précis que ces quelques lignes de Louis XIV ? Ce serait donc en vain qu'on essayerait de rejeter aujourd'hui sur un autre des fautes qui n'appartiennent qu'à Louvois. L'histoire redresse parfois des faits et par suite des jugements, mais elle n'a ici qu'à s'incliner devant un blâme justement rendu et devant une cause entendue.

Il est temps maintenant de reprendre le fil des événements et de voir la suite des opérations militaires sur le principal théâtre de la guerre : nous revenons à la Hollande.

On se rappelle qu'aux premiers jours de l'invasion de la Hollande par les armées françaises, le Brandebourg avait mobilisé son armée et offert à la Hollande l'appui de ses vingt-cinq mille hommes ; ces troupes étaient donc sur pied et déjà même sur le théâtre de la guerre ; l'électeur se joignit avec elles au duc de Brunswick, et l'un et l'autre menacèrent les évêchés catholiques, « surtout le pays de Munster avec l'évêché d'Hildesheim, *auxquels ils faisaient l'amour depuis tant d'années* (3). »

Louis XIV, qui depuis le 1er août avait regagné Saint-

---

(1) Suivant l'expression de Jean de Witt.
(2) Lisez 30 000.
(3) MIGNET, *Succession d'Espagne*, tome IV, page 105.

Germain, résolut de châtier ces audaces de principicules allemands, et le 23 août, Louvois envoyait à Turenne l'ordre d'envahir l'Allemagne.

Nous n'entreprendrons point de raconter ces mémorables campagnes qui couronnèrent si brillamment la carrière du premier capitaine de la France monarchique (1). Notre cadre, plus restreint, ne nous permet point de sortir de la zone où va se mouvoir Guillaume III; laissant donc sur le Rhône l'électeur avec ses Brandebourgeois, Montecucolli (2) avec les Impériaux, nous reviendrons à la Hollande, où le Stathouder allait avoir à soutenir l'effort du duc de Luxembourg.

« Porté au pouvoir par la faction démocratique et par le parti militaire, Guillaume III ne pouvait s'y maintenir qu'en leur donnant satisfaction à l'une et à l'autre. » A la première il venait de livrer au prix de son honneur un gage sanglant de son alliance ou plutôt de sa servitude. Le massacre des deux de Witt, *vengeance hideuse d'une populace que Guillaume ne se mit en peine ni de contenir ni de punir*, avait soulevé l'indignation des honnêtes gens (3). On trouvait bien violentes les premières marques d'autorité que donnait le prince d'Orange. « Mais déjà cette même populace, étonnée de retrouver aux mêmes postes et aussi menaçants ces Français dont on lui avait promis l'extermi-

---

(1) Voir les livraisons du *Spectateur militaire* février à mai 1875 : *Campagne de Turenne en Alsace*, par Henri Choppin.

(2) Nous rétablissons ici la véritable orthographe du nom. Nous avons sous les yeux une lettre de l'illustre général où lui-même signe ainsi. Les Italiens ses compatriotes n'ont jamais écrit ce nom autrement.

(3) « The prince of Orange, who had no share in the guilt of the murder, but who, on this occasion, as an another lamentable occasion twenty years later, *extended to crimes perpetrated in his cause an indulgence which has left a stain on his glory*... » MACAULAY, *The History of England*. Édition de Bernhard Tauchnitz, à Leipzig, 1849, t. 1er, page 215.

nation après la mort des traîtres, croyait à une trahison nouvelle. La sollicitude avec laquelle les ministres anglais s'intéressaient à la fortune personnelle du prince, parent et allié de leur maître, augmentait les soupçons de la foule. Des placards étaient affichés à la porte même de l'Hôtel de ville de La Haye, où il était dit nettement que si le prince d'Orange n'agissait pas contre les Français, *on lui ferait ce que lui-même avait fait faire à de Witt* (1). Quant au parti militaire, moins grossier, mais aussi ardent et plus ambitieux, il sommait le Stathouder de donner enfin à l'armée l'occasion de se tirer avec éclat du rang inférieur où la politique des de Witt l'avait fait descendre. Tout faisait donc au prince d'Orange une nécessité de combattre avec succès (2). »

Mais comment résister à une armée dont le nombre était plus que double de celui des forces hollandaises, conduite par des généraux connaissant la guerre, composée de soldats aguerris et intrépides? Guillaume III y songea longtemps et finit par se décider à un de ces partis extrêmes que veulent les situations désespérées : on rompit les digues et l'on mit les provinces sous l'eau.

« La Hollande est entrecoupée, depuis la Meuse jusqu'au Zuyderzée, d'un grand nombre de rivières plus ou moins considérables et d'une multitude infinie de canaux.

On ne se fait pas en général une idée exacte des inondations qui forment les principaux moyens de défense de la Hollande. Les noms de *dam*, de *sas* et d'*écluse*, donnés à un grand nombre de localités, et enfin le nom générique de Pays-Bas, dénotent assez l'espèce de territoire de la Hollande, ce nom signifiant lui-même *terre creuse* et *abaissée*.

---

(1) *Luxembourg à Louvois.* — 1er novembre. Dépôt de la guerre — 280.
(2) Rousset, *Histoire de Louvois*, t. Ier, page 385.

Cependant, c'est par erreur qu'on la représente comme étant habituellement plus basse que la mer. Mais dans une infinité de localités, les terres sont plus basses pendant la marée haute, tandis qu'elles sont plus élevées que le niveau de l'eau pendant le reflux. C'est en tirant parti de ce dernier état de la mer et des grands fleuves qui y ont leur embouchure, qu'un peuple sobre, économe, entreprenant et laborieux, est parvenu à élever assez d'obstacles et de travaux artificiels pour se rendre maître des eaux et préserver le pays de leurs ravages. Partout où il a dû leur barrer le passage, les digues sont proportionnées aux masses d'eau qu'elles ont à soutenir et à la force des accidents qui peuvent les menacer. Épaisses et hautes comme des coteaux, là où elles ont le poids de la mer et des tempêtes à supporter; moins puissantes là où elles n'ont à lutter que contre les gonflements et les hautes marées des fleuves, elles s'affaiblissent enfin de plus en plus là où elles ne sont qu'en deuxième et troisième ligne dans l'intérieur des terres, pour recevoir le trop-plein des débordements et des inondations accidentelles, ou bien lorsqu'on ne veut inonder qu'une portion de territoire sans faire souffrir le reste. Toutes ces digues de premier, de second et de troisième ordre forment de la Hollande une espèce de damier dont les carreaux ont des bords élevés de trente, de vingt ou de quinze pieds de hauteur. Ces bords sont à la fois des digues et des chemins flanqués par des rivières, des canaux ou de larges fossés. De distance en distance, tous les carreaux de ce damier communiquent entre eux par des écluses grandes et petites qui servent de déversoir pendant la marée basse et qui, au besoin, laissent entrer les eaux des fleuves pendant la marée haute. Ces portes d'eau une fois refermées, les inondations qu'on a introduites pendant le flux dans l'intérieur de ces sortes de cases y demeurent emprisonnées aussi longtemps qu'on le désire. Ces larges nappes d'eau peuvent rester isolées ou communiquer à des déversoirs plus éloignés, selon que l'on veut étendre l'inondation ou tenir fermées les écluses des arrière-digues. Là où les écluses manquent, ou bien lorsqu'on veut faire arriver plus vite l'inondation dans tel ou tel lieu, on pratique dans les digues des coupures qui produisent le même effet que les écluses; seulement on n'a pas la ressource de les fermer à volonté, et alors les inondations se retirent ou remontent suivant la loi du flux et reflux des marées. Tel est, par aperçu, le mécanisme des inondations et de la défense particulière au territoire de la Hollande; mais ce système de défense dû à la nature et à la topographie particulière du pays, et qui offre un si immense avantage pendant une grande partie de l'année, devient illusoire en hiver, lorsque ces grandes nappes d'eau, converties en glace, laissent un passage ouvert à l'ennemi.

La portion du pays située sur la rive gauche de la Meuse avait été inondée, ainsi que les campagnes du côté de la ville de Gorkum, entre la Meuse et le Leck. L'armée de la République occupait les cinq principales avenues de la Hollande du côté des provinces de Gueldre et d'Utrecht, à Gorkum, à Schoonhoven, à Goejanverwellensluis, à Bodegraven et à Muiden, et tant qu'elle restait maîtresse de ces points, on avait la faculté, d'un instant à l'autre, d'inonder tout le territoire intérieur depuis la Meuse jusqu'à Amsterdam. Cependant, dans certaines localités, on ne pouvait pas faire entrer assez d'eau, et dans d'autres, les habitants de la campagne s'opposaient aux inondations qui ruinaient leurs terres et leurs habitations. Les avant-postes aussi étaient trop faibles pour se défendre avec des chances de succès contre des forces considérables; la province paraissait exposée à un coup de main hardi de l'ennemi; Amsterdam seule semblait pour le moment à l'abri de tout danger. Toutes les campagnes environnantes avaient été inondées; les trois principales routes qui conduisent à la ville étaient coupées et munies de redoutes; seize cents marins étaient chargés de défendre le poste de la digue de Waterland; enfin l'Amstel, l'Y, le Pampus et le Zuyderzée étaient défendus par des bateaux armés (1). »

Le duc de Luxembourg avait établi son quartier général à Utrecht, face au centre de la ligne ennemie qui ne comptait pas moins de vingt lieues : il avait devant lui le prince d'Orange disposant de vingt-cinq mille hommes environ, solidement retranché aux points que nous avons dits et protégé en avant de ces points par l'inondation qui semblait créer entre l'ennemi et lui un infranchissable obstacle.

D'après un état (2) de rationnement fourni par Robert, notre intendant dans la province d'Utrecht, à la date du 19 septembre 1672, le total des forces françaises occupant ou devant incessamment occuper la portion conquise des Provinces-Unies, s'élevait à 972 compagnies d'infanterie et 118 compagnies de cavalerie se répartissant comme il suit :

Province de Gueldres et tête du Bétaw.

Garnisons.	Infanterie.	Cavalerie.
Nimègue et fort	48 compagnies.	2 compag.
Fort de Schenk	16	»
Arnheim	32	2
Doesbourg	32	4
Zutphen	32	4
Total à reporter	160	12

(1) Wag; t. XIV, p. 93 et 203. — Baron de Grovestins, t. II, p. 425 et suivantes.

(2) Cet état n'est pas celui des troupes existant à la date du 19 septembre dans les provinces conquises, mais celui des troupes nécessaires pour leur

ÉTUDE HISTORIQUE ET MILITAIRE.

Garnisons.	Infanterie.	Cavalerie.
Report	160 compagnies.	12 comp.
Elbourg	8 —	2 —
Haarderwyck	24 —	2 —
Tiel	16 —	2 —
Bommel	48 —	2 —
Voorn et Saint-André	16 —	» —
Leerdam, Vyanen, Asperen, Buren et Cuylembourg, à la tête du Bétaw	64 —	10 —
Total.	336 —	30 —

Province d'Utrecht et postes avancés.

Utrecht	180 compagnies.	40 comp.
Naerden	32 —	1 —
Amersfort	16 —	6 —
Wyck-te-Duurstede	16 —	» —
Waart	16 —	» —
Woerden	32 —	2 —
Montfort	32 —	2 —
Ysselstein	16 —	2 —
Divers postes	32 —	2 —
Total.	372 —	55 —

Over-Yssel.

Campen	40 Compagnies.	3 comp.

Places du Rhin.

	Infanterie.	Cavalerie.
Rhinberg	48 Compagnies.	4 comp.
Wesel	96 —	8 —
Rheez et fort	32 —	4 —
Total.	176 —	16 —

Brabant.

Grave	32 —	12 —
Crèvecœur	16 —	1 —
Total.	48 —	13 —

A la date du 7 octobre, nous trouvons un autre *État* du maréchal de Luxembourg donnant le total des forces d'infanterie et de cavalerie *dans la dépendance d'Utrecht,*

conservation. Ce n'est donc qu'un approché peu éloigné cependant du chiffre exact.

c'est-à-dire des troupes formant ce qu'on pourrait appeler l'armée d'opérations. Les troupes d'infanterie se décomposaient ainsi :

Dans Utrecht.	*Navarre,*	2 bataillons.
	Piémont,	id.
	Normandie,	1 bataillon.
	La Marine,	id.
	Stouppe,	3 bataillons, moins 2 compagnies détachées à Woerden.
A Woerden.	*Picardie,*	2 compagnies de *Stouppe,* 1 escadron de *Desfourneaux.*
A Montfort.		70 hommes.
A Ysselstein.	*Sault,*	2 bataillons
A Naerden.	*Turenne,*	1 bataillon.
	La Reine,	id.
	Dampierre	id.
	Suisses,	1 compagnie.
A Haarderwick.	*Turenne,*	1 compagnie.
	La Mothe,	id.
A Elbourg.	*Suisses,*	1 compagnie.
	Bourgogne,	id.
	La Mothe,	60 hommes.
A Campen.	*Castelnault,*	1 bataillon.
	Languedoc,	id.
	Suisses,	4 compagnies.
A Zutphen.	*Jonzac,*	1 bataillon.
	Irlandais,	un peu plus de mille hommes.
A Doesbourg.	*Conti,*	1 bataillon.
	Irlandais,	600 hommes.
A Wyck.	*Condé,*	1 bataillon.
Faub. d'Utrecht.	*Castelnault,*	1 bataillon.
	La Reine,	id.
	Auvergne,	2 bataillons dont 3 compagnies détachées au Waart, 1 au château de Keinsterstein sur le Vecht et 1 au château de Déens, en delà d'Amersfort.

La cavalerie cantonnée à Utrecht comprenait :

Brigade de Montclair.	*Colonel,*	2 escadrons.
	Royal,	id.
	Royal Roussillon,	id.
	Tilladet,	id.
	Saint-Aignan,	1 escadron.
Brigade de Calvo.	*Les Cravattes,*	2 escadrons.
	Orléans,	id.
	Saint-Ruth,	1 escadron.
	Armagnac,	id.
	Cornas,	id.
Brig. de Desfourneaux.	*Desfourneaux,*	2 escadrons.
	Dauger,	id.
	Carcado,	id.
	Gournay,	id.

Total général : 25 bataillons et 11 compagnies d'infanterie française ou étrangère, et 23 escadrons de cavalerie. C'était avec cette armée que le maréchal de Luxembourg allait essayer de forcer les passages de la Hollande et de pénétrer dans Amsterdam.

A la fin de septembre, la situation des armées en présence était la suivante : Luxembourg et Guillaume d'Orange, avec des forces à peu près égales, étaient opposés l'un à l'autre en Hollande. Montecucolli avec 10,000 hommes, le vieux duc de Lorraine avec 10,000 hommes, l'Électeur de Brandebourg à la tête de 25,000 soldats, battaient l'estrade en Westphalie, dans les Évêchés, la Hesse et la Souabe, évitant ou cherchant Turenne, songeant à opérer leur jonction avec Guillaume d'Orange, mais toujours contraints par le général français à ne point quitter le Rhin moyen ou inférieur.

Cependant, le Stathouder, vivement pressé de sortir d'une inaction que n'admettaient point ceux qui l'avaient porté au pouvoir, hésitait à prendre l'offensive contre un homme qu'il redoutait, quand il fut tiré de sa torpeur par un audacieux coup de main de Luxembourg : le 20 septembre, le général français s'empara de Woerden.

Woerden faisait partie de la ligne défensive des Hollandais, et demeurait à ce titre une frontière trop importante pour que le Stathouder n'essayât point de le reprendre : il se résolut à le tenter.

Avant d'entamer une opération de ce genre, il était naturel de prévoir le cas d'une défaite : un échec pouvait mettre en danger Amsterdam, dont les grand'gardes escarmouchaient journellement avec les patrouilles françaises de Naerden. Le Stathouder résolut donc de s'emparer, avant toute entreprise, de ce dernier poste, comptant avoir plus de liberté d'action pour l'attaque de Woerden.

Le coup de main sur Naerden eut lieu ; mais malgré la faiblesse de la garnison française, la ville resta aux occupants et Guillaume dut perdre l'espoir de s'en emparer cette fois. Cet échec, comme on pense, n'avait fait qu'exaspérer une population irritée déjà par la chute de Woerden, Guillaume décida donc d'attaquer, quoi qu'il en fût, Woerden et de s'en emparer à tout prix. Il disposait pour cette opération d'une douzaine de mille hommes.

Le 9 octobre, le prince d'Orange parut devant la place où commandait pour le Roi de France un brave officier, le comte de la Marck. Les travaux de défense étaient à peine ébauchés et hors d'état par conséquent de supporter les effets du canon ; néanmoins la Marck ne se découragea pas, et ne pouvant douter d'être promptement secouru, résista à toute tentative de séduction ou de force.

Le secours ne devait point se faire attendre. Nous avons trouvé et nous publions ici le rapport officiel de la délivrance de Woerden. Ce combat qui dura toute une nuit est assurément un des plus beaux faits d'armes de l'armée française.

L'officier qui a écrit ce rapport commence son récit à la tentative du prince d'Orange sur Naerden; et bien que nous ayons déjà parlé de cette échauffourée, on lira avec plaisir les détails du témoin oculaire (1).

« Sur les avis que reçut Monsieur le Duc de Luxembourg, le 5 octobre, que les ennemis avoient assemblé la meilleure partie de leurs Forces à Muyden et à Wesep, il jugea qu'ils en vouloient à Naerden, et ce d'autant plutôt, qu'ils avoient déjà fait une Entreprise par Mer et par Terre, quelques jours auparavant, sur cette Place; mais le vent leur ayant manqué, pour leurs Vaisseaux, les Troupes, qu'ils avoient à Terre, s'arrêtèrent, apparemment parce qu'elles sçûrent que leurs Vaisseaux ne pouvoient avancer, et peut-être aussi parce que le hasard fit qu'un Parti de quarante Maîtres, étant entré, cette même nuit, dans la Place, ils crurent que c'étoit un secours plus considérable, envoyé à point nommé. Quoi qu'il en soit, Monsieur le Prince d'Orange et Monsieur le Prince Maurice, qui s'étoient avancés tous deux dans le village de Muydeberg, entre Muyden et Naerden, se retirèrent aussitôt qu'ils eurent lu une Lettre, écrite en François, qu'ils reçurent; cependant

---

(1) Ce rapport se trouve dans la collection des lettres du maréchal de Luxembourg données chez Pierre de Hondt en 1759. Aucun historien militaire n'a parlé avec détail du combat de Woerden, et la plupart des autres historiens semblent ignorer ce brillant fait d'armes. Le rédacteur du rapport fut un M. de Saveuse qui était vraisemblablement attaché à M. de Luxembourg et qui semble avoir occupé dans l'armée un grade d'une certaine importance.

M. de Saveuse se rendit à Paris pour remettre à Louvois le récit du combat de Woerden et la lettre du duc de Luxembourg au ministre sur la même action.

Nous avons laissé à ce document son orthographe et en particulier sa ponctuation qui est des plus fantaisistes, comme on en peut juger dès les premières lignes.

leurs principales Forces demeurèrent dans leurs Quartiers de Wesep et de Muyden, où ils en firent encore avancer d'autres de Schoonhoven et de Bodegrave, avec toute leur Cavalerie, qu'ils mirent sur le Chemin même, ce qui fait croire qu'avec un Corps si considérable, ils vouloient faire quelque entreprise par Terre. Monsieur de Luxembourg ayant jugé, qu'il lui seroit plus avantageux de s'opposer à eux, à la sortie d'un grand Défilé, par où il falloit qu'ils passâssent, et dont il pouvoit garder la tête, avec de l'Infanterie, laissant la Plaine derrière lui, pour mettre la Cavalerie en Bataille, que de les laisser entrer dans la Plaine, marcha, le 8, à deux heures du matin, et arriva, de très-bonne heure, à s'Graveland, qui est un Village couvert, à la gauche du Canal, qui s'étend jusques au Vecht, et sur lequel deux Ponts étant rompus, qui répondoient à des chemins inondés, il étoit impossible, aux Ennemis, de venir à nous que par une longue Digue depuis le Vecht jusques à s'Graveland, sur le bout de laquelle ils avoient une garde d'Infanterie et de Cavalerie, à un Pont, qu'ils avoient fait rompre, et un grand Epaulement, qui les mettoit à couvert, de quoi se trouvant fort en sûreté, et croyant ne pouvoir être attaqués que par devant, ils furent surpris par le Flanc, par Monsieur de Mazel, avec quarante Chevaux et cinquante Dragons, qui passèrent le Canal, dans le Village, sur un des Ponts qu'ils avaient raccommodé. Toute leur Garde d'Infanterie, qui étoit de trente hommes, fut prise; l'Officier qui la commandoit, tué, et la Cavalerie se sauva.

» Monsieur le Duc de Luxembourg ayant pris toutes les précautions possibles pour la sureté de son Quartier posta son Infanterie à toutes les Avenues quoique presque inaccessibles dans la Saison, et logea sa Cavalerie à droite, dans les Maisons, proches de la Bruyère, et dans quelques

Villages voisins; il étoit impossible aux Ennemis de venir nous attaquer.

» Les Ennemis ne jugeant pas à propos de laisser, entre nous, une communication libre, firent, au bout de la Digue, de leur côté, trois grands Retranchements palissadés, où ils postèrent trois cens hommes pour les garder; Monsieur de Luxembourg, étant bien aise d'en apprendre des nouvelles, et de faire quelques Prisonniers, envoya, la nuit, dix Grenadiers, et un Sergent, soûtenus d'un Officier et de cinquante hommes, pour les attaquer; les trois Retranchements furent emportés, une partie de ceux qui les gardoient noyés, et quelques-uns tués, sans qu'on en ait pû prendre, et, l'Officier qui commandoit cette Attaque, ayant brûlé quelques Maisons qui leur servoient de Corps-de-Garde, se retiroit comme il en avoit ordre.

» Le lendemain, 9 on demeura paisible dans le Quartier, d'où Monsieur de Luxembourg voyant que les eaux s'écouloient et que ce qui avait été Défilé, devenoit un Pays ouvert, avoit résolu de n'y demeurer que le temps qu'il falloit pour y faire un grand Fourage.

» Lorsque dans la nuit du 10, ayant entendu tirer, et, dans la pensée que c'était aux Châteaux de Landerstein et de Niverode, sur le Vecht, Monsieur de Luxembourg s'avança pour en avoir des nouvelles; mais, ayant connu que le bruit venoit de plus loin, et sur la gauche, il prit le parti de s'en aller en diligence à Utrecht, où, prévoyant qu'il y auroit quelque chose à faire, il manda, à Monsieur de Genlis, d'y envoyer incessamment dix Escadrons, pour remplacer les Troupes, qu'il en pourroit tirer; et, ayant sçu, à Utrecht, que Woerden étoit assiégé il renvoya à toute bride, à Monsieur de Genlis, un second ordre, de faire encore entrer six autres Escadrons dans la Ville, et d'y marcher avec tout le reste des Troupes, en diligence, et que, si-tôt que les douze Escadrons y seroient entrés, il lui menât, à Hermelen, les seconds Bataillons de Navarre et de Piémont, un des deux d'Auvergne, qui y étoient, avec le plus de Cavalerie qu'il pourroit, laissant, avec les douze Escadrons, dans Uthrecht, le reste de l'Infanterie, qui venoit de s'Graveland; cependant Monsieur le Duc de Luxembourg partit avec cinq Bataillons, les premiers de Navarre, de Piémont, de Normandie, de La Marine et de Stouppe, cinquante Dragons, et ce qu'il put ramasser des Régiments de Desfourneaux, Dauger, de Carcado et de Gournay, de Cavalerie, qui revenoient du Fourage et marcha à Hermelen, qui est un village sur le Chemin d'Utrecht, à une lieue de Woerden, d'où pendant que son Infanterie le suivoit, ayant fait faire un Signal, dans le Clocher, pour avertir M. de la Marck, qu'on se préparait à le sécourir, il s'avança pour faire raccommoder des Ponts, que les Ennemis avoient rompus, pour nous empêcher d'aller à eux, lorsqu'un Batteau, chargé de cent vingt hommes de Navarre, étant arrivé, il les posta à la Garde des Ponts, à mesure qu'ils étoient raccommodés, de manière que l'on avança jusqu'à un Retranchement des Ennemis, où ils avoient une Garde de mille ou douze cens hommes, qui firent un fort grand feu sur nous, mais qu'ils ne redoublèrent pas, après leur première Décharge, dans l'attente qu'on les attaqueroit par là.

» L'Infanterie arrivant, Monsieur de Luxembourg fit faire face aux Ennemis, par le Bataillon de Navarre, dont les mèches allumées les confirmèrent dans l'opinion qu'on se préparoit à les attaquer, et cependant ayant fait mettre en Bataille le reste de ses Troupes, assez loin derrière Navarre, il envoya Monsieur de Melac, capitaine de Chevaux Légers, qui, pour être de la garnison de Woerden, avoit plus de connoissance du Pays qu'aucun autre, reconnoître le Chemin de Camerick, pour y faire défiler ses Troupes, dans la pensée que les Ennemis ne se seroient pas fortifiés autant de ce côté là que de celui d'Utrecht.

» Monsieur de Melac ayant ramené des Paysans dit qu'il n'y avoit aucun Chemin par où l'on pût aller, à Camerick, qu'au travers des Prairies inondées, où il y avoit de l'eau jusqu'au genou, et de grands *Watergans*, et fréquens, par où il étoit impossible que la Cavalerie passât, mais qu'on pourroit faire, sur quelques-uns, des Ponts de Claye pour l'Infanterie ; Monsieur de Luxembourg marcha, faisant cacher les mèches, et se rendit enfin, sur le minuit, à Camerick, au travers des Inondations, ayant laissé, dans son Champ de Bataille, toute la Cavalerie qui n'auroit pu passer, avec ordre à Monsieur Dauger, qui la commandoit de donner quelques allarmes aux Ennemis pour leur dérober nôtre marche ; où, voulant se faire éclaircir des choses, il s'avisa d'un moyen, qui lui réussit très-bien, qui fut de faire dire au ministre de Camerick, qu'il étoit Monsieur le comte de Hoorn, qui venoit avec ses Troupes, se joindre à Monsieur le prince d'Orange, pour prendre Woerden, et chasser ensuite tous les François de la Hollande ; mais que pour y réussir, il étoit nécessaire de lui enseigner un Chemin sûr, pour se rendre sans bruit au Quartier de Monsieur de Zuylestein, Général de l'Infanterie hollandoise. Le Ministre et son Troupeau s'employèrent avec un empressement extrême à nous témoigner leur affection pour Monsieur le Prince d'Orange, recommandant, sur toutes choses, qu'on coupât la tête à tous les François, sans pardonner à aucun ; qu'il falloit bien prendre ses mesures, qu'ils étoient des Gens bien difficiles à être battus, et que si cette Entreprise manquoit, la Hollande étoit perdue.

» Ils apprirent à Monsieur le Duc de Luxembourg que nous allions trouver le premier Poste de Troupes de Monsieur de Zuylestein sur nôtre Chemîn, à un Moulin ; qu'au reste ils avoient seulement fait des Parapets, sur le Canal, de manière que Monsieur de Luxembourg eût lieu de croire que nous les prendrions par le Flanc, et que ce ne seroit plus des Fortifications contre nous, dans le Lieu par où nous allions à eux, n'en devant être que contre ceux qui les auroient attaqués, au travers du Canal, ce qui ayant été confirmé d'ailleurs par une personne affidée pour le service du Roi, Monsieur le duc de Luxembourg demeura trois heures dans l'impatience de sçavoir si l'Infanterîe d'Utrecht étoit arrîvée à Hermelen, qui étoit le Poste où il avoit ordonné à Monsieur de Genlis de se rendre et, voyant qu'il n'en avoit point de nouvelles, crut que s'il attendoit le jour, les Ennemis, découvrant le peu de monde que nous étions, fortifiant leurs Postes et nous opposant toutes leurs Forces, empêcheroient le secours de Woerden, se résolut d'attaquer, avec ce qu'il avoit de Troupes.

» L'on ne pouvoit sortir de Camerick que par une Digue fort étroite, entre le Canal et un *Watergans*, par où il fit avancer les hommes détachés, soûtenus par le Régiment de Navarre, pour attaquer le premier Poste des ennemis, où l'on trouva, au lieu d'un simple Parapet, une fort bonne Redoute, autour d'un Moulin, duquel il se faisoit un second feu ; nos Gens, après un combat assez opiniâtre et un grand feu, de part et d'autre, forcèrent le premier Retranchement ; les Ennemis qu'ils obligèrent d'abandonner, mirent le feu dans le Moulin dont l'incendie découvrit nôtre marche, en sorte qu'ils pouvoient nous choisir comme il leur plaisoit, sans que nous les vissions ; il étoit à croire qu'une longue file de Soldats dans l'eau et dans la bouë, chargés d'une grêle de coups de mousquets, dont il y en avait quantité de tués et de blessés, découverts de tous côtés, et vûs de sept pièces de Canon, pointées sur nous et chargées de cartouches, dont les salvations étoient fréquemment redoublées, auroient dû se refroidir, étant assez fatigués d'ailleurs d'une longue et difficile marche d'une partie du jour et de toute la nuit, s'ils n'eussent été poussés à faire leur devoir par l'extrême valeur de tous les Officiers qui firent au delà de l'imagination.

» Les Ennemis, qui se sauvèrent du Moulin, s'étant retirés derrière une Haye, où ils avoient de leur Infanterie postée, avec un Fossé devant elle, incommodèrent extrêmement nos Gens, du feu qu'ils firent, et, après quelque résistance, se retirèrent proche des autres Forts, dans un Hameau dont les maisons étaient percées et pleines de Soldats, avec un Fossé par devant, et les Avenuës fermées de Chevaux de Frise, où ils avoient du monde, rangé en haye d'un côté et d'autre ; il s'y fit une Attaque rude et opiniâtre, après laquelle les Ennemis furent contraints de se retirer dans leurs deux Forts, l'un sur la gauche, dans l'angle de deux Canaux, et l'autre sur la droite, autour d'un autre Moulin, sur le Chemîn de la Ville.

» Ces deux Forts étoient fermés de tous côtés, afin de mettre leurs Gens dans la nécessité de se deffendre, et situés de manière qu'ils étoient deffendus l'un de l'autre, ce qui fut cause, qu'au lieu d'aller au plus proche, qui étoit celui de la gauche, Monsieur de Luxembourg résolut de séparer ses Troupes et de les attaquer tous deux à la fois ; mais l'exécution n'en fut pas sans difficulté, les soldats étant rebutés de la fatigue du chemin, et du grand feu qu'ils avoient essuyé, et qui leur restoit encore à souffrir ; de manière que, comme tous les Officiers de tous les Corps, étant assez en confusion, consultoient ensemble des moyens de faire réussir la chose, Monsieur de Luxembourg les détermina d'aller l'épée à la main, aux ennemis, dont les Forts furent tellement pressés, qu'après un fort grand feu, et une très-longue résistance, à coup de main, l'un et l'autre furent emportés.

» Les Ennemis, forcés dans leur Quartier, sur les six heures du matin, plusieurs se noyèrent dans le Canal, où ils s'étoient jettés, Monsieur de Zuylestein, Général de leur Infanterie, un Lieutenant-Colonel et un major, avec d'autres Officiers et quatre cens soldats tués sur la place, quatre cens cinquante prisonniers entre lesquels il y eut deux Colonels, le Maître d'Hôtel de Monsieur le Prince d'Orange, le Sécretaire de Monsieur de Zuylestein, plusieurs Capitaines et autres Officiers, tout le Régiment de Monsieur le comte de Solms, avec une partie de celui de Styrum défait, avec quelques autres Compagnies qu'on y avoit joint, neuf Pièces de Canon, et trente Drapeaux gagnés, sur l'Ennemi, furent un avantage assez considérable.

» Monsieur de Luxembourg poussa les ennemis jusques dans le Fauxbourg de Woerden, où ils avoient des Chevaux de Frise, qui empêchèrent de jetter du monde dans la Place, et les ayant voulu forcer, il trouva les Soldats absolument rebutés, mouillés depuis les pieds jusqu'à la tête, les mousquets hors d'état de pouvoir s'en servir, et les Officiers tellement occupés, soit à faire des Prisonniers, soit à garder les Postes, que l'on venoit de prendre, tous les autres ayant été tués ou blessés (1), qu'en ayant demandé

---

(1) **Liste des officiers morts et blessés à l'occasion du secours de Woerden**

RÉGIMENT DE NAVARRE. — MM. de la Hardinière, lieutenant-colonel blessé; le chevalier de Souvray, major, blessé; de Gonnelieu, de Varennes, de Salles, de Fey, de Landot, capitaines tués; de Saint-Léger, des Rivières, des Pars, de Raoussel, des Bordes, capitaines blessés; de Vitry, Parthelogne,

ÉTUDE HISTORIQUE ET MILITAIRE.

vingt pour le service des Ennemis, il ne pût jamais en assembler que cinq ou six, ce qui fit résoudre d'attendre que Monsieur de Genlis arrivât avec les troupes.

» Cependant Monsieur de Luxembourg ayant ordonné à tous les Commandans des Corps, de rallier chacun sa Troupe, et de la mettre en Bataille, la chose fut assez tôt exécutée, malgré l'extrême lassitude des Soldats, qui avoient repris quelque vigueur, par le Butin qu'ils avoient fait dans les Quartiers des Ennemis; ils étoient tellement mouillés, qu'il fut impossible de tenir ensemble le peu qu'on avoit ramassé, et que l'on fut obligé de les faire entrer dans les Maisons pour se réchauffer.

» Monsieur le Duc de Luxembourg demeura cinq heures

Landot, lieutenants blessés; de Petit-Pius, sous-lieutenant tué; de Vassy, de Martin, Harlière, Boistel, sous-lieutenants blessés; Chastellier, enseigne blessé; six sergents tués, vingt sergents blessés.

PIÉMONT. — MM. de la Malleraye, colonel, blessé; de Fleurac, Dreux, de Causang, de Ligny, de Castellier, de Savonnière, capitaines blessés; de Euchelles, Prévost, capitaines tués.

NORMANDIE. — MM. le comte de Meilly, colonel, blessé; de la Tillaye, lieutenant-colonel, blessé; de Bonvial, de la Bastie, capitaines, blessés; le chevalier de Noé, de Redon, de Courtembais, de Montesson, capitaines, tués; de Saint-Paul, capitaine-lieutenant, tué; de Giry, major blessé; de Trinan, aide-major, blessé; de Bons, lieutenant, une contusion à la jambe; de Serilley, lieutenant blessé; de la Lande, de Valeronne, lieutenants réformés, tués; le chevalier d'Arse, lieutenant réformé, blessé; Apous, de Préfontaine, enseignes, blessés.

LA MARINE. — MM. de Boufflers, de la Chaussée, de Menonville, capitaines, blessés; de Maisonpré, commandant, tué.

PICARDIE. — MM. de Beauregard, de Torchefelon, de Moris, le marquis de Bois-Dauphin, de Dampierre, capitaines, tués.

SUISSES. — MM. de Paravicini, de Maisonneuve, capitaines, tués; de Beauregard, lieutenant de la colonelle, blessé; de Sacconay, de Mandelsto, de Baudichon, enseignes, blessés; Garnier, lieutenant de Castelnaut, qui était volontaire, tué.

AUVERGNE, au Waart. — MM. de Pinguis, capitaine, tué, Lestournes, lieutenant de Condé, tué; La Neufville, lieutenant et ayde-major dans Picardie, mort de ses blessures.

dans l'attente de ses Troupes, ne sçachant à quoi en attri-
buër le retardement, et dans une mortelle crainte que ce
tems, donnant lieu, aux Ennemis de se retrancher et de
fortifier de monde ce Quartier-là, ils ne fussent très-diffi-
ciles à forcer, leurs Chevaux de Frise étant deffendus des
Maisons du Fauxbourg, toutes percées et pleines de Soldats,
qui étoient autant de Postes, qu'il falloit emporter.

» Il envoya mettre le feu dans les Maisons, les plus voisines
de notre Champ de Bataille, dont nous aurions pû être in-
commodés, et fit pointer, sur les Ennemis, six Pièces de
Canon, gagnées sur eux. La détresse, où ils se trouvèrent
entre le feu de la Ville et le nôtre, et apparemment la nouvelle que nos Troupes venoient, les fit abandonner leur
Quartier, et ils se retirèrent. Monsieur le Comte de Hoorn,
par Lindschote, à Oudewater, et Monsieur le Prince d'O-
range, avec le Gros de l'Armée, à Bodegrave, nous laissant
toutes les Troupes de Monsieur de Zuylestein pour les
gages.

» Que si l'on demande pourquoi Monsieur le Duc d[e]
Luxembourg, qui n'avoit pû rassembler vingt Officiers, l[e]
Combat n'étant pas encore tout à fait fini, pour forcer les
Ennemis dans le Fauxbourg, et jetter du monde dans l[a]
Ville, ne les attaqua pas aussitôt que son monde fut rallié,
ce qui l'empêcha fut, qu'ayant été averti, que quelques Bataillons des Ennemis paroissoient sur nôtre droite, il envoya ordre, aux Dragons, d'avancer jusques à un Défilé,
par où ils pouvoient venir à nous, pour leur faire tête, o[ù]
il avoit déjà laissé cinquante Suisses, et conserva son Infanterie, qui se séchoit dans les Maisons en état de se deffendre dans les Retranchemens des Ennemis, qu'il venoi[t]
de forcer, ne sçachant pas que les Bataillons, qui paroissoient du côté de Bodegrave, qu'il envoya cependant o[ù]

server, n'étoient que pour favoriser la Retraite de Monsieur le Prince d'Orange, et d'ailleurs dans l'attente de voir arriver, de moment à moment, des Troupes fraîches, avec lesquelles il espéroit de faire une grande exécution; il ne voulut pas exposer des Troupes rebutées et recruës, dont il pouvoit avoir besoin, et dont les hommes et les armes n'étaient point encore en état de combattre.

» Le nombre des Ennemis, presqu'égal au nôtre, le Lieu, où nous les avons attaqués, à la vuë de douze mille hommes, qui les soutenoient, la lassitude et l'état, auquel étoient nos Soldats, qui ne se pouvoient servir que de leurs épées, sont des circonstances, qui augmentent considérablement la gloire de cette Action, dont l'heureux succès désabusera les Peuples de Hollande des espérances chimériques, dont Monsieur le Prince d'Orange les va leurrant, et leur fera d'autant plus perdre l'opinion de lui voir remporter de grands avantages, sur les Troupes du Roi, que dans une Relation envoyée par Monsieur Stouppe, il est marqué que le Prince d'Orange étoit autour de Woerden avec huit mille hommes, et à une lieue et demie de là, le reste de son Armée, puisqu'en même temps que quinze cens hommes des Ennemis se laissent forcer et battre par Monsieur de Luxembourg, avec seulement deux mille hommes, qui ne pûrent se servir que de leurs épées, Monsieur Camus de Morton, avec cent cinquante hommes, soûtint sans se rendre, deux Assauts, et plus de mille Volées de Canon, dans le Fort de Waart, qui n'est qu'un misérable trou.

» Tout l'avantage de ce combat doit être attribué particulièrement à l'extrême fermeté des Officiers de tous les Corps, dans lesquels il y en a très-grand nombre qui se sont distingués pour faire quelques Actions de remarque, sans compter qu'ils en ont fait tous une assez pénible, d'avoir marché à pied, durant un si long et si mauvais chemin, et qu'il n'y en a pas un, qui n'ait tellement bien fait son devoir, qu'on ne peut en nommer aucun en particulier, sans donner un juste sujet de plainte à tous les autres. »

Le combat de Woerden valut à Luxembourg la charge de capitaine des gardes qu'il convoitait depuis longtemps et, en vérité, il venait de se montrer digne d'une pareille faveur.

Guillaume III était rentré dans ses lignes de Gouda-Schoonhoven et y passa un mois à réorganiser ses forces, si rudement éprouvées à Woerden. Cet homme intrépide, que le succès n'enhardissait point, mais que ne décourageait pas la défaite, s'entendit alors avec le comte de Monterei, gouverneur des Pays-Bas espagnols, qui mettait à sa disposition dix mille hommes pour tenter sur la ligne de la Meuse un audacieux coup de main.

Laissant en Hollande un rideau de troupes en avant de Muyden, Bodegraven et Gorcum, il franchit la Meuse, malgré le comte de Duras, se détourna vers Tongres tout juste assez de temps pour permettre au comte de Montal de s'y renfermer, puis par un brusque mouvement de flanc se jeta sur Charleroi qu'il investit le 15 décembre.

C'était, assurément, un hardi coup de main, et la nouvelle, quand elle arriva à Versailles, jeta la Cour dans une épouvante mal dissimulée. La place était à la vérité bien approvisionnée, mais Montal, son intrépide commandant, l'avait abandonnée, ainsi qu'il a été dit, pour se jeter dans Tongres tout d'abord menacé : privée de son gouverneur, sous le coup de la terreur soulevée par une aussi brusque attaque, la place pouvait capituler d'un instant à l'autre : Guillaume l'espérait ainsi.

Il comptait pourtant sans l'imagination aventureuse et fertile en expédients de Montal, qui, furieux de s'être laissé jouer et décidé à tout prix à rentrer dans sa place, y parvint comme on le verra plus loin.

Cependant Louvois adressait au comte de Duras et au maréchal d'Humières lettre sur lettre, pour leur enjoindre d'arriver à marches forcées au secours de Charleroi. Ces ordres immédiatement exécutés n'eussent sans doute pas permis au prince d'Orange un long séjour autour de la place, quand un événement vint modifier brusquement la situation critique des assiégés. Le 19 au soir, un parti d'une centaine de cavaliers fut arrêté aux avant-postes de l'armée orangiste, au moment où il arrivait aux lignes de circonvallation. L'officier se fit reconnaître comme capitaine au régiment de Holstein, et rentra sans autre encombre dans le camp. Il le traversa sans s'arrêter, au pas et sans hâte, et arriva aux lignes de contrevallation, en vue des remparts de Charleroi, dont quelques centaines de mètres le séparaient à peine : là il fut arrêté encore.

Le poste, commandé par un major espagnol, avait ses mèches éteintes et point compassées, les mousquets étaient au ratelier d'armes, non chargés; ce fut le major qui interrogea l'officier de Holstein, lui demandant quelle raison de service pouvait l'amener si extraordinairement entre le camp et la ville : le cavalier répondit de façon si étrange que le major redoubla ses questions; l'officier n'ayant rien dit de plus satisfaisant, le commandant du poste lui enjoignit de s'arrêter et fit signe à quelques factionnaires de s'approcher. En ce moment l'officier partisan lui cassa la tête d'un coup de pistolet à bout portant et, profitant du trouble où un tel procédé jetait la grand'garde, entraîna au galop ses cavaliers; en quelques instants il arrivait à la porte de la ville, où le poste le recevait au milieu d'acclamations frénétiques : le partisan cavalier de Holstein était le comte de Montal.

Dès le lendemain une énergique sortie apprit à Guillaume qu'il n'avait plus l'espoir d'arriver à intimider Charleroi; au surplus, averti de l'approche des troupes du maréchal d'Humières et du comte de Duras (1), le prince leva le siége et rentra dans ses lignes.

Pendant que ces divers événements avaient lieu en Hollande, il s'en passait d'autres dans l'Empire et sur le Rhin, également considérables et remarquables.

Le prince de Condé, guéri de sa blessure, avait été investi du commandement d'une armée chargée de couvrir le haut Rhin, l'Alsace, la Lorraine et le pays Messin. On voulut, pour composer cette armée, distraire quelques troupes de celles que commandait Turenne, mais Turenne s'y opposa, se plaignant d'avoir déjà des forces trop inférieures.

On ne sait en vérité où était passée la *grande armée* de juin 1672, qui n'avait donné dans aucune grande bataille et dont les pertes par conséquent n'avaient pu encore être considérables, au moins sur le champ de bataille. Les lettres de la cour, de septembre 1672, montrent une grande inquiétude pour savoir comment on formera l'armée de Condé; cette armée fut enfin, et à grand'peine, composée

---

(1) Le comte de Duras avait remplacé M. de Chamilly à la date du 23 août.

« DE PAR LE ROI,

» Sa Majesté ayant donné ses ordres au sieur Duc de Duras, Pair de France, pour, en qualité de lieutenant général en ses armées, aller prendre le commandement du corps de troupes, qui étoit commandé par le sieur comte de Chamilly, Sa dite Majesté a ordonné et ordonne à toutes les troupes qui composent ledit corps, de reconnoître ledit sieur Duc de Duras, et de lui obéir en tout ce qu'il leur ordonnera pour son service, et jusqu'à ce que par Elle, il en ait été autrement ordonné, sans y apporter aucune difficulté, à peine de désobéissance.

» Fait à Saint-Germain en Laye, le 23 août mil six cent soixante et douze.

» LOUIS. »

de dix-huit mille hommes de troupes et de milices dispersées en Lorraine et en Alsace. Pendant ce temps, Turenne, qui avait contenu par les marches les plus habiles les troupes de l'électeur et du duc de Lorraine aux environs du Mein et de Cologne, repassait le Rhin à Andernach au commencement de novembre et y donnait quelque repos à ses troupes harassées.

Impuissants à rentrer en France malgré Turenne, les Impériaux remontèrent le Rhin et se heurtèrent là à Condé, qui par précaution avait fait brûler le pont de Strasbourg. Ils échouèrent de ce côté aussi et finirent par prendre quelque repos.

Ces soldats allemands, exténués de ces marches forcées, en une saison rigoureuse, dans un pays ruiné par la guerre et sans aucune ressource, présentaient un aspect misérable et vivaient dans le plus grand délabrement : les désertions étaient considérables et les plaintes s'énonçaient à haute voix.

Les généraux aussi bien que les soldats commençaient à se fatiguer de cette rude vie, et en particulier l'électeur de Brandebourg trouvait qu'il s'était engagé bien mal à propos en une guerre où il n'avait que faire. Il songea donc à se retirer et gagna la Westphalie où il espérait prendre des quartiers d'hiver.

Turenne ne le lui permit pas.

Au cœur de l'hiver, le général français descend le Rhin jusqu'à Wesel et franchit encore une fois ce fleuve. En vain les ordres de la cour de ne point entrer sur la rive droite sont-ils formels, Turenne pousse à l'électeur qui bat en retraite sans chercher à arrêter son adversaire, passe le Weser à la suite des troupes brandebourgeoises, et ne s'arrête que quand leurs dernières colonnes ont disparu dans les landes désertes de la Pregnitz et du Havel. On avait ainsi atteint le mois de mars 1673, et Turenne, qui avait installé ses troupes dans le comté de la Mark, y reçut les envoyés de l'électeur implorant la paix. Elle fut signée le 10 avril. Frédéric-Guillaume s'y engageait à abandonner la Hollande et à se détacher de la coalition moyennant l'évacuation de la Westphalie et la cession des places du duché de Clèves qui avaient été conquises sur les Hollandais : c'était un maigre appoint pour celui qui avait caressé l'idée de la ruine de la France et espéré pour lui-même le stathoudérat de Hollande.

Dans les Provinces-Unies, la campagne finissait par un audacieux coup de main de Luxembourg qui demeurait l'homme des entreprises hardies et des imprudences heureuses.

Profitant de l'absence du stathouder qui avait quitté Charleroi le 22 décembre et rentrait dans les lignes de Gorcum-Gouda par le Brabant, les Flandres et la Zélande, le général français résolut d'effectuer sur la Haye une marche que la saison rigoureuse lui permettait d'exécuter sur la glace comme sur la terre ferme. Le 27 décembre, il quittait Utrecht à la tête de douze mille hommes et se dirigeait sur Woerden.

La Haye semblait perdue.

Guillaume III était encore à plusieurs journées de marche, et le comte Königsmark, qui commandait en Hollande à la place du stathouder, disposait à peine de quelques bataillons; un événement imprévu vint sauver les Provinces-Unies.

Le duc de Luxembourg était à peine en marche depuis quelques heures que le vent changea brusquement, amenant un adoucissement de température sur lequel on n'avait pu compter. Bientôt une neige abondante et épaisse couvrit la glace, puis tombèrent des torrents de pluie. C'était le dégel.

On était à peine au delà de Woerden, où l'on avait laissé les bagages et les chevaux, et la prudence commandait la

retraite; Luxembourg ne l'ordonna pas. On avait devant soi
es lignes de Bodegraven, de Zwammerdam et de Nieuwerbrugge, c'est-à-dire une série de retranchements redoutables derrière lesquels l'ennemi, frissonnant de terreur
tout à l'heure, se croyait être maintenant, grâce au dégel, à
l'abri de toute attaque. La retraite sur Utrecht, sans avoir
rien fait, eût converti en équipée d'écervelé le mouvement
du général français : Luxembourg résolut d'attaquer les
lignes hollandaises, si périlleuse que fût la détermination.

A chaque pas, le chemin devenait plus difficile. La glace
fondait sous la pluie et la neige; l'on allait à tâtons, sondant
du pied le terrain mouvant, qui s'ouvrait à chaque instant
sous le poids d'un soldat. Luxembourg, à pied comme un
anspessade, marchait en tête des colonnes, mesurant avec
sa canne la profondeur des canaux, et s'y jetant bravement
quand il n'avait d'eau qu'aux épaules. Si pénible que fût
la route, les soldats la faisaient gaiement derrière un tel
chef. Cet homme intrépide, pour lequel, en temps de paix,
les douceurs de la vie avaient tant de prix, savait, en temps
de guerre, s'accommoder gaiement des plus rudes privations
et des plus pénibles misères; il en donnait là la preuve,
comme il l'avait fait maintes fois, et c'est dans de telles façons d'agir qu'il faut chercher sans doute la raison de cet
ascendant qu'il sut toujours exercer sur le soldat.

On allait donc en avant, marchant comme à l'aventure,
au milieu de plaines qui peu à peu devenaient liquides
sous une neige épaisse coupée, par intermittence, d'ondées
et de rafales.

A mesure que s'accroissait le dégel, la marche devenait
plus périlleuse : à chaque instant la glace s'effondrait sous
les pieds des soldats qui avaient toute sorte de peines à
regagner les chaussées étroites qui constituaient les seuls

chemins solides. « Nous avons pensé, écrivait Luxembourg à Louvois, nous avons pensé perdre M. de Cœuvres, qui a enfoncé sous les glaces aussi bien que M. de Boufflers. Je ne puis me passer de vous dire ce qui est arrivé au lieutenant-colonel de Douglas ; il enfonça dans un trou où il eut de l'eau par-dessus la tête et fut perdu sous la glace, où ayant touché du pied à terre, elle le repoussa en haut et de sa tête il perça la glace qui était au-dessus de lui et fut sauvé. »

Enfin, on arriva en vue des retranchements de Bodegraven et de Zwammerdam. Il y avait là cinq régiments hollandais ayant des mousquets, du canon et une position excellente. Dans les troupes françaises il ne fallait point songer à se servir des mousquets : on n'eût point trouvé une once de poudre qui n'eût été mouillée, ni une mèche qui fût sèche ; on tira donc les épées et ce fut à l'arme blanche qu'on s'élança sur les retranchements. De profonds fossés pleins d'eau séparaient les glacis du parapet, on les franchit à la nage ; il se passa sur la berme de sanglants combats, mais enfin les ouvrages furent emportés et l'on fit un massacre sans pitié des cinq régiments hollandais.

C'était un premier et brillant succès, et l'on pouvait, sans crainte d'être chansonnés rentrer maintenant à Utrecht. Mais le dégel n'avait fait qu'une immense nappe d'eau du chemin qu'on avait pu suivre pour arriver aux ouvrages : une seule route menait maintenant à Woerden, et elle était barrée à Nieuwerbrugge par une redoute bien armée et solidement occupée.

La position des troupes françaises demeurait assurément critique, mais là du moins la situation était nettement tracée : si difficile à emporter que fût Nieuwerbrugge, il fallait y réussir ou périr.

On se mit en marche, en une longue colonne, sur la chaussée relativement étroite qui constituait l'unique route par laquelle on pût s'avancer. Le déploiement était impossible, seule la tête de colonne pouvait faire usage de ses armes, et quelles armes! des piques ou des épées. Enfin l'on aperçut Nieuwerbrugge, et quand on s'attendait à recevoir les décharges de l'artillerie, on fut étonné de voir l'ouvrage demeurer silencieux. D'abord on craignit une ruse ou un piége : on s'avança avec précaution; mais enfin on n'en put plus douter, Nieuwerbrugge avait été évacué : Le chemin était donc libre jusqu'à Woerden, et Luxembourg rentrait à Utrecht le 8 janvier, ayant perdu à peine une centaine d'hommes dans les eaux ou par le feu.

Trente-deux grands navires chargés de marchandises hollandaises, brûlés dans le canal de Zwammerdam, trois drapeaux et vingt pièces de canon pris, plusieurs forts ou ouvrages défensifs détruits par la mine ou la pioche, tels étaient les avantages de ce coup de main qui restera comme une des plus hardies entreprises qu'ait jamais tentées un corps d'armée agissant en partisan.

Quelques excès avaient marqué cette opération brillante, Bodegraven, Zwammerdam et Nieuwerbrugge avaient eu environ deux mille maisons brûlées, c'est-à-dire demeuraient à peu près ruinés : « On grilla tous les Hollandais qui étoient dans le village de Zwammerdam, dont on ne laissa pas un sortir des maisons », écrivait Louvois au prince de Condé. Comme on disait à cette époque, et comme le disent encore certains peuples : « C'était la guerre ».

Guillaume III, qui revenait de Charleroi, traversa les ruines fumantes de ces villages incendiés et entra à la Haye où la consternation était à son comble. Le peuple était tellement abattu du dernier succès de Luxembourg, qu'il ne songea point à reprocher au stathouder sa malheureuse et inconsidérée expédition de Charleroi. L'année 1673 finissait mal pour les Provinces-Unies comme pour leurs alliés : le soleil de Louis XIV, un instant obscurci, perçait peu à peu les nuages et brillait de nouveau sur l'Europe d'un éclat qui semblait plus radieux que jamais.

CHAPITRE III

Pendant que Turenne signait avec l'électeur de Brandebourg le traité de neutralité de Vossem, de grands événements survenus en Allemagne allaient donner à la guerre de Hollande, languissante et incertaine, une impulsion et un aliment nouveaux.

Dès le mois d'août 1672, la Suède avait offert sa médiation, qui, d'abord rejetée par les états généraux, fut acceptée par eux après Voerden et Charleroi. Les conférences eurent lieu à Cologne, sans que ces pourparlers missent fin aux hostilités. Mais ni les Hollandais ni les plénipotentiaires français ne se souciaient de formuler des propositions précises.

« Parlez d'abord, disaient les députés des états, exposez vos prétentions. — Parlez vous-mêmes, répondaient les délégués du roi d'Angleterre et de Louis XIV; quelles concessions proposez-vous? »

Il n'était point difficile de voir que de telles façons d'agir n'amèneraient aucune solution pacifique. Entre temps, les états de Hollande négociaient avec le duc de Lorraine, avec l'Espagne et avec l'Empereur, demandant avec instance à ce dernier de se déclarer absolument contre le roi de

France et d'augmenter dans une proportion considérable les troupes impériales déjà sur pied.

Léopold finit par céder à ces obsessions et promit, moyennant subside, un corps de 30000 hommes. Le duc de Lorraine, le roi d'Espagne, le roi de Danemark entrèrent également dans la ligue qui allait armer toute l'Europe contre la France; en même temps les états généraux portaient l'effectif de leur troupe à 92000 hommes, répartis comme il suit :

Infanterie, 78 000 ; dragons, 2 000 ; cavalerie, 12 000 (1).

Le chevalier de Grémonville, notre ambassadeur auprès de l'Empereur, n'avait plus rien à faire à Vienne; il rentra donc en France après une campagne diplomatique qui restera comme un modèle de finesse sans astuce et d'habileté n'excluant point l'honnêteté.

« C'est avec regret, dit le baron Sirtema de Grovestins, qu'on se sépare de cet homme si remarquable par ses talents diplomatiques... qui vivifiait si considérablement le drame auquel il était mêlé chaque fois qu'il paraissait sur la scène. Les diplomates de l'école du chevalier de Grémonville ne se rencontrent plus; alors l'homme primitif n'était pas complètement absorbé par le fonctionnaire diplomatique; le naturel perçait dans les négociations comme dans les dépêches; l'esprit agissait librement et les affaires n'excluaient pas les mots piquants ni la raillerie; mais depuis que le diplomate fonctionnaire a fait disparaître l'homme primitif, le naturel s'en est allé, et la correspondance diplomatique en a subi les conséquences. A la dépêche vive, animée, dramatique, a succédé la dépêche lourde et les phrases entortillées, qui fait un si grand contraste avec la correspondance diplomatique du siècle de Louis XIV. On

---

(1) *État des guerres de la République.* — ORDINAIRE ET EXTRAORDINAIRE DES GUERRES.

y trouve des détails d'affaires, mais la peinture des hommes et des cours ne s'y trouve plus (1). Aussi l'histoire y puisera-t-elle des notions bien moins parfaites que dans l'autre... Aussi peut-on dire qu'au xvii° siècle la diplomatie était un art et que plus tard elle est devenue un métier. Pour l'une il fallait du génie, des hommes supérieurs, habiles dans l'art d'étudier le cœur humain, de l'analyser, écrivains habiles avant tout, pour rendre avec bonheur ce que leurs études leur avaient appris ; pour l'autre, des machines fonctionnant régulièrement, sous la force motrice qui les met en mouvement, suffisent. »

Les divers traités d'alliance dont nous avons parlé avaient exigé plusieurs mois de négociations ; pendant ce temps, les opérations militaires avaient suivi leur cours, et nous allons y revenir ; toutefois il conviendra de passer brièvement sur cette campagne de 1673, qui n'amena entre Condé et Guillaume III aucune action sérieuse. Qu'on veuille bien se rappeler ici ce que nous disions plus haut dans notre avant-propos : ce n'est point une vie de Guillaume III que nous prétendons écrire ; nous essayons seulement d'extraire de cette longue carrière les journées mémorables et les enseignements militaires principaux.

Louis XIV avait laissé passer l'hiver et le printemps sans ordonner la reprise des hostilités ; il se réservait de tirer lui-même le premier coup de canon de la campagne nouvelle, et, aussitôt le mois de mai arrivé, il se porta en personne devant Maestricht. Cette importante place ne comptait pas moins de 8 000 hommes de garnison ; elle possédait un armement considérable et en bon état ; elle était défendue

---

(1) A cet égard, on peut citer cependant comme une exception les dépêches diplomatiques de Chateaubriand ; on y trouve ce charmant laisser aller et cette franchise d'expressions de la correspondance diplomatique du siècle de Louis XIV.

par M. de Fariaux, un officier de mérite, donné au prince d'Orange par le comte de Monterei, le gouverneur des Pays-Bas espagnols. La tranchée fut ouverte le 13 mai, et après quatorze jours de siége, Maestricht capitula.

Pour rendre cette conquête inutile, les Hollandais ouvrirent les écluses de la basse Meuse, qui inondèrent les abords de la place et tout le pays environnant.

En Hollande, le prince de Condé avait repris les opérations commencées par Luxembourg contre Amsterdam; il chercha d'abord à s'emparer de Nieuwerfluys, fort bâti sur le Vecht, petit torrent qui se jette dans le Zuyderzée, à quelques pas de Muïden. Ce fort commande les écluses du Vecht, et l'on comprendra l'importance qu'attachait Condé à la prise de cette bicoque, en sachant que c'est du Vecht, par le moyen du canal de Wesop, qu'Amsterdam tire son eau douce.

Guillaume d'Orange fut prévenu à temps des projets du général français, et dépêcha immédiatement au sud du Vecht le colonel Stockeim, qui eut ordre d'arrêter les Français pendant au moins quarante-huit heures. Pendant que Stockeim escarmouchait avec nos grand'gardes, plusieurs centaines de pionniers et de paysans élevaient en arrière du Vecht et devant Nieuwerfluys une série de solides ouvrages, en même temps que onze frégates, s'embossant à l'embouchure du Vecht et flanquant les ouvrages, rendaient inutile toute tentative sur Nieuwerfluys.

Ces préparatifs étant terminés, le colonel Stockeim, qui avait amusé fort habilement jusque-là nos têtes de colonne, battit tout d'un coup en retraite et laissa libre les deux rives du Vecht. Luxembourg s'engagea à sa suite à la tête de quatre mille hommes, mais fut impuissant à s'emparer d'une position imprenable. « Le prince d'Orange a fait un coup de maître », s'écria Condé à la nouvelle de cet échec, et il envoya l'ordre de battre en retraite à Luxembourg qui s'obstinait en une attaque impossible, demandant des hommes, des munitions, du canon. Un autre revers suivit de près celui de Nieuwerfluys. Naerden tomba aux mains du prince d'Orange qui reculait ainsi d'une façon marquée la ligne de blocus tracée par l'armée française autour d'Amsterdam; ces premières opérations étaient donc entièrement favorables aux intérêts des Provinces et forçaient Condé, qui ne disposait que de troupes peu nombreuses, à rester sur la défensive.

Louis XIV reprit alors l'idée caressée en avril 1672, d'une descente en Zélande. Quelques milliers d'hommes furent réunis sous les ordres du comte de Schomberg et embarqués pour cette opération; mais là encore la fortune nous fut contraire. Battue par Ruyter, la flotte française dut reprendre la haute mer et rentrer dans nos ports sans avoir pu accomplir sa mission.

Sur le Rhin, Turenne tenait tête à Montecucolli qui cherchait à joindre le prince d'Orange. Malgré d'habiles manœuvres, le général français ne put empêcher les deux armées alliées de se réunir et d'enlever Bonn. L'occupation de Bonn coupait Turenne du prince de Condé et des magasins établis par Louvois en Hollande; c'était pour les alliés un grand et très-remarquable succès dont ils ne surent point tirer avantage.

L'évêque de Munster et celui de Cologne profitèrent de la fin de la campagne pour signer la paix; leurs États envahis étaient occupés par les alliés, Louis XIV ne pouvait exiger d'eux plus de sacrifices. Ces défections ne furent point les seules qui se firent autour du grand roi. Les sollicitations de Guillaume auprès du parlement d'Angleterre commençaient à porter leurs fruits. Le *Bill of Test* publié alors en Angleterre, qui exigeait que tout officier public fût anglican, allait enlever aux catholiques leur influence, et donner aux ennemis des intérêts français la direction des affaires; le duc d'York lui-même, le propre frère de Charles II, dut se démettre de ses fonctions d'amiral et rentrer, pour ainsi dire, dans la vie privée. C'était pour Louis XIV un bien autre échec que nos revers sur le continent. Les effets du *Bill of Test* ne tardèrent point à devenir patents. Au commencement de 1674, le parlement refusa à Charles II les subsides que demandait le prince pour la nouvelle campagne, et le roi d'Angleterre faisant part de cette opposition à Colbert, lui demandait, pour continuer la guerre, un million quatre cent mille livres sterling. Guillaume III comprit que le moment était arrivé de détacher Charles II de Louis XIV; il lui fit donc offrir la satisfaction qu'il avait exigée pour le pavillon, et en secret une somme de huit cent mille écus.

Le 3 février, Charles II communiqua aux chambres la proposition des états, les six Provinces-Unies offraient deux millions de florins pour les frais de la guerre, le salut au pavillon anglais, du cap Finistère au cap Von Staten en Norwége, enfin la remise en vigueur de la paix de Bréda et du traité de navigation de 1667. Louis XIV essaya en vain de détourner Charles II d'une négociation qui enlevait à la France un précieux allié. Le 19 février, la paix était signée entre la Hollande et l'Angleterre; nous n'avions plus, sur mer et sur le continent, à compter que sur nos propres forces.

A Cologne, en effet, les conférences avaient abouti à peu de chose, quand une violation inouïe du droit des gens vint les rompre tout à fait et éloigner pour longtemps toute espérance d'accommodement. Le 14 février 1674, le prince Guillaume de Furstemberg, conseiller de l'électeur de Cologne et chanoine de son chapitre, accrédité par l'électeur comme son délégué au congrès, et tout dévoué aux intérêts de la France, fut enlevé par ordre de l'Empereur, et conduit à Vienne entre quatre cavaliers. Le 16 avril, les plénipotentiaires français, après avoir vainement protesté contre cet acte de violence injustifiable, quittèrent Cologne, déclarant toute négociation rompue.

Pendant ce temps, Guillaume III continuait à agir et arrivait enfin à former ce qu'on appelle la *grande alliance*, c'est-à-dire la ligue contre la France, de l'Empire, de l'électeur de Brandebourg, du duc de Brunswick-Lunebourg, du roi de Danemark, du comte palatin de Neubourg, des évêques de Munster et d'Osnabruck.

Louis XIV voyait grossir l'orage sans s'en inquiéter outre mesure, toutefois il convenait de ne point disséminer nos forces trop éparpillées, pour combattre avec efficacité nos ennemis nouveaux. Il décida donc l'évacuation d'une partie de la Hollande, en particulier des villes d'Arnheim, Tel, Nimègue, Cuylembourg, et se contenta de garder Gravi et Nimègue : « J'avois mes troupes divisées, nous apprend lui-même le roi de France, en Allemagne, en Hollande, en Flandre et peu dans mon royaume... Il falloit me résoudre à perdre quasi toutes mes conquêtes éloignées, et à penser à en faire dans les endroits par où je pourrois attaquer et me défendre (1). » Dès ce moment l'évacuation des places de la Hollande fut arrêté en principe.

Il convenait, avant de laisser l'ennemi libre de ce côté, d'attirer une partie de ses forces sur un champ de bataille éloigné du premier et qu'on décida devoir être le Rhin supérieur. En conséquence, à peine les premiers jours du printemps étaient-ils arrivés que les opérations recommencèrent.

(1) *Œuvres de Louis XIV*, t. III, p. 455.

La conquête de la Franche-Comté par Louis XIV en personne signala brillamment nos armes de ce côté du théâtre de la guerre. Une autre armée commandée par Turenne battit les Impériaux à Ladenbourg, à Sintzheim, à Ensheim, à Turkheim. Dans la Flandre et le Brabant, c'était à Condé, opposé encore une fois à Guillaume III, qu'était réservé l'honneur critique d'opérer sur la Meuse et la Sambre après l'évacuation des places de Hollande confiée au maréchal de Bellefonds : le vainqueur de Rocroy allait déployer à garder notre frontière menacée les ressources d'un esprit supérieur et d'un véritable génie.

Cette campagne de 1674 est, à notre avis, une des plus belles de Condé : il convient de l'étudier en détail.

Avant d'entrer dans le détail de ces opérations militaires, il sera bon de jeter un coup d'œil sur la Flandre et de voir la manière dont ce pays se trouvait divisé entre la France et l'Espagne.

A la côte de l'Océan, nous dit le chevalier d'Aguesseau, les Français étaient maîtres de Gravelines, Dunkerque, Berghes et Furnes. Ils tenaient le cours de la Lys depuis Saint-Venant jusqu'à Courtray. Cependant les Espagnols conservaient la ville d'Aire, située presque à la source de cette rivière; ils occupaient encore, entre elle et la mer, les places de Saint-Omer, Cassel et Ypres. En arrière de la Lys, le roi de France était maître de Lille, Douai et Arras. Sur l'Escaut, la paix d'Aix-la-Chapelle avait laissé en son pouvoir Tournai et Oudenarde. Les Espagnols tenaient Gand, à la réunion de la Lys et de l'Escaut. Ils avaient ensuite Bruxelles, Louvain, Malines, Anvers, etc.; Ath était pour les Français une tête importante. Le Hainaut était au pouvoir de l'Espagne qui avait des garnisons dans Mons, Saint-Guilain, Condé, Valenciennes, Maubeuge et Cambrai. Sur la Sambre, les Français avaient Charleroi et Binch; Namur, au confluent de la Sambre et de la Meuse, était à l'Espagne, ainsi que Charlemont et Givet. Huy et Dinant, petites villes dépendantes de Liége, étaient neutres, mais pouvaient être occupées facilement, ainsi que leur capitale, par le plus adroit ou le plus fort. Au-dessous de Liége, entre cette ville et Maestricht, les Espagnols avaient encore les forts d'Argenteau et de Navagne. Plus bas, entre Maseick et Grave, ils occupaient Ruremonde et Venloo. On sait que les Français étaient maîtres de Maestricht, Maseick et Grave. Tel est le tableau que présentait le théâtre des opérations nouvelles.

On conçoit que des possessions ainsi mêlées et engagées les unes dans les autres, étaient propres à compliquer les opérations. Les places que les Français avaient sur la côte et sur la Lys étaient séparées par celles des Espagnols et la communication directe en était interrompue. Saint-Omer et Aire donnaient à ceux-ci la facilité de faire des courses dans le Boulonnais et dans l'Artois. Les places de la Scarpe et de l'Escaut, Arras, Douai, Saint-Amand, Tournai, Oudenarde, et vers le Brabant, Ath, étaient coupées de Landrecies, du Quesnoy, d'Avesnes, de Charleroi, de Binch sur la Sambre ou près de la Sambre, par celles du Hainaut et du Cambrésis, que les Espagnols occupaient par des garnisons nombreuses. Cambrai, Bouchain, Valenciennes, Maubeuge, Mons, Condé, Saint-Guilain se trouvaient au milieu des places appartenant aux Français, que nous avons indiquées. Ces villes pouvaient contenir beaucoup de troupes, elles interceptaient les communications, gênaient la marche des convois, et l'on devait s'attendre à ce qu'ils poussassent des détachements considérables sur la Somme, l'Oise et au delà.

Dans de telles conditions, garder les conquêtes des années précédentes n'était guère possible, et dès le 24 avril Louvois envoyait au maréchal de Bellefonds l'ordre d'évacuer la Hollande et de se replier sur les Flandres.

Le maréchal hésita à accomplir les instructions du ministre. Il lui semblait contraire à la gloire de Louis XIV d'abandonner sans y être obligé des villes et des provinces dont on avait mis deux années de combats et de siéges à s'emparer : il tergiversa et essaya d'amener Louis XIV à révoquer les ordres de Louvois.

Bellefonds était particulièrement cher à Louis XIV. Esprit droit, sagace et subtil, caractère emporté et rebelle aux courbettes, il voyait avec peine un ministre point militaire, un *avocat*, comme nous dirions aujourd'hui, dicter leur plan de campagne aux généraux et diriger les armées, du fond de son cabinet de Versailles. Louvois, violent et acerbe, n'aimait point qu'on lui résistât; il ne comprit point ce qu'il y avait de grandeur et de désintéressement dans le caractère du maréchal de Bellefonds : il résolut de le briser. C'était difficile : bien que toujours auprès du maître, bien que celui dont il avait résolu la perte ne pût répondre que par lettre aux insinuations malveillantes qu'il glissait dans toutes ses conversations avec le roi, ce dernier estimait à sa juste valeur le maréchal et comprenait les hésitations d'un militaire pour lequel battre en retraite est toujours une humiliation. « Je crois, sire, écrivait Bellefonds à Louis XIV, que Votre Majesté n'aura pas oublié les reproches respectueux que j'ai souvent pris la liberté de lui faire du peu de soin qu'elle prend de faire connoître sa bonté. C'est une chose étrange que ceux qui ont l'honneur d'être dans sa familiarité en soient les seuls persuadés, et qu'elle ne veuille pas faire éclater cette qualité si nécessaire à un grand roi, et qu'elle a reçue du Seigneur en un degré si éminent. Votre Majesté pardonnera, s'il lui plaît, à mon zèle si j'ose réveiller son attention sur un sujet si important. Je la supplie très-humblement de me permettre de donner toute mon application et mes soins pour ouvrir les yeux des peuples qui lui sont nouvellement soumis et de trouver bon que n'ayant pas été assez heureux pour lui aider à les conquérir par la force des armes, je tâche de gagner leurs cœurs en leur donnant des marques de cette bonté. »

Ce langage plaisait à Louis XIV, qui fermait l'oreille aux méchants propos du ministre; en même temps Bellefonds écrivait à Louvois : « Ayez confiance aux gens qui ont vu de grandes guerres, et ne vous jetez pas dans le précipice de peur d'y tomber ». Mais ces conseils fort justes ne faisaient qu'irriter Louvois, qui obtint enfin de Louis XIV deux lettres à Bellefonds, envoyées d'abord à l'intendant Robert, l'agent et la créature de Louvois en Hollande. La première enjoignait de nouveau au maréchal d'évacuer nos conquêtes, et retardait jusqu'au 10 mai la fin de l'évacuation, fixée d'abord au 30 avril. La seconde, qui ne devait être remise qu'au cas où le maréchal persisterait dans sa désobéissance, destituait Bellefonds et donnait le commandement au lieutenant général comte de Lorges.

Pendant que ces menées et ces cabales se perpétraient à Versailles, le maréchal de Bellefonds, qui avait cru Louis XIV ramené à l'idée de conserver la Hollande, signait avec l'évêque de Strasbourg un traité par lequel la France lui remettait Nimègue, Saint-André et Arnheim.

Le fort Saint-André continuait à être occupé par les troupes françaises : également nous percevions les contributions de Deventer, mais nous abandonnions à l'évêque celles du Betaw dans lequel il nous remplaçait.

L'intendant Robert informa la cour des négociations de M. de Bellefonds, et, fort de l'appui de Louvois, donna en secret des ordres pour l'évacuation du matériel des places que son général se proposait de garder : cette dernière opération s'effectuait quand il reçut les deux ordres du roi dont nous venons de parler.

Bellefonds était alors à Wesel ; Robert l'y rejoignit et lui communiqua les volontés de Louis XIV ; le maréchal essaya encore de résister, mais voyant qu'il lui fallait opter entre une disgrâce certaine ou l'obéissance, cédant encore aux instances du comte de Lorges, qui comprenait que le roi lui saurait gré d'épargner une humiliation à un homme de cœur, il se rendit enfin, déclara à l'évêque de Strasbourg les négociations rompues et donna des ordres pour l'évacuation immédiate.

Le 30 avril au matin, la garnison de Nimègue, renforcée des troupes cantonnées à Bommel, à Tiel, à Heins, à Heelsfelt, au fort Saint-André, abandonnait la place ; ces troupes étaient rejointes le lendemain par les régiments d'Arnheim et du fort de Schenk, passaient le Rhin à Tholuys, recueillaient en passant les garnisons de Rées et d'Emmerick, et atteignaient, le 4, Wesel, où les attendaient déjà les régiments venus de Deventer et de Zutphen.

Grave était la seule ville qu'on ne dût point évacuer ; c'était un poste avancé qu'il était bon de conserver en Hollande. On y laissa quatre mille hommes, et pour gouverneur l'intrépide marquis de Chamilly.

D'après le traité de Vossem, les places du duché de Clèves, Schenk, Emmerick et Rées, devaient être remises aux troupes brandebourgeoises ; cette clause fut rigoureusement observée, et « on se loua infiniment à Berlin de la manière dont monsieur le maréchal de Bellefonds s'étoit conduit, en évacuant les places de l'électeur de Brandebourg. On n'y commit aucune vexation, et les vexations étoient alors fort communes à la guerre, surtout de la part des troupes qui se retiroient. On laissa l'artillerie qui appartenoit à ce prince, et l'on se conduisit de même dans les places qu'on remettoit à l'électeur de Cologne. Il n'y eut que celles de Hollande qu'on dégarnit entièrement d'artillerie et de munitions de guerre. »

Le 12 mai, le maréchal de Bellefonds arrivait à Fauquemont, et le 13 à Maestricht, où, d'après les ordres du roi, il eût dû être le 10. — C'est en ce point, en effet, que devait se faire la jonction de ses vingt-deux mille hommes avec l'armée du prince de Condé en formation à Tournai. — Bellefonds donna deux jours de repos à ses troupes; il fit entrer dans la place les régiments de Furstemberg et de Saxe, où l'on comptait chaque jour de nombreux déserteurs, et en retira, pour les remplacer, quelques régiments français et suisses; puis, le 15, il se porta à Sainte-Gertrude et campa le 16 à Bernau, derrière la Bernine. Il résolut alors, et en attendant l'arrivée de Condé, d'assiéger le château de Navagne et le fort d'Argenteau qu'on trouve entre Liége et Maestricht, sur la rive droite de la Meuse. De ces deux points les Espagnols pouvaient gêner les communications par eau entre ces deux villes, on ne perdait donc point son temps en les attaquant. Le 16 au soir, l'artillerie française commença le feu sur Argenteau, qui capitula dans la nuit du 17 au 18. — Le même jour on canonna Navagne avec vingt-huit pièces d'artillerie, dont huit de 24, et deux mortiers; le 19 la tranchée fut ouverte, et le 22 la place ouvrait ses portes au prince de Condé qui arrivait le même jour devant la place.

Il convient maintenant de revenir un peu en arrière

pour examiner la formation de l'armée du grand Condé, et la série de marches qui amenèrent cette armée devant Maestricht.

Dès la fin d'avril, des ordres avaient été donnés pour réunir à Tournai une quarantaine de mille hommes; ces troupes, jointes aux vingt-deux mille hommes du prince de Condé, devaient former une armée solide, capable de tenir victorieusement tête aux Impériaux et aux Hollandais réunis : M. de Navailles eut la direction supérieure de cette concentration qui fut à peu près terminée le 10 mai.

Le prince de Condé, arrivé de Chantilly le 6 du même mois, résolut de se mettre en marche le 12 au matin. Son armée, forte d'environ quarante-deux mille hommes, dont 44 bataillons et 131 escadrons, campa le 10 au soir sur la rive gauche de l'Escaut, on séjourna le 11, et le 12 au matin, l'armée se porta à Leuse sur quatre colonnes.

Dans cette marche et dans celles qui vont suivre, l'armée avait à couvrir son flanc gauche contre Bruxelles, et son flanc droit contre les garnisons du Hainaut, en particulier Namur. Les flancs-gardes se composeront de cavalerie; — mais le flanc gauche étant particulièrement menacé, à cause du voisinage de Bruxelles, la deuxième colonne (en partant de la gauche) sera formée de l'infanterie, et la troisième de l'artillerie et des convois.

Détail bizarre, c'est que par le rang que tenaient entre elles les troupes de cavalerie, la colonne de gauche (la plus exposée) était formée des plus anciens régiments à cheval. Ces troupes, arrivées au camp, prenaient leur place de bataille à la droite : de même, la colonne de droite allait camper à la gauche de la ligne. Ces deux colonnes, arrivées au séjour, devaient donc traverser le camp pour prendre leurs emplacements respectifs, et le traverser une seconde fois pour se mettre le lendemain en marche. Ces préséances, quelque embarras qu'elles causassent, étaient alors fidèlement observées, et personne ne songeait à s'en plaindre.

On est frappé de voir, en étudiant en détail ces campagnes, combien la logistique avait fait de progrès à cette époque et quelle minutie présidait déjà à la distribution des ordres, au fractionnement des colonnes, aux fixations des heures du départ. — Le chevalier d'Aguesseau, en parlant de ce même sujet et précisément à propos de la campagne de 1674, émet des critiques qui nous semblent bien exagérées. Les marches étaient, il est vrai, de courte durée, et, suivant son expression, « pesantes »; mais si l'on considère le mauvais état des routes, leur petit nombre, le désordre qu'amenaient des formations embarrassées et compliquées, on trouvera qu'il y avait là des raisons majeures d'aller lentement, si l'on ne voulait point aller absolument en désordre. « Le manque d'instruction particulière dans les troupes, dit encore le chevalier d'Aguesseau, ajoutoit aussi à cette pesanteur des marches et à la fatigue qui en étoit la suite. On peut juger de l'ordre qu'elles y observoient par la manière dont elles marchoient encore dans les dernières guerres de Flandre, où le *nec-plus-ultrà* de la discipline étoit d'empêcher qu'un régiment ne se mêlât avec l'autre dans la colonne. On se rappelle qu'alors il n'existoit plus aucune distinction de compagnies jusqu'à ce qu'on fût arrivé au nouveau camp ou que quelque circonstance particulière exigeât de se remettre en bataille; que cette manœuvre même étoit une opération difficile; que l'allongement des colonnes étoit prodigieux; que la moindre difficulté de terrain, un peu d'eau et de boue devenoient un défilé, parce que les officiers, marchant par pelotons ou suivant leur convenance, oublioient complétement leur troupe; que tous ces vices enfin s'étoient conservés dans toute leur force, hors dans quelques marches hardies et près de l'ennemi, qui exigeoient plus de précaution et de régularité. Cet échantillon suffit donc pour qu'une grande partie de notre militaire puisse se faire une idée de ce qu'étoient les marches d'armée dans une époque plus reculée où les troupes commençoient à peine à prendre quelque forme. »

Qu'on reconnaît bien dans ces observations exagérées l'officier du xviii° siècle et l'influence des marches compassées mises à la mode par Frédéric !

Une autre cause ajoutait encore à la lenteur des marches de l'armée du prince de Condé. C'est que toutes ces marches étant des marches de flanc, et les ennemis étant à droite et à gauche, quoique à une distance peu inquiétante, ces colonnes de flanc devaient toujours couvrir celles des équipages, de l'artillerie et des vivres qui étaient au centre, et conséquemment participer à ses retards et à sa pesanteur.

On trouve dans les ordres de marche du prince de Condé une précaution pour diminuer la longueur de cette colonne d'équipages, dont il est inconcevable que nous ne fassions pas plus usage dans nos armées. Il y était enjoint aux vaguemestres de les faire doubler et tripler à droite et à gauche de la grande chaussée et de les faire marcher sur plusieurs chariots ou plusieurs chevaux de front. Nous avons la mauvaise routine, quelle que soit la largeur des grands chemins ou des colonnes ouvertes, de laisser toujours nos équipages à la file, même dans les chemins faciles et couverts, et nous voyons quelquefois une colonne qui ne finit pas et qui n'arrive pas, ne pas remplir la moitié de la largeur du chemin où elle passe. Le front des colonnes, soit des troupes, soit des équipages, devrait être déterminé par les officiers d'état-major, selon la largeur des chemins qu'ils ont reconnus ou ouverts, et il faudrait qu'il fût toujours le plus grand possible. Si la colonne d'équipages de l'armée du prince de Condé était quelquefois raccourcie par le moyen dont nous venons de parler, quelquefois aussi nous la voyons surchargée de troupes qui l'allongeaient et en retardaient la marche, et qui ne pouvaient manquer de l'embarrasser encore plus. Indépendamment des troupes attachées à l'artillerie et des gardes ordinaires des équipages, on voit quelquefois plusieurs brigades de cavalerie et d'infanterie marcher avec ces équipages sur la même colonne; et cependant ce n'est point par des troupes placées dans la même colonne que des équipages doivent se garder, mais par celles qui les couvrent.

Ce n'est que dans quelques marches que des brigades entières font partie de cette colonne. Nous trouvons dans toutes deux escadrons à la tête et deux à la queue, et indépendamment des gardes ordinaires attachées à tous les équipages, sept cents hommes d'infanterie et cent maîtres aux ordres d'un colonel, distribués par pelotons de place en place (1).

Ces quelques explications étaient nécessaires pour se rendre compte de la lenteur apparente dans les marches de Tournai à Maestricht, voyons maintenant le détail de ces marches.

Marches en avant vers Maestricht.

Le 12, l'armée se porta de Tournai à Leuse, sur quatre colonnes, ainsi que nous l'avons dit.

(1) Le chevalier d'Aguesseau.

Le 13, de Leuse à Lens, quatre colonnes.

Le 14, de Lens à Ville-sur-Haisne, trois colonnes.

Le 15, de Ville-sur-Haisne à Merlanwelz, trois colonnes.

Le 16, de Merlanwelz à Thiméon, quatre colonnes; séjour de vingt-quatre heures.

Le 18, de Thiméon à Gembloux, quatre colonnes.

Le 19, de Gembloux à Avesnes-sur-Méhaigne, quatre colonnes.

Le 20, d'Avesnes-sur-Méhaigne à Freren, quatre colonnes. De Freren un corps de cavalerie est détaché pour reconnaître l'armée du maréchal de Bellefonds; séjour du reste de l'armée.

Le 22, de Freren à Lichtemberg, sur les hauteurs de Navagne, quatre colonnes. — Jonction avec les troupes du maréchal de Bellefonds, qui rentre en France et est exilé dans sa terre de Bourgueil (1); à Lichtemberg, séjour le 23 et le 24.

Marche en retraite vers Thiméon.

Le 25, de Lichtemberg à Freren, quatre colonnes.

Le 26, de Freren à Hologne, quatre colonnes.

Le 27, de Hologne à Neuville-sur-Méhaigne, quatre colonnes.

(1) Gigauld (Bernardin), marquis de Bellefonds, gouverneur de Vincennes et maréchal de France, était le fils de Henry-Robert Gigauld, seigneur de Bellefonds et gouverneur de Valogne. Il se signala en diverses occasions, sous Louis XIV, qui l'affectionnait particulièrement pour sa franchise un peu rude. Il fut créé maréchal en 1668, commanda avec grand succès l'armée de Catalogne en 1684, en particulier au combat de Pont-Mayor. Il mourut le 5 décembre 1694, à 64 ans, « laissant après lui, dit la *Gazette de France* du jour, une grande réputation de courage et de vertu ». Bourgueil, où il fut exilé en 1674, était une magnifique terre qu'il possédait en Anjou (aujourd'hui Indre-et-Loire).

Le 28, de Neuville-sur-Méhaigne à Gembloux, quatre colonnes.

Le 29, de Gembloux à Thiméon, cinq colonnes ; séjour.

Il n'est pas sans intérêt de voir dans son entier un ordre de marche dicté par Condé.

Le prince donnait ses ordres lui-même; puis l'officier général de jour distribuait les troupes dans les colonnes, suivant les ordres du général en chef. — Prenons par exemple la marche du 19 mai, de Gembloux à Avesnes-sur-Méhaigne.

ORDRE DE MARCHE POUR LA JOURNÉE DE DEMAIN, 19 MAI.

« Demain 19 mai, l'armée se mettra en marche dans la direction Avesnes-sur-Méhaigne, où l'on campera.

» On marchera sur quatre colonnes, dont les têtes quitteront le camp à la même heure : cinq heures du matin.

» La cavalerie de la droite formera la première colonne de droite, passera le ruisseau près de Sauvenier, d'où elle se portera à Liroup, le laissant à sa droite, et au Petit-Lez, le laissant à sa gauche. Elle traversera ensuite le bois qui conduit à Saint-Germain, laissant le Grand-Lez à gauche; quittera ce chemin à la sortie du bois, laissant Saint-Germain à droite, ainsi que Lierneux, et prendra la basse chaussée qui conduit à Pervis. — Elle la quittera aussitôt dans la plaine pour se diriger sur Neufville. — Elle passera le long de la Méhaigne à Taviers, à Franquenies, à Bonneff, à Branchon, à Wassoignes, à Ambésineaux, à Ambésin, à Mocheron, à Moche, et arrivera dans la plaine du camp.

» La seconde colonne se composera de l'infanterie avec deux escadrons à la tête et deux à la queue, laissera Sauvenier à droite et la grande chaussée à gauche, celle-ci étant occupée par les équipages; elle continuera sa route par la cense de Long-Pont, se rapprochera de la grande chaussée pour éviter des marais qu'elle laissera à sa droite, suivra la lisière du bois de Grand-Lez, se dirigera ensuite à droite de Neuville et marchera entre la colonne de cavalerie et celle des équipages jusqu'au camp.

» La troisième colonne sera composée de l'artillerie, des vivres, des gros et menus équipages de toute espèce, avec les troupes d'escorte nécessaires, prendra à la chapelle de Haute-Bossée la chaussée qui la conduira au camp.

» La quatrième colonne sera formée de la cavalerie de la gauche. — Elle traversera la grande chaussée, laissant la chapelle de Haute-Bossée à droite; elle passera à droite de Walhem, à gauche de Sart-Walhem, traversera le bois de ce nom, celui de Buz, passera près de Pervis en le laissant à gauche, et continuera à marcher parallèlement à la grande chaussée jusqu'au camp.

» Au camp de Gembloux, le 19º may 1674.

» Louis de Bourbon.

» A M. le chevalier de Fourilles, officier général de jour. »

Cependant le roi de France pressait le prince de Condé d'entreprendre quelque siége, quelque opération, qui montrât aux alliés que l'armée française était prête, non-seulement à s'opposer à toute invasion dans les Flandres, mais à prendre l'offensive aussitôt qu'elle trouverait l'occasion de tomber à propos sur l'armée hollandaise. Mais Condé hésitait : à vrai dire, son armée, si forte qu'elle fût, se ressentait d'une formation trop rapide et d'un amalgame indigeste. La cavalerie en particulier était mal montée et tenait plus de place sur les *situations journalières* que sur le champ de bataille. Dans de telles circonstances et devant la lenteur des alliés, le général français n'avait qu'à gagner à attendre. Il attendit donc : la suite de la campagne devait montrer que cette prudence apparente avait été de la sagesse et non point une insouciante nonchalance.

Dans le camp des alliés, l'hésitation et l'incertitude demeuraient plus visibles et plus considérables que jamais : on avait une idée qu'on attaquerait, soit par la Flandre, soit par la Picardie, soit enfin par la Champagne, mais l'on ne savait précisément par laquelle de ces trois provinces. Les trois armées réunies par une haine commune de la France n'avaient, au point de vue de la conquête ou de la défense, ni les mêmes intérêts ni les mêmes désirs. Ainsi Guillaume d'Orange, désireux de venger sa patrie des maux soufferts en 1672, brûlait de l'envie d'entrer en France, d'assiéger quelque place importante de la Somme, de passer cette rivière et de faire une démonstration sur Paris ; là n'était point le compte de Monterey, le général espagnol, qui poussait au siége de quelque place plus voisine des Pays-Bas espagnols. Pour le duc de Bournonville, il ne songeait nullement à conduire sur la rive gauche de la Meuse et vers l'Escaut les troupes de l'Empereur ; il se considérait bien plutôt comme chargé de la défense de la Meuse supérieure que des pays où agissaient alors les Hollandais et les Espagnols : soutenu par des ordres secrets de l'Empereur, il se tenait prêt, au cas d'un succès décisif de Turenne, à rebrousser chemin vers l'Alsace et à s'y joindre aux troupes du duc de Lorraine.

Toutes ces discussions prenaient du temps, et le manque

d'une décision définitivement adoptée avait empêché, encore au 1er mai, de réunir aucune des trois armées alliées. La première assemblée fut celle des Hollandais, environ 30 000 hommes, que de divers côtés on amena sous les murs de Berg-op-Zoom. Vers le 14 mai, ces troupes se mirent en marche dans la direction de Dussel; mais on ne tarda pas à s'apercevoir que la plupart des régiments à peine formés, mal vêtus, mal nourris, avaient encore besoin de plusieurs semaines pour s'organiser, s'instruire, acquérir quelque solidité et quelque fond : les transports défectueux, les vivres mal et irrégulièrement perçus, une suite énorme de soudards, de vivandiers, de femmes de mauvaise vie, étaient une cause perpétuelle d'indiscipline, de désordre et de désertion.

C'est dans de telles conditions que Guillaume d'Orange arrivait à Dussel le 17 mai et qu'il y cantonnait ses troupes, avisant à les aguerrir et à parachever rapidement leur organisation.

Pendant ce temps, le comte de Monterey, gouverneur des Pays-Bas espagnols, avait à grand'peine réuni sous Bruxelles une quinzaine de mille hommes.

Il avait pourtant tout fait pour grossir son effectif, jusqu'à menacer de mort les habitants nés dans la partie des Pays-Bas conquise par la France, qui servaient dans les troupes françaises ; mais ces menaces produisent toujours peu d'effet, en ce qu'elles demeurent peu réalisables; Monterey n'eut aucun succès dans ses intimidations et pas une recrue ne lui vint de nos régiments flamands.

C'est sur ces entrefaites qu'eut lieu à Malines une entrevue entre le prince d'Orange et le comte de Waldeck, d'une part, le comte de Monterey et le marquis d'Assentar, de l'autre. On y décida qu'on enverrait au duc de Bournonville un officier en mission, pour rendre compte au commandant en chef de l'armée impériale, qu'on ne pouvait rien tenter sans lui, pour le supplier de descendre vers le sud, de franchir la Meuse et de venir se joindre aux Espagnols et aux Hollandais.

Comme il a été dit, Bournonville ne se souciait point de quitter le Rhin. Cependant, après avoir commis la faute de laisser en paix le maréchal de Bellefonds réunir les garnisons françaises de Hollande et les conduire sans être inquiétées au prince de Condé, le général impérial se décida à concentrer ses troupes éparses sur le Rhin, en Westphalie et jusque par delà les rives du Weser, et à se rapprocher de la Meuse.

Du 14 au 18 juin, les Impériaux franchirent le Rhin entre Bonn et Cologne, et firent leur jonction le 18, entre Leichnich et Friessen. Ces troupes montaient au total de 27000 combattants, dont 15000 cavaliers admirablement montés; mais ce troisième corps de l'armée alliée était encombré, plus encore que les deux premiers, d'une foule d'*impedimenta*, de bagages, de chariots de toutes sortes; il était suivi, en outre, de 6000 filles et femmes dont la présence, comme on pense, amenait dans la discipline et la tenue du soldat un relâchement déplorable.

Bournonville passa la Roër le 20 mai et campa le 22 à Sternberg. Le jour même il apprenait la reddition de Navagne qu'il espérait intérieurement secourir; arrêté dans sa marche par cet échec, il prévint le prince d'Orange de son arrivée et résolut d'attendre à Sternberg les événements.

Les choses en étaient à ce point quand il reçut une lettre du comte de Souches qui venait le remplacer dans son commandement et qui lui envoyait un ordre positif de l'Empereur de battre immédiatement en retraite et de repasser la Roër; c'était le même jour où l'envoyé de Guillaume d'Orange le pressait de franchir la Meuse et de le joindre. Entre ces deux injonctions, l'ordre de l'Empereur devait prévaloir : aussi bien l'armée impériale subsistait avec peine dans le Limbourg; Bournonville n'hésita donc point et, abandonnant définitivement Argenteau et Navagne, il quitta, le 31 mai, son camp de Sternberg et prit la direction de Waldhorn. Le 1er juin il campait à Eschweiler et le 2 à Dirischweiler, où le comte de Souches passa son armée en revue le 5. Dès le 6 eut lieu le fractionnement : une partie des troupes demeura à Dirischweiler ; le reste passa la Roër et étendit ses cantonnements jusqu'à l'Erfft, de Leichnich à Munster-Eissel.

Le prince d'Orange, que toutes ces allées et venues inquiétaient et impatientaient, espéra que le comte de Souches serait moins rebelle que Bournonville à un projet de jonction au nord de la Sambre. Les états généraux de Hollande commençaient à se plaindre tout haut de son inaction et en particulier de celle de l'armée impériale, à laquelle ils payaient par mois un subside de 45 000 écus d'or; les divers pays parcourus par les alliés étaient littéralement ruinés et épuisés : il fallait à tout prix sortir d'un tel état de choses.

Le prince d'Orange, auquel le roi d'Espagne et l'Empereur venaient d'accorder le titre d'Altesse royale et de généralissime des armées alliées, écrivit à de Souches pour l'engager à se joindre à lui. La lettre fut portée au général par le comte de Waldeck, au nom de Guillaume, et par le marquis d'Assentar, au nom du comte de Monterey. L'entrevue eut lieu à Ruremonde et fut loin d'être décisive. Souches répondit brusquement qu'il avait des ordres et qu'il s'y tiendrait, que la prudence était nécessaire en face d'un ennemi comme Condé, et qu'il ne consentirait à passer la Meuse qu'au cas où le général français entreprendrait un grand siége ou une marche audacieuse sur les Provinces-Unies.

Toute l'autorité du prince d'Orange échoua contre cet entêtement : toutefois Souches, après huit jours d'inaction, quitta, le 16 juin, son quartier de la Roër, et marcha sur Eschweiler; le 17 il campa entre Aix-la-Chapelle et Bolduc; le 18 à Galop et Willer; le 19 à Biernau et le 20 à Dalem. Toutes ces marches et contre-marches devant Maestricht et Navagne, qu'on n'attaquait ni l'un ni l'autre, déplurent autant au prince d'Orange et au comte de Monterey qu'au lieutenant même de M. de Souches. Mais, malgré l'avis tout haut exprimé de ses propres officiers généraux, malgré une très-vive scène avec le duc de Holstein, un de ses meilleurs officiers, le général impérial persista dans sa manière de faire et dans son soin à se garder d'une action avec Condé.

Guillaume d'Orange, qui, dès le 11 juin, avait quitté ses quartiers d'Anvers-Malines pour se rapprocher des Espagnols, était désespéré de cette apathie du général allié ou plutôt de cette ferme volonté de ne point agir ; d'un autre côté, il ne pouvait uniquement avec les Espagnols tenter la moindre opération sérieuse ; force lui était donc d'attendre et de rester oisif.

Le comte de Souches avait, il est vrai, émis un plan de campagne, mais ce plan demeurait si impraticable et si imprudent, que Guillaume ne pouvait se résoudre à compromettre par faiblesse l'issue des opérations et d'une campagne où toutes les chances étaient pour lui. Le comte de Souches proposait de descendre jusqu'à la Champagne, de pénétrer dans cette province et d'y faire un siége. Il demandait pour cela au prince d'Orange une partie de ses troupes et une partie également des régiments de Monterey; or on s'exposait ainsi aux attaques de Condé par le nord, à celles de Turenne par le sud : les Pays-Bas espagnols, le Hainaut, les Provinces-Unies même restaient ouvertes aux coups du premier, en même temps la retraite ne devenait plus assurée, et en cas d'un échec en Champagne, la position des armées alliées devenait critique.

Les idées de Souches n'étaient donc point acceptables et devaient être écartées : c'était un nouveau retard, et véritablement la campagne semblait devoir se passer en discussions, en délibérations plutôt qu'en faits et en actions sur le champ de bataille. Ce fut alors qu'à la suggestion des états généraux le prince d'Orange résolut d'assiéger Grave : Maestricht l'eût également bien tenté, mais Grave demeurait plus facile à prendre : cette conquête devait consoler les états généraux de l'inaction des troupes de campagne et du peu de résultats acquis par leurs armes. Comme le prince d'Orange ne pouvait détacher de son armée aucune portion considérable pour ce siége, on tira des places de Groningue et de Frise presque toutes les garnisons qui s'y trouvaient; on en forma une petite armée d'environ 17 000 hommes, dont le commandement fut confié, avec la direction de l'entreprise, à un officier aussi brave qu'intelligent, le comte de Rabenhaupt, l'intrépide défenseur de Groningue en 1672.

Le mois de juillet était arrivé et rien de décisif n'avait été arrêté encore, quand M. de Souches fit demander à Guillaume d'Orange et à M. de Monterey de lui envoyer MM. de Waldeck et d'Assentar pour recevoir une idée nouvelle qu'il avait à soumettre au commandant des armées espagnole et hollandaise. Monterey et Guillaume, trop heureux que le premier pas eût été fait par le comte de Souches, se rendirent eux-mêmes à l'entrevue qui, fixée d'abord à Leau, eut lieu à Landen le 2 juillet.

« Le comte de Souches partit le 2 de son camp d'Andennes, escorté de 2 000 chevaux, passa la Meuse sur le pont qu'il avait fait jeter près de ce village, et arriva à midi à Landen. Le comte de Monterey traita splendidement tout le conseil de guerre, fêta surtout le comte de Souches et tous les Allemands de sa suite, et même ceux de son escorte. On but toutes les santés possibles : de l'Empereur, du roi et de la reine d'Espagne, du prince d'Orange, du comte de Monterey, du comte de Souches, etc.; mais le magnifique accueil qu'avait reçu le général impérial ne le rendit pas plus favorable aux vues des autres alliés dans le conseil de guerre qui fut tenu le soir. »

Le prince d'Orange et le comte de Monterey, qui étaient venus à Landen avec l'espoir de voir M. de Souches se rendre enfin à leur avis, purent se convaincre de nouveau de l'indécision et de l'incertitude du général impérial.

Pressé, comme dans les entrevues précédentes, de franchir la Meuse et de se joindre à ses alliés, le comte de Souches répondit que les succès de Turenne l'empêchaient de trop s'écarter du duc de Bournonville, qu'il allait probablement avoir à secourir; qu'il avait à protéger l'électeur de Trèves et l'électeur palatin, tous deux fort menacés, enfin il feignit également de craindre l'indiscipline de son armée en un pays où les vivres ne seraient point toujours abondants et où la solde ne pourrait peut-être pas être exactement payée. Il semblait ne compter pour rien la force que donnerait aux alliés la jonction de leurs forces disponibles, la nécessité à laquelle on amènerait peut-être Turenne d'abandonner l'Alsace pour couvrir la Champagne si gravement compromise, enfin tant d'excellentes raisons fournies par le prince d'Orange, raisons péremptoires et auxquelles seule une mauvaise volonté évidente ou une incapacité absolue pouvaient résister. Le comte de Souches demanda encore une fois au stathouder un détachement hollandais et espagnol; mais le prince d'Orange n'y consentit point, et la seule décision prise fut que le général impérial remonterait la Meuse vers Namur et Givet, pourrait, s'il le jugeait bon, attaquer Dinant et y établirait un passage sur la Meuse.

Dès le 5 juillet, c'est-à-dire quatre jours après l'entrevue, les Impériaux se mirent en marche dans la direction déterminée à Landen et arrivèrent entre Dinant et Rochefort où ils prirent leurs cantonnements. Là recommencèrent entre Monterey, Guillaume et le comte de Souches, de nouveaux pourparlers qui, cette fois enfin, devaient amener un résultat sérieux. Le général impérial proposa au prince d'Orange de venir prendre le commandement de ses Allemands, à la condition d'amener avec lui la moitié de ses Hollandais, soit 15 000 hommes. Malgré toute la répugnance que le stathouder avait à abandonner Monterey dans les Pays-Bas espagnols avec le faible contingent qui allait rester à ce général, Guillaume n'hésita point à accepter la proposition du comte de Souches. Il sentait en effet que c'était la seule manière de tirer d'inaction l'armée impériale; qu'étant en communication journalière avec le chef de cette armée, qui devenait désormais son lieutenant beaucoup plus effectivement qu'auparavant, il parviendrait plus aisément à combattre l'irrésolution et l'hésitation dont il avait fait preuve jusqu'ici. Il fut donc décidé que les deux armées de Flandre s'approcheraient de la Meuse, tandis que le comte de Souches marcherait vers Namur, et qu'au jour convenu pour la jonction des deux armées, le comte de Souches enverrait 5 000 chevaux au prince d'Orange pour avancer et faciliter cette jonction.

Le 16 juillet au matin, l'armée hollandaise campa sous Louvain, à l'abbaye de Berthem; le 18, elle franchit la Dyle et bivaqua à l'abbaye du Parc; elle était suivie, à deux jours d'intervalle, par l'armée espagnole.

Le 22, la cavalerie hollandaise et espagnole quitta Louvain et se rendit sur la Geete entre Tirlemont et Jodoigne, où la rejoignirent le même jour le prince d'Orange et Monterey.

Le comte de Souches, qui était arrivé sous Namur également le 22, passa le lendemain la Meuse sur le pont dont nous avons parlé plus haut et vint lui-même à la rencontre du prince d'Orange à la tête d'un corps de 6 000 cavaliers, admirablement équipés et montés. Là, Guillaume et le comte de Monterey, qui venaient d'apprendre la marche vers Namur du prince de Condé, marche dont il sera parlé plus loin, persuadèrent au comte de Souches que le général français était certainement décidé à les attaquer, et qu'il y aurait de la folie à se diviser au moment d'une bataille où leur jonction devait leur donner la victoire. Ils insistèrent donc pour que les Impériaux passassent sur la rive gauche de la Meuse et se tinssent prêts, unis aux Espagnols et aux Hollandais, à supporter l'effort de l'armée française. De Souches jeta d'abord les hauts cris, il demanda l'exécution de la convention passée et menaça finalement de se retirer. La position devenait embarrassante, quand les efforts du baron des Capeliers, le commissaire général de l'artillerie, que de Souches savait avoir la confiance de l'Empereur, le décidèrent enfin à accepter.

Il fallait se hâter de mettre à exécution la promesse arrachée à de Souches, car le moindre événement le pouvait faire revenir sur sa parole; on le pressa donc de donner l'ordre de franchir la Meuse, et dès le 24 le passage eut lieu; il dura trois jours, les 25, 26 et 27 juillet, et le 28 au matin, Guillaume d'Orange put enfin réunir dans un même cantonnement les 75000 hommes qu'il avait eu tant de peine à rassembler.

Il est temps de retourner maintenant à l'armée française, que nous avons laissée le 29 mai en son camp de Thiméon. Diverses causes devaient y retenir quelques jours le prince de Condé : la principale fut l'affaire du roulement des officiers généraux entre eux. Le duc de Navailles, grand seigneur et vieil officier général, ne voulait rouler avec personne. M. de Luxembourg disait que si le duc de Navailles ne voulait point rouler avec lui, lui-même se refusait à rouler avec Rochefort et Fourilles qui avaient jusque-là toujours servi sous ses ordres. Louvois, fort embarrassé et qui ne comprenait point, en simple bourgeois qu'il était, ces prétentions de grands seigneurs et de militaires, imagina de diviser l'armée en 4 corps commandés chacun en chef par un des 4 lieutenants généraux. Le duc de Navailles devait avoir sous ses ordres 40 bataillons et 98 escadrons; le duc de Luxembourg, 10 bataillons et 20 escadrons; le marquis de Rochefort, 7 bataillons et 29 escadrons; enfin le chevalier de Fourilles, 8 bataillons et 1 800 chevaux. Cet arrangement ne fut point accepté des intéressés et le roi dut intervenir : un ordre formel donna au duc de Navailles le commandement de l'aile droite de l'armée et détermina qu'il ne roulerait avec aucun de ses trois collègues : il eut donc ainsi le pas sur Luxembourg. « Celui-ci regarda ce jugement comme un outrage ; il en témoigna hautement son mécontentement, se plaignit particulièrement à M. de Louvois, et voulut quitter l'armée. Les conseils de ses amis, ceux de Condé, l'amitié de ce prince, l'empêchèrent de se livrer à son ressentiment. *M. de Louvois même plia son caractère jusqu'à se justifier* vis-à-vis de lui (1), et à prendre le ton de l'amitié et de l'intérêt pour lui inspirer plus de modération. De son côté, M. le prince chercha à diminuer ce désagrément en le détachant et en lui donnant un corps séparé toutes les fois qu'il eut occasion de le faire. Mais la réunion des forces supérieures des alliés l'obligea bientôt de rassembler les siennes, et M. de Luxembourg, oubliant désormais les griefs dont il se plaignait, ne s'en vengea plus qu'en contribuant aux succès de son général et à la gloire de son roi. »

Ainsi finissait une querelle qui eût pu devenir funeste à nos intérêts et aux succès de nos armes, si l'un de ces chefs précieux eût cru de son honneur de ne point céder et de se retirer de l'armée. Luxembourg était, heureusement pour la France, une de ces natures énergiques et droites qui, se redressant vivement contre les arrogances insultantes d'un ministre, savaient s'incliner quand le roi parlait; en obéissant à Louis XIV, il cédait à une haute idée de déférence et de respect : de telles soumissions font l'éloge du prince qui commande autant que du sujet qui obéit.

Le duc d'Enghien, fils du grand Condé, était arrivé le 5 juin au camp de son père et y avait pris sous ses ordres

---

(1) « J'ai bien du déplaisir de la méchante humeur de M. de Luxembourg pour des choses où il n'a aucune raison... » *Louvois à Robert.* (Dépôt de la guerre, 380.) — A la date du 9 juillet, Louvois écrivait à Luxembourg : « Je ne saurois trouver de termes pour vous bien expliquer la peine où je suis sur ce qui vous regarde. Au nom de Dieu, ne témoignez rien de votre chagrin... Si j'avois moins d'inquiétude pour vous, je vous gronderois de vos injustices envers moi; mais je vous les pardonnerai toutes, pourvu que vous cachiez votre chagrin et fassiez comme si vous n'en aviez pas. » — 9 juillet 1674. (Dépôt de la guerre, 369.)

le commandement en second; comme prince du sang, il ne roulait avec personne, et cette préséance ne fut jamais contestée.

Le 8 juin, M. le prince se décida à quitter Thiméon et à marcher dans la direction de Mons.

Marche vers Mons. — Le 8 juin, l'armée se porta de Thiméon à Haisne-Saint-Paul, sur 5 colonnes.

Le 11, de Haisne-Saint-Paul à Ville-sur-Haisne, 3 colonnes.

Marche vers Ath. — Le 28 juin, de Ville-sur-Haisnes à Brugelette, 3 colonnes.

A Ville-sur-Haisne, les prières de Louvois et de Louis XIV au sujet d'une place à assiéger avaient recommencé; les lettres qu'on va lire prouveront que le roi et le ministre, tout en manifestant un désir, s'en remettaient absolument et entièrement à M. le prince (1).

M. de Louvois à Monseigneur le Prince.

A Montbard, le 21 juin 1674.

« J'ay reçu la lettre dont il a plû à Votre Altesse de m'honorer le 14 de ce mois. Elle ne doit pas être en peine de ce que je lui ai mandé de l'impatience avec laquelle le Roy attendoit de savoir la place que vous auriez résolu d'attaquer, Sa Majesté connoissant fort bien les raisons qui vous ont empêché de vous déterminer jusqu'à présent et approuvant fort la conduite qu'a tenue Votre Altesse en ce rencontre.

» Il y a grande apârence que l'avantage que M. de Turenne a remporté sur les troupes de M. de Lorraine et de Caprara, déterminera M. de Souches à s'éloigner de la Meuse pour venir deffendre M. l'électeur de Trêves et M. le Pa-

(1) Ces lettres sont absolument inédites.

latin, et que cela donnera lieu à Votre Altesse de pouvoir entreprendre plus sûrement ce qu'elle jugera à propos. M. de Monterey est fort embarassé de ce qu'il doit faire si Votre Altesse assiége quelque place, le prince d'Orange ne voulant point s'éloigner de ses frontières avec toutes ses troupes et lui, M. de Monterey croyant qu'il seroit fort hazardeux de donner un combat en si méchante compagnie. On dit que M. le prince d'Orange et M. de Monterey se sont rebrouillés de nouveau sur ce que le prince d'Orange vouloit aller attaquer Graves et non-seulement y mener toutes ses troupes, mais encore celles de M. de Souches, et l'on dit publiquement dans l'armée des Hollandois, que puisqu'il n'y a rien à gagner dans cette guerre que des coups pour eux, il vaut mieux songer à se retirer. »

Le Roi à Monseigneur le Prince.

A Montbard, le 21 juin 1674.

« Mon cousin, j'ay reçu votre lettre du 18 de ce mois, et ai vu par celle que vous avez écrite de la même date au marquis de Louvois, les raisons pour lesquelles vous n'avez pas jugé à propos d'attaquer aucune des places des Espagnols et particulièrement Condé et Bouchain : Sur quoy je vous diray que j'ai une si grande confiance en votre affection à mon service et en votre capacité, *et je connais si bien que l'on ne peut décider sur de pareilles choses sans être sur les lieux*, que je ne puis que vous répéter ce que je vous ai mandé par ma lettre du 10 de ce mois : que je me remets à vous de faire tout ce que vous jugerez à propos, c'est-à-dire d'attaquer des places considérables, ou d'autres qui le soient moins, ou de ne rien entreprendre jusqu'à ce que la posture des ennemis vous donne lieu de croire que vous deviez le faire.

» Je désire seulement que vous observiez que pendant que vous n'entreprendrez rien, il est avantageux à mon service que vous soyez le plus avant que vous le pouvez dans le pays ennemi, afin de conserver le mien et celuy qui étant si proche de mes places, quoyqu'il soit des dépendances de celles des ennemis, est entièrement à ma disposition, que vous puissiez régulièrement distribuer des vaches à l'infanterie et à la cavalerie, tout le plus souvent que vous pourrez, prenant toutes les précautions humainement possibles pour empêcher que les ennemis ne continuent à prendre des cavaliers et soldats, comme j'apprends qu'ils ont fait jusqu'à présent et obligeant les officiers, avec la dernière sévérité, de payer régulièrement les cavaliers, soldats et dragons de la solde que je leur ai ordonnée, sans souffrir que qui que ce soit s'en dispense sous quelque prétexte que ce puisse être. »

M. de Louvois à Monseigneur le Prince.

A Fontainebleau, le 27 juin 1674.

« Votre Altesse ne doit avoir aucune peine de ce que la conjecture présente l'oblige à ne rien entreprendre, Sa Majesté connaissant bien que c'est le seul bien de son service qui a retenu jusqu'à présent Votre Altesse. Elle approuvera que vous demeuriez autant de temps que vous le jugerez à propos. »

A la suite de cette correspondance, le prince de Condé parut se décider à faire une tentative sûre, et c'est dans ce sens qu'il se dirigea sur Brugelette. Dès le 17 juin et par suite des ordres du roi à propos du *roulement*, il avait modifié son ordre de bataille ainsi qu'il suit (1) :

(1) Les pièces suivantes sont, comme les précédentes, publiées ici pour la première fois.

ORDRE GÉNÉRAL DE L'ARMÉE DE Mgr LE PRINCE.
(17 juin 1674.)

M. LE DUC DE NAVAILLES.
MM. DE CHOISEUL, LA CARDONNIÈRE, SAULT ET MONTBRON.
PREMIÈRE LIGNE DE L'AILE DROITE. CAVALERIE.

Brigade de la Trousse.

Gens d'armes écossois (1)..	1	Gens d'armes d'Anjou.....	1
Gens d'armes anglois.....	1	Chevau-légers Bourgogne..	1
Gens d'armes flamands....	1	Chevau-légers de la Reine..	1
Gens d'armes Dauphin....	1	Chevau-légers Dauphin....	1

Brigade de Catheux.

Commissaire général......	3	Rozen...................	2
Béthune................	2	Chevrier................	2
Rohan..................	2	Catheux	2
Des Fourneaux..........	2		

INFANTERIE DE LA PREMIÈRE LIGNE.

Brigade de Cœuvres.

Auvergne	2	Montpezat	1
Montaigu	2	La Fère.................	1
La Couronne	1		

Brigade de Rubantel.

Les gardes françoises.....	4	Jonzac	1
Les gardes suisses........	2		

Brigade de Mouny.

Royal Italien...........	2	La Reine...............	2
Royal Roussillon........	1	Navarre................	2

(1) Le chiffre placé en regard du nom du corps indique le nombre de bataillons ou d'escadrons.

Brigade de la Mothe.

Anguien.................. 1 Bourlemont.............. 1
Condé................... 1 Picardie................ 2
Conty................... 1

PREMIÈRE LIGNE DE L'AILE GAUCHE. CAVALERIE.

Brigade de Saint-Cla.

Le Dauphin.............. 2 Olier................... 2
Saint-Cla............... 2 Arnofiny................ 2
Revel................... 2 Paulmy.................. 2

Brigade de Montclar.

Dauphin étanger......... 2 Daugé................... 2
Nouant.................. 2 Le mestre de camp général. 3
Ragny................... 3

MGR LE DUC DE LUXEMBOURG.
MM. DE MAGALOTTY, CONIGSMARK ET MONTAUBAN.
PREMIÈRE LIGNE DE L'AILE GAUCHE. CAVALERIE.

Brigade de la Feuillée.

Orléans................. 2 Schomberg............... 2
La Valette.............. 2 La Feuillée............. 2
Courcelles.............. 2

Brigade de Tilladet.

Bertillat............... 2 Tilladet................ 3
Gournay................. 2 Anguien................. 2
Saint-Aoust............. 2

INFANTERIE DE LA SECONDE LIGNE.

Brigade de Garsé.

Le Roy.................. 3 Schmidmann.............. 1

Brigade d'Erlach.

Erlach.................. 3 Salis................... 3

Brigade de Stoppa.

Phiffer................. 3 Stoppa.................. 3

ÉTUDE HISTORIQUE ET MILITAIRE. 173

Brigade de Rambures.

Douglas	1	Rambures	2
Les Vaisseaux	2		

CAVALERIE.

Brigade de Lançon.

Condé	2	Conigsmark	6
Lançon	2	Roncherolles	2

Brigade de Calvo.

Calvo	2	Servon	2
Muret	2	Carcado	2
Saint-Germain	1	Les Cravates	3

CORPS DE RÉSERVE.

Brigade de Sourdis.

Sourdis	3	Mesny	2
Vivans	2	Saint-Valery	2
Saveuze	2	Bligny	2
Fusilliers	2		

Cet ordre de bataille fut changé dès le lendemain et modifié de manière à former non plus les deux ailes ou même armée, mais deux corps agissant à part.

ORDRE DE BATAILLE POUR L'ARMÉE DE M. LE DUC DE NAVAILLES.
(18 juin 1674.)

M. LE DUC DE NAVAILLES.
MM. DE CHOISEUL, LA CARDONNIÈRE, SAULT, MONTBRON.

CAVALERIE.

Brigade de la Trousse.

Gens d'armes écossois	1	Chevau-légers, Bourgogne	1
Gens d'armes anglois	1	Chevau-légers de la Reine	1
Gens d'armes flamands	1	Chevau-légers Dauphin	1
Gens d'armes Dauphin	2	Commissaire général	1

INFANTERIE.
Brigade de Rubantel.

Les gardes françoises	4	Jonzac	1
Les gardes suisses	2		

Brigade de Cœuvres.

La Fère	1	Montaigu	1
Montpezat	1	Auvergne	2
La Couronne	1		

CAVALERIE.
Brigade de la Feuillée.

La Feuillée	2	Courcelles	2
Schomberg	2	La Valette	2
Estrades	2	Orléans	2

Brigade de Catheux.

Catheux	2	Des Fourneaux	2
Chevrier	2	Rohan	2
Rozen	2	Béthune	2

INFANTERIE.
Brigade de Garsé.

Le Roy	2	Schmidmann	1

Brigade d'Erlach.

Salis	3	Erlach	4

CAVALERIE.
Brigade de Tilladet.

Bartillat	2	Tilladet	3
Gournay	2	Anguien	2
Saint-Aoust	3		

ORDRE DE BATAILLE POUR M. LE DUC DE LUXEMBOURG.
(18 juin 1674.)

M. LE DUC DE LUXEMBOURG.
MM. DE MAGALOTTY, CONIGSMARK ET MONTAUBAN.

CAVALERIE.
Brigade de Montclar.

Mestre de camp général	3	Nonan	2
Daugé	2	Dauphin étranger	2
Ragny	3		

Brigade de Saint-Cla.

Le Dauphin	2	Olier	2
Saint-Cla	2	Arnolphiny	2
Revel	2	Paulmy	2

INFANTERIE.
Brigade de la Mothe.

Picardie	2	Condé	1
Bourlemont	2	Anguien	1
Conty	1		

Brigade de Rambures.

Rambures	2	Douglas	1
Les Vaisseaux	2		

Brigade de Moussy.

Royal italien	2	La Reine	2
Royal Roussillon	1	Navarre	2

Brigade de Stoppa.

Phiffer	3	Stoppa	3

CAVALERIE.
Brigade de Calvo.

Calvo	2	Servon	2
Muret	2	Carcado	2
Saint-Germain	1	Les Cravates	3

Enfin l'état suivant trouvé par nous au Dépôt de la guerre, nous fournit la force des troupes de Condé, pendant le détachement de M. de Rochefort et celui du duc de Luxembourg : « Extraits en détails que l'on a faits de l'armée de Monseigneur le Prince dont l'extrait général porte la force de cette armée composée tant en infanterie que cavalerie savoir : infanterie, 22 161 hommes ; cavalerie, est 8 629 chevaux ; total : 30 790. »

Il est bien entendu que les détachements rentrèrent dès les premiers jours d'août et purent concourir à la journée de Seneffe.

Nous mettons en face de ces ordres de bataille le tableau

des forces ennemies. Les principaux officiers généraux de l'armée des alliés étaient, outre Guillaume d'Orange, généralissime, le comte de Monterey et le comte de Souches, d'abord; leurs trois chefs d'état-major, Spork pour les Impériaux, le comte de Waldeck pour les Hollandais, le marquis d'Assentar pour les Espagnols. Au-dessous d'eux venaient le prince Pio, le comte de Souches, fils du général; Chavagnac, qui avait combattu sous Condé; le marquis de Louvigny, également un Français émigré; le marquis de Grana, Caprara, l'ami et l'élève de Montecucolli, les princes de Salm, de Nassau, d'Anhalt, de Brunswick, de Holstein et de Vaudémont. Sous ces chefs marchaient les régiments suivants :

ORDRE DE BATAILLE, OU ÉTAT DES TROUPES DE HOLLANDE QUI SONT SUR LES TERRES D'ESPAGNE (PAYS-BAS) (1).

(6 juillet 1674.)

INFANTERIE.

Les régiments.

De Salms,
Du prince d'Orange,
Du prince Maurice,
Du comte de Stirum,
De Stockheim,
De Willomaire,
Du neveu du prince Maurice,
De Borkenfeld,
De Turk,
De Valenbergh,
D'Alnac,
De Farjo,
De Swartsenborgh (2),
De Tuars,
D'Aminema,
De Mornau,
De Cassipin,

De Heeswick,
De Waldeck,
De Senisky,
D'Albrantzwède,
De Salm,
De Polens,
Du duc de Zolstein,
De Bourmama,
De Mario,
D'Erlach,
De Gockinge,
D'Eyckbergen,
De Versen,
De la Verme,
De Vespar,
De Cornuat,
De Leensdorst,

(1) Copié textuellement sur l'état inédit du temps.
(2) C'est peut-être Schwartzemberg.

CAVALERIE.

Les régiments :

de Quisquel
du prince d'Orange
du comte de Nassau
de Langerok
d'Opdam
du prince de Courlande
du comte de Flodorf
des dragons du prince de Courlande
de Montpouillan
de Lalec
de Sgravemour
de Horemberg
de Cronemberg
de Waldeck
de Steinhausen
de Sander-Wanweldt
d'Eppen
de Brederode
des dragons de Brant
de Wittgenstein
de Palserkamp
de Kingina
de Schellart
de Wanharen

ÉTAT DES OFFICIERS GÉNÉRAUX DE HOLLANDE.

Généralissime :

MGR LE PRINCE D'ORANGE.

Feld-maréchaux.

Le prince Maurice   le comte de Waldeck.

Lieutenants généraux :

Le comte de Nassau.......... } cavalerie.
Steinhvyse................... }

Alocs........................ }
Horn......................... } infanterie.
Le Rheingrave................ }

Généraux-majors :

Le comte de Stirum   Faviaux
Flodorf   le chevalier Vaire, Anglois.

Commissaires généraux :

Montpouillan   N.

Pendant que le prince de Condé, sur la défensive dans son camp de Brugelette, attendait pour agir que les alliés se décidassent à quelque entreprise, Louvois détachait de l'armée de Franche-Comté un certain nombre d'escadrons destinés à garder, sous M. de Rochefort, la frontière de la Lorraine et de la Champagne; en même temps, M. de Luxembourg avait ordre également de gagner le pays entre Sambre et Meuse et de s'y opposer aux tentatives qu'avait semblé vouloir effectuer le comte de Souches sur cette partie de notre territoire. Rochefort et Luxembourg devaient s'unir sans retard à l'armée de M. le Prince, au cas probable où les Impériaux opéreraient leur jonction avec les Hollandais.

Assuré sur son flanc et sur ses derrières, ne craignant plus un mouvement tournant du comte de Souches par la haute Meuse, Condé, qui avait donné à ses troupes un repos salutaire, quitta le 13 juillet Brugelette.

Le 13 juillet, l'armée se porta de Brugelette aux Estinnes-basses, sur trois colonnes.

Dès le lendemain 14, le duc de Luxembourg franchit la Sambre, suivant l'ordre de Louvois et alla camper à Ivrée; le 15, il atteignait Philippeville et s'y retranchait solidement; il avait emmené avec lui environ 9 000 hommes décomposés ainsi qu'il suit :

« État des troupes que Monseigneur le Prince a détachées de son armée pour marcher sous les ordres de M. de Luxembourg.

MM. LE DUC DE LUXEMBOURG, lieutenant général.
DE MAGALOTTY, } maréchaux de camp.
DE MONTAUBAN,
DE LANÇON, brigadier.

CAVALERIE.

Régiments		Brigades
Lançon	2	de Lançon
Roncherolles	2	de Lançon

Régiments		Brigades
Béthune	2	de Catheux
Dangé	2	de Montclar
Olier	2	de Saint Cla
Menil montauban	2	de La Réserve
Servon	2	de Calvo
Bertillat	2	de La Feuillée

Dragons.

Dauphin	5

INFANTERIE.

Royal Italien	5	Jonzac	1
Douglas	1	Bourlemont	1
La Couronne	1	Bataillon d'Erlach	1
La Grezelière	1	Roussillon	1
Suisses francs	1		

Équipage d'artillerie qui va avec M. de Luxembourg.

Deux pièces de huict, un affus haut le pied, quatre pièces de 4, un affus haut le pied. Six milliers de poudre, quatre milliers de plomb, six milliers de mèche, deux mille grenades chargées, deux cents boulets de huict. »

Condé était à peine arrivé aux Estinnes-basses qu'il apprit les divers mouvements des armées ennemies. Comme on sait, la dernière entrevue des généraux alliés avait amené le comte de Souches à une jonction partielle des forces ennemies sous Namur, jonction qui en définitive devait être totale. L'infanterie hollandaise avait quitté le 16 Vilvorden et, suivie de l'armée espagnole, était arrivée le 19 sur la Dyle; en même temps le comte de Souches abandonnant Dinant et sa marche vers le sud, se repliait sur Namur. Croyant à une tentative de l'ennemi sur une place de la Sambre, le grand Condé appela rapidement à lui Rochefort et Luxembourg, et résolut de se rapprocher de Charleroi.

Le 23 juillet, l'armée se porta des Estinnes-basses sur le Piéton et y campa.

« Ce camp, dit le chevalier d'Aguesseau, fut établi, la droite au bois de Marche et la gauche vers la cense (1) de Chaufour. On le regardoit comme inattaquable. La gauche l'étoit surtout par sa position entre le ruisseau de Piéton et celui de Traisignies, qui s'étend aussi sur une partie du pont. La droite est couverte par les bois de Marche et par des marais; la Sambre et Charleroi étant à peu de distance, ne laissoient rien à craindre de ce côté-là. Nous verrons que la position de M. de Luxembourg l'assura encore.

» Il étoit difficile d'arriver sur le front du camp, l'ennemi auroit été obligé de passer le Piéton; il eût ensuite trouvé des bois vis-à-vis de la gauche, et vis-à-vis de la droite encore un ruisseau qui part de Souvré et se jette dans le Piéton.

» Ces différents obstacles et d'autres dont le terrain étoit entrecoupé rendoient les débouchés de l'ennemi difficiles ainsi que ses manœuvres et le déploiement de sa nombreuse cavalerie. Il falloit qu'il s'enfermât entre l'armée française et le Piéton, qui est difficile à passer parce qu'il est marécageux. Ce ruisseau, qui prend sa source au-dessus du bois de Marche, couvroit le derrière du camp, qui se trouvoit d'une défense pour le moins aussi bonne de ce côté que de l'autre. Plusieurs villages pouvoient encore servir à l'assurer; ceux de Piéton, d'Harlaimont, de Gouy, de Traisignies, le château de ce nom, ceux de Forchias, de Marche, etc. M. le Prince tiroit parfaitement ses vivres de Charleroy et il étoit à portée de détacher des troupes pour protéger ses convois au delà de la Sambre; il empêchoit

---

(1) Métairie, ferme, expression usitée en Belgique et dans quelques contrées du nord de la France.

le siége de cette place; enfin, relativement à la position actuelle des ennemis et à leurs projets apparents, le poste qu'il occupa étoit celui où il se trouvoit le plus à portée de se défendre ou de secourir tout ce qu'ils pourroient attaquer. »

Le duc de Luxembourg reçut le 23 juillet, au matin, l'ordre du prince de Condé de le rejoindre; il quitta le même jour son camp de Philippeville, et, couvert par la Heure, gagna, au soir, Marchienne au Pont où il campa. Le lendemain, il franchit la Sambre et vint se placer sur la droite de l'armée française, derrière le petit ruisseau de Fontaine-l'Évêque, à cheval sur la route de Charleroi à Piéton. Quant à M. de Rochefort, il ne devait, à cause de la distance, recevoir l'ordre de rappel que plus tard : il quitta Sedan seulement le 6 août et n'arriva au camp de Condé que le 8. Il amenait avec lui, venant de Franche-Comté, la Maison du Roi, précieux appoint à l'armée française pour la sanglante bataille du 11.

Tandis que le prince de Condé, croyant à une attaque ou tout au moins à un mouvement offensif de l'ennemi, se fortifiait dans son camp du Piéton, et essayait de suppléer à l'infériorité du nombre par l'avantage de la position, le prince d'Orange parvenait enfin à masser en un seul corps les 75 000 hommes des trois armées alliées en assurant de Souches de l'imminence d'une marche en avant du général français.

L'armée ennemie, qui avait campé le 28 au soir sur les hauteurs de Perwys, se mit en marche sur Nivelles, qu'elle atteignit le 4 au soir par Ottignies et Genappe. Elle avait mis ainsi quatre jours à faire huit lieues. Divers contingents, plusieurs garnisons mobilisées, l'artillerie hollandaise, de nombreux équipages vinrent la joindre à Nivelles, de telle sorte que, depuis le commencement de la campagne, elle n'avait jamais été si bien fournie, ni mieux prête pour une action décisive.

Ces renforts et cette artillerie rendant au prince d'Orange quelque espoir, et l'envie qu'il avait de se mesurer avec Condé aidant, il proposa au comte de Monterey et au comte de Souches d'attaquer M. le Prince; mais Monterey, et en particulier de Souches, protestèrent violemment : celui qu'on avait amené avec tant de peine à franchir la Meuse n'était pas homme à confier au hasard d'une journée le résultat d'une campagne et le sort de son armée. Toutefois, devant les instances du prince d'Orange, il fut décidé qu'on ne prendrait point de résolution définitive, qu'on se rapprocherait de Condé, qu'on verrait de plus près la position de l'armée française et qu'on s'arrêterait alors à un parti bien déterminé.

En conséquence, l'armée alliée se mit en marche le 9 août au matin dans la direction de Charleroi, franchit la Senne et vint camper en arrière de cette rivière, la droite à Famille à Rœulx, la gauche à Arquennes perpendiculairement à la ligne de bataille de l'armée française.

Le 10, de grand matin, le prince d'Orange, Monterey et de Souches, escortés de plusieurs officiers généraux, montèrent à cheval et vinrent examiner le camp du grand Condé : à l'unanimité moins une voix, celle du prince d'Orange, la position fut déclarée inexpugnable. Dans un conseil de guerre tenu l'après-midi, on décida le siége d'une place de la Flandre ou du Hainaut français sur la Somme ou même sur l'Oise. Pour cela, on devait passer entre l'armée du prince de Condé et la Flandre.

Le défilé d'une armée de 75 000 hommes devant le camp

du Piéton offrait bien quelque difficulté et présentait plus d'un danger, pourtant le comte de Souches y adhéra et la marche sur Binche fut arrêtée pour le lendemain.

L'ordre de marche fut établi sur trois colonnes parallèles : la cavalerie formait celle de gauche, l'infanterie celle du centre, l'artillerie et les équipages celle de droite ; de plus, les Impériaux avaient la tête dans chaque colonne, les Hollandais le centre, les Espagnols la queue ; chaque nation devait fournir les flancs-gardes à sa hauteur ; quant à l'arrière-garde, elle était formée par 800 dragons et 4000 chevaux espagnols, sous les ordres du prince de Vaudémont.

Cette marche des alliés demeurait, en somme, une imprudence incompréhensible chez de vieux militaires comme de Souches, Spork et bien d'autres officiers généraux alliés : à la guerre les partis téméraires réussissent souvent, mais souvent aussi ils conduisent à des désastres : la journée du lendemain devait donner une sanglante et mémorable preuve de ce principe.

CHAPITRE IV

Le prince de Condé, en voyant, au 4 août, l'armée alliée venir s'établir à Nivelles, avait cru un instant que le prince d'Orange allait chercher à le forcer de front. Il attendit, non sans joie, une attaque où sa formidable position n'eût pas manqué de lui donner l'avantage, mais son espoir fut de courte durée. — Le 9 août, ainsi que nous l'avons dit déjà, l'armée alliée marcha par sa droite et vint s'établir à l'ouest, sur la ligne Arquesnes-Famille à Rœux, tournant la position française et obligeant M. le Prince à faire volte-face s'il ne voulait présenter le dos à l'ennemi. La marche du 9 et l'établissement de l'armée alliée en arrière de Seneffe semblaient indiquer que le prince d'Orange, trouvant inabordable la position des Français par l'est, allait tenter de l'attaquer par le nord et par l'ouest, c'est-à-dire par son côté évidemment le plus faible.

M. le Prince eut donc l'obligation de changer d'emplacement ses grand'gardes, de les établir dans une nouvelle direction et d'étudier le terrain qui semblait destiné à devenir bientôt un champ de bataille. Des hauteurs mêmes du Piéton et de la pointe septentrionale du plateau, il lui était facile, en faisant face à l'ennemi, c'est-à-dire au nord et à l'ouest, de distinguer les moindres inflexions de la plaine accidentée et boisée qu'il avait devant lui. Tout d'abord, à ses pieds le Piéton, coulant en premier lieu du sud au nord, puis, à la hauteur de la ferme d'Ubay, se rabattant directement vers le sud ; après le Piéton, une plaine de cinq à six cents mètres bordée au nord-ouest par les premières pentes d'un large et vaste plateau peu élevé, celui de Godarville ; au nord-ouest du plateau, la vallée de la Senne, étroite, marécageuse, boisée et sillonnée par de nombreux ruisseaux sans importance, partout guéables. Au fond de cette vallée, à droite, c'est-à-dire vers le nord, le village de Seneffe.

Cette première partie du terrain constituait un bon champ de bataille, en ce que le sol n'y était point trop accidenté et que les troupes, en particulier la cavalerie, s'y fussent déployées et étendues à l'aise ; mais au-delà de la Senne s'élevaient des coteaux à pentes plus roides, boisés, enchevêtrés de haies, de vergers, de houblonnières qui semblaient inaccessibles au moindre groupe organisé.

Tout à fait au nord et à droite s'apercevaient les villages d'Arquesnes et de Sauveniers, la forêt de Buseray, le château de Rochette. Beaucoup plus près, directement vers l'ouest, apparaissait le prieuré de Saint-Nicolas comme pendu au flanc d'une roide colline ; plus à l'ouest encore, c'est-à-dire plus à gauche, le village du Fay, dominé par son château à murs crénelés.

De la pointe nord-ouest du camp du Piéton à Seneffe, on comptait environ 6 kilomètres ; de ce même point au Fay et à Saint-Nicolas, une bonne lieue, environ 5000 mètres.

Dès le 9 au soir, le service de sûreté de l'armée française fut établi comme il suit : quatre cents chevaux au croisé des routes de Seneffe et d'Arquesnes, entre deux petits bois, au nord des fermes de Mahipré, à 4 kilomètres en avant du camp. Ce poste fut confié à M. de Saint-Clar, brigadier de cavalerie.

Directement en arrière du Piéton, face au château de Vanderberg et à gauche du hameau de Blechers, le régiment de La Fère infanterie, de la Reine infanterie, et la brigade de cavalerie de Tilladet.

Derrière le Piéton encore, entre le village de Gouy et le ruisseau de Traisignies, face au gué de Méhaute, le régiment de Navarre, le bataillon des fusiliers, les gardes du corps, les gendarmes et les chevau-légers de la garde, le régiment colonel général des dragons, celui des cuirassiers et la réserve, plus six pièces de canon. Sur la gauche, au sud-ouest, un autre poste occupait la Capelle-Arlamont et le prieuré du même nom.

Les abords ouest et nord du camp, d'abord un peu négligés, furent fortifiés avec soin, on élargit les fossés et l'on éleva les parapets, des obstacles artificiels furent disposés en avant de la rivière, tout fut enfin préparé pour recevoir victorieusement l'attaque qu'on supposait ne devoir pas tarder.

Le 11 août 1674, au point du jour, c'est-à-dire vers trois heures et demie du matin, les vedettes poussées par le marquis de Saint-Clar jusqu'au bois de Bomène, aux hameaux de Belle et de la Biscais, vinrent le prévenir qu'on distinguait dans le camp ennemi des allées et venues et un mouvement qui paraissaient suspects. Le marquis monta immédiatement à cheval et suivit ses cavaliers, jugeant à propos, avant de rien communiquer à M. le Prince, de voir quelle foi il devait ajouter aux renseignements qu'on lui fournissait.

Mais il put s'assurer bientôt qu'on ne lui avait dit que l'exacte vérité ; il n'y avait point à hésiter, et le prince d'Orange faisait faire mouvement à son armée : on distinguait avec facilité les préparatifs d'un départ; en même temps, les grand'gardes ennemies se repliant rapidement vers le camp, indiquaient clairement que leur office devenait superflu et qu'elles allaient reprendre leur place de bataille. Était-ce pour une marche ou pour une attaque que l'armée alliée faisait ses préparatifs? c'est ce que l'on ne pouvait dire encore; en tout cas, M. de Saint-Clar n'avait qu'à faire son devoir, qui consistait à prévenir son général; il n'y perdit point de temps.

Quelques instants après, plusieurs cavaliers partaient à grande allure pour le camp du Piéton, porteur de renseignements disant ce qu'avait vu M. de Saint-Clar. A cinq heures, l'un d'eux, M. de la Haze, major au régiment de Tilladet, informait le prince de Condé du mouvement des alliés, et celui-ci se préparait immédiatement à prendre des dispositions de défense. Évidemment l'ennemi se décidait à attaquer.

Le prince fit sur l'heure prévenir son fils le duc d'Enghien, les ducs de Luxembourg et de Navailles, le marquis de Rochefort et le chevalier de Fourilles, les priant de le venir trouver pour l'accompagner dans la reconnaissance qu'il se proposait de faire lui-même; en même temps l'ordre était donné aux troupes de se tenir sous les armes et prêtes à marcher.

Vers cinq heures et demie, le prince monta à cheval (1); il souffrait tellement de la goutte qu'il n'avait pu mettre ses

---

(1) « Du camp de Piéton, le 12ᵉ aoust 1674.

» Les ennemis marchèrent hier au matin de leur camp de Seneffe, comme pour aller du côté de Binche, Leurs Altesses montèrent aussi tost à cheval avec de la cavalerie, à 5 heures du matin sortirent pour observer le mouvement de l'armée ennemie..... »

(BIBLIOTHÈQUE NATIONALE. *Fonds français*, vol. 25161, folio 242.)

bottes et avait dû chausser un large soulier, beaucoup mieux fait pour les salons de Versailles que pour les chemins difficiles du Brabant. — De telles misères n'étaient point pour l'arrêter, et, suivi de son fils et d'une quinzaine d'officiers généraux, il descendit vers Bléchers, franchit le Piéton au gué de Montaga, et, gravissant les pentes du plateau de Godarville, joignit Saint-Clar aux censes du Mahipré. — Saint-Clar confirma au prince les détails qu'il lui avait fournis dans son rapport, et le conduisit à la Biscais, d'où l'on dominait au loin la vallée de la Senne, Seneffe, les coteaux de Buseray, de Saillemont, de Saint-Nicolas et du Fay.

Alors, un spectacle surprenant, inattendu s'offrit aux yeux du général français : à une demi-lieue de lui à peine, l'armée ennemie défilait sur trois colonnes, parallèlement ou à peu près, au camp de l'armée française, comme si cette armée n'eût point existé, comme si, à quelques portées de canon de Seneffe, quarante mille hommes n'eussent pas été là, la mèche compassée, les piques basses, n'attendant que le cri de leur chef : En avant.

En cet instant apparut clairement dans M. le Prince cet admirable coup d'œil du champ de bataille, qui, élargissant pour ainsi dire le champ de la vision, fait voir en un instant les fautes ennemies et le parti à en tirer, suggère les décisions rapides, dicte les ordres qui assurent la victoire.

Un seul effort de sa puissante intelligence résuma et mit d'une façon nette devant ses yeux les événements divers qui avaient amené la situation actuelle; l'hésitation de l'ennemi à l'attaquer; sa présomption, si peu en accord avec cette première faiblesse, de passer inaperçu à trois portées de canon de l'armée française, son imprudence à se séparer en trois colonnes impuissantes à se porter secours; tout cela en un pays boisé, marécageux, accidenté, coupé, où le moindre désordre pouvait se changer en désastre.

En un moment sa décision est prise : à l'instant qui à peine s'écoule il s'apprêtait à se défendre, à l'instant qui sonne, il résout d'attaquer : pas d'hésitation, de tâtonnements, d'incertitude : comme à Rocroy, comme à Fribourg, comme à Lens il trouve l'inspiration du moment, celle de la victoire, le prince de Condé devient le grand Condé.

Se tournant alors vers ses officiers généraux : « Messieurs, dit-il, nous attaquons : l'ennemi, qui, groupé en une masse compacte, nous eût offert un obstacle solide, s'est disloqué lui-même en trois tronçons impuissants. D'abord à l'arrière-garde, au centre ensuite, à la tête enfin si nous en avons le temps. » Et donnant l'ordre à M. de Saint-Clar de rallier ses petits postes et ses vedettes, il redescendit vers le Piéton pour y dicter ses instructions de détail.

On se rappelle que dès la veille deux forts détachements avaient été établis, le premier à gauche de Bléchers, le second près de Gouy. Ces troupes eurent l'ordre de franchir le Piéton et d'aller s'établir en bataille, au nord de Godarville, entre les censes de Mahipré et le château de Vanderberg, le long des premières pentes sud-est du plateau de Godarville.

Elles demeuraient ainsi dissimulées à l'ennemi et ne se trouvaient plus qu'à 3 kilomètres et demi de Seneffe.

L'infanterie fut disposée au centre : elle comptait les régiments d'infanterie de Navarre, de la Fère, de la Reine, le bataillon des fusiliers, le régiment colonel général des dragons; la cavalerie comprenait les gendarmes et les chevau-légers de la garde, les gardes du corps, c'est-à-dire la maison du Roi, la brigade de Tilladet, le régiment des cuirassiers et la réserve; les six pièces de canon furent placées entre la cavalerie et l'infanterie, trois à droite, trois à gauche.

Pendant que ce premier mouvement s'opérait, le reste de l'armée descendait du plateau et venait se déployer en arrière du Piéton, face aux gués par lesquels le ruisseau était le plus facilement franchissable.

Ces dispositions prises, le prince de Condé ordonna au marquis de Rannes de se porter sur Seneffe avec la brigade de Tilladet et le régiment colonel général des dragons; le marquis devait reconnaître le terrain en avant de Seneffe et attaquer le village s'il le trouvait occupé : dans cette dernière hypothèse, les régiments de Navarre, de la Fère et de la Reine eurent à suivre la brigade de Tilladet; ces trois régiments d'infanterie furent placés sous les ordres du marquis de Moussy, et du comte de Montal le gouverneur de Charleroy, qui était arrivé la veille au camp français, suppliant M. le Prince de le laisser assister à la bataille que chacun prévoyait imminente.

Conduites par Rannes et Montal, traînant à leur suite les six pièces de canon dont il a été parlé plus haut, ces troupes prirent la droite des bois de Mahipré et commencèrent à gravir les pentes du plateau de Godarville, au sommet duquel elles apparurent bientôt.

Le prince de Vaudémont, qui défilait en ce moment avec sa cavalerie sur les hauteurs en arrière de Seneffe, ne manqua point de les apercevoir bientôt, et ne doutant pas que ce détachement ne fût envoyé pour harceler l'arrière-garde espagnole, il se disposa à l'attendre et à lui barrer le passage. Rangeant en bataille ses escadrons sur trois lignes, la gauche à la corne sud-est du bois de Buseray, la droite à un ruisseau qui se jette dans la Senne, un peu au-dessus de Seneffe, il fit prier le prince d'Orange de lui envoyer trois bataillons d'infanterie pour organiser la défense du village; en même temps il détachait à la corne nord-est du bois de Buseray six escadrons destinés à couvrir les équipages dont on apercevait les dernières voitures défilant lentement de l'autre côté du bois : ses huit cents dragons furent placés sur les hauteurs à l'est et en avant de Seneffe; ils devaient être soutenus par les trois bataillons d'infanterie demandés au prince d'Orange. Ces bataillons arrivèrent vers neuf heures et demie et furent établis à la droite des dragons, les uns et les autres ayant à dos un autre ruisseau affluent de la Senne, qui les séparait du village.

Pendant que l'ennemi prenait ces dispositions, le marquis de Montal et le marquis de Rannes marchaient à grande allure, sentant bien que, puisque la nature du terrain les avait démasqués à l'ennemi, la rapidité de leur attaque devenait une des conditions premières de leur succès.

Vers dix heures ils arrivèrent en vue des hauteurs de Seneffe, et sans hésitation le feu commença. Le régiment colonel général se porta brillamment à l'attaque des dragons espagnols qui plièrent bientôt en désordre; en même temps l'infanterie française chargeait avec entrain les fantassins hollandais qui lâchèrent pied comme les dragons. Les fuyards, ralliés à grand'peine par le prince de Nassau, se retirèrent dans les premières maisons de Seneffe où ils se retranchèrent. Ils occupèrent également plusieurs points naturellement difficiles à aborder et faciles à défendre : tels furent l'église, le château, le cimetière.

M. de Montal venait à peine de remporter ce premier avantage que M. le Prince parut en avant de Seneffe, ayant derrière lui la maison du Roi et le régiment de cuirassiers; le duc d'Enghien, les ducs de Navailles et de Luxembourg l'accompagnaient. En passant aux censes de Mahipré, il avait donné ordre à M. de Saint-Clar de se porter à grande allure avec ses quatre cents chevaux à hauteur de la tête de colonne des alliés, pour y inquiéter les Impériaux, leur faire croire à une attaque également de leur côté et les empêcher de se porter au secours de l'arrière-garde.

M. de Montal ayant rendu compte à Condé de l'heureux succès de son premier mouvement, exposa ses dispositions pour l'attaque du village; elles furent approuvées, sauf que l'artillerie, au lieu de canonner le village, fut établie à gauche de notre infanterie, de manière à prendre d'enfilade les escadrons de Vaudémont, rangés en bataille de l'autre côté de la Senne, sur le plateau dont nous avons parlé; également, le chevalier de Fourilles fut chargé d'attaquer avec la brigade de Tilladet les six escadrons ennemis, en bataille à la corne nord-est du bois de Buseray, escadrons chargés, on s'en souvient, de la protection de la queue du convoi ennemi.

Il pouvait être onze heures du matin. L'attaque du village fut fixée à onze heures et demie; et ses derniers ordres à ce sujet ayant été donnés, le prince descendit avec sa cavalerie vers la Senne, au-dessous, c'est-à-dire au nord de Seneffe, la franchit aux gués de la cense de Terriaux, et remonta le petit plateau au sud duquel Vaudémont avait établi ses escadrons. En même temps le chevalier de Fourilles, appuyant davantage au nord, gagnait un peu à l'ouest de Renisart la route de Sauveniers, franchissait la Senne au gué de Huyenne, traversait ce village, et tournant alors à gauche à travers champ, se dirigeait au grand trot sur la cense nord-est du bois de Buseray.

Le prince de Condé, aussitôt qu'il eut assez d'espace, déploya ses escadrons sur une seule ligne, de telle sorte que sa cavalerie, moins nombreuse que celle de Vaudémont, occupait cependant un front égal. Son but était de culbuter tout d'abord cette cavalerie, de la refouler en désordre sur le prieuré de Saint-Nicolas, et de se rabattre ensuite sur Seneffe, de manière à couper la retraite aux Espagnols et aux Hollandais chargés de la défense de ce dernier village.

Depuis quelques instants on entendait le bruit de nos batteries au-dessus de Seneffe, qui avaient commencé le feu sur l'aile gauche de la cavalerie de Vaudémont; en ce moment, la mousqueterie se fit également entendre, faisant savoir que l'attaque du village commençait.

M. le Prince jeta alors un regard sur ses escadrons et donna l'ordre d'augmenter l'allure. A ce signe évident d'une charge imminente, la joie de cette troupe vaillante éclata par des hourras frénétiques; on n'était plus qu'à quelques mètres des cavaliers ennemis : alors le grand Condé mit l'épée à la main (1), et comme lui-même commandait la charge, un formidable cri lui répondit, cri d'ardeur et d'enthousiasme, qui déjà était un cri de victoire : « En avant ! vive le roi ! »

Alors eut lieu une mêlée terrible; tous les combats de cavalerie se ressemblent : celui-ci était imposant et par le nombre des cavaliers qui y prenaient part et par l'importance de ceux qui y combattaient. On sait comment était composée la Maison du Roi : l'élite de la noblesse du royaume s'y donnait rendez-vous, et ces escadrons passaient

---

(1) C'est à cet instant que le futur maréchal de Villars, alors sous-brigadier dans les gardes du Roi, compagnie Rochefort, poussa l'exclamation qu'ont racontée la plupart des historiens; voici la version fournie par les *Mémoires* du maréchal lui-même : « Alors le prince de Condé se mit à la tête des premiers escadrons et tira son épée. Le marquis de Villars, frappé d'un spectacle si propre à animer, dit tout haut : « Enfin, voilà la chose du monde que j'avois le plus désirée : voir le grand Condé l'épée à la main. »
(*Mémoires du duc de Villars, pair de France, maréchal général des armées de Sa Majesté très-chrétienne.* Tome I er, page 34, à Francfort. MDCCXXXIV.

à juste titre pour les plus redoutables de l'Europe : aussi bien ne démentirent-ils point là leur réputation.

Malgré leur résistance tenace et la bravoure du prince de Vaudémont, la première ligne espagnole fut bientôt en désordre sans que la seconde ni la troisième pussent fournir leur charge. Rejetées brusquement l'une sur l'autre, ces trois lignes n'en firent bientôt plus qu'une, coupée et renversée en vingt endroits et qu'il était impossible de reformer.

Forcés enfin à se replier, les Espagnols descendirent vers Saillemont en complet désordre, franchirent l'affluent de la Senne qui les séparait de Saint-Nicolas, et, toujours poussés par Condé, se retirèrent d'abord vers la cense de Saillemont. Là, comme les difficultés du terrain avaient retardé la marche des Français, quelques officiers essayèrent de mettre un peu d'ordre dans cette confusion, mais ils durent y renoncer bientôt et rentrèrent dans le plus triste état à Saint-Nicolas, dont le prince d'Orange avait à la hâte organisé la défense.

Pendant que le prince de Condé culbutait avec tant d'audace et de bonheur les cavaliers de Vaudémont, le chevalier de Fourilles avait attaqué hardiment les escadrons chargés de protéger les équipages. Se croyant coupés de leur armée par la cavalerie de Condé, ces escadrons n'opposèrent qu'une faible résistance et se replièrent bientôt en désordre sur les équipages en longeant la lisière est-ouest du bois de Buseray. — Bien qu'ils fissent leur possible pour hâter la marche du convoi, ils ne purent empêcher la prise d'un grand nombre de voitures et ce nombre eût bien augmenté si Fourilles avait pu prolonger sa poursuite. Mais il avait ordre de se borner strictement au combat et de se porter immédiatement après vers Saint-

Nicolas; il ne pouvait s'attarder aux bagages et se replia à grande allure sur le prieuré, en avant duquel il arriva presque en même temps que Condé.

Dans Seneffe même la lutte avait été plus longue et plus acharnée, et Condé, qui avait pris ses dispositions pour couper de Saint-Nicolas les défenseurs du village, vit sa tâche bien simplifiée : en effet, des trois bataillons hollandais et des huit cents dragons espagnols, il revint si peu d'hommes qu'on n'eut point de peine à les faire prisonniers : le prince de Nassau, leur général, resta au nombre de ces derniers.

De notre côté, les pertes avaient été également sensibles; le comte de Montal, entre autres, avait eu la cuisse cassée d'un coup de mousquet, le marquis de Rochefort avait été comme lui grièvement atteint à l'épaule (1).

(1) LE MARQUIS DE ROCHEFORT à M. DE LOUVOIS, 12º d'aoust 1674.

« Le Prince fit sonner le boute-scelle et battre la généralle; nous marchasmes droit aux ennemis lesquels avoient pris leur marche pour aller du costé de Binche avoient laissé toute l'armée d'Hollande (1) à Senef pour faire leur arrière garde avec infanterie et canon pour en soustenir les desfillez. Monseigneur le Prince marcha à eux avec l'infanterie, la cavallerie et du canon, les gardes du corps, gens d'armes et chevau-légers du roy que j'avois l'honneur de commander. Ayant diligemment passé les desfillez que les ennemis avoient garnis d'infanterie, après que la nostre eut ouvert les passages trouvèrent la cavalerie des ennemis qui estoit en bataille dans une petite plaine au-dessus de Senef; la compagnie de Noailles et la mienne qui avoient la teste parce que c'est un pays estroit y firent des merveilles et au-dessus de tout ce que l'on peut s'imaginer; elles y ont extrèmement souffert, ayant chargé plus de vingt fois, comme il sera facile de se l'imaginer par la quantité d'officiers ou de gardes tués ou blessés. Elles ont entièrement battu la cavalerie d'Hollande (espagnole) ainsy que vous le verrés par la relation que S. A. envoyera à Sa Majesté; je suis blessé d'un coup de mousqueton à la troisième charge à la teste de ma compagnie; le coup est assés grand, mais qui ne sera rien s'il plaist à Dieu, il me prend à l'espine du dos et sort au haut du bras gauche. La balle que je fis tirer dès hyer poussoit

(1) Le marquis de Rochefort se trompe ici : ce sont les Espagnols qui formaient l'arrière-garde, sauf les trois bataillons hollandais envoyés par le prince d'Orange pour la défense de Seneffe.

Tel avait été ce que nous appellerons le premier moment de la bataille : trois combats livrés, trois succès acquis. La cavalerie espagnole complétement battue, trois bataillons hollandais et huit cents dragons espagnols à peu près anéantis ; leurs chefs tués, blessés ou prisonniers; une foule considérable de voitures, de bagages et d'étendards pris : tel était le résultat de ce brillant début.

Il pouvait être midi et demi quand le comte de Montal, qui avait fait mettre sur sa blessure un premier appareil, donna l'ordre de marcher sur Saint-Nicolas. Depuis quelques instants déjà le prince de Condé l'y attendait.

Le prieuré de Saint-Nicolas, sorte de grand couvent clos de murs, est situé à mi-côte du plateau que couronne le village de Fay. — De la Senne à Saint-Nicolas la pente est douce. — Après une langue de terre marécageuse, vient une plaine assez vaste dans laquelle le prince de Condé avait rangé sa cavalerie. Au-delà de la plaine on trouvait une zone difficile à franchir, coupée de vergers, de haies, de fossés, de houblonnières. — Au-dessus de ces vergers, s'étendait une autre plaine où apparaissaient les débris de la cavalerie de Vaudémont soutenus du reste de la cavalerie espagnole et hollandaise. Ces terrains ne constituaient, à véritablement parler, que les abords de la position. Au bout de la plaine, un peu à gauche, le sol se redressait brusquement et étalait en avant même du prieuré, sous ses murs, une bande de vergers et de taillis à peu près inabor-

la peau ; je ne sçais si j'ay le paleron de l'espaulle tout à fait cassé, mais au moins il est touché. Les grandes incisions qu'on m'a faites avec ce grand coup m'ont fort abattu..... vous pourrez dire à Sa Majesté que c'est la plus rude, la plus longue et la plus chaude action qui se soit veue depuis vingt ans; le feu estoit aussy violent à minuit qu'à onze heures du matin, il n'avoit pas discontinué pendant ces treize heures là. Sa Majesté doit être extrêmement satisfaite de ses gardes, qui ont fait tout ce que des Césars pouvoient faire, ne s'estant non plus rebutés à la vingtiesme charge qu'à la première. »

dable ; les murs du prieuré avaient été crénelés et mis en état de défense; les communs, les rares maisons qu'on trouvait à droite et à gauche étaient garnis d'infanterie : pour conclure, les meilleures dispositions avaient été prises pour rendre inexpugnable ce vaste réduit.

Le prince d'Orange, dont l'énergie et les qualités militaires apparaissaient en ces moments critiques, déployait une activité peu commune et faisait preuve de cette lucidité d'esprit qui aux heures les plus difficiles le sauva toujours d'un désastre. Ses derniers ordres donnés, il descendit jusqu'à sa première ligne tout à fait en bas des pentes, établit le marquis d'Assentar sur la gauche, Monterey sur sa droite, et pressentant l'attaque imminente du prince de Condé, parcourut rapidement son front, excitant les uns, ranimant les autres, cherchant à faire revivre en ses soldats démoralisés et abattus cette énergie dans la défaite qui ne le quittait jamais.

Pendant que les alliés s'apprêtaient, comme il vient d'être dit, à arrêter devant Saint-Nicolas la poursuite de l'armée française, le prince de Condé prenait rapidement ses dispositions pour l'attaque. Bien qu'il eût la moustache gauche emportée d'un coup de pistolet, et que son cheval tué sous lui au premier combat de cavalerie lui eût, en s'abattant, fortement contusionné la jambe gauche, il paraissait plus ardent que jamais et donnait ses ordres avec cette activité et cette admirable lucidité qui furent toujours l'apanage de son brillant génie.

Du point où étaient établies les troupes françaises, tout à fait au pied des hauteurs, on apercevait seulement la première lisière des vergers et des houblonnières; on n'y voyait guère d'infanterie, et si un feu de mousqueterie, parfois violent, n'y eût manifesté évidemment la présence de troupes nombreuses, on eût pu croire ces vergers inoccupés. Quoi qu'il en fût, c'était là que devaient porter les premiers coups et le prince de Condé s'y apprêta.

Divisée en deux colonnes profondes, l'infanterie française commence le feu et marche en avant ; la cavalerie, placée aux ailes, devait attendre, pour s'avancer, que le terrain eût été d'abord déblayé ; l'artillerie, en batterie à l'extrême droite, enfila la gauche de l'infanterie et prit d'écharpe la cavalerie ennemie qu'elle apercevait en bataille en arrière des vergers.

Dès le début de l'action, le prince de Condé comprit que la résistance des Hollandais dans leur position nouvelle allait être autrement sérieuse qu'à Seneffe : excitées par des hommes tels que Guillaume d'Orange, Monterey, Waldeck, ces troupes tenaient pied solidement et semblaient participer de la ténacité opiniâtre de leur chef.

La patience, chez Condé, avait des bornes très-restreintes : aussi, quand après une demi-heure de combat, vit-il son infanterie point encore maîtresse du lieu, il la fit ranger à droite et à gauche et résolut de tenter une charge de cavalerie. M. de Fourilles eut l'ordre de prendre avec lui deux escadrons de gardes du corps, de pénétrer dans les vergers et de passer quoi qu'il en coûtât ; Condé lui-même, ayant le duc d'Enghien à ses côtés, se mit à la tête du troisième escadron, et les uns et les autres ayant pris carrière de charge, se précipitèrent à travers les houblonnières. Cette attaque était d'une témérité si audacieuse, que le prince d'Orange en fut atterré. — Foulés aux pieds des chevaux, écrasés, bousculés, les Hollandais reculèrent en désordre ; ils n'étaient point revenus encore de leur surprise qu'une seconde charge du reste de la cavalerie et de toute l'infanterie les refoula en complète débandade dans la plaine et sur les vergers mêmes du prieuré.

Dans cette plaine étaient arrivés déjà le prince de Condé et Fourilles; la cavalerie de Vaudémont, voyant le petit nombre de cavaliers qui le suivaient, détacha pour les charger six escadrons; mais encore dans l'élan de la course à travers les houblonnières, les gardes du corps n'attendirent point les Espagnols, le choc fut violent et la mêlée serrée; enfin, après une courte lutte, les escadrons ennemis, refoulés et dispersés, tournèrent bride et se replièrent en désordre sur leur réserve.

Pendant que les gardes du corps exécutaient cette heureuse et brillante charge, l'infanterie espagnole et hollandaise, débusquée jusqu'au dernier homme des houblonnières et des vergers des premières lignes, fuyait éperdue à travers la plaine, dans la direction du prieuré où elle savait trouver ses réserves. A sa suite et la menant l'épée dans les reins, apparut bientôt le reste de la Maison du Roi, la cavalerie, puis l'infanterie qui, arrêtant sa poursuite se reforma sur la lisière des vergers. En fait d'ennemis, il ne restait plus en avant de Saint-Nicolas que la cavalerie espagnole et hollandaise : cette troupe encore intacte, sauf les six escadrons refoulés par les gardes du corps, devait avoir à cœur de venger son échec de Seneffe, et s'apprêtait évidemment à opposer une énergique résistance. Elle fut bientôt à même de montrer ce qu'elle pouvait faire, car M. le Prince, ayant à peine pris le temps de reformer ses escadrons, la chargea avec impétuosité. Malgré l'acharnement des officiers espagnols et hollandais, en particulier du prince de Vaudémont, et surtout du marquis d'Assentar au dire de ses contemporains le plus intrépide officier de cavalerie qu'eût jamais connu l'armée espagnole, malgré une résistance désespérée, de la part de tous, les escadrons espagnols, rompus et dispersés durent tourner bride et chercher dans la fuite, à l'abri du prieuré de Saint-Nicolas, l'unique moyen de n'être point absolument anéantis.

Pour la troisième fois dans la même journée la cavalerie française venait d'enfoncer la cavalerie alliée et de se montrer digne de sa vieille réputation (1).

Cependant ces succès, si brillants qu'ils fussent, demeuraient incomplets. La véritable position, c'est-à-dire le prieuré de Saint-Nicolas, était encore intacte; garnie de troupes, hérissée de mousquets, entourée d'une ceinture d'obstacles qui en rendaient l'attaque éminemment périlleuse, elle semblait défier les efforts de Condé et devoir l'arrêter enfin dans sa poursuite. Il était environ une heure; nos troupes, fatiguées par une marche de trois heures et par trois heures d'une lutte sans trêve, avaient besoin peut-être de quelque repos : le reste de l'armée qui, avait reçu à onze heures l'ordre de se porter en avant, ne pouvait tarder à arriver, et l'on eût pu ainsi attaquer Saint-Nicolas avec des troupes fraîches. Condé n'en jugea point ainsi : reformant ses troupes, il manda le chevalier de Fourilles et lui intima l'ordre d'enlever sur l'heure le prieuré.

Le chevalier de Fourilles, qui avait reconnu de près la position et qui avait bien jugé de ses qualités défensives, fit alors respectueusement part de ses observations au prince; il ajouta qu'une telle attaque avec des régiments aussi fatigués

---

(1) *Luxembourg à Louvois 19e d'aoust, au camp du Picton.*

« ... Il y a un brigadier nommé Decambes qui a eu trois chevaux tués et fait des choses qui font que le corps (sa compagnie) le révère. Un autre nommé Danger a esté à la teste de la compagnie avec une hallebarde, ses chevaux ayant esté tués. Il ne faut pas se jetter dans aucun destail, car on ne finiroit point sur ce qu'ils ont fait. Il vaut mieux représenter au Roy que ce sont les plus braves gens du monde; il faut les faire vivre en honnestes gens et *qu'ils ayent l'honneur en teste sur touttes choses.* »

Ce Danger n'était autre que Louis d'Oger de Cavoye, dernier fils du marquis de Cavoye l'ancien capitaine des gardes de Richelieu, et de Marie de Lort de Sérignan.

et en aussi petit nombre que ceux dont on disposait, ne devait vraisemblablement amener qu'un insuccès. Au contraire, en attendant les troupes fraîches dont les têtes de colonne s'apercevaient déjà dans la plaine, on aurait toute chance de réussir sans trop grande effusion de sang. Condé ne le laissa pas continuer : « Assez, monsieur, dit-il, c'est de l'obéissance qu'il me faut et non point des conseils : au surplus ce n'est pas la première fois qu'il apparaît que vous vous plaisez mieux à discourir qu'à combattre. »

Ces paroles cruelles et imméritées sont inexplicables de la part de Condé qui aimait et estimait Fourilles, dont la bonté d'âme et la bienveillance étaient connues de tous.

Les souffrances d'une goutte aiguë, accrue encore par les fatigues de la journée (il était à cheval depuis cinq heures du matin); l'impatience d'enlever Saint-Nicolas avant l'arrivée des Impériaux, la contrariété de n'avoir point encore sous la main des troupes fraîches, sont les excuses que les défenseurs de Condé ont mises en avant. Toutes valables qu'elles soient, elles ne sauraient entièrement disculper Condé des suites qu'eut ce moment d'emportement, et le prince lui-même fut, sous ce rapport, plus sévère encore que nous-même.

Fourilles baissa la tête et s'en fut sans mot dire. Il rassembla son infanterie, en forma une colonne unique et lui donna comme objectif le point des vergers qu'elle pouvait attaquer en demeurant le plus à couvert : lui-même à la tête de quelques cavaliers devait essayer de pénétrer dans les houblonnières et de répéter le mouvement déjà exécuté une heure auparavant.

Arrivé aux gardes du corps : « Messieurs des gardes du corps, dit-il, ajustez vos étriers, nous allons charger »; et tandis que l'infanterie s'élançait à l'attaque des vergers, lui-même, désespéré, la mort dans l'âme, entra dans les houblonnières.

Mais, ainsi qu'il l'avait prévu, une résistance désespérée lui fut opposée. Bien à couvert, invisibles derrière leurs haies, les Hollandais tiraient à coup sûr; bien que les balles de nos mousquets sussent également les trouver à travers les halliers, nos pertes furent bientôt considérables; néanmoins Fourilles s'obstinait dans son attaque, s'étant promis à lui-même de n'en revenir que victorieux ou sans vie; il n'eut pas longtemps à attendre, et une balle espagnole tirée à bout portant l'ayant percé de part en part en plein poumon, il tomba de cheval, mourant et râlant (1).

Ce fut le signal de la retraite, et nos troupes, arrêtées un instant dans leur élan, se replièrent en arrière des houblonnières pour combler leurs vides et reformer leurs rangs.

Le prince de Condé avait suivi avec un intérêt facile à comprendre l'attaque de Saint-Nicolas au Bois. Quand il vit que malgré tous leurs efforts ses troupes étaient obligées de battre en retraite, il eut une explosion de colère et, marchant vers le point où se reformaient les régiments engagés : « Ce que Fourilles n'a pu faire, dit-il, Condé le fera. » Et quand tous les officiers qui l'entouraient songeaient qu'il allait enfin donner quelques repos à ces troupes et attendre le reste de l'armée, il intima l'ordre d'une nouvelle at-

---

(1) M. de Fourilles ne fut point tué sur le coup comme l'ont prétendu jusqu'ici les divers historiens de Seneffe. A la date du 16 aoust 1674, le prince de Condé écrivait à Louvois, du camp de Piéton : « M. de Fourille est assés mal et j'apréhende beaucoup pour lui; ce ne seroit pas une petite perte. »

A la date du 21 aoust, autre lettre écrite au camp de la Bussierre : « J'apréhende bien que M. de Fourilles ne meure..... »

Enfin l'intendant Damoresan écrivait à Louvois le 27 août, de Charleroi : « ... Messieurs *de Fourilles*, Gassé, Chastelain capitaine aux gardes et le major Stoppa sont morts depuis quatre jours..... »

Dépôt de la guerre. Corresp. de Louvois, 1674 cinq derniers mois (Flandres).

taque, et lui-même, le premier en tête, s'élança en avant.

Il est certain que des hommes pareillement doués sont faits pour commander aux autres, de telles natures valent aux armées mieux que de gros bataillons : l'histoire de tous les grands capitaines l'avait montré avant Condé, l'attaque de Saint-Nicolas devait en fournir un nouvel exemple.

La lutte fut acharnée et la résistance opiniâtre, mais enfin il fallut céder à Condé ; les maisons furent enlevées une à une. Il s'y passa de tristes scènes de carnage : l'infanterie hollandaise enfermée dans le prieuré fut massacrée presque en entier, et quand M. le prince put enfin reformer ses troupes victorieuses au-delà du village, il avait bien fait, comme il l'avait annoncé, ce que Fourilles n'avait pu faire.

On se souvient que les débris de la cavalerie espagnole et hollandaise s'étaient reformés une troisième fois en arrière de Saint-Nicolas, les gardes du corps la chargèrent encore et la mirent pour la quatrième fois en pleine déroute ; la route était libre jusqu'à Fay ; des Hollandais et des Impériaux la plupart étaient pris, tués, ou blessés : la victoire était complète.

Pour parachever ce succès, le duc de Luxembourg, qui avait été détaché sur la droite pour barrer le chemin aux équipages, vint joindre bientôt le gros de l'armée avec une multitude de voitures, de chariots, de bagages de toutes sortes. Le reste fut pillé et brûlé, et une longue colonne de fumée apprit aux alliés que, de ce côté, leur défaite était irréparable.

Tel avait été le deuxième moment de la bataille, plus sanglant quoique moins long que le premier, mais plus glorieux aussi, en ce que la résistance y avait été opiniâtre et la lutte plus meurtrière. La cavalerie, en particulier les gardes du corps, s'y était couverte de gloire : le chiffre de nos morts et de nos blessés était sensible sans être exagéré ;

seule la mort de Fourilles, le réorganisateur de notre cavalerie, comme Martinet avait été celui de notre infanterie, demeurait une perte irréparable (1).

En cet instant, la victoire du prince de Condé était absolue, indéniable, complète; avec une poignée d'hommes il avait attaqué, combattu et dispersé la moitié de l'armée alliée; les pertes des Espagnols et des Hollandais étaient énormes, leur bagage tout entier était en notre pouvoir ou livré aux flammes, seuls les Impériaux, grâce à leur éloignement, n'avaient encore point souffert.

On a reproché au prince de Condé d'avoir voulu, suivant une expression à effet qui ne signifie rien, outrer sa victoire et d'avoir compromis ainsi son premier succès. Or nous le demandons à tous les militaires de bonne foi, qu'eût-on dit de Condé s'il s'était arrêté après la prise de Saint-Nicolas? Il était à peine deux heures de l'après-midi, les troupes qui avaient combattu étaient fatiguées, il est vrai, mais remplies d'enthousiasme et enivrées de leur succès; vingt-cinq mille hommes de troupes fraîches arrivaient à leur secours et M. le prince de Condé eût laissé battre paisiblement en retraite les débris d'une armée dont il venait déjà d'anéantir un tiers?

On lui a reproché une témérité excessive, le manque de mesure, une certaine faiblesse à se laisser emporter par un amour naturel pour le combat et la mêlée, peut-être le pourrait-on taxer de tels défauts en certaines occasions de sa vie, à Seneffe point. Là il agit en grand militaire et en général expérimenté : au surplus, l'événement lui donna en réalité raison, et malgré le *Te Deum* chanté par les alliés, le succès de Seneffe fut pour nous et non pour

---

(1) *Martinet* avait été tué dans les premières campagnes de Hollande, au siége de Doësbourg, le 20 juin 1672.

eux : ils ont couché, dit-on, dans le camp qu'ils avaient choisi la veille ; c'est vrai, mais la cause fut que le prince de Condé les y amena l'épée dans les reins, et si l'attaque eût commencé par la tête de la colonne au lieu de s'effectuer par la queue, il y a tout lieu de croire que ce n'est point à Haisne-Saint-Pierre qu'eût campé le 12 août le prince d'Orange, mais à Nivelle ou plus loin encore.

Au surplus, malgré le dire de Feuquières, qui prétend qu'en attaquant l'armée alliée le prince de Condé ne cherchait qu'une affaire d'arrière-garde et non une bataille décisive, il est évident aujourd'hui que ce fut au contraire une action décisive que rechercha le général français. Outre les documents fournis par les lettres du *Fonds français* et du Dépôt de la guerre, la manière dont fut dirigée l'attaque, les ordres donnés dès le matin pour se porter sur Saint-Nicolas aussitôt après la prise de Seneffe, l'acharnement mis à emporter le prieuré avant le retour des Impériaux et l'arrivée des réserves françaises, l'attaque du Fay, sans répit, après Saint-Nicolas, tout démontre que ce qu'on a appelé, fort à tort à notre avis, la bataille de *Seneffe* (1), fut bien dans l'esprit de Condé, une action, nettement tracée dès le matin, et non point la réunion de trois actions indépendantes l'une de l'autre, entreprises par hasard, sans conception primitive ni plan défini, une affaire enfin d'étourdi ou de commençant.

Il est positif que Seneffe fut une affaire où l'audace eut une grande part, mais en réalité toutes les chances étaient pour les Français. Qu'eût fait à Condé un échec? jusqu'où l'armée alliée eût-elle pu pousser sa poursuite? A une lieue de Seneffe, Condé retrouvait son camp du Piéton, formidable,

---

(1) Le véritable nom devrait être bataille de Saint-Nicolas ou de Fay.

admirablement retranché. Qui l'eût délogé d'une telle position ? Et il eût hésité à attaquer l'armée ennemie tout entière, quand l'ennemi, se disloquant lui-même en trois tronçons séparés, prenait de bon gré la formation la plus propre à amener sa défaite! Aussi bien, nombre de gens et même d'officiers s'imaginent encore aujourd'hui que l'affaire de Seneffe fut une attaque de flanc dirigée perpendiculairement à la ligne de profondeur des colonnes ennemies. Ce fut l'inverse qui se passa : l'attaque de Condé fut parallèle à la ligne de bataille des alliés et s'effectua suivant le grand axe, l'axe de marche des colonnes (1). Le prince avait aussi l'avantage de rejeter ainsi les uns sur les autres les éléments des colonnes déjà obligées de faire demi-tour : en cela il amenait chez elles un premier désordre; il profitait de leur embarras à se déployer, et rendait ce déploiement forcément lent et défectueux. Tels n'eussent pas été ses avantages dans un mouvement perpendiculaire au flanc des alliés ; car une simple conversion à gauche de tous les pelotons eût amené une ligne de bataille ennemie parallèle à son front d'attaque.

Non, Condé ne pouvait s'arrêter après Saint-Nicolas, et certainement, s'il l'eût fait, pas une voix n'eût approuvé une si prévoyante prudence. Les hommes qui prennent pour critérium des faits, le succès ou l'échec, blâmeront le prince de Condé d'avoir attaqué le Fay, les autres approuveront sa conduite et le soutiendront hautement. Du reste, aujourd'hui encore nous n'avons sur Seneffe que l'opinion des contemporains, sans que nos documents nouveaux, l'éloignement des faits et des temps, le calme qu'amènent les années dans la manière d'apprécier les hommes et les choses,

---

(1) Voyez d'Aguesseau, pour la même observation.

nous aient fait varier. C'est un grand tort, et le jugement passionné des contemporains ne doit point être ici celui de l'histoire. Les pertes que nous éprouvâmes à Seneffe, leur importance comme nombre, la notoriété des personnages qui y succombèrent furent autant de causes qui contre-balancèrent le succès de la victoire par le deuil de ceux qu'on pleurait. C'est ainsi, par exemple, que madame de Sévigné écrivait à Bussy, le 5 septembre : « Nous avons tant perdu à cette victoire, que sans le *Te Deum* et quelques drapeaux portés à Notre-Dame, nous croirions avoir perdu le combat. »

Il ne faut point oublier qu'à la guerre l'imprévu tient une large part. Quel général, au matin d'une bataille, peut dire avec certitude : « Je ferai ceci, je m'arrêterai là ? » En admettant même qu'en attaquant l'armée alliée, Condé n'eût l'intention que d'engager une affaire d'arrière-garde, doit-on en conclure qu'il devait borner là son mouvement et ne point poursuivre son succès ? Pourquoi donc ceux qui critiquent l'attaque du Fay ne parlent-ils pas du combat de Saint-Nicolas ? C'est incontestablement parce que ce dernier réussit entièrement. N'en pouvait-il être autant au Fay, et même si incomplet que fût l'avantage, n'a-t-il point eu d'assez beaux résultats pour mériter plus de louanges que de blâmes ? Il est facile de critiquer la conduite d'un général après l'insuccès ; il est moins aisé de prendre avant l'action une décision sans reproche. Pas un écrivain peut-être n'a émis sur Seneffe, depuis 1674, une autre opinion que celle de madame de Sévigné ; l'attaque du Fay n'a trouvé grâce devant personne : on a ressassé de vieilles critiques sans fondements, et l'opinion des historiens précédents a été admise par les suivants sans discussion ni contrôle ; il importe pourtant de connaître que le combat du

Fay, au lieu de pouvoir être reproché à Condé, est un témoignage de sa véritable science de la guerre et de la connaissance méditée de ce principe : qu'une victoire non complétée est une effusion de sang inutile.

D'Aguesseau, qui au fond pense avec Feuquières que Condé n'avait point, en attaquant Vaudémont, l'idée de s'en prendre ensuite à toute l'armée, dit après le récit de la prise de Saint-Nicolas, qu'en ce moment le prince avait rempli et même dépassé son but, mais il ajoute que dans le fait « il n'en avait jamais d'autres que de faire tout ce qui était possible. » — Oui, telle avait jadis été la conduite de Condé, telle elle devait être après Saint-Nicolas : suivant la belle parole d'un ancien, il estimait avec juste raison qu'il n'avait rien fait tant qu'il lui restait quelque chose à faire, *nil actum reputans, si quid superesset agendum.*

Le village de Fay où l'armée ennemie, désorganisée et battue, s'était concentrée ou plutôt réfugiée, constituait une position défensive de premier ordre. Composé de maisons séparées, entouré de fortes haies et de vergers, difficile à aborder et ne contenant qu'une grande rue impraticable à la cavalerie, il allait fournir à Guillaume d'Orange le moyen d'arrêter enfin le prince de Condé.

A leur droite c'est-à-dire à l'est, les alliés étaient couverts par des houblonnières et surtout par un grand marais d'où sort le ruisseau de Seneffe; à l'aile opposée ils avaient devant eux une large ravine allant du sud-est au nord-ouest, reliant le village de Fay à l'immense bois de Befond-Rieux ; Guillaume fit occuper la partie sud-est de ce bois coupée de belles routes et de larges sentiers, par de l'infanterie, et par quelque cavalerie qu'on établit aux carrefours.

Le village même de Fay, qui était un peu en avant des deux ailes, fut organisé défensivement d'une façon aussi habile que redoutable. Les maisons furent crénelées, la grande rue barricadée en divers endroits et semée d'obstacles divers ; le château, situé au nord-est du village, fut solidement occupé, enfin le rideau de houblonnières qui masquait toute la ligne ennemie reçut une infanterie nombreuse, bien abritée, qui tirait à coup sûr et qu'on ne pouvait voir.

La cavalerie alliée fut disposée en arrière du village, sur un plateau d'où elle dominait et son infanterie et l'armée française tout entière ; elle eut à surveiller l'issue de la grande ravine de l'aile gauche et la langue de terre qui séparait à l'aile droite le village des marais.

Il était environ deux heures et demie quand le prince de Condé donna l'ordre d'attaquer ; le total de ses forces n'était point arrivé encore, mais comme il a été dit, le général français comprenait que son succès dépendait de la célérité de son offensive, et que c'était seulement en ne laissant point respirer l'ennemi qu'il pouvait, avec d'aussi faibles forces que les siennes, le culbuter et achever sa défaite.

S'étant réservé l'attaque du centre, c'est-à-dire du village même de Fay, il destina M. de Luxembourg au commandement de l'aile droite et donna la gauche au duc de Navailles.

L'ordre de bataille fut le suivant :

Aile droite : Les gardes françaises, les gardes suisses, les régiments suisses de Stoppa, d'Erlach, de Pfiffer et de Salis.

Centre : Les régiments du Roi, Royal des vaisseaux, de Navarre, de la Reine.

Aile gauche : Les régiments d'Enghien, de Condé, de Conti, d'Auvergne.

L'artillerie n'était point arrivée et ne comptait que les six pièces qui avaient concouru à l'attaque de Seneffe ; la cavalerie, répartie dans les trois corps, était en seconde ligne, attendant pour charger que l'infanterie eût enlevé les houblonnières et les premiers vergers.

Le feu commença à la droite par l'attaque du bois de Befond-Rieux qui demeura impossible à enlever. Luxembourg se contentant alors d'en garder les abords, tenta de s'emparer de la ravine, de manière à tourner les ennemis par leur gauche.

En même temps, le prince de Condé, qui avait attaqué le village et y avait trouvé de même une résistance invincible, faisait appuyer également son corps d'armée sur la droite, de manière à unir ses efforts à ceux de Luxembourg. Le combat fut aussi vif et mené aussi vaillamment que l'avaient été ceux de Seneffe et de Saint-Nicolas, mais l'opiniâtreté de l'ennemi avait triplé et l'armée française n'avançait point. Enfin quelques escadrons de la maison du Roi ayant trouvé moyen de charger à travers les vides de notre infanterie, bousculèrent celle de l'ennemi, la contraignirent à remonter vers le Fay et arrivèrent jusqu'à la plaine où était rangée la cavalerie des alliés. Malheureusement le petit nombre des escadrons français ne leur permit point de profiter de ce premier avantage ; chargés à leur tour par une masse considérable de cavalerie ennemie, ils furent ramenés dans le défilé, entraînant avec eux l'infanterie française qui l'avait occupé après leur audacieuse charge. La ravine retombait donc de nouveau au pouvoir des alliés.

La journée s'avançait, il était environ cinq heures et demie, et bien qu'on se fût emparé de quelques houblonnières, la position de l'assaillant restait la même. Mais le prince s'acharnant à la possession de la ravine, forma alors des gardes suisses une colonne qu'il donna l'ordre à M. de Luxembourg de lancer de nouveau à l'attaque de l'imprenable défilé; ces troupes, excédées et épuisées, hésitèrent (1) et attaquèrent si mollement qu'elles semblaient ne plus vouloir combattre.

Au surplus le reste de notre infanterie était également harassé et exténué, mais au moins, s'ils ne pouvaient plus marcher en avant pour l'attaque, restaient-ils impassibles sous les boulets ennemis. Chavagnac, l'officier français au service de l'Empereur, dont nous avons parlé déjà et qui défendait en personne la ravine avec six mille hommes, a rendu un plein hommage à cette fermeté héroïque : « Je n'ai jamais vu, dit-il, une fermeté pareille à celle des François; car quelque fracas et quelques écarts que fît le canon dans leurs escadrons, je n'entendis jamais autre chose, sinon : *Ce n'est rien, enfants, serrez !* et dans le moment ils remplissoient le rang que le boulet avoit emporté. Je leur criai que c'étoit quelque chose : on me répondit qu'on auroit le soir la revanche, et je leur répondis qu'ils prîssent toujours cela en attendant. *On peut juger si nous étions près.* »

(1) La faiblesse des Suisses en cette journée a été relatée par tous les historiens, entre autres par le marquis de la Fare; cependant le chevalier d'Aguesseau, le plus compétent et le plus sérieux de ceux qui nous ont parlé de Seneffe, nie très-énergiquement que les Suisses se soient comportés autrement qu'en braves gens. Nous aurions souhaité qu'il eût raison, malheureusement nous avons trouvé au Dépôt de la guerre un document inédit donnant raison à la Fare : ce document est une lettre du prince de Condé à Louvois en date du 14 août 1674, au camp du Piéton : on y lit entre autres renseignements : « ..... M. de F. vous dira beaucoup de particularités qui seroient trop longues à vous écrire; ce que je puis vous dire en gros est que tous les gardes du corps, les gens d'armes et chevaux légers du Roy ont fait au delà de ce qui se peut imaginer. Toute l'infanterie française a parfaitement bien fait aussi, *il n'y a que les Suisses qui n'ont pas fait de même...* »

Il est certain que la position des Français en cet instant était sinon compromise, tout au moins, loin d'être bonne. Guillaume d'Orange crut le moment opportun pour tenter sur notre aile droite un vigoureux mouvement offensif, et lançant à travers les taillis de Rieux une partie de sa cavalerie, il lui donna l'ordre d'attaquer notre flanc, aidée de l'infanterie alliée qui occupait déjà le bois. Mais le coup d'œil de Luxembourg, sa décision rapide devaient faire échouer cette téméraire entreprise. A peine la cavalerie et l'infanterie ennemies débouchèrent-elles du bois, que chargées à fond par la gendarmerie qui s'était à l'instant déployée face à droite, elles durent battre rapidement en retraite et rentrer sous les taillis pour n'en plus sortir.

Pendant qu'à notre droite les troupes ennemies n'avançaient ni ne reculaient, à la gauche le duc de Navailles, après quelques petits succès aux abords du village, restait également stationnaire.

Il était environ huit heures et demie : ce qui restait des 75 000 hommes de Guillaume d'Orange et des 40 000 du prince de Condé était en ligne ; il y avait onze heures qu'on se battait.

Les troupes, de part et d'autre exténuées, espéraient que la nuit mettrait fin au combat, déjà l'obscurité commençait à être complète quand tout d'un coup la lune, se levant radieuse, vint jeter une nouvelle lueur sur ce sanglant champ de bataille et l'éclairer assez pour permettre de continuer la lutte. Elle reprit, en effet, acharnée et opiniâtre, mais sans plus de succès de part ni d'autre jusqu'à minuit, où il devint impossible de se voir et d'ajuster. « Alors, nous dit le marquis de la Fare, le grand Condé ordonna qu'on apportât du canon et qu'on fît avancer des bataillons nouveaux », et il ajoute : « Tous ceux qui entendirent cette proposition en frémirent, et il fut évident pour tous qu'il n'y avoit plus que lui qui eût envie de se battre encore. »

La bataille avait duré quinze heures. Exténué lui-même de fatigue (il était à cheval depuis cinq heures du matin), mais dominant le corps par une force d'âme et une énergie indomptables, Condé descendit alors de cheval, se roula dans son manteau et s'étendit dans un fossé pour y goûter enfin quelque sommeil.

Si jamais repos eut quelque chose de terrible, dit d'Aguesseau, ce fut sans doute dans ce moment. L'infanterie était couchée, ses armes dans les bras, sur le lieu même où elle avait combattu..., il en était de même du côté des ennemis. Au milieu de cette scène sanglante les deux armées restaient immobiles, attendant ce que les généraux décideraient de leur sort, et ceux qui devaient ne s'éveiller que pour combattre encore dormaient étendus par terre parmi ceux qui ne devaient jamais plus s'éveiller.

Vers une heure du matin, un coup de feu tiré par mégarde entraîna une décharge générale des deux armées qui blessa beaucoup de monde, et occasionna une débandade complète de la cavalerie. Cette panique vint modifier les plans de Condé pour le lendemain, et vers deux heures il donna l'ordre de rentrer à Piéton où lui-même arriva au point du jour.

A la même heure Guillaume d'Orange faisait filer vers Hardimont les débris de son armée et arrivait le 12 au camp qu'il avait voulu occuper le 11.

Une grande discussion, point encore vidée aujourd'hui, s'est engagée entre les historiens de Seneffe pour savoir celui qui avait quitté le premier le champ de bataille : il semble pourtant impossible de nier que les deux armées n'aient abandonné les abords du Fay à la même heure (deux heures après minuit), en ignorant l'une et l'autre ce qui se passait dans le camp ennemi. La relation du comte de Chavagnac, qui, s'il se trompe, ne le fait qu'à son avantage, nous le dit positivement : l'armée alliée avait déjà abandonné le champ de bataille; seul Chavagnac, commandé pour faire l'arrière-garde, était encore près du Fay : au moment de suivre à son tour le mouvement de retraite de son armée, il fut curieux de savoir ce que faisaient les Français. « Je fis appeler, dit-il, un lieutenant du régiment de Souches, nommé La Grenouille, François de nation, à qui je promis une compagnie s'il vouloit se glisser sur le ventre et aller écouter ce que faisoient les ennemis. Il y fut et n'entendit rien. *Comme il faisoit fort noir*, il alla à la haie, où il fit un petit trou; à la lueur d'une mèche, il vit qu'il n'y avoit personne. J'y fus moi-même m'en informer; je n'en eus pas plutôt connu la vérité que *je mandai* à Souches et au prince d'Orange que s'ils vouloient revenir j'étais maître du champ de bataille. Le prince le voulut mais Souches n'y consentit jamais... »

Si l'on songe qu'au mois d'août le jour commence à se lever à trois heures et demie, si l'on rapproche de cette remarque l'observation qu'il faisait *fort noir* quand le lieutenant La Grenouille essaya d'entendre ce qui se passait de notre côté, qu'enfin l'armée alliée était déjà partie à ce moment, il me paraît difficile de nier que cette armée n'ait quitté ses positions *au moins* en même temps que l'armée française dont nous savons l'heure de départ exacte; puisque la décharge générale eut lieu à 1 heure, et que le retour au Piéton fut la conséquence de la panique.

La soi-disant occupation du camp par Chavagnac est un enfantillage; et le lieutenant La Grenouille s'en allant à la haie et y faisant *un petit trou* n'a pas du tout l'air d'un homme qui marche sur une position conquise.

Il fallut toute l'audace de Guillaume pour faire chanter un *Te Deum* à l'occasion de Seneffe, il fallut une mauvaise foi insigne pour prétendre que Seneffe fut une bataille indécise, quand l'ennemi y avait perdu 17 000 hommes (1), dont une foule d'officiers généraux, cent sept drapeaux ou étendards, deux canons, deux mortiers, quinze cents chariots, carrosses et calèches, deux cent mille écus en argent, tout son équipage d'artillerie, tous ses bagages.

En admettant même que le Fay eût été une action indécise, qu'était-ce donc que les combats de Seneffe et de Saint-Nicolas-au-Bois? enfin que fut la marche des alliés de Seneffe à Hardimont sinon une retraite, tandis que le prince de Condé reprenait tranquillement possession de son camp?

Parmi les morts et les blessés les plus illustres on comptait d'abord le prince de Condé lui-même, qui avait eu la moustache emportée d'un coup de mousquet et trois chevaux tués sous lui; le duc d'Enghien son fils, deux contusions de mousquetades; le marquis de Rochefort, lieutenant général, un coup de feu à l'épaule; le chevalier de Fourilles également lieutenant général, blessé à mort d'un coup de feu; le marquis de Revel, mestre de camp des cuirassiers; le comte de Montal, la cuisse cassée; le marquis de Feuquières, plus tard l'écrivain militaire, une contusion de mousquetade, le chevalier de Feuquières, son frère, un coup de feu à la jambe.

L'histoire ne nous a nommé, parmi les noms trop nombreux des morts et des blessés de la bataille de Seneffe,

---

(1) *M. Talon du dit jour 16º aoust 1674 (à Oudenarde) à Louvois.*

« Madame de Bouterie voisine du lieu où s'est donné le combat, dont le mary a un régiment dans l'armée d'Espagne ... ... me fit sçavoir qu'il manque aux ennemis 17 000 hommes depuis le dit combat en morts, prisonniers, blessés et déserteurs et vous jugez bien que cette personne en est bien informée et qu'elle ne dira pas plus que moins... »

que les suivants, recueillis par l'intendant Robert et envoyés à Louvois quelques jours après la bataille.

ESTAT DES OFFICIERS MORTS OU BLESSÉS A LA BATAILLE DE SENEFFE.

RÉGIMENTS DE CAVALERIE DE L'AILE DROITE.

Régiment de Commissaire général.

MM. Desaules, lieutenant de la compagnie de Marin, Le Maire, cornette de la compagnie de la Cour, blessés ; Auberine, maréchal des logis de la compagnie de Marin, tué.

Régiment de Cathcux.

M. le chevalier Dandresy, lieutenant de la compagnie de Saint-Étienne, et Reige, blessés.

Régiment de Ragny.

M. le marquis de Ragny, Parvit, lieutenant de la compagnie de Chavancé, blessés.

Régiment de Rose.

MM. le lieutenant de Rossembourg, le lieutenant de la compagnie de Charlès, blessés ; le maréchal des logis Destrée, le cornette de la mestre de camp, tués.

Régiment Destrades.

M. Du Plessis, major, blessé.

BRIGADE DE SOURDIS.

Régiment de Sourdis.

M. de la Faucherie, capitaine, blessé.

Régiments de Saveuse, de Schomberg, de Rohan, de Condé, de Varenne.

M. Ladmiral, lieutenant de la compagnie de Stamainville, blessé.

BRIGADE DE LA FEUILLÉE.

Régiments d'Orléans, de la Feuillée, de Bligny, de La Valette, de Vivans.

RÉGIMENTS DE CAVALERIE DE L'AILE GAUCHE.

BRIGADE DE CALVO.

Régiment mestre de camp général.

MM. Laramisonière, lieutenant de la compagnie de Premon,

blessé à mort; Doneuil, capitaine, blessé; Desrochers, lieutenant, tué; Saint-Quentin, cornette, fort blessé; Grieux, capitaine, blessé à mort; Dumont, cornette, tué; Boisrenault, de la compagnie Dallou, blessé à mort; Messème, cornette, de la compagnie Joyeuse; Chaumet, capitaine, tués.

Régiment de Calvo.

MM. de Chabannes, capitaine, blessé; de Gibberté, maréchal des logis, tué; de Plenoihe, cornette de la compagnie Dalmany, Deblicourt, lieutenant de la compagnie de la Chapelle, blessés.

Régiment de Carcado.

MM. Bonnault, major, blessé à mort; Boulgois, la jambe cassée; La Roche, capitaine, La Neuville, cornette, tués.

Régiment de Nonan.

MM. de Nonan, blessé; La Pierre, major, tué; Dernidus, une jambe cassée.

Régiment de Muret.

MM. de Muret, mort; Douglas, cornette, le bras emporté; Varelle, lieutenant, la cuisse percée; Clermont, de la compagnie mestre de camp, de Vareille, capitaine, La Motte, lieutenant, Preneuf, maréchal des logis, blessés.

Régiment de Saint-Germain.

M. Bozon, major, blessé.

BRIGADE DE SAINT-CLA.

Régiment Dauphin.

MM. La Forcade, capitaine et major, Cornelius, capitaine, Sautour, capitaine, de Salle de Rochelette, cornette, Serizy, cornette, Millet, maréchal des logis de la compagnie de Montal, blessés.

Régiment d'Arnolfiny.

MM. le chevalier d'Arnolfiny, de Velles, lieutenant, d'Esnay, lieutenant de la compagnie mestre de camp, de Magnac, capitaine, blessés; Dorte, cornette, un bras cassé; le capitaine de la compagnie Deurat, Duvergé, maréchal des logis, blessés; le capitaine de la compagnie de la Tommelle, blessé de deux coups d'espée; la Charlotterie, lieutenant, Bobigny, cornette, blessés; le capitaine Bouisy, mort.

Régiment des Aoust.

MM. Dubrandy, lieutenant de la compagnie mestre de camp, Boudet, cornette, le capitaine de la compagnie de Montpapou, blessés; le capitaine de la compagnie d'Anfoy, tué.

Régiment de Saint-Clä.

MM. Vignat, lieutenant de la compagnie Darcey, Dubois-Pépin, cornette de la compagnie de Berangeville, blessés.

Régiment de Revel.

MM. le chevalier de Revel, Deschamps, lieutenant de la compagnie mestre de camp, Ropie, maréchal des logis, le capitaine de la compagnie de Marivaux, blessés; Bellevalette, cornette de la compagnie de Berville, tué; Voisse, lieutenant de la compagnie de La Rue, blessé.

BRIGADE DE TILLADET.

Régiment des Cravattes.

MM. Poissy, lieutenant de la compagnie mestre de camp, blessé à mort; La Vallée, lieutenant de la compagnie Mesandal, l'espaule cassée; La Tour, maréchal des logis, la jambe cassée; La Touche, lieutenant de la compagnie de Marsin, blessé; La Garde, cornette, la cuisse cassée; le capitaine de la compagnie de Lebron, La Motte, cornette, blessés; Devoy, maréchal des logis, tué; Saint-Maillard, cornette de la compagnie de Balinguan, Rostaigne, cornette de la compagnie de Perrot, le capitaine de la compagnie de Saillan, La Croix, lieutenant, blessés; Guinapré, cornette, tué.

Régiment de Tilladet.

MM. le capitaine de la compagnie de Lattais, blessé de deux coups; le lieutenant de la compagnie de Villers, blessé; Boyé, cornette de la compagnie de Guerny, blessé à mort; Chastillon, maréchal des logis, Du Bour, cornette de la compagnie de Bains, le capitaine de la compagnie de Renes, Romenecourt, lieutenant, De Mona, maréchal des logis, le capitaine de la compagnie de Benizy, Durival, lieutenant, le capitaine de la compagnie de Jolleville, blessés.

Régiment de Gournay.

MM. Chavigny, lieutenant de la compagnie mestre de camp, blessé; le cornette, l'aide-major, tués; le capitaine-major de la compagnie de Croses, le capitaine de la compagnie de La Richardière, le capitaine de la compagnie de Haumont, Dagrin, lieutenant, le chevalier de Trébien, cornette, le lieutenant de la compagnie de Mun, blessés.

Régiment de Courcelle.

MM. de Courcelle, de la compagnie mestre de camp, tué; Sorin, lieutenant, blessé; Dolle, cornette, tué; La Verdure, maréchal des logis, le capitaine de la compagnie de Holle, Chasteau-Tiery, de la compagnie de Valcourt, Dargouse, maréchal des logis, Le Page, lieutenant de la compagnie de Montigny, La Tour, lieutenant de la compagnie de Livron, blessés.

BRIGADE DE PAULMY.

Régiment Danguien.

MM. le comte de Tolleran de la compagnie mestre de camp, Guion, lieutenant de la compagnie de Tossy, Blancagne, lieutenant de la compagnie de Berte, Matricourt, cornette, blessés; le capitaine de la compagnie de Brisagne, tué; le capitaine de la compagnie Darty, blessé.

Régiment de Paulmy.

MM. le marquis de Paulmy, le bras cassé; le baron de Cadieux, capitaine et major, blessé; le comte de Rousé, capitaine, tué; de Rivière, capitaine, blessé; de Monteau, lieutenant et aide-major, tué; le maréchal des logis de la mestre de camp, Desjardins, maréchal des logis de la compagnie de Mesle, Saint-Amour, maréchal des logis de Rivière, Denchevé, maréchal des logis de Rousé, blessés.

Régiment de Conigsmarck.

MM. le capitaine de la compagnie colonelle, le lieutenant, morts; La Motte de la compagnie de La Motte, son maréchal des logis, blessés; le major de la compagnie du major Ayholtz, le bras cassé; le cornette de la compagnie du major de Frendemberg, le maréchal des logis, morts; le lieutenant de la compagnie de Wellingk, blessé à mort; le cornette, le capitaine de la compagnie de Bremont, le cornette, le capitaine de la compagnie Pendenetz, le maréchal des logis de la compagnie de Wranges, le cornette de la compagnie de Mangerhause, blessés.

ÉTUDE HISTORIQUE ET MILITAIRE.

ESTAT DES OFFICIERS ET SOLDATS MORTS ET BLESSÉS DU RÉGIMENT DU ROY A LA BATAILLE DE SENEFF.

Capitaines morts.

Puilaraisse.	Marimon.	Bercène.
Destrée.	Sarause.	
La Motte Gondrin.	La Cresonière.	

Capitaines blessés.

Saint-Georges.	Vaujouan.	Polastron.
Charlieu.	Conigy.	La Boissière.
Torignan.	Riberat.	Plaimpoint.
Salles.	Saint-Amand.	De Serres.
La Roirie.	Montazel.	Delbos.
Campgrand.	Sabouly.	Créquy.
Courlaurs.	Peirat.	Rioutor.
La Guarigue.	Rocart.	Rouzandal.
De Guine.	La Devèze.	

Lieutenans morts.

Chazineau.	Derse.	Jonset.
Jasse.	Du Tillet.	
La Chevallerie.	Bescheron.	

Lieutenans blessés.

Descouillottières.	Clozel.	Villeneuve.
Calvimont.	Meurat.	Lauzote.
Sérignan.	Du Prat.	Banastre.
Baisieux.	Fontenay.	De Cérose.
Lalacq.	Boilcuisque.	Mondézir.
Bussy.	Dampon.	Chevalier de Crosse.
La Brie.	Lavalsecq.	Deguilemberg.
Du Plainy.	Tomassin.	

Sous-lieutenans morts.

Mainfredy.	Lombralle.	Auterive.
Beauvais.	Coulombier.	

Sous-lieutenans blessés.

Tadaillan.	Saraux.	Saint-Laurent.
Corbin.	Deimiau.	Saint-Hilaire.
Aulin.	Bondouaire.	
Barany.	La Grage.	

Lieutenans réformés blessés.

Duhamel.	La Hitte.	Chevalier de La Tour.
Vivien.	Darnaud.	Bousquet.
Latour.	Dauberon.	Vazenove.
Roquevert.	Debois.	
Le Moine.	Courcelle.	

Estat-major.

Le major blessé. Deux aides-majors blessés.

RÉSUMÉ.

Capitaines morts....................	7
Capitaines blessés...................	26
Lieutenans morts....................	7
Lieutenans blessés...................	23
Sous-lieutenans morts................	5
Sous-lieutenans blessés...............	10
Lieutenans réformés blessés...........	13
Le major blessé.....................	1
2 aides-majors blessés................	2
Total des officiers morts ou blessés.	94
Sergens morts......................	15
Sergens blessés.....................	25
Soldats morts.......................	460
Soldats blessés.....................	555
Total des bas officiers ou soldats morts ou blessés................	1055
Total général des pertes du régiment	1149

ESTAT DES OFFICIERS MORTS ET BLESSÉS DU RÉGIMENT DE RAMBURES A LA BATAILLE DE SENEFF.

Capitaines morts.

MM. Campagne, Bonnières, Pommereulle, morts sur la place; Hébert, lieutenant-colonel, mort à Charleroy; Boisseul, Du Til, lieutenant de la colonelle, morts au camp.

Capitaines blessez.

MM. Grouville, blessé à la cuisse avec une contusion aux reins, d'une vollée de canon dont son cheval a esté tué; le chevalier Damours blessé dans leigne (l'aîne); Truc blessé dans la cuisse ; le Grand blessé à la teste ; Noël blessé à la main ; Villers, major, blessé à mort.

Lieutenans morts.

M. Deculuns, mort à Charleroy.

Lieutenans blessés.

MM. Isemberteuille, blessé à la teste ; Lestendart, blessé, le bras cassé ; le Grand, une contusion dans la mamelle ; la Varenne, blessé à l'espaulle.

Sous-lieutenans morts.

MM. le chevalier de Saisseval, Saint-Martin, morts sur la place.

Sous-lieutenans blessez.

MM. Dufayct, blessé dans le desfaut de l'espaule ; la Motte, Pulogue, blessés à la teste ; Pyjard, blessé au bras ; Brassac, blessé dans la cuisse ; Campagne, enseigne de la lieutenant-colonelle, blessé à la teste.

ESTAT DES MORTS ET BLESSEZ DU RÉGIMENT DES GARDES SUISSES A LA BATAILLE DE SENEFF, LE 11° D'AOUST 1674.

De la compagnie généralle.

Morts.

Un sergent..........................	1
Soldats.............................	9
	10

Blessés.

Muchet, capitaine-lieutenant..........	1
Grandvillars, sous-lieutenant..........	1
Torf, sous-lieutenant.................	1
Un sergent..........................	1
Neuf soldats........................	9
	23

De la compagnie colonelle.

Frolicher, sous-lieutenant, mort......	1
Seize soldats........................	16
	17
Trois sergents blessés...............	3
Dix soldats blessés..................	10
	30

Compagnie de Rohn.

Neuf soldats morts	9
Quinze blessés	15
	24

Compagnie d'Erlack.

Sept soldats morts	7
Un sergent blessé	1
Dix-huict soldats blessés	18
	26

Compagnie de Stoppa.

Soldats morts	14
Stoppa, lieutenant, blessé	1
Hortmann, sous-lieutenant	1
Deux sergents blessés	2
Soldats blessés	10
	28

Compagnie de Reynold.

Sergens morts	2
Soldats morts	15
Reynold de Perolles, lieutenant blessé	1
Soldats blessés	16
	34

Compagnie de Walkirch.

Soldats morts	8
Walkirch, capitaine, blessé	1
Courcelles, enseigne, blessé	1
Sergens blessés	7
Soldats blessés	15
	26

Compagnie du colonel Salis.

Soldats morts	11
Cadouche, enseigne blessé	1
Sergent blessé	1
Bas-officiers blessés	2
Soldats blessés	14
	29

Compagnie de Dumont.

Sergent mort....................	1
Soldats morts....................	7
Cabalzar, lieutenant blessé..........	1
Soldats blessés...................	14
	23

Total des morts et des blesséz.

Lieutenants morts.................	1
Sergents morts....................	5
Soldats morts.....................	96
Capitaines blessés.................	2
Lieutenants.......................	6
Enseignes........................	2
Sergents blessés...................	8
Bas-officiers......................	2
Soldats blessés....................	120
Total des morts et des blessés.....	242

ESTAT DES GARDES DU ROY QUI ONT ESTÉ BLESSÉS AU COMBAT DE SENEFF, LE 11° AOUST 1674.

Compagnie de Noailles.

Messieurs

Thibert, soubs-brigadier.
Galauville, soubs-brigadier.
Duroure, garde de la manche.
Denouville.
Brisenaut, garde de la manche.
Desclinvilliers.
Teissier.
La Rippe.
La Combe.
Fortuné.
Dumas.
Tauvenac.

Hameaux-Boissart.
Louvicore.
Du Vinet.
De La Coste.
La Fontaine.
Clergé.
La Mutelière.
Crouville.
La Gourlette.
De Fort.
Corcelles.
Musinaut.
Argaricours garde de la manche.
Fonteny.
Le Rable.

Darnac.
Sibouville.
Castré.
De Laurint.
Montplaisir.
Saint-Laurent.
Mahuet.
Marmimont.
Du Rogon.
Debois-Laurent.
Regnault.
Chambault.
Du Sèvre.
De Fosse.
La Fontaine.

GUILLAUME III.

Compagnie de Rochefort.

De Villars, sous-brigadier, blessé.
Disaucour.
Duhain.
Demianne, sous-brigadier.
Monsigaut.
Marais.
Fontalde.
Chassilière-Berton.

Dorville.
La Cousture.
La Bocrie.
De Bisance.
Le chevalier de Piolenc.
Desmoreaux.
De Jean.
La Terrade.
Du Pas.

Du Renet.
La Chapelle.
Fontalbac.
La Vipère.
La Chaumède.
Montigny.
Desrozières.
Senières.
Montbel.
De Courcelles.

Compagnie de Duras.

Du Castel, blessé.
Grillon.
Valgrand.
La Motte.
Faubert.
Longchamp.

Dalmon.
Beaumanoir.
Grandmaison.
La Fuye.
Saint-Circe.
Le Gras.

Calogne.
Vernières.
La Sable.
Brouillac.
Bour-Jolly.
La Garde.

Compagnie de Luxembourg.

De Lestrade, brigadier.
Saint-Michel, soubs-brigadier.
Dorin.
Saint-Padour.
Pariset.

De La Crosse.
De Bonnèze.
Clery.
Martinière.
Mesmont.
Sainte-Croix.
Lamarre.

Alexis, timballier.
Villebon.
Grené.
Lointel.
La Verdure.
Montferrier.
Dumont.

ESTAT DES GENSDARMES, CHEVAUX LÉGERS DE LA GARDE DU ROY, GENSDARMES DE LA REYNE ET GENSDARMES DAUPHIN QUI ONT ESTÉ BLESSÉS AU COMBAT DE SENEFF, LE 11º AOUST 1674.

Gensdarmes du Roy.

Toursigny.
Du Fort.

Chevaux légers de la garde du Roy.

Pinois.
Maurisset.

Gensdarmes de la Reyne.

Lamotte.

Gensdarmes Dauphin.

Du Peux, soubs-brigadier.	De la Gravière.	Le Doux.
Dardenne.	De la Baronnie.	Saint-Germain.
Bravaux.	Mandeville.	
	Dardenne le jeune.	

ESTAT DES GARDES DU CORPS DU ROY QUI ONT ESTÉ TUÉS A LA BATAILLE DE SENEF LE 11ᵉ AOUST 1674.

Noa que l'on a point trouvé cet estat. Il en manque encore d'autres des officiers aux gardes françoises tuez ou blessez et mesme de plusieurs régiments d'Infanterie que l'on a point trouvez. »

Tel est l'état envoyé par l'intendant Robert à Louvois. Quelque incomplet qu'il soit, cet état demeure le plus exact qui ait été dressé : chose bizarre, c'est le seul aussi qui n'ait jamais été imprimé, et tel il a été classé au Dépôt de la guerre, en sortant des mains de Louvois, il y a deux cent trois ans, tel nous l'en avons tiré pour le mettre enfin en lumière.

Nous n'inscrirons pas ici les noms de sept ou huit commissaires ordinaires et extraordinaires qui furent blessés, nous ne savons trop comment, en cette affaire ; toutefois nous citerons encore le nom de Dumetz, qui commandait les six pièces qui demeurèrent toute notre artillerie pendant la bataille, et celui de Esmonin, capitaine général de charroi, blessé grièvement à la tête.

Les pertes des alliés étaient, comme il a été dit déjà, considérables : le nombre des prisonniers laissés entre nos mains s'élevait à trois mille, dont le duc de Holstein, le prince de Salm, le comte de Nassau ; le comte de Mérode, lieutenant général des Hollandais ; le duc de Villa-Hermosa commandant en chef de la cavalerie espagnole ; le marquis d'Assentar, qui mourut bientôt de sa blessure ; le prince Pio et le marquis de Grana, le comte de Valdeck et un nombre assez fort d'autres officiers de grand mérite.

Au reste, alliés et Français s'étaient battus avec une bravoure et un acharnement dignes d'éloges, des régiments entiers, tels que ceux de Grana et de Rabata avaient été anéantis jusqu'au dernier homme; d'autres, comme celui de Nassau, étaient décimés.

Malgré la phrase de Condé sur le stathouder : « Je n'ai pas vu un prince d'Orange, j'en ai vu dix, » il est hors de doute pourtant que ce n'était point une brillante bravoure, mais une ténacité et une opiniâtreté invincibles qui avaient empêché Guillaume d'être entièrement défait. La journée de Seneffe eût assurément vu l'anéantissement de l'armée alliée, si cette armée avait eu à sa tête tout autre général que le stathouder. Seul, après la prise de Seneffe, seul après celle de Saint-Nicolas, quand les deux tiers de ses troupes fuyaient en désordre, démoralisées et perdues, il n'avait point désespéré et avait tenté une résistance qui, finalement, devait lui réussir.

Sa vie nous offre cette particularité que ce fut toujours dans la défaite bien plutôt que dans la victoire, qu'apparurent ses qualités guerrières, l'énergie, la décision, cette opiniâtreté extrême à n'ordonner la retraite qu'à toute extrémité, à ne céder le terrain qu'au moment précis où la défaite allait se tourner en déroute.

Nous avons dit déjà qu'à l'instar des Français, les Hollandais avaient chanté un *Te Deum* pour célébrer leur victoire de Seneffe : le stathouder comprit que pour affirmer autrement qu'en paroles son soi-disant succès, il lui fallait prendre l'offensive et assiéger quelque place, c'est pourquoi il se porta sous les murs d'Oudenarde et entreprit de s'en rendre maître.

Mais il n'y avait point six jours encore que ce blocus était commencé que l'avant-garde du prince de Condé annonçait au stathouder l'arrivée de l'armée française accourant au secours de la place assiégée.

Guillaume ne se crut pas assez fort pour livrer une seconde bataille et, levant rapidement le siége, il décampa dans la nuit du 21. Cette retraite disait au juste à qui appartenait vraiment le succès de la journée du 11 : les alliés abandonnaient dans leurs lignes douze mille sacs de farine, leurs équipages d'outils, leurs munitions de guerre et fuyaient sans combattre poursuivis par une furieuse canonnade à laquelle ils ripostèrent à peine.

Quelques jours après, Louis XIV envoyait au brave marquis de Chamilly l'ordre de rendre Grave, dont la résistance avait été héroïque, mais qui, faute de vivres, ne pouvait plus tenir. « Le soldat, écrivait Chamilly à son roi à la date du 20 septembre, témoigne d'avoir quelque répugnance à manger du cheval; mais l'on fera de son mieux pour l'y obliger. Vous pouvez compter qu'à l'heure qu'il est, il n'y a plus de ville de Grave : elle est sens dessus dessous (1). »

Le 27 octobre, après quatre vingt-treize jours de tranchée ouverte, le marquis de Chamilly sortit de Grave, tambour battant et enseignes déployées, emmenant ses armes, ses bagages, ses pontons de cuivre et toute l'artillerie aux armes de France.

Ainsi se terminait par une action glorieuse la campagne de 1674, dont les débuts n'avaient pas été sans périls pour la France.

Vaincu par la lenteur et l'incertitude de ses alliés autant peut-être que par Condé, Guillaume d'Orange avait été impuissant à tenter toute offensive sérieuse et à entamer cette frontière qu'il eût tant désiré franchir : l'occasion perdue ne devait plus se retrouver.

(1) Dépôt de la guerre, 401.

CHAPITRE V

Au commencement de 1675, les forces hollandaises sur pied, garnisons et détachements de toute sorte compris, s'élevaient à environ 90 000 hommes ; le nombre des combattants formant l'armée d'opérations ne comptait pas plus de la moitié de ce chiffre, et c'est avec 45 000 hommes à peine que le stathouder allait entrer en campagne.

Ce prince, dont la popularité et les honneurs augmentaient chaque jour, faillit être emporté, dans les premiers jours de l'année, par la petite vérole. Une constitution énergique le sauva, et dès le 20 mai il partit pour prendre le commandement de ses troupes et s'opposer à la marche de Louis XIV.

Le roi de France, qui avait quitté Saint-Germain le 11 mai, descendait la Sambre à la tête d'une magnifique armée de plus de 60000 hommes ; ces troupes se décomposaient comme il suit : 47 bataillons d'infanterie en 7 brigades ; 2 bataillons de fusiliers attachés à l'artillerie ; la Maison du Roi en 3 brigades, soit 25 escadrons ; 10 brigades de cavalerie à 10 escadrons par brigade en moyenne ; enfin une brigade de dragons comprenant 15 escadrons.

Guillaume d'Orange avait à peine rejoint son armée qu'il apprit, le 28, la capitulation de Dinant, et le 6 juin celle de Huy. Surpris et effrayé de ces deux échecs, le stathouder réunit à la hâte sous Berg-op-Zoom, ses régiments épars et appelant à lui le duc de Villa-Hermosa qui avait réuni à grand'peine 6 000 Espagnols, il marcha à l'armée française avec l'intention de l'inquiéter, sinon de lui offrir la bataille; mais pendant sa marche il reçut la nouvelle que Limbourg venait d'ouvrir ses portes au roi de France qui y était entré le 21.

L'armée française se porta alors sur Louvain et Bruxelles, et Guillaume III, abandonnant précipitamment sa première direction, gagna à la hâte les environs de Malines où la terreur et le désordre étaient à leur comble; il est probable que Louis XIV avait projeté là un grand siège que Condé eût couvert avec 50 000 hommes. L'armée n'avait point souffert, celle des Hollandais était inférieure en nombre. Louvois fit des préparatifs, ordonnant du camp de Sain-Tron, aux intendants des villes voisines d'avoir à réunir des centaines de chariots et plus de 8 000 paysans organisés par brigades de 100 travailleurs; mais le boulet qui emporta Turenne dans la fatale journée du 27 août, vint sauver les Pays-Bas en arrêtant les opérations sur la Sambre et en obligeant Louis XIV à faire passer Condé en Alsace.

Les opérations de 1676 ne devaient guère être plus brillantes pour les alliés.

Comme l'année précédente, Louis XIV ouvrit en personne la campagne de Flandre, ayant sous ses ordres 5 maréchaux (1), 3 lieutenants généraux, 7 maréchaux de camp,

---

(1) Créqui, Schomberg, d'Humières, la Feuillade et de Lorge.

A la nouvelle de la mort de Turenne, Louis XIV avait créé les 8 ma-

19 brigadiers, 53 bataillons chacun de 15 compagnies, 122 escadrons à 4 compagnies, 51 bouches à feu ; sur la Meuse, le maréchal de Rochefort commandait un corps de 14 bataillons et 50 escadrons ; Luxembourg était sur le Rhin avec 20 bataillons et 100 escadrons ; enfin le maréchal de Navailles venait de partir pour la Catalogne.

Il avait été décidé que l'armée française débuterait par un siége, et c'est la place de Condé qu'avait choisie Louis XIV pour but de ses premiers efforts ; habilement dissimulés par Louvois, les préparatifs de l'opération ne furent connus de l'ennemi qu'avec la chute de la place qui tomba aux mains françaises le 26 avril au soir, après cinq jours de tranchée. Guillaume d'Orange se rapprocha alors de Valenciennes et s'efforça de sauver Bouchain devant laquelle Monsieur et le maréchal de Créqui venaient de mettre le siége. Louis XIV. avec toute l'armée se porta entre Sebourg et Quiévrain, protégeant l'armée de son frère et barrant la route à celle du prince d'Orange.

« Le 10 mai au point du jour, le maréchal de Schomberg vint éveiller le roi pour lui apprendre que l'ennemi commençait à paraître du côté de Valenciennes. Louis XIV avait donné parole à son frère de l'avertir aussitôt qu'il verrait quelque apparence d'une bataille. Tandis que le maréchal de Schomberg courait à toute bride vers Bouchain pour donner avis à Monsieur de l'événement qu'il souhaitait, le roi montait à cheval, faisait prendre les armes à toute l'armée, donnant l'ordre de marcher et se portant lui-même en avant pour reconnaître le terrain, suivi seulement

---

réchaux suivants : le duc de Navailles, le duc de Duras, le duc de Luxembourg, le duc de Vivonne, le duc de la Feuillade, le comte d'Estrades, le comte de Schomberg, le marquis de Rochefort. Le comte de Lorge ne reçut le bâton qu'au commencement de 1676.

des gardes du corps, des gendarmes et des chevau-légers de la garde. Arrivé à la cense d'Heurtebise, tout près de Valenciennes, à portée de canon, il aperçut d'abord 13 escadrons en bataille au pied du glacis; c'était sans doute la cavalerie de la place. Déjà le maréchal de Lorge proposait de les charger avec les 12 escadrons de la Maison du Roi, lorsqu'on vit des colonnes d'infanterie et de cavalerie se déployer successivement à leur droite et former une ligne continue qui couronna bientôt le mont d'Anzin et finit par s'étendre jusqu'au mont Bouillon, dans les bois de Saint-Amand. Il fallait attendre. Les troupes françaises accouraient; à peine arrivées, le roi les rangeait à mesure sur une ligne parallèle à celle de l'ennemi, la droite à l'Escaut, à la hauteur de Fontenelle; la gauche au bois, vers l'abbaye de Vigogne. Le maréchal de Schomberg était à 8 heures au camp devant Bouchain; à 11 heures, il rejoignit l'armée royale avec Monsieur et le maréchal de Créqui, suivis de 20 escadrons qui entrèrent aussitôt en ligne.

L'armée n'attendait plus que le signal. Lorsqu'on vit les maréchaux et lieutenants généraux se rassembler autour du Roi, tous à cheval, on crut qu'ils prenaient ses derniers ordres pour la bataille. *Au lieu d'ordonner, le roi demandait conseil.* Fallait-il engager la bataille? Louvois prit le premier la parole; il exposa la situation, faisant office de rapporteur : L'armée du roi, dit-il, n'avait d'autre mission que de couvrir le siége de Bouchain; son rôle n'était pas d'attaquer, mais de défendre; si le prince d'Orange voulait être aussi fidèle au sien, c'était à lui de prendre l'offensive. Le roi se taisait; les maréchaux furent invités à donner leur avis : Créqui, Schomberg, la Feuillade, approuvèrent le raisonnement de Louvois; seul le maréchal de Lorge conseilla vivement de livrer bataille, et fit valoir l'excellence et l'ardeur des troupes, et la supériorité du nombre, que Louvois ne contestait pas, et la gloire de battre le prince d'Orange avec autant de certitude qu'on peut en avoir à la guerre. Le roi recueillit les voix, et se rendant, sans autre observation, à la pluralité des suffrages il ajouta seulement, dit-on : « *Comme vous avez tous plus d'expérience que moi, je cède, mais à regret.* » Alors il distribua ses postes et se prépara pour la défense.

Louis XIV choisit pour lui-même le commandement de l'aile droite, ayant auprès de lui le maréchal de Créqui; il donna celui de l'aile gauche à Monsieur et, sous ses ordres, au duc d'Enghien et au maréchal de Schomberg; le maréchal de la Feuillade eut le commandement de l'infanterie au centre; à l'extrême gauche, faisant retour en arrière, le maréchal de Lorge fut chargé d'occuper avec 30 escadrons et 1000 mousquetaires, des hauteurs qui voyaient les bois de Saint-Amand. Sur tout le front de l'armée le duc du Lude disposa des batteries d'artillerie entre les postes avancés d'infanterie et de dragons qui occupaient une suite de châteaux, de maisons et de masures, depuis l'abbaye de Vigogne jusqu'à la cense d'Heurtebise. Lorsque toutes ces dispositions furent achevées, il était midi, le roi fit tirer trois coups de canon comme pour avertir l'ennemi qu'il était prêt à le recevoir; l'ennemi répondit quelque temps après par trois autres coups de canon, mais il ne s'ébranla pas; au contraire, on le vit en hâte travailler à se retrancher. Louis XIV ne voulut pas d'abord qu'on fît, en avant de sa ligne de bataille, le moindre terrassement qui pût empêcher le prince d'Orange de venir librement jusqu'à lui; l'armée demeura toute la journée et toute la nuit sous les armes, dans ses postes de combat; ce fut seulement le lendemain matin à 9 heures, lorsqu'il fut bien constant pour tous que loin de vouloir attaquer, le prince d'Orange se trouvait trop heureux de n'avoir pas été assailli la veille, que le roi permît aux troupes de dresser leurs tentes et de faire devant le front du camp quelques travaux de défense (1).

C'est ainsi que Louis XIV a manqué la plus belle occasion qu'il ait jamais eue de livrer bataille ; il avait pour lui tout ce qui pouvait fixer la victoire ; il avait pour lui toutes les chances, moins toutefois cette chance unique et fatale que la fortune se réserve pour rappeler aux plus fameux capitaines que si la guerre est une grande et noble science, elle n'est pas, malgré tous les calculs de leur génie, une science exacte, parce qu'elle tient toujours du jeu par quelque endroit. — C'est cette unique chance qui a fait hésiter Louis XIV ; il a eu peur, non de se battre, mais d'être battu. Ce n'était pas le cœur, chez lui, qui était défiant et timide, c'était l'orgueil. Louvois connaissait bien cette faiblesse de son caractère, les maréchaux la connaissaient aussi, « *pourquoi le roi leur demandait-il conseil, si ce n'est pour s'en prendre à eux en cas de mauvaise fortune ?* »

Ce passage est extrait du livre de M. Rousset sur Louvois : il renferme l'exposition exacte des faits au point de vue militaire, mais il contient contre Louis XIV une accusation qu'il convient de réfuter. Ce n'est point la première fois que nous avons à parler de la partialité de l'historiographe français et du soin qu'il a mis à toujours disculper Louvois en chargeant de ses fautes, soit le roi lui-même, soit ses généraux. Encore ici nous allons montrer cette partialité et à quel point le parti pris et la volonté établie d'avance

---

(1) Louvois à Rochefort, 13 mai, à le Tellier, 14 mai. — A la suite, un mémoire concernant les mouvements qui ont été faits par l'armée du roi. D. G. 483.

de tout louer en un homme, peuvent éloigner de la vérité un écrivain éminent et en tant de points remarquable.

Louis XIV était un prince guerrier, mais n'était point un militaire : lui-même l'avouait très-humblement, et sa correspondance avec ses généraux fourmille de phrases où il parle de son incompétence. Il avait étudié l'art militaire dans les livres mais point dans les rudes leçons d'une campagne : il aimait, les préparatifs d'un siége achevés, à venir assister à l'ouverture de la tranchée ; au passage du Rhin, il avait choisi lui-même l'emplacement d'une batterie; mais la science des marches, et surtout des batailles, la tactique en rase campagne, lui était inconnue.

Comment donc eût-il pu livrer bataille le 10 mai, quand des hommes comme Créqui, comme la Feuillade et comme Schomberg lui déclaraient qu'il n'y avait point lieu d'attaquer. — « Comme vous avez tous plus d'expérience que moi, avait-il dit, je cède, mais à regret. »

La conduite de Louis XIV, au lieu de donner ici sujet à blâme, nous semble, au contraire, en deux points digne d'éloges : tout d'abord, le monarque absolu et ennemi de toute contradiction, condescend à l'avis de ses inférieurs, parce qu'il les sait plus compétents que lui : « Je cède »; en second lieu, il est le seul à avoir le véritable sens de la situation : il est persuadé qu'il faut combattre : « Je cède, mais à regret. »

Quelle différence avec le verbiage de Louvois. « Au lieu d'ordonner, dit lui-même M. Rousset, le roi demandait conseil » et plus bas, « le roi se taisait ». C'est que le prince sentait qu'ayant à ses côtés des hommes comme Créqui, Schomberg et la Feuillade, le sage parti était d'écouter. — Louvois, lui, parle et pérore, il parle même le premier : il n'a jamais conduit d'armée que sur le papier et dans les salles de Versailles; n'importe, là, sur le terrain, il opine et décide qu'on ne doit point se battre.

M. Rousset trouve, lui, que la bataille eût été une victoire; mais qui le saurait dire aujourd'hui, à deux cents ans d'intervalle? Nous estimons que l'avis des trois maréchaux de France, décidant sur le champ de bataille qu'il n'y avait point lieu d'attaquer, est d'une autre force que celui d'un historien auquel tous les détails du moment échappent. Certes, Créqui, la Feuillade et Schomberg ne pouvaient qu'ardemment désirer une bataille dans les conditions où ils se trouvaient: une victoire sous les yeux du roi, une victoire qu'on eût attribuée au roi, mais que le roi eût su devoir à ses lieutenants, eût été assurément pour eux une source inépuisable de gloire et de faveur. Il fallut donc que leurs motifs fussent bien sérieux pour ne point la tenter.

Quels sanglants reproches la France et l'histoire n'auraient-elles pas adressés à Louis XIV, et avec raison assurément, si ce prince, engageant l'action malgré l'avis de trois maréchaux de France, avait perdu la bataille?

Que n'eût-on pas dit du sang versé inutilement, de la présomption du roi et de la faiblesse des généraux? Sur le champ de bataille, l'avis du prince n'a de valeur qu'autant que ce prince est habile à la conduite des armées. Peu d'entre eux se résignent à ce rôle, souvent passif, et c'est certainement l'honneur de Louis XIV de s'être rendu, en cette circonstance, à la décision de moins élevés mais de plus habiles que lui.

A vrai dire, un souverain, à moins qu'il ne soit Alexandre, Gustave-Adolphe, Frédéric ou Napoléon, est plutôt un embarras à l'armée qu'une cause de succès; le maréchal de Luxembourg nous a laissé à ce sujet quelques lignes d'une admirable vérité: « Outre cela, écrit-il à Louvois qui lui avait exprimé le désir exprimé par Louis XIV, de venir devant Philisbourg, je vous ai dépeint les endroits par où il faut passer pour marcher au secours de Philisbourg. Il faut reconnoître tout cela; le roi ne peut vouloir y aller en personne et personne n'y consentiroit; s'il se trouve (là), quand on verra quelque endroit comme cela, on n'osera pas aller aussi loin qu'on feroit de peur qu'il ne s'avance; et s'il ne le fait pas, n'ayant pas vu ce qu'un autre auroit reconnu, il pourroit ne pas consentir qu'on le fît; et cela seroit capable de ruiner la chose, où il faut que celui qui la conduit, puisse profiter de moment en moment de ce qui lui paroîtra favorable. Il faut essuyer des coups pour cela; on peut croire que le roi ne se trouveroit point à une escarmouche, mais on tire du canon, et on a devant les yeux l'exemple de M. de Turenne : et, parlant franchement, ces choses ne sont pas du métier d'un roi (1). »

L'histoire fourmille d'exemples où la nullité militaire du souverain s'imposant comme général d'armée, a amené de terribles désastres : de telles faiblesses ne sauraient être reprochées à Louis XIV, qui se plut toujours à demeurer le second, là où il savait qu'un *sujet* tiendrait mieux que le *Roi*, pour l'honneur de la France, la première place. Donc, si la bataille devait être gagnée, c'est à Louvois et aux maréchaux et non point au roi, qu'il faut s'en prendre de ne l'avoir pas livrée; si effectivement elle devait être perdue, c'est encore la gloire de Louis XIV d'avoir subordonné son désir à celui de ses lieutenants.

Mais il sera sage, croyons-nous, de se ranger de l'avis des maréchaux et d'opiner avec eux que la victoire était plus qu'incertaine : des jugements comme celui de M. Rousset n'ont guère de base solide; ils reposent plus sur une fausse

(1) Luxembourg à Louvois, 15 mai 1676. D. G. 508, n° 14

manière d'entrevoir les faits et de les présenter, que sur des déductions logiques et des prémisses dûment établies.

Le lendemain de cette journée, c'est-à-dire le 11 mai au soir, Bouchain capitula : pendant qu'on mettait cette place en état de défense, Louis XIV se rapprocha de Bruxelles et vint camper à Nieder-Asselt ; il visita Oudenarde et apprit en cette ville la mort du maréchal de Rochefort, qui venait de succomber à Nancy, âgé de quarante ans à peine. Créqui remplaça Rochefort, et Louis XIV qui n'avait plus rien à faire dans les Pays-Bas, retourna à Versailles, laissant le commandement de l'armée au maréchal de Schomberg.

Le prince d'Orange, qui semblait avoir attendu le départ du roi de France pour tenter quelque opération sérieuse, se résolut enfin à mettre le siége devant Maastricht.

Le maréchal de Schomberg, qui était alors devant Aire, hâta ses opérations de manière à secourir au plus tôt la place assiégée. Maastricht, investi le 7 juillet, résistait avec énergie, au point que le 11 août, après trente-trois jours de tranchée ouverte, les assiégeants n'étaient encore qu'à la demi-lune et qu'ils restèrent là pendant près de vingt jours sans avancer d'un pas. Le 26 août, le prince d'Orange, qui avait enfin réussi à faire brèche au corps de place, donna, sans succès, un furieux assaut. Le même jour, il avait été informé de l'arrivée du maréchal de Schomberg et, ne voulant point risquer une bataille, il leva le siége dans la nuit du 27 et se replia vers l'ouest, essayant de s'établir sur la ligne de retraite de l'armée française et de barrer la route à Schomberg. Deux fois le général français eut à s'ouvrir un passage ; mais sauf le combat de Gembloux, où le comte de Montal eut un engagement de cavalerie de quelque importance, l'ennemi n'offrit nulle part une résistance sérieuse.

Ainsi finit, par un échec du prince d'Orange, la campagne de 1676, qui avait été tout à l'avantage des Français.

Ce fut par le siége de Valenciennes que Louis XIV résolut de commencer la campagne de 1677 : l'armée française, forte de cinquante-trois bataillons et cent trente escadrons avait l'ordre de se tenir prête à entamer les opérations, au 1er mars. Comme l'année précédente, le roi de France devait la commander en personne, ayant sous ses ordres Monsieur son frère, les maréchaux de Luxembourg, de Schomberg, la Feuillade et d'Humières.

Grâce aux récents travaux des Espagnols, la place de Valenciennes semblait devoir coûter bien du sang et des fatigues. « Je veux vous expliquer, écrivait Louvois à Courtin, le 18 mars, quelles étaient les fortifications de la ville. L'ouvrage que j'avois vu autrefois fort méchant et quasi sans fossé, en a un profond de vingt-quatre pieds, une grosse palissade dans le fond de son fossé et une sur la berme, que le canon ne pouvoit voir. Il y avoit vis-à-vis des deux courtines dudit ouvrage couronné deux demi-lunes de chacune vingt-cinq toises de face, bien revêtues; au-devant de cela, une contrescarpe dont les palissades avoient été déchirées du canon; et, à tous les angles, quantité de fourneaux. Derrière cet ouvrage couronné, il y avoit une demi-lune revêtue, de plus de quarante-cinq toises de face, qui avoit un fossé sec de trente pieds de profondeur et de dix toises de large; et la dite demi-lune étoit comme enveloppée des branches de l'ouvrage couronné, en sorte que le canon ne l'avoit pu endommager. Derrière cela un pâté grand comme un bastion raisonnable, qui avoit un fossé de six à sept toises de large, dans lequel en rompant un bâtardeau, ils pouvoient faire passer l'eau de toute leur inondation; et entre le pâté et les remparts de la ville une écluse qu'ils appeloient le *secret*, par laquelle on pouvoit faire passer tout le courant de l'Escaut. Le pâté est revêtu et le rempart aussi. »

La garnison comprenait mille chevaux, le régiment d'infanterie italienne de Silva, deux régiments d'infanterie wallonne, un du comte de Sobre, un de M. d'Ostils, deux régiments d'infanterie allemande du marquis de Léden et deux mille bourgeois choisis auxquels on avait donné des armes et des officiers. Le gouverneur, marquis de Richebourg, frère du prince d'Épinoy, passait pour un homme d'énergie et un bon officier. « Il avoit inspiré aux soldats et aux habitants une grande résolution de se défendre jusqu'aux dernières extrémités et fait dresser des potences dans les carrefours pour intimider le peuple... On apprit tout cela d'un officier italien qui fut arresté dans le camp. »

On voit par ces derniers détails, par ceux qui précèdent et expliquent la situation de la place au point de vue de ses fortifications, quelle difficulté devait présenter le siége de Valenciennes. La tranchée fut ouverte le 9 au soir contre les ouvrages du nord-ouest et le 16 malgré un temps épouvantable, on atteignit le glacis des premiers ouvrages. Bien que les travaux fussent encore loin d'être assez avancés pour permettre de songer raisonnablement à un assaut, Vauban conçut néanmoins l'idée d'une attaque de vive force tentée sur le premier ouvrage pour la défense duquel les assiégés n'avaient déployé jusque-là qu'une résistance insignifiante. Cette idée, développée au conseil par Vauban, rencontra de la part des maréchaux une certaine opposition ; mais quand Vauban eut ajouté qu'il proposait de donner cet assaut de jour et non la nuit, son projet fut repoussé à l'unanimité, même par Louis XIV que ces coups de vigueur séduisaient d'ordinaire du premier coup. Vauban ne se rebuta pas : il cita l'exemple du prince d'Orange qui avait agi l'année dernière de la même sorte devant Maastricht, et qui eût certainement réussi s'il avait eu devant lui une autre sorte d'adversaires que des Français. Il montra que précisément parce qu'un assaut donné le jour était un événement inaccoutumé et inattendu, par le fait même il avait plus de chances de réussir : il représenta que la mollesse témoignée jusqu'alors par la garnison de Valenciennes était un sûr garant du succès d'une action d'audace : il fit appel à l'expérience des maréchaux qui ne pouvaient manquer de savoir que dans un siége, c'est surtout la nuit qu'on se garde parce qu'on y craint les surprises, que le jour au contraire, le danger paraissant moindre, le soldat se laisse volontiers aller à l'inaction, aux imprudences, au repos. Il ajouta que pour l'opération qu'il proposait, ce n'était point une colonne de quelques centaines d'hommes qu'il avait l'intention de lancer sur le premier ouvrage mais une masse d'au moins quatre à cinq mille hommes, que dans l'obscurité de la nuit une troupe aussi considérable n'était ni maniable ni dirigeable, qu'elle s'exposerait inévitablement à un échec en n'attaquant pas au grand jour, enfin qu'en ne se rendant point à son avis on perdait l'unique occasion d'avancer un siége qu'une suite formidable d'ouvrages rendrait dès lors démesurément long.

La séance fut levée, mais Louis XIV ayant pris Vauban à part, lui dit qu'il se rendait à son avis; il s'enferma avec lui, écrivit de sa main les instructions pour l'attaque et les remit à M. de Rosen pour en expédier copie aux maréchaux et en particulier au maréchal de Luxembourg qui montait cette nuit-là la tranchée, ayant sous ses ordres le marquis de la Trousse, lieutenant général, le comte de Saint-Géran, maréchal de camp, et l'aide de camp chevalier de Vendôme.

Nous n'avons pas dit encore que Vauban avait tracé devant le premier ouvrage une parallèle de quatre cent cinquante toises : ce fut dans cette parallèle que furent masquées dans la nuit deux colonnes d'assaut d'environ deux mille hommes chacune, comprenant l'élite de l'armée royale.

C'était d'abord la garde de tranchée, trois bataillons de gardes françaises conduits par M. de Rubantel brigadier d'infanterie et capitaine au régiment; trois bataillons de Picardie, sous MM. les marquis de Bourlemont et de la Pierre. On ajouta à ces troupes les mousquetaires blancs du chevalier de Forbin, les mousquetaires noirs de M. de Jauvelle; les Riotorts, grenadiers d'élite de la Maison du Roi, ainsi nommés du nom de leur capitaine, et quarante-deux compagnies tirées de tous les bataillons de l'armée. Toutes ces troupes munies de cordes, d'échelles, de pics et de haches, se tinrent prêtes à marcher au premier signal, pendant que trente mortiers de gros calibres inondaient la ville de bombes.

Le 17 au matin, les mortiers cessèrent le feu et les autres batteries commencèrent comme d'habitude à tirer sur le premier ouvrage, donnant à penser à l'assiégé que le mode d'attaque des jours précédents allait recommencer. La nuit, sous l'intensité de notre feu, avait été pénible et pleine d'angoisses pour les défenseurs de Valenciennes; on attendit quelques heures de jour pour les inviter à se laisser aller à un repos dont ils devaient avoir besoin : bientôt toute notre artillerie suspendit son feu, comme fatiguée elle-même d'avoir trop brûlé de poudre. Un parfait silence régna autour de la place. Tout à coup neuf heures du matin sonnent et chaque coup du marteau a pour écho un coup de nos canons : au même instant un formidable hourra sort de nos tranchées, nos quatre mille hommes, humaine fourmilière, s'élancent sur le glacis, descendent dans le fossé, plantent les échelles et gravissent l'escarpe. En tête brillent les habits rouges des mousquetaires; un peu en arrière, mais sans interruption, viennent les Riotorts : cette troupe vaillante n'a que l'épée à la main, mais rien ne lui résiste; en un instant l'ouvrage est débarrassé d'Espagnols et occupé par les nôtres; on n'avait pas tiré un coup de canon, pas tiré cent coups de mousquet, les défenseurs du premier ouvrage étaient en fuite que ceux du second ignoraient encore notre attaque; c'était un succès d'une rapidité inespérée.

L'événement venait de justifier pleinement la confiance mise par Louis XIV en Vauban : la vaillante bravoure de ses gentilshommes lui préparait une bien autre surprise.

Pendant que le roi de France se réjouissait de voir la chute du premier ouvrage diminuer sensiblement la longueur d'un siége difficile, la place même de Valenciennes se rendait à discrétion.

Poussés l'épée dans les reins par les mousquetaires et les Riotorts, les défenseurs du premier ouvrage s'étaient enfuis, éperdus, sous la demi-lune et l'ouvrage à corne, sans songer que derrière eux venaient à peine quelques centaines de Français. Là encore l'ouverture du bâtardeau eût pu couper tout passage aux assaillants en inondant le fossé, mais les Espagnols n'y songeaient guère. Les voilà donc, amis et ennemis, se donnant la chasse dans les fossés, montant et descendant les escaliers de secours mis au flanc des escarpes, enfilant à la suite les uns des autres les pas de souris et les poternes, jusqu'à ce qu'enfin, au bout d'un sombre escalier, les mousquetaires du roi de France débouchèrent sur le rempart du corps de place. Tout cela s'était passé avec une telle rapidité qu'eux-mêmes n'avaient pas encore eu le temps de se compter, et que l'ayant fait alors, ils furent eux-mêmes étonnés de leur audace. Ils ne se voyaient point suivis, ils apercevaient au contraire une troupe de cavalerie espagnole qui débouchait vers eux pour les charger; mais il n'y avait plus à reculer, et pas un du reste n'en avait l'envie. Pendant que du haut des remparts quelques-uns faisaient signe qu'on vînt à leur secours, d'autres mettaient en batterie contre la ville les pièces toutes chargées qu'ils avaient sous la main : le reste se postant à droite et à gauche dans les maisons les plus proches du chemin de ronde, commençait sur la cavalerie dont il a été parlé un feu bien nourri.

Bien que la troupe espagnole se demandât avec perplexité comment ces hommes à casaque rouge pouvaient se trouver dans l'enceinte de la ville, bien qu'on vît chez elle un certain trouble et du désordre, cette indécision ne pouvait durer longtemps, et c'en était fait alors de nos Riotorts et de nos mousquetaires.

Heureusement on s'apprêtait à secourir à l'instant ces braves imprudents; conduites par Luxembourg, les compagnies des gardes accouraient déjà au pas de course; derrière eux c'était à qui marcherait avec le plus d'entrain; car à cette époque encore, ville prise d'assaut était ville pillée, et l'appât du butin donnait du cœur à ceux qu'en d'autres temps eût modérés peut-être la perspective d'une mousquetade. En un quart d'heure la garnison mettait bas les armes et se rendait à discrétion.

Cette brillante affaire coûtait 800 hommes à la garnison de Valenciennes.

Nos pertes étaient loin d'être aussi considérables; avec le marquis de Bourlemont, mestre de camp de Picardie, tué, nous comptions, parmi les blessés, le duc de Luxembourg et le comte de Saint-Géran, tous deux légèrement atteints, Champigny, Ferrant et plusieurs officiers du régiment des gardes, Caillères, capitaine dans Navarre, le marquis de Charmel, volontaire, environ 25 mousquetaires et plus de 130 soldats (1).

Le jour même de la prise de Valenciennes, Louis XIV décidait d'entreprendre à la fois le siége de Cambrai et de Valenciennes. « La ville de Valenciennes, écrivait Louvois à Breteuil le 17 mars, ayant été prise ce matin, Sa Majesté a résolu d'entreprendre immédiatement le siége de Cambrai et de s'y rendre lundi prochain 22 de ce mois; de quoi je vous donne avis par ce courrier, afin que vous envoyiez partout vos mandements pour faire rendre à Péronne et à Saint-Quentin 6000 pionniers. Vous mettrez partout des gens pour accompagner les convois et aurez soin de faire payer exactement à raison de cent sols par jour, chaque chariot à quatre chevaux pendant le temps que Sa Majesté s'en servira. »

Une autre lettre à l'intendant Robert annonçait le siége de Saint-Omer et en ordonnait les préparatifs.

Au premier coup de canon tiré par l'artillerie royale sur les murs de Valenciennes, le prince d'Orange, infatigable et jamais découragé, avait rassemblé à la hâte ses régiments hollandais et appelé à lui les forces espagnoles du duc de Villa-Hermosa. Mais ses ordres n'avaient point eu le temps de recevoir un commencement d'exécution que Valenciennes était tombée aux mains du roi de France, que Cambrai avait été investi par Louis XIV et Saint-Omer par Monsieur. C'était donc l'une de ces places que Guillaume

---

(1) *La Campagne du Roy en l'année* 1677. — A Paris, chez Estienne Michallet, rue Saint-Jacques, proche la fontaine S. Séverin, à l'image Saint Paul. MDCLXXVIII — avec privilége du Roy. Cet ouvrage, fort estimé, est attribué à Visconti.

devait songer à secourir désormais : il résolut de porter ses efforts sur Saint-Omer.

A la nouvelle de la marche du prince d'Orange, Louis XIV renforça l'armée de son frère en infanterie et en cavalerie, de telle sorte que cette armée se trouva composée de 38 bataillons et 80 escadrons : en même temps le roi enjoignait à Monsieur de ne laisser qu'un rideau de troupes devant Saint-Omer et de chercher dans la direction de l'ennemi un champ de bataille sur lequel il pût avec avantage attendre l'ennemi.

Ce fut la plaine de Cassel que choisit Monsieur pour arrêter les Hollandais : mamelonnée de monticules insignifiants, à peu près nue, sauf quelques moulins tendant çà et là leurs quatre bras au vent, coupée en deux parties égales par un ruisseau sans importance, cette plaine constituait un champ de bataille éminemment favorable à l'action et au déploiement régulier des trois armes : il y avait bien aussi, comme dans toutes les plaines des Flandres, des canaux d'irrigation, des haies et même quelques levées de terre provenant du déblai des fossés de drainage, mais l'aspect général était celui d'une plaine unie, d'un champ de manœuvres mieux encore que d'un champ de bataille.

Le duc d'Orléans rangea ses troupes sur deux lignes; la droite à une hauteur dite mont d'Ablinghen, entre Cassel et l'abbaye d'Ouattine, la gauche au moulin de Baalenberg, au delà du village de Boscure. En avant du moulin de Baalenberg, de l'autre côté du ruisseau, se trouvait une cense abbatiale, dite abbaye de Peen, qui fut occupée par un détachement de notre aile gauche. L'aile droite fut placée sous les ordres du maréchal d'Humières, l'aile gauche sous le commandement du duc de Luxembourg; Monsieur se réserva le centre.

ORDRE DE BATAILLE DE MONSIEUR A CASSEL (11 avril 1677).

AILE DROITE.
Le maréchal d'Humières, lieutenant général
La Cardonnière, lieutenant général
Le chevalier de Sourdis, maréchal de camp.

Brigade de Revel. — Brigade de Livourne.

Dragons Colonel général.

Unité	Effectif
Écossais et Anglais	1 escadron
Mousquetaires	2 compagnies
Bourguignons Flamands	1 escadron
Gendarmes de la reine et de Monsieur	1
Chevau-légers de la Reine	1
Gendarmes et chevau-légers Dauphin	1
Gendarmes d'Anjou	1
Tilladet	3
Cuirassiers	3
Mestre de camp	3

CORPS DE BATAILLE.
MONSIEUR
La Motte, maréchal de camp.

Brigade de Souvray.

Unité	Effectif
Navarre	2 bataillons
La Reine	2
Humières	1
Les gardes	2
Anjou	2
Du Maine	1

AILE GAUCHE.
Le maréchal duc de Luxembourg, lieutenant général
Le comte du Plessis, lieutenant général
Le maréchal de camp d'Albret.

Brigades de Bullonde et de Gournay.

Brigade d'Aubarède et de Villechauve.

Unité	Effectif
Lyonnais	2
Les Vaisseaux	2
Royal	2
La Couronne	2
Conty	2

Unité	Effectif
Gournay	1 escadron
Locmaria	2 escadrons
Sourdis	2
Colonel général	3

Dragons de Listenoy.

LA FRÉZELIÈRE AVEC L'ARTILLERIE.

SECONDE LIGNE.

Dragons Dauphin.

Brigade de Montrevel.

Unité	Effectif
Royal	3 escadrons
Konigsmark	5
	1
	2

Brigade de Greeder.

Unité	Effectif
Génevois, Piémontais	3 bataillons
Italien Magalotty	» »
Bourgogne	» »
Pfiffer	» »
Greeder	» »

Le prince de Soubise, lieutenant général.
Brigade de Grignan.

Unité	Effectif
Stouppa	3 bataillons
Couvron	5 escadrons
Villars	2
Saint-Germain	2
Grignan	2

Dragons de Sainsandoux.

Cependant, cédant aux instances des États, Guillaume d'Orange s'avançait avec rapidité sur Cassel et Saint-Omer, décidé à livrer bataille à l'armée française. Le prince disposait d'environ 45 000 hommes et, dans l'ignorance où il était des renforts qu'avait récemment fait passer Louis XIV à son frère, il estimait à un maximum de 20 000 combattants les forces de Monsieur. Le comte de Waldeck maréchal de camp général, le comte de Horn général de l'artillerie, Van Wehbenem major général et M. de Montpouillan maréchal de bataille, commandaient sous ses ordres.

Arrivé le 9 avril au soir à Marie-Capel, le stathouder apprit que l'armée française n'était pas à une lieue de là, et le lendemain au matin, ayant repris sa marche sur cinq colonnes, il se trouva vers midi face aux troupes déjà en bataille de Monsieur. Le déploiement des cinq colonnes ennemies s'effectua sans aucune tentative de notre part pour l'empêcher : le prince d'Orange s'établit directement face à son adversaire, appuyant son aile droite aux moulins de Tombes, face à l'abbaye de Peen, et son aile gauche au village de Beauvincourt.

Cette première journée ne se passa point sans combat : l'effort principal du prince d'Orange, qui voulait secourir Saint-Omer par le Bac, devait être tenté par son aile droite. Il résolut de commencer à se frayer le chemin de ce côté et ordonna dans l'après-midi du 10, au colonel Valtein d'enlever l'abbaye de Peen dont il convenait tout d'abord d'être maître.

Vivement attaquée par les dragons d'Orange, l'abbaye de Peen tomba après une courte lutte, aux mains de l'ennemi ; mais Monsieur, enjoignit au maréchal de Luxembourg de reprendre sur l'heure la position perdue. Cette opération, brillamment menée par les dragons de Listenoy et le régiment Lyonnais, réussit sans beaucoup de difficultés. La journée se termina avec ce combat sans importance; mais il n'était douteux pour personne que le soleil du lendemain n'éclairât une bataille.

A vrai dire, tous les avantages semblaient du côté du prince d'Orange : il avait la supériorité du nombre, une admirable cavalerie, il avait affaire à un général qui commandait en chef pour la première fois; enfin, il combattait avec cette idée qu'il lui fallait vaincre à tout prix s'il voulait non-seulement écraser une armée française, mais sauver une des plus importantes places des alliés.

Le 11 avril, vers neuf heures du matin, quelques coups de feu se firent entendre à la gauche de l'armée française du côté de l'abbaye de Peen. Le maréchal de Luxembourg se rendit bientôt compte que le prince d'Orange tentait une attaque sur ce point important de notre ligne de bataille, mais comme il n'avait pas d'ordres de Monsieur, il n'osa point prendre sur lui d'agir sans en avoir référé à Son Altesse. Pendant ce temps, un corps de dragons hollandais avait pu franchir sans encombre un petit ruisselet qui séparait l'abbaye de Peen des troupes alliées comme le grand ruisseau la séparait des nôtres, et s'emparer facilement de notre poste composé d'une centaine de soldats à peine. En même temps, on voyait un grand mouvement de troupes s'effectuer dans la deuxième ligne de l'ennemi et des masses assez profondes se porter de sa gauche vers sa droite. Prévenu de ce mouvement par le maréchal d'Humières qui commandait notre aile droite, Monsieur l'envoya reconnaître de plus près : il chargea de cette mission qui n'était point sans péril, le chevalier d'Esclainvilliers et, sous ses ordres, quelques officiers ou même de simples volontaires de sa maison particulière : le chevalier de Beuvron, capitaine de ses gardes; le marquis d'Effiat, son premier écuyer; le marquis de Pluvault, M. de Grave, le chevalier de Nantouillet.

Sur ces entrefaites, arriva un aide de camp du maréchal de Luxembourg, informant Monsieur de l'attaque prononcée par l'ennemi sur l'abbaye de Peen. Luxembourg eut l'ordre de reprendre immédiatement la position perdue; mais une fois ce résultat obtenu, d'attendre de nouvelles instructions. En conséquence, le maréchal désigna pour se porter en avant les régiments Royal et la Couronne, un bataillon de Stouppa, les dragons de Listenoy et quelques autres troupes : quatre pièces de canon devaient appuyer ces forces. Le détachement hollandais qui occupait l'abbaye se trouvait à son tour beaucoup trop faible pour résister à si grosse partie; après un combat sanglant, mais dont l'issue ne pouvait être douteuse, il battit en retraite et se replia en arrière du petit ruisseau après avoir au préalable mis le feu aux bâtiments qu'il se voyait contraint d'évacuer.

Ces faits se passaient vers midi : rien encore n'annonçait d'une façon positive que la bataille dût se livrer ce jour-là, quand le maréchal d'Humières ayant acquis, par ses reconnaissances, la certitude que l'aile gauche de l'ennemi était complétement dégarnie, conjura Monsieur de lui permettre d'attaquer. Le frère de Louis XIV avait certainement le désir d'en venir aux mains, mais la crainte de compromettre en une journée la dignité royale à laquelle il participait de si près, la perspective d'un échec qui ne lui eût jamais été pardonné jetèrent ce prince pendant tout le commencement de cette journée dans une anxiété évidente. Malgré les instances de d'Humières, il hésita à donner à ce maréchal l'ordre de s'engager. Celui-ci, voyant cette incertitude, résolut d'agir pour ainsi dire malgré Monsieur : il le supplia de le laisser au moins se porter en avant, reconnaître offensivement la position ennemie ; il termina en disant que si Son Altesse entendait la mousqueterie, c'est que la victoire n'étant pas douteuse, le maréchal attaquait.

Monsieur laissa partir ainsi le commandant de l'aile gauche, anxieux encore et incertain : sa conduite dès l'ouverture du feu, devait brillamment racheter cette indécision première.

A l'instant même, guidé par le chevalier d'Esclainvilliers qui avait reconnu la position d'un pont de pierre face au centre de l'aile gauche ennemie, le maréchal d'Humières suivi des régiments de droite de la première ligne, de la grande gendarmerie, des cuirassiers, des mousquetaires du Roi et de deux bataillons de Navarre, se portait résolûment en avant.

Il était environ deux heures et demie après-midi.

Le pont passé il se trouva que le terrain occupé par l'ennemi était beaucoup plus difficile qu'on ne l'avait cru tout d'abord : la distance, l'éloignement avaient fait paraître absolument plat et uni un sol accidenté et coupé de haies, de vergers, d'une infinité de canaux, de talus et de fossés, une plaine rugueuse et crevassée, de telle sorte que le déploiement s'effectua avec une grande difficulté.

Il s'exécuta néanmoins et nos troupes se trouvèrent bientôt face à deux larges talus occupés par deux bataillons hollandais en arrière desquels on apercevait les neuf escadrons de Brederodes, de Quisquel, de Waldeck, de Steinhausen, de Palserkampt, de Courlande, de Montpouillan, de Wanharen et de Schellart.

Dès que les Hollandais reconnurent les Habits rouges, c'est ainsi qu'ils appelaient nos mousquetaires, on entendit le major d'un bataillon d'Oalkembourg commander le feu; quarante ou cinquante des nôtres tombèrent, mais l'élan était donné, rien ne devait l'arrêter. « On fit mettre pied à terre à nos deux compagnies, dit un mousquetaire témoin oculaire, dans un verger à la portée du mousquet, pour les débusquer de là. Nous les enfonçâmes bientôt et les poursuivîmes, en bottes, assez loin, jusqu'à ce que la gendarmerie arriva, qui les passa par les armes, pendant que nous courûmes à nos chevaux pour retourner à eux. » Mais les mousquetaires n'étaient pas encore en selle qu'on vit les neuf escadrons dont nous avons parlé, s'apprêter à charger; heureusement le marquis de Livourne avec la gendarmerie, le marquis de Revel avec sa brigade se trouvèrent là pour recevoir le choc. Le combat fut acharné et incertain : derrière la cavalerie ennemie on apercevait un bataillon d'infanterie fortement retranché derrière une épaisse levée de terre; on voyait se rallier là les bataillons poussés en premier lieu en désordre par les mousquetaires, et bientôt la cavalerie orangiste s'étant écoulée par les flancs de son infanterie, découvrit une ligne de feu qui arrêta l'élan de nos cavaliers.

La lutte était donc rude et indécise du côté de M. d'Humières qui supportait en cet instant l'effort principal du combat. A l'extrême gauche également, vis-à-vis l'abbaye de Peen, la petite gendarmerie avait fort à faire pour arrêter les masses de cavalerie qu'avait disposées Guillaume sur sa droite, toujours dans l'idée de se frayer avant tout un passage vers Saint-Omer. Les dragons du prince, après avoir franchi les deux ruisseaux qui les séparaient de Luxembourg l'avaient refoulé jusqu'en arrière de Baalenbergh, quand Guillaume, qui voyait à cette heure sa partie à peu près gagnée, reçut l'avis que son centre d'abord victorieux, venait d'être enfoncé par l'infanterie française de la seconde ligne sous le commandement direct de Philippe d'Orléans. Ce prince, au dire de tous les historiens (1), déploya en cette occasion une bravoure personnelle digne de tous éloges : marchant lui-même à la tête des bataillons de Greeder et de Phiffer, il venait de rejeter l'infanterie ennemie en arrière du deuxième ruisseau et de donner la main à d'Humières, qui, malgré la supériorité de ses forces, avait trouvé à qui parler. En ce moment la ligne de bataille, oblique à la direction du front primitif, montrait le maréchal de Luxembourg complétement refoulé à notre gauche, au contraire Monsieur et le maréchal d'Humières fortement avancés vers la gauche ennemie. Cette situation n'échappa point à Guillaume d'Orange, qui se trouvait alors à son aile droite : il vit qu'il pouvait avec une pleine chance de succès détacher une partie de la cavalerie occupée à maintenir Luxembourg pour la lancer sur le flanc gauche du corps de Monsieur dès lors entièrement coupé des positions de Baalembergh et de Peen. Cette décision, évidemment habile, cette manœuvre hardie que tout semblait conseiller, devint par un de ces hasards extraordinaires de la guerre, la perte des Hollandais. Soit que la cavalerie orangiste détachée pour charger le flanc gauche du corps de Monsieur n'attaquât point avec assez de vigueur, soit que le prince français vit à temps le mouvement de l'ennemi et s'apprêtât à recevoir son choc, cette charge demeura sans effet. C'est inexactement parler, car elle en eut un immense au contraire, mais bien différent de celui qu'espérait Guillaume : grâces à cette charge en effet le maréchal de Luxem-

---

(1) Visconti; *Relation d'un mousquetaire*. — Louvois. — Divers rapports du Dépôt de la Guerre. — Rousset.

bourg débarrassé tout d'un coup de la moitié de ses adversaires put rallier ses escadrons en désordre, charger à son tour, avoir enfin raison de cette masse imposante de cavalerie qui depuis trois heures le tenait en échec. Dès lors, les événements allaient changer rapidement de face. En vain le prince d'Orange déploya-t-il son énergie ordinaire à remettre quelque calme dans cette troupe désorganisée, désormais sourde à tout commandement; en vain, ralliant à grand'peine 15 escadrons essaya-t-il de les lancer sur notre aile gauche, chargeant lui-même à la tête des Chevaux blancs de sa garde. Poussés lentement en arrière, sans arrêt, sans répit, les Hollandais commencèrent à battre en retraite jusqu'à une hauteur où une panique amena rapidement une débandade sans retour.

Cette victoire, où nous perdions 2 000 hommes, coûtait à l'ennemi tout son bagage, ses vivres, son matériel, ses canons, 10 000 hommes tués, blessés ou prisonniers, 15 étendards et 41 drapeaux. Les officiers de distinction qui y périrent furent : chez les Hollandais, Walstein, commandant des dragons de Son Altesse, le colonel de Scaep, Aremberg, Greames, Holfwegg, Horrubey, Truxes, les majors de Brederode infanterie, Waldeck, Kloostet, Kilpatrick, le lieutenant-colonel d'Évervyn, le colonel Slanenbergh, le baron de Lothen et plus de 150 Espagnols ou Hollandais, gentilshommes qualifiés (1). Cette victoire en enlevant à

(1) Nous citerons parmi nos morts ou blessés, de distinction : *Tués* : Moissac, cornette des mousquetaires; de la Grange, guidon des gendarmes écossais; Maker, guidon des Anglais; la Boissière, capitaine aux gardes; le chevalier de Beauveau, lieutenant-capitaine des gendarmes de Monsieur; le marquis de Villelaserre et Benèse, capitaines dans Tilladet; l'Estoile, maréchal des logis des dragons Dauphin; Mardolières, du Teil et de Villars, capitaines dans Bourgogne; Sébastier, capitaine dans la Reine; Créan, lieutenant-colonel de Humières; Sigoville, major, et Gozon, capitaine dans le Maine; du Caylar, major, Lantillac et Meschatin, capitaines dans Anjou;

ÉTUDE HISTORIQUE ET MILITAIRE. 257

Cambrai et à Saint-Omer tout espoir d'être secourus fit prévoir la chute à bref délai de ces deux places; toutefois, on trouva encore dans l'une et l'autre, dans Cambrai surtout, une énergique résistance. Le comte Pedro de Zavala,

Brisset, capitaine dans le Genevois-Piémontais; Villars, lieutenant-colonel de Royal italien; Picquemont, lieutenant-colonel d'un régiment wallon; le chevalier de Silly, gentilhomme de Monsieur.
Blessés : le marquis de Livourne; le comte du Luc, mousquetaire. Dans la gendarmerie écossaise. Livry et du Passage, maréchaux des logis. Dans l'Anglais, le chevalier d'Étoges, sous-lieutenant, le chevalier de Crolly, enseigne, O'Brien, maréchal des logis. Dans la gendarmerie de Bourgogne, le marquis de Montgon, sous-lieutenant. Dans les chevau-légers de la Reine : le marquis de Sepville, capitaine-lieutenant. Dans les chevau-légers Dauphin, le marquis de Villarceaux, sous-lieutenant. Dans la gendarmerie d'Anjou : de Lanion, sous-lieutenant. Dans colonel-général : Blot, capitaine. Dans Mestre de camp général : le chevalier de Lussan, capitaine, de Ferrières, cornette. Dans les cuirassiers : Monces, capitaine. Dans Tilladet : Catins, aide-major et le chevalier de Narbonne, capitaine. Dans Sourdis : la Caille, capitaine. Dans les dragons Colonel-général : Paynac, du Chemin, Grand-Val et le chevalier de Cussan, capitaines. Dans Listenoy : Baudot, Lajanie et Lafont, capitaines. Dans les gardes françaises : Maleyssie et des Alleuves, capitaines; de Soges, de Varenbergh et de Fouilles, lieutenants; de Jolly, de Beaumont, sous-lieutenants, et de Monant, enseigne. Dans Navarre : Lurcy, Boislivoux, Castillon, Le Harlier, Denat et Riotort, capitaines. Dans Royal : Villechauve, lieutenant-colonel et brigadier d'infanterie, de Bisieux et Villesblon, capitaines. Dans Conti : le chevalier de Fressinet, Marcuil et Saint-Sève, capitaines. Dans Bourgogne : le chevalier de Villars, de Talleurs, Sainte-Cloye, Beauregard et Thomassin, capitaines. Dans la Reine : des Farges, lieutenant-colonel, Gimperré, Valcroisseau, du Val, Montgrain et Bonnet, capitaines. Dans les Vaisseaux : Louziers, major, la Tournelle, la Boissière, Arbouville, la Marc et Renois, capitaines. Dans Lyonnais : de l'Estoile, lieutenant-colonel, Sercave, Dapinat, Bellegarde, Montbrison, Linteuil, Montagny, d'Enouville et Bouy, capitaines. Dans Humières : des Dames, major, Codoré, Francallière, Moucobeau, des Fontaines, l'Hospital, la Normandie, la Seine, Milon et Gossé, capitaines. Dans le Maine : de la Haye, de la Motte et du Teil, capitaines. Dans Anjou : la Melonnière, lieutenant-colonel; Desnac, Clairac, la Boulaye, Boullac, Scalberge, Châteauzerce, Ferrière, Palleville, du Long et Le Comte, capitaines. Dans la Couronne : le chevalier de Brétancourt-Genlis, colonel; Servez et le marquis d'Arc, fils du comte de Tavannes, capitaines. Dans le Genevois-Piémontais, du Clos, Sainte-Luce, Choisil, Malouët et Saint-Geniès, capitaines. Dans Royal italien : le comte de Serravalle, de Sesia, le marquis Orsucci et Kona, capitaines. — Parmi les volontaires qui se distinguèrent furent cités : le prince d'Isanghien, le frère du comte de Sobre, le marquis de Thury, Davanantun, la Vallerie

17

qui commandait dans cette dernière place au nom du roi d'Espagne, ne se laissait tenter ni par les menaces ni par les promesses, et comme Louvois lui faisait savoir que le roi de France serait tout disposé à lui accorder les conditions les plus favorables s'il se résignait à capituler, il répondit : « Qu'il ne refuseroit pas les grâces de Sa Majesté, quand il les auroit méritées, mais qu'ayant encore quatre citadelles à défendre dans ses quatre bastions, il n'étoit pas en état d'entendre de plusieurs jours à aucune proposition (1). »

Un tel homme ne devait évidemment céder qu'à toute extrémité, aussi comme ce siége durait déjà depuis près d'un mois, comme le temps était mauvais et la partie peu agréable, il se forma au camp et autour du roi un parti qui essaya de persuader à Louis XIV qu'il fallait désespérer d'emporter Valenciennes si l'on n'offrait à Zavala des conditions hors ligne, entre autres, si l'on ne lui permettait d'emmener avec lui les *treize* régiments espagnols formant sa garnison. — Déjà on avait commis une faute semblable en 1672 ; on devait encore la commettre ici. — Vauban, en sa qualité de philosophe, fut de ce malheureux avis : il est curieux de voir ses arguments (2) : « Comme le roi, écrit-il à Louvois, m'a témoigné avoir intention de faire ces régiments prisonniers de guerre, je crains avec raison qu'il ne persiste dans cette pensée, d'autant que *ce seroit nous attirer de la besogne pour cinq ou six jours de plus...* A quoi j'ajoute que la conservation de cent de ses sujets

---

(1) « Don Pedro Zavala, natif de Biscaye, estoit gouverneur de la ville et de la citadelle. C'estoit un homme qui avoit employé quarante années de sa vie au service du roy catholique, et que son âge et son expérience au fait de la guerre faisoient fort estimer. »

(2) Les arguments que M. Rousset, qui naturellement défend encore Louvois, appelle des raisons admirables.

doit-être à Sa Majesté beaucoup plus considérable que la perte de mille de ses ennemis. »

Ainsi donc c'était pour éviter « la besogne de cinq ou six jours de plus » qu'on allait laisser treize régiments nouveaux aller grossir l'armée du prince d'Orange. Quant à la perte que nous eussent coûté cinq ou six jours de tranchée de plus, elle se fût élevée à 250 ou 300 hommes, en adoptant le chiffre de Vauban (1), qui porte à 50 le chiffre journalier des tués ou des blessés dans la tranchée. — C'était donc pour sauver 250 hommes que nous allions rendre treize régiments à l'ennemi : malheureusement pour notre armée, nous devions retrouver ces régiments l'année suivante à Saint-Denis près Mons. On a vu par la lettre même de Vauban que Louis XIV opinait pour garder la garnison prisonnière de guerre : ce fut au funeste avis de Louvois que le roi de France dut de se ranger à l'opinion de Vauban. Tout ce qui avait quelque idée saine à l'armée suppliait le ministre de ne point grossir ainsi volontairement l'armée ennemie. — Le marquis de Quincy, que les rodomontades de Louvois n'avaient jamais intimidé, se fit remarquer par un vigoureux effort : « Se pourroit-il, écrivait-il, que l'on donnât dans le sentiment de courtisans qui, ennuyés par un peu de pluie et de boue, traitent de bagatelle l'avantage que nous remporterons de prendre treize régiments prisonniers dans Cambrai. Je les ai vus hier alléguer cent méchantes raisons là-dessus, et le cœur me saignoit quand l'on m'a dit que Sa Majesté s'étoit déclarée en faveur de leur opinion. Je ne saurois m'empêcher de dire encore une fois à

---

(1) « Il n'y a point de jours présentement que le simple commerce de la tranchée, sans aucune action, nous coûte cinquante hommes, l'un portant l'autre. » (Vauban à Louvois.)

Votre Excellence, que la perte des Pays-Bas dépend de la prise de ces garnisons, n'étant rien de si certain que l'Espagne ne se relèvera jamais d'une perte aussi considérable que celle de ces trente-cinq (1) régiments qui font plus que la moitié de leurs troupes et que sept à huit jours de patience nous vont les faire prendre. »

Louvois était fatal à Louis XIV : Louis XIV opina comme lui et comme Vauban, mais on avait compté sans l'énergie de Zavala qui capitula seulement le 17, alors que réduit à merci, il se voyait contraint d'accepter les plus dures conditions. Ainsi cette fois encore, comme cinq jours plus tard pour Saint-Omer, nous abandonnâmes pour le caprice ou le calcul d'un homme, une véritable armée à l'Espagne et l'unique moyen pour Guillaume de continuer une lutte déjà sans issue.

Dès le lendemain de la bataille de Cassel, le prince hollandais dont l'activité dévorante s'employait sans relâche en de constants projets, avait songé déjà à une revanche de son récent échec et était entré en pourparlers avec le duc de Lorraine qui, ayant fait broder sur ses étendards la devise : *Aut nunc aut nunquam*, marchait à la conquête de son duché perdu à la tête d'une armée de soixante mille hommes. Guillaume d'Orange proposa au duc d'associer leurs intérêts, et d'unir leurs efforts contre la France : il fut convenu que les Impériaux feraient une démonstration en Champagne dans le but d'y attirer les forces françaises et que pendant ce temps-là l'armée hollandaise-espagnole tenterait un coup de main sur Charleroy.

Dès la fin de juillet le stathouder se trouva en mesure d'exécuter les conventions promises. L'armée alliée,

(1) C'est-à-dire les garnisons de Valenciennes déjà prise, de Cambrai et de Saint-Omer.

réunie vivement entre Alost et Dendermonde, se porta dans les premiers jours d'août sur Enghien et Nivelle et, le 6 août au matin, commença l'investissement de Charleroy. Cette marche hardie fut pour Louvois, et pour Luxembourg qui commandait l'armée de Flandre, une surprise un peu rude, mais Luxembourg comptait, non sans raison, sur la valeur connue du gouverneur de la place, l'intrépide comte de Montal : il fut de plus bientôt averti que le maréchal de Créqui tenait tête au duc de Lorraine, et qu'il n'avait, en conséquence, aucune crainte à avoir de ce côté.

Dans le camp hollandais la confiance dans le succès était complète : en particulier, en voyait arriver chaque jour au camp du stathouder une foule de volontaires anglais qui venaient apprendre sous le prince d'Orange à enlever une place « à la barbe d'une armée de secours. » Cependant, au dire de Louvois, les travaux du siége paraissaient conduits en dehors de toute règle : « le retranchement étoit le plus mal entendu et le plus impertinent qu'ont eût jamais vu, et il falloit que l'ingénieur qui l'avoit tracé eût étudié sous celui du roi de Narsingue. » Les choses en étaient à ce point quand Luxembourg parut à l'improviste devant Charleroy à la tête d'une armée de quarante-cinq mille hommes. C'était plus du double de ce qu'attendait Guillaume, et bien qu'il lui en coutât de céder encore une fois Charleroy à Luxembourg, le prince leva le siége et battit en retraite.

Le parti républicain hollandais ne se fit pas faute, cette fois, de jeter les hauts cris et d'accuser le stathouder d'impéritie et de faiblesse : on parlait même d'une alliance avec les Anglais et peut-être d'une trahison de sa part, quand le départ du prince pour Londres vint surexciter encore les esprits et les tenir en suspens.

Or deux motifs également importants appelaient à Londres le prince d'Orange : en premier lieu l'espoir d'y détacher Charles II de son alliance secrète avec la France et de le faire entrer dans la coalition contre Louis XIV; en second lieu, son mariage avec la princesse Marie fille du duc d'York.

Entraîné par le récit des événements militaires, nous n'avons point parlé encore de ce projet d'union dont l'idée primitive remontait à 1674. Mais à cette époque l'alliance déclarée du roi Charles II avec la France avait rendu peu sympathique à Guillaume l'idée d'une union avec sa cousine. A cette époque encore, sa position à peine assurée en Hollande ne lui permettait pas une démarche dont déjà peut être il entrevoyait les avantages pour l'avenir; mais dont ses ennemis eussent pu tirer parti contre lui en l'accusant d'intrigues avec la France et l'Angleterre. En 1676 les choses étaient déjà bien changées et quand Guillaume avait consulté à ce sujet sir William Temple, celui-ci lui avait dit que ce mariage ne pouvait que lui être avantageux, qu'il le ferait monter d'un degré plus près du trône et selon toute apparence au degré le plus voisin; que lui, prince d'Orange, amènerait Charles II à adopter d'autres vues, loin d'être entraîné dans les siennes (1). « A la suite de cette conversation, les sentiments du prince s'étaient modifiés et lady Temple fut envoyée en Angleterre avec des lettres du prince à Charles II et au duc d'York, pour renouer l'affaire du mariage (2). Elle arriva au mois d'avril avant l'ouverture de la campagne et M. de Ruvigny écrit à ce sujet : « La proposition de Temple se lie à celle d'Arlington sur

---

(1) *Memoirs of the life, works and correspondence of* Sir WILLIAM TEMPLE. T. I, p. 467.

(2) Dépêches de M. de Ruvigny à M. de Pomponne, du 30 avril 1676.

le mariage. Il est certain que cet ambassadeur est dans la dépendance du prince d'Orange; qu'il est gouverné par sa femme qui se mêle très-finement des affaires, et que sa sœur a reçu de Son Altesse un présent de deux mille livres sterling (1). »

Le prince d'Orange ayant alors demandé à ses oncles la permission de se rendre auprès d'eux, ceux-ci en parlèrent à M. de Ruvigny qui s'opposa vivement à ce voyage; en conséquence Charles II fit répondre à son neveu qu'il ne voulait pas le voir en Angleterre avant la conclusion de la paix.

Au printemps de 1677, le prince d'Orange envoya près du roi d'Angleterre M. Bentinck, son chambellan et son confident intime. Celui-ci arriva à Londres le 15 juin. Il était chargé d'assurer le roi et le duc d'York que le prince d'Orange voulait suivre désormais leurs conseils; qu'il les priait seulement de considérer ses engagements et l'intérêt qu'il avait de mettre son honneur à couvert du reproche de ses alliés. Bentinck prit grand soin de faire sa cour au duc d'York pour le disposer favorablement au mariage; mais le duc, à qui Courtin (successeur de Ruvigny) en avait parlé, s'était expliqué aussi ouvertement que toujours (2) et lui avait répondu qu'il fallait commencer par faire la paix et qu'il ne voulait écouter aucune proposition avant ce temps-là (3). »

Charles II s'était associé aux paroles de son frère, et le matin du jour où Bentinck repartait pour les Provinces-Unies il le chargea encore de dire à son maître « qu'il ne feroit jamais rien de bien avec les Espagnols; qu'il croiroit toujours rétablir sa réputation et qu'il essuieroit toujours de nouvelles disgrâces; que c'étoit une folie à lui de ha-

---

(1) Dépêche de M. de Ruvigny à M. de Pomponne, du 4 mai 1676.
(2) Dépêche de Courtin à Louis XIV, du 17 juin 1677.
(3) Baron Sirtema de Grovestins, t. III, p. 72-73.

sarder sa vie, sa réputation et ses établissements si mal à propos. »

Sur ces entrefaites Courtin, l'ami et parfois le confident de Charles II, fut remplacé par M. Barillon qui, malgré ce qui lui avait pu être dit, tombait tout à fait à l'improviste au milieu d'une intrigue dont il ignorait plus d'un détail. Soit que le nouvel ambassadeur ne plût pas à Charles II, soit qu'il négligeât d'entretenir ce prince dans des idées aussi favorables à la politique française, il est constant par une dépêche même de Barillon, qu'à la date du 20 septembre, le roi d'Angleterre faisait dire à son neveu qu'il l'autorisait à venir en Angleterre si le prince le jugeait convenable (1). Le 23 septembre il écrivait même au stathouder « qu'il avait été très-content d'apprendre à Londres l'arrivée du jeune prince, qu'il avait grande envie de le voir et de l'entretenir en toute liberté sur l'état présent des affaires (2). ».

Bien que Barillon essayât de maintenir Charles II dans ses premiers sentiments, bien qu'il ne cessât de dire que le mariage de la fille du duc d'York avec Guillaume d'Orange, en provoquant la colère de Louis XIV, ne pouvait qu'amener immédiatement la rupture des relations secrètes de Londres et de Versailles, l'ambassadeur français sentait que le roi d'Angleterre lui échappait. Ces craintes ne tardèrent point à être confirmées par la nouvelle de l'arrivée très-prochaine du stathouder. Barillon, harcelé de dépêches de Louis XIV lui commandant d'agir et d'empêcher à tout prix ce mariage, se plaignit directement à Charles II de la venue du prince. Le roi d'Angleterre protesta de son attachement à Louis XIV et promit de s'en tenir à ce qui avait été

---

(1) Barillon à Louis XIV, 27 septembre.
(2) Lettre inédite (*Archives de la maison d'Orange*), citée par Grovestins.

tout d'abord fixé par le duc d'York et par lui-même. « Je ne sais ce que peut vouloir le prince d'Orange, ajouta-t-il, mais il a une fort grande envie de venir ici et il n'a pas voulu s'en ouvrir à M. Hyde (1). Il lui a dit qu'il y avait des choses qu'il ne pouvait dire qu'à moi seul. Je ne sais ce que ce peut-être, mais je sais bien qu'il ne m'ébranlera pas. Mettez-vous l'esprit en repos, que le Roi mon frère se fie à moi ; mon intérêt et le sien sont joints ensemble ; je ne me laisserai pas tromper par mon neveu (2). »

Évidemment, en disant ces paroles Charles II était de bonne foi. On l'avait avisé du vif désir de Guillaume d'épouser la princesse Marie : il ne désespérait pas de faire payer cher la réalisation de ce projet à son neveu, en le détachant par exemple de la coalition contre la France, en ramenant ainsi à Louis XIV son plus mortel ennemi. On ferait passer partout où l'on voudrait un amoureux prêt à tous les sacrifices : on était décidé à lui tenir la dragée haute et à ne lui laisser entrevoir sa fiancée qu'à travers un bon traité, bien et dûment compromettant pour lui, le liant à jamais à la politique anglo-française et le brouillant pour toujours avec les princes allemands.

Pendant que le roi d'Angleterre et le duc d'York son frère combinaient dans l'intimité ce plan de campagne, Guillaume se mettait en mer le 18 octobre et rejoignait cinq jours après la cour à Newmarket. Comme on entamait déjà avec lui une sorte de prologue au sujet des affaires politiques, il détourna la conversation, fit allusion au mariage et demanda à Charles II de ramener la cour à Londres où se trouvait la princesse Marie. Le roi, ravi d'un

---

(1) M. Hyde, beau-frère du duc d'York, se rendait au congrès de Nimègue, quand Charles II le chargea de dire au stathouder qu'il l'autorisait à venir lui-même en Angleterre.

(2) Barillon à Louis XIV, 27 septembre.

empressement qui témoignait d'un cœur si impatient, accéda au désir de son neveu et rentra à Londres où les deux jeunes gens se virent avec plus de liberté.

Il serait peu juste de dire qu'ils s'aimèrent, à moins qu'on ne veuille se servir d'une telle expression pour dire l'inclination réciproque de deux êtres également froids, méthodiques, toujours maîtres d'eux et n'ayant jamais de ces surprises du cœur qu'on éprouve parfois à vingt ans. Guillaume vit du premier coup qu'il avait devant lui la femme qu'il cherchait : un être plus capable de calculs raisonnés que de résolutions spontanées et généreuses ; à l'improviste, sans préambule, sans ces démarches dont le roi d'Angleterre avait avec tant de complaisance caressé l'idée, il demanda la main de la princesse Marie à Charles II.

Ce prince fut atterré : il trouva le procédé du prince d'Orange « fort brusque » et répondit que, s'il ne refusait point, il ne donnait point non plus son consentement. La *brusquerie* du stathouder avait dérangé bien des calculs, mais ni Charles II ni le duc d'York n'avaient pris au sérieux les paroles de leur neveu : ils espéraient encore le pouvoir payer d'une réponse évasive et entamer alors les négociations au sujet de sa défection envers les Espagnols. A la date du 30 octobre le duc d'York affirmait encore à notre ambassadeur Barillon qu'il pouvait assurer le roi son maître, qu'il ne serait pas question de ce mariage avant la conclusion de la paix.

Donc, les choses un instant compromises paraissaient prendre de nouveau une tournure favorable aux vues du roi d'Angleterre, quand Guillaume revint à la charge et déclara que si la question du mariage n'était point bientôt réglée il se verrait contraint d'ajourner indéfiniment tout projet de rapprochement et de regagner la Hollande; qu'il ne voulait pas être regardé en Europe comme ayant sacrifié les intérêts des alliés à des avantages personnels; « qu'enfin son honneur lui était mille fois plus cher que la possession d'une femme (1). »

Il ne paraissait pas que ces menaces fissent grand effet sur Charles II, et tout d'abord le prince n'en fut point ému ; mais le ministre Temple ayant parlé d'une rupture possible du roi d'Angleterre avec Guillaume, la cause du stathouder changea inopinément de face. Quatre jours après la déclaration du duc d'York relatée plus haut, M. Barillon apprit que la main de la princesse Marie était accordée à Guillaume et que le mariage était fixé à la première quinzaine de novembre. C'était un rude coup pour Louis XIV, et pour notre ambassadeur qui provoqua immédiatement de la part de Charles II des explications malheureusement peu satisfaisantes. — « Je veux vous parler d'une chose qui se passe ici, dit le roi d'Angleterre à Barillon, sitôt qu'il le put entretenir en particulier. Vous en rendrez compte au roi votre maître : c'est le mariage de M. le prince d'Orange avec ma nièce la princesse Marie. Je le juge très-utile pour mes intérêts : je crois en tirer des avantages très-considérables et qui le deviendront encore plus dans l'avenir. Cette alliance fera cesser le soupçon que mes sujets ont pris, que la liaison que je conserve avec la France n'ait pour fondement un changement de religion. C'est la conduite de mon frère le duc d'York qui a donné lieu à tous ces soupçons; toute la jalousie, les emportements qu'on a eus en ce pays-ci contre les prospérités de la France, viennent de ce qu'il a fait. Toute l'Angleterre s'est émue et est entrée dans une appréhension que je ne prisse des mesures pour le changement

(1) Baron DE GROVESTINS.

du gouvernement et de la religion de mon pays. Voilà le fond contre lequel il faut me garantir, et je vous assure que j'ai besoin de tact. Je suis assuré que le mariage du prince d'Orange et de ma nièce dissipera une partie de ces soupçons et servira infiniment à faire voir que je n'ai aucun dessein qui ne soit conforme aux lois de l'Angleterre et à la religion qui y est établie. Cela détruira les cabales qu'on pourrait faire et mettra mon neveu dans mes intérêts. Je confonds par là les espérances de ceux qui cherchaient un prétexte de s'élever contre moi et auraient essayé de mettre le prince d'Orange de leur parti (1). »

Ce curieux document est une preuve de l'aveuglement dans lequel était Charles II sur son neveu Guillaume et de la confiance accordée par lui à un homme qui ne devait profiter de sa faiblesse que pour chasser du trône la race des Stuarts. Au moins le roi Charles ne devait-il pas voir cette criminelle comédie. Quant au duc d'York, qui laissait ainsi disposer de sa fille sans son autorisation, même sans son avis, il n'avait pas longtemps à attendre pour juger qu'il eût eu raison de suivre les conseils du roi de France.

Le 25 novembre, la célébration du mariage eut lieu à Londres, devant le duc d'York, la duchesse et le roi Charles. Il n'y eut ni cérémonies, ni fêtes publiques, mais cette union, presque clandestine, n'en était pas moins un acte d'une immense portée. Elle affirmait l'entrée à bref délai de l'Angleterre dans la coalition de l'Europe contre la France, et les brocs d'ale bus ce jour-là dans les tavernes de Londres ne furent point une des moindres preuves que, de l'autre côté du détroit, la haine du Français et les convoitises de la guerre de Cent ans n'étaient point encore assouvies.

(1) Barillon à Louis XIV, 30 octobre 1677.

CHAPITRE VI

Le prince d'Orange était marié à peine qu'il déclara au roi d'Angleterre n'être pas disposé à déposer les armes avant que la France s'engageât à restituer, d'abord les places des Pays-Bas et des Provinces-Unies conquises depuis 1672; en second lieu, la Franche-Comté, l'Alsace et la Lorraine. En vain Charles II et le duc d'York essayèrent-ils de modérer cette outrecuidance, ils y perdirent leur temps et leurs soins, et Guillaume repartit pour la Hollande non-seulement décidé à la lutte, mais jurant d'empêcher de tout son pouvoir la conclusion d'une paix que de toutes parts les peuples qui combattaient sous ses drapeaux imploraient à grands cris.

Depuis longtemps des plénipotentiaires réunis à Nimègue, discutaient sans résultat, les conditions d'un accord entre les belligérants; malgré toutes les concessions de la France, aucune entente n'avait pu avoir lieu encore et l'on conçoit qu'inspirés par des hommes comme le prince d'Orange les divers députés des alliés ne pouvaient se montrer que fort récalcitrants. Louis XIV comprit qu'il fallait répondre d'une façon royale aux prétentions émises par le prince d'Orange. Tandis que nos alliés, épuisés et fatigués de toutes parts, avaient peine à trouver des contingents et des soldats, nous allions entrer en campagne avec les forces les plus considérables dont nous eussions jamais disposés : l'armée française s'élevait au 1ᵉʳ janvier 1678 au chiffre formidable de 279.610 combattants (1).

Sur quel point allait porter l'effort du roi de France? Après bien des hésitations et des recherches, il fut décidé que ce serait sur Gand la capitale même de la Flandre, place de premier ordre, dont la chute ne pouvait manquer d'avoir un immense effet sur l'esprit des alliés, sur celui surtout de ces plénipotentiaires orangistes rétifs à toute entente, à toute conciliation. Ce fut Louvois qui, comme toujours, déploya son admirable talent d'organisateur et d'intendant à préparer ce siège. Pendant que dans le plus grand secret on réunissait près de Gand des munitions de toute sorte, on accumulait à grand fracas à Saint-Ghislain, à Condé, à Charleville des farines, des poudres et des projectiles.

Pour mieux dérouter encore les soupçons, le 7 février Louis XIV partit de Saint-Germain dans la direction de la Lorraine et arriva le 22 à Metz. L'on se demandait encore à Bruxelles quelles entreprises allait tenter le roi de France sur le Rhin quand on apprit six jours après, le 28 février, que quatre places de Flandre et du Hainaut : Luxembourg, Ypres, Mons et Namur étaient investies à la fois.

Une telle rapidité était de nature à consterner les alliés : le but fut atteint et cette consternation arriva bientôt à

---

(1) Ces troupes se répartissaient comme il suit : infanterie 219 250. — Maison du Roi et gendarmerie 3 420. — Cavalerie légère 47 100. — Dragons 9 840. — 100 000 hommes d'infanterie et 16 370 de cavalerie étaient comptés comme troupes de garnison. Le reste, appelé à servir activement en campagne ouverte, s'élevait à 119 250 soldats de pied et à 43 990 cavaliers. — (*Bibliothèque du dépôt de la guerre*. M. SS. Tiroirs de Louis XIV. T. II, n° 59.)

son comble, quand le 3 mars au soir, la nouvelle arriva à Bruxelles que Gand, la capitale de la Flandre, était investie par cent quarante-cinq escadrons(1), soixante-sept bataillons et sept mille pionniers. Louis XIV en personne commandait ces imposantes forces, ayant sous lui pour le seconder trois hommes dont le nom seul avait pour les alliés une signification bien définie : les maréchaux d'Humières, de Luxembourg, de Schomberg; le 5 au soir, Vauban fit ouvrir la tranchée du côté du mont Saint-Pierre et, le 10 la vieille ville wallonne, la cité de Philippe Arteveldt, ouvrait sans condition ses portes au roi de France.

Le prince d'Orange était à la chasse quand la nouvelle du blocus de Gand lui parvint. La même entreprise qui consternait la Hollande n'était pas capable de faire plier cette énergie indomptable que les obstacles semblaient accroître; le soir même il quitta la Haye et rejoignit l'armée. Mais les succès de Louis XIV qui, à la prise de Gand venait de joindre celle d'Ypres, avaient porté la terreur à la Haye et à Bruxelles : Anvers était menacé.

Les contributions de guerre et les réquisitions chez l'ennemi, frappaient tout ce qui n'était point enfermé dans les villes : l'impitoyable Louvois avait donné sur ce chapitre des instructions d'une précision sauvage. « L'on me mande souvent, écrit-il, que l'on a brûlé, « dans un tel village »; mais ce n'est pas là ce qu'il faut pour faire réussir la contribution : il faut brûler « des villages entiers » et dès que les peuples verront que l'on prend ce train-là, vous verrez que vos ordres seront exécutés autrement qu'ils ne l'ont été par le passé (2). » — Ainsi traités, les Pays-Bas, les Flandres, les Provinces-Unies n'y pouvaient plus tenir : il

---

(1) Dont 61 en réserve à Oudenarde. Ils pouvaient arriver sous Gand en cinq ou six heures.

(2) Louvois à Calvo, avril. (*Dépôt de la guerre.*)

convenait, il était urgent d'arrêter Louis XIV par la paix, puisque ni les places ni les armées n'étaient capables d'entraver sa marche.

Grâce à l'énergie de Louvois, grâce au succès de Louis XIV, les négociations pour la conclusion de la paix prenaient, malgré l'opposition de Guillaume, une tournure favorable. Le roi de France, qui avait quitté les Flandres après la prise de Gand, y revint au commencement de mai, moins pour activer les opérations militaires que pour traiter de la cessation des hostilités ; il fut bientôt convenu, entre Louvois et Beverning l'envoyé des États, qu'une convention séparée aurait lieu entre la France et les Provinces-Unies. Tout allait donc à souhait pour les partisans de la paix quand la générosité de Louis XIV et son soin à ne point oublier dans ces négociations, les intérêts de la Suède, en ce moment notre alliée fidèle, vinrent de nouveau tout mettre en discussion ; la Hollande, d'autant plus effrayée d'une rupture qu'elle s'était crue plus près d'une solution pacifique, signa alors, le 26 juillet, une alliance offensive avec Charles II, qui décidément se trouvait pieds et poings liés aux mains de Guillaume. Le Stathouder allait triompher encore quand, la Suède ayant généreusement engagé Louis XIV à régler tout d'abord ses affaires avec la Hollande, le 10 août à onze heures du soir, une heure avant le terme fixé aux négociations, la paix fut enfin signée à Nimègue entre la France et les États généraux.

Sur l'heure, des courriers furent dépêchés au prince d'Orange qui marchait sur Mons investi, au maréchal de Luxembourg qui barrait la route de cette place à toute armée de secours, aux commandants des diverses places assiégées, à toutes les cours de l'Europe. Le 14 août, au matin, le marquis d'Estrades annonçait au général français la signature de la paix et la cessation des hostilités : ce courrier avait passé par Vanloo, Ruremonde, Maastricht, Liége et Dinant; celui qu'on dépêcha au prince d'Orange prit sa direction par Anvers, Malines et Bruxelles, c'est-à-dire qu'il suivit un chemin beaucoup plus court et que vraisemblablement il arriva au camp des alliés avant d'Estrades. Atterré par une nouvelle qui lui enjoignait de traiter désormais en amie une nation à laquelle il ne devait que des déboires et des défaites, qu'il haïssait de toute son âme jalouse et dont il avait juré la perte; désespéré de voir mise ainsi à néant l'alliance récemment conclue avec l'Angleterre, alliance dont il se promettait de si grands fruits pour l'avenir, Guillaume n'entrevit qu'une chance d'annuler cette paix importune et désastreuse pour ses intérêts personnels : c'était de la violer, d'attaquer au mépris du droit des gens, l'armée française sur laquelle il avait désormais toute chance de tomber à l'improviste, de faire massacrer sans raison plusieurs milliers de braves gens qui n'en pouvaient mais, de provoquer l'indignation de Louis XIV et par là même une guerre nouvelle.

Donc, le comte de Montal et le marquis de Quincy tenaient Mons étroitement investi et l'on savait que le prince d'Orange, à la tête d'une armée de quarante-cinq mille hommes, venait de Bruxelles avec l'intention de forcer ce blocus. — Le maréchal de Luxembourg chargé de protéger le siége, disposait d'une armée à peu près égale à celle des alliés. Il quitta le 11 les environs de Soignies, obliqua vers l'ouest et vint s'établir face à Bruxelles, sur la bruyère de Castiaux, au nord de Mons; sa ligne de bataille avait à peu près exactement une direction nord-sud, face à l'est. La bruyère de Castiaux faisait partie d'un plateau de plusieurs lieues d'étendue, couvert à cette époque presque entièrement d'arbres; au nord du plateau, le bois de la Haye-le-Comte, plus bas, en descendant vers le sud-ouest, les bois de Mons, ceux d'Espinlieu, ceux de Baudoux : la bruyère s'étendait exactement entre le bois de la Haye-le-Comte et le bois de Mons, allant de la crête orientale du plateau à la crête occidentale, coupée du sud au nord, à l'est par la route de Mons à Soignies, à l'ouest par celle de Mons à Enghien. Le maréchal de Luxembourg établit sa ligne un peu en arrière de la crête orientale, la gauche à la corne sud-est du bois de la Haye-le-Comte. — Cette ligne se prolongeait vers le sud en avant de la lisière orientale du bois de Mons, jusqu'à une demi-lieue environ des villages de Mésières et de Varton, bâtis sur la Haisne. Cette rivière séparait l'armée du maréchal des troupes de siége, mais les deux routes d'Enghien et de Soignies lui permettaient de les rejoindre en une heure par les ponts d'Obourg, de Varton et de Nimy qui étaient en notre pouvoir.

Vers l'est, la bruyère de Castiaux était bordée par un étroit vallon large de moins d'un kilomètre, au fond duquel courait un ruisseau tombant dans la Haisne, à l'ouest du pont et du village d'Obourg. — Après cette petite vallée le terrain se redressait brusquement vers un autre plateau, bordé par les bois de Sézennes au nord, de Thieusies et de Saint-Denis à l'est et au sud. Ces bois, s'étendant sur une distance de près de deux lieues, couvraient complètement notre front : face à ce front il n'était permis de déboucher dans la vallée que par deux gorges étroites, larges de 300 mètres à peine, la première entre le bois de Sézennes et le coin nord de celui de Thieusies, la seconde entre la corne méridionale du bois de Thieusies et la lisière septentrionale du bois de Saint-Denis.

Dans la vallée et échelonné sur la pente opposée à la bruyère, face à notre gauche, apparaissait le village de Castiaux. Tout au fond, près d'un petit lac, était le moulin; au-

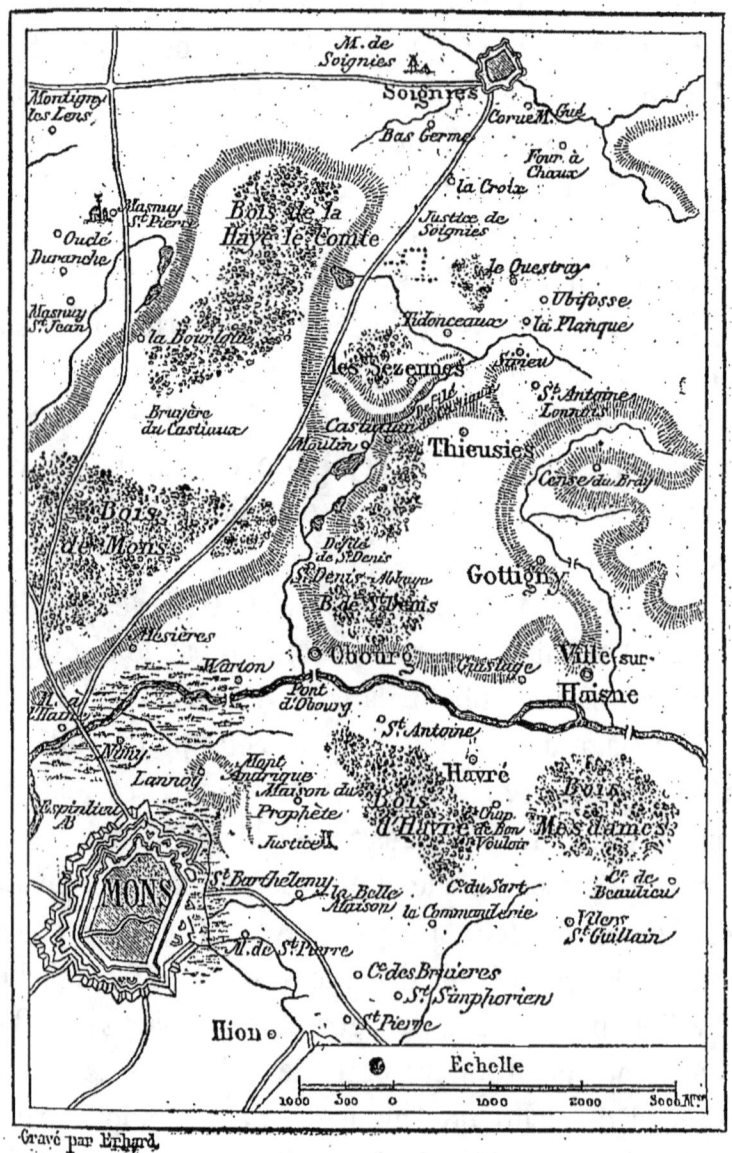

dessus du moulin, à mi-côte, l'église; en haut sur la crête

même le château. A 600 mètres au sud de Castiaux, au-delà de la rivière et au fond de la vallée, se dressait, vis-à-vis de notre aile droite, l'abbaye de Saint-Denis, groupe de constructions et de bâtiments assez considérable.

La position du duc de Luxembourg était donc aussi bonne que possible et véritablement inattaquable. Pour être lui-même plus près de M. de Montal, le maréchal établit son quartier général dans la vallée, face à la droite de son armée et un peu en avant de cette droite, à l'abbaye de Saint-Denis. Un piquet de gardes françaises et de Suisses fut désigné pour garder le quartier du général en chef; deux bataillons du régiment de Feuquières furent établis au défilé de Saint-Denis, sur la crête du plateau, vers le village de Gottigny; deux autres bataillons eurent à garder le défilé de Thieusies.

Ainsi établi et ainsi gardé, Luxembourg se croyait à l'abri de toute attaque : « Je pense, écrivait-il le 13 à Louvois, que mes préparatifs sont des soins bien inutiles, puisqu'on mande de Philippeville qu'un courrier venant de Nimègue y a passé qui porte la signature de la paix. Cependant, M. le prince d'Orange n'a pas laissé que de marcher aujourd'hui; ils disent qu'ils doivent marcher demain; je ne sais pas pourquoi, s'il est vrai que la paix soit faite, à moins que M. le prince d'Orange ne voulût dire par vanité qu'il était près de l'armée du roi, et que, sans la paix, il aurait fait quelque chose (1). »

La bonne foi de Luxembourg était aussi grande que l'astuce de son adversaire.

Comme le grand Condé au matin de Seneffe, Luxembourg fut averti le 14, au point du jour, qu'on apercevait les têtes des colonnes ennemies en mouvement. — Le maréchal fut

(1) Luxembourg à Louvois, 13 août.

reconnaître lui-même la marche du prince d'Orange ; il se convainquit bientôt que l'armée alliée, au lieu de venir sur lui, c'est-à-dire de suivre la route de Soignies à Mons par Casliaux, appuyait vers l'est dans la direction de Ville-sur-Haisne. Le stathouder essayait donc de laisser sur sa droite l'armée française et se dirigeait directement sur l'armée du comte de Montal qu'il se réservait sans doute d'attaquer au-delà de la Haisne dans les plaines d'Havré, de Saint-Symphorien et de Hion. Il y eut alors une sorte de colloque entre Luxembourg et ses lieutenants pour savoir si l'on devait informer le prince d'Orange de la signature de la paix et lui demander la cause d'une marche qu'on avait tout lieu de croire offensive. — Suivant Chamlay, la lettre au stathouder fut écrite, mais on réfléchit bientôt que Guillaume ne pouvait ignorer la conclusion du traité de Nimègue, que s'il attaquait c'était en parfaite connaissance de cause, qu'en de telles circonstances se tenir sur la défensive et attendre était la seule conduite que pouvait tenir une armée française. On lira un peu plus loin, dans la lettre écrite par Luxembourg à Louvois le lendemain de la bataille, les raisons qui ne permettaient point à un général de Louis XIV d'envoyer au stathouder la lettre dont parle Chamlay.

Le maréchal rentra donc au camp vers neuf heures ; la ligne boisée qui couvrait les hauteurs de Thieusies, de Saint-Denis et d'Obourg empêchait le général français de rien voir de ce que faisait l'armée ennemie, quand vers midi, des coups de feu se firent entendre au-dessus de l'abbaye de Saint-Denis, à l'entrée du défilé.

Voici ce qui se passait : la tête de l'armée alliée était arrivée à hauteur du défilé de Saint-Denis quand le prince d'Orange, dans l'idée singulière que Luxembourg ne s'était établi dans une position si forte que parce qu'il redoutait une bataille, émit l'avis d'attaquer l'armée française par l'abbaye et d'essayer de la couper en deux. « Il ajouta que, s'il n'étoit pas sûr de battre toute l'armée par la difficulté qu'il y auroit à la joindre, il étoit au moins apparent que l'arrière-garde n'échapperoit pas; qu'outre l'honneur de cet avantage et celui d'avoir secouru Mons, les alliés auroient encore la gloire d'avoir mis les confédérés, c'est-à-dire la plus grande partie de l'Europe, en état de faire demander la paix à ceux qui prétendoient s'en être rendus les arbitres et qui n'offroient à tant de souverains que de honteuses conditions (1). »

Le duc de Monmouth, qui était arrivé nouvellement à l'armée orangiste et tenait à voir le feu au moins une fois, le général espagnol Villa-Hermosa, qui n'ayant d'engagés que 2000 hommes ne risquait pas grand dommage, approuvèrent sans réserve l'idée du généralissime, et c'est ainsi qu'au mépris de toutes les règles de l'art, Guillaume encore moins habile ici qu'à Seneffe, tenta l'attaque de front d'une armée déployée et fortement établie, en l'abordant par un défilé étroit où deux pelotons n'avaient pas l'intervalle de déploiement. Son mépris à sacrifier la vie même de ses propres soldats peut seul expliquer cette conduite incompréhensible chez un militaire.

Guillaume avait sous la main ses dragons; il les engagea tout d'abord sans trouver une résistance sérieuse; en effet, au moment même où les deux bataillons de Feuquières chargés de la garde du défilé commençaient à entrer en

---

(1) *Mémoires des expéditions militaires* qui se sont faites en Allemagne, en Hollande et ailleurs, depuis le traité d'Aix-la-Chapelle jusqu'à la paix de Nimègue, par un officier de distinction (témoin oculaire). Amsterdam, chez François Changuson, 1734, t. II, p. 166.

ligne, ils reçurent l'ordre de battre en retraite. Aussitôt que les bagages de Luxembourg qui étaient en bas dans l'abbaye, eurent été évacués, l'abbaye elle-même trop éloignée de notre ligne de bataille, dut être abandonnée. Feuquières, les gardes françaises et suisses, se replièrent donc vers le gros de l'armée, franchirent le ruisseau qui les séparait de notre droite et remontant vers le plateau opposé, s'établirent face à Saint-Denis, sur la lisière du bois de Mons au sud de la bruyère de Castiaux.

En même temps que s'opérait cette retraite, le maréchal de Luxembourg, qui continuait à croire à une marche directe du stathouder sur Havré et Mons par Ville-sur-Haisne, étendait son aile droite jusqu'au coude de la Haisne à Mésières et prescrivait à notre seconde ligne de franchir la Haisne à Varton ou à Nimy, pour donner la main au comte de Montal.

Pendant ce temps les Hollandais descendaient jusqu'à l'abbaye, et l'occupaient sans résistance, tandis que sur la hauteur en avant du bois de Saint-Denis, l'artillerie ennemie prenait position et foudroyait à 800 mètres notre aile droite composée des gardes françaises et suisses, des régiments du Roi, de Navarre, la Reine et Feuquières. En ce moment un détachement hollandais, franchissant le ruisseau au sud de l'abbaye, essaya de gravir la crête opposée et de venir à nous; mais refoulés en désordre, renversés en bas des pentes et massacrés jusqu'au dernier, ces imprudents n'eurent pas la peine de repasser le ruisseau. Le duc de Villeroy profita alors du trouble jeté par cette panique dans l'aile gauche ennemie pour établir sur la crête du bois de Mons une batterie de 30 pièces, qui riposta immédiatement avec le plus grand succès aux canons hollandais. Le nombre des blessés et des morts devint bientôt effrayant de part et d'autre; car, ainsi qu'il a été dit, la distance séparant les batteries opposées n'atteignait pas 800 mètres : on se mitrailla ainsi quatre heures durant, mais la brillante charge à l'épée de nos mousquetaires sur les assaillants hollandais devait du moins produire ce résultat qu'aucune autre tentative de ce genre ne se produisit plus jusqu'à la fin de la bataille.

Un esprit plus vif et à conceptions plus rapides que celui de Guillaume eût compris sur l'heure qu'il s'était complétement fourvoyé dans le choix du point d'attaque. Le stathouder dont l'opiniâtreté tenace et l'entêtement constituaient les principales qualités militaires, fut trois heures à se convaincre de son erreur. Il songea alors à tenter un autre effort par le défilé de Thieusies, face à Castiaux, répétant ainsi sa première erreur, la reportant seulement à 400 mètres plus au nord.

Ce furent les régiments anglais, le duc de Monmouth à leur tête, qui commencèrent le feu de ce côté ; il était environ trois heures et demie de l'après-midi. Dès le commencement du feu vers Saint-Denis et pour n'être pas coupés de la bruyère nous avions dû évacuer le château et l'église du village même de Castiaux, occupés en premier lieu par des avant-postes. Aussi tout d'abord l'effort des Anglais se porta sur le moulin situé au fond même de la vallée, sur le ruisseau. Là se trouvaient 500 dragons de Fimarcon qui opposèrent une résistance acharnée à des forces démesurément supérieures : heureusement le troisième bataillon de Navarre et le troisième de la Reine sous les ordres du maréchal de camp de Rosen, vinrent bientôt se déployer à leur droite et à leur gauche, dans des marais, des haies et des oseraies qui bordaient le ruisseau, et permirent ainsi à ces braves gens de continuer une lutte qui eût cessé bientôt faute de combattants.

Cependant Luxembourg, qui songeait toujours au déploiement vers Havré de l'armée hollandaise, trouvait que les têtes de colonne orangistes mettaient bien du temps à paraître sur la Haisne. L'attaque du stathouder par les défilés comme objectif principal était tellement inexplicable qu'il ne pouvait croire à ce point à autre chose qu'à une escarmouche. Il se perdait dans ces conjectures quand le canon, retentissant brusquement du côté de Castiaux, acheva de le dérouter et de l'ébahir : décidément il n'y comprenait plus rien.

M. Colbert de Maulevrier, lieutenant général, fut envoyé sur-le-champ dans la nouvelle direction du feu et cet officier comprit bientôt que l'armée du prince d'Orange, qu'on croyait défiler vers la Haisne, était là tout entière sur le plateau opposé à la bruyère de Castiaux, tentant par un étroit défilé un passage impossible et une attaque sans espoir.

Cette hypothèse soumise quelques instants après à Luxembourg eut peine à entrer dans l'esprit du maréchal ; il se porta cependant en hâte à Castiaux avec les gardes françaises et les gardes suisses, et dut se rendre à l'évidence en voyant les proportions du combat.

La position à garder par nos troupes était la suivante déjà décrite, mais que nous répéterons ici : le village de Castiaux s'étageait sur le versant opposé à la position française ; en bas sur le ruisseau : le moulin défendu encore par les dragons, par la Reine et par Navarre ; à mi-côte l'église, — à la crête le château, occupés l'un et l'autre par les alliés. Pendant que des ordres envoyés au comte d'Auvergne, commandant de notre seconde ligne, rappelaient en hâte en deçà de la Haisne les quelques troupes qu'on avait dirigées sur la rive droite, Luxembourg lançait en avant du moulin, dont la défense commençait à faiblir, 4 bataillons du régiment du Roi, qui arrivaient au pas de course de l'abbaye de Saint-Denis. Guillaume sentit la nécessité d'arrêter court ces bataillons et il les fit sur l'heure charger par deux régiments anglais éprouvés : ces derniers passent le ruisseau et s'avancent avec entrain, les piques basses vers notre infanterie, mais, tout d'un coup entraîné par le chevalier de Sérignan, l'un de ses capitaines, le 1ᵉʳ bataillon du Roi descend au pas de charge les pentes de la bruyère, fond sur l'assaillant avec une vigueur inouïe et après une sanglante lutte rompt ses rangs en vingt endroits. En cet instant, un escadron du régiment de Varennes tombe sur le flanc gauche des Anglais, achève de les mettre en désordre et les contraint à se retirer pêle-mêle laissant dans l'église, tant morts que blessés ou prisonniers la moitié de son effectif.

Il était 6 heures du soir quand l'infanterie du comte d'Auvergne déboucha face à Castiaux, les deux bataillons du régiment d'Alsace en tête. Quelques instants avant, le prince d'Orange avait essayé près d'Obourg de faire franchir la Haisne à un détachement de sa cavalerie ; mais cette tentative, mise à néant par l'artillerie du comte de Montal, n'eut aucun résultat : Luxembourg prévint de ce côté tout nouvel effort de l'ennemi par le déploiement, à l'est du pont d'Obourg, de trois bataillons de gardes suisses qui suffirent amplement à la garde du passage.

Alors même commençait à Castiaux un sanglant combat, auprès duquel les six premières heures de lutte ne paraissaient qu'une escarmouche.

L'armée hollandaise, massée en colonnes profondes dans le défilé de Castiaux, étranglée en un espace trop restreint, cherchait en vain un champ de déploiement pour utiliser ses feux. A mi-côte l'église, occupée par les dragons d'Espagne, à la crête le château défendu par le régiment protestant des Français émigrés commandés par Roque-

Servière, fournissaient presqu'à brûle-pourpoint sur nos soldats combattant au fond de la vallée, les feux les plus meurtriers. Établie sur la lisière du bois de Thieusies, l'artillerie ennemie labourait également nos rangs à telle portée que chaque boulet nous enlevait plusieurs hommes.

A ce moment même le comte d'Auvergne lançait vers l'entrée du défilé les deux bataillons d'Alsace arrivés les premiers, le premier bataillon du Roi à leur droite, deux bataillons des gardes françaises et le premier de Lyonnais. Marchant à travers les taillis et les fourrés, par trois, par deux, seuls dans les endroits trop épais, ces vaillants soldats s'avancèrent jusqu'à quarante pas de la ligne ennemie établie sur le plateau; en arrière de cette troupe intrépide, le chevalier d'Esclainvilliers parvint au bout d'efforts inouïs à amener sur le plateau même un escadron de Tilladet : après avoir chargé, renversé deux escadrons des gardes du roi d'Espagne venus à sa rencontre, traversé deux fois les lignes ennemies, il tomba frappé à mort : mais s'il ne devait point voir lui-même le résultat de sa manœuvre hardie et de son intrépide attaque, il laissait du moins ouvert le chemin à l'infanterie qui ne manqua pas de s'y élancer.

Dès ce moment, en effet, l'armée hollandaise, poussée par les six bataillons dont nous venons de parler, commença à abandonner peu à peu la crête de Castiaux et à reculer vers Thieusies, battant en retraite avec ordre, mais d'une façon sensible, et abandonnant à leurs propres efforts, c'est-à-dire à une perte certaine les défenseurs de l'église et ceux du château.

Les troupes enfermées dans l'église comprenaient outre un bataillon des gardes du prince d'Orange, l'escadron des dragons d'Espagne. Abordées à l'arme blanche par quatre bataillons du comte d'Auvergne, ces troupes furent, après un suprême combat, cernées de toutes parts, forcées, et bientôt massacrées impitoyablement. Ce premier succès était à peine obtenu que le marquis d'Huxelles se mettant à la tête du régiment Dauphin s'élançait à l'attaque du château d'où le farouche Roque-Servière et ses protestants dirigeaient depuis quatre heures sur nos troupes un feu sans merci. Ce fut là aussi une lutte à outrance, sans répit, désespérée; affolés, se sentant perdus, ces malheureux combattirent avec un héroïsme digne d'une meilleure cause; enfin le feu ayant été mis au château, une grande partie périt brûlée ou étouffée et le reste ne s'élança hors des flammes, Roque-Servière en tête, que pour mourir sur la pointe de nos piques ou sous les balles de nos mousquets : le régiment fut anéanti.

Vers huit heures du soir la fusillade cessa avec le jour : les flammes du château embrasé éclairaient d'une façon sinistre cet étroit champ de bataille où morts et mourants étaient entassés par monceaux; l'armée hollandaise, refoulée lentement, se repliait sans désordre jusqu'à Thieusies, tandis que le duc de Luxembourg, ralliant ses troupes harassées redescendait vers la Haisne et s'établissait au-delà de cette rivière, face à Obourg, Guilage et Ville-sur-Haisne. Quant à Guillaume, il passa la journée du 15 à compter ses pertes et à enterrer ses morts, n'ayant rapporté d'une mauvaise action qu'une défaite et la mort de quelques milliers de braves de plus.

Les historiens hollandais ont essayé de disculper Guillaume de sa mauvaise foi à Saint-Denis. Leurs arguments reviennent à établir que ce prince n'avait point reçu le courrier chargé de lui annoncer la paix. Or, comment cette nouvelle ne lui serait-elle point parvenue, quand elle arriva à Luxembourg le 14 au matin, quand il est établi que de deux courriers envoyés l'un au camp français, l'autre au quartier général des alliés, celui du prince d'Orange, ayant en premier lieu un trajet moins long à parcourir, prit encore une route plus courte que celle du marquis d'Estrades. M. le baron Sirtema de Grovestins a vainement publié une lettre inédite de Beverning où ce diplomate annonce aux États de Hollande que le courrier envoyé à Guillaume a été *arrêté*, mais cette attestation fort obscure ne saurait suffire pour que l'histoire absolve Guillaume au moins de mauvaise foi. L'histoire a pour juger les hommes un autre critérium que les documents des contemporains : ce sont les actes de ces hommes mêmes, leur conduite antérieure, leur caractère ; or il n'est que trop vrai que le prince qui avait laissé sans mot dire égorger les frères de Witt dans les prisons de la Haye, celui qui devait plus tard chasser du trône son beau-père et le poursuivre, abandonné et déchu, d'une haine implacable et jamais assouvie, ce prince était évidemment capable de livrer, dans les circonstances dont on l'accuse, la bataille de Saint-Denis. Nature bien douée incontestablement, mais souvent aussi tristement douée, tel apparaît Guillaume d'Orange à ceux qui, le jugeant avec impartialité, n'ont pas plus d'intérêt à diminuer les admirables dons qu'il tenait de Dieu, qu'à dissimuler les vices inhérents à sa sauvage nature.

Au surplus quand le 16 août, surlendemain de la bataille, M. Dickwelt, député aux États généraux, vint de la part du prince d'Orange apporter à Luxembourg la nouvelle de la paix, le maréchal ne lui cacha pas l'étonnement où l'avait jeté l'attaque de l'armée alliée. « M. Dickwelt a commencé par un compliment pour moi de la part de M. le prince d'Orange, écrit le même jour Luxembourg à Louvois, ensuite de quoi il me dit que la nouvelle de la signature de la paix lui étant arrivée, il me venoit trouver pour savoir comme quoi l'on en useroit à l'égard des armées et de nous. A quoi j'ai répondu que j'avois de la peine à comprendre qu'ils eussent eu si tard la nouvelle de la paix, puisque leur armée étoit plus près de Nimègue que celle de Sa Majesté; que les courriers passoient par leur pays qui leur étoit libre et que le jour de l'affaire qui arriva entre les deux armées, j'avois appris avant le combat que la paix étoit faite, et que cela m'avoit paru une chose fort extraordinaire de voir en même temps la paix et qu'ils commençâssent leurs attaques. Sur quoi il m'a répondu qu'ils ne l'auroient pas fait si j'avois fait dire quelque chose et pour quoi je n'avois pas eu cette bonté-là. Sur quoi je lui ai répliqué que ce n'étoit point la coutume des François, lorsqu'ils voyoient une occasion de combattre, de rien dire qui en empêchât et que nous avions un maître trop jaloux de la gloire de ses armes pour avoir trouvé bon qu'on eût différé un combat. »

Quelle grandeur dans cette dernière phrase : de quel prestige des hommes s'exprimant ainsi ne devaient-ils pas être entourés de la part de nos ennemis !

Pour revenir au détail de la bataille du 14, il convient de dire qu'elle coûtait à l'ennemi au moins deux mille morts et près de trois mille blessés; quant aux pertes essuyées par l'armée française (1) M. Rousset, qui les connaît *exactement*, dit-il, les fixe à neuf cent quarante morts et quinze cent soixante blessés. Nous soumettons à M. Rousset l'état nominatif suivant, tiré de la Bibliothèque nationale (2). Cet état,

---

(1) Rousset, *Histoire de Louvois*.
(2) *Fonds français*, anciens *Blancs-Manteaux*, 63, v. 25, 161. Fol. 474. Cet état a été donné par M. Paris dans l'*Impôt du sang*.

ne parle que des gardes françaises, des gardes suisses, des régiments d'infanterie de Navarre, de Feuquières, du Roi, Lyonnais, Dauphin, de la Reine, d'Alsace, de Roussillon, de Stouppa, de Phiffer et du bataillon de fusiliers. Il donne : *morts*, 17 capitaines, 15 lieutenants, 10 sous-lieutenants, 3 enseignes, 70 sergents, 1049 soldats ; — *blessés* : 76 capitaines, 88 lieutenants, 36 sous-lieutenants, 21 enseignes, 101 sergents et 1793 soldats. Total des blessés, officiers et hommes de troupe, 2023 ; total des tués, 1152.

Or il n'y a là que l'infanterie ; on n'y voit ni les dragons de Fimarcon, ni les escadrons de Tilladet, ni les chevau-légers qui chargèrent avec le chevalier d'Esclainvilliers ; ce n'est donc pas là la liste entière de nos pertes dans la journée du 14 août 1678. En tout cas, le chiffre de M. Rousset est complétement inadmissible.

Quoi qu'il en soit, voilà la liste dont nous parlons :

ESTAT DES OFFICIERS, SERGENTS, SOLDATS TUÉS OU BLESSÉS
AU COMBAT DE SAINT-DENIS, LE 14° D'AOUST 1678.

GARDES FRANÇAISES.

Capitaines blessés : MM. Fouillès, Montigny, Beauregard, Saillant, Pomereuil.

Lieutenants morts : MM. Silly, Casalle.

Lieutenants blessés : MM. Arboville, Meaux, Loupir, Varennes.

Sous-lieutenants morts : MM. le chevalier de Montigny, le chevalier de Figuières, Marsac, Gaigni, Montpiou.

Sous-lieutenants blessés : MM. Théméricourt, Sainte-Salverte, la Morezan, Luzenci, Meneuilles, la Trousse, l'Antroy, Crenée, Palvoisin, Saint-Simon, Pollastron.

Enseignes morts : MM. Boisdonnel, Thiricour, Matonville.

Enseignes blessés : MM. Jourdigue, Constantin, Ledouy, Noisy, le Gras, Bonessonne, le chevalier d'Artagnan.

Sergents morts : 7 ; *blessés* : 21.
Soldats morts : 194 ; *blessés* : 430.

GARDES SUISSES.

Capitaine mort : M. Clavel, major.
Capitaines blessés : MM. Marchèse, Vigier, Vagnaires.
Lieutenants blessés : MM. Altermat, Salis.
Sous-lieutenants blessés : MM. Mulaire, Cadouche.
Enseignes blessés : MM. Sommis, Cugelbourg.
Sergents morts : 3 ; *blessés* : 10.
Soldats morts : 76 ; *blessés* : 175.

RÉGIMENT DE NAVARRE.

Capitaines morts : MM. Verdusan, Moté.
Capitaines blessés : MM. Du Hallier, la Festière, Vinens, Bretonnière, Victord, Fontac, Calamberg, Dalé, Lignières, Ville-Beiliers, Deschamp, le chevalier de Mole.
Lieutenants morts : MM. Malens, aide-major, Sargné, Crépas.
Lieutenants blessés : MM. Charlenton, Pinau, Noutouse, de Nuitaux, Tasy, la Forest, de Cougé, Lotvatus, Daudigne, la Jonquière.
Sous-lieutenants morts : MM. Morat, Montoban, Bouchau.
Sous-lieutenants blessés : MM. Trébons, Gérardin, Targues.
Sergents morts : 18 ; *blessés* : 12.
Soldats morts : 90 ; *blessés* : 88.

RÉGIMENT DE FEUQUIÈRES.

Le chevalier de Feuquières, les deux cuisses percées.
Capitaines morts : MM. Lenclos, le chevalier de la Barre, Lesteval, Saint-Degré, Guilmon.
Capitaines blessés : MM. Nanteuil, Desval, la Varenne, Guidar, blessé de cinq coups ; Siterville, la Touche, Baliaque, lieutenant-colonel, Lintot.
Lieutenants blessés : MM. de Vaux, Corès, du Tresme, du Bois, la Touche, Mouchy, la Martigue.
Sous-lieutenant mort : M. la Guevinnière.
Sous-lieutenants blessés : MM. Duhamel, Selnone, la Marche, Birabinte, Campagnol, un cheval tué sous luy.
Sergents morts : 8 ; *blessés* : 2.
Soldats morts : 103 ; *blessés* : 200.

RÉGIMENT DU ROY.

Saint-Georges, colonel, le bras cassé (mort).
Capitaines morts : MM. Rocart, Bonastre.
Capitaines blessés : MM. la Rouerie, Guigné, la Luminade, blessé dangereusement; Chauvignière, des Cars, Savonnette, Riotort, Sérignan.
Lieutenants morts : MM. Cornetelle, Fondusat, le chevalier de Chamba.
Lieutenants blessés : MM. le chevalier de Nogent, Saint-Hilaire, Banconne, Basoche, Rondel, le Moisne, du Prat, Cabanac.
Sous-lieutenant mort : M. Ville-Meny.
Sous-lieutenants blessés : MM. Saint-Jous, Fontrose, la Madeleine, Brase, Maret, Frédéric.
Sergents morts : 6; *blessés :* 9.
Soldats morts : 148; *blessés :* 198.

RÉGIMENT LYONNOIS.

Capitaines morts : MM. le Chevalier, Saint-André.
Capitaines blessés : MM. Jennetine, la Tuillerie, Martinet, l'Écluse, Beaulieu, Mœsmont.
Lieutenants morts : MM. du Rosez, des Coutiens.
Lieutenants blessés : MM. du Fenouil, la Ponchonnière.
Sous-lieutenant mort : M. Sangis.
Sous-lieutenant blessé : M. Maluose.
Sergents morts : 3; *blessés :* 5.
Soldats morts : 130; *blessés :* 53.

RÉGIMENT DAUPHIN.

Capitaines morts : MM. Giaret, Balsac, la Trinque, la Tonnié, Serizy, Glacsac, Taguy.
Capitaines blessés : MM. Pomarin, Vessouse, Rivière, Mauléon, Poncet, la Maniane, Daveican, Vineu, Vicouse, Razine, Vartillau, major.
Lieutenants morts : MM. Duclos, Barrière, Montaignan, Bernière.
Lieutenants blessés : MM. Coultance, d'Aubarès, Laval, des Monts, Dartilière, des Noïers, Frotange.
Sergents morts : 5; *blessés :* 6.
Soldats morts : 50; *blessés :* 225.

RÉGIMENT DE LA ROYNE.

Capitaines blessés : MM. Bruslard, Feuillet, Malguiche, Lescamousière, Serily, Van-Croissant (?).

Lieutenant mort : M. Ginestet.

Lieutenants blessés : MM. la Motte, Ratte, Montmoreau, Beauchamp, la Fossé, l'Espinal, la Veaublanche.

Sous-lieutenants blessés : MM. Bouchonnaux, la Beusonnerie, la Housaye, Bréaux.

Sergents morts : 7; *blessés* : 9.

Soldats morts : 38; *blessés* : 138.

RÉGIMENT D'ALSACE.

Capitaine mort : M. le chevalier Talmon.

Capitaines blessés : MM. Saint-Chosnais, d'Aist, Montein, Hiot.

Lieutenants blessés : MM. Lozy, la Roche, Chaumedet, Haumatin, Ladou, Venac, Alluelle, Farière, Aubègue.

Sergents morts : 6; *blessés* : 5.

Soldats morts : 105; *blessés* : 70.

RÉGIMENT DE ROUSSILLON.

Capitaines blessés : MM. Caudeleuse, Vilfoumy, Dalin, Avat.

Lieutenants blessés : MM. Racquelanc, Armand, Fanel, la Haugade, Fontilière, le Sary, Castelan, Chary.

Sergents morts : 4.

Soldats morts : 30; *blessés* : 50.

RÉGIMENT DE STOUPPA.

Capitaine blessé : M. Plastaire.

Lieutenants blessés : MM. Lahire, aide-major; Vousing, Esterg.

Enseignes blessés : MM. Dubuisson, la Hyre.

Sergents morts : 3.

Soldats morts : 30; *blessés* : 80.

RÉGIMENT DE PHIFFER.

Capitaine blessé : M. Jacgear, major.

Sergents blessés : 6.

Soldats morts : 46; *blessés* : 56.

FUSILIERS.

Lieutenants blessés : MM. la Motte, Ferret, Cabestant.

Sergents blessés : 16.

Soldats morts : 9; *blessés* : 30.

Ainsi se terminait, par une victoire indécise, une guerre de six années, qu'on appelle improprement la guerre de Hollande, mais qui depuis cinq ans passés était bien la lutte de la France contre l'Europe coalisée. On sait comment Louis XIV sortit de la paix de Nimègue. La France, plus glorieuse et plus prépondérante que jamais, y dictait ses conditions à ses ennemis : elle avait dû, pour combattre victorieusement la coalition jusqu'au bout, s'imposer bien des peines, souffrir bien des privations ; mais outre que la grandeur du roi et de l'État n'en avait ostensiblement rien souffert, nous voyions au moins ces sacrifices récompensés par des conditions avantageuses et honorables.

Quel contraste avec les Provinces-Unies : ravagé par l'invasion et l'inondation, n'ayant plus que des champs déserts et incultes, ayant doublé sa dette publique (1), ce malheureux pays voyait encore la paix ratifier la perte de plusieurs de ses places, d'une partie de son territoire. Cependant cette même guerre qui lui enlevait ses richesses, lui donnait le présent le plus précieux que puisse souhaiter un pays au sortir d'une grande crise politique et d'un désastre militaire : elle lui valait un homme.

Nous avons jugé assez sévèrement Guillaume III pour qu'on soit assuré que nous parlons sincèrement en disant qu'il apparut dans la guerre de Hollande comme un sauveur et un patriote digne de toute louange. Qu'on retranche de ces six années deux journées fatales à jamais condamnables, et dans cette longue période de combats incessants, on aperçoit un homme de vingt-cinq ans, chétif, faible, sans expérience ni crédit, luttant contre un monarque puis-

---

(1) L'intérêt annuel de la dette publique s'élevait en 1672, rien que pour la province de Hollande, à 5 509 519 florins ; il s'éleva après Nimègue à 7 107 128. Il en fut de même pour les autres provinces.

sant et l'arrêtant quelquefois s'il ne parvint point à le faire reculer. Jamais victorieux, mais aussi jamais entièrement battu, opiniâtre, tenace, méprisant la mort plus pour lui-même que pour les autres, il avait donné l'exemple d'une fermeté inouïe, qu'on appellerait volontiers magnanime si elle ne s'était appuyée souvent sur des motifs vulgaires. Entêté à défendre la position de Fay le jour de Seneffe, il avait été de tous points admirable et avait sauvé les débris de son armée; entêté à attaquer le défilé de Saint-Denis, malgré la folie réelle d'un tel projet, il y avait fait massacrer sans profit des centaines de vaillants soldats.

La haine jalouse portée à Louis XIV et à la France par le prince hollandais recevait un coup terrible par la paix de Nimègue; Guillaume, malheureux sur le champ de bataille, allait chercher dans la politique un terrain plus favorable : il avait pu juger des embarras qu'entraîne la coalition de peuples ayant des intérêts divers, il allait songer à devenir pour lui-même assez puissant pour essayer la lutte seul à seul contre Louis XIV.

Pour réaliser un tel rêve il lui fallait troquer tout d'abord le chapeau à plumes du stathouder contre une couronne royale; mais son ambition ne connaissait point d'obstacle ni de but trop élevé, il commença à caresser cette idée et à en préparer la réalisation.

CHAPITRE VII

La paix de Nimègue, en terminant les hostilités auxquelles l'Europe entière prenait part depuis six années, apportait un calme immense dans la situation de ces peuples et dans leurs relations réciproques ; malheureusement, elle allait permettre aux agitations d'une nation voisine de prendre un développement qu'avait jusqu'alors arrêté et étouffé la guerre.

Déjà, depuis plusieurs années, Charles II, le roi d'Angleterre, commençait à se trouver vis-à-vis de son parlement dans une situation fort difficile. Non-seulement l'opposition était vive et de chaque jour, mais elle avait encore ce caractère offensant de s'adresser non pas tant à la politique du roi qu'au roi lui-même, à sa famille, en particulier au duc d'York, héritier présomptif de la couronne et successeur désigné de Charles II.

En 1678, l'invention d'une calomnie infâme, connue dans l'histoire sous le nom de complot de Titus Oates, montra à quel point la haine et le fanatisme religieux peuvent égarer l'opinion publique, même chez une nation qui se targue à bon droit d'un flegme et d'un calme difficiles à surprendre. Oates, jésuite défroqué, vint un jour déclarer au juge de paix Godfrey qu'il avait connaissance d'un complot papiste d'après lequel les catholiques devaient assassiner le roi Charles et donner la couronne au duc d'York ; le premier acte du nouveau souverain devait être tout naturellement un acte de soumission, pour lui-même et pour l'Angleterre, à l'autorité du Saint-Siége; Oates ajoutait « que le pape, après avoir discuté l'affaire dans la congrégation de la Propagande, avait déclaré l'Angleterre et l'Irlande dévolues au Saint-Siége, par suite de l'hérésie du souverain, qu'il avait investi de sa lieutenance *le général des jésuites*, qu'on devait lever une armée en Angleterre pour détrôner Charles II, que le confesseur du roi de France avait envoyé une forte somme d'argent pour soutenir cette entreprise. Il produisit les noms de tous ceux qui avaient été désignés par le général des jésuites aux premiers offices civils et militaires du royaume; parmi ces noms figurèrent ceux des lords Arundel, Powis, Bellasis, Peters, Stafford (1). » Enfin, amplifiant encore ses déclarations, il alla jusqu'à affirmer avoir entendu, étant caché derrière une porte, la reine elle-même donner son consentement à l'assassinat de son mari (2).

Ces soi-disant révélations, dit un auteur anglais, étaient tellement dénuées de fondement que si la nation n'avait pas été à cette époque dans un véritable état d'hallucination, elle n'aurait jamais pu y croire un instant.

Charles II et son frère virent tout d'abord que cette infamie était dirigée contre eux, contre le duc d'York surtout, « le papiste » duquel on devait tout croire quand il s'agissait d'anéantir la religion anglicane au profit du catholicisme. « Toute cette affaire, écrivait ce prince à Guillaume d'Orange, n'est qu'une noirceur dirigée contre les catho-

---

(1) Grovestins, t. III, p. 260.

(2) « Oates, that he might not be eclipsed by his imitators, soon added a large supplement to his original narrative. He had the portentous impudence to affirm, among other things, that he had once stood behind door which was ajar, and had there overheard the queen declare that she had resolved to give her consent to the assassination of her husband. »

Macaulay, *History of England*, vol. I, chap. II, page 234, édition de Bernard Tauchnitz, Leipzig, 1849.

liques en général et contre ma personne en particulier. »

Les détails donnés par Oates étaient trop ridicules pour ne pas faire voir au premier examen la fausseté de ces allégations ; mais le peuple, qui avait seulement connaissance que des soi-disant révélations avaient été faites sur un complot papiste, avait forgé déjà un conte tel qu'en bâtit l'imagination populaire (1). Une correspondance innocente du secrétaire de la duchesse d'York, Coleman, avec le père de La Chaise, correspondance récemment découverte et mise en lumière, servait encore d'aliment à la crédulité populaire et échauffait sa haine contre tout ce qui semblait vouloir attenter à ses droits d'anglican.

Le complot de Titus Oates eut, malgré la fausseté évidente des imputations du calomniateur, un retentissement immense en Grande-Bretagne. « On ignore encore, dit Dalrymple dans ses mémoires, si lord Shaftesbury fut l'inventeur du complot, ou s'il se contenta seulement de l'exploiter après qu'il eut été soi-disant dénoncé. Certains papiers du lord que j'ai eus entre les mains sembleraient faire croire qu'il en était bien l'auteur, mais les dénonciateurs qu'il employa dépassèrent de beaucoup leurs instructions (2). Un autre lord ayant dit à Shaftesbury qu'il n'avait en ce complot qu'une arme ridicule, que la fausseté en était par trop évidente, que les membres éclairés du parlement ne donneraient point dans un piége si grossier, bon tout au plus à tromper quelques niais, Shaftesbury lui répondit : « Vous vous trompez ; pour exciter nos gens, toutes les raisons sont

---

(1) Macaulay à propos de la crédulité singulière du peuple dans cette affaire, dit : « The vulgar *believed* and the highest magistrates *pretended to believe* even such fictions as these. »
MACAULAY, *History of England*, t. Ier, p. 234.

(2) Voir la note de Macaulay citée à la page précédente : « Oates... soon added a large supplement to his original narrative. »

bonnes : il faut qu'ils en avalent de bien plus fortes encore que celles-là, sinon, renonçons à arriver à quoi que ce soit (1). »

Shaftesbury avait raison : ce misérable connaissait les hommes ; aussi bien ne vit-il point seulement les *niais* accepter comme vérité son infamie, il put entendre bientôt les deux chambres anglaises déclarer solennellement « qu'un complot infernal avait été fomenté par les papistes dans le but coupable d'assassiner le roi, de renverser le gouvernement et l'Église anglicane. » Quant à Oates, félicité, choyé, honoré, il était logé à White-Hall et doté d'une pension de 1200 livres.

Le roi Charles ne tarda point à s'apercevoir que sa faiblesse coupable n'avait apaisé ni les chambres ni le peuple ; par un de ces revirements soudains fréquents chez les natures faibles, il voulut essayer de la sévérité, et de ce côté encore il tomba dans l'excès : Oates fut jeté en prison et le parlement congédié. C'était mal réparer une première faute et la chambre nouvelle se trouva pire que la précédente. La situation devenait grave : il convenait d'en sortir au plus vite. Charles II crut trouver une solution à la difficulté en sacrifiant, cette fois, son propre frère : il fit partir pour Bruxelles le duc d'York.

Cette concession devait avoir le sort de toutes les concessions faites à des mutins : elle enhardit l'opposition, qui présenta bientôt un *bill d'Exclusion* déclarant le frère du roi déchu de tout droit à la couronne et inhabile à succéder à Charles II.

En même temps un bâtard du roi, le duc de Monmouth, qui rentrait à Londres après avoir défait au pont de Bothwell dix-huit mille Écossais révoltés, demandait à Charles II

(1) Mémoires de DALRYMPLE.

comme récompense de son heureuse campagne d'être substitué au duc d'York.

Le roi d'Angleterre, alors mourant, eut la force de rejeter énergiquement des prétentions audacieuses, dont la sanction n'eût pas manqué de choquer vivement les Anglais (1). Le duc d'York, mandé à la hâte, se crut à la veille de succéder à son frère ; mais son arrivée à Londres fut le signal de la guérison du roi, et comme sa présence en Angleterre était encore prématurée, il reprit à la prière de Charles II le chemin de Bruxelles. Monmouth, chez qui sa démarche récente avait montré un compétiteur de plus à la succession royale, reçut l'ordre de quitter l'Angleterre et d'attendre sur le continent les ordres de son père.

Le duc d'York avait à peine passé le détroit que l'opposition reprit le bill d'Exclusion qui n'était point voté encore et s'occupa d'en arriver sur ce point à ses fins. En substance ce bill déclarait le duc inhabile à succéder au roi Charles son frère, mais maintenait cependant le droit soit de son fils s'il venait à en avoir, soit de sa fille, la femme de Guillaume d'Orange ; le 4 novembre la Chambre des communes l'adopta en première lecture, le 6 en seconde, le 11 en troisième ; toutefois, il ne passa point à la Chambre des pairs, où il fut repoussé par 70 voix contre 30.

(1) Plus tard, l'opposition en haine du duc d'York, ayant secrètement essayé d'opposer à ce prince le duc de Monmouth, Hallam juge ainsi cette conduite et ce projet :

« Une grande partie de l'opposition avait malheureusement d'autres objets en vue et le crédit de Shaftesbury enfanta ce projet inconstitutionnel et impolitique de la succession du duc de Monmouth. On ne pouvait guère faire une plus grande insulte à une nation habituée à respecter la ligne héréditaire de ses rois, que d'opposer le bâtard d'une prostituée, sans la moindre apparence de mérite personnel, ni de services rendus à la nation, à une princesse dont on connaissait la vertu et l'attachement à la religion protestante. »

(HALLAM, *Histoire constitutionnelle d'Angleterre*, chap. xii.)

Il ne fallait point, après un tel vote, compter sur la Chambre des communes surexcitée et dépitée au-dessus de toute mesure; le 18 janvier, cette chambre était dissoute, et un autre parlement était convoqué à Oxford pour le mois de mars.

Cette fois encore, l'opposition triompha aux élections, et le parlement d'Oxford fut plus mauvais que son aîné. Charles II, plus entêté encore que les révolutionnaires, renvoya le parlement d'Oxford, et cette fois il parut enfin que son énergie l'emportait. Un immense calme suivit cette dernière mesure : l'esprit public, un moment surexcité par la royauté et la révolution, comprenait la folie de cette lutte et revenait à une sage modération; en apparence du moins, la dissolution du parlement d'Oxford sembla inaugurer une ère de paix et de repos telle que le pays n'en connaissait plus depuis les luttes de 1673 et de 1678.

A la cour, les dernières crises parlementaires avaient élevé entre le roi et Guillaume d'Orange certains nuages qu'il convenait au stathouder de dissiper. On avait présenté au roi Charles son neveu comme un partisan ardent du bill d'Exclusion, ce qui n'était pas exact, Guillaume n'y trouvant pas alors son intérêt (1). « Il est certain, écrivait Sydney au prince d'Orange, qu'on vous a desservi considérablement auprès du roi. »

Le prince vint donc à Londres sous prétexte de régler avec le roi d'Angleterre certaines questions relatives aux régiments anglais à la solde des Provinces-Unies, mais en réalité dans le but d'y observer de près l'état des esprits. Ses prières à Charles II pour la convocation d'un nouveau parlement, ses colloques avec les membres les plus influents de

---

(1) Le duc d'York n'avait alors d'enfant que la princesse Marie, femme de Guillaume.

l'opposition, ne furent évidemment pas des démarches
tentées sans but. Évidemment encore, le vote d'Exclusion
qu'il ne pouvait appuyer, ne fût-ce que par la raison qu'il
le croyait inutile à ses intérêts, avait cependant excité à
nouveau ses convoitises toujours ardentes; il venait dès
cette époque reconnaître le terrain sur lequel il sentait que
dans un temps plus ou moins long il serait appelé à jouer
lui-même un rôle important.

. . . .

Pendant qu'en Grande-Bretagne se passaient les événements si rapidement analysés dans les lignes qui précèdent, sur le continent, Louis XIV et Guillaume d'Orange allaient encore se trouver aux prises et rencontrer dans la mise à exécution des traités signés à Nimègue de nouvelles causes de discussions et de discordes.

Ces traités nous accordaient, comme acquisitions territoriales, trois provinces nouvelles : les Trois-Évêchés, l'Alsace et la Franche-Comté ; mais quelles étaient au juste les frontières de ces provinces? Il fallait le préciser, et en un temps où ce pays rhénan et transrhénan comprenait une multitude inouïe de principautés minuscules, un tel travail était éminemment laborieux.

Ce fut au parlement de Besançon pour la Franche-Comté, au parlement ou conseil souverain de Brisach pour l'Alsace, au parlement de Metz pour les Trois-Évêchés, qu'incomba la tâche de dresser la liste des villes dont l'annexion à la France pouvait être matière à litige. Sauf le parlement de Metz, auquel on ajouta temporairement une chambre de plus, ces cours restèrent ce qu'elles étaient en 1678 : aussi ne s'explique-t-on pas que l'histoire ait adopté pour désigner ces trois assemblées le sobriquet de *Chambres de réunion*, qui semblerait indiquer des chambres instituées avec le but préconçu de *réunir* à la France le plus de villes et de territoires possible, toute impartialité et toute justice étant mises de côté. Les parlements de Metz, de Brisach et de Besançon agirent, on n'en peut douter, dans la plénitude de leur libre arbitre et de leur conscience : l'histoire ne saurait admettre la mise en discussion de l'intégrité de ces magistrats. Que l'Allemagne ait jadis attaqué leurs jugements comme achetés par Louis XIV, que certains historiens français aient cru devoir, par un triste esprit de dénigrement, se faire l'écho de ces récriminations, il n'y a rien là qui ait lieu de nous étonner; mais l'homme impartial ne jugera pas ainsi. Un grand tort du roi de France, dans cette affaire des réunions, fut de faire exécuter un peu trop tôt les décisions des parlements, et d'en accompagner l'exécution de déploiements de forces considérables. Cette façon d'agir faisait justement dire à don Waez, l'un des commissaires espagnols chargés de discuter les prétentions françaises en Flandres que « les raisons espagnoles ne vaudroient jamais rien contre les françoises, soutenues de 100 000 hommes et de 25 000 chevaux, et que ses maîtres et lui s'attendoient bien d'être jugés par cet endroit-là. »

En Franche-Comté, en Alsace, dans les Trois-Évêchés, les choses se passèrent à l'amiable; mais dans les Pays-Bas espagnols, où l'influence du prince d'Orange se faisait sentir plus directement, les choses faillirent s'envenimer au point d'amener un nouveau recours aux armes; les esprits surexcités violemment contre ce qu'on appelait les empiétements du roi de France, n'étaient pas éloignés, après avoir tant désiré la paix, de souhaiter encore une fois la guerre : les plus pacifiques parlaient de se soulever, et il n'était jusqu'au vieux prince de Parme, goutteux, impotent et perclus, qui ne voulût résister : « Il se faisoit de temps en temps guinder à cheval pour s'accoutumer aux fatigues de la guerre, et la nuit il s'éveilloit parfois en sursaut, s'imaginant d'être aux mains et donner des combats. »

Guillaume profita de cette animosité générale pour faire signer à la Haye, le 30 septembre 1681, un traité par lequel la Suède, notre ancienne alliée, l'Empereur, l'Espagne et les Provinces-Unies s'engageaient à garantir intactes les conditions du traité de Nimègue.

Louis XIV n'en continua pas moins son œuvre d'annexions « pacifiques », suivant l'expression de Louvois. La ville de Luxembourg, entourée d'un nombre considérable de villages récemment devenus français, se vit peu à peu bloquée par les garnisons de cavalerie envoyées dans ces villages. Cet amas disproportionné de gens de guerre ne devait pas tarder à épuiser le pays, et les Luxembourgeois en furent réduits bientôt à crier famine. Le moment était proche où la ville de Luxembourg allait d'elle-même supplier Louis XIV d'entrer chez elle en maître, quand un ordre subit du roi de France ordonna l'évacuation du duché.

L'apparition en Hongrie de l'Islamisme venant encore une fois menacer l'Europe chrétienne, la préparation d'une campagne où la France allait sans doute avoir à soutenir l'Allemagne et l'Empereur, telles furent les causes qui dictèrent à Louis XIV cette mesure qu'on applaudit tout d'abord en Europe comme un acte admirable de désintéressement et de modération. Que le roi de France ait cru trouver dans la récente invasion ottomane une occasion de s'immiscer utilement pour la France dans les affaires d'Allemagne, qu'il ait espéré faire payer cette intervention par la concession au Dauphin du titre de roi des Romains, le fait n'est pas douteux : aussi son ressentiment fut-il des plus vifs quand il vit l'Empereur demander des secours non point à lui, mais au roi de Pologne Jean Sobieski. La politique française subissait là un échec qui fut vivement senti de Louis XIV. Nos offres d'alliance étant repoussées à Vienne, il convenait de reprendre sur l'heure dans les Pays-Bas les opérations commencées en 1681, et en conséquence, le 1ᵉʳ septembre 1683, 35 000 Français entrèrent sur les terres du roi d'Espagne sous prétexte que le roi Catholique avait définitivement refusé l'arbitrage du roi d'Angleterre pour régler la question des annexions aux Pays-Bas.

C'était donc de nouveau la guerre, et la guerre non-seulement avec l'Espagne, mais encore avec l'Empereur, les Provinces-Unies et la Suède, c'est-à-dire avec les puissances signataires du traité secret de la Haye. Heureusement une alliance habilement conclue avec le roi de Danemark et l'électeur de Brandebourg, nos ennemis de la veille, nous permettait de ne pas nous préoccuper de la Suède. L'Empereur, malgré la victoire remportée le 12 septembre par Sobieski sur le grand-vizir, eût été encore fort embarrassé de mettre sur pied une armée contre la France ; restaient donc les Provinces-Unies qui s'étaient engagées à fournir à l'Espagne un secours de 8 000 hommes, chiffre que Guillaume d'Orange s'efforçait d'élever à 17 000. Le comte d'Avaux, notre ambassadeur à la Haye, fut assez habile pour déjouer les combinaisons du stathouder ; il protesta de la ferme volonté du roi Très-Chrétien de s'en tenir aux clauses de Nimègue et finit par obtenir, d'abord que les États ne fourniraient point à l'Espagne un soldat de plus que le chiffre fixé au traité de la Haye ; en second lieu, que ces troupes s'en tiendraient à la défense des places et ne serviraient point en rase campagne.

Le cabinet de Madrid se trouvait donc fort embarrassé,

n'ayant point pour l'heure un homme à mettre sur pied, ni un maravedi pour le solder, au cas où elle eût pu l'y mettre.

Pendant qu'elle songeait à se tirer de cette situation critique, Louis XIV formulait, par la voix du comte d'Avaux, ses réclamations envers l'Espagne. Comme équivalent au Vieux-Bourg-de-Gand, à Alost et autres places en litige, le roi de France proposait à l'Espagne d'accepter un des cinq lots suivants : 1° Luxembourg (la ville) et les autres parties du duché encore non françaises ;

2° Dixmude, Courtray, Beaumont, Bouvines et Chimay, en Flandre ;

3° Puycerda, la Seu d'Urgel, Campredon, Castelfollit, en Cerdagne ;

4° Rosas, Girone, Cap de Quiers, en Catalogne ;

5° Pampelune en Navarre, Saint-Sébastien en Guipuzcoa.

Le conseil d'Espagne répondit le 26 octobre à ces propositions par une déclaration de guerre à la France.

C'était vraiment de l'outrecuidance, et l'on ne peut guère croire que ce soit avec le moindre espoir de succès que Charles II, ou plus justement ses ministres, aient décidé dans ce litige d'en appeler à la force.

Nous avons dit que 35 000 hommes étaient déjà entrés dans les Pays-Bas, se contentant à la vérité de vivre sur le pays, mais d'y vivre comme on vivait au XVII° siècle en pays ennemi. A la nouvelle déclaration de guerre, Louvois donna des ordres pour une nouvelle levée de 26 000 hommes d'infanterie et de 14 000 chevaux : c'était plus qu'il n'en fallait pour conquérir en un tel moment l'Espagne tout entière. On aura une idée de la faiblesse des forces castillanes aux Pays-Bas en 1683 en apprenant, par exemple, que dans la place forte de Dixmude, où le 10 novembre était entré sans combattre le maréchal d'Humières, on avait trouvé pour toute garnison 17 cavaliers, et encore étaient-ils démontés.

Pendant qu'on s'apprêtait de part et d'autre à entrer en campagne aux premiers beaux jours, le comte d'Avaux poursuivant ses négociations avec les États généraux, arrivait, malgré les efforts de Guillaume, à les détacher à peu près complétement de l'Espagne ; ce fut dans ces conjonctures que, le 28 avril 1684, Louis XIV à la tête de 32 bataillons et de 70 escadrons vint camper aux environs de Condé, détachant sur son flanc et ses derrières, vers Sedan le marquis de la Trousse avec 5 000 chevaux, vers Charleroy le comte de Montal avec 3 000 dragons : en même temps une armée de siége de 32 bataillons et de 8 000 chevaux, suivie d'un parc d'artillerie, arrivait sous les murs de Luxembourg.

La place, commandée par le prince de Chimay, un soldat intrépide, contenait 2 500 hommes sous les ordres d'officiers énergiques et décidés à une défense tenace. La tranchée fut ouverte le 8 mai, et la place, bombardée furieusement, capitula le 4 juin, après une lutte héroïque. La garnison sortit avec les honneurs de la guerre, le mousquet sur l'épaule : elle emmenait cinq canons approvisionnés à 6 coups par pièce que conduisaient leurs servants, ayant à la main la mèche allumée. Elle défila fièrement devant nos troupes qui lui rendirent les honneurs, tambour battant, enseignes et étendards déployés. De 2500 hommes elle était réduite à 1 500 : elle nous en avait tué ou blessé 3000.

La perte de Luxembourg, citadelle réputée imprenable, était pour l'Espagne un échec irréparable, puisque cette place était le point même de la controverse, l'objectif de l'armée française. En Catalogne, le maréchal de

Bellefonds (1) venait de battre à Puente-Mayor, le duc de Bournonville, et d'entrer dans Cap-de-Quiers et Campredon ; néanmoins ces échecs non interrompus n'eussent peut-être pas ouvert les yeux au cabinet de Madrid, si une convention, signée entre les États généraux des Provinces-Unies et Louis XIV, n'eût enlevé à nos ennemis leur unique allié.

L'Empereur fut l'arbitre chargé de décider entre la France et l'Espagne, et l'Empereur lui-même s'en remit pour régler le différend, à la diète réunie depuis un temps immémorial à Ratisbonne.

Une armée française, pénétrant en Alsace, fut chargée de stimuler la lenteur de ces commissaires qui n'en finissaient point, et, grâce à cet appui, une trêve fut, le 15 août 1684, conclue entre la France, l'Espagne et l'Empereur, par laquelle la France gardait pendant vingt années les conquêtes faites *depuis* la paix de Nimègue ; ce laps de temps écoulé, c'est-à-dire le 15 août 1704, des revendications pourraient être faites et des prétentions émises comme au jour même où l'on signait la trêve.

Le jugement du procès était remis à vingt années.

Bien que cette suspension d'armes n'engageât en rien l'avenir, ne sanctionnât d'aucune façon les nouvelles conquêtes de Louis XIV, elle n'en demeurait pas moins une humiliation nouvelle infligée par le grand Roi à l'Europe.

La France atteignit dans ces années l'apogée de sa grandeur.

Maître du continent et maître sur les mers, Louis XIV

---

(1) On se rappelle que Bellefonds avait été exilé en 1674, dans sa terre de Bourgueil, pour la mauvaise volonté apportée à l'évacuation des villes des Provinces-Unies conquises de 1672 à 1673. Rentré en grâce en 1684 et mis à la tête de l'armée de Catalogne, il se vengea noblement de la jalousie de Louvois en ne remportant que des succès.

pouvait contempler avec orgueil cette monarchie qu'il avait faite si grande et si glorieuse.

Une tranquillité parfaite avait permis aux arts, à l'agriculture, un admirable développement : notre prépondérance à l'extérieur était justifiée aussi bien par l'influence de notre politique que par l'incontestable supériorité de notre commerce et de notre industrie : un long avenir de paix et de prospérité semblait assuré à notre patrie. Or, au moment même où les prévisions humaines envisageaient comme assurée cette ère durable de repos, Dieu, qui se rit souvent de nos calculs, allait permettre qu'une mesure inopportune vînt semer la discorde au sein même du pays, là où depuis près de quarante années on avait ignoré ce qu'était un trouble religieux ou politique.

Le 22 octobre 1685, Louis XIV révoqua l'édit donné à Nantes en 1598, par lequel le roi Henry IV accordait aux huguenots le libre exercice de leur culte. Cette mesure fit sortir de France plusieurs milliers de familles qui préférèrent l'exil au sacrifice de leur foi. — L'industrie et le commerce furent surtout atteints par cette proscription : l'armée aussi y perdit plus d'un vaillant soldat et d'un chef habile : parmi ces derniers se trouva le maréchal de Schomberg l'Allemand (1), que nous retrouverons plus tard sur un champ de bataille.

(1) Nous disons l'*Allemand* pour qu'on ne le confonde point avec les Schomberg français. Ces derniers avaient pris du service en France sous Henri III ou Charles IX. L'histoire remonte à Gaspard, « qui fut gouverneur de la Marche et colonel des reystres sous Henry IV »; dit la *Gazette de France*. Gaspard eut un fils qui devint maréchal de France, battit Montmorency à Castelnaudary et eut le gouvernement de Languedoc ; le fils du vainqueur de Castelnaudary également maréchal et gouverneur de Languedoc, connu d'abord sous le nom de duc d'Haluin, gagna la bataille de Leucate en 1637. Comme ce dernier et Schomberg l'Allemand ont tous deux commandé en Catalogne, quoique à des époques bien différentes, on les confond quelquefois l'un avec l'autre.

Nous n'examinerons point ici les effets ni les suites de la révocation de l'édit de Nantes, qui fut incontestablement une regrettable rigueur; disons seulement qu'on aurait tort d'y voir un acte ayant compromis outre mesure la grandeur de la France. En expulsant les huguenots, Louis XIV lançait aux prétendus réformés d'Angleterre et d'Allemagne un défi qu'ils devaient relever; mais l'impuissance de nos ennemis pendant la guerre de la ligue d'Augsbourg devait être une preuve évidente que l'émigration calviniste n'avait enlevé en réalité que bien peu de chose au véritable génie de la France.

Quelques mois avant la révocation de l'édit de Nantes, un autre événement s'était passé de l'autre côté de la Manche, qui devait avoir dans la conduite des affaires de l'Europe une bien autre importance. Charles II était mort le 6 février 1685, laissant la couronne à son frère le duc d'York.

Monté sur le trône sous le nom de Jacques II, ce prince fit voir tout d'abord, par une admirable modération, la fausseté des calomnies que l'opposition, en secret ou au grand jour, n'avait cessé de lancer contre lui. Ce fut au point qu'il prit pour ministre le même lord Sunderland qui avait été l'un des promoteurs du bill d'exclusion et qu'il maintint en fonctions la plupart des dignitaires de l'État, dont il ne pouvait ignorer le mauvais vouloir à son endroit. Une politique aussi honnête ne devait pas être capable de lui faire pardonner ce qui depuis longtemps lui était imputé à crime : la profession ouverte du culte catholique.

Les mêmes hommes qui reprochent le plus ardemment, le plus haineusement à Louis XIV la révocation de l'édit de Nantes, trouvent injuste qu'un roi anglais essayât d'implanter dans son royaume la liberté des cultes et des consciences. Ils s'indignent que Louis XIV ne l'ait pas admise en France, ils refusent à Jacques II le droit de la proclamer en Angleterre. Autant Henry IV est loué par eux d'avoir accordé aux huguenots l'édit de Nantes, autant Jacques II est honni pour avoir essayé de rendre aux catholiques le droit d'aller à la messe. « Quand le roi sortit de la chapelle où il venait d'assister publiquement à la messe, dit un auteur protestant, l'ordre légal avait cessé de régner en Angleterre ; car Jacques II venait de se mettre au-dessus des lois, en faisant célébrer en sa présence, dans son palais et entouré de sa cour, les cérémonies d'un culte proscrit par la loi (1)...! »

Nous le demandons aux hommes de bonne foi, peut-on être à la fois plus injuste, plus despote et en même temps plus inconséquent avec soi-même, car on ne doute pas que le même auteur n'ait pour juger l'acte de Louis XIV contre les huguenots des paroles plus dures encore que celles qu'il applique à Jacques II.

Il est incontestable que la profession ouverte de la foi catholique par le nouveau roi d'Angleterre ne pouvait passer pour une mesure attentatoire aux libertés anglaises, et l'on ne saurait nier sans mauvaise foi que Jacques II n'ait inauguré son règne par un régime plein de modération et de paix : l'opposition qu'il ne tarda pas à voir se dresser devant lui, les luttes, les complots, les rébellions à main armée l'obligèrent malheureusement à changer bientôt de mode, et il est vrai alors, qu'une fois lancé dans les voies de la force et de la répression, il ne sut point toujours s'arrêter.

Les premiers troubles dont Jacques II eut à s'émouvoir furent ceux qu'amena la révolte de James, duc de Monmouth, ce bâtard de Charles II dont nous avons dit quelques mots

(1) *Grovestins*, t. V, p. 79.

plus haut. Après avoir caressé un instant l'idée de succéder à son père au détriment du duc d'York, Monmouth avait dû renoncer à ses espérances dès 1682, époque à laquelle Charles II ne régnant plus que de nom, le duc d'York avait commencé à prendre en main la direction des affaires.

Monmouth était fils d'une jeune Hollandaise Lucy Walters, délicieusement belle, mais tout autant dévergondée. Un amant jaloux, dit Macaulay (1), eut pu avoir des doutes sur cette paternité, car la fillette avait plus d'un suivant et ne passait point pour être bien cruelle à aucun d'eux ; mais Charles II accepta sans difficulté comme sien le fils de Lucy Walters : l'enfant reçut le nom de James Croft et fut élevé en France. A la restauration il rentra en Angleterre et eut son appartement à White-Hall, avec des prérogatives qui jusque-là avaient été réservées aux princes de sang royal.

On le maria tout jeune à Anne Scott, héritière de l'illustre maison de Buccleuch dont-il prit le nom ; dès lors il commença une vie fastueuse et prodigue, dans laquelle il apparut en véritable grand seigneur, malgré sa maigre et piteuse origine. Au surplus, les titres et « des faveurs plus substantielles que des titres (2) » lui étaient prodigués sans mesure. Il fut fait duc de Monmouth en Angleterre, duc de Buccleuch en Écosse, chevalier de la Jarretière, colonel général de la cavalerie, colonel des *Life-Guards*, Chief-Justice, et chancelier de l'Université de Cambridge. Tant de faveurs ne pouvaient manquer de lui tourner la tête ; malgré ses fredaines il avait su plaire même aux puritains : le peuple l'eût opposé volontiers au duc d'York si sa naissance n'avait été un insurmontable obstacle ; c'est

---

(1) A suspicious lover might have had his doubts; for the lady had several admirers, and was not supposed to be cruel to any. — MACAULAY, t. I⁰ʳ, édit. Tauch., p. 246.

(2) .. And favours more substantial than titles (MACAULAY, *ibid.*).

alors que le jeune prince commença à faire courir le bruit que Charles II avait épousé en secret la jolie Lucy et légitimé, ainsi la naissance du fils qu'il avait eu d'elle. Le contrat était, disait-on, dans une cassette noire qui devait être produite en temps et lieu.

Au moment de la paix de Nimègue, l'existence de la prétendue cassette trouva crédule l'opinion publique. Bien que le duc d'York et le prince d'Orange n'ignorassent point qu'il n'y eût là qu'une imposture, ils ne pouvaient voir qu'avec regret se répandre un mensonge qui contribuait à leur créer de nouveaux ennemis. Déjà en effet, à cette époque la discussion du bill d'exclusion leur montrait quelle opposition allait rencontrer dans le pays l'avénement au trône de Jacques II. Quant après l'exil de Monmouth en Hollande, en 1681, ce prince eut à s'expliquer avec Guillaume sur le prétendu mariage de Charles II avec Lucy Walters, il n'hésita point à déclarer que les bruits si favorablement accueillis en Angleterre n'étaient qu'une impudente supercherie; mais ses aveux ne furent point rendus publics. Loin de vouloir démentir dans le peuple la croyance de l'union morganatique de son père, Monmouth s'efforça au contraire de la propager de plus en plus et l'année même où Jacques II succéda au roi Charles, le jeune ambitieux, croyant le moment favorable à ses prétentions, se déclara ouvertement prétendant à la couronne d'Angleterre comme héritier et fils légitime du feu roi.

Écrasé, le 10 juillet 1685, à Sedgmoor, près Bridgwater, par le duc d'Albemarle et le comte de Feversham (1), fait prisonnier quelques jours après, Monmouth fut conduit à Londres et décapité à Tower-Hill. Avant de mourir et espérant encore fléchir les rigueurs royales, il avait signé la

---

(1) Le comte de Feversham était de la maison française des ducs de Duras.

déclaration suivante : « J'atteste que j'ai été proclamé roi malgré moi-même et contre ma conscience. Désireux de faire connaître la vérité, je déclare encore que le feu roi mon père m'a juré n'avoir jamais été marié avec ma mère; j'espère que ce double aveu fera pardonner ma rébellion à mes enfants. En foi de quoi, le 15-25 de juillet 1685, j'ai signé :
MONMOUTH.
» Déclaré et signé en notre présence :
» FRANÇOIS ÉLY, THOMAS TENNISON, THOMAS BATH WELLS, GEORGES HOOPER. »

La mort du jeune prince passa en Angleterre pour la première vengeance du roi Jacques sur le parti protestant. « La sûreté du roi l'exige », avait dit l'infortuné Monmouth en votant le *bill d'exclusion*, « la sûreté du roi l'exige », avait répété Jacques II en refusant sa grâce au rebelle. De sanglantes exécutions suivirent la défaite de Sedgmoor, et l'histoire a conservé, pour les flétrir, les noms de deux serviteurs de Jacques qui, en croyant assurer la puissance de leur roi, achevèrent de le rendre impopulaire.

Le colonel Kirke et le lord de justice Jeffryes, protestants l'un et l'autre, furent ces deux serviteurs maladroits dont la cruauté et la barbarie ne sauraient être rejetées sur leur maître; c'est ce qu'ont trop oublié les détracteurs de Jacques quand ils ont tant de fois chargé, avec injustice, le monarque lui-même de toutes les fautes de ses ministres.

La levée de boucliers tentée par Monmouth avait permis à Jacques II la mise sur pied d'une armée assez considérable; la force que lui donnait cette réunion de gens de guerre, les incitations du parti catholique, son propre désir de ramener l'Église anglicane à la soumission au souverain pontife, enfin l'exemple de Louis XIV expulsant de France les réformés, furent autant de motifs qui le décidèrent à tenter des efforts pour ramener en Angleterre le catholicisme.

Nous serons conséquents avec les principes que nous avons émis plus haut en blâmant ici ce zèle intempestif de Jacques; l'expulsion des protestants dans la toute catholique France en ce xvii° siècle, ne l'oublions pas, où la liberté de conscience était un fait encore incompris et inadmis des masses, ne pouvait être qu'approuvée de l'immense majorité de la nation; mais, en Angleterre, une déclaration de guerre des catholiques, minorité presque infime, aux anglicans, était une imprudence et une folie.

Jacques II crut avancer utilement ses desseins en rétablissant la cour ecclésiastique créée par la reine Élisabeth et abolie sous Charles Ier. Cité à cette cour pour un fait de discipline ecclésiastique pure, Henry Compton, l'évêque de Londres, fut suspendu de ses fonctions épiscopales qui furent dévolues à deux de ses juges, Sprat et Crew. Ce procès eut un grand retentissement en Angleterre, et bien que tout-puissant et maître absolu, le parti de Jacques II put voir quelle opposition formidable rencontrerait dans ses moindres détails le projet de restauration catholique. On avait voulu trop se presser, le terrain n'était point assez préparé encore pour se mettre à l'œuvre, l'opinion publique avait dans l'espoir de voir succéder à Jacques II Guillaume d'Orange, un prince protestant, son plus ferme point de résistance; cet espoir, il convenait de le lui enlever. C'est de la fin de 1686 qu'il faut compter, suivant tous les historiens, le commencement des manœuvres, non point du roi d'Angleterre, mais de son entourage, pour empêcher l'avénement au trône anglais du stathouder, manœuvres conduites avec trop d'inhabileté pour n'être point rapidement saisies par un aussi fin diplomate que Guillaume; manœuvres malheureuses qui devaient échouer et donner un semblant d'excuse à une criminelle tentative.

Louis XIV ne pouvait qu'adopter avec empressement un projet qui, en ruinant les espérances du stathouder, enchaînait pour le présent et pour l'avenir l'Angleterre à la France; le plan n'était point sans difficulté, car en l'absence d'héritier mâle de Jacques II, il fallait assurer la succession du roi d'Angleterre à la princesse Anne de Danemark, cadette de la princesse d'Orange, et auparavant la convertir à la religion catholique. Le roi de France fit connaître à Jacques II, par l'entremise de Barillon, que la convocation du parlement ne pourrait que nuire à la réalisation de leurs projets, il convenait donc de ne point le réunir. Louis XIV promettant l'argent nécessaire à toutes les dépenses éventuelles, l'appel du parlement, qui n'eût servi qu'à voter des fonds, demeurait donc inutile.

Le roi d'Angleterre montra dans toutes ces négociations une indécision et une faiblesse étranges. Tantôt affectant des scrupules sur le subside qu'il recevait du cabinet de Versailles et se retranchant derrière les intérêts de l'Angleterre, tantôt, au contraire, s'humiliant plus que humblement devant Louis XIV et tendant littéralement la main, il ne sut être ni le véritable allié du roi de France, ni l'ami du prince d'Orange; cette conduite ambiguë devait demeurer la cause principale de sa chute prochaine.

Pendant qu'à Londres se négociaient cette alliance et ces incertains projets, sur le continent Guillaume d'Orange profitait de la révocation de l'édit de Nantes pour fomenter de nouveaux complots et ameuter contre la France l'Europe tout entière.

Depuis la paix de Nimègue, les Provinces-Unies s'étaient plus que jamais divisées en deux partis absolument ennemis : celui de la bourgeoisie et des États, celui du prince d'Orange et du Stathoudérat.

Ce dernier, en conservant toutes les haines et les rancunes de son chef contre la France, était demeuré un adversaire acharné et intraitable de Louis XIV ; mais il n'en était point de même du parti de la bourgeoisie, que les habiles négociations du comte d'Avaux nous avaient rendu singulièrement favorable. Usant tantôt de la diplomatie la plus fine, tantôt de l'intimidation, Guillaume d'Orange résolut de contre-balancer ce qu'il perdait de pouvoir dans sa propre patrie par de nouvelles alliances au dehors. Déjà une correspondance suivie avec les sommités du parti réformé en Angleterre lui faisait entrevoir une prochaine intervention de ce parti entre son beau-père et le peuple anglais : où le mèneraient ces démarches, que résulterait-il de cet arbitrage singulier? Il lui fallait, au cas où l'appui des Provinces-Unies viendrait à lui manquer, une force capable de l'aider dans toutes les hypothèses, même dans celle d'une guerre avec Jacques II. Guillaume ne se faisait aucune illusion sur l'ennemi redoutable qu'il devait rencontrer en un pareil conflit : la France et Louis XIV ne pouvaient manquer de soutenir le roi d'Angleterre : il fallait donc à Guillaume des alliances au dehors et sa clairvoyante ambition se mit en devoir, en 1686, de s'en créer chez toutes les puissances de l'Europe.

Ses efforts furent couronnés d'un plein succès, sauf pourtant près des Provinces-Unies, où même l'irritation causée par la révocation de l'édit de Nantes ne put parvenir à avoir raison de l'habileté de d'Avaux ; partout ailleurs on embrassa avec ardeur la cause du stathouder et le 9 juillet 1686 était conclue à Augsbourg une ligue ayant pour but le maintien des traités de Westphalie et de Nimègue, celui de la trêve de Ratisbonne, celui des droits de l'empereur d'Allemagne dans la question de la succession d'Espagne que l'on considérait comme ouverte.

La ligue d'Augsbourg fut signée par :

L'empereur Léopold comme empereur d'Allemagne et archiduc d'Autriche ;

Le roi d'Espagne comme suzerain du cercle de Bourgogne ;

Le roi de Suède comme duc de Poméranie ;

L'électeur de Brandebourg Frédéric-Guillaume ;

L'électeur palatin ;

L'électeur de Bavière ;

L'électeur de Saxe ;

La maison de Brunswick ;

Les princes souverains d'Allemagne.

C'était, à vrai dire toute l'Europe réunie contre un homme et contre une nation. Il est vrai que cet homme était Louis XIV et que cette nation s'appelait la France.

Nous n'avons point nommé parmi les signataires de la ligue d'Augsbourg un prince qu'il est bon cependant de ne point oublier, c'est Innocent XI. On pourrait s'étonner de trouver le pape au nombre des ennemis de la France très-chrétienne combattant ouvertement pour la foi catholique, si l'on ne connaissait la lutte acharnée après laquelle le grand Bossuet venait de déclarer qu'au temporel, l'Église gallicane possède certaines libertés indépendantes de la cour de Rome et qu'au spirituel, la décision du pape, même en matière de foi, n'est pas infaillible tant qu'il n'a pas l'assentiment de l'Église (1).

(1) BOSSUET, *Défense de la Déclaration du clergé de France sur la puissance ecclésiastique*. — Depuis, un concile œcuménique a déclaré que Bossuet se trompait. Malgré l'autorité de son nom, la manière de voir de ce dernier Père de l'Église ne saurait donc plus être admise en la matière.

D'autres différends tout temporels avaient également vivement blessé Innocent XI ; on se souvient, par exemple, qu'à propos du droit d'asile dont jouissaient à Rome le quartier des Français et l'hôtel de l'ambassadeur, le pape demanda à Louis XIV de renoncer à ce privilége, disant que déjà tous les autres souverains l'avaient abandonné. Le roi de France répondit « qu'il n'étoit point accoutumé à se régler sur autrui et que c'étoit aux autres à prendre exemple sur lui. »

Sans doute ces griefs étaient de nature à troubler la sérénité d'Innocent XI, mais on peut dire néanmoins qu'il alla trop loin en donnant, au moment de la ligue d'Augsbourg, l'autorité de son nom et de sa situation à la coalition de l'Europe protestante contre le roi très-chrétien. « Comme catholique, a écrit à ce sujet l'abbé Raynal, j'épargne la mémoire d'un pontife que, comme François et comme historien, je devrois peindre des couleurs les plus odieuses (1). »

Assuré désormais contre les tentatives de la France, Guillaume d'Orange se retourna vers l'Angleterre, où le roi Jacques, toujours incertain et irrésolu, entassait fautes sur fautes, ne s'appuyant d'une façon absolue ni sur son gendre, ni sur son Parlement, ni sur Louis XIV, sacrifiant toutes choses aux intérêts religieux et nuisant malheureusement beaucoup à ceux du catholicisme qu'il croyait cependant servir avec fruit. Le prince d'Orange envoya vers cette époque à son beau-père le député Dickwelt pour savoir quels étaient au vrai les bruits relatifs à l'éloignement de la succession d'Angleterre de la princesse Marie. Dickwelt avait encore une mission de conciliation, si l'on doit prendre comme véritables les instructions d'après lesquelles il devait engager Jacques II à abandonner ses idées de restauration reli-

---

(1) RAYNAL, *Histoire du parlement d'Angleterre*, p. 341.

gieuse, à rendre de nouveau toutes les ordonnances contre les catholiques rapportées depuis 1685, enfin à confirmer la loi du test qu'il était question d'abolir.

Comme on pense, la mission de Dickwelt n'eut aucun résultat favorable auprès du roi d'Angleterre. Jacques II déclara à l'envoyé de son gendre qu'il n'avait jamais songé à changer l'ordre de succession à la couronne, l'assura également qu'il n'entendait en rien attaquer la religion du royaume et que l'opinion publique avait tort de s'alarmer des concessions faites aux catholiques. Toutefois, il affirmait être prêt à abolir le test et à proclamer dans ses États la liberté des cultes et des consciences.—Or, les anglicans admettaient la liberté de conscience pour les anglicans, mais nullement pour les catholiques, et Jacques II ne devait point parvenir à satisfaire des gens qui se prétendaient persécutés dès lors qu'on ne persécutait point les catholiques.

Cette intolérance des protestants anglais fut prouvée d'une façon qui fit grand bruit et tourna encore au détriment de Jacques II, quand parut la « Déclaration d'indulgence », c'est-à-dire un décret royal accordant le libre exercice de leur religion aux membres de tous les cultes quels qu'ils fussent. Cette déclaration devait être lue en chaire le 30 mai et le 6 juin dans les églises de Londres et de Westminster, mais la plupart des évêques anglicans refusèrent de faire cette lecture, et six d'entre eux présentèrent à ce sujet au roi une adresse, pour laquelle ils furent emprisonnés. Assurément Jacques II eût été habile en n'entamant point ce procès : les évêques furent déclarés non coupables et en conséquence acquittés ; mais l'étrange, c'est que la conduite du roi en cette affaire fut considérée comme une persécution inique et sa déclaration d'indulgence comme un défi lancé aux protestants.

Dickwelt était donc retourné en Hollande sans avoir, en apparence, réussi dans sa mission; en réalité, il avait puissamment contribué à la rupture définitive entre Jacques II et Guillaume, en montrant aux protestants le stathouder occupé plus que jamais de leurs intérêts, en le désignant par là de plus en plus comme chef de l'Angleterre anglicane et soi-disant persécutée, en donnant enfin à Jacques II une occasion nouvelle de se déclarer partisan de la liberté des cultes, c'est-à-dire de se rendre en Angleterre impopulaire et détesté.

Quels pouvaient être exactement, à la fin de 1687, les projets, les idées, les espérances de Guillaume d'Orange?

Il n'était pas homme à reculer devant un moyen quel qu'il fût, et son projet de détrôner son beau-père était certainement éclos en son esprit depuis les premières luttes de Jacques II avec le parti anglican. Mais, avec le calme et la méthode qui présidaient à toutes ses actions, il ne voulut rien entreprendre qu'il n'eût réuni d'abord tout ce qui pouvait contribuer à le faire réussir et à favoriser son succès. Non pas qu'il n'attendît avec impatience la réalisation de ses espérances. En effet, le froid avec lequel il agissait allait de pair, chez lui, avec l'ardeur des convoitises. Quand Edward Russell vint à la Haye au mois de mai 1688 et lui proposa une descente armée en Angleterre, Guillaume dans une de ces expansions qui échappaient si rarement à son flegme toujours maître de lui-même, s'écria brusquement : *Aut nunc aut nunquam!* (1)

---

(1) « In May, before the birth of the Prince of Wales and while it was still incertain whether the Declaration would or would not be read in the churches, Edward Russell had repaired to the Hague. He had strongly represented to the Prince of Orange the state of the public mind, and had advised his Highness to appear in England at the head of a strong body of troops, and to call the people to arms.

William had seen, at a glance, the whole importance of the crisis: « Now

C'était donc déjà chez lui un projet bien arrêté : ce qu'il attendait, c'était l'occasion.

« Le crime, dit Raynal, n'arrêtoit point Guillaume ; il étoit retenu par l'incertitude de l'événement. Il voyoit de la possibilité dans cette entreprise ; mais il étoit d'un caractère à ne s'y livrer que lorsqu'il l'auroit rendue infaillible. Les liens qui l'unissoient au monarque anglais ne devoient être rompus qu'avec des précautions infinies. Le succès, il est vrai, pouvoit diminuer l'horreur de cet attentat ; mais il falloit ou réussir ou s'attendre à être la fable de l'Europe et l'exécration du genre humain (1). »

Quant aux armements et aux autres préparatifs secrets qu'il poussait avec tant d'activité, il les pouvait motiver par la nécessité dans laquelle il se trouvait de défendre les droits de la succession de sa femme au trône d'Angleterre.

C'était, il est vrai, une mauvaise raison ; car si le parti catholique avait un instant caressé l'idée de remplacer Jacques II par la princesse Anne de Danemark, ce projet avait dû être promptement abandonné devant l'attachement de la princesse à la foi anglicane. Ainsi, la couronne d'Angleterre revenait donc naturellement à la princesse Marie, car on ne pouvait compter comme un prétendant Fitz-James (2), le fils d'Arabella Churchill, âgé de seize ans à peine et qui n'était même point admis à la cour.

Guillaume d'Orange avait donc le temps de préparer à

---

or never, » he exclaimed in latin to Dykvelt, aut nunc, aut nunquam. » MACAULAY, *ibid.*, t. III, p. 216.

(1) Abbé RAYNAL, *Histoire du Parlement d'Angleterre*, p. 311.

(2) C'est le futur maréchal de Berwick. Il était né en 1670 du duc d'York et d'Arabella Churchill, sœur de John, créé plus tard duc de Marlborough. On verra bientôt Marlborough, qui avait accepté sans murmurer la position de sa sœur et en avait largement profité, abandonner lâchement son protecteur. Berwick est, au contraire, un nom cher à la France, sa patrie d'adoption. Les luttes de l'oncle et du neveu ont fourni plus d'une page mémorable à notre histoire militaire.

loisir son usurpation : il n'avait point à se presser, car le pire que lui pouvaient occasionner des retards et des délais forcés, était de lui éviter une mauvaise action. La mort de Jacques II, extrême limite posée à son ambition, le mettait honnêtement sur un trône qu'un crime seul lui pouvait donner auparavant.

Il était trop habile pour s'exposer, lorsque son intérêt ne l'exigeait point, au mépris public : peut-être donc eût-il attendu encore, quand un événement soudain vint brusquer les choses et lui dicter une conduite dont il avait toujours été capable, mais qu'il n'eût point suivie peut-être par hypocrisie et par ruse.

Le 20 mai 1688, Barillon écrivait à Louis XIV : « La reine d'Angleterre vient d'accoucher, il y a une heure, d'un prince qui se porte fort bien. Ceux qui l'ont vu m'ont dit qu'il est fort bien formé et assez grand. J'ai eu l'honneur de voir le roi d'Angleterre, qui m'a dit, en m'embrassant, que le prince de Galles seroit autant serviteur de Votre Majesté qu'il l'est lui-même. »

La naissance du prince de Galles anéantissait les droits de la princesse Marie d'Orange. Après avoir cru toucher au trône, Guillaume se voyait réduit encore à la suzeraineté très-contestée de sa province de Hollande. Alors apparut clairement que ce sont souvent les circonstances qui font les hommes ce qu'ils sont, et que tel qui n'est point criminel parce qu'il n'a pas eu occasion de commettre un crime, le devient si cette occasion s'offre, n'ayant point failli encore parce qu'il n'avait point eu à opter entre le bien et le mal.

Au surplus, ce ne fut point en Hollande seulement que la naissance du prince de Galles fut regardée comme un accident inopiné et terrible. A Londres, en Angleterre, le parti protestant vit dans cet événement la ruine des espérances fondées sur l'avénement au trône du stathouder, c'est-à-dire le triomphe de la politique inaugurée par Jacques, la victoire du papisme sur la religion de l'État.

Tout démoralisé qu'eût été Guillaume par la naissance du prince de Galles, il n'en avait pas moins envoyé complimenter Jacques II sur cet événement désastreux, et le comte de Zuilestein avait été chargé d'aller porter à Londres ces félicitations hypocrites.

Or, le jour même de l'arrivée de Zuilestein à la cour de Jacques II, un véritable complot était dressé contre le roi d'Angleterre : sept seigneurs, Danby, Shrewsbury, Devonshire, Lumley, Compton, l'amiral Russell et Sydney signaient une supplique à Guillaume d'Orange, l'invitant à venir s'emparer d'un pouvoir qui ne pouvait plus demeurer, disaient-ils, dans la main d'un homme n'ayant pas la confiance de la nation.

Ce fut l'amiral Russell qui, déguisé en matelot, porta à Guillaume cette déclaration de rebelles. Le prince d'Orange hésita longtemps sur la façon dont il la recevrait; mais enfin, l'ambition l'emportant sur la loyauté, il résolut d'y accéder. Comme il fallait dès lors ménager une rupture, il décida tout d'abord que les prières dites d'ordinaire dans sa chapelle particulière pour le salut du prince de Galles seraient désormais supprimées (1).

A Londres, les ennemis de Jacques II n'avaient point manqué de publier que la grossesse de la reine avait été supposée et que l'enfant nouveau-né n'avait rien de commun ni avec le roi ni avec la reine; ce bruit, comme toutes les fables absurdes, ne pouvait manquer d'avoir du crédit

(1) The first result of this deliberation was that the prayer for the Prince of Wales ceased to be read in the Princess's chapel.

dans le peuple, et ce fut encore une des prières adressées à Guillaume d'Orange de venir faire une enquête sur l'identité de cet enfant. Un tel moyen de jeter le trouble dans une nation est commun aux révolutionnaires de tous les pays, quel que soit le peuple ou l'époque ; nous en eûmes nous-mêmes en France, il y a un demi-siècle à peine, un exemple qui n'est point oublié encore.

C'était donc décidé. Guillaume d'Orange n'acceptait point le décret de la Providence l'éloignant du trône d'Angleterre par la naissance d'un héritier direct ; il allait attaquer à main armée son beau-père, le roi Jacques II, et, par une de ces ruses ordinaires à sa politique, il arrivait à colorer d'un motif honorable sa triste entreprise. Au dehors c'était un huguenot risquant son pouvoir, sa réputation, sa vie, pour des coreligionnaires maltraités ; mais, au dedans, ce n'était plus que l'ambitieux courant après une couronne, un hypocrite, un mauvais fils. Qui eût pu l'arrêter dans cette criminelle entreprise ?

Depuis l'alliance d'Augsbourg et le refus des États généraux de s'associer à une ligue dirigée contre la France, il s'était fait dans les esprits hollandais un changement qui n'était point à notre avantage. Les intrigues du stathouder et de son serviteur le pensionnaire Fagel étaient parvenues à détruire le bon effet de d'Avaux et à détacher de Louis XIV plus d'un membre influent des États. Cependant c'étaient encore les Provinces-Unies qui demeuraient le grand obstacle au projet de descente en Angleterre de Guillaume, car sans leur sanction, toute mesure militaire et maritime, tout préparatif agressif étaient impossibles. Déjà, depuis 1686, le prince d'Orange avait essayé, mais en vain, d'augmenter les forces que la République avait sur pied : Amsterdam, où la France comptait le plus d'amis, s'était vivement opposée à tout accroissement de ce genre et avait même diminué de deux millions de livres la somme allouée pour l'entretien des gens de guerre. Au commencement de 1688 les préparatifs de Louis XIV en France furent habilement exploités par Guillaume, qui les montra aux États comme dirigés contre la Hollande; bien que les amis de Louis XIV tinssent encore le dessus au conseil, il était évident que leur influence diminuait. Le prince d'Orange, dont la manière d'agir était d'ordinaire lente et ménagée, crut avoir assez fait de cette part, au moins pour le moment et songea à préparer de son côté tous les moyens qui devaient assurer la possibilité d'abord, puis le succès de son entreprise.

Sur les côtes hollandaises vingt-quatre vaisseaux de guerre avaient été ajoutés à la flotte ordinaire que la République entretenait en mer; cette augmentation avait soi-disant pour but de s'opposer aux incursions des pirates algériens qui avaient été récemment signalés dans le détroit et l'Océan. Un camp fut formé à Nimègue, où furent rassemblés presque toutes les garnisons des places fortes et avec ces garnisons une nouvelle levée de sept mille recrues et de six mille matelots. A vrai dire, ces réunions n'avaient rien d'officiel : les États n'autorisaient et ne payaient rien; mais le jour où la permission serait délivrée d'enrôler ces soldats au compte de la république, il suffirait de vingt-quatre heures pour avoir sur pied de solides régiments, rompus déjà aux exercices et à la vie militaires. Tous ces préparatifs coûtèrent à Guillaume personnellement deux cent cinquante mille livres sterling (6 250 000 francs) ; des dons volontaires venus d'Angleterre lui fournirent plus de cent mille guinées (2 647 000 francs); le seul lord Shrewsbury donna quarante mille livres sterling (1 000 000 fr.).

Cependant Louis XIV averti de tous ces armements et assuré qu'ils n'étaient préparés qu'en vue d'une descente en Angleterre, s'efforçait d'éclairer Jacques II sur le danger qui le menaçait. Le roi de France offrit tout d'abord sa flotte, mais la flotte fut refusée ; alors, résolu à sauver Jacques II malgré lui, Louis XIV fit solennellement déclarer aux États généraux des Provinces-Unies par son ambassadeur « que le premier coup de canon qui seroit tiré par eux contre les Anglois, Sa Majesté le tiendroit pour un acte d'hostilité fait contre ses États et qu'elle leur feroit la guerre de toutes ses forces. » Cet ultimatum, qui avait été inspiré au roi de France par Skelton, l'ambassadeur de Jacques II à Versailles, fut, par une aberration inouïe, désapprouvé publiquement à Londres et à la Haye, par le roi d'Angleterre ; Skelton, rappelé par son souverain, fut disgracié et mis à la Tour. Alors Louis XIV tenta de prévenir quand même l'invasion de Guillaume en déclarant le premier la guerre et en assiégeant Philisbourg ; mais Jacques II publia qu'il considérerait ce siége comme la rupture de la paix de Nimègue et de la trêve de Ratisbonne et qu'il s'entendrait avec la Hollande et l'Espagne pour obliger la France à l'observation des traités.

Le roi d'Angleterre s'obstinait à ne point voir que les préparatifs du prince d'Orange étaient faits contre l'Angleterre et contre lui-même. Louis XIV, depuis plus d'un mois, connaissait la vérité sur ces armements et cherchait par tous les moyens possibles à les rendre inutiles. Dès les premiers jours de septembre, et avant même que le comte d'Avaux eût porté aux États généraux la déclaration du roi de France, cet ambassadeur n'avait plus à douter du véritable motif des préparatifs militaires du stathouder. — Un ancien bourgmestre de Rotterdam, Ugurze, lui avait déjà annoncé que le 15 octobre était le jour fixé par Guillaume pour prendre la mer; le valet de chambre même du stathouder, qui était catholique et Français, avait fait aussi la même déclaration.

Dès lors il n'y avait plus à hésiter : seule, une attaque hardie, une offensive vigoureuse pouvait arrêter Guillaume et le maintenir sur le continent; malheureusement par un de ces conseils pernicieux qui avaient nui déjà tant de fois aux succès de Louis XIV, Louvois vint rendre inutile la bonne volonté du roi de France et seconder d'une façon inespérée les projets du stathouder : au lieu de choisir en Hollande l'objectif de l'armée française, il le prit dans l'Empire et désigna Philisbourg. Dès lors, les États généraux, qui n'avaient point encore donné leur assentiment à l'expédition du stathouder, le pape, l'Empereur, le roi d'Espagne, qui n'auraient jamais à la face de la chrétienté concouru au renversement d'un roi catholique pour élever à sa place un prince luthérien, ne virent plus en Louis XIV qu'un conquérant insatiable attaquant des États qui ne l'avaient lésé en rien; Guillaume d'Orange n'était plus la cause de cette agression, puisque ce n'était pas lui qu'on attaquait; les coalisés d'Augsbourg étaient fatalement poussés à ne voir dans lui, quoi qu'il fît, qu'un allié et le chef de l'alliance, que le défenseur de la paix de l'Europe contre Louis XIV (1).

Il n'est pas d'historien qui n'ait déploré jusqu'ici que Louvois, au lieu de Philisbourg, n'ait désigné comme premier point d'attaque Maestricht ou toute autre place de Flandre, du Hainaut ou des Provinces-Unies.

C'est en vain que l'historien de Louvois veut s'insurger

---

(1) Voyez MAZURE, *Histoire de la révolution de 1688 en Angleterre*, t. III. p. 58.

contre cette unanimité en citant cette phrase de Montesquieu : « Il y a des choses que tout le monde dit parce qu'elles ont été dites une fois. » Il est incontestable que le siége de Philisbourg ne fût une grande faute. Ceci n'est point une appréciation sur un fait. C'est un événement connu, clair, prouvé, et c'est étrangement fausser l'histoire au profit d'un homme que de vouloir décharger en cette occasion la mémoire de Louvois.

« Le moyen d'empêcher une descente en Angleterre, dit bien plus judicieusement le premier historien de l'Angleterre, était d'envahir les Pays-Bas espagnols et de menacer les frontières des Provinces-Unies. Il est bien vrai que le prince d'Orange était tellement obstiné dans son projet qu'il l'eût voulu tenter alors même qu'il eût vu le drapeau fleurdelisé déployer ses plis sur les murs de Bruxelles. Il avait même dit que si les Espagnols pouvaient conserver Ostende, Mons et Namur jusqu'au printemps suivant, il se faisait fort de revenir d'Angleterre avec de telles forces qu'il recouvrerait bientôt tout ce que l'on avait pu perdre. Telle était, c'est vrai, l'opinion du prince d'Orange, mais telle n'était pas celle des États généraux. Jamais ces derniers n'auraient consenti à envoyer par delà le détroit leur capitaine général et l'élite de leurs troupes, alors qu'une armée formidable aurait envahi leur propre territoire (1). »

Ajoutons que la manière de voir des États eût été trop

---

(1) « .... The way to prevent that descent was to invade the Spanish Netherlands, and to menace the Batavian frontier. The Prince of Orange, indeed, was so bent on his darling enterprise that he would persist, even if the white flag were flying on the walls of Brussels. He had actually said that if the Spaniards could only manage to keep Ostend, Mons and Namur till the next spring, he would then return from England with a force which would soon recover all that had been lost. But, though such was the Prince's opinion, it was not the opinion of the States. They would not readily consent to send their Captain-general and the flower of their army across the

naturelle et trop rationnelle pour n'avoir point entraîné l'approbation générale des Provinces.

La joie du prince d'Orange à la nouvelle du siége de Philisbourg, cette joie unie au désespoir du comte d'Avaux, l'habile diplomate que l'on connaît, sont encore une preuve irréfutable de la faute immense commise par Louvois; malheureusement Turenne, Condé, Créqui, n'étaient plus là pour éclairer le roi sur la grosse erreur de son ministre.

« Louvois, dit Saint-Simon, détourna d'abord le roi de rien croire des avis de d'Avaux, ambassadeur en Hollande, et de bien d'autres de la Haye, qui mandoient positivement le projet et les préparatifs de la révolution d'Angleterre et détourna nos armes de dessus les Provinces-Unies par la Flandre, qui auroient arrêté l'exécution de ce projet (1). »

« Il est certain que l'attaque de Flandre eût complétement déjoué le projet de Guillaume III, dit un autre historien, qui, à la vérité, copie textuellement ici Macaulay; mais il ajoute : « Si les ministres de Louis XIV eussent été payés pour le trahir, ils n'eussent pu agir d'une manière plus funeste pour la France. L'heureuse étoile du prince d'Orange ne se manifesta jamais d'une manière plus éclatante. De ce moment tout sembla concourir au succès de son entreprise. Le vertige qui venait d'égarer le cabinet de Ver-

---

German Ocean, while a formidable enemy threatened their own territory. » MACAULAY, *Hist. of England*, t. III, p. 260.

La partialité de M. Rousset est proverbiale, mais il semble qu'en cette occasion elle dépasse toutes bornes. D'après cet historien, l'opinion du comte d'Avaux, l'esprit le plus fin, le diplomate le plus adroit de Louis XIV, aurait été dictée par « une illusion d'optique ». « Les diplomates, ajoute-t-il, ne voient les choses que par un trou, encore ne voient-ils qu'un certain coin des affaires.... »

Jusqu'ici nous avions cru que les diplomates voyaient au contraire ce que tout le monde voit, *plus* un coin que les autres ne voient pas. Sinon, à quoi seraient-ils bons ?

(1) Saint-Simon, *Mémoires*. Édition Sautelet, 1829, t. XIII, p. 26.

sailles mit le roi d'Angleterre à la merci de son habile compétiteur (1). »

Dès qu'il fut bien connu que ce n'était point en Hollande que Louis XIV portait la guerre, les États généraux, vivement travaillés par Guillaume, commencèrent à se montrer moins rebelles à ses idées. Fagel et Dickwelt avaient préparé depuis longtemps cet accord entre le capitaine général et l'Union, ils devaient finir par arriver à leur but; le 8 octobre l'autorisation était enfin accordée au prince d'Orange d'employer officiellement pour une expédition contre l'Angleterre les forces de la république (2).

Certain alors, non point de réussir, mais de pouvoir au moins mettre à exécution son projet, Guillaume lança un manifeste où il essayait, sous de pompeuses phrases, d'atténuer l'horreur de son criminel dessein. Ce manifeste, habilement rédigé par Fagel, fut répandu à profusion en Angleterre et dans les Provinces : c'était une déclaration de guerre, il fallait maintenant agir.

Depuis longtemps les préparatifs militaires du stathouder étaient terminés. Prenant lui-même le commandement en chef de l'expédition, il avait sous ses ordres le maréchal de Schomberg, gouverneur de Berlin, et l'amiral anglais Herbert auquel on venait de décerner le titre de lieutenant général amiral des flottes de l'Union.

Ses troupes se composaient de sept mille Suédois venus sur quatorze vaisseaux qui se joignirent à l'escadre hollandaise, de six mille hommes fournis par l'électeur de Brande-

---

(1) GROVESTINS, t. V, p. 457.

(2) « Thenceforth all fear of opposition in any part of United Provinces was a an end; and the full sanction of the federation to his entreprise was, in secret sittings, formally given. — MACAULAY, III, p. 262. Voyez aussi le *Recueil de Traités*, t. IV, n° 225. — Egalement BURNET, WAGENAER, WITSEN,

bourg (1), de six mille Saxons, quatre mille hommes de Zell et Wolfenbuttel, trois mille de Hesse-Cassel et autant de Wirtemberg (2).

L'escadre, composée de cinquante-quatre vaisseaux de guerre et de cinq cents transports, fut divisée en trois escadres, l'avant-garde étant confiée à l'amiral Herbert.

Le 16 octobre l'embarquement était terminé et Guillaume, montant à bord, ordonna de hisser son pavillon. Alors aux yeux de l'immense foule accourue pour voir cet étrange spectacle apparurent les couleurs d'Angleterre et de l'Union, portant au centre les armes de Stuart écartelées de Nassau.

D'immenses lettres, brodées d'or, traçaient la devise des Nassau : « Je maintiendrai », devise un peu obscure, mais que rendait plus claire, pour la circonstance, une seconde ligne visible plus bas : « Les libertés anglaises et la religion protestante ». Sur d'autres pavillons on lisait : « *Pro relligione protestante* » ; sur d'autres encore : « *Pro libero Parlamento*.

Le 19, la flotte prenait la mer : toutefois la Providence, qui devait accorder la victoire finale à l'usurpateur, sembla tout d'abord abandonner ce prince. L'escadre était à peine au large qu'une tempête furieuse s'éleva, jetant çà et là les bâtiments et en portant un certain nombre jusque sur les côtes de Norvége. Guillaume put à grand'peine regagner le port d'Helvoetsluys d'où il était parti, et huit jours s'étaient passés que la totalité des navires n'était point rentrée encore.

Pendant ce temps Jacques avait connaissance en même temps du manifeste du prince d'Orange et de son embarquement. Ces deux nouvelles le trouvèrent non préparé,

---

(1) Cet électeur était le fils de Frédéric-Guillaume, mort peu de temps auparavant.

(2) Quatorze mille seulement de ces soldats furent embarqués.

car jusqu'au dernier moment il n'avait point voulu croire aux projets du stathouder. Alors il tenta de recourir aux concessions et d'accorder plus qu'on ne lui demandait. Les libertés municipales de Londres, récemment enlevées à la ville, furent rendues : la cour ecclésiastique fut abolie, les colléges des universités furent rétablis dans leurs priviléges, les professeurs catholiques installés de force à Oxford furent révoqués.

Toutes ces concessions arrivaient trop tard. Arrachées qu'elles étaient par la crainte et la faiblesse, c'était au prince d'Orange qu'on en savait gré et non au roi d'Angleterre; donc la partie n'était point engagée encore qu'elle semblait perdue pour Jacques II.

Guillaume, en effet, loin de se laisser abattre par le mauvais succès de son embarquement, déployait une nouvelle énergie à en préparer un second et à l'effectuer dans le plus bref délai. Malgré tous ses efforts il ne put cependant reprendre la mer que le 12 novembre ; le 13 l'escadre, poussée par un fort vent d'est, était entre Douvres et Calais, et le 14 elle abordait heureusement à Torbay, point choisi pour toucher terre.

Comme on pense, la nouvelle de ce débarquement fut bientôt connue à Londres : elle jeta le roi Jacques dans une stupeur profonde, augmenta son irrésolution, sembla paralyser jusqu'à son propre courage, qualité dont il avait cependant donné maintes fois des preuves, tant dans les campagnes faites par lui en France sous Turenne, que plus tard dans la flotte anglaise quand il y exerçait la charge de grand amiral. Les mesures politiques qu'il était urgent de prendre se ressentirent de ce trouble et de cette agitation ; le ministère fut modifié, le duc de Sunderland renvoyé; mais, dans la crise présente, c'était là une façon d'agir qui affaiblissait la royauté plus qu'elle ne la fortifiait. La nouvelle du débarquement de Guillaume d'Orange avait été connue du roi d'Angleterre le 16; le même jour, ce prince publia un manifeste où il flétrissait énergiquement la conduite de l'usurpateur; cependant, au dire de Barillon, « les termes n'en étoient point assez durs. »

Il y était dit que le prince d'Orange essayait de se concilier le peuple anglais en déclarant se soumettre d'avance aux décisions d'un parlement librement élu, *pro libero parlamento;* cependant, il était bien évident qu'un parlement ne saurait être libre tant qu'une armée de mercenaires étrangers foulerait le sol du royaume. « Ce prince, ajoutait Jacques II, est donc lui-même un obstacle au parlement. Nous l'avions cependant déclaré : nous sommes absolument résolus, dès que nous serons délivrés de cette invasion, par la bénédiction de Dieu, à convoquer un parlement, que l'on ne pourra en aucune manière soupçonner de ne pas avoir été librement élu, puisque nous avons réuni actuellement les corporations et communautés de ce royaume dans leurs anciens droits et priviléges, sur lesquels nous serons prêts, non-seulement à redresser les justes plaintes de nos fidèles sujets, mais aussi à conformer nos promesses et assurances de les maintenir dans leur religion, leurs libertés, leurs propriétés et tous autres droits et priviléges.

» Par ces considérations, et pour les obligations de leurs devoirs et de leur allégeance naturelle, nous ne doutons point que tous nos fidèles et aimés sujets ne veuillent concourir promptement et de bon cœur avec nous pour supprimer et chasser totalement ces ennemis et sujets rebelles qui ont si injurieusement et déloyalement envahi nos royaumes, en ont troublé la paix et la tranquillité. »

Cette proclamation n'était pas de nature à produire grand

effet en un aussi critique moment : c'était par une conduite énergique, par des faits plus que par des paroles que le roi d'Angleterre pouvait encore garder sa couronne.

En réunissant toutes les forces dont il pouvait disposer, y compris les régiments d'Irlande et d'Écosse, Jacques arrivait au chiffre d'environ quarante mille hommes non compris la milice (1) ; c'était trois fois ce qu'il fallait pour arrêter l'usurpateur.

Une indolence incroyable devait rendre inutiles ces moyens de défense : le 20 novembre seulement trente escadrons de cavalerie ou dragons et dix-huit bataillons d'infanterie avaient quitté Portsmouth ou Londres pour marcher vers Salisbury ; malheureusement le roi n'était point avec eux. Ce prince avait offert le commandement à un Français, le comte de Roye, qui l'avait refusé, demandant seulement à servir comme volontaire près de Sa Majesté ; la direction des troupes fut alors donnée au beau-frère du comte de Roye, Feversham, qui n'avait guère d'expérience aux choses de la guerre, mais dont le nom avait cependant quelque réputation militaire depuis la défaite de Monmouth à Sedgemoor.

Pendant que Feversham s'avançait à petites journées vers le prince d'Orange, Jacques II restait à Londres, malgré les conseils de Louis XIV qui, par l'entremise, de Barillon, donnait au roi d'Angleterre les plus sages et les plus judicieux conseils.

Deux choses étaient à faire, disait le roi de France, pour déjouer les projets de Guillaume : Jacques II devait déclarer sur l'heure la guerre aux États généraux ; se mettre

---

(1) « James estimated the force with which he should be able to meet the invaders at near forty thousand troops, exclusive of the militia. » MACAULAY. — Tome III, page 269.

ensuite résolûment à la tête de l'armée anglaise et marcher au prince d'Orange. Jacques II avait répondu alors à Barillon qu'il hésitait à déclarer la guerre aux Provinces-Unies, ne sachant point si la France le suivrait dans cette démarche. Louis XIV répondit à Barillon : « Vous pouvez donner ma parole au roi d'Angleterre que je ne différerai plus cette déclaration qu'autant de temps qu'il le jugera convenable au bien de ses affaires et que je la ferois dès à présent, si vous m'aviez mandé qu'il le désiroit. »

Cette lettre était datée du 18; le 22 l'ambassadeur français répondait à son maître que Jacques II acceptait les hostilités avec les Provinces; le 26 Louis XIV envoyait sa déclaration de guerre aux États généraux. Non content de cette diversion qui plaçait Guillaume dans une situation critique, le roi de France proposait à Jacques II des subsides en argent et en hommes, et sachant bien que le roi d'Angleterre n'avait point de général à opposer au prince d'Orange ni à Schomberg, il lui offrait pour commander l'armée royale un de ses lieutenants généraux ou même un maréchal de France.

Malgré l'impopularité de Jacques II, il est incontestable qu'un peu plus d'énergie eût maintenu encore, après tant de fautes, la couronne sur la tête de ce prince.

Il y avait onze jours que l'armée hollandaise avait débarqué à Torbay et Guillaume d'Orange n'avait vu encore se déclarer en sa faveur ni un grand seigneur, ni un régiment, ni une bourgade. « A peine débarqué à Torbay, dit l'historien de la révolution de 1688, visiblement affectionné à Guillaume, le prince d'Orange s'était porté sur Exeter. Mais ni le corps de ville, ni le clergé, ni le peuple même, ne se déclara pour lui. Tout ce qui étoit riche et attaché à quelques fonctions de l'État ou de l'Église, s'étoit retiré. L'ami de feu lord Russell,

Guillaume Courtney, chez qui logea le prince, parce qu'il comptoit sur lui, n'osa pas même se déclarer. Burnet, qui prêcha dans l'église cathédrale, ne put y réunir aucun ecclésiastique, et les presbytériens même refusèrent les clés du lieu où ils tenaient leur assemblée, à Fergusson qui vouloit y prêcher. « Je prendrai donc, » dit ce prédicant, « le royaume des cieux par violence; » et il ouvrit lui-même la porte..... Soit terreur, ou prudence, ou fidélité des habitants, le prince d'Orange ne se vit environné que de ses officiers et des mécontents qui l'avoient accompagné. Il resta près de dix jours à Exeter, sans que personne du pays ni des provinces voisines vînt le joindre : inquiet de cette froideur, répétant sans cesse qu'il étoit venu en Angleterre uniquement parce qu'on l'y avoit appelé, disant même publiquement qu'il alloit repartir et laisser aux Anglais le soin de démêler eux-mêmes leurs affaires avec le roi. »

Il fallait évidemment profiter de cette sagesse du peuple anglais et le maintenir par une vigoureuse conduite, dans un devoir qu'il ne songeait point encore à trahir; au lieu de cela, Jacques II n'agissait point : les défections devaient alors commencer.

A vrai dire, elles furent sans importance, tant à cette époque que dans la suite, et Jacques II put se reprocher toute sa vie de n'avoir point voulu utiliser le dévouement de son armée.

Le 25 novembre au soir, M. de Ramsay, lieutenant-colonel du régiment du Roi, arriva tout effaré à Londres, annonçant que les deux régiments de cavalerie du Roi et de Saint-Alban, joints aux dragons de Cornbury, venaient de passer à l'ennemi. Cette nouvelle impressionna vivement le roi, qui sur l'heure envoya un courrier au comte de Feversham avec ordre d'abandonner Salisbury et de se replier vers

Londres. Or M. de Ramsay avait exagéré les faits et s'était fort avancé en annonçant la défection de trois régiments royaux. Il y avait eu cependant trahison, et par conséquent un traître : celui-là s'appelait Édouard, vicomte de Cornbury; sa défection ayant été la première, prend une gravité dont peuvent jusqu'à un certain point se défendre les autres. L'histoire a donc retenu spécialement le nom de ce jeune officier pour le marquer d'une tache spéciale et ineffaçable.

Cornbury avait été détaché avec son régiment et les deux autres que nous avons nommés, pour surveiller la cavalerie d'Orange qui, inférieure et mal montée, n'avait pas même tenté une reconnaissance. Dans ce détachement, chacun des colonels était de jour pour le commandement général, sans qu'on s'occupât de l'ancienneté. Le 25 novembre le roulement amena le tour du vicomte de Cornbury. « Il paraît extraordinaire, dit Macaulay, que dans des circonstances aussi graves que celles où l'on se trouvait, une armée dont dépendait le salut général, ait été livrée, même pour un moment, au commandement d'un jeune officier sans capacité ni expérience (1). »

L'événement prouva combien cette incurie était déplorable. Le 16 au soir, et à l'improviste, Cornbury fait sonner à cheval pour les trois régiments sous ses ordres; il se met à leur tête et les conduit d'abord à Blandford, puis à Dorchester. Là, une halte de une heure ou deux pour resangler les chevaux et les laisser souffler, et la marche en avant continue. Les officiers, auxquels il semble qu'on s'aven-

---

(1) «.... It seems extraordinary that, at such a crisis the army on which every thing depended should have been left, ever for a moment, under the command of a young colonel who had neither abilities nor experience. » MACAULAY, Tauch. ed. Tome III, p. 301.

ture bien loin du gros de l'armée, demandent où on les conduit. Cornbury répond qu'il a des ordres secrets pour surprendre de nuit un poste avancé du prince d'Orange. On le suit encore sur cette réponse ; mais, au bout de quelques instants, les doutes se prononcent de nouveau et Cornbury est sommé de montrer ses ordres.

Le traître s'aperçoit qu'il a compté sans la fidélité de ces braves gens ; il voit qu'il ne peut conduire plus loin ces trois régiments : sa défection devient évidente, ses officiers vont la lui faire probablement expier comme il le mérite. Il lance alors son cheval au galop et suivi à peine de quelques cavaliers, protégé par l'obscurité de la nuit, il échappe aux royalistes et parvient au quartier de l'usurpateur. On n'essaya pas de le poursuivre : la plus grande partie des cavaliers royaux rentrèrent sur l'heure dans leur cantonnement ; un petit nombre pour lequel la trahison de leur général n'était point prouvée encore, essaya de continuer, espérant encore surprendre le poste hollandais dont avait parlé Cornbury.

Ils trouvèrent en effet l'ennemi, mais en tel nombre que le combat n'était pas possible ; l'embuscade était flagrante ; ils furent invités à passer aux rebelles et reçurent la promesse d'un mois de solde de gratification ; la plupart méprisèrent ces offres et regagnèrent comme ils purent l'armée royale. Telle avait été, au vrai, la défection du vicomte de Cornbury.

Cette infamie n'était en réalité que celle d'un seul homme et Jacques II eût dû y trouver un motif de confiance plutôt que de découragement. La fidélité est solide et inébranlable quand des soldats, malgré l'inflexible loi de la discipline, refusent de suivre leur chef dans une trahison de cette sorte ; le roi d'Angleterre ne sut point apprécier le dévouement de ces braves gens; en tout cas, il devait le rendre inutile.

Dès le lendemain cependant, il résolut de se rendre à l'armée, et en ce moment encore de nouvelles preuves d'attachement lui furent loyalement données. Le 27 au soir, quelques heures avant son départ, il réunit tous les officiers généraux qui étaient encore à Londres et leur dit : « Messieurs, s'il en était parmi vous qui me servissent à regret, qu'ils parlent : je les entendrai sans colère; s'il en est qui veuillent me quitter, qu'ils le disent, je les autoriserai à se rendre où ils voudront; au moins pourront-ils partir honorablement; je parle à des gentilshommes et je sais que je ne trouverai point parmi vous d'autres Cornbury; s'il s'en rencontrait un, j'aimerais mieux qu'il s'en allât sur l'heure, au moins lui pourrais-je épargner l'infamie de la trahison! »

Ces nobles paroles produisirent une vive émotion et tous les assistants assurèrent le roi de leur fidélité. Ces protestations, en ce moment encore, étaient sincères chez la plupart; mais la faiblesse de Jacques II devait rendre inutile ce dévouement et participer à la chute d'hommes qui, avec un prince plus énergique, fussent restés d'honnêtes gens.

Quelques heures après, le 27, le roi d'Angleterre, escorté de Barillon, qui ne le quittait plus, gagnait à Salisbury le quartier général du comte de Feversham.

Si l'on considère le peu d'enthousiasme qu'avait excité en Angleterre le débarquement du prince d'Orange, si l'on songe aux témoignages de dévouement que Jacques II reçut de son armée jusqu'à la dernière heure, si l'on tient compte enfin de l'esprit réfléchi et sérieux du peuple anglais, peu enclin aux aventures et aux entreprises risquées, on doit conclure que le roi d'Angleterre devait prendre, non sans confiance en sa cause, le commandement de ses troupes.

Il n'en était rien cependant, et c'est à ce manque de confiance en ses meilleurs serviteurs que Jacques dut de perdre, en cette circonstance, l'occasion presque assurée de vaincre son adversaire. Nous l'avons dit, la plupart des généraux jacobites penchaient pour les partis énergiques, pour une marche offensive hardiment et promptement exécutée : le roi lui-même se rendait à Salisbury avec l'intention arrêtée d'entamer de vigoureuses opérations. C'est donc avec une stupéfaction profonde que les soldats royaux apprirent, le 29, qu'à la suite d'un conseil de guerre tenu la veille, la retraite sur Londres avait été décidée.

L'histoire n'a pu dire encore au juste ce qui se passa dans ce conseil de guerre de Salisbury. Il est certain que la majorité y opina pour l'offensive; mais que valaient ces avis si la plupart étaient émis par des traîtres ? Jacques II appliqua en cette circonstance la maxime : fais le contraire de ce que veut ton ennemi; les défections qui suivirent son arrivée au quartier général semblèrent d'abord lui donner raison; mais peut-être aussi peut-on supposer qu'une offensive hardie, de l'énergie, une prompte marche en avant auraient maintenu dans le devoir plus d'un esprit faible, plus d'un de ces serviteurs découragés par tant de faiblesse chez le souverain.

Le 3 décembre, la décision du conseil de guerre fut annoncée à Louis XIV par Barillon, qui apprenait en même temps au roi de France le défection du colonel Kerke, de Churchill, du colonel Barkley, du prince de Danemark, mari de la princesse Anne, enfin de cette princesse elle-même, propre fille de Jacques II. A la nouvelle de cette dernière trahison, le malheureux père s'était écrié : « Mes enfants, mes propres enfants m'ont abandonné! Oh si mes ennemis seuls m'avaient maudit, j'aurais pu le supporter (1)! »

La défection de Churchill, qu'il avait comblé de bienfaits, fut au roi d'Angleterre, après celle de la princesse Anne, la plus pénible et la plus vivement sentie : « Churchill, s'écriait-il, Churchill que j'ai élevé si haut! C'est lui, lui seul qui est cause de toutes ces infamies. C'est lui qui a corrompu mon armée, lui qui a entraîné mes enfants!... »

Le 6 décembre, le roi d'Angleterre rentra à Londres, abattu et démoralisé, ayant abandonné déjà toute idée de défense et pensant dès lors à chercher, soit en Écosse, soit en France, un refuge où sa personne fût en sûreté.

Aussi bien n'était-ce point son propre salut qui dès lors le préoccupait le plus : celui de la reine, celui surtout du jeune prince de Galles, à la mamelle encore, était une incessante angoisse pour son cœur.

Déjà, le 26 novembre, l'enfant royal avait été envoyé à Portsmouth, d'où le lord Darmouth, commandant en chef de la flotte, devait, au premier danger, le conduire en France. Or, il arriva que le lord Darmouth, très-dévoué au roi et tory acharné, représenta à Jacques II qu'une loi anglaise interdisait absolument au prince héritier de quitter la Grande-Bretagne sans une autorisation formelle du Parlement. Le jeune prince resta donc à Portsmouth; mais au retour de Salisbury, les craintes du roi d'Angleterre ayant encore augmenté, la première décision fut reprise. Au surplus, les raisons de lord Darmouth, très-respectables en temps ordinaire, n'avaient plus aucune force en une

---

(1) MAZURE, t. III, p. 240. — Voyez aussi MACAULAY, t. III, p. 320. « God help me, my own children have forsaken me! » Également le *Clarendon's Diary*, la *Darmouth's note on Burnet*, la *Clarke's life of James*.

époque où toute légalité était violée : il convenait donc de ne plus en tenir compte.

Cependant comme les premières dispositions pour le passage du jeune prince en France ne pouvaient plus être adoptées, comme on savait aussi que le lord Darmouth, sans s'opposer au départ, ne se chargerait pas de le faire exécuter, il fallait à tout prix trouver un autre chef pour l'entreprise et d'autres moyens de la mener à bonne fin.

Tout d'abord, il fut résolu que la reine partirait avec son fils, qu'on ramènerait en premier lieu à Londres : quant au serviteur fidèle à qui le roi confierait le salut du prince de Galles, Jacques II résolut de choisir un Français.

Celui-là habitait Londres, et n'était point un inconnu : il s'appelait Puyguilhem, comte de Lauzun.

On sait les aventures de Lauzun, ses amours romanesques, sa disgrâce; nous n'y reviendrons point. A Londres, où il était venu se fixer au sortir de France, il avait trouvé toutes les portes grand ouvertes ; et à une époque où le plus pauvre gentilhomme français (1) était considéré partout comme un modèle d'élégance et de bon ton, Lauzun, célèbre par ses infortunes et ses amours, ne pouvait manquer d'attirer tous les yeux. Il avait donc été reçu à bras ouverts à White-Hall, et particulièrement bien traité par le roi d'Angleterre.

Ce fut à Lauzun que le prince s'adressa.

(1) Macaulay dit davantage encore : « He (Lauzun) visited England, and was well received at the palace of James and in the fashionable circles of London; for in that age the gentlemen of France were regarded throughout Europe as models of grace; and many Chevaliers and Viscounts, who had never been admitted to the interior circle at Versailles, found themselves objects of general curiosity and admiration at White-Hall. » *Hist. of England*, t. III, p. 343.

Lauzun était à tous égards l'homme de la circonstance. Il avait toujours eu du goût pour les aventures, celle-là était trop honorable pour ne le point séduire; il s'y dévoua avec toute l'ardeur que méritait une telle cause.

Le 20 décembre, dans la soirée, le roi et la reine tinrent leur réunion ordinaire, après laquelle eut lieu le coucher du roi. Cette cérémonie terminée, Jacques II attendit qu'un profond silence régnât dans White-Hall, puis il passa chez la reine, qu'il trouva seule avec le prince de Galles; Lauzun attendait à la porte : on le fit entrer. « Monsieur, lui dit le roi, je vous confie ma femme et mon fils : conduisez-les en France; qu'aucun obstacle ne vous arrête. »

Lauzun lui répondit en gentilhomme, qu'il rendait grâces à Sa Majesté de l'avoir choisi pour ce dangereux honneur; il demanda alors la permission de s'adjoindre, pour le voyage, le marquis de Saint-Victor, un sien ami, dont il connaissait le dévouement : Jacques II se hâta d'accéder à ce désir, et aussitôt Saint-Victor, qui n'était qu'à quelques pas, fut introduit.

Il était environ minuit : la pluie qui tombait à torrent, un profond silence sauf le vent qui soufflait avec bruit et violence, une obscurité noire semblaient se réunir à souhait pour mieux couvrir de mystère ce triste départ. Jacques II, très-ému, serra dans ses bras sa femme et son fils : Lauzun présenta alors la main à la reine, Saint-Victor enveloppa dans un épais manteau l'enfant royal, et la petite troupe, allant à la garde de Dieu, quitta le palais par un escalier dérobé et monta sur une méchante barque retenue tout d'abord par Lauzun.

A Lambeth, où une voiture devait attendre les fugitifs, il y eut quelque retard. Pendant qu'on attelait les chevaux, la reine Marie, n'osant point entrer dans l'auberge, se tenait à l'abri de la tempête sous la tour de l'église, en proie à mille terreurs et détournant la tête quand la lanterne des palefreniers illuminait son visage. Heureusement l'enfant royal ne paraissait point s'apercevoir qu'il eût quitté son berceau ordinaire : dormant profondément ou pendu au sein de sa nourrice, il n'augmenta point par un cri ni ses larmes les angoisses de son infortunée mère.

Enfin la voiture fut attelée, bientôt on toucha Gravesend où l'embarquement eut lieu sans encombre, et tandis que le patron du bateau donnait aussitôt l'ordre de cingler vers la France, Saint-Victor, qui de Lambeth à Gravesend avait suivi la voiture à cheval, rentrait à grande allure dans White-Hall rendre compte au roi de l'heureuse issue de sa mission (1).

Le jour même où Jacques II décidait le départ de sa femme et de son fils pour la France, il prenait lui-même la résolution de quitter l'Angleterre, où il sentait bien qu'il ne régnait plus.

A Londres pourtant les seigneurs les plus influents croyaient encore de bonne foi que la déchéance du roi n'était point une nécessité de la Révolution nouvelle; aussi fut-ce à ces idées de conciliation qu'il faut attribuer la singulière démarche conseillée à Jacques II et acceptée par lui, l'envoi de commissaires députés au prince d'Orange en vue d'un arrangement.

C'était se reconnaître vaincu, et Guillaume prit en effet pour une soumission un acte qu'on voulait faire passer encore pour un traité d'égal à égal; il sut être aussi arrogant et aussi insolent qu'il était possible de l'être. Après

---

(1) Voyez MACAULAY, t. III, pages 344 et suivantes. — CLARKE, *Vie de Jacques II.*—PÈRE D'ORLÉANS, *Révolutions d'Angleterre.*—MADAME DE SÉVIGNÉ. — *Journal* de DANGEAU. Pour LAUZUN, voyez SAINT-SIMON, LA BRUYÈRE.

avoir fait attendre cinq jours les délégués du roi d'Angleterre, il rejeta toutes leurs propositions et leur remit, le 18 décembre, la déclaration suivante, qui contenait sa réponse :

« Nous, de l'avis des seigneurs et gentilshommes assemblés, avons fait pour réponse les propositions qui suivent :

» Que tous les papistes et telles personnes qui n'ont pas les qualités requises par les lois, soient désarmés, licenciés, et déposés de tous emplois civils et militaires.

» Que toutes proclamations qui font des réflexions sur nous et sur ceux qui sont venus avec nous ou se sont déclarés pour nous, soient révoquées; et si quelques personnes ont été mises en prison pour nous avoir assisté, qu'elles soient mises incontinent en liberté;

» Que, pour la sûreté et la sauvegarde de la ville de Londres, la garde et le gouvernement de la Tour soient incontinent mis entre les mains de ladite ville;

» Que si Sa Majesté juge à propos d'être à Londres durant les séances du parlement, nous puissions y être aussi avec un nombre égal de nos gardes; que s'il plaît à Sa Majesté d'être en tel lieu que ce soit hors de Londres, et à telle distance qu'elle avisera, nous puissions être aussi à la même distance; que les armées respectives se tiennent à quarante milles de Londres; que Sa Majesté ne fasse point venir d'autres troupes dans le Royaume, et que, pour la sûreté de la ville de Londres et de son commerce, la forteresse de Tilbéry soit mise entre les mains de ladite ville;

» Qu'une partie suffisante des revenus du Roi nous soit assignée pour la subsistance et l'entretien de nos troupes jusqu'aux séances du parlement;

» Que, pour empêcher le débarquement de troupes françaises ou autres troupes étrangères, la ville de Portsmouth puisse être mise entre telles mains qu'il sera convenu entre Sa Majesté et nous (1). »

Ce fut dans la nuit du 19 au 20 que cette réponse fut communiquée à Jacques II et, le 21, Barillon écrivait à Louis XIV : « Le roi d'Angleterre est parti cette nuit. »

Où était allé Jacques II ? A part quelques fidèles, personne ne le savait; mais à peine cette nouvelle fut-elle connue à Londres qu'une révolution populaire éclata. Malgré un semblant de gouvernement provisoire installé à l'hôtel de ville par le lord-maire et les aldermen, la lie du peuple et la canaille se sentirent libres de tout frein et se portèrent aux plus grands excès : l'hôtel de l'ambassadeur d'Espagne fut pillé : celui de France, attaqué deux fois, fut sauvé par l'énergie de Barillon (2), qui repoussa les armes à la main cette agression de forcenés.

Pendant ce temps, au milieu des trahisons qui commençaient à se déclarer sur divers points, le comte de Feversham, un Français (3) donnait, sur une terre étrangère, un admirable exemple de dévouement et de fidélité. Maintenant énergiquement l'armée royale dans son devoir, gardant intacte la foi jurée au monarque abandonné, il attendait l'ordre de se rapprocher de Londres quand il reçut, à Uxbridge, le pli suivant, scellé aux armes du roi.

« Les choses en étant venues à cette extrémité, de m'obliger à faire sortir du royaume la reine et mon fils le prince de Galles, pour empêcher qu'ils ne tombent entre les mains de mes ennemis (ce qui serait arrivé, s'ils étaient restés plus longtemps), je me vois également forcé de

---

(1) Voyez HALLAM, tome III, p. 230.
(2) Ou plutôt par celle de ses gens, car Barillon n'avait rien de guerrier.
(3) Nous avons dit déjà que le lord Feversham était français de la maison de Duras.

prendre ce parti moi-même et de me mettre en sûreté, s'il est possible, dans l'espérance qu'il plaira un jour à Dieu, par sa compassion infinie, de toucher cette malheureuse nation en rétablissant dans le cœur des peuples l'honneur et la fidélité.

» Si j'avais pu compter sur mes troupes, je n'aurais pas été réduit à l'extrémité où je me vois et j'aurais au moins tenté un combat. Mais si je suis persuadé qu'il y a parmi vous un grand nombre de sujets fidèles et courageux, tant officiers que soldats, vous n'ignorez pas que vous-même et plusieurs officiers généraux ou autres personnes de l'armée, vous m'avez dit qu'il n'était nullement à propos de me hasarder, ni de me mettre à leur tête, ni d'entreprendre à me servir d'eux pour combattre le prince d'Orange.

» Il ne me reste donc qu'à vous remercier, comme aussi tous les officiers et soldats qui se sont attachés à moi et qui m'ont été fidèles. J'espère que vous me conserverez toujours la même fidélité. Si je ne prétends pas que vous exposiez vos personnes en résistant à une armée étrangère et à une nation empoisonnée, je me flatte cependant que vos principes sont trop bien enracinés pour que vous ne repoussiez pas tout acte d'association ou autres choses pareilles. Le temps presse et m'empêche d'en dire davantage. Souvenez-vous que si je vous ai toujours trouvés fidèles, vous m'avez toujours trouvé maître affectionné : vous me verrez toujours le même (1).

» JACQUES, *roi.* »

Feversham fut atterré en lisant cette lettre : ce n'était plus une armée qui trahissait son chef, c'était un prince qui abandonnait ses fidèles.

(1) Dans HALLAM, tome III, page 240.

C'était aussi un ordre de licenciement, et si pénible que fût, ici, l'obéissance, Feversham n'hésita point à obéir. Plusieurs officiers généraux, la plupart des soldats s'écrièrent qu'ils voulaient rester groupés et marcher quand même à l'ennemi ; mais comme le plus souvent la discipline et le respect du devoir s'allient à la fidélité et au dévouement, les ordres du roi prévalurent et la dislocation des troupes eut lieu.

A la même heure, pour ainsi dire, où Feversham recevait l'ordre de licencier son armée, un autre courrier lui remettait un message du maire et des aldermen de Londres, l'invitant à venir assurer l'ordre dans la capitale en proie aux agitations dont nous avons parlé plus haut.

Ayant remis à un des officiers généraux sous ses ordres le commandement de l'armée ou plutôt le soin des dernières dispositions à prendre en vue du renvoi des troupes, le comte de Feversham, libre de ses actions et de sa conduite, crut pouvoir se rendre aux désirs du lord maire.

Il partit donc d'Uxbridge et s'achemina vers la capitale, ignorant la plupart des événements qui s'étaient passés depuis huit jours, car la dépêche des aldermen était sobre de détails, lui mandant seulement que sa présence était nécessaire et que l'on avait besoin de son dévouement.

Or, il était près du terme de son voyage quand une étrange nouvelle lui parvint, à lui qui n'était point bien assuré encore que le roi ne fût point dans Londres ques II, en fuite vers la France, venait d'être arrêté par des paysans, dans le comté de Kent et précisément au bourg de Feversham.

Cette nouvelle était vraie.

Barillon, écrivant le 24 au matin à Louis XIV : « Le roi est parti cette nuit, » avait été bien informé. —Jacques II, désespérant de la résistance, sans confiance dans ses meilleurs serviteurs, avait décidé, à la réception de la réponse du prince d'Orange, d'abandonner la partie et de gagner sans retard la France.

Ayant quitté furtivement White-Hall le 21 décembre, vers trois heures du matin, le roi d'Angleterre, accompagné du chevalier Édouard Hales, qui s'était chargé de tous les apprêts de la fuite, emmenant avec lui son valet de chambre Labadye et un autre domestique, avait franchi la Tamise, jeté, en passant, le grand sceau au fond du fleuve, et s'était mis en un carrosse qui l'attendait sur l'autre rive.

Il arrivait, au bout d'un voyage sans incidents, à Emley Ferry, près l'île de Sheppey, et montait immédiatement à bord d'un bâtiment retenu à l'avance, qui devait en peu de temps le débarquer sur les côtes de France.

La Providence voulut que le vent ne fût point favorable, et le patron refusa de partir, quelques instances qu'on lui pût faire.

La journée se passa ainsi dans l'attente.

Pendant ce temps, le bruit de l'insurrection de Londres était arrivé jusqu'à Emley Ferry, et cette nouvelle n'avait pas manqué d'exciter chez les pêcheurs de la côte les idées de bouleversement et de pillage que produit toujours dans le bas peuple une révolution. Il régnait donc une grande effervescence sur toute la côte de Kent, et la vue du bâtiment que montait le roi, stationné depuis plusieurs jours près de la côte, inspira l'idée aux fanatiques habitants d'Emley qu'il pourrait bien se trouver à bord quelque papiste fuyant vers la France. Le 23 décembre, cinquante ou soixante pêcheurs montèrent donc sur le navire, pour examiner les passagers et voir s'il n'y avait pas là quelque soi-disant criminel à arrêter. La physionomie du roi frappa l'un d'eux, qui dit tout haut : « Voilà le père Piter (c'était le confesseur de la reine), je le reconnais à sa gu.... décharnée (1). — Fouillons ce vieux jésuite à figure en lame de couteau », s'exclama-t-on de toutes parts. Le roi, très-calme, se laissa fouiller : on lui prit son argent et sa montre, mais on lui laissa l'anneau de son sacre et plusieurs diamants de grand prix que ces ignorants dédaignèrent comme des morceaux de verre sans valeur.

On le força à débarquer avec Labadye et le chevalier Hales, dont on pillait en ce moment le château, et les uns et les autres furent conduits, sous bonne escorte, en une sale auberge où ils furent gardés à vue.

Cette arrestation du soi-disant père Piter avait fait, comme on le peut croire, grand bruit dans Emley Ferry, aussi il se fit un assez grand concours de peuple en la masure qui contenait le royal fugitif; mais tout d'un coup voilà l'un de ces curieux, un pauvre matelot, qui, fendant le cercle, se jette aux pieds du prisonnier et, fondant en larmes, s'écrie : « Oh! Sire, oh! mon seigneur! » La stupéfaction fut à son comble, et cette découverte changea à l'instant même en une attitude respectueuse (2), au moins plus calme, l'air jusque-là insolent et menaçant de la foule. Toutefois, le roi d'Angleterre essaya en vain de profiter de ce revirement des esprits pour tenter de se rembarquer : le comte de Winchelsea et quelques autres gentilshommes du comté, royalistes zélés, se présentèrent alors et le conduisirent en un local moins indigne de sa personne.

A Londres, la nouvelle de l'arrestation du roi à Emley

---

(1) « It is Father Petre » cried one ruffian; « I know him by his lean jaws ». « Search the hatchet faced old Jesuit. » became the general cry. MACAULAY. *Hist. of Engl.*, t. III, page 361.

(2) « Tout ce qui était là tombe saisi d'étonnement et de respect aux genoux du malheureux prince. » MAZURE., t. III, p. 257.

Ferry jeta la ville dans le même trouble que celui du jour précédent; mais par un de ces revirements soudains de l'opinion populaire elle fut reçue avec joie, par des hourrahs et des acclamations.

Ce changement subit dans les idées de la populace effraya fort les membres du gouvernement provisoire : les lords et le conseil privé se trouvèrent très-embarrassés de savoir quelle conduite ils tiendraient avec le roi. Était-ce un prisonnier qu'on allait chercher ou un souverain qu'on allait ramener dans sa capitale? La majorité opina pour ce dernier avis, et on résolut d'envoyer à Emley Ferry les officiers de la maison de Jacques II, le régiment des grenadiers à cheval et quarante hommes par compagnie du régiment des gardes : au surplus, en donnant le commandement de ces troupes au lord Feversham, le conseil privé indiquait assez qu'il envoyait au roi des hommes dévoués et non des ennemis (1).

Feversham ne se contenta point, pourtant, de l'injonction vague d'après laquelle il devait simplement se rendre auprès du roi : « il exigea des instructions plus précises, et un nouvel ordre lui fut délivré *de faire ce que le roi lui commanderait* et de réprimer toute violence ou contrainte sur la personne de Sa Majesté ».

Ce fut au milieu des cris de joie et des vivats que Jacques II rentra dans Londres, trois jours après s'en être enfui d'une façon si étrange : les historiens les plus opposés à ce malheureux prince n'ont point cherché à dissimuler l'enthousiasme général que causa ce retour : arrivé à White-Hall, le roi d'Angleterre retrouva sa cour, ses courtisans,

---

(1) MAZURE., t. III, p. 252. Macaulay dit : « The lords ordered Feversham to hasten with a troop of life-guards to the place where the king was detained and *to set His Majesty at liberty.* » t. III, p. 365.

ses fidèles, et put se croire un instant au sortir d'un rêve pénible, d'une illusion mensongère. Ce semblant de pouvoir ne trompait cependant personne et Jacques II moins que tout autre : bientôt, en effet, il apprit que le lord Feversham, qu'il avait envoyé au prince d'Orange, porteur d'une lettre autographe où il demandait une entrevue à l'usurpateur, venait d'être arrêté et emprisonné.

Guillaume, qui avait appris presque en même temps la fuite de son beau-père, son arrestation et sa rentrée triomphale à Londres, déplora la maladresse des pêcheurs d'Emley Ferry ; effrayé de l'accueil enthousiaste fait à un prince qu'il venait détrôner sous prétexte d'impopularité, il résolut de brusquer les événements et de ne plus garder le moindre ménagement. En conséquence, de son quartier général de Sion, il dépêcha au roi Jacques le comte de Zuilestein, porteur d'un message contenant les dispositions suivantes :

Sa Majesté devait se retirer immédiatement dans un château désigné appartenant à la duchesse de Lauderdale.

Elle y conserverait ses gardes et les personnes qu'elle jugerait à propos ; Saint-James devait être occupé par les gardes hollandaises le même jour, mais White-Hall, séjour actuel de Jacques II, devait être respecté, au moins jusqu'au départ du prince pour sa nouvelle résidence.

Or, le soir même, le lord Craven, commandant des gardes anglaises et gouverneur de White-Hall, était averti, vers neuf heures, que quatre bataillons hollandais étaient aux portes et voulaient occuper le palais ; Craven refusa d'accéder à cet envahissement et courut à l'appartement où le roi se croyait encore en sûreté : mais ce fut en vain qu'il le supplia de ne point permettre cette humiliation ; Jacques II, résigné à tout, accepta ce dernier outrage :

alors Craven se révolte et veut, malgré ses ordres, opposer la force à la force; ses soldats frémissent et compassent les mèches des mousquets : un choc est imminent entre les deux troupes, quand le roi d'Angleterre donne l'ordre formel d'ouvrir les portes et de laisser pénétrer les soldats hollandais : sa dernière parole en cette journée fut une parole de défiance pour ces braves gardes anglaises qui, en cédant le pas à l'ennemi, s'indignaient tout haut de se retirer sans combattre.

Cette nuit, si mal commencée, devait voir d'autres tristes événements. A deux heures du matin, trois envoyés du prince d'Orange se présentèrent à White-Hall et remirent au roi d'Angleterre la lettre suivante, à eux adressée et qui contenait leur message :

« Nous vous prions, mylord marquis d'Halifax, comte de Shrewsbury et mylord Delamere, de dire au roi qu'on trouve convenable, pour la tranquillité de la ville et pour la plus grande sûreté de sa personne, qu'il se transporte à Ham, où il sera accompagné de ses gardes, qui le défendront de toute insulte. Donné à Windsor, le 17-27 décembre 1688.

» W., PRINCE D'ORANGE. »

Jacques II ne présenta aucune observation : il demanda seulement à se retirer dans Rochester et non point dans Ham. Aussi bien son plan était arrêté déjà; persuadé, comme il l'a écrit lui-même dans ses mémoires, que s'il tardait encore à fuir, « son gendre ne manqueroit point de moyens pour le faire sortir non-seulement d'Angleterre mais encore du monde, » il manda à son fils Berwick de tout préparer pour passer la Manche; cependant, il était à peine arrivé à Rochester que de nouvelles preuves de dévouement lui étaient données, que la possibilité de garder sa couronne lui était mise une fois de plus sous les yeux.

Le 18, une déclaration des évêques et de plusieurs seigneurs, « attachés également à la religion anglicane et à la monarchie, faisaient solliciter Jacques II de se tenir tranquille, soit à Rochester, soit à la campagne, et surtout de ne pas quitter le royaume ». Un grand nombre d'officiers généraux qui l'avaient accompagné, J. Fenwick, Sakville, sir John Talbot, frère de Tyrconnel, vice-roi d'Irlande, les lords Newbourg, Griffin, Balcaras, Lichtfield, le sollicitaient de ne point abandonner l'Angleterre : l'un d'eux, arrivant de Londres, proposa de tomber à l'improviste sur les quartiers dispersés du prince d'Orange, promettant au roi l'appui d'un grand nombre d'officiers qui mettaient encore à ses pieds leur épée et leurs bras : rien n'y fit. Le départ fut décidé ; un vaisseau fidèle, le *Harwick*, attendait son illustre passager à l'embouchure de la Swale : le roi arrêta qu'il s'embarquerait aussitôt.

C'était la nuit du 1er au 2 janvier 1689.

« J'arrivai le soir à Rochester, a écrit Berwick dans ses mémoires, et le roy me dit de rester à son couché. Après qu'il fut déshabillé et que tout le monde fut congédié, il reprit ses habits et, sortant par une porte dérobée qui étoit dans sa chambre, il gagna le bord de l'eau et s'embarqua dans une grande chaloupe que Trévanion et MacDonnald, deux capitaines de vaisseau dont les navires étoient dans la rivière, lui avoient préparée. Il n'avoit avec lui que ses deux officiers, Hidolph, gentilhomme de la chambre, Labadye, valet de chambre, et moy (1). »

Pendant que se passaient ces derniers événements, le prince de Galles et la reine, heureusement embarqués,

---

(1) *Mémoires de Berwick*. Livre premier, chap. 11.

ainsi que nous l'avons dit déjà, sous la sauvegarde du comte de Lauzun, passaient le détroit au travers de la flotte hollandaise et, sans autre aventure, arrivaient en vue d'Ambleteuse, le 1ᵉʳ janvier, vers neuf heures du matin.

Après les signaux d'usage le bâtiment anglais mit un canot à la mer : Lauzun y descendit seul et se rendit chez le gouverneur de Calais, M. de Charost, qu'il connaissait particulièrement. Il lui demanda un logement pour deux dames de ses amies qui s'étaient sauvées avec lui, prétendit-il, mais qui désiraient garder l'incognito. Charost n'eut de repos qu'il ne connût le fond du mystère, et quand il l'eut appris, il s'empressa de l'ébruiter en dépit des supplications de Lauzun. Aussi bien peut-on croire que Charost fit bien, puisque nous verrons tout à l'heure le roi de France entourer de toute sorte d'apparats l'arrivée à Paris de la reine d'Angleterre.

En effet, aussitôt le débarquement de la princesse connu, Louis XIV ordonna que le château de Saint-Germain serait mis à la disposition de la femme et de l'héritier de Jacques II. Un train considérable de voitures de voyage, de vivres, fut envoyé à Calais : les gouverneurs des places sur la route de Calais à Paris eurent ordre de préparer et de fournir des escortes ; enfin, des terrassiers furent chargés de niveler la route pour éviter ainsi même un cahot à la royale fugitive.

De Versailles et de Paris partirent plusieurs hauts personnages chargés de composer comme une nouvelle maison à Marie de Modène, de l'accompagner et de l'escorter.

C'est dans cet appareil que la reine d'Angleterre s'approcha de Saint-Germain, en avant duquel Louis XIV en personne vint la recevoir. Le cortége du roi de France, en cette occasion, était digne de la majesté que mettait ce grand prince dans ses moindres actes, mais il avait tenu à entourer d'un éclat particulier une démarche qui était une protestation solennelle contre la conduite du prince d'Orange ; aussi, rien ne saurait dire la pompe déployée en cette circonstance.

En avant du carrosse royal marchaient les hallebardiers suisses ; derrière eux, précédant également la voiture, à droite et à gauche sur les flancs, venait une compagnie des gardes du corps à cheval, étendards au vent ; derrière ce premier carrosse traîné par huit chevaux menés en main, venaient cent voitures de gala à six chevaux, également conduites par des valets de pied et contenant, dit Macaulay, la plus brillante aristocratie de l'Europe, couverte de dentelles, de rubans, de joyaux, et de broderies.

Aussitôt que le carrosse de la reine fut signalé, Louis XIV mit pied à terre et s'approcha ainsi de la voiture royale : « Madame, dit-il à la reine, c'est un triste honneur que je vous rends aujourd'hui ; j'espère pouvoir, dans quelque temps, vous servir plus agréablement et plus utilement. » Il embrassa alors le prince de Galles, et ayant demandé la permission de monter dans la voiture, il s'assit à gauche de la reine.

On arriva ainsi à Saint-Germain, où Louis XIV pria la princesse de se considérer comme maîtresse absolue et unique suzeraine : une maison complète de gardes, d'officiers, de dames d'honneur était déjà installée et fonctionna dès les premiers instants ; enfin, par une attention délicate du roi de France, l'infortunée princesse, qui était partie de Londres presque dans le dénuement, trouva dans sa chambre à coucher une magnifique cassette contenant soixante mille livres.

Le lendemain, Jacques II arrivait à son tour à Versailles. Il y eut entre les deux princes un moment de cordiale effusion : ils s'embrassèrent, puis le roi de France conduisit lui-même son nouvel hôte à Saint-Germain : « Voici, Madame, dit-il à la reine d'Angleterre, un gentilhomme qui serait heureux de vous revoir. »

» Quand la conversation eut duré un quart d'heure, le roi mena le roi d'Angleterre à l'appartement du prince de Galles.

» Après en être sortis, les deux rois s'en revinrent chez la reine. S. M. y laissa celui d'Angleterre. Presque tous les honnêtes gens furent attendris à l'entrevue de ces deux grands princes (1). »

Quelques jours après Louis XIV reçut magnifiquement ses hôtes, à Versailles, et leur fit admirer toutes les beautés de cette grande ville, morte aujourd'hui, mais rayonnante alors de prospérité et de vie ; enfin, en rentrant à Saint-Germain, Jacques II trouvait un pli scellé par lequel il était informé qu'une somme de deux cent quarante mille livres était à sa disposition pour ses premiers besoins et que « tout autant de temps qu'il feroit au roi de France l'honneur d'accepter son hospitalité, ce prince le prioit d'accepter une somme de 45,000 livres sterling, annuellement payée (2) ».

(1) *Mémoires de la cour de France pour les années 1688 et 1689*, par madame la comtesse de LAFAYETTE ; à Amsterdam, chez Jean Frédéric Bernard, 1731, pp. 115 et 116.

(2) 1,125,000 livres, environ 6 millions en valeur actuelle.

CHAPITRE VIII.

Aussitôt le départ de Jacques II pour Rochester, le prince d'Orange avait remis à soixante-dix pairs, réunis en assemblée au palais de Saint-James, un manifeste expliquant sa conduite et les sommant de déclarer quel était désormais le gouvernement de l'Angleterre.

Ces traîtres, dont le nombre, à la nouvelle du départ du roi, s'éleva jusqu'à quatre-vingt-sept, se réunirent à Westminster et s'y constituèrent en Chambre haute.

Après une tumultueuse séance, qui ne dura pas moins de huit heures, une adresse fut rédigée dans les termes suivants : « Nous, les lords spirituels et temporels, assemblés dans cette conjoncture, supplions Son Altesse le prince d'Orange de se charger de l'administration des affaires publiques tant civiles que militaires, de prendre la disposition des revenus publics pour la conservation de la religion, des droits, libertés et propriétés, et de la paix de la nation, et de vouloir porter un soin particulier à l'état présent de l'Irlande, pour prévenir le danger qui la menace.

» Supplions aussi Son Altesse de garder ces fonctions jusqu'à l'assemblée d'une Convention pour le 22 janvier (2 février, style grégorien), dans laquelle nous ne doutons point que l'on ne prenne les mesures nécessaires à l'établissement de toutes choses sur un fondement sûr et légitime, afin d'empêcher qu'elles soient jamais enfreintes à l'avenir (1).

» Donné dans la Chambre des lords, à Westminster, le 25 décembre 1688 (5 janvier 1689). »

Le prince d'Orange reçut avec son flegme ordinaire cette adresse et répondit qu'il l'examinerait; comme, d'un autre côté, il lui importait de ne pas recevoir le pouvoir des mains de la seule aristocratie, il convoqua les anciens membres des deux derniers parlements tenus sous Charles II et en obtint une déclaration semblable à celle des lords et même un peu plus favorable. Il décida donc qu'une *Convention* (2), c'est-à-dire un parlement nouveau, serait réunie le 2 février à Londres, pour y établir un gouvernement légal, et qu'en attendant, lui-même garderait l'administration des affaires publiques et le pouvoir suprême.

Nous n'avons point le loisir ni la volonté de traiter ici, en détail, cette session mémorable du Parlement du 2 février (3); disons seulement que la finesse et l'intrigue y jouèrent un grand rôle et que des hommes sérieux s'y ingénièrent à faire passer pour légale une usurpation avérée et criminelle.

Dans la rédaction de l'adresse, des discussions puériles

---

(1) Dans MAZURE. t. III, page 295.
(2) Le roi seul avait le droit de convoquer un *Parlement*. — Guillaume se garda d'employer ce mot pour désigner les chambres nouvelles. La *Convention* qui allait usurper tous les pouvoirs du parlement devait être mieux acceptée par le rigorisme des Anglais.
(3) Voyez dans Macaulay et Mazure, où la question est fort détaillée.

furent soulevées pour la substitution d'un mot à un autre. « Jacques II avait-il *déserté, abdiqué* ou *abandonné* le trône ? » Vaines expressions, et bien indifférentes, quand ceux qui les discutaient avaient déjà décidé de leur vote.

Enfin, le 6-16 février 1689, une déclaration était adoptée par la Chambre haute et ratifiée immédiatement par la Chambre des communes, d'après laquelle le prince et la princesse d'Orange étaient déclarés roi et reine d'Angleterre, de *France* et d'Irlande. Après leur mort, la couronne et dignité royales devaient appartenir aux héritiers issus de la princesse ; à défaut de tels héritiers, à la princesse Anne de Danemark et à ses enfants ; enfin, à défaut de cette lignée, aux héritiers du prince d'Orange (1).

Cette adresse était précédée de considérations sur le soi-disant contrat qui lie les peuples aux rois et les rois aux peuples ; elle affirmait le droit de pétition, celui d'élire librement les députés, réglait aussi divers points relatifs à la liberté de discussion dans le parlement, demeurait, enfin, une sorte de Constitution qu'on a appelée le *Bill des Droits*.

La cause de Jacques II avait trouvé dans la Convention d'énergiques et éloquents défenseurs ; avocats d'une cause perdue d'avance, ces hommes courageux tinrent à protester contre le vote de la majorité et signèrent, le 17 et le 21 février, une déclaration contradictoire.

---

(1) « Par cet acte des Pairs d'Angleterre, tous les héritiers légitimes, moins les catholiques, étaient déclarés et reconnus ; on n'arrivait à ceux du prince d'Orange qu'au défaut ou par l'extinction de la race des deux filles de Jacques II. Mais on oublia ou l'on feignit d'oublier la princesse Sophie, duchesse de Hanovre, fille de Frédéric, électeur palatin, et petite-fille de Jacques I*er*, souche commune des Stuarts en Angleterre. Le Parlement y revint plus tard, et c'est par là que la maison de Hanovre est montée sur le trône d'Angleterre. » MAZURE, t. III, p. 359.

L'histoire a enregistré leurs noms et nous les cite comme un exemple de la fidélité au malheur et du dévouement désintéressé : c'étaient le duc de Somerset, le comte d'Exeter, le comte Clarendon, l'archevêque d'York, l'évêque de Lincoln, le comte Aylesbury, l'évêque de Norwich, l'évêque de Chichester, l'évêque de Bath et Wells, l'évêque de Saint-David, l'évêque de Peterborough, l'évêque de Glocester, le comte de Nottingham, le comte de Lichfields, le comte de Rochester, Duras comte de Feversham, le baron Barklay, l'évêque de Landaf, le baron Darmouth, le baron Griffin, l'évêque de Bristol, le duc d'Ormond, le duc de Beauford, le baron Brook, le baron Jermin, le comte Scarsdale, le baron Maynard, le duc de Northumberland, le baron Arundel, le baron Chandos, le baron Leigh, le baron de La Ware, le duc de Grafton, le comte Abington et le comte Craven; quant à l'archevêque de Cantorbéry, qui avait refusé d'assister aux délibérations, il envoya sa protestation par écrit.

Mais que pouvait la voix de ces quelques honnêtes gens? Le 23 février, à onze heures du matin, eut lieu dans White-Hall l'acceptation de la couronne et du *Bill des Droits* par le prince d'Orange et la princesse Marie.

La conduite de cette princesse fut, dans cette circonstance, véritablement scandaleuse. Arrivée à Londres le 23 février, elle était entrée dans White-Hall le sourire sur les lèvres, ou plutôt en donnant de bruyantes marques de joie, « courant au travers des appartements, fouillant les armoires, palpant la couverture du lit royal (1) »; sans se souvenir que sur ce même lit avait dormi son grand-père, l'in-

(1) « The entered White-Hall with a girlish delight at being mistress of so fine a house, ran about the rooms, peeped into the closets, and examined the quilt of the state-bed, without seeming to remember by whom those magnificent apartments had last been occupied. » MACAULAY, t. III, p 440.

fortuné Charles Ier. Triste façon d'agir, en vérité, et qui explique la réponse de l'archevêque de Cantorbéry quand la princesse lui envoya demander sa bénédiction : « Qu'elle obtienne d'abord celle de son père, alors je lui donnerai volontiers la mienne. »

Les événements du mois de février ne s'étaient point écoulés sans que Jacques II, qui avait transporté à Saint-Germain un semblant de cour et de gouvernement, n'essayât une protestation ; mais il put rapidement se rendre compte que les injonctions pacifiques n'avaient plus aucun pouvoir sur le parlement : une lettre adressée à la Convention du 2 février ne fut même pas lue ; une proclamation au peuple anglais fut arrêtée avant d'être répandue : la lutte, avec de telles armes, devait demeurer sans succès. Cependant, Jacques II gardait encore dans la nation, comme dans le Parlement, de nombreux et dévoués serviteurs : l'Irlande tout entière était prête à se soulever pour lui, et le prince d'Orange venait à peine d'être proclamé roi que déjà des ennemis se levaient contre lui, revenant ouvertement au monarque dépossédé.

Pour profiter de tels avantages un plan était tout tracé : se transporter en Irlande où Talbot, duc de Tyrconnel, rassemblerait en quelques semaines plusieurs milliers de volontaires, profiter de l'embarras dans lequel mettrait les Provinces-Unies une pointe poussée en Hollande par l'armée française, entrer en Angleterre, et conquérir en un mot, ce qu'il eût été plus facile de conserver, six mois auparavant. Jacques II montra encore dans cette circonstance la faiblesse et l'indécision dont il avait donné tant de preuves à la fin de son règne : ses contemporains, ceux qui l'ont peint dans leurs mémoires après l'avoir vu et fréquenté à la cour de France, nous en font un portrait assez peu flatteur.

Alors que le roi de France et la nation française tout entière prenaient à cœur son rétablissement, lui-même paraissait y moins tenir que personne et, tout en maintenant ses droits, semblait peu se soucier de les voir triompher. « Plus les François voyoient le roi d'Angleterre, moins on le plaignoit de la perte de son royaume (1). »

Nous avons dit déjà que, dès 1688, Louis XIV avait essayé de détourner le coup qui menaçait Jacques II, en déclarant la guerre aux États généraux. Nous avons vu également qu'un conseil funeste de Louvois avait fait porter la guerre vers le Rhin moyen et supérieur, au lieu de la diriger vers la Hollande. Cette guerre, où nous avions à lutter contre tous les princes signataires de la ligue d'Augsbourg, réclamait toutes nos forces, nos hommes et notre argent. Louis XIV n'hésita point, cependant, à ordonner les préparatifs d'une expédition pour l'Irlande, malgré le danger de telles courses lointaines, les peines incroyables qu'elles causent, l'argent qu'elles engouffrent. Le roi de France, qui demeurait en Europe le seul champion du catholicisme, se croyait engagé d'honneur à s'employer énergiquement à la restauration de Jacques II : il comprenait aussi que l'expédition d'Irlande, en ramenant Jacques II dans son pays, maintenait en dehors du continent le prince d'Orange, c'est-à-dire enlevait à la ligue d'Augsbourg la direction énergique de son chef.

Nous étudierons brièvement cette campagne d'Irlande, qui, au point de vue militaire sous lequel nous l'envisagerons uniquement, demeura une longue suite de maladresses et de faiblesses, éclairée çà et là par deux ou trois beaux

---

(1) *Mémoires de la Cour de France pour les années 1688 et 1689*, par madame la comtesse de LAFAYETTE. A Amsterdam, chez Jean-Frédéric-Bernard, 1731, page 123.

faits d'armes : nous la parcourrons rapidement, et nous la placerons ici comme le complément naturel de la révolution de 1688, comme un prolégomène aussi aux grandes campagnes de Luxembourg sur le continent.

Jacques II était arrivé en France dans les premiers jours de janvier ; le 25 février, il prenait à Versailles congé de Louis XIV qui lui adressa, en l'embrassant, ce spirituel adieu : « Je souhaite, monsieur, de ne vous revoir jamais. » Le surlendemain, Louis XIV vint lui rendre sa visite à Saint-Germain, et le 28 février au soir madame de Sévigné écrivait à sa fille :

« C'est tout de bon que le roi d'Angleterre est parti ce matin pour aller en Irlande, où il est attendu avec impatience ; il sera mieux là qu'ici ; il passe par la Bretagne, comme un éclair, et s'en va droit à Brest, où il trouvera le maréchal d'Estrées, et des vaisseaux tout prêts, et des frégates : il porte cinq cens mille écus. Le roi lui a donné des armes pour armer dix mille hommes. Comme Sa Majesté angloise lui disoit adieu, elle finit par lui dire en riant qu'il n'avoit oublié qu'une chose, c'étoit des armes pour sa personne : le roi lui a donné les siennes ; nos héros de roman ne faisoient rien de plus galant. Que ne fera point ce roi brave et malheureux avec ces armes toujours victorieuses ? Le voilà donc avec le casque, la cuirasse de Renaud, d'Amadis, et de tous les paladins les plus célèbres ; je n'ai pas voulu dire d'Hector, car il étoit malheureux. Il n'y a point d'offres de toutes choses que le roi ne lui ait faites ; la générosité, la magnanimité ne vont point plus loin (1). »

---

(1) Madame de SÉVIGNÉ, 28 février 1689.

De troupes, Jacques II n'en conduisait point. Le comte d'Avaux, notre ancien ambassadeur en Angleterre, remplaçait auprès de lui Barillon; les militaires étaient en petit nombre : c'étaient M. de Rosen (1), lieutenant général; M. de Maumont, capitaine aux gardes, qui avait été fait maréchal de camp l'année précédente; après ces messieurs venaient deux brigadiers, les sieurs de Léry (2) et de Pusignan, et un colonel, M. de Boisseleau, capitaine aux gardes (3) : on emportait des armes, des munitions, de l'argent; les hommes, on les trouverait en Irlande.

La traversée fut heureuse, et cinq jours après son départ, le 22 mars 1689, le roi Jacques abordait en Irlande, au port de Kinsale, où l'attendait Tyrconnel. Accueilli avec des acclamations et les signes les plus énergiques d'une joie qui n'était point feinte, il partit pour Cork, puis pour Dublin, où, dès son arrivée, il reçut, avec le cérémonial usité à la cour d'Angleterre, l'ambassadeur de Louis XIV, d'Avaux. Mais, comme le temps n'était pas celui des réjouissances, le roi d'Angleterre se contenta de convoquer un parlement pour le 17 mai suivant et, cette question, nécessaire au vote des subsides, étant réglée, on s'occupa uniquement des choses militaires et du plan de campagne à suivre.

(1) Les Rosen, d'une ancienne famille de Livonie, servaient en France depuis la guerre de Trente ans. Le général-major Rosen s'était distingué sous Turenne. — Un Rosen, également général-major, fut tué à la bataille de Rethel. — Celui dont nous parlons ici s'était fait connaître déjà dans la guerre de Hollande. Il devint maréchal de France en 1703 et mourut en 1715, à quatre-vingt-sept ans.

(2) Il ne faut point le confondre avec le chevalier de Léry son frère, le chef d'escadre, qui prit une part si glorieuse à tous les combats livrés sous Duquesne et Vivonne. Ce nom a été souvent écrit *Lhéry*, mais c'est à tort.

(3) M. Rousset donne à Boisseleau le titre de brigadier, mais c'est une erreur. Boisseleau ne fut fait brigadier qu'après la levée du siège de Limerick. — Voyez la *Gazette de France* du 21 octobre 1690.

De combien d'hommes allait disposer Jacques II ?

Tyrconnel n'avait pas attendu l'arrivée de son maître pour déclarer qu'il ne reconnaissait point Guillaume III. Après avoir feint un instant d'accepter les événements accomplis, il avait fait appel à la fidélité de l'Irlande et groupé sous le drapeau de la légitimité près de cinquante mille paysans. Ce fut l'armée que trouva le roi Jacques à son arrivée à Kinsale.

C'étaient des hommes, ce n'étaient point des soldats.

Après qu'on eut distribué à ces volontaires toutes les armes apportées de France, il se trouva que les deux tiers encore n'avaient rien entre les mains. Il eût mieux valu congédier tout ce qu'on n'avait pas pu équiper, mais l'on craignit de mécontenter des hommes qui s'étaient offerts spontanément et qui voulaient qu'on les employât. On dut les garder pour leur faire croire qu'ils étaient utiles, quand, en réalité, ils créaient seulement un embarras. Les régiments nouveaux, à peine organisés, sans unité, sans homogénéité, eussent été maniables si les effectifs avaient été peu considérables. Malheureusement, le nombre des soldats était en dehors de proportion avec celui des véritables officiers, qui était tout à fait insuffisant : cent capitaines, lieutenants ou cadets (1) venus de France, étaient les seuls hommes du métier de cette grande armée. De bas officiers, il n'y en avait point, et l'on sait de quelle utilité est cette classe de militaires, surtout dans une armée composée de recrues. Il eût fallu, pour discipliner et rendre puissante cette masse incohérente d'hommes, des chefs expérimentés et énergiques, une discipline sévère, la répression prompte et sévère des abus que commet toujours la soldatesque,

---

(1) Des compagnies de cadets avaient été créées en 1682.

quand elle n'est point maintenue. Le contraire de tout cela eut lieu et les abus se multiplièrent : quiconque amenait cinquante hommes était nommé capitaine ; le premier venu qui se disait gentilhomme recevait une commission d'officier, et comme, avec ce système, on n'arrivait point encore à un nombre de gradés suffisant, on en vint à donner des compagnies à des tailleurs, à des cordonniers et même à des laquais (1).

Dans de telles conditions, la nouvelle armée du roi Jacques devait demeurer un instrument impuissant. Il y avait en elle, pourtant, les éléments d'une force redoutable.

Pauvre, et plus que pauvre, misérable, ne connaissant du bien-être de la vie qu'un peu de paille sur le sol de sa cabane, du laitage et quelques légumes à joindre à son pain bis le soir, le paysan celte, l'Irlandais devait forcément trouver dans la le séjour des camps, si rude pour tant d'autres, une amélioration à sa vie de chaque jour. Énergique par tempérament, calme et réfléchi, sobre, non point par goût, mais par habitude, méprisant la mort, puisque la vie lui était si peu enviable, il constituait une recrue excellente, facile à transformer rapidement en un soldat d'élite.

Comme toutes les races qui souffrent, sur lesquelles pèse le joug d'un oppresseur, l'Irlande du dix-septième siècle avait ses souvenirs d'indépendance, légendes chères et aimées, dites aux enfants par les vieillards, le soir, à la veillée. Catholique farouche, superstitieuse, persécutée et souvent martyrisée pour sa foi, elle avait, à l'avène-

---

(1) « Commissions were scattered profusely among idle cosherers who claimed to be descended from good Irish families. Yet even thus the supply of captains and lieutenants fell short of the demand ; and many companies were commanded by cobblers, tailors and footmen. » — MACAULAY, *Hist. of England*, t. IV, p. 154.

ment de Jacques II, caressé pour la première fois depuis Henry VIII des espérances de tolérance religieuse, de liberté politique, peut-être même d'indépendance. Dès 1686 le roi d'Angleterre avait songé à faire de l'Irlande un réduit, une sorte de base militaire d'où il pourrait en certaines occurrences opérer contre la Grande-Bretagne; dans cette prévision, l'administration civile et, non moins, le pouvoir militaire avaient été transférés des protestants aux catholiques, c'est-à-dire, des oppresseurs aux opprimés. L'armée, refondue entièrement, avait été uniquement composée de catholiques; mais outre que les nouveaux soldats, surtout les officiers, n'avaient aucune expérience militaire, on avait fourni, avec les six mille protestants licenciés et renvoyés en Angleterre, un noyau solide de vétérans au prince d'Orange, qui ne manqua point de les accueillir : toutefois, pour le but que se proposait Jacques II, il valait mieux ces protestants en Angleterre, même enrôlés, enrégimentés et combattant, qu'en Irlande, où ils eussent été tout d'abord un obstacle dangereux, malgré leur faiblesse relative et leur petit nombre.

Quoi qu'il en fût, l'esprit populaire irlandais s'animait vivement à la vue de réformes qui semblaient marquer un commencement de délivrance : autour des feux de tourbe de cent mille chaumières, retentissait chaque nuit la mélodie sauvage des vieilles ballades prédisant à bref délai la résurrection de la race opprimée (1). Aussi quand, au commencement de 1689, Tyrconnel appela aux armes cette population toute prête à la révolte, ce ne fut qu'un élan dans tout le pays, un seul cri, un même enthousiasme, ardent, spontané, universel.

(1) MACAULAY, — *Hist. of England*, t. IV, p. 154.

Cette populace armée commit des excès et se vengea sur ses oppresseurs de la veille d'une façon cruelle et condamnable. De nombreuses propriétés furent dévastées, le pillage alluma bien des incendies et détruisit sans raison des troupeaux immenses de bœufs et de moutons; mais les écrivains anglais qui se sont plu à dépeindre ces horreurs oublient trop vite qu'elles n'étaient que de faibles représailles contre des siècles de tyrannie et d'oppression. Un fait dira le triste état dans lequel avait plongé l'Irlande la domination anglaise : l'Irlandais révolté en voulait « à ceux qui mangeaient de la viande et à ceux dont les maisons étaient couvertes en ardoise »; les prétentions de ces rebelles n'allaient point au-delà, leurs réclamations ne dépassaient point ces exigences.

Jacques II était débarqué à peine que le comte d'Avaux s'aperçut sur l'heure des difficultés insurmontables qu'allait rencontrer l'expédition.

Tout d'abord, on reconnut que les services indispensables à la mobilité d'une armée, les transports, les vivres, les ambulances, le service de l'artillerie (alors une entreprise comme les vivres) étaient absolument à créer. Or les voitures faisaient défaut, les chevaux manquaient : il n'y avait point dans l'armée dix boulangers (1) connaissant leur métier, pas un chirurgien. D'Avaux essaya de combler tous ces vides, mais on comprend qu'il ne pouvait y parvenir que très-imparfaitement; cependant, comme il fallait agir, comme il fallait profiter le plus tôt possible et de la bonne

---

(1) « There was no wheaten bread except at the table of the King, who had brought a little flour from Dublin, and to whom Avaux had lent a servant who knew how to bake. » MACAULAY, t. IV, page 183. — Voyez aussi une lettre du 13 juin de Louvois au comte d'Avaux : «.... Vous me proposez d'envoyer des boulangers; je ne puis comprendre qu'il n y en ait point à Dublin... »

volonté des Irlandais, et des difficultés qui retenaient à Londres Guillaume III mal assis encore sur son nouveau trône, on décida que l'armée se porterait au siége d'une des villes de l'île, où les protestants orangistes s'étaient réfugiés.

Ces villes, au nombre de trois, étaient Kenmare dans le Munster, Enniskillen et Londonderry dans l'Ulster : les deux premières n'étaient guère que de grands villages (1); Londonderry était une place de beaucoup plus d'importance.

Bâtie en ellipse à l'embouchure de la Foyle, qui échancre fortement la côte pour y former une assez large baie, Londonderry avait été grossie, dans les derniers temps, de tous les protestants fugitifs de l'Ulster. C'était évidemment la forte position à enlever, l'objectif à atteindre, si l'on voulait être maître de l'Irlande, et Jacques II se décida à marcher sur Londonderry. La place, commandée par un certain colonel Lundy, qui avait prêté serment à Guillaume d'Orange, n'eût probablement pas résisté longtemps, si l'imprudence et la vaine forfanterie dont témoignèrent inutilement les assiégeants n'eussent exaspéré les défenseurs et provoqué chez eux un désespoir qui leur tint lieu de courage.

En effet, comme le roi Jacques s'avançait à petites journées sur Londonderry, entravé dans sa marche par le mauvais état des divers services dont nous avons parlé, il donna le commandement de l'avant-garde à un certain Richard Hamilton, qui servait à son armée en qualité de lieutenant général et qui avait l'ordre d'entamer des négociations préliminaires avec les rebelles.

(1) Macaulay dit de Kenmare : « Forty two houses were erected; the population amounted to a hundred and eighty »; et d'Enniskillen : « Enniskillen, though the capital of the county of Fermanagh, was then merely a village », t. IV, p. 137 et 139.

Hamilton (1) était arrivé à peine en vue de Londonderry, qu'un parlementaire envoyé par Lundy se présenta à lui. Le capitaine White, c'était son nom, annonça que le gouverneur était prêt à ouvrir les portes à l'armée catholique si, comme l'espérait Lundy, le roi Jacques consentait à user de douceur envers des rebelles inconscients et repentants; il demandait donc que l'armée royale ne commençât point une attaque de vive force et demeurât, au contraire, à quatre milles de la ville, de manière à éviter toute collision entre les soldats et les habitants.

Cette convention, si elle eût été exécutée, n'eût pu tourner qu'au profit du roi d'Angleterre; mais ce prince, ayant jugé à tort que le défilé d'une armée de cinquante mille hommes à la vue des remparts improvisés de Londonderry jetterait une terreur salutaire, non-seulement sur les habitants de cette place, mais encore dans l'esprit des quelques insoumis qui n'avaient pas encore reconnu son autorité, ne crut pas devoir observer les promesses faites par Hamilton, et, le 10 avril, il s'avança, à la tête de toutes ses forces, à portée de canon et bientôt plus près de la ville protestante. Les habitants de Londonderry, qui de leurs lignes s'attendaient à voir les têtes de colonne de l'armée royale s'arrêter à la distance fixée dans la convention, furent étonnés d'abord, puis fort effrayés quand ils constatèrent que non-seulement la limite était franchie, mais que les troupes ennemies s'approchaient à portée de mousquet de la ville. Quelques jeunes

---

(1) Richard Hamilton était frère d'Antoine Hamilton, l'auteur des mémoires de Grammont. Ce Grammont avait épousé, comme on sait, leur sœur, la belle Elisabeth Hamilton, la plus jolie fille de la cour de Charles II. Richard Hamilton était un homme sans principes et peu scrupuleux : il n'était point davantage un homme de guerre sérieux, cependant il avait servi en Roussillon et y avait témoigné du courage. Il venait d'être contraint de quitter la Cour de France à la suite d'une tentative galante auprès de la princesse de Conti.

gens crièrent à la trahison ; Lundy fut impuissant à réprimer cette frayeur, à calmer le tumulte ; en quelques instants l'artillerie des rebelles est braquée sur l'armée royale; une première détonation se fait entendre, suivie bientôt d'autres nombreuses et précipitées : les troupes de Jacques II, surprises par une réception si différente de celle qu'elles attendaient, labourées à courte distance par les boulets de la place, s'arrêtent, ondoient un instant et hésitent, puis se débandent en criant : sauve qui peut !

Dans Londonderry, le tumulte n'était pas moins grand. Lundy, accusé de trahison, dut quitter la ville (1) pour ne point être mis en pièces par la foule, et l'on choisit d'un commun accord, pour diriger les affaires, deux hommes que leur exaltation religieuse avait signalés depuis quelque temps à la foule, le ministre Walter et le major Baker.

Ces deux personnages montrèrent dans l'organisation de la défense une énergie qu'il faut reconnaître ; mais nous devons dire cependant que, malgré la légende anglaise qui a fait de la résistance de Londonderry un pendant au siége de Troie (2), ce fut surtout la faiblesse et l'insuffisance des Jacobites qui furent la force des défenseurs.

Nous y perdîmes M. de Maumont, qui commandait en chef l'armée de siége, en l'absence de Rosen emmené par le roi à Dublin. Comme ce brave officier refoulait, à la tête

(1) « Dans une sortie qu'on fit pour secourir le fort de Kilmorre assiégé par les ennemis, il se mit dans un bateau avec un paquet de mèches sur le dos pour s'aller ensuite embarquer et passer en Angleterre. Dès qu'il fut arrivé en Angleterre, il fut envoyé à la Tour. »
Histoire de la Révolution d'Irlande arrivée sous Guillaume III. A Amsterdam, chez Pierre Mortier, libraire sur le Wygendam, *A la ville de Paris*. 1692. Cet ouvrage, document curieux sur le siége de Londonderry, est rare.
(2) « The truth is that there are almost as many mythical stories about the siege of Londonderry as about the siege of Troy. » MACAULAY, *Hist. of Engl.*, t. IV, page 197.

d'un corps de cavalerie, une sortie des assiégés conduite par le colonel Murray, il reçut une balle de mousquet qui l'étendit raide. Quelques jours après ce fut le tour de M. de Pusignan, qui, gravement blessé, mourut faute d'un chirurgien pour panser sa plaie.

Ces deux officiers, qui avaient rang de généraux à l'armée royale, avaient su imprimer quelque activité aux opérations du siége. Leur mort vint plus aider les défenseurs de Londonderry qu'un secours de dix mille hommes, en laissant le commandement à Hamilton, qui n'était point capable de l'exercer dans de telles circonstances.

Peu à peu le siége tourna en blocus et l'on attendit que la faim forçât les rebelles à ouvrir leurs portes : c'était, en effet, un ennemi plus à craindre que les troupes de Jacques, et dès la fin de juin elle faisait dans la ville de grands ravages.

« Le vingt septième de juillet, quoyque la garnison ne fut composée que de quatre mille quatre cens cinquante six hommes, une livre de chair de cheval coutoit vingt sous ; un quartier d'un chien engraissé en mangeant des corps morts d'Irlandois tuéz, trois livres six sous ; la tête d'un chien, trente sous ; un chat, cinquante quatre sous ; un rat, douze sous ; une souris, six sous ; une livre de graisse, douze sous ; une livre de suif, quarante huit sous ; une livre de cuir salé, douze sous ; un pot de sang de cheval, douze sous ; une petite mesure de farine, quand on en pouvoit trouver, douze sous (1). »

Ce fut sur ces entrefaites qu'une flotte anglaise de secours parut à l'embouchure de la Foyle, le 30 juillet, et vint rendre l'espérance aux défenseurs affamés ; mais le même

---

(1) *Histoire de la Révol. d'Irlande*, page 24.

événement qui réjouissait les uns décourageait les autres, et Hamilton, ne comptant plus triompher, après ce secours, d'une résistance que la faim seule pouvait vaincre, battit en retraite dans la nuit du 9 au 10 août, après cent cinq jours d'un siége mal mené et peu glorieux. Vers la même époque, un corps catholique commandé par le colonel Mac Carty fut battu à plate couture par les habitants d'Enniskillen, la seonde place des protestants en Irlande.

La campagne de 1689 ne s'annonçait donc pas favorablement pour Jacques II : sauf le succès qu'avait remporté Chateau-Renaud sur l'amiral Herbert, qui voulut en vain l'empêcher de débarquer des hommes, des armes et de l'argent le 10 mai, à Bantry, l'effort de Louis XIV en Irlande avait été vain et stérile. Les opérations, mal entamées, ne pouvaient plus avoir rien de décisif. On crut cependant un moment le contraire, quand, le duc de Schomberg ayant débarqué à Belfast à la tête d'une armée anglo-hollandaise, les deux partis se rapprochèrent et vinrent même en vue l'un de l'autre. Aucun des deux cependant n'osa attaquer résolument, M. de Schomberg se tenant sur la défensive et M. de Rosen attendant que Schomberg vînt l'attaquer.

A l'heure même où se terminait en Irlande cette campagne incertaine de 1689, Louis XIV voyait se lever devant lui une coalition formidable et grandir outre mesure l'effort de ses ennemis : nous connaîtrons, en étudiant les événements militaires qui se passèrent sur le continent, la politique et les efforts du roi de France pour tenir tête, sur nos frontières, à ces tentatives de conquêtes. Pour ne point quitter l'Irlande, disons sur-le-champ que Louis XIV résolut d'y continuer la lutte et que des forces françaises eurent ordre d'aller y remplacer un certain nombre de régiments

Irlandais appelés au contraire à venir apprendre la guerre dans nos rangs, sur le continent.

Ces forces, d'après un état du 3 février 1690, (1) se montaient à 341 officiers, 6,951 soldats, 61 officiers d'artillerie et canonniers, 6 commissaires de guerre et 27 médecins, chirurgiens et soldats d'ambulance.

M. de Rosen, rappelé en France, devait rentrer à Brest par la flotte qui amènerait le nouveau général en chef : en effet son remplacement avait été décidé. Il avait montré, malheureusement pour Jacques II, qu'il n'avait en rien les capacités nécessaires pour le commandement en chef; aussi bien, s'il en faut croire les contemporains, c'était « un très-bon officier de cavalerie, mais qui en sa vie n'avoit rien sçu qui regardât l'infanterie (2) ». Nous avons dit que messieurs de Maumont et de Pusignan avaient été tués; bien que l'on eût dès la fin de 1689 envoyé pour les remplacer plusieurs officiers, tels que le marquis d'Escarts (3), vieux brigadier, MM. d'Hocquincourt, d'Amanse et de Saint Pater, il convenait de nommer un nouveau général français au commandement en chef de l'armée franco-irlandaise.

Ce général fut le comte de Lauzun.

Quand il reçut des mains de Louvois les instructions écrites concernant son commandement, le ministre lui dit : « Pour vous, monsieur, ne vous laissez point emporter par votre amour de combattre. Mettez toute votre gloire à fati-

---

(1) Dépôt de la guerre, vol. 960.

(2) *Mémoires de la Cour de France*, page 191. Macaulay se trompe étrangement en disant de Rosen que c'était un habile capitaine ; sans compter l'avis de madame de Lafayette, qui écrivait là le sentiment de la Cour sur Rosen, l'histoire des campagnes de Louis XIV prouve que cet officier fut toujours un brave soldat, mais jamais un général en chef.

(3) *Mémoires de la Cour de France*, p. 233. — Au Dépôt de la guerre son nom est écrit *Descots*. Nous conservons l'orthographe de la comtesse de Lafayette.

guer votre ennemi ; maintenez par-dessus tout une sévère discipline. »

Excellents conseils, mais, comme beaucoup de ceux que donnait Louvois, plus faciles à énoncer qu'à exécuter.

Lauzun s'embarqua à Brest le 17 mars 1690 et débarqua cinq jours après à Cork, d'où il se rendit d'abord à Kinsale, puis à Dublin. Sa correspondance avec Louvois montre dès cette époque la douloureuse surprise dans laquelle le jeta l'anarchie qu'il rencontra en Irlande. « C'est un chaos pareil à celui que vous avez lu dans la Genèse, » écrit-il le 7 juin, et il disait vrai. La cavalerie était en assez bon état, mais l'infanterie était la plus triste troupe qui se pût voir. Sur trois fantassins irlandais, le premier était apte à combattre, le deuxième avait perdu son mousquet et le dernier avait égaré quelque pièce importante de son arme, de manière à ne plus pouvoir s'en servir. Partout le désordre, l'incurie, l'indifférence, point de zèle chez les officiers, pas même une simple surveillance sur les choses capitales, l'armement, l'instruction, la discipline (1).

Malgré le triste état de ces troupes, la campagne de 1690 n'en avait pas moins commencé, bornée, il est vrai, à quelques coups de main dont la plupart furent défavorables aux Jacobites. Berwick eut cependant un succès à Belturbet, au nord de Cavan, sur la frontière sud de l'Ulster ; mais il dut se retirer bientôt devant des forces supérieures et évacuer successivement Cavan, Belturbet et Charlemont, points assez importants qui rejetaient les troupes de Jacques dans le Leinster.

Lauzun sentait le besoin d'une réorganisation complète de cette armée désagrégée, qui n'avait ni solidité, ni fonds,

---

(1) Dépôt de la guerre, 5 avril 1690, vol. 961, pl. 111.

ni la moindre homogénéité; mais le roi Jacques, attristé et aigri, semblait ne point voir la triste situation de l'Irlande et ne voulait plus entendre la vérité. Cet entêtement ne pouvait manquer d'être fatal. Au lieu d'être lui-même un aide au général français, il devenait un embarras : déjà, loin d'appuyer Rosen, il l'avait gêné dans ses volontés et ses réformes, l'accusant de ne point connaître les Irlandais et d'aller, par ses sévérités, à l'encontre du but. Il était malaisé à Lauzun, qui allait éprouver de semblables difficultés, d'arriver dans de pareilles conditions à un but favorable.

Cependant, la situation intérieure de la Grande Bretagne, fort tendue, fort embarrassée déjà au lendemain de l'usurpation de Guillaume, semblait s'obscurcir encore chaque jour et menacer ce prince d'une chute prochaine.

Depuis qu'il était roi d'Angleterre, le prince d'Orange avait vu sa popularité éphémère diminuer et s'annihiler avec une surprenante rapidité. Les subsides considérables qu'il était obligé de demander au Parlement anglais et aux états de Hollande, subsides nécessaires pour entretenir la guerre contre la France, lui suscitaient de nombreux ennemis et n'étaient point votés sans récriminations violentes. Les puissances de l'Europe demeuraient à bout de ressources.

« Les princes allemands étaient habitués à recevoir et non à donner. Il fallait que les nations commerçantes, l'Angleterre et la Hollande, payassent, si elles voulaient faire marcher les Allemands (1). » Ballotté entre les tories, qui attaquaient en sa personne l'usurpation du pouvoir, suspect aux whigs, qui, l'ayant aidé pour détrôner un roi, l'attaquaient à son tour, aujourd'hui qu'il avait accepté la couronne ; ayant perdu toute sympathie en Hollande, à

(1) HENRY MARTIN, *Hist. de France*, t. XIV, p. 121.

laquelle l'asservissement à l'Angleterre apparaissait dans un avenir prochain, il promenait dans White-Hall son ennui et, il n'en faut pas douter, ses remords, cachant l'un et les autres sous ce flegme profond qui eût pu lui faire attribuer, mieux qu'à son aïeul encore, le nom de Taciturne.

La fin de l'année 1689 et le commencement de 1690 avaient vu éclore en Grande-Bretagne de nombreuses conspirations : à chaque instant des correspondances étaient saisies où le mécontentement des Anglais, leur désappointement, presque leur haine pour leur nouveau roi, s'épanchant ouvertement, semblaient préparer une restauration prochaine des Stuarts.

Guillaume, plus au courant que tous de ce mouvement de l'opinion, sentait que c'était en Irlande qu'il lui fallait écraser ses ennemis ; mais quitter l'Angleterre en un pareil moment n'était point prudent, et ici même il rencontrait l'opposition des whigs, qui, craignant de voir le départ du prince ajourner indéfiniment les réformes qu'ils convoitaient, déclaraient ouvertement ne point vouloir le laisser partir.

Cependant tout retard devenant éminemment compromettant, il fallait agir avec fermeté, agir avec rapidité, ou se résoudre à quitter la place. « Cachant, sous l'apparence d'une sérénité stoïque que seul il pouvait feindre, la profonde anxiété qui dévorait son âme (1), il se prépara résolûment au départ. »

Depuis plusieurs mois il songeait à réunir en Irlande des forces telles que la victoire lui fût assurée, au moins suivant toute prévision humaine. Un matériel considérable, mille voitures, des approvisionnements énormes en habil-

---

(1) « William, with painful anxiety, such as he alone was able to conceal under an appearance of stoical serenity... » MACAULAY, *Hist. of Engl.*, t. V. STORY *Impartial Story*. — Journal de NARCISSE LUTTRELL.

lement et équipement, des armes, des vivres avaient, dès les mois d'avril et de mai, été expédiés dans l'Ulster. De nouveaux et solides régiments, de toute provenance et de nationalités fort différentes, avaient franchi le canal Saint-Georges et grossi, jusqu'au chiffre de trente mille vieux soldats, les troupes aux ordres de Schomberg. Enfin Guillaume s'était fait construire pour son propre usage une baraque en bois, se démontant et se remontant facilement, établie sur roues, et qui devait lui permettre de camper toujours au milieu de son armée (1).

Tout étant ainsi préparé, le parlement ayant été prorogé et la régence étant confiée à la reine Marie, Guillaume donna ordre à l'escadre qui attendait à l'embouchure de la Die de se tenir en mesure d'appareiller au premier signal.

En Irlande, les renforts successivement envoyés au maréchal de Schomberg avaient empêché Lauzun de rien tenter contre les protestants. L'armée jacobite, forte d'une vingtaine de mille hommes, dans le dénuement que l'on sait, s'affaiblissait de jour en jour et perdait, à chaque heure pour ainsi dire, une chance de vaincre. Jacques II, malgré les conseils de Luzun, ne s'apercevait point du préjudice que portait à sa cause une telle inertie. Schomberg demeurait sur la défensive : il ne paraissait point se soucier de rien tenter, cette année encore; quant à Guillaume, le roi Jacques le pensait trop occupé entre les tories, les whigs et les conspirateurs, pour qu'il pût trouver le temps de passer en Irlande.

L'armée irlandaise partageait cette sécurité. Établie en avant de Dublin, au nord, entre Trim et Rathoath, couverte par la Boyne, petite rivière qui se jette à Drogheda, elle

---

(1) Journal de NARCISSE LUTTRELL. Janvier et février.

avait poussé ses avant-postes jusqu'aux frontières de l'Ulster et du Leinster, et établi ses grand'gardes de Dundalke à Newry et à Castle-Blaney.

Depuis quelque temps il s'était établi comme une trêve entre les deux partis, une sorte de convention tacite de demeurer en repos, quand, à l'improviste, le soir du 24 juin 1690, les avant-postes jacobites de Newry et de Dundalke purent constater dans les lignes ennemies un mouvement qui n'était point ordinaire. Puis, ce furent des salves d'artillerie répétées d'échos en échos tant dans l'intérieur des terres que sur la côte; en même temps des feux étaient allumés sur les falaises et les hauteurs des comtés de Down, d'Armagh et de Belfort, des baies de Crangford et de Dundan.

La nuit ne s'était point écoulée qu'on connut le motif de ces démonstrations : le prince d'Orange venait de débarquer à Carrick-Fergus et prenait dès ce jour le commandement de son armée; des renforts en hommes et en artillerie, des munitions, du matériel, des vivres avaient été débarqués après lui en quantités considérables.

A Dublin, l'émotion fut considérable, et Jacques II, surpris presque autant qu'il l'avait été en 1688, résolut de quitter Dublin pour gagner le quartier général de Lauzun. Là, il apprit bientôt que les intentions de Guillaume n'étaient point de prolonger l'état de somnolence dans lequel vivaient depuis près de six mois les deux armées: il fallait se préparer à combattre, car on allait être sérieusement attaqué.

Dans l'infériorité numérique où se trouvait l'armée jacobite, elle devait songer à s'établir solidement sur une position défensive qui compensât la faiblesse de l'effectif. Cette position, Lauzun la trouva sur la rive droite de la Boyne, à deux milles de Drogheda, vis-à-vis du petit village appelé Old-Bridge.

De la hauteur de Donore, où Jacques II fit planter sa tente, le terrain descendait en pente douce vers la rivière, ondulé légèrement, presque inculte, hérissé à peine çà et là de quelque broussaille sauvage. Aujourd'hui cette riche plaine a un tout autre aspect, mais il convient de la peindre comme la vit, il y a deux cents ans, Lauzun.

Vis-à-vis de Donore, le gué d'Old-Bridge ; vers la droite, c'est-à-dire à l'est, à une distance de un mille (1) anglais, la ville de Drogheda, entourée d'un fossé et d'un rempart en terre ; à trois mille à gauche, le village de Slane (2) ; entre ce dernier point et Old-Bridge, le pont de Slane.

De l'autre côté de la rivière, le versant septentrional monte également en pente douce vers un plateau moins élevé que Donore ; d'une façon générale, la rive droite domine en cet endroit la rive gauche. Le grand danger de ce champ de bataille, c'est qu'il n'avait, en arrière du front, aucune large issue pour battre en retraite en cas d'échec. En effet, la route de Slane à Dublin s'étranglait à Duleck, petit village à cinq milles au sud de la Boyne, en un col tellement resserré que deux voitures n'y passaient point de front. — Ce défilé, bordé à gauche et à droite d'un marais infranchissable, eût dû être occupé tout d'abord, car sa possession était indispensable à la sécurité de l'armée irlandaise : un bon militaire n'eût pas manqué de commencer par s'en rendre maître et par le fortifier solidement ; malheureusement, personne, au quartier-général de Jacques II, n'eut le génie d'y songer.

Dès le 7 juillet, l'armée irlandaise avait rallié tous ses détachements sur la rive droite de la Boyne, couvrant le plateau de Donore, entre Donore et Duleck, ayant parallè-

---

(1) Le *mille* anglais de 1760 yards vaut 1 kilomètre 609 mètres.
(2) Voyez *The Beauties of the Boyne and Blackwater*.

lement à son front la rivière, en arrière de laquelle étaient établis les avant-postes. Elle appuyait sa droite à Drogheda et sa gauche au village d'Old-Bridge, dont elle débordait un peu le gué.

La rivière n'était ni large ni haute, et au point de vue militaire elle constituait un obstacle sans valeur.

La Hoguette, le maréchal de camp qui nous a laissé la relation de la bataille, la plus étendue que nous connaissions, parle du petit village d'Old-Bridge, « où il y a un quay » où on peut passer la rivière, à mer basse, à la hauteur du » genouïl, ou peut-être plus, et d'ailleurs assez commode et » assez large à passer un escadron de front (1) ». On mit dans ce village un bataillon et l'on y « envoya des travailleurs » avec des ingénieurs pour relever quelques retranchements » dans tout le front du passage, pour mettre à couvert les » gens commandez pour le deffendre (2) ». Trois autres bataillons furent placés dans Drogheda, et, les choses étant ainsi établies, Jacques II attendit que son adversaire prononçât son mouvement en avant.

Guillaume III, parti de Londres le 14 juin au soir, s'était embarqué le 21 à Higzalke, sur l'escadre aux ordres du chevalier Shovel, qui l'y attendait depuis longtemps. Le signal d'appareiller fut aussitôt donné, mais l'absence d'un vent favorable ne permit pas une traversée rapide.

Le 23 seulement, à dix heures du soir, on eut connaissance de la baie de Barnsy à l'extrémité septentrionale de l'île de Man ; le lendemain 24, à une heure après-midi, le yacht *Mary*, que montait Guillaume, entrait dans la baie de Belfast, et à quatre heures du soir le prince prenait terre à Carrick-Fergus.

(1) LA HOGUETTE à Louvois. — Dépôt de la guerre, vol. 962, p. 152.
(2) *Id., ibidem.*

Comme on pense, et comme nous l'avons dit, l'arrivée du roi protestant fut accueillie par les Anglais d'Irlande avec une joie sans mélange ; les feux de joie et les détonations de l'artillerie eurent bientôt communiqué au loin la grande nouvelle, et ce fut dans la province d'Ulster, la seule où ne fût point reconnu Jacques II, un cri universel de joie et de satisfaction bruyante. Guillaume, peu expansif et peu enclin à l'enthousiasme, laissa les habitants de Carrick-Fergus à leurs démonstrations joyeuses, et, montant sur le champ à cheval, il partit sans arrêt pour Belfast. Le maréchal de Schomberg, qui, aussitôt prévenu de son arrivée, s'était porté au-devant de lui, le rencontra près d'une maison blanche, alors la seule habitation qu'on trouvât entre les deux villes. Guillaume ne s'arrêta point et atteignit Belfast avant la nuit. — Là un conseil de guerre fut tenu, auquel prirent part Schomberg, Kerke, le prince de Wurtemberg, les comtes d'Oxford, de Solms, et Douglas, lieutenant-général.

Il fut décidé qu'on entamerait les opérations immédiatement ; que l'armée anglaise, concentrée d'abord à Loughbrickland marcherait par trois routes sur Dundalke. On pensait trouver là les avant-postes jacobites : peut-être y trouverait-on aussi toute l'armée.

Il était plus probable que Jacques II se replierait sur la rivière de Blackwater ou sur la Boyne, à mi-chemin de Dundalke et de Dublin, et qu'il essaierait là de défendre sa capitale. En tous cas, cette dernière ville était l'objectif de Guillaume : on devait l'atteindre en suivant directement la côte, qui est moins sinueuse en cet endroit qu'en aucune autre partie de l'île.

L'armée anglaise s'élevait au total de quarante mille combattants : c'était un ramassis redoutable des plus vieilles bandes de l'Europe. Il n'y avait point un de ces régiments qui n'eût été quelque part cité pour sa bravoure et sa solidité. La plupart de ces hommes servaient depuis vingt ans sous les ordres de Guillaume ; un grand nombre avaient combattu à Seneffe, à Cassel, à Saint-Denis, se formant et s'endurcissant au rude contact des armées de Condé et de Luxembourg. C'étaient les cavaliers hollandais de Portland et de Ginkell, l'infanterie bleue de Solms, l'infanterie anglaise au service des Provinces-Unies. Il y avait des Danois, des Écossais, des Allemands, les deux bataillons de Tanger, sorte de légion sauvage connue jusqu'alors seulement, dit Macaulay, par des actes de violence et de rapine ; enfin, il y avait encore les régiments huguenots des Français réfugiés, troupe qui joignait à la bravoure native et à l'intrépidité héréditaire de notre nation une ardeur profonde de vengeance, déplorable effet d'un fanatisme aveugle habilement entretenu par Guillaume.

Cette armée était nominativement divisée en quatre corps. L'avant-garde, aux ordres du lieutenant-général Douglas ; l'aile droite, commandée par le major-général Kerke ; l'aile gauche, sous les comtes d'Oxford et de Solms ; enfin, le corps de bataille, que s'était réservé Schomberg ayant pour l'aider M. de Scravemoor. En réalité, chaque troupe, dans cette réunion d'éléments si divers, obéissait uniquement à son chef, et ne connaissait point le corps à côté duquel elle combattait.

Le 4 juillet au matin, les têtes de colonne de l'armée anglaise se mettaient en mouvement et quittaient Loughbrickland dans la direction du sud. Le pays dans lequel on marchait était désert et sans ressources, mais on n'y apercevait point d'ennemis ; en arrivant à Dundalke, on trouva, comme on le sait déjà, la ville abandonnée, et c'est à peine si l'on aperçut quelques traînards de l'armée catholique que

M. de Scravemoor chargea, sans résistance, à la tête de cinq cents dragons.

Dundalke fut occupé sur-le-champ par deux bataillons anglais : ceci se passait le 7 juillet.

« Le lundi matin IX° juillet, nous dit M. de La Hoguette, qui écrivait du camp de Jacques II, nous vismes paroistre, entre quatre et cinq heures, la teste de l'armée des ennemis sur les hauteurs de l'autre costé, éloignée de demi lieüe de la rivière, marchant sur deux colonnes, une par le grand chemin de Dundalke à Drogheda, l'autre par celui d'Atardé. Ils demeurèrent près d'une heure en halte sur les hauteurs, tant pour donner le temps à leurs troupes de joindre et de doubler que pour faire reconnoistre tout ce qui estoit dans le fond entre la rivière et eux. Après quoy ils marchèrent avec leur cavalerie de l'aile droite à la rivière vis à vis du passage d'Old-Bridge, détachant plusieurs officiers qui venoient reconnoistre la rivière. Ils postèrent même leurs escadrons si près que je ne crus qu'ils pûssent y soustenir le feu de nostre canon. Ainsy, après avoir reconnu le lieu le plus propre pour le placer, je demanday au Roy et à M. de Lauzun s'ils trouveroient bon que j'en fisse venir quelques pièces, ce qu'ayant approuvé, je poussay à l'artillerie et le dis à M. Laisné, qui sur le champ fit marcher cinq (1) pièces et les fit tirer si à propos qu'en fort peu de temps il déposta toutte cette ligne de cavalerie et l'obligea de se retirer fort en arrière. Le prince d'Orange eut son justaucorps emporté, et même un peu de chair, à ce que dit un trompette de M. de Lauzun qui estoit dans leur camp alors (2) ».

---

(1) Et non pas deux, comme ledit Macaulay.
(2) La Hoguette à Louvois, 14 juillet. Dépôt de la guerre, vol. 962, pl. 152.

La Hoguette ne se trompait pas d'un mot dans ce passage de sa lettre à Louvois, et son récit concorde ici en tous points avec les autres relations que nous avons de la campagne d'Irlande. Un obélisque érigé à une époque où beaucoup de témoins du passage de la Boyne vivaient encore rappelle le lieu où Guillaume, approchant de la rive pour examiner l'armée jacobite, fut blessé du boulet que tira M. Laisné. Un moment, les généraux qui étaient avec le prince d'Orange le crurent mort; le boulet avait effleuré son épaule, et le blessé s'était affaissé sur le cou de son cheval (1). Mais il se releva bientôt en disant : « Ils ne m'ont pas fait de mal, pourtant le boulet ne pouvait guères passer plus près (2). » Un de ses officiers, Coninsby, prêta son mouchoir, avec lequel on fit un bandage, et le prince continua son inspection sans autre accident. Il donna seulement ordre qu'on mît en batterie quelques pièces pour riposter à l'artillerie irlandaise, et une canonnade assez molle s'engagea de part et d'autre, sans grand préjudice pour aucun des deux partis.

Nous continuons le récit de M. de La Hoguette :

« Quelque temps après, leurs bagages estant arrivéz, ils se campèrent sur la hauteur vis à vis de nous avec cette différence que leur gauche estoit vis à vis du centre de

---

(1) Macaulay prétend qu'à ce moment un hurlement de joie retentit dans le camp irlandais « a yell of exultation rose from the Irish camps »; c'est possible, mais ce cri ne saluait point, comme a l'air de le croire l'historien anglais, la mort de Guillaume. Il était impossible aux Irlandais de distinguer, au milieu des escadrons qui s'approchaient de la rivière, le prince d'Orange au milieu de ses officiers généraux. La Hoguette n'en parle point. Les Irlandais purent constater que leur artillerie portait ; mais quant à savoir que Guillaume avait été touché, ils l'ignorèrent en ce moment. La Hoguette n'en parle que sur le récit d'un étranger : « à ce que dit un trompette de M. de Lauzun, *qui estoit dans leur camp lors* ».

2. « There is no harm done, but the bullet came quite near enough. » MACAULAY. T. VI, p. 14.

nostre ligne et que leur droite débordoit de beaucoup nostre gauche ; ainsy le passage d'Old-Bridge se trouvait dans le centre de leur ligne et leur droite débordant *la nostre* (1), ils se trouvaient, par conséquent, plus près que nous du pont de Selaine (Slane), qui est un autre passage sur la même rivière de Boine. »

Nous avons dit plus haut que l'armée jacobite appuyait sa droite à Drogheda et que sa gauche débordait un peu le gué d'Old-Bridge : le récit de la Hoguette, encore ici d'une clarté parfaite, nous montre bien la ligne de bataille anglaise établie parallèlement au front français, mais ayant son centre vis-à-vis notre gauche, son aile gauche face à notre centre et sa droite débordant de beaucoup notre gauche, en remontant la Boyne vers le pont de Slane. — Ces dispositions furent prises peu à peu par Guillaume, qui, après la reconnaissance de la position faite le matin du 9, résolut d'user de la supériorité numérique de ses forces pour tenter par sa droite un mouvement tournant sur la gauche irlandaise.

Cette résolution fut devinée par les généraux français de l'armée jacobite, et M. de Famechon, officier général de jour, envoya sur l'heure au pont de Slane un régiment de dragons qui eut ordre de l'occuper. Ce détachement était insuffisant, mais M. de Famechon ne pouvait disposer de plus de troupes sans des ordres particuliers : il fit donc part au Roi et au comte de Lauzun de ses observations, et insista sur la nécessité d'appuyer fortement vers Slane, opposant le centre de l'armée irlandaise au centre de l'ennemi et mieux la droite. L'aile droite pouvait sans danger

---

(1) C'est-à-dire *notre ligne*. En effet, d'après le bon sens, et aussi d'après ce qui précède, *la nostre* ne peut sous-entendre *droite*.

s'écarter un peu de Drogheda, car il n'y avait pas à penser que l'aile gauche ennemie tentât un mouvement de ce côté. — Là, en effet, l'estuaire de la Boyne, s'élargissant sensiblement, rendait le passage plus difficile; là aussi, les troupes anglaises se fussent trouvées entre deux feux, celui de la droite irlandaise et celui des bataillons de Drogheda. — Au contraire, en se rapprochant de Slane et en l'occupant for-

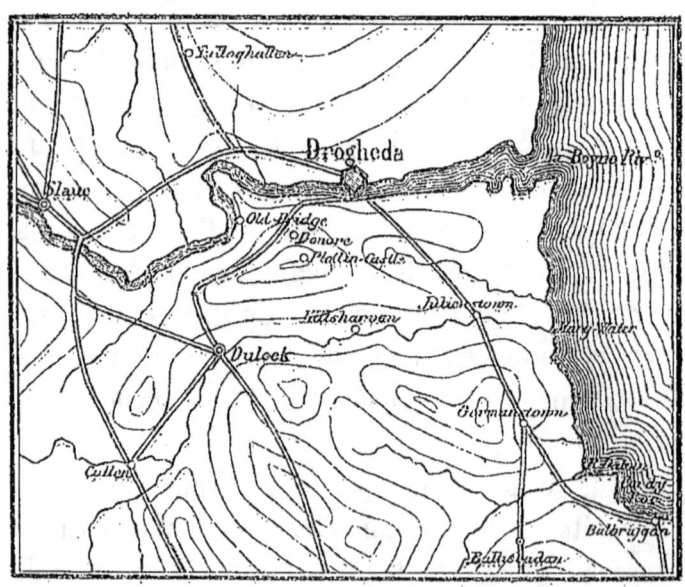

tement, on empêchait une attaque de flanc certainement préméditée par Guillaume. Au surplus, la disposition actuelle de la ligne ennemie, le mouvement non interrompu des troupes anglaises s'étendant vers le sud-ouest, ne permettaient pas de douter que le prince d'Orange ne songeât à tenter par sa droite son principal effort.

Le comte de Lauzun et les officiers français furent de l'avis de M. de Famechon; mais là encore on eut à vaincre la résistance et l'indolence de Jacques II, qui, dans une occurrence où une minute avait tant de prix, perdit plusieurs heures en discussions stériles. Cette habitude de délibérer alors qu'il faut agir a été funeste à bien des militaires; ce jour-là elle devait l'être à l'armée catholique; aucune résolution ne fut prise : « Comme rien, d'ailleurs, ne se résolvoit sans conseil, dit la Hoguette, cela ne se fit point... Cependant, afin que les ennemis ne nous ostassent point les communications de la rivière, je priay M. de Lauzun de trouver bon que je postasse de petits corps de garde d'infanterie dans toute l'étendue de nostre camp françois, auxquels je fis porter des outils, avec ordre de se mettre à couvert pour y tirer plus juste, et qu'ils y demeurassent avec moins d'inquiétude, ayant toujours esté inquiets de ne voir qu'un seul bataillon irlandois dans le village d'Old-Bridge et me paroissant qu'il étoit absolument nécessaire de le garnir tout le plus qu'on pourroit, afin de disputer aux ennemys les approches du quay par un grand feu et par des bataillons qui se soutinssent de près les uns et les autres; d'autant plus qu'il y avoit une ravine qui se communiquoit du bord de l'eau jusques dans le camp des ennemys, le long de laquelle ils pouvoient faire un gros corps, sans que nous pussions le découvrir, et que le seul lieu où nous pouvions nous mettre à couvert de leur canon estoit éloigné du village de plus de deux portées de mousquet.

» Je proposai à M. de Lauzun de faire marcher à Old-Bridge quelques bataillons, à quoy ayant consenty d'abord par l'instance que je luy en fis, l'on commanda deux de mes bataillons et deux irlandois qui devoient estre tous commandés par M. de Famechon, et nous allasmes aussytôt, M. de Famechon et moy avec luy, pour recognoistre le lieu où on les placeroit. Cependant Monsieur de Lauzun estant retourné près du Roy, tous les bataillons estant prests à marcher, ils reçurent un ordre de rentrer dans leur camp. »

Pendant que MM. de la Hoguette et de Famechon s'occupaient de fortifier la rive droite de retranchements destinés à couvrir l'infanterie, M. Laisné, qui commandait l'artillerie, avait pris en dehors de notre extrême gauche des positions pour établir ses canons. L'artillerie fut mise en batterie dès le soir, à hauteur du centre de l'ennemi, mais battant la rivière d'amont en aval, de manière à protéger surtout Old-Bridge et la droite de l'armée catholique formée par les troupes irlandaises.

Évidemment ni Lauzun, ni Tyrconnel, ni Jacques II n'eurent en ce moment le calme nécessaire en de telles occasions: tout ce qui se passa en cette journée le montre surabondamment. Avant la nuit une nouvelle délibération eut lieu sur la conduite qu'on tiendrait le lendemain : l'on résolut de déplacer la ligne de bataille en l'étendant sur la gauche vers Slane et en éloignant un peu de la rivière la première ligne, qui était incommodée par le canon de l'ennemi.

Le reste de la journée se passa en escarmouches à peu près inoffensives : la nuit fut tranquille.

Pendant que dans le camp irlandais régnaient l'indécision et l'incertitude, le prince d'Orange terminait ses préparatifs en vue de l'attaque du lendemain. Le maréchal de Schomberg ne fut point de l'avis du Roi et manifesta quelque hésitation à risquer au hasard d'une bataille les destinées du parti orangiste, du parti protestant plutôt. Guillaume ne tint pas compte de cette façon de voir et persista dans son projet d'offensive. — L'armée anglaise, fractionnée en deux corps, autant au moins que le permettait l'indépendance des chefs et des diverses troupes dont nous avons parlé, eut l'ordre de se porter le lendemain à l'encontre des troupes irlandaises. — Le maréchal de Schomberg avec l'aile gauche devait attaquer l'extrême droite de l'armée catholique un peu en aval des huttes d'Old-Bridge; Guillaume, avec le centre et la droite de son armée, se lancerait à l'assaut même d'Old-Bridge, et de la gauche jacobite formée par les troupes françaises. — Ceci était l'attaque directe.

Ce mouvement de front devait être précédé d'une démonstration sur notre flanc gauche exécutée par la cavalerie orangiste, aux ordres du comte Maynard de Schomberg, fils du maréchal. Cet officier eut la mission de franchir, quoi qu'il en coûtât, la Boyne au pont de Slane, d'escarmoucher vers notre flanc, de s'établir, si le succès était favorable, sur la ligne de retraite de l'ennemi, et de tenir assez longtemps à Dulek pour permettre à Guillaume d'y mettre Jacques II entre deux feux.

La nuit s'était passée, ainsi que nous l'avons dit, sans encombre; le soleil du 1ᵉʳ juillet 1690 se leva radieux sur les deux armées en mouvement déjà. Le comte Maynard avait, pour exécuter son mouvement tournant, la brigade de Trelawny-infanterie, quelques escadrons détachés de l'aile droite et deux régiments de dragons. Ayant formé ses troupes, il se mit en marche vers Slane à la vue même des troupes jacobites, qui ne purent douter de son projet; pendant ce temps, Guillaume essayait de détourner l'attention du roi Jacques en ordonnant sur Old-Bridge et Donore une violente canonnade. L'armée irlandaise avait pris les armes, et l'infanterie avait occupé ses positions dans les retranchements rapides élevés la veille par nos ingénieurs. Les troupes irlandaises proprement dites tenaient la droite, sous les ordres du duc de Tyrconnel, de Richard Hamilton et du lord Antrim; à leur gauche venait un corps français aux ordres de M. d'Hocquincourt, après lui encore quelques régiments irlandais; puis le reste des troupes françaises : à peine trois ou quatre mille hommes, infanterie, cavalerie, artillerie.

Le canon grondait toujours vers Old-Bridge; mais rien n'annonçait encore dans le camp orangiste l'intention positive d'une attaque de front. Entre cinq et six heures, le colonel Neil O'Neil, qui occupait avec huit escadrons le pont de Slane, manda qu'il voyait s'avancer vers lui des troupes nombreuses, et réclama du secours. Comme, la veille au soir, il avait été décidé que toute l'armée appuierait à gauche, le comte de Lauzun jugea que le moment était venu de faire exécuter ce mouvement, par lequel on se rapprochait de Slane. La cavalerie et l'infanterie françaises eurent donc l'ordre de se mettre en marche sur une colonne en remontant la rivière; les régiments irlandais placés à la gauche de M. d'Hocquincourt devaient doubler cette colonne en déboîtant en arrière, et accélérer l'allure, de manière que la tête de cette seconde ligne atteignît le plus tôt possible la tête de la première. M. d'Hocquincourt, presque toute l'infanterie et la cavalerie irlandaises, c'est-à-dire le centre et la droite, devaient suivre le mouvement, mais toutefois ne se mettre en marche qu'après que les deux premières colonnes seraient bien à hauteur l'une de l'autre.

La lenteur avec laquelle s'opéra le doublement de la colonne irlandaise sur la première ligne française ne permit guère à l'aile gauche entière de se mettre en mouvement avant huit heures et demie. Jacques II et Lauzun avaient la tête de la cavalerie française; l'artillerie de la gauche marchait au milieu de la colonne : on laissa en queue M. de Zurlauben avec son régiment pour pousser l'infanterie irlandaise, dont on se défiait.

Pendant que s'exécutait si péniblement ce départ, le comte Maynard de Schomberg arrivait lentement, lui aussi, à Slane, y refoulait après un engagement assez vif, la cavalerie du colonel Neil O'Neil, qui fut tué, et, s'établissant sur la rive droite de la Boyne, faisait occuper en arrière (1) le village et le pont de Slane; il manda alors au prince d'Orange l'heureuse issue de sa tentative et rendit compte de ses dispositions. Guillaume lui enjoignit de s'acculer solidement à Slane et d'envoyer sa cavalerie reconnaître l'aile gauche française qui s'ébranlait en ce moment même, aussi vers Slane : il l'avertissait du mouvement de notre gauche et le prévenait de ne s'en point inquiéter, lui-même allant attaquer à l'instant, avec le gros de ses forces, le centre et la droite de l'armée catholique.

Vers dix heures du matin, les dernières dispositions de Guillaume étant prises, le prince ordonna de se porter en avant. Déjà, comme il vient d'être dit, notre aile gauche s'était mise en mouvement vers l'ouest; même, elle avait laissé déjà entre elle et notre aile droite la distance d'environ un demi-mille. Déjà aussi, le duc de Tyrconnel avait pris ses dispositions pour marcher à son tour par sa gauche, quand la remarque qu'il fit de certains mouvements chez l'ennemi lui fit suspendre ses ordres : une demi-heure se passa ainsi, après laquelle, soudain, l'artillerie anglaise cessa son feu : un hourrah formidable retentit sur la rive gauche, et l'infanterie protestante de Schomberg marcha, tambours battants, vers la Boyne. Les *Bleus* de Solmes tenaient l'extrême gauche, à leur droite et derrière eux venaient les milices de Londonderry et d'Enniskillen, à

---

(1) C'est par une erreur de gravure que, sur la carte générale d'Irlande jointe à ce travail, le village de Slane a été placé sur la rive droite, il se trouve sur la rive gauche, comme l'indique le plan de la bataille.

la droite de ces dernières, le régiment protestant français de M. de La Caillemotte (1). Le soir, en donnant le mot d'ordre, Guillaume avait prescrit que chaque soldat de son armée porterait le lendemain une petite branche de feuillage à son chapeau (2). Ce signe de ralliement devait épargner bien des méprises dans un choc où les adversaires parlaient la même langue, portaient la plupart le même costume. Ce fut bientôt un curieux spectacle que cette masse mouvante, enguirlandée et fleurie, plongeant dans la Boyne, la pique ou le mousquet hauts. L'infanterie irlandaise fit d'abord bonne contenance et commença sur l'assaillant un feu assez vif ; mais cette mousqueterie n'ayant pas arrêté les Orangistes, les soldats de Tyrconnel ne les attendirent point dans leurs tranchées : ils tournèrent face presque instantanément et, sans s'arrêter, gagnèrent en désordre la montagne.

Il n'y eut pas à proprement parler de combat.

En vain Tyrconnel essaya-t-il de ramener ces bandes affolées : il était trop tard pour leur apprendre la discipline ou leur inculquer les principes d'honneur nécessaires au soldat. Lui-même était, comme militaire, entièrement ignorant, et absolument inhabile à prendre une mesure utile en une pareille catastrophe; cependant, il ne manquait pas de bravoure et fit là ce que peut un homme de cœur. Malheureusement il n'était au milieu de ces

(1) C'était le fils cadet du marquis de Ruvigny.
(2) Dans nos guerres civiles, en France, ce fut souvent aussi la coutume de prendre pour le combat un signe qui distinguait un parti de l'autre. Au siége de Nègrepelisse, en 1622, Louis XIII avait ordonné aux soldats de son armée de nouer un morceau d'étoffe blanche à leur chapeau. Parfois c'était la chemise qu'on mettait par-dessus l'habit. L'expression : *donner l'assaut en chemises* ne signifie pas donner l'assaut à moitié nu, mais avec la chemise sur l'habit. Cette façon de faire était usitée surtout la nuit. On trouve déjà dans Rabelais le terme de *camisade* signifiant une attaque de nuit.

fuyards qu'un homme et non point un chef; n'ayant aucun ascendant sur ses soldats, ne leur inspirant ni respect ni crainte, sa voix résonnait en vain à des oreilles qui refusaient de l'entendre ou qui ne l'entendaient pas. Autour de Tyrconnel, plusieurs officiers irlandais essayèrent en vain, comme lui, d'arrêter ce troupeau misérable de poltrons et de couards. Richard Hamilton et une vingtaine de gentilshommes mirent l'épée à la main et s'élancèrent dans la rivière à la tête d'une centaine d'hommes; mais, aussitôt abandonnés, ils durent se replier à leur tour pour ne point périr misérablement. C'en était fait de l'infanterie irlandaise dans cette journée, de son honneur du moins; car les hommes étaient intacts. Hamilton, qui avait du cœur, se reporta en arrière; se mettant à la tête de la cavalerie massée aux pieds de Donore, il s'élança à l'attaque de l'infanterie de Solmes et la repoussa jusques dans la Boyne. Ces cavaliers furent les seuls à soutenir en cette bataille l'honneur de leur nom : ils se battirent bravement et arrêtèrent un instant la marche de l'ennemi. Mais cette poignée d'hommes devait demeurer impuissante à refouler les masses considérables qui se pressaient aux abords du gué d'Old-Bridge. Plus en aval, la brigade irlandaise d'Antrim avait lâché pied devant les milices d'Enniskillen et de Londonderry. En amont, les quelques Français aux ordres du marquis d'Hocquincourt s'étaient faits écharper en tenant pied vaillamment : d'Hocquincourt, frappé d'une balle au front, avait été tué un des premiers (1). La cavalerie irlandaise chargea trois fois avec succès, mais dut enfin céder au nombre. Les troupes anglaises, les protestants réfugiés, combattaient avec cette rage fanatique que déve=

(1) « Le pauvre marquis d'Hocquincourt y fut tué, y ayant fait tout ce qu'on peut attendre d'un galant homme. » LA HOGUETTE A LOUVOIS.

loppent la guerre civile et la persécution religieuse. Au milieu de ses soldats, La Caillemotte, blessé à mort et porté sur un brancard, hurlait de toute la puissance de son dernier souffle : « En avant! en avant! mes enfants. A la gloire! à la gloire! » Et comme les derniers accents du moribond ne rassuraient pas assez ses soldats, survint Schomberg qui, à cheval et sans cuirasse, traversait à l'instant la rivière : « Messieurs, s'écria-t-il en montrant les escadrons irlandais, en avant! voilà nos persécuteurs! » On était à portée de pistolet et même plus près; comme il disait ces mots, et au moment où il touchait la rive, il fut enveloppé par quatre ou cinq cavaliers, qui peut-être avaient entendu ses paroles. Il y eut un combat de quelques secondes, après quoi Schomberg vida les arçons et tomba : deux coups de sabre lui avaient fendu la tête, la gorge était traversée par une balle de pistolet : il était mort. Le ministre Walker, nommé la veille au riche évêché de Londonderry si bien défendu par lui l'année précédente, s'était mis en tête de laisser encore un moment la mitre pour l'épée; se croyant sans doute passé désormais homme de guerre, il combattait à la tête des milices de l'Ulster : il fut tué l'aide un peu après Schomberg et presque à côté de lui.

Néanmoins, la perte de ces trois hommes intrépides ne devait point changer la fortune de cette journée. Schomberg était mort à peine, que Guillaume arrivait vers Old-Bridge à la tête de l'aile droite, et contraignait la cavalerie irlandaise à se retirer. Ce prince montra dans cette journée, comme à Seneffe, comme à Cassel, cette intrépidité froide, ce calme impassible qui, aux heures du péril surtout, le transformait en véritable homme de guerre, en homme doué pour commander aux autres. Son bras droit était en écharpe, et son épaule, meurtrie la veille par le boulet, était serrée encore par des bandages. De cette main, il serrait tant bien que mal les rênes de son cheval, il tenait son épée de la main gauche, car en ces temps où le général en chef entrait dans la mêlée comme un simple soldat, la lame au fourreau n'était pas encore de mise. Un soldat d'Enniskillen, ne l'ayant pas reconnu, allait tirer sur lui, le prenant pour un Irlandais : « Tu ne reconnais donc pas tes amis, » lui dit simplement Guillaume, et du bout de son épée il détourna le mousquet (1).

En ce moment, la cavalerie irlandaise, qui s'était reformée à Plottin-Castle, en arrière de Donore, chargea encore une fois les milices d'Enniskillen, leur tua une cinquantaine d'hommes et les ramena jusque dans la rivière ; Guillaume, un moment surpris, eut quelque peine à rallier les fuyards, mais, y étant parvenu pourtant, il les porta en avant et par vint non-seulement à reprendre le terrain perdu, mais à s'emparer encore des pentes de Donore. Richard Hamilton, grièvement blessé, et ayant eu son cheval tué sous lui, fut fait, là, prisonnier. Le prince d'Orange avait contre cet officier un grief personnel. Au commencement de l'année 1689, Hamilton se trouvait à Londres, n'ayant pris parti encore ni pour Jacques ni pour Guillaume. Ce dernier prince, désireux de s'attacher les Hamilton, fit sonder celui-ci et lui confia la mission d'aller à Dublin tenter de détacher Tyrconnel du parti jacobite. Richard accepta, partit pour l'Irlande et, là, se déclara pour Jacques II. Quand on l'amena blessé devant Guillaume III, ce prince lui demanda s'il pensait que la cavalerie irlandaise tiendrait encore : « Sur mon honneur, sire, elle tiendra ! »

(1) William gently put aside the carbine : « What, said he, do you not know your friends?... » MACAULAY, t. VI, p. 20.

— « Sur mon honneur! sur mon honneur! » se contenta de répliquer Guillaume, et il s'en fut sans plus parler. Ce fut la seule vengeance qu'il tira d'une défection qu'un prince beaucoup plus bienveillant, dans ses manières ordinaires, eût pu en cette occasion punir d'une façon terrible (1).

Le dédain contenu dans cette exclamation peint Guillaume. Les vengeances personnelles ne lui seyent point quand elles ne lui rapportent rien. Il enveloppe tous les hommes dans un profond mépris : il se défie de tous et les croit tous capables des mêmes actions basses : c'est un misanthrope et un égoïste. Un autre, dans un premier moment de colère, se fût emporté contre Hamilton, l'eût menacé, l'aurait condamné peut-être; lui se contente d'une exclamation dédaigneuse. Il sait que cette clémence lui comptera pour l'avenir, que la tête d'Hamilton ne lui rapportera rien, alors il est généreux et il ne se venge qu'avec une parole : singulier pendant à sa conduite avec les Witt, qui le gênaient, eux, et qui devaient disparaître.

Cependant Richard Hamilton s'était trompé en affirmant que la cavalerie irlandaise pouvait tenir encore, elle était à bout de forces, presque d'hommes; un beau régiment ne comptait plus que trente cavaliers non blessés (2).

Quant à l'infanterie, il y avait plus d'une heure qu'elle

---

(1) « Is this business over? said William, or will your horse make more fight?

— On my honour, sir, answered Hamilton, I believe that they will.

— Your honour, your honour! » muttered William.

That half suppressed exclamation was the only revenge which he condescended to take for an injury for which many sovereigns, far more affable and gracious in their ordinary deportment, would have exacted a terrible retribution. Then restraining himself, he ordered his own surgeon to look to the hurts of the captive. » MACAULAY, t. VI, p. 24.

(2) « One fine regiment had only thirty unwounded men left. » MACAULAY, t. VI, p. 27.

avait disparu derrière Plottin-Castle, laissant sur le terrain ses armes et ses drapeaux, même ses habits (1). De ce côté donc, la victoire de Guillaume était complète : la résistance à vaincre avait été celle de quelques braves isolés, car la masse même de l'armée, l'infanterie, avait fui sans combattre. Ce n'était point une bataille, tout au plus une échauffourée un peu vive. Mais qu'était donc devenue l'aile gauche et comment n'avait-elle point pris part au combat? Cette question est difficile à résoudre, car le rapport de Lauzun à Louvois n'existe plus, et Lauzun seul eût pu nous renseigner exactement sur ce point (2). Nous avons bien la lettre de La Hoguette, document précieux et la plupart du temps véridique; mais La Hoguette ne sait d'abord rien de ce qui s'est passé au combat d'Old-Bridge, puisqu'il est parti dès huit heures du matin avec l'aile gauche; préoccupé ensuite de se disculper de la défaveur que pouvait jeter sur lui sa seule présence à la Boyne, il cherche à se mettre en vue tout autant qu'à raconter les faits, à montrer combien, au milieu du désordre général, lui-même a conservé de présence d'esprit, d'à-propos, d'initiative. Créature de Louvois, sachant la haine du ministre pour Lauzun, il convient adroitement que si les autres ont eu tort, il s'est conduit, lui-même, de façon à mériter des éloges. Ces déductions étant faites et cette prévention nécessaire étant au préalable établie, le rapport de La Hoguette nous met au courant de ce qui se passa à l'aile gauche. Cette partie

---

(1) « Il y a eu tel régiment tout entier qui a laissé ses habits, ses armes et ses drapeaux sur le champ de bataille et gagné les montagnes avec ses officiers. » DÉPOT DE LA GUERRE. Lettre de M. d'Esgrigny.

(2) Nous avons cherché avec soin au Dépôt de la guerre la dépêche de Lauzun sans pouvoir la trouver. Macaulay se plaint également de n'en avoir point eu connaissance. Peut-être ce précieux document est-il enfoui comme tant d'autres dans les archives particulières d'une de nos familles!

de la bataille n'ayant jamais été traitée, nous espérons que notre relation jettera quelque clarté sur ce que l'on a appelé la fuite de Jacques II à la Boyne (1).

Il était donc environ neuf heures du matin, quand la cavalerie et l'infanterie françaises, l'infanterie irlandaise de l'aile gauche, en tout cinq à six mille hommes, avaient marché par leur flanc gauche, dans la direction de Slane, s'attendant à être suivies par le centre et la droite de l'armée. Jacques II s'était mis à la tête de ce détachement et avait témoigné au comte de Lauzun le désir de l'avoir près de lui. Cependant, le corps de bataille et l'aile droite tardaient à se mettre en mouvement et laissaient peu à peu filer l'aile gauche, qui mit bientôt entre elle et Old-Bridge l'intervalle que nous avons dit plus haut. Tyrconnel, inquiet, comme on l'a vu encore, de voir sur la rive gauche un mouvement qui ressemblait à des préparatifs d'attaque, hésitait à présenter le flanc à l'ennemi ; il donna là une preuve de capacité militaire au-dessus de son ordinaire, si l'on ne suppose que le marquis d'Hocquincourt, Hamilton et quelques autres officiers plus au fait que lui des choses militaires, ne lui aient conseillé alors d'attendre plutôt que de s'exposer à être pris brusquement par le travers.

Pendant ce temps Jacques II marchait au secours du colonel O'Neil, qui combattait encore à Slane. « Nous marchasmes jusques à une hauteur, dit la Hoguette, d'où nous découvrismes visiblement la marche des ennemis, et un peu plus loing nous vismes revenir le régiment de dragons des

---

(1) Macaulay a connu le rapport de La Hoguette : il le cite plusieurs fois; il est singulier que cet auteur, en général impartial, n'ait traité que le combat d'Old-Bridge et n'ait rien dit de ce qui se passa à l'aile gauche. Là cependant étaient Jacques II et Lauzun, et non point à Old-Bridge, où il les place contrairement à la vérité.

nostres poussé par les ennemis et un fort petit corps des leurs de passé. Au lieu de prendre encore le party de marcher à eux avec ce que nous avions de cavalerie et nos sept bataillons qui avaient marché aussy viste que la cavalerie, et presque toutte l'infanterie de la seconde ligne qui avoit suivi, et qui faisoient un corps doublement plus fort que ce qu'ils avoient, nous nous amusasmes à nous mettre en bataille sur cette hauteur et à attendre l'infanterie de la droite et toutte la cavalerie de la droite qui ne suyvoient point. »

Mais en ce moment la mousqueterie commença à crépiter du côté d'Old-Bridge, et si l'on ne pouvait distinguer nettement ce qui se passait par là, le bruit qui s'y faisait donnait à supposer que l'ennemi avait attaqué. — Nous avons vu que cette hypothèse était une réalité.

Cependant, devant Jacques II, le comte Maynard déployait sa troupe, moins nombreuse, il est vrai, que notre aile gauche, mais avec laquelle il fallait nonobstant compter : en arrière, une bataille était évidemment engagée ; il fallait se décider à pousser hardiment sur Slane où à rebrousser promptement chemin en arrière. Avant tout, il était urgent de prendre un parti et de le prendre rapidement. Lauzun et les maréchaux de camp sous ses ordres opinaient pour marcher d'abord vers le comte Maynard. Leur raison était qu'on ne pouvait songer à se rabattre sur Old-Bridge avant d'avoir repris Slane et mis ainsi le flanc de l'armée à couvert ; en second lieu, ils étaient autorisés à supposer que l'aile droite et le centre irlandais, à l'abri derrière les retranchements faits la veille, tiendraient assez de temps pour leur permettre, une fois Slane enlevé, de franchir de nouveau l'espace qui les séparait d'Old-Bridge.

L'indécision de Jaques II fut encore ici très-fatale à son

armée : « Je ne pus m'empescher de dire au Roy, en l'abordant, ajoute La Hoguette, qu'il perdoit le temps qui luy restoit; il me dit qu'il avoit envoyé recognoistre le terrain par où il fallait marcher et qu'il y avoit une ravine et un marais qui le séparoit des ennemis, qui l'empéschoit de marcher à eux. »

Jacques II hésitait, temporisait ; mais malheureusement il était précisément à l'une de ces heures où une seule minute perdue est fatale. Il n'avait pas décidé encore la marche d'un côté ni de l'autre, quand plusieurs cavaliers harassés vinrent lui apprendre, l'un après l'autre, mais à court intervalle, que toute l'infanterie irlandaise avait irrévocablement lâché pied; qu'elle courait éperdue vers la montagne, jetant armes, drapeaux, bagages, et que, sauf deux ou trois mille cavaliers conduits par Hamilton, il n'y avait plus à Old-Bridge d'armée catholique.

Que se passa-t-il en ce moment? La Hoguette ne le dit pas.

Il est vraisemblable que Jacques II se concerta avec Lauzun, mais le coup était trop imprévu, trop terrible pour n'écraser pas un homme qu'une infortune sans trêve semblait fatalement poursuivre. Deux partis se présentaient encore : celui de la marche vers Old-Bridge, où l'on chercherait une mort glorieuse, celui de la retraite vers Dublin. Les gens qui prétendent que tel ou tel personnage historique eût dû se faire tuer à cet endroit ou à cet autre, portent la plupart du temps ces jugements les pieds sur les chenets, et ont eu peu d'occasions de prendre sur un champ de bataille une résolution héroïque. L'impression du moment, souvent une circonstance misérable et de poids infime, créent en de telles circonstances les héros ou les pusillanimes. A la Boyne Jacques II ne fut ni l'un ni l'autre. De vingt-cinq mille hommes de son armée, dix-huit mille avaient fui misérablement, il pouvait sans honte (sans gloire à la vérité), prendre le parti de la retraite et se replier sur Dublin.

Il est à penser que si, au lieu d'être à deux milles du champ de bataille, Jacques II se fût trouvé à Old-Bridge avec les cinq à six mille hommes dont il disposait, Guillaume ni Schomberg n'eussent pas eu raison aussi facilement de l'armée jacobite. Non-seulement ils auraient trouvé devant eux les régiments français de Lauzun, qui n'eussent certainement pas lâché pied, mais il leur aurait fallu encore lutter plus sérieusement avec l'armée irlandaise qui, se sentant soutenue, ne se serait pas débandée à la première mousquetade.

Voilà la vérité sur la part que prit Jacques II à ce que l'on a appelé la bataille de la Boyne.

Macaulay a consacré une longue page à déplorer la faiblesse de ce prince assistant impassible, de la hauteur de Donore, au désastre de son armée. « C'était un roi combattant pour trois royaumes; un père qui luttait pour l'héritage de son enfant, un catholique combattant le bon combat... Il voyait son rival faible, blessé, le bras couvert de bandages, etc., etc. » Malheureusement, il n'y a pas un mot de vrai dans tout cela. Jacques II ne vit rien de cette longue énumération dans laquelle s'est complu l'auteur anglais. La preuve de ce fait que Jacques II n'assista point à la bataille, nous la trouvons dans Macaulay lui-même, quelques pages plus loin. Racontant le retour du prince à Versailles, l'auteur de l'*Histoire d'Angleterre* dit: « Jacques parlait de sa défaite à quiconque voulait l'entendre. Mais des officiers français, bien au fait des choses de la guerre, déclarèrent que Sa Majesté, *tout en ayant assisté à la bataille, ne savait rien de ce qui s'y était passé.* »

Est-il croyable qu'un homme qui avait été militaire, qui avait vu sous Turenne des batailles bien autrement importantes que celles de la Boyne, n'ait pu donner aucun détail sur un engagement auquel il aurait assisté (1) ?

Du reste, La Hoguette, qui était, comme il l'explique bien clairement, auprès de Jacques II, affirme nettement que le prince n'avait pas la possibilité de voir le combat, ni même d'en entendre bien exactement la rumeur lointaine. La Hoguette dit en effet positivement : « Dans ce même temps, nous *apprismes* que les ennemis avoient attaqué le poste d'Old-Bridge. » Ce n'est évidemment pas quelqu'un *qui a vu* qui parle. Or Jacques II était en tête du détachement où se trouvait La Hoguette. La vérité est ici manifeste, nous ne nous y arrêterons plus.

Donc Jacques II connaissait la fuite des trois quarts de son armée : il jugea la lutte dès lors inutile, et quiconque

(1) Les deux lettres de l'intendant Foucault publiées par M. Sirtema de Grovestins sont celles que cite Macaulay pour établir la présence de Jacques II à Donore. Or, il est certain, d'après ce qu'on vient de voir, que ces deux pièces, publiées dans un but hostile à la mémoire du roi Stuart, établissent au contraire d'une manière positive son éloignement du champ de bataille le jour de la Boyne. Il serait incroyable qu'une telle erreur se fût répétée de livre en livre depuis deux cents ans, si l'exemple de Macaulay, qui a connu la vérité et ne l'a point donnée, n'expliquait pas d'une façon malheureusement évidente combien d'erreurs historiques sont sciemment propagées. — Certains auteurs ont donné, même récemment, des relations de la Boyne aussi imaginaires que fantastiques. M. Sirtema de Grovestins prétend par exemple que « *l'aile gauche de Jacques II tint ferme d'abord, que l'on fut longtemps sans pouvoir la rompre;.... que les Français et les Suisses commandés par Lauzun se battaient en braves, que les Irlandais firent leur devoir...* » etc., et autres assertions aussi véridiques. Après cette relation tout à fait fantaisiste, l'auteur déclare qu'il a donné ces détails parce qu'ils sont vrais, mais qu'en général le lecteur doit suspecter la véracité des récits de bataille !....

examinera la question sans passion, admettra que le roi pensait sagement, nous voulons dire sans pusillanimité. Il ordonna donc qu'on prît la route de Dublin, et lui-même, ayant à son côté Lauzun, s'y engagea.

Les deux colonnes irlandaise et française étaient encore bien distinctes, les troupes en bon ordre ; mais au fur et à mesure qu'on s'éloigna de la Boyne, les rangs se confondirent, les distances se perdirent et l'allongement augmenta au point de ralentir sensiblement la marche. C'était l'encombrement fatal qu'amène tout mouvement en arrière sous le feu et la poursuite de l'ennemi ; difficile à empêcher avec des troupes solides et aguerries, il devait forcément se produire avec ces soldats irlandais inhabitués à des exercices réglés, au pas cadencé, aux manœuvres de toute sorte accoutumant le fantassin à marcher dans le rang en ordre, sans fatigue et sans contrainte. « Bientôt, les deux lignes s'estant meslées et mesme la première estant tombée dans un village qui faisoit un défilé (1), les ennemis, qui nous y suivoient toujours de près, chargèrent la queue de nos troupes, voyant que les autres avoient passé le défilé.

» Il faut convenir qu'il estoit très-difficile aux meilleures trouppes de soustenir les ennemis dans la situation où ils estoient, mais il est vray aussi que *les Irlandois ne firent pas la moindre résistance et plièrent sans tirer un seul coup, et se renversèrent, cavalerie et infanterie, sur nos françois,* lesquels, ne se trouvant encore dans le déffilé furent obligés de tirer dessus et de présenter les piques pour s'empescher d'estre rompus. »

La cavalerie du comte de Schomberg essaya alors un

---

(1) C'est Dulck.

mouvement sur le flanc gauche de la colonne en retraite et fit mine de vouloir couper les Irlandais des bataillons français qui les précédaient. Sur l'ordre de Lauzun (1), MM. de Famechon et la Hoguette firent déboiter à droite et à gauche du village, d'un côté les sept bataillons français, de l'autre la cavalerie : en avant de cette dernière, cinq pièces de canon furent mises en batterie. Devant cette attitude ferme, l'ennemi se tint sur la réserve et l'infanterie irlandaise put passer le défilé. La nuit commençait : mylord Tyrconnel et le lord Antrim venaient de rejoindre le roi et lui avaient donné quelques détails sur la fuite honteuse de leur infanterie. Jacques II comprit que sa présence au milieu de cette colonne en désordre était plutôt un embarras qu'un aide ; sur le conseil de Tyrconnel, de Lauzun et de

(1) M. Rousset, dans son *Histoire de Louvois*, a été pour Lauzun d'une injustice outrée. Sans compter les termes de mépris dont il l'écrase, il va jusqu'à *affirmer* que Lauzun était un *lâche*. Une telle aigreur dans un historien est déplorable : elle l'assimile au pamphlétaire et enlève à une œuvre, si remarquable qu'elle soit d'ailleurs, tout caractère de véracité. Personne ne conteste que Lauzun n'ait pas été un grand homme de guerre : de là à dire qu'il fut un lâche, il y a loin. Saint-Simon, beau-frère de Lauzun et qui le connut intimement, dit de lui qu'il était « *extrêmement brave et dangereusement hardi* ». On ne va pas à l'encontre de telles affirmations sans preuves, et la conduite de Lauzun à la Boyne n'en est pas une, pas davantage sa correspondance au sujet de l'évacuation de l'Irlande, ainsi qu'on le verra plus loin.

La vérité est que Louvois haïssait Lauzun, et que le panégyriste de cet homme funeste a embrassé sans restriction les haines de son héros. « Louvois haïssait Lauzun » dit Macaulay* ; — « Louvois haïssait Puyguilhem ainsi que Colbert son émule, » écrit Saint-Simon** ; — « M. de Lauzun n'a jamais été aimé de M. de Louvois, » dit madame de Lafayette***. — Et qui donc aimait-il, lui qui n'eut que haine et envie pour Turenne, Condé, Luxembourg, Colbert et la plupart de grands hommes du siècle de Louis XIV ? M. Rousset, dont nous avons signalé à diverses reprises la partialité, a traité la mémoire des ennemis de Louvois plus durement que Louvois ne traita jamais leur personnalité vivante. C'est le seul reproche qu'on puisse faire à son œuvre ; il est vrai qu'il est capital.

* Macaulay, t. IV, p. 164.
** *Mémoires* de Saint-Simon, t. XX, p. 430.
*** *Mémoires de la Cour de France*, p. 195.

tous les officiers généraux présents, il se décida à gagner au trot Dublin : ayant donc pris avec lui huit escadrons de dragons, il laissa ses généraux avec leurs soldats, et s'avança, à allure plus rapide, vers le sud.

La traversée de Dulek avait mis quelque désordre même dans la cavalerie française, et notre infanterie se forma plusieurs fois en échelons pour empêcher un retour offensif qui heureusement ne se produisit pas. En effet l'infanterie irlandaise, grossie à chaque instant des fuyards d'Old-Bridge, présentait une masse confuse et pitoyable de manants de toute sorte, sans chapeaux, à demi-vêtus, sans armes, incapables de résister à une attaque, l'eût-on assaillie uniquement à coups de bâtons.

Les officiers français, dont les troupes seules avaient gardé leur force et leur sang-froid, n'étaient point rassurés sur l'issue de cette triste marche, ne sachant s'ils étaient poursuivis, de près ou de loin, et si au jour il n'allait point falloir combattre. « Les mesches commençoient à manquer, ayant toujours esté portées allumées » depuis le matin. Nos soldats reçurent l'ordre de n'en conserver qu'un certain nombre en feu.

On arriva à un second village, pour la traversée duquel Lauzun fit prendre les mêmes dispositions que pour Dulek ; mais, à la sortie, la colonne se scinda en deux tronçons dont le dernier, dans l'obscurité, perdit sa route et s'égara ; au point du jour, M. de Chemerault qui faisait fonction de major général, MM. de Famechon et La Hoguette s'aperçurent qu'ils n'étaient plus avec M. de Lauzun. Dans l'incertitude, ils recueillirent l'avis des colonels de Mérode, de Biron, de Zurlauben et de Brouillez, qu'ils avaient sous leurs ordres et, la colonne n'ayant pris aucun repos encore depuis la veille, ils firent halte vers quatre heures du matin.

Cependant, le comte de Lauzun dirigeait non sans habileté cette pénible retraite. L'obscurité de la nuit rendait extrêmement difficile la communication des ordres ; aussi, malgré qu'il envoyât estafette sur estafette (1) pour donner aux divers corps en arrière l'itinéraire à suivre, les directions à prendre, il ne put empêcher le fractionnement dont nous avons parlé. Au matin cependant toutes les troupes avaient rejoint, et Lauzun à la tête de sa cavalerie entra en parfait ordre (2) dans Dublin encombré depuis la nuit de fuyards, de tumulte et d'une effroyable confusion. Le roi était encore dans la ville, mais à dix heures il convoqua au château les principaux habitants, leur recommanda la modération et en particulier les somma, au nom de leur fidélité, de ne point détruire ni saccager la ville (3), ce que voulaient faire quelques jacobites fanatiques; après quoi il annonça que, la résistance devant Dublin n'étant plus possible, il allait rentrer en France pour y chercher de nouveaux renforts.

Telle fut, au vrai, cette mémorable journée de la Boyne qui fit tant de bruit en Europe par les résultats qu'elle entraînait. Pour les militaires, elle apportait une preuve de plus à cette vérité que les vieilles troupes font la valeur des armées et que des soldats improvisés sont toujours de

---

(1) « Dans ce temps-là je reçus trois messagers coup sur coup de monsieur de Lauzun, l'un de laisser le premier pont que je trouverois à gauche et de prendre à droite; l'autre, à cent pas de là, de me rendre à Damboing, qui estoit le rendez-vous général de l'armée, et l'autre de l'aller trouver. »

(2) Tous les auteurs contemporains témoignent qu Lauzun rentra dans Dublin en parfait ordre : « On entendit les tambours de Lauzun, et les régiments français firent leur entrée dans la ville en ordre compacte (*unbroken*). » MACAULAY, t. VI, p. 25. Cet auteur cite comme disant la même chose : le *True and perfect Journal*, le *Villare Tubernicum*; STORY, *Impartial Story*.

(3) « James charged his heavers on their allegiance neither to sack nor to destroy the city. » MACAULAY, VI, p. 27.

mauvais soldats. « Je ne puis m'empêcher, écrit la Hoguette, de rendre à nos troupes la justice qu'elles méritent, pouvant vous assurer de toute certitude qu'on ne peut pas faire une meilleure contenance que celle qu'elles ont tenue d'un bout à l'autre de cette journée, *que sans elles il ne seroit assurément rien resté de l'infanterie irlandoise* que ce que les ennemis n'auraient pu joindre, car aucune mesme ne s'est ralliée derrière nous, à l'exception d'un bataillon des gardes. » Nous insistons sur ces remarques, car la journée de la Boyne, sombre souvenir pour le nom irlandais, fut seulement un échec matériel pour la France : l'honneur y demeura sauf.

En France, la défaite de Jacques II fut vivement sentie. La fausse nouvelle de la mort de Guillaume précéda de quelques heures la triste réalité. La population de Paris ne perdit pas là une occasion de témoigner de sa légèreté et de sa crédulité. Des feux de joie éclairèrent les rues et des mannequins représentant Guillaume furent brûlés aux carrefours ; mais une consternation profonde devait suivre ces manifestations trop hâtives, car c'est le propre de notre nation de tomber subitement et sans transition de l'exaltation suprême au plus profond affaissement.

Pendant qu'en Europe la défaite du roi catholique était apprise avec des sentiments divers, Lauzun, ralliant les débris de son armée, avait battu en retraite vers le sud, où le roi s'était déjà embarqué pour la France à Waterford.

De grandes difficultés empêchaient la reconstitution de l'armée irlandaise : on manquait plus que jamais de tout et en particulier d'argent, le trésor ayant été perdu à Old-Bridge.

« Le plus grand de nos malheurs est la perte de nostre argent, qui se monte à cent soixante neuf mil seize livres,

ÉTUDE HISTORIQUE ET MILITAIRE. 409

quatre sols, six deniers, sçavoir quatre vingt sept mil sept cent dix huict livres qui ont esté pillés le jour de la déroutte tant par les ennemys que par nos gens mesmes et quatre vingun mil deux cent quatre vingt dix huict livres, quatre sols, six deniers, qui ont péri en dernier lieu. Pour vous rendre compte des circonstances de cecy, je vous diray, monseigneur, que la veille de nostre affaire, estant en présence des ennemys, je représentai à M. de Lauzun le risque qu'il y avoit de laisser tout nostre argent à la suite de l'armée. Sur cela il résolut d'en envoyer la meilleure partye à Limerick et de ne conserver auprès de nous qu'environ quarante mil escus qui estoit quelque chose au delà d'un mois de subsistance. Je fis partir à minuict l'argent destiné pour Limerick sous la garde d'un lieutenant du régiment de Famechon et quatorze (1) hommes seulement d'escorte et d'un commis du trésorier. » On n'en revit jamais un sou.

Une cause de faiblesse autrement grave pour l'armée catholique était la division qui, au lendemain de la Boyne, s'était mise entre les chefs irlandais et Lauzun. « Je vous assure, monsieur, écrit Lauzun à Louvois le 10 août, que je suis icy dans une grande extrémité, où je suis persuadé que je feray bien des fautes; mais je crois, monsieur, que vous les excuseriez auprès du Roy si vous voyiez de près un tel estat et à quels gens j'ay à faire. Car ils sont icy quatre ou cinq Anglois, petits favoris indignes du Roy d'Angleterre, suivant l'esprit de milord Douvre (Dover), qui cabalent continuellement contre nous, et où le duc de Tyrconnel, remply de bonne volonté, ne peut porter aucun remède (2). »

(1) C'était bien peu d'hommes : les ordonnances en prescrivaient 40, et la distance était là de 70 lieues. Dépôt de la Guerre, d'*Esgrigny à Louvois* vol. 962, fol. 156.
(2) Dépôt de la guerre, vol. 962, fol. 158.

Cette division, jointe aux embarras de tout genre qu'avait à surmonter Lauzun, rendait sa tâche au-dessus de ses forces : disons pourtant qu'elle eût été trop lourde pour de beaucoup plus habiles et que lui-même s'y montra, en somme, à son honneur. Personne dans son entourage n'admettait que les Français pussent séjourner plus longtemps en Irlande, dans le dénuement absolu où ils vivaient. « Les troupes du Roy ne peuvent demeurer en Irlande sans estre perdues, » écrit La Hoguette à Louvois le 2 septembre, « elles n'y sont plus utiles et elles y sont à charge (1) ». Le même jour, M. de Saint-Pater écrivait également : « Je suis présentement un brigadier sans brigade, ny employ, sans équipage, sans un sol pour en refaire un autre... Comme j'apprens que le Roy retire ses trouppes, je vous supplie très-humblement, monseigneur, de trouver bon que je me retire aussy, estant d'une inutilité absolue dans ce pays icy (2). »

Louvois comprit une telle situation et le rappel fut décidé. Cependant ces pourparlers, forcément lents et soumis aux caprices d'une traversée, n'avaient point arrêté les opérations militaires.

Au lendemain de la Boyne, Guillaume, maître de Dublin, s'était dirigé vers le sud, à la poursuite de l'armée jacobite : celle-ci avait pris la route de Limerick et de Gallway. Gallway était un port qui assurait les communications avec la France ; quant à Limerick, c'était une place à défendre, et Lauzun, après quelques hésitations, décida que l'infanterie de l'armée s'y établirait en partie, tandis que lui-même et Tyrconnel tiendraient le pays avec la cavalerie. Un brillant fait d'armes signala cette courte campagne : comme

---

(1) Dépôt de la guerre, vol. 962, fol. 165 (datée de Gallway).
(2) *Ibidem. id.*, 1 166 (datée du camp de Locrea).

Guillaume s'avançait dans la direction de Limerick et avait atteint le cours du Shannon, son artillerie fut brûlée et enclouée par la cavalerie irlandaise du colonel Sarsfield. Le prince n'en mit pas moins le siége devant la place, mais ses opérations devaient sensiblement souffrir, comme on le verra, de la grosse perte qu'il venait de faire.

Le 26 août, Lauzun, écrivant de Gallway à Louvois, résumait ainsi les opérations de la première quinzaine d'août (1) : « Le prince d'Orange a demeuré deux jours dans une petite maison nommée Chappelizot, à un mil de Dublin, après quoy, il s'en est venu en diligence rejoindre son camp, d'où il partit un jour après pour venir à Limerick. Il y arriva le 18 août (1690) et campa à deux mil à la veüe de la ville. Le 19 il campa tout autour de la ville, hors mis la rivière qu'il ne passa point : après quoy il fit avancer quelques bataillons et du canon pour incommoder nos travailleurs qui pallissadoient notre chemin creux.....

» Nous avons garny la place de douze à treize mille hommes de pied et de douze cens officiers dont on a donné le commandement à Boisseleau, quelques Irlandois ayant témoigné, au dire de Tirconel, de le désirer aussy. Mais depuis ce temps là trois ou quatre séditieux nommés Wacop, Darington et Lutrel ont fait des calcules, et même écrit, disant qu'un François les trahiroit, ce qui a fort embarrassé le duc de Tirconel. — Il y a dans la place des vivres pour trois mois avec trois cens barils de poudre et des munitions à proportions. — Nous sommes venus à Galloway, mais nous en repartons aujourd'hui même, le duc de Tirconel et moi, pour rejoindre notre cavalerie, qui est à quinze milles d'ici et de Limerick. » Comme le dit cette lettre, Guillaume avait dès le 18 août entamé les opérations contre Limerick, mais il avait

(1) DÉPÔT DE LA GUERRE, *Lauzun à Louvois*, vol. 962, fol. 169.

trouvé dès les premiers jours une résistance à laquelle il ne s'attendait point. La garnison s'élevait au commencement du siège à environ treize mille hommes, que la maladie, la famine, le feu de l'ennemi réduisirent bientôt de presque moitié : elle comprenait les régiments suivants :

Cavalerie.

Le régiment du colonel Henry Lutrel.

Dragons.

Le régiment du colonel Thomas Maxwels.

Infanterie.

LES RÉGIMENTS :
- des gardes du colonel Jean Hamilton.
- de milord Grand Prieur.
- du comte de Westmeath.
- du comte d'Antrim.
- du colonel Richard Nugent.
- du colonel Richard Eustace.
- de milord Bellieu.
- de milord Kinmare.
- de milord Flane.
- de milord Louth.
- de milord Kilmalock.
- du chevalier Maurice Eustace.
- du général major Boisseleau.

LES RÉGIMENTS :
- du colonel Robert Grace.
- du colonel Edward Buther.
- du colonel Arthur Mac-Mahon.
- du colonel Charles More.
- du colonel Dugly Baguell.
- du colonel Gordon O'Neill.
- du colonel Nicolas Brown.
- du chevalier Michel Creagh.
- du colonel Charles O'Brien.
- de milord Iweagh.
- du colonel Walter Bourke.
- du colonel Félix O'Neill.
- du colonel Hugo Mac-Mahon.
- de milord vicomte Kinsland (1).

L'énergie de Boisseleau était parvenue à donner à ces troupes une solidité très-suffisante, et Louvois ayant sur ces entrefaites mandé à Lauzun de s'embarquer au plus vite ce dernier demanda un sursis. En effet, avec le fonds qu'on pouvait faire désormais sur les régiments irlandais de Limerick, la levée du siége ne pouvait tarder. On aurait là quelques corps excellents qu'on pourrait ramener en France, soit pour servir sur le continent, ou y attendre l'heure d'une reprise favorable des opérations en Irlande.

(1) DÉPÔT DE LA GUERRE. *Lauzun à Louvois*, vol. 962, fol. 169.

Quant à se rembarquer avec les troupes françaises en laissant Boisseleau dans Limerick, c'eût été une imprudence et une faute. En effet Lauzun et Tyrconnel, maîtres de la campagne, qu'ils tenaient avec leur cavalerie, étaient un précieux appui pour Boisseleau et une menace incessante pour l'armée de siége. Lauzun présent, un échec était inévitable pour Guillaume ; au contraire son départ pouvait amener, par un revirement fâcheux des événements, la chute de Limerick.

Louvois, toujours injuste et impatient, s'étonnait de ces retards qu'il ne s'expliquait pas. Lauzun faisait la sourde oreille, et s'obstinait, malgré les privations de toute sorte qui pesaient sur lui et son armée, à ne point faire échouer une défense si brillamment commencée. Le 3 septembre, de Gallway, il écrit au ministre :

« J'ai reçu les lettres que vous m'avez fait l'honneur de m'écrire le 30 juillet, 8 et 13 août, par lesquelles vous m'ordonnez d'embarquer les troupes.

» Aussitôt que j'ay receu vos dernières dépesches, nous avons quitté les troupes, le duc de Tyrconnel et moy, pour nous en venir promptement icy faire un tour pour concerter avec M. le marquis d'Anfreville, tant pour l'embarquement que pour le supplier d'attendre le plus qu'il pourra, autant que ses vivres et la saison le leur pourront permettre, *affin que nous puissions voir la fin du siège de Limerick*... J'ai cru, monsieur, que je ne devrois point me presser dans l'embarquement, trouvant qu'il estoit important de faire durer le siège de Limerick le plus que l'on pourroit... Je vous renvoye la dernière lettre de Boisseleau par laquelle le prince d'Orange n'y va pas si vite qu'il auroit cru... Cependant, ils n'ont pas aussy beaucoup de poudre, ce qui m'oblige d'écrire tous les jours à Boisseleau de la ménager et d'en garder une bonne partie pour le corps de la place... Pour les vivres, l'on donne aux Irlandois une pinte d'avoine par jour avec quelques autres graines, desquelles ils vivent fort bien sans se plaindre. M. Laisné n'a rien perdu de l'artillerie (1). » Quatre jours après, à de nouvelles instances de Louvois pour rentrer en France, Lauzun répond encore : « Je viens, tout présentement, de recevoir la lettre que vous m'avez fait l'honneur de m'écrire le 23 du passé, par laquelle vous m'ordonnez encore de faire l'embarquement des troupes. Milord Tyrconnel et moy avons trouvé à propos de supplier M. d'Anfreville d'attendre jusqu'à la fin du siége de Limerick, et vous verrez par la lettre de Boisseleau, que je vous envoye, qu'il n'y a pas longtemps à attendre pour en voir la fin (2). »

Enfin la valeureuse résistance de Boisseleau eut sa récompense, le siége de Limerick fut levé. C'était presque un triomphe pour Jacques II, et, comme on le verra plus loin, cet événement releva singulièrement le moral des troupes.

La lettre suivante de Tyrconnel à Louvois est curieuse, et montre même chez le général un revirement d'esprit qui met en lumière l'étendue du succès de Limerick : « Monsieur, le bonheur qui nous vien d'arriver par la levée du siège de Limryque changeant entyèrement la situation des affayrs en ce pays scy, m'empêche d'exécuter les projets que j'avois fait avec monseigneur le count de Lozun pour l'embarquement des troepes irlandoises, ainsy qu'il m'avoit dit que Sa Majesté très chrétien l'attendoit de mon zèle

(1) Dépôt de la guerre, vol. 962, fol. 167.
(2) Dépôt de la guerre, vol. 962, fol. 170. (De Knim, à 4 heures de Limerick, 7 septembre).

pour son service. Et comme je m'y suis toujours intéressé préférablement à tout autre après celuy du Roy mon maytre, vous me ferez si il vous plait, monsieur, le honneur d'en assurer Sa Majesté, et voyant les affayrs de ce royaume en estat d'estre soutenües jusques au printemps qui vien, je juge qu'il estoit autant du service de Sa Majesté très chrétien que de celuy du Roy mon maytre de laisser icy les dites troopes... Ansy je laisse les ordres que j'ay cru nécessaires pour le gouvernement du pays et me dispose à en aller rendre count au Roy mon maytre (1). »

Le succès de Limerick permettait à Lauzun de rentrer en France la tête haute : il s'embarqua à Gallway le 23 septembre et aborda sans encombre à Brest, rapatriant 134 officiers, 169 bas-officiers et 4346 hommes de troupes françaises, 747 malades ou infirmiers, 65 officiers d'artillerie, ingénieurs ou commissaires de guerre, enfin 103 officiers français des troupes d'Irlande (2).

Nous mettrons ici, comme complément à ce chapitre, la lettre que Boisseleau écrivit de Brest à Seignelay le 2 octobre 1690. C'est le récit modeste d'un soldat dont le nom mérite d'être plus connu : « Monsieur, après la levée du siége de Limerick, j'ay prié Mylord, duc de Tyrconnel, et M. de Lauzun de me permettre de passer en France, le service estant fort désagréable présentement, dans ce pays, pour les Français.

» Comme j'avois l'honneur de commander dans Limerick, il m'a fallu me servir de toutes sortes de précautions pour empescher tous les esprits séditieux et de méchante volonté, qui ne s'étudioient tout le long du jour qu'à des

(1) DÉPÔT DE LA GUERRE, vol. 962, fol. 175. Nous avons conservé avec soin l'orthographe de Tyrconnel.
(2) *Ibidem, id.*, fol. 177

stratagèmes nouveaux pour me détourner du service du Roy. J'ay eu plus de peine avec ces esprits qu'au courant de la déffence de la place. Mylord de Tyrconnel et M. de Lauzun vous en instruiront mieux que moy, en ayant plus de connoissance. Plus je souffrois de leurs impertinences, ne songeant qu'à sauver la place, plus ils s'estudioient de me donner tous les chagrins possibles. Leur jalousie mêlée de beaucoup d'ignorance fait souffrir un honneste homme en ce pays là. J'aimerois mieux porter le mousquet en France que d'être général en ce pays.

» Je trouve qu'à bien examiner toutes choses, M. le prince d'Orange a prudemment fait de lever le siége; car, avec de la terre et des troupes, je l'aurois encore chicané longtemps, et je m'estois proposé de périr plus tôt que de rendre la place, ce qui ne plaisoit pas aux mylords du païs y ayant de grands intérêts à conserver, et voyans une brèche de vingt-une toises (1) de large. Les bons esprits qui estoient dans cette place m'ont obligé d'avoir tousjours auprès de moy toutes les clefs des portes et de toutes les munitions, n'osant me fier à personne, de crainte d'accident, car j'estois seul de ma cabale.

» Ces gens là n'aiment la guerre qu'avec du désordre et sans discipline. C'est dommage que l'officier ne vaut rien en ce pays là, car le soldat est de bonne volonté. Pendant le siége si j'avois eu des officiers comme il y en a en France, j'aurois donné bien plus de peine à M. le prince d'Orange que je n'ai fait, mais ces gens là n'ayant pas l'air à la dance, je ne pouvois m'en servir. — Il n'y avoit que la moitié des troupes armées, point de farines ny pain, point de chirurgiens, point de médicamens, un homme blessé estoit un homme mort... (2) »

(1) Quarante-deux mètres.
(2) Dépôt de la Guerre, vol. 962, fol. 61.

Il faut reconnaître que si, au point de vue militaire, la levée du siège de Limerick était une consolation particulière pour les vaincus de la Boyne, la campagne de 1690 en Irlande n'en demeurait pas moins pour Guillaume un succès capital. La défaite de l'armée jacobite avait rendu au parti protestant du Connaught, de l'Ulster et du Leinster toute sa suprématie, et les catholiques, réfugiés dans le Munster, demeuraient sans influence sur le reste de l'île. Au dehors, en Europe, en Angleterre surtout, la conduite de Jacques, peu brillante évidemment, encore que nous ayons cherché à l'expliquer, lui avait aliéné bien des esprits; elle avait montré chez lui peu de suite dans les idées, peu de volonté, peu de grandeur aussi. Il prenait trop à l'aise sa disgrâce ; la facilité avec laquelle il avait semblé accepter sa défaite devait annihiler bien des dévouements et détruire plus d'un courage : on devenait de jour en jour moins enclin à se faire tuer pour un prince qui paraissait se désintéresser si volontiers de la cause qu'il demandait aux autres de servir. C'est ainsi qu'en Irlande même plus d'un jacobite accepta les faits accomplis et se rallia à Guillaume. Ce dernier prince exploita habilement cette situation en témoignant pour l'Irlande d'une sympathie exceptionnelle. Quoique hypocrite et simulée, cette douceur fit des dupes en grand nombre et amena presque une révolution dans les esprits. De ce côté donc, Guillaume était pour l'instant tranquille ; mais sur le continent de graves préoccupations avaient troublé cette sérénité. Le lendemain de la Boyne, les nouvelles d'un désastre maritime lui avaient enlevé, suivant sa propre expression, toute la joie de sa victoire. Nous n'avons point voulu couper le récit de la campagne de 1690 en Irlande et nous avons donné immédiatement après la Boyne le récit du siège de Limerick; mais il convient de nous reporter maintenant à deux mois en arrière et de raconter avec quelques détails la bataille navale de Beachy-Head.

Il y avait quinze jours à peine que Guillaume avait quitté Londres pour gagner l'Irlande, quand une flotte française aux ordres du comte de Tourville avait paru dans la Manche. C'était aux premiers jours de juillet. Elle s'était avancée si près de Plymouth que des remparts de la ville on avait pu compter le nombre des bâtiments.

Cette apparition subite des Français au moment même de l'absence de Guillaume avait effrayé vivement la reine Marie, qui avait vu dans cet événement un mouvement concerté entre les jacobites de Londres et ceux de Saint-Germain : l'amiral Herbert avait reçu l'ordre de prendre le commandement de la flotte anglaise, de se diriger vers Sainte-Hélène (1) et d'y attendre l'escadre hollandaise aux ordres de l'amiral Evertsen. L'on pouvait croire qu'une bataille était inévitable, quand la flotte anglo-batave, cédant à l'on ne sait quelle crainte, abandonna tout d'un coup l'île de Wight à Tourville et se retira sur le pas de Calais.

Une telle conduite tirait des circonstances une gravité exceptionnelle. Torrington (2) ne se croyait-il pas en force pour entamer la lutte? était-ce un traître qui livrait sans défense l'Angleterre à l'ennemi? L'inquiétude fut grande dans le conseil de la régente et les avis les plus divers furent émis sur la conduite du commandant de la flotte ; la décision prise à l'unanimité fut que l'amiral anglais serait vivement blâmé pour son mouvement rétrograde, et que l'ordre

---

(1) Il est bien entendu que Sainte-Hélène est ici la vaste rade anglaise de l'île de Wight, vis-à-vis Portsmouth.

(2) C'était l'amiral Herbert. Il avait été créé pair par Guillaume, sous le titre de comte de Torrington.

lui serait signifié de marcher sur le champ à l'ennemi.

A l'ouverture du pli royal qui lui enjoignait de combattre, Torrington fut persuadé, a-t-on dit, que les instructions du conseil avaient été dictées par la jalousie et le désir de le perdre. Cependant non seulement les historiens, mais tous les marins ont reconnu que Herbert livrait bataille avec des chances de succès égales, ou à peu près, à celles de Tourville. Il avait, il est vrai, un nombre de vaisseaux moindre, mais ses bâtiments étaient de plus haut bord et montés par un nombre plus considérable d'hommes. Russel, qui était, suivant Macaulay, un des meilleurs hommes de mer de son temps, avait affirmé que la disproportion des forces entre Herbert et Tourville n'était pas telle qu'elle pût arrêter un amiral ayant sous ses ordres des navires anglais et hollandais.

Le 10 juillet, à la pointe du jour, la flotte anglo-hollandaise, forte d'environ soixante vaisseaux, prit l'ordre de bataille et, favorisée par le vent, se porta à l'attaque de la flotte française. La conduite de l'amiral anglais fut singulière durant toute cette action. Tandis que l'escadre hollandaise, qui comprenait vingt vaisseaux, soutenait une lutte acharnée, héroïque contre notre corps de bataille commandé par Tourville, et contre Château-Renaud, le corps de bataille anglais ne fit aucun effort pour secourir son avant-garde; l'arrière-garde seule, aux ordres de lord Russell, soutint l'honneur du pavillon anglais, en attaquant avec vigueur l'arrière-garde française commandée par Victor-Marie d'Estrées. Lord Russell n'eut d'ailleurs aucun succès. — Après une effroyable canonnade, sabord contre sabord, l'escadre hollandaise essaya de se tirer de cette passe désastreuse et battit en retraite dans un état pitoyable : « Il y avait peu de leurs vaisseaux qui ne fussent en très mauvais état, un très grand nombre n'avait presque plus ni voiles ni mâts (1). »

Si l'amiral français avait poursuivi sa victoire, nul doute que non seulement c'en eût été fait des flottes anglaise et hollandaise, mais qu'une descente eût été opérée sur la côte anglaise. Et qui sait si Tourville, renouvelant là les exploits de Ruyter, n'eût incendié à nouveau les chantiers de Chatham et bombardé la Tour de Londres ! Heureusement pour l'Angleterre, un calme qui survint le soir empêcha les Français de poursuivre leur avantage, et Herbert, ralliant les débris de ses escadres, put gagner à la hâte le pas de Calais et la Tamise.

Cette journée du 10 juillet coûtait à l'Angleterre et à la Hollande 15 vaisseaux de ligne, qui coulèrent ou que firent sauter leurs propres maîtres dans les cinq jours qui suivirent le combat : les Hollandais s'y couvrirent de gloire.

Pour les Anglais, le combat de Beachy-Head, que Tourville appelle du cap Bévézier (2), demeure un triste épisode de leur histoire maritime. Aussi bien, le souvenir de ce désastre est-il encore vivant en Angleterre, et cent cinquante ans après l'événement, le plus populaire écrivain de l'Angleterre, Macaulay, parlant du lendemain de Beachy-Head, écrivait, comme encore sous l'impression d'une catastrophe récente : « Le danger était imminent — la honte était intolérable (3) ! »

Le succès de la Boyne, nous l'avons dit, n'était point capable d'effacer le désastre de l'amiral Herbert, et il fallait d'autres victoires pour faire oublier de pareils échecs :

---

(1) Mémoires du comte DE FORBIN. — A Amsterdam, chez François Girardi, 1740, t. II, p. 301.

2) *Bévézier* n'est pas une corruption de Beachy-Head, comme on le croit communément, mais de Pevensey.

(3) « The shame was insupportable ; the peril was imminent. »

malheureusement, au lieu de victoires, c'étaient des défaites que chaque jour avaient à enregistrer les gazettes anglaises.

Quelques jours avant Beachy, un courrier de Hollande avait apporté la nouvelle d'une sanglante bataille perdue en Brabant par le prince de Waldeck : aussi est-il temps d'abandonner maintenant l'Angleterre et l'Irlande pour étudier en détail les importants événements militaires qui se déroulaient sur le continent.

CHAPITRE IX

Entraîné par le récit des événements politiques et militaires en Angleterre, dans la Manche, en Irlande ; obligé d'écrire d'un trait la révolution de 1688, nous avons dû détourner les yeux du continent pour suivre Guillaume d'Orange là où se jouaient ses plus gros intérêts.

Sur la terre ferme, toutes les puissances, moins la France et le sultan, avaient désiré le succès du stathouder et salué avec joie la chute de Jacques Stuart. Non seulement les États luthériens d'Allemagne, mais l'Empereur, la Bavière, l'Espagne, le pape avaient vu d'un œil favorable le remplacement d'un roi catholique par un prince protestant, tant la jalousie et la haine peuvent rendre aveugles les peuples comme les hommes, tant la volonté était générale en Europe de tout sacrifier pour obtenir l'écrasement de la France. Ce qu'acclamaient, en effet, les États d'Europe, en saluant l'usurpation du stathouder, c'était beaucoup moins son succès personnel qu'un accroissement de pouvoir pour la ligue, l'entrée dans la coalition d'une nation puissante et disposant d'une nombreuse marine, l'alliance d'un pays riche, dont les finances viendraient à point pour solder les armées alliées et soutenir les frais énormes de la guerre.

Nous avons vu déjà que, par une faute impardonnable (1 de Louvois, Louis XIV, au lieu de déclarer la guerre aux Provinces-Unies au mois de septembre ou d'octobre 1688, avait décidé de porter la guerre sur le Rhin.

« La joie que témoigna le grand adversaire de Louis XIV, Guillaume d'Orange, à la nouvelle du siège de Philipsbourg, donna la mesure de la faute où Louvois avait entraîné son maître. Guillaume vit tomber le dernier obstacle qui pût arrêter sa grande entreprise... Les actions montèrent de 10 p. 100 en Hollande, quand on sut que les Français marchaient sur l'Allemagne centrale et non sur les Pays-Bas (2). »

Le roi de France avait publié, le 24 septembre, un manifeste dans lequel il expliquait les raisons qui lui mettaient à nouveau les armes à la main. Pas un mot n'y était dit contre les armements de la Hollande. Il était parlé du refus de l'Empereur de changer en paix définitive la trêve de Ratisbonne, des préparatifs militaires de l'Allemagne et de l'électeur palatin qui forçaient la France à s'emparer de Philipsbourg; enfin, de l'occupation de Kaiserslautern, dictée par la nécessité de garantir les droits de la duchesse d'Orléans, princesse palatine.

L'armée destinée au siège de Philipsbourg devait être commandée par le Dauphin, auquel on adjoignit comme conseil le maréchal de Duras. Il eût été convenable de donner au jeune prince un maître plus autorisé. A qui Montausier et Bossuet avaient enseigné la sagesse et les belles-

---

(1) « Le mauvais conseil que donna Louvois au roi d'attaquer l'Allemagne au lieu de la Hollande, lui fut probablement suggéré par sa jalousie contre Seignelai. » — HENRI MARTIN, *Hist. de France*, t. XIV, p. 90.

(2) HENRI MARTIN, *Hist. de France*, t. XIV, p. 92.

lettres, Luxembourg seul devait apprendre la guerre ; mais l'envie et la haine de Louvois devaient encore faire commettre cette injustice à Louis XIV : Luxembourg fut écarté.

La campagne de 1688 se passa à prendre Philipsbourg, Manheim, Frankental et quelques autres places, au sujet desquelles nous nous arrêterons tout juste pour rappeler qu'à Philipsbourg Vauban essaya, pour la première fois, le tir à ricochets. L'année 1689 ne fut, pas plus que la précédente, fertile en événements militaires, s'il est permis de se servir d'une telle expression à propos des choses de la guerre, en cette année surtout qui vit l'incendie du Palatinat. Des villes florissantes, de grandes cités : Manheim, Heidelberg, Spire, Worms, Oppenheim, furent livrées aux flammes et entièrement détruites. Le cœur saigne en lisant dans la correspondance de Louvois les ordres froidement féroces (1) que dicte le ministre pour ces exécutions : les précautions à prendre pour que la ruine soit bien complète, pour qu'enfin les cruautés soient telles que la haine vouée désormais au nom français, dans ces contrées, soit impérissable. Ces barbaries qui devaient, soi-disant, éloigner les Impériaux du Rhin, n'atteignirent d'autre but que de nous faire mettre au ban de l'Europe. Louis XIV, qui subit, en cette occasion encore,

(1) M. Rousset prête en vain l'idée première de l'incendie du Palatinat à M. de Chamlay. La lettre du 27 octobre, où Chamlay écrit à Louvois de *passer la charrue* sur Manheim, a évidemment trait au rasement des fortifications. La preuve en est qu'après avoir dit qu'il faudra en faire autant à Spire, à Neüstadt, Altzay, Kreusnack, Oppenheim, Kaiserslautern, Frankenthal, Bingen, Baccarach, Reinfeld, il ajoute : « Si la guerre continue, on ne laissera d'y mettre toujours des troupes en quartier d'hiver, en *palissadant les brèches.* » Ce n'est donc point des maisons qu'il a voulu parler. — Comme, au surplus, il émet l'avis de faire la même opération aux villes françaises d'Aire, Avesnes, Arras, de Bouchain, Béthune, etc., il nous paraît superflu de démontrer que Chamlay ne pouvait demander la mise à sac de ces places.

la pression de son ministre, ouvrit les yeux trop tard. Bien que l'incendie de Manheim marque le commencement de la défaveur de Louvois, il eût été plus digne de Louis XIV de frapper d'une disgrâce soudaine et éclatante l'insensé qui compromettait ainsi le nom de la France et de son roi.

Le combat de Valcourt, où le maréchal d'Humières fit tuer fort inutilement 1 500 hommes, pour se faire battre, fut la seule opération de l'année en rase campagne : nous passerons donc à l'année 1690, qui devait voir des événements militaires plus importants.

Nous avions, à vrai dire, l'Europe entière contre nous. — Du 9 mars au 17 mai 1689, Louis XIV avait reçu la déclaration de guerre : des états généraux, le 9 mars; de l'Empereur, le 3 avril; du roi d'Espagne, le 2 mai; de Guillaume III, le 17 mai. Le 12 mai de la même année, un envoyé de Guillaume, à Vienne, avait signé avec l'empereur Léopold un traité par lequel les deux princes s'engageaient :

1° A faire la guerre à la France, à forces réunies, jusqu'à ce qu'on la ramenât aux bornes du traité de Westphalie;
2° A maintenir leur alliance même après la paix signée;
3° A rétablir le duc de Lorraine dans son duché.

Un quatrième article réglait la succession d'Espagne, en prévision de la mort prochaine de Charles II. — Déjà, par une clause de la convention d'Augsbourg, les contractants s'étaient engagés à soutenir les droits de l'Empereur au préjudice de ceux du roi de France (1). Il fut stipulé de nouveau, à Vienne, que les droits du Dauphin à la couronne d'Espagne seraient déclarés nuls, et qu'on s'opposerait

---

(1) Voyez Dumont, *Corps diplomatique*, t. VII, p. II, p. 131 et 239.

également à la prétention de Louis XIV de faire élire le même Dauphin roi des Romains.

L'Espagne acquiesça, le 17 juin, au traité de Vienne, les chambres anglaises y adhérèrent le 20 décembre, de telle sorte que tout était prêt, en 1690, pour une lutte générale sur le continent.

Guillaume III, qui réussissait à son gré dans ses négociations avec les puissances étrangères, trouvait dans son propre pays une résistance chaque jour plus grande. L'antagonisme de l'Angleterre et de la Hollande soulevait sans cesse une difficulté entre les deux nations, et Guillaume, malgré son habileté, ne pouvait également contenter l'une et l'autre. Déjà, à la signature d'un traité particulier qui décidait la jonction de la flotte batave à la flotte anglaise, une grande discussion s'était élevée pour savoir à qui écherrait le commandement en chef. Une autre question avait été soulevée par la prétention qu'avait émise l'Angleterre de séquestrer tout bâtiment neutre faisant le commerce avec la France. Ces difficultés, résolues en général dans un sens favorable à l'Angleterre, excitaient dans les provinces un mécontentement très vif contre Guillaume. La lettre suivante, écrite d'Amsterdam à Louvois par un de ses confidents, le 5 janvier 1690, nous donnera une idée de l'opposition faite au stathouder dans son propre pays :

« ..... J'apris lundy dernier, de la Haye, qu'il y avoit de la brouillerie dans le conseil d'Estat et dans l'Assemblée des estats généraux d'Hollande, au sujet d'une des créatures du prince d'Orange, nommée Allwyn, qui est bourgmestre de Dorth, que le prince d'Orange a nommé pour estre surabondemment pensionnaire de la même ville. Sur cela les estats d'Hollande s'estant assemblés, ont déclaré que cette nomination estant contre les statües et privilèges de l'Estat, qui n'admettoient point une personne revestue d'une charge de magistrature en celle de pensionnaire, ils ne recevroient point ledit Allwin dans leur assemblée comme pensionnaire de Dorth. Sur ce premier pas fait par tous les Estats, le conseil des Trente-Six s'assembla lundy et mardy dernier, et il fut résolu, sans qu'il y eut presque d'opposition, que l'on procéderoit incessamment à l'élection des eschevins, sans en envoyer la nomination en Angleterre, au prince d'Orange, pour en avoir son consentement, et que cette forme d'avoir son consentement seroit doresnavant abolye. ;... Les estats généraux ont refusé au prince d'Orange une chose qui porte un grand coup, qui est de luy envoyer un estat des fonds pour la guerre, tant par mer que par terre, et celuy de la caisse génaralle de l'Estat, disant pour leurs raisons qu'il n'est n'y honorable n'y seur pour eux de donner une cognoissance si entierre de leurs principalles affaires à un homme qui est roy d'une nation avec laquelle ils peuvent un jour entrer en guerre, en un mot le premier pas est franchy.

» Tout cela tend à priver le prince d'Orange par degré de la charge de capitaine et amiral général, et finalement, à s'en défaire le plus tôt qu'ils pourront. Souvenez-vous que je vous ay écrit qu'ils ont fait une démarche en luy proposant de se démettre desdittes charges en faveur du prince de Frise qu'ils soutiendroient. Ils le font ainsi comje sçay de bonne part, qu'ils sont résolus de rappeler leurs navires de guerre et faire revenir leurs vaisseaux marchands de Plymouth et de ne luy donner plus aucune connoissance des résolutions qu'ils prendront pour leurs armées de mer et de terre. L'on m'a asseuré de plus qu'il y a une personne dans cette ville qui négotie secretement pour le prince de Frise, cela m'a été dit en bon lieu; on m'a ainsi fait comme pressentir que le prince de Waldeck ne commanderoit plus les trouppes de l'Estat. Le pensionnaire de cette ville party (partit) hier d'icy pour porter aux estats d'Hollande la résolution prise dans le conseil des Trente-Six, et sur le bruit de ladite résolution les actions de ladite compagnie ont baissé de 30 p. 100.

» Le peuple commence icy à n'être plus pour le prince d'Orange ; un nombre infiny de gens qui subsistoient très bien pendant le temps du plein commerce, meurent de faim. On vend dans les ruës un escrit intitulé : Réponse du roy de France à la requeste qui luy a été présentée par les protestans du royaume ; je n'entens pas assez la langue hollandaise pour vous le traduire, mais je peux vous asseurer qu'on ne pourroit pas escrire plus glorieusement pour le roy dans Paris. Sa Majesté peut estre asseuré que tous les catholiques de ce païs sont pour Elle et que dans l'occasion, sans héziter, ils se manifesteroient (1). »

Le différend entre les états de Hollande et Guillaume se termina par un compromis, mais il donnait la mesure des difficultés qu'éprouvait le stathouder dans son propre pays. C'était l'époque où, ballotté entre les whigs et les tories, il songeait à passer en Irlande pour soumettre les jacobites en armes : pendant ce temps, il avait confié au prince de Waldeck le soin et la direction des affaires militaires sur le continent.

Suivant les nouvelles qu'on avait eues à la cour de France dès les premiers jours de janvier, les desseins des alliés étaient pleins d'incertitude et leurs troupes étaient fort en mouvement. On disait que l'électeur de Bavière devait agir du côté de Huningue avec 12 à 15 000 hommes. Le duc

---

(1) DÉPÔT DE LA GUERRE, vol. 944, fol. 20.

de Lorraine, à la tête de 30000 Impériaux, avait à envahir le pays entre Meuse et Moselle, et le prince de Waldeck devait se porter entre la Moselle et la Sambre. Le rendez-vous était à Hall, où un corps considérable de Hollandais et de Hanovriens était déjà rassemblé. A l'égard des troupes qui avaient hiverné dans les Pays-Bas espagnols, elles attendaient l'arrivée de M. de Castanaga.

Suivant un autre projet fait à la Haye, M. de Castanaga devait, avec 17 à 18000 hommes, opérer autour de Gand, pendant que le reste des troupes aux ordres du prince de Waldeck garderait la rive gauche de la Sambre. On pensait que peut-être le généralissime de l'armée anglo-hollandaise essayerait de passer la Sambre à Charleroi et tenterait de pénétrer en France par les bois de Rocroi.

La ligne qui nous séparait des alliés en Flandre partait de Dunkerque, passait à Furnes, Ypres, et joignait la Lys à Menin. Plusieurs villages de la châtellenie d'Ypres payaient impôt à l'Espagne, ainsi que ceux de Ost-Dunkerque, Pervise, Nieu-Capelle, Loo, Polinchonen et Œstade, appartenant à la châtellenie de Furnes. Sur l'Escaut, Tournai, Condé et Valenciennes étaient à nous; en outre, plusieurs villages de la châtellenie d'Ath et de la prévôté de Mons, qui étaient aux Espagnols, nous payaient contribution à Tournai. Nous gardions le cours des rivières d'Hosneau et de Sebourg, mais la Dender était à l'ennemi, et il en avait profité pour remettre garnison dans le château de Bossut, point important de passage près de Saint-Ghislain. Sur la Sambre, M. de Gournay gardait Maubeuge avec les gardes du Roi, et les ennemis tenaient Charleroi et Namur. — Entre Sambre et Meuse nous occupions Philippeville, et sur la Meuse, Charlemont et Dinant. — De l'autre côté, la Chiers et la Semoy étaient françaises (1).

Sur la rive droite de la Meuse, nous étions beaucoup moins bien gardés. Cependant quelques précautions avaient été prises. Comme l'ennemi avait une trouée praticable entre Château-Regnault et Virton, on avait construit sur la ligne qui joint ces deux villes un rectangle descendant vers le sud jusqu'à Jametz, vers l'ouest jusqu'au Chesne, dans lequel on avait défendu d'ensemencer.

En conséquence des projets conçus par l'ennemi suivant ce que nous avons dit un peu plus haut, Louis XIV décida d'avoir deux armées à la frontière du nord : l'une sous les ordres du maréchal d'Humières, agirait sur la Lys ; l'autre, entre la Sambre et la Meuse, serait commandée par le duc de Luxembourg. Ce général, que la grandeur du péril imposait à Louvois (2), fut enfin rappelé et reprit, pour la plus grande gloire du pays, la place qu'on n'eût dû jamais lui enlever. — Il reçut d'abord le commandement de toutes les forces de la frontière, s'élevant à 41 bataillons et 93 escadrons ; mais il dut se contenter des deux tiers et céder le reste à d'Humières, qui restait opposé à M. de Castanaga.

D'avance on pouvait affirmer qu'avec un tel général les opérations ne ressembleraient point à celles des années précédentes. Les longueurs et les hésitations allaient faire place à des marches hardies et à des entreprises auda-

---

(1) DÉPÔT DE LA GUERRE, vol. 944, janvier et février. *Introduction.*

(2) « Les persécutions de l'envie, les noirceurs de la calomnie, les rigueurs d'une longue prison, l'ennui de l'exil, la rouille de l'oisiveté où l'on avait laissé languir si longtemps cette âme pleine de puissance et d'activité, rien n'en avait affaibli les ressorts. Elle s'élançait sans cesse vers de nouveaux succès ; elle dévorait de nouveaux périls ; plus tard Luxembourg se vengea de l'iniquité de Louvois, et, disons-le, de l'ingratitude de Louis XIV, mais c'est à la manière des grands cœurs, par de nouveaux services et par d'éclatantes victoires. » — *Biographie universelle.*

cieuses : en premier lieu ce fut la concentration de l'infanterie qu'on put admirer sous Saint-Amand, terminée dès le 3 mai, alors que l'ennemi était encore à combiner des plans et à chercher des idées.

Luxembourg, arrivé dès le premier de mai à son quartier général, avait immédiatement décidé de se porter en avant : la cavalerie ne l'avait point rejoint encore et devait arriver incessamment ; mais, comme il avait ordre de ne point toucher aux magasins et de vivre sur le pays autant qu'il le pourrait, il résolut de conduire ses troupes sur un terrain où ses chevaux trouveraient à pâturer, ses hommes à largement vivre, en attendant le prince de Waldeck, qui s'apprêtait tout doucement. Il fallait donc se diriger vers la Lys, où le pays était riche, où le fourrage abondait : à Saint-Amand la cavalerie n'eût point trouvé à se nourrir ; le jour même de son arrivée, Luxembourg écrivait à Louvois :

« Je vous avoue, monsieur, que j'ay esté fort fâché l'ors que j'ay veu combien les herbes sont peu avancées. Nous avons esté visiter les prairies, où à peine pourroit-on paistre la première pointe de l'herbe, mais pour en couper c'est une chose absolument impossible. En revanche les froments sont fort courts et les seigles ne sont guères avancés. Tout cela me fait prendre le party de vous dépêcher un courrier pour vous prier de faire trouver bon au Roy qu'on retardâ pour quelques jours l'arrivée de la cavalerie. (1) »

Pendant que Luxembourg faisait ses dispositions pour quitter Saint-Amand, le prince de Waldeck appelait à lui les contingents de tous pays qui devaient former son armée

---

(1) Dépôt de la Guerre, vol. 942, fol. 2.

et les disséminait sur la Dyle à Wavres, Limalle, Nil-le-Pierreux, Cour-Saint-Étienne et les environs. Cependant, il était bruit que l'ennemi devait incessamment remonter vers Charleroi et gagner le camp de Piéton, de tous temps position militaire remarquable, mais célèbre surtout depuis que Condé en était sorti pour gagner la bataille de Seneffe. Le 17, Luxembourg franchit l'Escaut à Haisne-Saint-Pierre et vint camper sous Leuze, la droite à Capelle et à Wastines, la gauche à Pippers. Il apprit là que Waldeck était loin de pouvoir rien tenter de plusieurs semaines, n'ayant encore pas la moitié de ses forces; en conséquence, lui-même n'avait rien à craindre en se portant du côté de la Lys, pays riche, comme nous l'avons dit, et abondamment pourvu en vivres et en fourrages.

Comme il avait encore avec lui les forces destinées à M. d'Humières, il put sans trop s'affaiblir détacher MM. de Maulevrier et de Jimenès, avec 14 bataillons et 17 escadrons, vers Ath et la Dender, c'est-à-dire couvrir son flanc vers l'est pendant la pointe qu'il poussait du côté de Gand. — Il quitta donc Leuze le 20 et gagna, par Hauterive, Awleghem et Arlebeck, la ville de Deinse, où il s'établit pour un long séjour.

Son journal de marches du 5 mai au 22, c'est-à-dire de Saint-Amand à Deinse, nous donne l'itinéraire suivant :

Mai. — Le 5, à Saint-Amand le quartier général; la droite à Notre-Dame-aux-Bois, la gauche à Bouillé.

Le 17 à Leuze; la droite à Capelle et à Wastines, la gauche à Pippers.

Le 20 à Hauterive; la droite à Warmare et Awleghem, la gauche au delà du château de Bossut (qui venait d'être pris par M. d'Humières).

Le 21 à Arlebeck; la droite proche Courtray, la gauche à Beveren.

Le 22 à Deinse; la droite à la Lys au-dessous de Deinse, la gauche près de Grommen.

La fin de mai arriva ainsi et l'armée de M. d'Humières ayant quitté Denain avec son chef, M. de Luxembourg revint le 5 juin à son précédent camp d'Hauterive, en coupant au court par Cruyzhautem et Worteghem. Le 10 il était de nouveau à Leuze, où il fut rejoint par le détachement de M. de Jiménès, et ayant appris le 17 que le prince de Waldeck, campé à Genappe, devait marcher le 20, le maréchal vint s'établir à Pomereuil sur l'Haisne, la droite à Pont-à-l'Haisne, la gauche à la tenue de Béhan, adossé au bois de Grand-Église.

Depuis près d'un mois il ne cessait de représenter à Louis XIV que la faiblesse de son armée l'empêchait de rien tenter de hardi et le contraignait à une défensive inerte : le roi céda enfin à ses instances et ordonna à M. de Boufflers d'envoyer à Pomereuil 18 bataillons et 30 escadrons. On devait laisser un bataillon à Maubeuge, 4 à Condé avec 11 escadrons, mais l'armée de Luxembourg était néanmoins portée à 40 bataillons et 80 escadrons.

L'ordre de bataille fut établi ainsi qu'il suit :

Commandant en chef : Mgr le duc de Luxembourg, maréchal de France; Mgr le duc du Maine en second.

Lieutenants généraux : MM. le duc de Choiseul, de Gournay, de Tilladet, de Rubantel.

M. du Metz commandant l'artillerie.

Maréchaux de camp : MM. de Montrevel, de Vivans, de Gassé.

Major général : M. d'Artagnan.

Maréchal général des logis : M. d'Escures.
Intendant : M. de Bagnols.

PREMIÈRE LIGNE.
Cavalerie.

	Escadrons.
Dragons du Roi.	3
Gendarmerie	4
Royal-Roussillon.	2
Mérinville.	3
Quoadt	3
Furstemberg	2
Le Maine	3
Cravates du Roi	3
	23

Infanterie.

	Bataillons.
Champagne	2
Touraine	2
Orléans	2
Gréder allemand.	2
Gardes françaises	4
Gardes suisses.	2
Normandie	2
Italiens	1
Provence	1
Soissonnois	1
Navarre	1
Le Maine	1
Vermandois	1
La Chastre.	1
	23

Cavalerie.

	Escadrons.
Royal-allemand.	3
Lévis	3
Chartres.	3
Condé.	3
Boufflers	3
Locmaria	3
Royal-étranger.	3
Pomponne.	3
	24

SECONDE LIGNE.
Cavalerie.

	Escadrons.
Royal-Piémont.	3
Coaslin	3
Bertillac.	3
Noailles	3
Magnac	3
	15

Infanterie.

	Bataillons.
Auvergne	2
Soissons.	1
Limosin	1
Bombardiers.	1
Solre	1
Stuppa l'aîné.	3
Stuppa le jeune	3
Fusiliers.	2
Salis.	2
Castries	1
	17

Cavalerie.

	Escadrons.
Du Rosel	3
Langallerie	3
Sibourg	3
Roquépine.	3
Imécourt	2
Phélypeaux	2
Pracomtal	2
	18

Total : 40 bataillons et 80 escadrons (1).

Cependant les nouvelles qu'on pouvait avoir de l'ennemi présentaient le prince de Waldeck comme décidé à se rapprocher de Charleroi. Le 20 il était, disait-on, à Leuze-sous-Nivelle, et M. de Castanaga s'était avancé vers Alost. M. d'Humières reçut l'ordre d'observer d'aussi près qu'il pourrait l'armée espagnole, tandis que Luxembourg se rapprocherait de la Sambre. En conséquence de cette décision, le maréchal, passant l'Haisne à Pomereuil, s'établissait d'abord le 22 entre le grand et le petit Quesvy, franchissait la Sambre le 23 et venait camper à Jumont, la droite au ruisseau de Thür, la gauche à Solre-sur-Sambre.

Ces marches et la préoccupation que donne à un général la direction des opérations, n'empêchaient point Luxembourg de se livrer à d'autres travaux. L'homme que certains auteurs se sont plus à dépeindre uniquement comme un libertin de génie, était, à son heure, un travailleur infatigable (2), étudiant à fond son métier de militaire, creu-

(1) Dépôt de la guerre, vol. 942, fol. 76 *bis*.
(2) Le frère du marquis de Feuquières dit dans la préface des *Mémoires* de ce dernier : « Il n'admirait pas moins dans Luxembourg les vastes connaissances. Ce général si terrible un jour de bataille lui communiquait ses pensées. De Feuquières en avait reçu de grandes instructions. »

sant des questions de tactique pure et les résolvant avec autorité et un admirable talent. La lettre suivante, adressée du camp de Jumont à Louvois, six jours avant Fleurus, la remarquable instruction qui l'accompagne, donneront une idée du soin apporté par M. de Luxembourg à des détails que beaucoup de généraux de son époque eussent regardés comme au-dessous d'eux. L'instruction sur la formation de la cavalerie est d'autant plus précieuse que c'est le seul document de ce genre que nous ait laissé Luxembourg (1). Voici cette pièce adressée à Louvois :

« Comme nous allons approcher des ennemis, et que cella nous engage à plus de précautions que nous n'estions obligés d'en apporter lorsqu'on estoit plus éloignés, j'ay creu, monsieur, qu'il ne seroit pas hors de propos d'en prendre de plus grandes pour les fourrages que celles qu'on observoit jusqu'à cest heure. Ayant remarqué que les fourrageurs sortoient tousiours du camp en bon ordre et que dès qu'ils arrivoient auprès de l'escorte, la coustume estoit de crier : laschés fourrageurs, après quoy ils se débandoient dans une confusion à laquelle j'ay voullu remédier, j'ay fait pour cella un règlement nouveau. Ayant observé aussi que dans des jours d'action il estoit arrivé de grands inconvénients par la faute des officiers qui n'estoient point placés comme ils le doivent estre, j'en ay fait une disposition pour la cavallerie, et je me suis raporté au major général (2) qui en sçait plus que moi de celle de l'infanterie ; je vous envoye tout cela et vous prie de le faire voir au Roy, affin que S. M. en laisse le bon et en corrige le mauvais.

» L'artillerie sera séparée par brigades, pour les faire

(1) Dépôt de la guerre, vol. 642, fol. 70.
(2) C'était M. d'Artagnan.

marcher dès qu'on le jugera à propos aux lieux où il sera plus nécessaire, si l'on se trouve dans ceste nécessité, ce que je ne croy pas qui arrive . . . .

ORDRE
QUI SERA OBSERVÉ LES JOURS DE FOURRAGE.

» On commandera un capitaine par escadron avec la moitié des officiers subalternes de chaque escadron et un cavalier par compagnie.

» Le capitaine sera à la teste de chaque escadron des fourrages qu'il mènera et aura un lieutenant à la queüe avec deux mareschaux des logis, un officier sur chaque aille, le reste des officiers à la teste avec luy.

» Les quatre cavaliers commandéz seront à la teste derrière les officiers.

» Chaque escadron de fourrageurs marchera comme si c'estoit une marche de troupes réglée, laissant des distances entr'eux.

» Lorsqu'on commencera à faire fourrager, on ne laissera débander aucun cavalier de l'escadron, qui attendra qu'on le place à l'endroit où l'on voudra qu'il fourrage, comme quand on poste des escadrons pour les mettre en bataille, et quand l'escadron sera posté on en fera mettre les cavaliers pied à terre dans l'enceinte qui leur aura été marquée.

» Le capitaine qui commandera la troupe des fourrageurs répondra de les faire mettre pied à terre à l'endroit qu'on luy aura montré, et de ne les point laisser écarter à cheval.

» Quand les fourrageurs seront assis, il ne se meslera d'autre chose, avec les officiers qui seront auprès de luy, et les cavaliers qui auront leurs armes, que de contenir son escadron, le faire fourrager, faire faire les trousses, les faire charger le plus diligemment qu'il pourra et de les renvoyer, mettant des officiers de distance en distance pour les remener au camp, en suite de quoy il marchera à la queue de son escadron.

» Celuy qui commandera les fourrages postera chaque escadron comme il le jugera à propos.

» L'infanterie observera le mesme ordre pour estre postée aux endroits où on voudra qu'elle fourrage et aura des officiers pour recevoir les ordres des commandans des fourrages.

» On commandera tous les jours de fourrage un lieutenant de cavalerie avec vingt maistres et un mareschal des logis avec dix dragons pour marcher avec le lieutenant à la teste des fourrageurs du quartier général, afin de les contenir, et les mènera à l'endroit qui luy sera marqué.

» Le prévost assemblera tous les vivandiers pour les mettre en semble et marchera à leur teste après tout ce qui compose le quartier général.

» Il ne les laissera séparer que lorsqu'il luy sera ordonné, et répondra de n'en laisser confondre aucun avec d'autres troupes, sous peine d'une amande payable par ledit prévost qui sera fortiffiée ou affoiblie suivant le nombre de gens qu'il aura laissé écarter.

DISPOSITION DE LA CAVALERIE POUR UN JOUR DE COMBAT.

» Chaque escadron est composé de 4 compagnies : à chaque compagnie il y a quatre officiers qui font 16 par escadron, et seront disposéz selon l'ordre suivant.

» Le commandant de chaque escadron sera toujours dans le centre afin de bien observer sa droite et sa gauche, il aura .a croupe de son cheval jusques aux flancs de son premier rang.

» Chaque capitaine sera dans sa compagnie [plus reculé dans le premier rang que ne doit estre le commandant de l'escadron, en sorte que l'encolûre de son cheval sera hors du premier rang pour qu'il voye la droite et la gauche de la compagnie.

» Les lieutenant et cornettes seront dans le même rang des cavaliers à la teste de leurs compagnies à distance égale.

» Comme il n'y a que deux estandarts par escadron, l'on observera de les placer de manière qu'ils ayent toujours six cavaliers à la droite et six cavaliers à la gauche,

» On choisira deux hommes distingués dans la compagnie pour mettre à la droite et à la gauche de l'estandart.

» Le dernier lieutenant de l'escadron sera mis à la queüe avec les mareschaux des logis, bien entendu qu'on en mettra un sur chaque aille de l'escadron qui seront les deux des compagnies qui ont les ailles.

» Les carabiniers des deux compagniers de la droite seront à la droite des brigadiers.

» Et ceux des deux compagnies de la gauche seront à la gauche des brigadiers de la gauche, afin d'estre prêts à sortir quand on voudra.

» Les officiers estant, un jour d'action, au premier rang se fortifient asséz ; il faut le laisser égal aux autres.

» On ne s'arrestera point à former les rangs par l'égalité des hommes et des chevaux, mais on choisira tous les meilleurs cavaliers pour les mettre au premier rang.

» La compagnie qui fermera la gauche de l'escadron aura ses brigadiers à sa gauche ayant les carabiniers à leur gauche.

» Si le major commande un escadron, l'ayde-major demeurera auprès du colonel ou de celuy qui commande le régiment.

» Si le major ne commande point d'escadron, après avoir donné les derniers ordres, il viendra se placer dans le rang des capitaines, à la compagnie du commandant de l'escadron.

» L'ayde-major, dans le temps que le major ira se placer, demeurera au second escadron.

» On fera garder un grand silence dans tous les escadrons et ceux qui les commanderont observeront de bien garder leurs distances et se régleront sur la droite, afin que chaque escadron soit dans son rang et qu'aucun ne soit plus avancé que l'autre.

DISPOSITION DE L'INFANTERIE POUR UN JOUR DE COMBAT.

» Premièrement grand silence.

» Marcher très doucement droit devant soy, se régler en marchant sur la droite, et conserver les intervales qui doivent toujours être de 50 à 60 pas au moins affin qu'un bataillon puisse y passer.

» Que personne ne parle que le commandant ou le major par son ordre.

» Lorsque l'on marchera en bataille contre les ennemis hors de portée, les capitaines et officiers marcheront l'esponton à la main.

» Sçavoir : les officiers à un grand pas du soldat et les capitaines à un grand pas des officiers et regarderont de moment à autre derrière eux parce qu'insensiblement les officiers s'avançant et s'ésloignant du soldat, c'est ce qui donne lieu au soldat de parler et fort souvent rompre le bataillon.

ÉTUDE HISTORIQUE ET MILITAIRE. 443

» Quand un bataillon marche, un peu loing aux ennemis et que les officiers sont à pied l'esponton à la main, il faut que les rangs soient ouverts de trois petits pas et les files serrées, de façon qu'un soldat puisse marcher aisément, tirer, charger les armes, c'est-à-dire avoir la liberté du coulde en marchant et dans cet état les picquiers marcheront ayant hault la pique, et le soldat le mousquet sur l'espaule jusqu'à cent pas près des ennemis, à laquelle on fera apprester les mousquetaires, et quand on sera à 40 pas des ennemis les picquiers présenteront leurs picques et marcheront picques basses aux ennemis. Celuy qui commande le bataillon doit estre au centre qui est à la teste des piques, avant d'un grand pas plus que la ligne des officiers; tous les capitaines et officiers observeront de se mettre le long du bataillon à la teste de leurs compagnies sans regarder que l'un doit avoir la droite et l'autre la gauche, le service allant mieux quand chacun est à sa troupe et que le soldat est avec son officier, n'y ayant que le seul commandant qui doit estre au centre.

» Un jour de combat les capitaines et les officiers seront tous sur une même ligne et pour cet effet lorsqu'on sera appresté il faudra que tous les capitaines et officiers ne fassent qu'un rang et qu'ils se serrent sur les soldats de façon qu'ils marchent comme s'ils avaient la moitié du corps dans l'intervalle des files de soldats, de sorte qu'ils puissent voir la droite et la gauche du bataillon et observeront bien en marchant aux ennemis d'estre toujours dans cet état sans être dehors ni dedans le bataillon, et dans le temps que l'on voudra faire apprester les mousquetaires, l'on fera serrer les rangs en avant à deux petits pas de distance affin d'éviter un murmure qui se fait toujours dans les troupes lorsque l'on va trop viste et que les rangs de la file sont trop pressez.

» L'on préparera le soldat à ne point tirer et qu'il faut essuyer le feu de l'ennemy, attendu qu'un ennemy qui a tiré est assurément battu quand on a encore son feu entier.

» Il est bon de mettre cela dans l'esprit du soldat et du sergent, affin qu'ils s'en entretiennent, cela fait que dans l'occasion ils y sont préparez sans embaras.

» Cet ordre n'est que pour les batailles, y ayant d'autres actions où il faut tascher de tirer plus que l'ennemi.

» Les drapeaux seront au second rang des piques parce qu'estant à la teste, ils empêchent le commandant de voir tout le frond de son bataillon, il y aura deux sergents choisis toujours auprès de chaque drapeau.

» Le commandant de chaque bataillon aura deux sergens choisis auprès de luy avec deux bons officiers, qu'il placera à sa droite et à sa gauche dans le même rang des officiers.

» Il faut sur chaque aisle de rang un sergent et trois officiers sur chaque aisle des bataillons, les officiers se porteront l'un à la demy file, l'autre entre le premier et le second rang et le troisième entre le cinquième et dernier rang, cela également sur chaque aisle.

» A la queüe du bataillon, il y aura trois capitaines, trois lieutenans et trois sous-lieutenans.

» Le capitaine sera le troisième après le commandant du bataillon, les deux autres seront les deux derniers. Le premier capitaine des trois nomméz cy dessus, se postera à la queüe des piques, le second à la queüe de la manche droite des mousquets de la droite et de la gauche du bataillon; ce qui restera des sergens les aisles fournies, se mettront derrière le bataillon et feront une ligne avec les officiers qui sera esloignée de deux pas du dernier rang du bataillon. Si le bataillon faisait demy tour à droite pour faire teste à l'ennemy, cette ligne d'officiers et sergens qui est à la queüe, se serrera sur le rang des soldats sans que les officiers de la teste du bataillon passent à la queüe, à moins que le commandant ne l'ordonne, non plus que les drapeaux qui ne doivent point quitter leur premier poste, à moins qu'on ne soit obligé de combattre en faisant demy tour à droite, et qu'il n'y eust rien à craindre pour la teste.

» Le capitaine qui sera à la teste des piques observera la marche du bataillon et fera toujours dévier en avant le corps des piques, de façon qu'elles soient égales à la droite et à la gauche des manches des mousquets; les bataillons ne se rompent en marchant que par les piques qui se sont pressées dans le milieu et les aisles avancent: il faut que les soldats rompent leurs rangs et leurs files nécessairement.

» Les grenadiers des bataillons seront en bataille sur la droite des bataillons, sans pourtant y estre joints, estant un corps prest à aller où on jugera à propos et faire tirer par pelottons qu'on avancera devant les bataillons tant qu'on est un peu éloigné, lesquels reviendront à leurs postes à mesure que l'ennemi approchera.

» Un commandant de bataillon peut aller à cheval à la teste du bataillon quoyque les officiers soient pied à terre l'esponton à la main, et mettra pied à terre dans le temps que l'on fera marcher les soldats apprestéz, estant nécessaire qu'un commandant soit à cheval quand on marche sur une ligne en bataille afin de conserver les intervalles et pouvoir plus diligemment remédier aux choses qui pourraient arriver.

» Il faut à chaque bataillon un officier à cheval avec le major ou avec celuy qui en fait la charge lesquels seront à cheval l'un à droitte du bataillon et l'autre à la gauche. Cela est fort nécessaire pour faire marcher un bataillon et aussy pour un raliement.

» Pour les estrangers, de qui les compagnies sont fortes et

de peu d'officiers, ils ne mettront qu'un capitaine à la queüe avec trois officiers et un sergent sur chaque aisle de rang avec un officier s'il se peut à chaque aisle des bataillons. Et là où il manquera beaucoup d'officiers il faudra mettre des sergens à la teste de chaque manche des mousquets à proportion de ce que l'on aura, car il faut avoir soin de fournir le derrière du bataillon ; pour tout le reste ils se régleront à ce qui est ordonné pour l'infanterie.

» Le Régiment des gardes mettra un lieutenant et deux sous-lieutenans derrière, sçavoir le lieutenant derrière les piques et un sous-lieutenant derrière chaque aisle de mousquets et là moitié des sergens après en avoir fourni un sur chaque aisle de rang (1).

» Au Camp de Jumont, le 24° juin 1690.

» Montmorency-Luxembourg. »

Le même jour où Luxembourg envoyait à Versailles son *Instruction pour le combat*, il recevait de Louvois une lettre contenant les intentions du roi. Louis XIV mandait au maréchal « de se rendre maître d'un passage sur la Sambre, avant que M. de Waldeck pût s'y opposer ; si ce général faisait la folie de s'approcher de l'armée française sans être couvert par une rivière, le Roi espérait que Luxembourg ne le marchanderait pas ».

Cette dépêche combla de joie le maréchal en le rendant à lui-même : moins fait pour la défensive que pour les coups hardis, il gémissait de l'inaction absolue dans laquelle il vivait depuis deux mois.

(1) « Sa Majesté a vu avec plaisir ce que vous proposez d'ordonner tant pour la sûreté des fourrageurs de l'armée que vous commandez que pour la disposition de la cavalerie et de l'infanterie en un jour de combat et approuve que vous le fassiez exécuter. » Dépôt de la Guerre, vol. 942, fol. 74. Louvois à Luxembourg.

Son esprit, prompt à la décision, s'arrêta sur l'heure à une offensive immédiate.

Depuis la veille il était prévenu que le prince de Waldeck se rapprochant de la Sambre était venu établir son camp à Traisignies. En conséquence, il quitta le lendemain Jumont, campa le 26 à Bossut près Valcourt, la droite à Selanrieux, la gauche vers Castillon. Le 27 il continua sa marche, appuyant encore à l'est, fit halte à Gerpinnes, la droite à Acos, la gauche à Seneffe, et se rapprocha encore de la Sambre jusqu'à la hauteur de Ham, où il arriva le 28 au soir.

M. de Waldeck était toujours campé au Piéton, et dans la trompeuse certitude que lui donnait le chiffre de ses forces, il ne pouvait imaginer que Luxembourg pût songer à venir à lui. Telle était cependant l'idée du maréchal, qui confiant, lui aussi, en la valeur et le nombre de ses troupes, était décidé à livrer bataille à l'armée alliée.

Le soir même de son arrivée à Ham, le général français résolut de franchir la Sambre avec sa cavalerie et de se rendre ainsi maître des deux rives : l'infanterie fut établie pour la nuit dans le coude que fait la rivière au château de Froidmond. Ceci dit, écoutons Luxembourg : sa lettre à Louvois est datée de Velaines, sur la rive gauche, le 30ᵉ de juin 1690 :

« Pour exécuter les ordres du Roy, monsieur, dès le mesme jour que M. de Rubantel m'eut joint avec les trouppes qu'il avait ordre de m'amener, qui fut avant hyer matin à dix heures, je marchai à minuict pour passer la Sambre, et affin de cacher mon dessein lorsque j'allay viziter le chemin que je devais suivre, faisant semblant que ce n'estoit que pour voir M. de Rubantel, j'envoyay M. de Morniez pour faire raccomoder deux ou trois chemins différents afin que la nouvelle de ma marche de ces costés là fut portée à Charleroy. Elle fut si bien cachée par cette meschante finesse que j'arrivay sur les bords de la Sambre sans qu'on m'y attendist. Je l'avois mesme passée avec une grosse teste, sans que deux redoutes où il y avait des ennemis crussent que ce fust autre chose qu'un party. Nous arrivâmes assez près de la première qui nous tirailloit, lorsque du Regiment de Pomponne, pour faire cesser cette escoupéterie, ils s'avizèrent de bonne volonté d'eux-mesmes de détacher une trentaine de dragons et de faire passer quelques officiers à la nage, qui en aprochant firent fuir les ennemis.

» Pour l'autre elle estoit plus opiniâstre : M. le duc du Maine fit mettre pied à terre à vingt carabiniers des gendarmes pour tirer de dessus la hauteur sur ceux qui la deffendoient ; dans ce temps là la curiozité porta des officiers de Furstemberg à s'en aprocher. Ils avoient une trentaine de cavalliers avec eux, qui je pense avoient moins d'envie de prendre la redoutte que des vaches qui estoient dessoubs. La vérité est aussy qu'elles furent enlevées, mais les officiers et les cavalliers estants demeurés, tout d'un coup ils prirent le party à descouvert de s'avancer jusqu'à la rivière, tirant si bien sur sept ou huict hommes qui estoient derrière un petit redan, qu'ils les mirent en estat de ne plus ozer montrer leurs neds et deux officiers de ce mesme régiment, ayant passé tout nuds la Sambre, les allèrent prendre derrière leur redan sans qu'ils osassent bransler. Entre ces deux redoutes il y avoit le château de Froidemont, où nous vismes beaucoup de monde ; les Habits rouges nous firent croire que c'estoient des dragons et l'envie que nous eusmes de les prendre me fit consentir que du Rozet et Thoiras y passâssent par un gué auquel nous avions travaillé sans pouvoir le raccomoder.

« Ce fut le plus extraordinaire passage du monde, car il falloit pour remonter qu'on mist pied à terre dans la rivière et qu'on prist les chevaux par la bride pour les faire passer sur des pièces de bois, ou la pluspart tomboient et beaucoup d'hommes aussy (1). »

Le maréchal de Luxembourg avait ainsi franchi la Sambre, alors que le prince de Waldeck le croyait encore à Jumont : ces marches des 26, 27 et 28 juin sont restées des modèles de rapidité, d'audace et de finesse, car lorsque l'ennemi en eut connaissance Luxembourg était pour ainsi dire à portée de canon de lui.

Le 29 l'armée française s'établit sur la ligne Tomines, Velaines, Boignies, la gauche à la Sambre, le quartier général à Velaines.

Cependant le généralissime de l'armée alliée n'avait pas été peu surpris de l'audacieuse manœuvre de son adversaire. Ignorant le renfort amené de l'armée de Boufflers par M. de Rubantel, il se croyait encore supérieur en force à l'armée française ; or il avait en réalité 3 000 hommes de moins que M. de Luxembourg. Ses troupes au 29 juin s'élevaient à 37 800 hommes, dont 27 200 fantassins, 9 200 cavaliers et 1 400 dragons. L'armée française comptait 41 000 hommes.

Le 20 au matin le prince de Waldeck ordonnait à M. de Flodorf, un de ses lieutenants, de se porter avec quelque cavalerie vers Chastelet et Ham-sur-Sambre, où l'armée du duc de Luxembourg lui avait été signalée. Ce détachement se heurta à l'est de Fleurus à 17 escadrons français conduits par Luxembourg en personne et fut ramené l'épée dans les reins jusqu'en vue d'Heppignies.

---

(1) Dépôt de la guerre, vol. 942, fol. 79.

Là M. de Flodorf put remettre quelque ordre dans ses escadrons et attaqua à son tour; mais après plusieurs charges vigoureusement menées de part et d'autre, la cavalerie alliée fut décidément rejetée au delà du ruisseau de Fleurus et regagna le camp, laissant au nombre de ses morts le baron de Berloo, un des bons officiers de cavalerie du prince de Waldeck.

Le succès de ce combat d'avant-postes était peu de chose pour Luxembourg; mais ce qui lui importait, c'était de connaître désormais la position exacte de l'armée alliée.

En effet, M. de Cheladet, qui commandait notre avant-garde dans la reconnaissance ci-dessus mentionnée, avait pu voir, en ramenant les escadrons de M. de Flodorf vers Heppignies, l'armée entière de M. de Waldeck s'avançant sur plusieurs colonnes entre Heppignies et Wanglée, ayant sa direction droit à Fleurus.

Le général ennemi, qui avait quitté Traisignies le 29 à cinq heures du soir, comptant camper à Montigny-sur-Sambre, arriva juste à temps le 30 au matin, en arrière de Fleurus, pour recevoir les débris de sa cavalerie refoulée en désordre, comme nous l'avons dit, par les dix-sept escadrons de M. de Luxembourg. Il résolut alors de ne point pousser plus en avant et établit son camp la droite à Heppignies, la gauche d'abord à Wanglée, puis, vers le soir, un peu plus avant entre Wanglée et Saint-Amand. Le plateau sur lequel il se trouvait lui parut un champ de bataille favorable : il se décida donc à y attendre Luxembourg, si celui-ci se mettait en mesure de l'attaquer.

Il plaça ses troupes sur deux lignes. Sa droite, appuyée aux hauteurs qu'on trouve entre Heppignies et Wangenies, faisait face à la cense de Flers et au bourg de Fleurus. La ligne s'étendait vers le nord-est dans la direction de Saint-Amand, puis s'infléchissait au nord, passait derrière la cense des Moines et s'appuyait à son extrême gauche, au château de Haye à l'ouest de Wanglée, vis-à-vis Saint-Brice et le château de Lescaille.

Fleurus, trop loin de la première ligne et séparé d'elle par deux ruisseaux, n'avait pas été occupé : par contre, des troupes avaient été placées dans Saint-Amand, la cense des Moines, la chapelle et la tour de Ligny et à la tombe du Serisier.

Le front de l'armée alliée était couvert par les deux ruisseaux venant l'un de Wangenies, l'autre de Wanglée, qui se joignent à l'est de Saint-Amand, vis-à-vis la tombe de Ligny. Cette position était forte, mais M. de Waldeck, ayant négligé de placer aucune grand'garde au nord de son extrême gauche vers Ligny, Saint-Brice et la cense du Chesseau, n'ayant pas même un éclaireur sur la grande chaussée de Brunehaut, se trouvait de ces côtés fort à découvert.

Son artillerie, avantageusement placée sur le plateau de Saint-Amand et de Wangenies, avait des vues non seulement sur celui de Fleurus et de Ligny, mais même dans le ravin qui séparait ces deux hauteurs, ce qui rendait difficile toute attaque de front : enfin des renforts reçus à la nuit du 30 lui ayant permis de constituer une troisième ligne, M. de Waldeck la plaça entre l'hermitage de Saint-Fiacre et l'arbre de Montplaisir, toujours vers sa droite, côté qu'il supposait le plus menacé.

Le maréchal de Luxembourg passa la nuit sur pied et fut avisé d'heure en heure, par de nombreux détachements envoyés sans cesse à la découverte, des moindres mouvements de l'armée alliée. Il monta à cheval de grand matin, vint jusqu'à la tombe de Ligny et, s'étant rendu compte des dernières dispositions de l'ennemi, se résolut à lui livrer bataille.

Les informations précises qu'il possédait sur l'emplacement occupé par l'armée ennemie venaient de lui suggérer la pensée d'un mouvement hardi, absolument nouveau dans les pratiques militaires de l'époque, véritable inspiration de génie, dans laquelle la spontanéité de la conception n'empêchait pas l'éclosion féconde et entière de l'idée (1).

Nous avons dit que le prince de Waldeck avait négligé de se garder sur son flanc gauche, et qu'il n'avait pas même envoyé un escadron au delà du ruisseau qui bornait sa ligne vers Wanglée. Le maréchal résolut de profiter de cette imprudence. Simulant d'abord une attaque de front, pour laquelle il disposerait une partie de ses troupes face à Saint-Amand et à Wangenies, lui-même ferait par sa droite un immense détour, tournerait et dépasserait au nord les villages de Saint-Brice et de Wanglée, et, se rabattant alors vers le sud, attaquerait de flanc et par les derrières la gauche de l'armée alliée.

Il était environ cinq heures du matin, les ordres nécessaires pour prendre cet ordre de bataille furent immédiatement donnés. M. de Gournay qui devait commander l'aile gauche, M. de Rubantel qui était au centre, et le duc du Maine eurent seuls connaissance de la résolution du général en chef. En ce moment l'armée française, fractionnée en cinq colonnes, s'avançait vers Fleurus et Saint-Amand, l'artillerie au centre, la cavalerie aux ailes, et prenait au fur et à mesure ses positions de combat.

Face à la droite de l'ennemi, M. de Gournay fit occuper Fleurus par six bataillons et disposa le reste de son infanterie au nord-est de ce village, le long du ruisseau qui

---

(1) « La brillante manœuvre que Luxembourg exécuta à Fleurus est la plus hardie dont on ait entendu parler depuis les anciens. » FOLARD

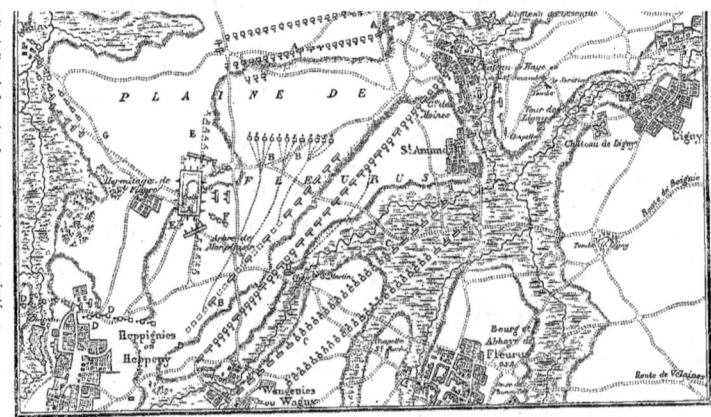

BATAILLE DE FLEURUS (fac similé d'une carte du temps).

coule vers Ligny. La cavalerie de l'aile gauche fut scindée en deux portions et déployée à droite et à gauche de Fleurus; l'artillerie se mit en batterie également à la droite de Fleurus, environ jusqu'à hauteur de Saint-Amand.

En ce moment le canon ennemi commença à tonner, et les boulets, sifflant au-dessus de notre aile gauche, avertirent M. de Gournay que ses dispositions étaient aperçues des hauteurs de Wangenies. — L'infanterie de M. de Rubantel, qui venait du village de Boignies et devait occuper l'espace séparant Ligny de Fleurus, ne put pas plus longtemps garder sa formation en colonnes et se déploya, conformément à la nouvelle *instruction* du général en chef, sur six de hauteur, les bataillons ayant entre eux un espace égal à leur front : les bataillons de la deuxième ligne en arrière des intervalles de la première. En même temps, M. du Metz fit commencer le feu par les trente pièces de canon établies comme nous l'avons dit, et bientôt toute cette partie du champ de bataille se couvrit de fumée, avec quelques pertes d'hommes de notre côté.

Pendant que M. de Waldeck, persuadé plus que jamais qu'il allait être attaqué par son front et sa droite, donnait toute son attention à cette partie du champ de bataille, M. de Luxembourg, avec vingt bataillons et quarante escadrons, franchissait rapidement le ruisseau de Saint-Amand sur deux ponts de bateaux jetés en aval de Ligny et, s'engageant sur la route de Namur à Bruxelles, atteignait vers onze heures, au cabaret des *Trois Burettes*, la grande chaussée de Brunehaut.

En traversant Ligny, il avait donné ordre qu'une heure après son départ neuf bataillons de la seconde ligne, appuyés par trente pièces de canon, vinssent se déployer de Saint-Amand à Wanglée, en arrière de la cense des

Moines, de manière que son détachement fût ainsi rejoint à MM. de Rubantel et de Gournay et qu'il ne risquât à aucun moment d'être coupé du centre. — Cet ordre eut son exécution achevée vers onze heures, c'est-à-dire au moment même où le maréchal, arrivé aux *Trois Burettes*, déployait ses troupes en potence sur la gauche ennemie. — Un marais, qu'on trouve à l'ouest de la grande chaussée, l'obligea à séparer un instant sa première ligne en deux, mais les deux tronçons purent se réunir bientôt, et l'infanterie ayant été établie à l'extrême droite, la cavalerie avec des bataillons dans les intervalles étant placée sur la gauche, le maréchal donna le signal de l'attaque.

Les blés hauts et mûrs, outre le pays coupé de haies et de houblonnières, avaient favorisé ce mouvement, qui put s'exécuter en son entier avant que M. de Waldeck ne connût seulement qu'il fût commencé.

Or, dès son arrivée aux *Trois Burettes*, M. de Luxembourg avait expédié à M. de Gournay l'ordre d'attaquer entre onze heures et demie et midi, et d'une façon précise, aussitôt que l'estafette l'aurait joint : en conséquence M. de Gournay donna, à onze heures trois quarts, le signal du combat.

Dès dix heures, il avait porté en avant toutes ses troupes jusqu'au ruisseau qui joint Wangenies à Fleurus ; la cavalerie sur deux lignes appuya un peu à droite de Wangenies : la plus grande partie de l'infanterie, aux ordres de M. de Rubantel, avait devant elle Saint-Amand ; sept bataillons eurent l'ordre de passer derrière la cavalerie et d'attaquer les haies et le village de Wangenies.

L'estafette du maréchal était donc à peine arrivée, que M. de Gournay, s'élançant à la tête de ses escadrons de première ligne, les entraînait sur la cavalerie alliée ; en même temps, l'infanterie de notre extrême gauche entrait dans les haies de Wangenies et, après un combat acharné, finissait par s'y établir ; également, au centre, M. de Rubantel lançait ses bataillons sur Saint-Amand et gagnait, lui aussi, du terrain, bien que lentement et avec difficulté. L'aile droite ennemie combattait avec ténacité et bravoure, elle commençait cependant à perdre du terrain, quand la mort de M. de Gournay vint lui donner un appoint inespéré, en jetant parmi les nôtres une indécision soudaine. L'effet fut rapide : la cavalerie française, refoulée brusquement, dut repasser le ruisseau et rentrer dans Fleurus ; l'infanterie, déjà maîtresse de Wangenies, se replia à son tour, sans désordre à la vérité, et M. de Rubantel dut également abandonner Saint-Amand, en y laissant seulement Champagne, qui s'y était barricadé.

Ces faits s'étaient passés en aussi peu de temps qu'il nous a fallu pour les écrire, et M. de Waldeck se félicitait de cet heureux début, quand les détonations de l'artillerie se firent entendre en arrière de sa gauche : en même temps il voyait sur ce point sa cavalerie ramenée à toute bride vers son centre et l'infanterie alliée, éparpillée à Wanglée et dans le hameau y attenant, se repliant en désordre en arrière de la seconde ligne.

Le généralissime de l'armée alliée, déconcerté un instant par l'audace de son adversaire, retrouva bientôt son calme et enjoignit à sa seconde ligne de s'établir en potence sur la première entre Wanglée et la cense du Chesseau, face au nouveau point d'attaque des Français ; en même temps, il donnait ordre à sa cavalerie de la droite, victorieuse, de revenir en hâte à la gauche où le désordre des alliés était à son comble.

Pendant que ces allées et venues avaient lieu entre Wangenies et Wanglée, les troupes françaises placées en avant de Saint-Amand et les bataillons de la seconde ligne établis en avant de la cense des Moines reprenaient la marche en avant avec un élan irrésistible. En même temps M. de Tilladet, qui avait remplacé M. de Gournay à la tête de la cavalerie ramenée sous Fleurus, au centre M. de Rubantel avec l'infanterie, chargeaient de nouveau l'aile droite et le centre des alliés, cette fois d'une façon victorieuse.

Il était environ 3 heures, quand M. de Waldeck, jugeant la bataille compromise, songea à se retirer en sauvant la majeure partie de ses troupes : il ordonna donc à son aile droite de battre en retraite en traversant obliquement le champ de bataille, de manière à joindre l'aile gauche qu'elle s'efforcerait de dégager.

Ce mouvement n'eut point le temps de s'exécuter. L'aile gauche ennemie, chargée de tous côtés, et par la cavalerie du duc du Maine à notre extrême droite, et par celle de Tilladet, qui, ayant traversé le champ de bataille, s'était jointe à Luxembourg, ne présentait plus qu'une série de bataillons épars combattant pour leur compte, sans direction générale, sans aucune unité. La même remarque pourrait être faite pour la cavalerie alliée, qui chargeait à droite, à gauche, par escadrons détachés, sans savoir par où elle sortirait de ce dédale. « J'ay vu d'autres batailles, écrivait ce soir-là Luxembourg, mais jamais en pas une ce que j'ay trouvé en celle-ci; car après avoir battu les gens qui estoient devant nous, et pensant que c'estoit une affaire faite et que les troupes que M. le chevalier de Tilladet et M. de Gournay commandoient à la gauche nous avoient joints, je croyois l'affaire terminée; cependant, nous trouvions des escadrons qui ne laissoient point de nous charger, dont quelques-uns se sauvèrent par leurs intervalles durant que nous allions à la charge des autres (1). »

Le maréchal de Luxembourg pouvait donc considérer la bataille comme gagnée quand il aperçut le reste de l'infanterie ennemie qui avait occupé l'aile droite et le centre, battre en retraite vers l'hermitage de Saint-Fiacre, gagner le bois de Melay et se retirer ainsi saine et sauve, grâce à ces couverts et aux marais de Villers-Perwis. Cette masse imposante, s'avançant en ordre et sans trop hâter le pas, avait plus l'air d'une troupe marchant au combat que de débris d'armée abandonnant le champ de bataille. Luxembourg n'hésita point à attaquer ce noyau, qui par son effectif considérable pouvait présenter aux nombreux détachements ennemis errant çà et là sur le champ de bataille un point solide de ralliement et de résistance. Jugeant que la cavalerie ne suffirait point pour venir à bout d'un carré encore aussi compact il donna ordre à l'infanterie de l'aile gauche et du centre, qui n'avaient plus rien à faire, de se déployer de nouveau pour cette nouvelle attaque. M. de la Rocheguyon, colonel du régiment de Navarre, arriva le premier avec quatre bataillons et fut placé à la gauche de la nouvelle ligne que formait le maréchal : « Tous les soldats estoient si essoufléz, rapporte Luxembourg, que La Rocheguyon me dit, après un moment pour reprendre haleine : « Si vous le trouvez bon, nous battrons ces gens-là. » Mais l'armée des ennemis estant presque défaite, je voulus ménager les hommes de celle du roy, et je lui deffendis d'attaquer jusqu'à ce que j'eusse mis des bataillons à sa droite, dont il ne me falloit pas moins de quinze pour que notre lygne fut égalle à celles des ennemis, au delà des quatre

---

(1) DÉPÔT DE LA GUERRE, vol. 942, fol. 82.

de M. de la Rocheguyon (1). » Cette ligne d'infanterie fut séparée en deux, la moitié devait prendre le carré ennemi par le flanc gauche, c'est-à-dire du côté d'Heppignies, la seconde fraction devait l'attaquer de front, c'est-à-dire du côté de Saint-Fiacre; entre les deux devait passer M. de Quoadt avec huit escadrons.

Ces dispositions étant prises, le maréchal donna l'ordre d'attaquer, et Navarre s'élança le premier sur le carré « à la baïonnette (2) », mais l'ennemi offrait une résistance désespérée. « J'oublois, a écrit encore Luxembourg, pour vous faire voir la fermeté de l'infanterie ennemie, de vous dire que Ricoussé se mit à tirer six de leurs pièces sur eux, avec un trompette de Coaslin, n'en estant qu'à cent pas; il en tira, chacune des 6, 3 ou 4 coups au moins : il n'y eut pas un coup qui ne portât. Quand un coup leur avoit emporté une file, ou qu'il en avoit tué beaucoup en tirant en escharpe, ces gens là se resserroient comme si de rien n'eust esté (3) ».

Luxembourg, voulant épargner d'aussi braves gens, essaya de parlementer avec eux et de les engager à cesser une résistance inutile : « Après que j'eusse envoyé un trompette et un tambour pour les sommer, auxquels ils ne voulurent point répondre, M. de Chépy, qui estoit auprès de moy, partit à toute bride, disant : Je vais leur parler. Il leur dit qu'ils estoient enveloppés de toutes parts, que j'estois là et que je leur donnerois bon quartier. Ils luy répondirent : « Retirez-vous, nous n'en voulons point et nous sommes assez forts pour nous deffendre (4). »

Il fallait donc venir à bout par la force de cette opinia-

---

(1) Dépôt de la guerre, vol. 942, fol. 82.
(2) Susane, *Histoire de l'Inf. française*, Navarre.
(3) (4) Dépôt de la guerre, vol. 942, fol. 82.

treté, et le maréchal ordonna à MM. de Quoadt et de Marsilly de charger avec ce qu'ils avaient de cavalerie sous la main. Sous le choc de nos escadrons le carré plia, « bientôt après toute cette infanterie fut rompue et ne se retira pourtant point en fuyant. Elle arriva à une hauteur où il y avoit une petite esglise (c'est l'hermitage de Saint-Fiacre) et des hayes. Elle se jetta dedans, voullant encore se deffendre. De cette hauteur aux bois, il n'y avait qu'une plaine d'environ 300 pas. J'y envoyé par la gauche 3 escadrons pour empêcher qu'elle n'en sortît. Et la teste de nostre infanterie, arrivant à cette hauteur d'où elle ne vit plus d'ennemis entre l'esglise et le bois, jetta le chapeau en l'air, cria Vive le Roy, à l'ordinaire, et les ennemis, voyant qu'ils alloient estre forcés par nostre infanterie et que les escadrons passoient auprès d'eux pour les couper, ils crioient vive le Roy de France et posèrent leurs armes (1). »

La victoire était décidément à nous, et les épisodes qui allaient terminer la journée ne pouvaient plus influer sur le sort de la bataille. La lettre de Luxembourg à Louvois, citée déjà par nous, fournit encore quelques exemples de la ténacité dont fit preuve l'armée alliée, alors qu'après la défaite du carré de 15 bataillons à l'hermitage, aucune force humaine ne pouvait plus nous arracher la victoire.

« Nous croyions avoir tout fait, dit le maréchal, et j'avois déjà fait partir M. le Grand-Prieur, quand j'appris que dans des chasteaux fort près de nous, il y avoit de l'infanterie ennemie. Dans l'un des deux, plus de 2 000 hommes se rendirent prisonniers à M. de Montrevel que j'y envoyay pour les faire sommer, et à l'autre où j'allay, ces messieurs se moquèrent de moy. J'y fis venir du canon, pour qu'ils ne nous tuassent personne. Cela ne les fit point parler et la

---

(1) DÉPÔT DE LA GUERRE, vol. 942, fol. 82.

ÉTUDE HISTORIQUE ET MILITAIRE.   461

nuit vint. Je fis environner les chasteaux d'infanterie soustenue par des escadrons, je fis couper les chemins par où ces opiniastres-là pouvoient sortir et je les laissay jusqu'au lendemain qu'ils demandèrent à se rendre. Je ne les voulus prendre qu'à discrétion, à quoi M. de Donat, qui les commandoit, se soumit (1). »

Ainsi venait de se terminer, avec une perte de 5 000 hommes pour nous, une bataille où l'ennemi avait 15 000 combattants tués, blessés ou prisonniers (2).

Parmi nos 5 000 tués ou blessés, nous comptions, proportion énorme, 624 officiers (3). — Le champ de bataille présentait çà et là de véritables monceaux de cadavres :

« Au lieu où l'infanterie des ennemis se rallia à laquelle j'opposay une autre ligne d'infanterie et que je fis prendre par derrière avec huit ou neuf bataillons laissant entre nos deux lignes d'infanterie un espace pour faire charger Quoadt,

---

(1) Dépot de la guerre, vol. 942. fol. 82.

(2) « J'ay vu aujourd'hui une lettre de Bruxelles qui convient que la défaite de l'armée de M. de Waldeck est complète et que cette journée coûte à cette armée plus de quinze à seize mille hommes. »
Dépôt de la guerre, vol. 942, fol. 83. Louvois à Luxembourg, 6 juillet.

« Le gentilhomme du prévost de Nivelle a dit à M. de Montrevel que des officiers de considération avaient dit à son maistre qu'ils comptoient avoir perdu quinze mil hommes de pied. Deux Jésuistes de Nivelle venus d'eux-mesmes sur le champ de bataille pour confesser les mourans et enterrer les morts, tiennent le mesme langage sur les morts et blessés qu'ils ont rencontrés par les chemins.

» De nos partis qui ont rôdé au delà du champ de bataille y ont trouvé beaucoup de morts si loing de nous qu'ils n'étaient point encore dépouillés. »
Dépôt de la guerre, vol. 942, fol. 82.

(3) « État des officiers tués ou blessés à Fleurus :

	Tués.	Blessés.
Infanterie	52	266
Cavalerie	108	196
Artillerie	2	»
Total	162	462

Total général des officiers atteints : 624. »
Dépôt de la guerre, vol. 959, p. 378. Mémoire de M. de Vaux.

il est constant que l'on y voit cinq bataillons tuéz dans les rangz, et la pluspart c'est par de grands coups d'épée donnés par derrière, et des coups d'estramasson sur la teste que Quoadt leur a fort bien distribué (1). »

La bataille de Fleurus est une des batailles du xviie siècle les plus intéressantes à étudier et les plus fécondes en enseignements. Les mouvements qui la préparèrent ne sont pas moins curieux à connaître, ni moins fertiles en remarques utiles. Du 28 juin au 1er juillet 1690, le maréchal de Luxembourg s'élève aux plus hautes conceptions de la science militaire et nous montre pratiquement comment ces hautes conceptions hardiment appliquées se déroulent en fixant la victoire. L'étude de ces quatre journées nous montre, d'abord, une concentration de troupes à proximité de l'ennemi : marches de vitesse des 26, 27, 28; elle nous fait voir ensuite un fractionnement en camp et cantonnements le plus favorable à un débouché facile sur le champ de bataille. — Elle nous apprend enfin comment on exécutera une reconnaissance préliminaire du champ de bataille, de la position et des forces de l'ennemi, et comment l'on sera tenu au courant des moindres mouvements de l'adversaire la veille d'une action. Le jour même de la bataille, le débouché entre Fleurus et Velaines des cinq colonnes françaises demeure un rare exemple d'ordre et de précision. Luxembourg, par l'instinct du génie, trouve alors le mouvement hardi qui doit décider de la journée (2). L'action se présente

---

(1) Dépôt de la guerre, vol. 942, fol. 82. Luxembourg à Louvois.

(2) Il est extraordinaire que le marquis de Feuquières, qui parle dans ses *Mémoires* de la bataille de Fleurus, se soit aussi grossièrement trompé qu'il l'a fait. D'après M. de Feuquières le mouvement tournant qui décida de la victoire aurait été exécuté par M. de Gournay à notre aile gauche, et non par M. de Luxembourg avec notre droite. « Il est très-vraisemblable écrit à ce sujet le chevalier de Beaurain, que M. de Feuquières, qui servoit pendant cette campagne en Piémont, étoit mal instruit de ce qu

à son esprit, lucide dans ses phases diverses; il l'explique méthodiquement et la détaille à ses lieutenants : chacun sait ce qu'il doit faire, les ordres sont positifs, précis, et comme à toutes ces raisons de succès se joignent chez le chef l'énergie qui exécute à propos et la bravoure qui entraîne le soldat, il faut avouer que toutes les conditions humaines se trouvent réunies là pour amener la victoire.

Évidemment le mouvement tournant de Fleurus est une de ces conceptions hardies que peut seule enfanter une organisation militaire supérieure, telle qu'en possédait Luxembourg, telle qu'on en admira avant ou après lui chez Turenne ou Condé, Frédéric ou Napoléon; mais ses marches admirables, ses dispositions pour le combat, ses ordres de bataille peuvent être étudiés, encore aujourd'hui, avec le plus grand profit par un officier.

La campagne de 1690 eût pu donner des résultats importants; mais l'indécision des ordres envoyés au maréchal de Luxembourg, aussi bien qu'au maréchal d'Humières, empêcha l'un et l'autre de rien entreprendre. L'effet produit par la victoire de Fleurus était cependant considérable,

---

se passoit en Flandre, car son récit est entièrement opposé à toutes les lettres, mémoires et relations dignes de foi qui parlent de la bataille de Fleurus. » Sans doute, mais n'est-il pas étrange qu'un homme de la valeur de Feuquières ait commis une pareille bévue, et que personne n'ait été à même de corriger une erreur qui s'est perpétuée jusque dans les dernières éditions? Ce qu'on pourrait dire de mieux pour disculper Feuquières, ce serait de nier sa paternité pour ce chapitre. Les Mémoires de Feuquières furent publiés après sa mort, mais par lambeaux et avec une foule d'omissions, ou d'additions étrangères. La quatrième édition fut seule un peu plus correcte. Donnée soi-disant sur le manuscrit de l'auteur, elle contient encore la relation erronée de Fleurus dont nous parlons. On supposera donc volontiers que le dernier éditeur a copié dans les éditions précédentes, sans discernement ni critique, les passages qui lui parurent les plus dignes d'être mis sous le nom du marquis de Feuquières et que la relation de Fleurus passa ainsi au nombre des morceaux incontestés de l'auteur.

puisqu'il avait anéanti les projets d'invasion de l'ennemi et l'avait contraint à garder à son tour la défensive.

Ainsi, malgré l'échec subi en Irlande, la France, victorieuse de la coalition sur terre et sur mer, semblait défier plus que jamais les efforts de Guillaume et de l'Europe entière. Nous avons dit déjà le coup porté au nouveau roi d'Angleterre par la nouvelle des échecs successifs de Beachy-Head et de Fleurus; toutefois sa volonté obstinée sut encore résister à ces désastres. Désormais roi d'Angleterre, en fait sinon en droit, disposant de ressources qu'il n'avait point connues jusqu'ici, il lui tardait de donner à la lutte sur le continent une impulsion plus vigoureuse, de réchauffer chez ses alliés un zèle que venait d'abattre singulièrement la défaite de Fleurus, de prendre enfin lui-même en main la direction des opérations militaires, car lui seul était capable en Europe, non pas de battre Luxembourg, mais de l'arrêter quelquefois.

CHAPITRE X

L'année 1690, malgré les revers des alliés sur le continent, malgré les agitations et les troubles intérieurs de l'Angleterre, semblait avoir affermi Guillaume sur le trône de Jacques II. Mais il y avait encore loin de cette souveraineté à une possession incontestée, et, rentré à Londres, le stathouder put bientôt se convaincre de son impopularité. Bien qu'en Irlande Churchill, créé pair et duc de Marlborough, eût pris Cork et Kinsale, il s'en fallait qu'il eût terminé la guerre. En Écosse un soulèvement avait eu lieu, qui, bien que comprimé, n'en démontrait pas moins l'inquiétude de ces populations. A Londres même, la découverte d'un nouveau complot jacobite plus habilement ourdi que tous ceux qu'on avait connus jusqu'ici, englobant les hommes les plus considérables du royaume, était une preuve des attaches puissantes que possédai encore en Angleterre le prince détrôné.

Preston, c'était le nom du nouveau conspirateur, fut mis à la Tour avec ses complices. Guillaume crut l'instant favorable pour quitter un instant son nouveau royaume et vaquer à ses affaires sur le continent : il partit donc de Londres pour la Hollande où sa présence sembla lui rallier la faveur de ses concitoyens. Le 26 janvier (1691) il prenait terre près l'île de Gorée et faisait le jour même à la Haye une entrée triomphale; mais, peu soucieux de ces pompes frivoles, il songea vite aux affaires politiques qui l'appelaient sur le continent. Ces affaires étaient la réunion d'un congrès et les résolutions à prendre en vue d'une revanche de Fleurus. Les princes de l'Europe invités à prendre part à la nouvelle assemblée politique avaient tous répondu à l'appel du stathouder : jamais la Haye n'avait vu une pareille affluence de personnages considérables. C'étaient l'électeur de Brandebourg, Frédéric, qui devait prendre bientôt le titre de roi de Prusse, le jeune électeur de Bavière, les landgraves des deux Hesses, les princes de Wurtemberg, de Holstein, Brunswick, Nassau, le marquis de Castanaga, gouverneur des Pays-Bas espagnols, les ambassadeurs d'Espagne, de Pologne, de Danemark, de Suède, de Savoie. Ce congrès fut pour la plupart des princes allemands une occasion de banqueter et de mener joyeuse vie (1) : Guillaume essaya de tirer quelque fruit plus solide de cette réunion de tous les ennemis de la France : le fait saillant résultant des déclarations de la Haye fut qu'au printemps une armée de 220 000 hommes serait opposée à Louis XIV.

Au sortir des séances, Guillaume laissait à leurs débauches ces videurs de pots, brandebourgeois, anglais ou bavarois, et rentrait dans son cabinet pour traiter en secret,

---

(1) « Les princes allemands oubliaient leur faible pour les controverses généalogiques et héraldiques, mais se rattrapaient sur l'amour de la bouteille, à propos duquel personne à cette époque ne pouvait leur disputer la supériorité. A la table de l'électeur, on riait beaucoup de ces graves politiques hollandais, toujours sobres et calmes, réfutant de par Grotius Puffendorff les âneries débitées en pleine ivresse par les barons allemands. Un de ces derniers tomba un jour, au bout de trop nombreuses rasades dans un feu de tourbe, d'où on le tira avec peine, content de n'avoir laissé à la flamme que son riche manteau de velours. »
MACAULAY, t. VI, p. 121.

par correspondance, la question des alliances avec le pape, avec l'empereur, avec la cour de Madrid. Les ministres Cærmarthen et Nottingham n'étaient pas instruits des engagements qu'il prenait au nom de l'Angleterre, pas plus que les États généraux ne savaient ce qu'il promettait au nom des Provinces-Unies. Guillaume avait accepté le bill des Droits et la nouvelle constitution, mais il se gardait d'observer l'un ou l'autre, quand l'un ou l'autre pouvait entraver sa liberté d'action. Ce roi constitutionnel se passait beaucoup plus de l'avis de ses ministres que Louis XIV, un despote, des conseils de Colbert ou de Louvois; et si, pour nous-même, nous ne saurions lui en faire un reproche, il n'en reste pas moins avéré qu'il ne tint nul compte du serment qu'il avait prêté le 16 février 1689, comme il se passa de tenir les engagements qui pouvaient, non pas l'arrêter, mais seulement l'embarrasser un instant.

Au surplus, Guillaume sentait que son influence personnelle était nécessaire pour maintenir groupés ces alliés si divers, sans cesse divisés par des motifs futiles, prêts souvent à déserter la cause commune pour une misérable question d'étiquette ou de préséance. Lui seul, avec sa puissante volonté, était à même de diriger cette machine à rouets multiples, toujours près de se rompre par quelque endroit; et, en vérité, dans le maintien des coalisés d'Augsbourg, il montra peut-être plus de fermeté que dans les dix batailles rangées auxquelles il assista.

A la Haye, on buvait encore à l'anéantissement de la France, quand une nouvelle soudaine vint remplir de stupeur les alliés. Mons était investi.

Préparé par Louvois avec le soin et la prévoyance admirables que ce grand administrateur savait déployer à de pareilles entreprises, le siège de Mons avait été ouvert le 25 mars par une armée de 75000 hommes : Luxembourg commandait en chef, assisté de Vauban pour les travaux de siège. L'investissement de Mons était une réponse aux menaces du congrès de la Haye, telle que Louis XIV aimait à les faire : ce prince arriva lui-même au camp et prit son quartier au sud de la ville, du côté des premiers travaux de Vauban.

Le flegme de Guillaume fut ébranlé par cette attaque imprévue : la prise de Mons devait être un coup funeste pour ses projets, car les espérances de succès qu'il avait fait briller aux yeux des alliés allaient être trop tôt réduites à néant pour ne pas dégoûter la coalition, pour quelque temps du moins, d'entreprises nouvelles. A la hâte il rassembla une armée, mais ses troupes n'étaient point entièrement réunies que, le 8 avril, Mons tomba.

Guillaume renvoya ces troupes dans leurs quartiers et partit pour l'Angleterre.

Ce siège de Mons, sa préparation du moins, est certainement une des plus belles pages de la vie de Louvois, mais nous citerons à propos de ce siège un fait témoignant de l'outrecuidance excessive de ce ministre et de sa ridicule propension à se mêler de détails militaires tout à fait en dehors de sa compétence. C'est Saint-Simon qui raconte le fait (1) : « Le roi, qui se piquoit de savoir mieux que personne jusqu'aux moindres choses militaires, se promenant autour de son camp, trouva une garde ordinaire de cavalerie mal placée, et lui-même la replaça autrement. Se promenant encore le même jour l'après-dîné, le hasard fit qu'il repassa devant cette même garde, qu'il trouva placée ailleurs. Il en fut surpris et choqué. Il demanda au capitaine

(1) SAINT-SIMON, *Mémoires*, t. XIII, p. 35.

qui l'avoit mis où il le voyait; celui-ci répondit que c'étoit Louvois qui avait passé par là. « Mais, reprit le roi, ne lui avez-vous pas dit que c'étoit moi qui vous avois placé? — Oui, sire, » répondit le capitaine. Le roi, piqué, se tourna vers sa suite et dit : « N'est-ce pas là le métier de Louvois! Il se croit un grand homme de guerre et savoir tout » ; et tout de suite il replaça le capitaine avec sa garde où il l'avoit mis le matin. »

C'était en effet sottise et insolence, dit Saint-Simon et répète tout le monde avec lui, car, en admettant que Louis XIV ne fût pas un grand capitaine, et c'est la vérité, on avouera qu'en fait d'art militaire il en savait autant que Louvois.

Nous avons dit que les incendies de 1689 avaient marqué pour ce ministre le commencement de la disgrâce : en revenant de Mons, Louis XIV lui avait enlevé toute sa confiance. On ferait tort à la mémoire du roi de France en supposant que l'anecdote de Mons ait influé sur sa décision en cette circonstance, mais Saint-Simon raconte à propos de Trèves une autre histoire plus surprenante encore que la première. Louvois avait décidé de brûler Trèves. Après avoir sondé les intentions du roi et reconnu qu'il lui demanderait en vain son agrément, le ministre résolut de jouer de ruse. Il annonça donc un beau matin à Louis XIV qu'un courrier venait de partir pour l'Allemagne, portant l'ordre d'incendier Trèves. Louis XIV entra dans une colère peu contenue : « Envoyez sur l'heure un contre-ordre, s'écria-t-il les yeux étincelans, qu'il arrive à temps et sachez que si l'on brûle une seule maison, votre tête en répond (1). » La vérité était que le courrier n'était point parti. Louvois n'eut que la peine de reprendre ses dépê-

(1) SAINT-SIMON, *Mémoires*, t. XIII, p. 33.

ches et de faire débotter le courrier, mais de ce jour son influence sur Louis XIV fut véritablement perdue.

Au retour de Mons sa manie pour l'incendie le reprit : il ordonna le bombardement de Hal-sous-Bruxelles qui fut détruit de fond en comble, et celui de Liège où l'on brûla plus de 3000 maisons. Mais Luxembourg n'allait pas être un exécuteur de ces hautes œuvres aussi obéissant que l'avait été Mélac en Allemagne ; ayant donc reçu l'ordre de bombarder Bruxelles, il répondit à Louvois « qu'un bombardement était un mal à ceux qui le reçoivent, sans fruit à ceux qui le font, » et qu'en conséquence il n'irait pas de bon cœur à Bruxelles. Vauban écrivait de même que « les bombarderies d'Oudenarde, de Luxembourg et même de Liège n'ayant pas acquis un pouce de terre au roi, il lui semblait que bombarder Bruxelles était un très mauvais moyen de se concilier le cœur des peuples ».

Louvois n'insista pas, et Bruxelles fut sauvé.

Ce fut son dernier projet : il mourut subitement le 16 juillet suivant, et sa mort, dit Saint-Simon, « arriva bien juste pour sauver un grand éclat; Louvois étoit, quand il mourut, tellement perdu, qu'il devoit être arrêté le lendemain et conduit à la Bastille... Le fait de cette résolution prise et arrêtée par le roi est certain, je l'ai su depuis par des gens bien informés ; mais ce qui demeure sans réplique, c'est que le roi même l'a dit à Chamillard, lequel me l'a conté. »

Il y a en effet peu de choses à répliquer à l'allégation formelle de Saint-Simon.

Ainsi mourut cet homme funeste (1), dont on peut dire

(1) On lira avec intérêt et fruit sur Louvois les chapitres du duc de Saint-Simon, où cet écrivain a énuméré les funestes obligations de la France à ce pernicieux ministre. Au point de vue administratif, la valeur de Lou-

qu'il fut véritablement le mauvais génie de la France et de Louis XIV. A côté de créations utiles, du *Dépôt de la guerre* (1), par exemple, qui nous permet de le juger aujourd'hui en parfaite connaissance de cause, il introduisit dans l'armée de déplorables institutions, en commençant par ce fameux *ordre du tableau* tant vanté et si mal connu.

Le génie de Luxembourg une de ses victimes, devait jeter encore quelque gloire militaire sur la fin du siècle, mais le temps était proche où l'on s'apercevrait que le système d'avancement préconisé par Louvois, la sujétion où il avait tenu des hommes comme Luxembourg, comme Turenne et Condé, « avaient tari la source des capitaines et réduit la France à n'en plus trouver chez elle ».

Nous avons dit qu'à la nouvelle de la prise de Mons, Guillaume III, renvoyant son armée sous Bruxelles était parti pour l'Angleterre. Il y était appelé par le procès de Preston qu'on jugeait en ce moment : les aveux de Preston montrèrent la complicité de nombreux personnages que l'on était loin de soupçonner. Il y avait tant de coupables que la clémence s'imposait à Guillaume. Preston et la plupart de

---

vois est également appréciée avec impartialité et vérité dans l'ouvrage de Xavier Audoin : *Histoire de l'administration de la guerre*, 4 vol. in-8°; Paris, Didot, 1807.

(1) Il n'est pas absolument exact de dire que Louvois ait créé le *Dépôt de la guerre*. C'est plutôt à son père qu'on doit cette création, mais Louvois eut le mérite de la continuer, en établissant bien que les correspondances d'État sont propriétés d'État et non personnelles. Déjà Richelieu avait commencé à faire prendre copie des pièces les plus importantes de toute correspondance diplomatique ou militaire. Le billet suivant en fait foi : « De Ruel, ce 23e décembre 1637. Je prie monsieur De Noyers de me faire faire par des commis, des coppies de toutes les instructions, ordres et dépesches importantes qu'il a expédiées ceste année, qui peuvent servir de mémoires pour l'histoire, afin qu'on les adiouste à mes iourneaux.
» LE CARDINAL DE RICHELIEU. »
Cette pièce se trouve au DÉPOT DE LA GUERRE, vieilles archives, t. XLII f° 229.

ses amis furent graciés ou virent leurs peines capitales commuées en emprisonnement; mais le prince n'en avait pas moins une preuve des difficultés sans cesse nouvelles que rencontrait son gouvernement. Ce fut l'époque même où trois des hommes les plus influents de l'entourage de Guillaume III trahirent leur maître et firent leur soumission à Jacques II; le premier était Godolphin, lord de la Trésorerie, le second Russell, récemment nommé amiral de la flotte *anglo-batave*, le troisième était Marlborough.

Churchill, comblé d'honneurs et de dignités par Jacques II, créé comte et pair par Guillaume, allait trahir son second maître comme il avait trahi le premier : c'était naturel; mais que Jacques II ait pu rendre sa confiance à ce même homme qui lui donnait en cet instant même un nouvel exemple de sa perversité, c'est incompréhensible et c'était immoral.

Pendant que se préparaient ces nouvelles intrigues, Guillaume, plein de confiance en Marlborough, autant du moins qu'un tel maître pouvait en accorder à un pareil serviteur, l'emmenait avec lui sur le continent où allait s'ouvrir la campagne nouvelle. Les opérations de 1691 se passèrent en marches et contre-marches sans intérêt ni résultats, sauf la journée de Leuze dont nous dirons quelques mots.

Le maréchal de Luxembourg était campé depuis dix jours à Hérines près Tournai, quand il apprit que le prince de Waldeck, établi entre la Catoire et la Dendre, à Leuze, devait se diriger le lendemain vers Ath, pour cantonner probablement à Cambron.

Connaissant le pays, qui est accidenté et boisé, il pensa trouver l'occasion de tomber sur l'arrière-garde de l'ennemi au moment où toute l'armée passerait la Catoire, et ayant pris avec lui soixante-dix escadrons, il marcha vers Tournai dans la nuit du 19 au 20.

De là il envoya M. de Marsilly, enseigne des gardes du corps, reconnaître avec 400 chevaux la route de Leuze, lui enjoignant d'arriver jusqu'à l'ennemi sans se montrer, d'examiner la conduite que tiendraient les alliés en levant leur camp et de rendre compte dans le plus bref délai de tout ce qu'il aurait vu : en même temps le maréchal appelait à lui M. de Villars qui était cantonné dans les environs et lui demandait six escadrons et quatre bataillons.

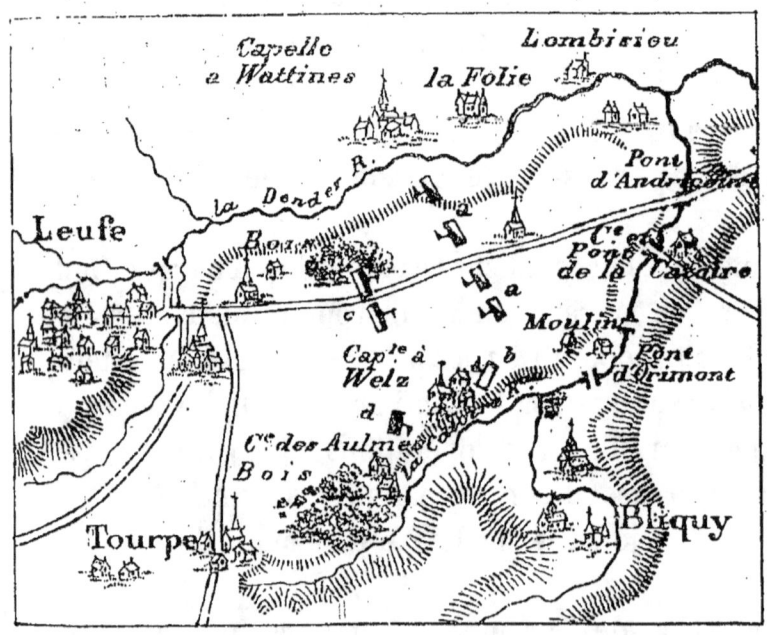

a. Cavalerie ennemie ; *t*. Infanterie ennemie, 2 bataillons ; *c*. Cavalerie française ; *d*. Dragons du roi et de Tessé.

« Le marquis de Villars trouva Luxembourg dans une abbaye proche de Tournai, passant la nuit sur la paille et faisant monter à cheval soixante escadrons (1). » Il eut

(1) *Mémoires de Villars*, t. Ier, p. 207.

Cet éloge de la dureté du maréchal pour lui-même quand la conduite d'une action de guerre l'exigeait, est à remarquer. Villars n'aimait pas

ordre de rejoindre Marsilly et de ne rien tenter avant que le maréchal ne l'eût rejoint.

Pendant que ces ordres donnés rapidement recevaient un commencement d'exécution, Luxembourg, montant lui-même à cheval avec le reste de ses forces, prenait vers minuit la route de Mons, la suivait jusqu'au bois de Bourlotte, en face de Ville-au-Puis, et appuyant alors à gauche se dirigeait sur Leuze, où il arrivait vers neuf heures du matin.

MM. de Villars et de Marsilly le reçurent : ils avaient réuni leurs troupes et montrèrent au maréchal, au delà de Leuze, la cavalerie ennemie au nombre de 72 escadrons qui, fort troublée et en désordre, formait à la hâte ses lignes. On apercevait vers la droite l'infanterie ennemie qui défilait de l'autre côté de la Catoire, n'ayant laissé au pont que deux bataillons d'infanterie pour protéger le passage de la cavalerie, et plus au nord des troupes à cheval qui marchaient vers Ath.

Le maréchal, dont toute la cavalerie n'était pas encore arrivée, compta ce qu'il avait autour de lui d'escadrons : il y en avait dix-huit ; heureusement parmi eux se trouvait la Maison du Roi. M. d'Auger, lieutenant général, voyant que plus on attendrait, plus on aurait de troupes à combattre, dit à Luxembourg : « Les ennemis grossissent, si vous voulez attaquer, que ce soit dans le moment, et M. de Luxembourg dit seulement : « Attaquons, attaquons (1). »

Le maréchal fit alors mettre pied à terre aux dragons du Roi et de Tessé, et les établit face aux deux bataillons d'infanterie ennemie dont nous avons parlé : il donna alors

---

Luxembourg, et à chaque instant il le peint dans ses *Mémoires* comme un amateur de bonne chère et un raffiné : ce qu'il dit ici ne peut donc passer pour une flagornerie à l'adresse de Luxembourg.

(1) *Mémoires de Villars*, t. 1ᵉʳ, p. 210.

à la cavalerie le signal de combattre. Cette attaque, fournie au galop de charge (1), fut d'une violence telle que la Maison du Roi franchit les six lignes que lui opposait l'ennemi sans pouvoir être arrêtée. A la gauche, où commandait Villars, le combat fut aussi acharné. « La charge, écrit-il dans ses mémoires, fut peut-être la plus violente qu'on ait vue à la guerre (2). » La cavalerie alliée, bien qu'elle fût dans la proportion de quatre contre un, ne put tenir devant cette furie; contrainte à se replier, elle s'enfuit en désordre et, poussée l'épée dans les reins, alla passer la rivière aux ponts de la Catoire et de la cense d'Andricourt.

Cependant le prince de Waldeck était informé bientôt de la défaite de sa cavalerie et, pensant être attaqué par toute l'armée française, avait ordonné de faire halte et enjoint à une partie de son infanterie de border le ruisseau de Bliquy. Le maréchal qui avec ses quelques cavaliers venait d'obtenir un succès au delà de toute espérance, rallia ses escadrons, et après être resté une heure sur le champ de bataille, se replia sur Tournai. La retraite se fit par échelons pendant une demi-lieue. La Maison du Roi prit d'abord position, et la Gendarmerie, ayant marché en retraite pendant trois cents pas, s'arrêta à son tour, les escadrons ayant entre eux un intervalle égal à leur front. La Maison du Roi battit alors en retraite, gagna les intervalles qui lui ménageaient un passage et alla se reformer en ligne à trois cents pas en arrière de la Gendarmerie. Cette retraite en échelons fut exécutée pendant une demi-heure, après quoi toute la cavalerie, s'étant formée en colonne, reprit la route de Tournai.

(1) « Le marquis de Villars ramenant son aile, la fit rentrer dans les intervalles d'une seconde ligne qui arrivait au grand galop. »
(2) *Mémoires de Villars*, t. Ier, p. 212.

Cette brillante action de Leuze, qui nous coûtait à peine quatre cents hommes, quand l'ennemi y perdait quatorze cents tués, seize cents blessés, quatre cents prisonniers et trente-six étendards, fut la seule affaire de la campagne. Guillaume retourna en Angleterre, emmenant encore avec lui Marlborough, qui n'avait pu trouver l'occasion de passer à Jacques II; et Luxembourg, ayant laissé le commandement de la frontière à Boufflers, regagna de son côté Versailles.

Pendant que les divers événements que nous venons de raconter s'étaient passés sur le continent, en Irlande un corps français aux ordres de M. Saint-Ruth avait essayé de rétablir les affaires du roi Jacques. Saint-Ruth était brave, mais sans capacité : il ne fit rien de bon que de se faire vaillamment tuer à la bataille d'Aghrim. Tyrconnel mourut quelques jours après lui, de telle sorte que les affaires des jacobites furent, de l'autre côté du détroit, plus désespérées que jamais.

Ce fut dans ces circonstances que Guillaume III arriva en Angleterre le 19 octobre et qu'il ouvrit le Parlement.

Cependant les négociations de Marlborough avec la cour de Saint-Germain avaient continué et semblaient cette fois devoir aboutir, quand les jacobites furent avertis que la possibilité d'une troisième trahison existait encore pour Churchill. Cette fois, c'eût été Jacques et Guillaume qu'il aurait abandonnés ensemble, puisque aussitôt maître du Parlement et de l'armée, il était décidé à proclamer reine la princesse Anne de Danemark.

Cette nouvelle, si peu vraisemblable qu'elle fût, causa chez les jacobites une véritable confusion, et de ce pas plusieurs s'en furent dévoiler le complot à Bentinck, l'ami particulier de Guillaume. Ce prince ne pouvait prétendre que l'homme qui avait trahi son roi légitime gardât la foi parjure prêtée à l'usurpateur : tout en ressentant vivement l'injure il évita un éclat : le 10 janvier au matin Marlborough était seulement averti qu'il était déchu de ses commandements, charges et prérogatives, et qu'il n'avait plus à paraître devant Leurs Majestés. Une autre suite de cette affaire fut la rupture de la reine Marie avec la princesse Anne. Mais celle qui avait montré une joie indécente en parcourant le palais d'où venait de fuir son père détrôné pouvait sans doute ne pas garder plus de ménagements avec une belle-sœur. Cette rupture ne laissa pas de causer un grand tort à la reine dans l'opinion publique et n'a pas contribué à relever sa mémoire devant la postérité.

Ces faits se passaient à la fin de 1691. L'histoire d'Angleterre pendant ces diverses années est un fouillis inextricable de questions d'Église, de discussions de droit politique, de trahisons, de faiblesses de tout genre, de complots, au milieu desquels la personnalité de Guillaume III se meut péniblement, ressemblant plutôt à un condamné rivé à sa chaîne qu'à un souverain régnant sur un grand peuple.

Irrité des résistances qu'il rencontrait chez ses alliés, froissé des rébellions sans cesse fomentées en Angleterre, mais contenant ses haines et ses colères quand elles étaient un obstacle à ses plans, clément par politique et humain quand l'humanité servait à ses projets, il se laissait aller parfois à son caractère farouche, et alors les plus sanglantes exécutions étaient ordonnées, tolérées au moins par lui, sans la moindre pitié.

Nous raconterons ici l'affaire des Mac-Donald. Au commencement de 1691, les clans d'Écosse soumis encore à

Jacques II avaient été avisés de l'impossibilité où se trouvait ce prince de leur fournir un secours d'aucune sorte : ils étaient donc autorisés à faire leur soumission, jusqu'au jour où ils seraient appelés de nouveau à se lever pour le roi légitime. En même temps, Guillaume III négociait avec ces mêmes clans ; un ancien chef rebelle, aujourd'hui rallié, le vicomte de Breadalbane, était chargé des pourparlers et de la distribution des indemnités réclamées par les divers chefs de clans.

La paix fut ainsi à peu près faite, et les magistrats d'Édimbourg publièrent, au nom du roi, une proclamation qui fixait au 31 décembre 1691 le dernier délai pour la soumission à Guillaume. Les Cameron donnèrent l'exemple. Les Mac-Donald de Sleat les imitèrent, et, avec eux, Clanronald, Lochiel, Keppoch, Glengary, c'est-à-dire les plus considérables des chefs insoumis. — Un d'eux, cependant, hésita plus longtemps que les autres : c'était le chef des Mac-Donald de Glencoé, le vieux Mac-Jan.

Sur la limite qui sépare le comté d'Argyle du comté de Lochabyr, au sud du Lochladie, le voyageur qui parcourt la côte, étonné et attristé de l'aspect sauvage de ce pays, rencontre une vallée plus déserte encore et plus abandonnée que tout ce qu'il a vu jusque-là : c'est Glencoé, la vallée des larmes. Quelques misérables cabanes élevées çà et là sur des rochers arides, le hameau d'Auchnaïon, où se sont groupées huit ou dix huttes en terre, tel était le clan de Mac-Jan. Cette gorge taillée dans le roc n'est accessible que par un sentier surplombé à chaque pas de calcaires gigantesques, prêts à rouler à chaque instant dans l'abîme. — D'ordinaire une brume épaisse cache le ciel, et des neiges presque perpétuelles couronnent les cimes les plus élevées. Ce lieu sauvage inspire encore aujourd'hui la tristesse et le recueillement; au XVIIe siècle, c'était comme un coin séparé du monde et, de toutes les vallées solitaires d'Écosse, la plus déserte, la plus abandonnée.

Mac-Jan dominait sur ces quelques chaumières et, fort de son inaccessible refuge, n'avait pas tout d'abord suivi ses pairs dans leur soumission. C'était le plus redouté des chefs des Hautes-terres, et son nom même, à Londres, était craint comme celui du plus rude de ces aventuriers. Cependant, cédant aux instances des anciens de sa tribu, Mac-Jan, à la dernière limite, le 31 décembre, se rendit au fort William pour y faire sa soumission. — Le gouverneur, qui n'avait point pouvoir pour la recevoir, l'envoya à Inverary : là le magistrat hésita, car le terme du 31 décembre était passé ; toutefois, il crut qu'il lui était permis de transiger dans une telle circonstance avec l'ordre royal : le 6 janvier il reçut le serment de fidélité du chef de Glencoé et manda au Conseil privé que Mac-Jan, retardé dans sa démarche par le mauvais état des routes, devait être loyalement considéré comme s'étant soumis dans les délais prescrits.

Malheureusement, Mac-Jan avait, à Londres, dans ce même Breadalbane dont nous avons parlé, dans Dalrymple et dans un légiste, dit le maître de Stair (1), trois ennemis qui avaient juré sa ruine. On résolut donc, dans le conseil du roi, l'extermination du clan de Glencoé : un ordre froidement barbare enjoignit de faire périr hommes, femmes et enfants au-dessous de soixante-dix ans, de brûler les villages, de saccager et détruire les instruments de culture, d'emmener tout ce que l'on pourrait de bétail en tuant le reste.

(1) Le *maître* est un titre nobiliaire écossais, comme en France *vidame* ou *dameret*.

Cet ordre fut présenté à Guillaume : il le lut, l'approuva et le signa.

Le 1ᵉʳ février 1692, environ deux cents soldats du régiment d'Argyle, conduits par le capitaine Glenlyon et le lieutenant Lindsay, s'avançaient vers Glencoé. Le vieux Mac-Jan ne s'inquiéta point de cette visite, surtout quand Glenlyon lui eut annoncé qu'elle était toute pacifique : l'officier anglais demanda seulement l'hospitalité pour ses hommes, et immédiatement les soldats, admis dans les cabanes, furent invités à se reposer, à manger, à boire, avec cette bonhomie et cette générosité traditionnelles chez ces peuples simples et primitifs. Pendant douze jours les pauvres Mac-Donald rivalisèrent de zèle à qui servirait mieux les soldats du roi: le soir du 12, Mac-Jan pria à dîner pour le lendemain Glenlyon et Lindsay.

Cependant ce même lendemain marquait son terme au délai fixé au capitaine anglais pour l'exécution de son infâme guet-apens : ce misérable était l'homme qu'il fallait pour une pareille atrocité; il n'eut ni une faiblesse ni une hésitation. — Le 13, à quatre heures du matin, il se rend chez Mac-Jan. — Le vieux chef le reçoit et ordonne qu'on apporte à ses hôtes quelque boisson pour se rafraîchir, mais il n'a pas achevé sa phrase qu'il tombe frappé d'une balle dans la tête; sa femme, percée de coups d'épée, tombe à côté de lui; on dépouille la malheureuse de ses vêtements et de ses bijoux, et comme ses bagues ne peuvent sortir facilement, un soldat lui coupe les doigts avec les dents. — Le carnage fut poursuivi partout avec la même rage et une semblable férocité, et si l'obscurité de la nuit n'eût permis à quelques-uns de ces malheureux de fuir, les ordres donnés à Londres eussent été littéralement exécutés. Le crime, était égal quel que fût le nombre des victimes, et Guillaume en doit évidemment garder la responsabilité, charge grave pour la mémoire de ce prince, et qui trop naturellement fait penser à la mort des Witt.

Toutefois on ne saurait imputer à Guillaume III la lâcheté et la perfidie qui entourèrent de plus d'horreur encore le massacre de Glencoé : il avait signé l'ordre d'exterminer une tribu qu'il faut croire jusqu'à un certain point coupable, mais les instructions de détail qui avaient joint la trahison au meurtre étaient du maître de Stair, de Breadalbane et de Glenlyon.

Fait surprenant, la mort de Mac-Jan et le massacre de sa tribu restèrent longtemps inconnus en Angleterre, où l'on sut seulement que quelques Mac-Donald avaient disparu. Les luttes de clan à clan étant alors continuelles, on ne s'inquiéta pas d'un fait qui semblait ressembler à bien d'autres ; et comme les auteurs avaient intérêt à dissimuler ce qui n'avait été pour eux qu'une vengeance personnelle, il se peut que Guillaume ait ignoré, au moins sur le moment, les horribles détails que nous avons racontés.

En effet, appelé sur le continent par les plus graves difficultés, ce prince avait quitté l'Angleterre le 6 mars et s'était hâté de gagner la basse Meuse, où la coalition était sur le point de se dissoudre.

Après le congrès de la Haye, la prise de Mons avait été une première cause de dislocation chez les chefs de la Ligue : ramenés à grand'peine par Guillaume, ils avaient été depuis complètement démoralisés par la défaite de Leuze et par toute la suite de la campagne de 1691, par l'incendie de Hal, les bombardements de la ville de Luxembourg, de celle de Liège, c'est-à-dire par cette promenade victorieuse du maréchal de Luxembourg, sous les yeux des armées impuis-

31

santes de la coalition. D'un autre côté, le pape Innocent XII, dont on a dit justement qu'il possédait toutes les qualités d'Innocent XI sans en avoir les défauts [1], n'avait pas voué à Guillaume III l'affection qu'avaient témoignée à ce prince les deux précédents pontifes ; il venait de se réconcilier avec Louis XIV, et il était à craindre que le roi de France n'usât de cette influence pour détacher de la Ligue un cerain nombre de princes catholiques. — En Allemagne, l'Empereur avait plus en tête la guerre contre les Turcs que la lutte contre la France, et faisait la sourde oreille quand il s'agissait de troupes à envoyer sur le Rhin ; l'Espagne, sans énergie et sans souffle, présentait le spectacle d'une désorganisation absolue : tous ces divers éléments, sans cohésion, sans intérêts uniques, semblaient sans cesse au moment de se disjoindre. Seules l'Angleterre et la Hollande supportaient les charges de cette lourde guerre, et en dehors des frais généraux pour l'entretien des armées, elles étaient encore sollicitées sans cesse par tel ou tel principicule infime, qui menaçait, s'il n'était écouté, d'enlever à la coalition son contingent de quelques centaines d'hommes. Guillaume dut céder à toutes ces exigences, et bien qu'il semble avoir eu à cette époque des mouvements de découragement, toujours sa fermeté vint à bout de difficultés qui paraissaient insurmontables : on distribua de l'argent aux princes allemands, on acheta moyennant 100 000 rixdalers et la Jarretière l'électeur de Saxe ; enfin, on put, de fortes sommes aidant, reconstituer la Ligue, un moment en pleine décomposition.

Pendant que ces longs pourparlers avaient lieu entre la

---

[1]. Innocent XI était mort en 1689. Alexandre VIII, qui lui succéda, ne garda le trône pontifical qu'une année et deux mois, il mourut en 1691. Il fut remplacé par Innocent XII.

Haye et la plupart des capitales de l'Europe, Louis XIV, « seul contre tous »[1], mais précisément fort parce qu'il réunissait en sa main tous les moyens d'un empire puissant et bien uni, entrait en campagne à la tête de la plus belle armée qu'il eût été jamais donné de voir. — Cette armée, réunie en deux corps, l'un d'opérations aux ordres du maréchal de Luxembourg, l'autre de siège, commandé par le roi en personne, s'élevait au total de cent quarante mille hommes répartis en 104 bataillons et 299 escadrons ; elle disposait de 84 pièces de canon[2].

« Le Roy fit hier la revue de son armée et de celle de M. de Luxembourg, écrivait le 21 mai Racine à Boileau. C'estoit assurément le plus grand spectacle qu'on ait vu depuis plusieurs siècles. Je ne me souviens point que les Romains en aient vu un tel. Car leurs armées n'ont guère passé, ce me semble, quarante, ou tout au plus cinquante mille hommes, et il y avoit hier six-vingts mille hommes[3] ensemble sur quatre lignes. Comptez qu'à la rigueur il n'y avoit pas là trois mille hommes à rabattre. Je commençai à onze heures du matin à marcher. J'allai toujours au grand pas de mon cheval et je ne finis qu'à huit heures du soir. Enfin on estoit deux heures à aller du bout d'une ligne à l'autre. Mais si on a jamais vu tant de troupes ensemble, assurez-vous qu'on n'en a jamais vu de si belles. Je vous rendroi un fort bon compte des deux lignes de l'armée du Roy et de la première de l'armée de M. de Luxembourg. Mais quant à la seconde ligne, je ne vous en puis parler que sur la foi d'autrui. J'estois si las, si ébloui

---

1. *Nec pluribus impar.*
2. Les escadrons à trois compagnies, les bataillons à treize, la compagnie d'infanterie augmentée de 5 hommes.
3. Racine ne compte ici que les troupes assistant à la revue et déduit les détachements.

de voir briller des espées et des mousquets, si étourdi d'entendre des tambours, des trompettes et des tymbales, qu'en vérité je me laissois conduire par mon cheval sans plus avoir d'attention à rien..... M. de Luxembourg, dès les premiers jours que nous arrivasmes, envoya dans notre écurie un des plus commodes chevaux de la sienne pour m'en servir pendant la campagne. Vous n'avez jamais vu un homme de cette bonté et de cette magnificence. Il est encore plus à ses amis, et plus aimable à la teste de sa formidable armée qu'il n'est à Paris et à Versailles [1]. »

On put voir en cette circonstance que si Louvois avait eu grande part aux précédents succès de Louis XIV, ce qui est incontesté, il n'était pas cependant un homme indispensable, car l'armée de 1692 n'avait pas été mise sur pied par lui, non plus qu'il n'avait préparé le siège de Namur, auquel se décida Louis XIV. Namur, bien fortifiée et défendue par une puissante citadelle, avait à cette époque un prestige auquel on n'osait point s'attaquer ; elle s'appelait elle-même « la grande pucelle », n'ayant jamais capitulé. La citadelle, aux ordres du prince de Barbançon, était pourvue de garnison et d'un matériel considérable, et l'on pouvait croire que Barbançon la défendrait avec énergie, car, outre son honneur qui l'y engageait, la place lui valait 100 000 livres de rente.

Namur fut investi le 24 mai ; Cohorn, le grand ingénieur de la Hollande, dirigeait la défense ; Vauban, au dehors, conduisait l'attaque : le 5 juin Namur capitula.

Ce grand événement avait eu lieu sous les yeux de Guillaume d'Orange, qui n'avait pu l'empêcher. Ce prince, après bien des retards, s'était mis en campagne le 3 juin, avait

---

1. RACINE a BOILEAU, 21 mai 1692, du camp de Gévries

été joint le 4 par les généraux Fleming et Cerclas et était venu s'établir le 5 à Meldert et à Bevercum. — Le 6, il campa à Hougarde entre Jodoigne et Tirlemont, et marcha le 7 à Orp et Montenaken, en vue de Namur, où eut lieu un premier engagement d'infanterie : des bataillons dirigés par le prince de Soubise, lieutenant général de jour, chassèrent quelques troupes alliées de hauteurs d'où elles eussent incommodé l'armée de siège. — Guillaume soutint les fuyards par quelques volées de canon sur les bataillons français, et l'affaire n'alla pas plus loin.

Cependant, dès le 6 juin, les travaux contre la citadelle avaient commencé, et la défense déployait une énergie qui présageait bien des difficultés. — La nuit du 8 au 9 on ouvrit la tranchée de deux côtés : le 23, le fort Guillaume était pris, avec 80 officiers et 1564 soldats ; le 24 et le 25 on embrassa tout le front de la première enveloppe du château appelé Terra-Nova ; le 26 et le 27 on poussa les sapes fort près de l'avant-chemin couvert, et on dressa deux nouvelles batteries ; le 28, on chassa les assiégés des deux chemins couverts : la nuit du 28 au 29 on fit la descente du fossé à la brèche, et le 30, à 6 heures, le prince de Barbançon faisait battre la chamade et demandait à capituler.

MM. de Chamlay et de Barbezieux ayant réglé les conditions, les assiégés remirent, le 30 au soir, une des portes au régiment des Gardes françaises, et la garnison sortit avec les honneurs de la guerre le lendemain 1ᵉʳ juillet à trois heures après midi, réduite à 4500 hommes.

Guillaume avait plusieurs fois fait mine de hasarder une bataille, mais l'on voit dans sa correspondance avec Heinsius que ses lieutenants se souciaient peu de combattre : « Nous avons eu hier un conseil de guerre, écrit-il le 16 juin, tous les généraux ont été d'avis que la position de l'ennemi était inattaquable. »

Depuis ce jour, où une bataille eût pu encore sauver le château de Namur, les travaux de siège s'étaient succédé avec tant de rapidité que le généralissime de l'armée alliée s'était résigné à un nouvel échec, et celui-ci ne s'était pas fait attendre, ainsi qu'on l'a vu.

Cependant, Namur tombé, Louis XIV était retourné à Versailles « d'autant plus satisfait de sa conquête, a-t-il écrit lui-même, que cette grande expédition était entièrement son ouvrage ; qu'il l'avait entreprise sur ses seules lumières et exécutée, pour ainsi dire, par ses propres mains, à la vue de toutes les forces de ses ennemis ; que, par l'étendue de sa prévoyance, il avait rompu tous leurs desseins et fait subsister ses armées, et qu'en un mot, malgré tous les obstacles qu'on lui avait opposés, malgré la bizarrerie d'une saison qui lui avait été entièrement contraire, il avait emporté, en cinq semaines, une place que les plus grands capitaines de l'Europe avaient jugée imprenable ».

La gloire de la prise de Namur venait à point pour consoler la France d'un échec récemment infligé à notre flotte sur les côtes du Cotentin.

Les préparatifs de la guerre, en Flandre, n'avaient pas tellement absorbé Louis XIV, que ce prince n'eût trouvé le temps de rassembler dans la Manche une flotte destinée à soutenir, en Irlande, les intérêts de Jacques II. Vers le milieu de mai, Tourville eut ordre d'appareiller sans retard, de chercher la flotte anglo-batave et de lui livrer bataille. Bien qu'il n'eût que quarante-quatre vaisseaux à opposer aux quatre-vingt-dix bâtiments de l'ennemi, l'amiral français, ayant pris le large le 25 mai, eut connaissance le 28 de la flotte anglaise et, sans plus louvoyer, l'attaqua le 29.

On comptait sur des défections qui ne se produisirent pas.

Après avoir eu d'abord l'avantage, si disproportionné que fût le nombre de ses vaisseaux à celui des bâtiments ennemis, Tourville, vers le soir, dut battre en retraite. La marée, la nuit et le brouillard obligèrent l'amiral à jeter l'ancre, et la nuit s'étant ainsi passée sans incidents, au matin, la flotte appareilla. « Toute la flotte, écrit Forbin, étoit tellement dispersée que le général ne trouva que six vaisseaux auprès de lui, tout le reste ne pouvoit être aperçu à cause du brouillard [1]. »

Tourville, dont les bâtiments avaient beaucoup souffert, prit alors le parti d'aller mouiller à l'entrée du raz de Blanchard, avec quinze d'entre eux. Les vingt-neuf autres se dirigèrent sur Saint-Malo et y arrivèrent sans être poursuivis. Mais un dernier malheur attendait M. de Tourville : la profondeur d'eau qu'on avait espérée dans le raz de Blanchard ne se trouva pas, les vaisseaux, bientôt envasés, ne purent manœuvrer, et l'amiral français eut la douleur de voir le chef d'escadre anglais Delaval brûler, en vue de la côte française, quatorze de nos plus beaux bâtiments.

La Hogue fut sans doute un désastre, mais non pas, comme le prétendirent les Anglais, la ruine de notre marine.

Macaulay, qui parle de la défaite de Tourville avec complaisance, ne peut nier le peu de fruit que tira son pays de ce succès :

« La victoire de la Hogue, écrit-il en parlant de la campagne maritime de l'année suivante (1693), cette journée dont l'Angleterre avait été si fière, était regardée par la

---

[1]. *Mémoires du comte de Forbin*, t. Ier, p. 334. Amsterdam, 1740.

cité comme un véritable désastre. Depuis que la flotte de Tourville avait été dispersée dans l'Océan, aucune traversée n'était sûre, fût-ce même celle d'Angleterre en Irlande. Chaque semaine on apprenait que vingt, trente, cinquante bâtiments de Londres ou de Bristol avaient été capturés par les Français. Plus de cent prises furent conduites, dans ce seul automne, à Saint-Malo [1]. »

Une marine qui se faisait redouter à ce point n'était point détruite : et la flotte française, qui devait prendre la mer en 1694, comptait dans ses trois escadres soixante et onze bâtiments de haut bord.

Au surplus, Guillaume ne se faisait aucune illusion sur la valeur de sa victoire navale. La prise de Namur lui en enlevait déjà toute la joie, et la présence d'un homme comme Luxembourg à la tête de l'armée française ne lui présageait guère de succès pour le reste de la campagne.

Le général français, chef suprême, depuis le départ de Louis XIV, des deux armées réunies sous Namur, avait décidé de remonter vers Bruxelles de manière à couvrir tout à la fois la nouvelle conquête du roi et à menacer la capitale des Pays-Bas.

C'était la première fois qu'un aussi grand nombre de gens armés, groupés en une seule masse, allait agir en campagne : le mécanisme usité jusque-là allait être insuffisant, la logistique employée jusqu'à cette date devait donc faire place à une autre. Le mérite du maréchal fut de comprendre le changement de tactique qu'allait entraîner la mise en mouvement de ces grandes agglomérations ; la science qu'il avait du maniement des troupes lui suggéra les modifications nécessaires ; son génie les appliqua et en fit sortir la victoire.

1. MACAULAY, *Hist. of England*, t. VII, p. 105.

Les marches d'armée, qui jusque-là s'étaient faites sur trois ou quatre colonnes, s'exécuteront dorénavant sur six et sept : dès lors la composition des colonnes ne sera plus la même, et la concentration devenant plus difficile au fur et à mesure que croîtra le nombre des éléments à concentrer, chacun d'eux sera formé de telle sorte qu'il se suffise à lui-même en la plupart des circonstances. « Il est impossible, a écrit Guibert, de rien voir de plus classique que les préparatifs faits par le maréchal de Luxembourg pour les campagnes de Flandre. Dans ces préparatifs les marches étoient naturellement l'objet d'une attention particulière. *On ne sauroit trop les étudier.* » — « J'ai mille fois observé nos marches dans tous les pays où nous avons porté la guerre, écrit à son tour Folard ; celles de Luxembourg sont celles qui m'ont paru les plus belles et les plus profondes. » Comme Condé, son maître en science militaire, Luxembourg ne s'en remettait à personne du soin de composer ses ordres de marche et ses calculs logistiques. Le maréchal de Puységur, dont l'*Art de la guerre*, après avoir fait longtemps école, est encore bon à étudier aujourd'hui, fit longtemps sous Luxembourg les fonctions de major-général. Voici ce qu'il a écrit à ce sujet :

« Comme je n'étois pas encore bien stylé aux fonctions de cet emploi, quand l'armée devoit marcher, M. de Luxembourg me faisoit appeler pour me dicter l'ordre de la marche. Quant à lui, pour prendre connoissance du pays et des chemins que les colonnes pourroient tenir pour se rendre au nouveau camp, il interrogeoit les officiers qu'il envoyoit souvent en reconnoissance et qui, par conséquent, connoissoient le pays; ensuite il questionnoit les habitants les plus intelligents sur les connoissances qu'il pouvoit en tirer; il me dictoit l'ordre de marche, tant pour les chemins que les colonnes auroient à tenir que pour les précautions qu'elles auroient à prendre contre l'armée et les places ennemies[1]. »

Pendant les opérations du siège de Namur l'armée du maréchal et celle du prince d'Orange s'étaient constamment côtoyées, les têtes des colonnes étant presque sans cesse en vue les unes des autres; mais Guillaume, malgré des simulacres d'attaque ne s'était, comme on l'a vu, jamais engagé. A peine le roi de France avait-il repris le chemin de Versailles, que les alliés avaient fait à Liège de grands préparatifs dont le but ne put être connu, mais qu'on supposa destinés au siège de Dunkerque ou à celui de Namur. Louis XIV tenait par amour-propre personnel à ce que l'ennemi ne rentrât point dans une place dont lui-même avait raconté la chute avec tant d'éclat; il enjoignit à Luxembourg de détacher quelques bataillons sur Dunkerque[2] et d'éloigner les ennemis du littoral en s'approchant de Bruxelles. Pour ce qui était de Namur, M. de Boufflers y envoya de nouveaux bataillons et il fut résolu qu'au cas où l'ennemi tenterait de reprendre la place, M. de Luxembourg ferait lever le siège en se portant entre Huy et Dinant, tandis que M. de Boufflers garantirait la frontière contre les troupes qui resteraient sous Bruxelles.

Le maréchal, en quittant Namur pour se diriger sur Bruxelles, avait dû, par suite de la position des alliés, pas-

---

1. Puységur, dans son *Art de la guerre*, a écrit cette phrase : « L'on peut voir dans les livres que *j'ai faits* et dont j'ai déjà parlé, qui sont la description des campagnes du maréchal de Luxembourg *depuis* 1690 *jusqu'à* 1694, qu'il y a longtemps que je me suis formé dans les principes dont il s'agit. » Ces livres ne sont pas parvenus jusqu'à nous, et ils faisaient sans doute partie des manuscrits que Puységur brûla quelque temps avant sa mort; c'est vraisemblablement une grande perte pour l'histoire de l'art de la guerre et la science militaire.

2. M. de Maulevrier se trouvait déjà de ce côté avec trois bataillons et 26 escadrons.

ser d'abord la Sambre et la traverser une seconde fois entre Charleroy et Maubeuge : il se rapprochait ainsi de Mons et était à même de gagner facilement, par Soignies, la position d'Enghien qu'il avait résolu d'occuper ; il se mit en marche le 2 juillet, fit séjour jusqu'au 5 à Saint-Gérard, campa le 6 à Tully (la marche sur neuf colonnes), le 7 à Merbe-Potterie (la marche sur huit colonnes), le 9 à Ville-sur-Haisne, le 10 à Soignies.

Les ennemis étaient à quelques lieues de là, à Genappes, et avaient envoyé leurs gros équipages à Waterloo sur la route de Bruxelles ; les deux armées n'étaient séparées que par Nivelles et la Senne ; un peu en arrière, entre la Trouille et la Haisne, M. de Boufflers s'établit le 15 à Boussoit.

Le prince d'Orange, qui faisait courir le bruit du siège de Dunkerque ou de Namur, ne pensait ni à l'un ni à l'autre, mais bien à attaquer Luxembourg, après l'avoir contraint, grâce à de fausses nouvelles, à faire des détachements qui l'affaibliraient. Après avoir simulé divers mouvements vers l'Escaut et la mer, il partit le 31 juillet de son camp de Genappes et vint camper à Braine-Laleu et Bois-Seigneur-Isaac ; le lendemain il passa la Senne et s'adossa à la rivière, ayant Tubise à sa gauche, Halle à sa droite, Lembeeck au centre. Le même jour Luxembourg, qui avait ordre du roi de ne pas s'éloigner de Halle et auquel la marche des ennemis vers Bruxelles enlevait toute crainte pour Namur, prit le parti de se rapprocher encore du prince d'Orange et, en conséquence, il vint camper à Enghien.

L'ordre dicté le soir pour la marche du lendemain fut le suivant :

« *Ordre de monseigneur le duc de Luxembourg pour le mouvement de demain, 31 juillet.*

» La marche aura lieu sur sept colonnes.

» Le campement de l'aisle gauche de la cavalerie s'assemblera à la générale à la teste de mestre camp et se mettra en marche à la pointe du jour pour attendre les autres au moulin à vent d'Enghien. Celui de l'infanterie de l'aisle droite s'assemblera à la générale au camp du régiment du Roy.

» La première ligne de l'aisle droite de la cavalerie fera la colonne de droite. La brigade de Dalou en aura la tête et marchera à colonne renversée [1]; elle prendra le chemin de Naast à Saint-Hubert, passera à Braine-le-Comte, pour aller à Steinkerque; elle laissera le village à gauche, traversera le ruisseau sur un pont que l'on jettera ce soir entre Steinkerque et le Stordoy, et entrera au camp. La brigade de Bourbonnois prendra la queue de cette colonne.

» La seconde colonne comprendra la seconde ligne de l'aisle droite de la cavalerie. La brigade de Montmorency en aura la teste et marchera à colonne renversée; elle passera au gué des fours à chaux, entre Naast et Soignies et prendra le chemin de Soignies à Steinkerque. Elle traversera le ruisseau sur le pont du village et, laissant l'église à droite, entrera dans son camp. Tous les menus bagages de cette aisle et de la brigade de Bourbonnois s'assembleront derrière celle de Philippeaux et prendront la queue de la brigade de Montfort. Ceux de la première ligne en ouvrant la teste, ceux de la brigade de Bourbonnois marcheront les derniers.

1. C'est-à-dire la gauche en tête.

» La troisième colonne sera pour la première ligne d'infanterie en commençant par les Gardes. Elle se servira des ponts qu'elle a près de son camp et se jettera ensuite sur la droite pour prendre la teste de la colonne. Elle sera suivie de la brigade du Roy qui passera aux deux ponts qu'elle avait devant son camp, ensuite de la brigade de Royal, qui passera à un pont à la droite du régiment du Roy. Champagne fera l'arrière-garde de cette colonne, laquelle prendra l'ouverture que l'on avoit faite à la droite pour les deux lignes d'infanterie.

» La quatrième colonne sera pour la seconde ligne d'infanterie. Lyonnois en aura la teste, ensuite Crussol, Paulier, Stuppa et Dauphin. Cette colonne passera sur le pont de la gauche fait auprès du régiment du Roy. Elle continuera sa marche par l'ouverture que l'on avait faite pour les deux lignes d'infanterie, et costoyant la première ligne se rendra à son camp.

» La cinquième colonne sera pour tous les menus bagages du quartier général et de toute l'infanterie. Ceux des brigades de la gauche des deux lignes marcheront les premiers et s'assembleront à Hormes où estoit campée la brigade des Gardes. Ils traverseront ce village pour aller à l'Esclattier, où ils passeront le ruisseau. De là ils iront à Blanc-Fossé, ensuite à Hoves, où ils se trouveront dans la plaine du camp.

» La sixième colonne sera pour tous les gros bagages de l'armée. — Ceux de l'aisle gauche s'assembleront à la teste du mestre de camp, et auront la teste de cette colonne. Ceux du quartier général, de toute l'infanterie et de l'aisle droite de la cavalerie, s'assembleront à l'arbre du Long-Quesne sur le chemin de Soignies à Cauchie-Notre-Dame. De l'arbre du Long-Quesne, ils iront à la cense de Long-pont et laisseront Cauchie-Notre-Dame à gauche : de là, ils prendront la chaussée qui les conduira au moulin de Belle-Croix, la suivront jusqu'à Tierre et prendront alors un chemin à gauche qui les conduira au camp. La brigade de Navarre, campée à Cauchie-Notre-Dame, prendra la teste de cette colonne; ses menus bagages et ceux de l'aisle gauche la suivront.

» La septième colonne sera pour l'aisle gauche de la cavalerie; la brigade du mestre de camp en aura la teste, cette colonne passera entre Cauchie-Notre-Dame et Louvigny, et ira à travers champs au moulin de Graty, où elle prendra le chemin d'Enghien. — Laissant ensuite la chapelle du Questroy à droite et la Belle-Eau à gauche, elle ira passer le ruisseau à un gué qui est aux hayes de Marcq, et laissant ce village à gauche, entrera dans son camp.

» La réserve prendra le chemin de Soignies à Steinkerque, d'où elle ira au château de Warelle pour se rendre à son camp. Les régiments de dragons destinés pour le quartier général iront prendre la teste des deux colonnes d'infanterie, laissant le ruisseau de Soignies à leur gauche.

» Tous les menus bagages des troupes qui estoient campées au delà du ruisseau de Soignies prendront la teste de ceux de l'aisle droite, leurs gros bagages repasseront le ruisseau pour suivre ceux du quartier général.

» Les dragons, campés aux aisles, y marcheront encore. Ils se sépareront en autant de divisions que les aisles en formeront, et mettront un escadron avec des outils à la teste de chaque colonne de cavalerie.

» L'infanterie aura des travailleurs à la teste de ses colonnes et en fournira à celle des bagages.

» *Service de sûreté en marche.*

» Les vieilles gardes feront, à l'ordinaire, l'arrière-garde des colonnes d'infanterie et des bagages, avec cinq cents hommes de pied; il y aura cent hommes de pied pour l'escorte des menus bagages.

» Les postes qui sont dans les bois, entre Soignies et Braine-le-Comte, ne rentreront au nouveau camp qu'à l'entrée de la nuit, — il en sera de même pour ceux du présent camp.

» Trois cents hommes de pied borderont les bois qui sont sur la gauche de la marche, depuis Louvigny jusqu'au delà du moulin de Graty.

» On commandera trois cents chevaux, dont deux cents demeureront sur la hauteur, près de Braine-le-Comte, et cent iront à la tête du bois de la Houssière, pour couvrir la marche de l'armée sur la droite.

» On enverra cinquante maîtres sur le chemin de Braine-le-Comte à Tubise et deux partis de cinquante hommes chacun, l'un dans les bois de la Houssière, et l'autre dans ceux qui sont entre la cense de Genette et Rebeek.

» *Service de sûreté à l'arrivée au camp.*

» On commandera 1050 hommes de pied pour les postes qui doivent assurer le camp; il y en aura aux postes de la droite 460 qui se rendront à minuit au moulin à vent de Soignies.

» On mettra quatre-vingts hommes au moulin de Belle-Croix, avec charge de garder le château de l'Esclattier; cinquante sur le ruisseau entre l'Esclattier et Steinkerque; cinquante au gué et au pont de Steinkerque, qui enverront quinze soldats au pont de Stordoy, avec défense de laisser passer aucun fourrageur ni maraudeur de ce costé là; cinquante à l'esglise de Rebeek, cinquante à Kuenaaste, cinquante au château de Landa.

» Aux postes de la gauche, on commandera 590 hommes qui se rendront à la même heure que les autres à la teste du mestre de camp : on en mettra cinquante à Haute-Croix; cinquante à Herfelinghem ; trente au cabaret de la Couronne; trente au pont de la Chartreuse ; cinquante à Tolbeek; trente dans le château qui est entre Tolbeek et Gammarache ; cinquante à Bièvre ou Bievène ; cinquante aux Quatre-Chemins ; cinquante à Saint-Pierre ; cinquante à Bassilly; cinquante au château de Grand'champ et cinquante aux bois qui sont auprès de Saint-Marcou.

» Il y aura deux cents hommes pour border le bas du Graty et des postes de cavalerie seront dirigés vers Halle Sainte-Renelle.

» L'artillerie, qui est demeurée à Mons, rejoindra le camp et s'établira à la gauche de toutes les troupes.

» L'armée campera sur deux lignes, la droite appuyée à Steinkerque, faisant un coude à cent pas de Hoves : la gauche s'étendra jusqu'à Hérinnes, Enghien étant devant le centre; le ruisseau et le village de Marcq seront derrière la gauche et derrière la réserve.

» Le quartier général à Hoves.

» La brigade de Bourbonnois et quatre régiments de dragons camperont sur la hauteur qu'on trouvera devant l'aisle droite. »

Ces prescriptions, dont les militaires admireront la précision et le détail, furent exécutées le 31 juillet; le 1er août le prince d'Orange, qui avait résolu d'aller le 2 camper à Bellinghem, se décida à garder sa position de Lembeck. Depuis l'échec de Namur, l'incertitude des alliés avait retrouvé contre Guillaume ses objections et son mauvais vouloir : le chef de la coalition sentait qu'il lui fallait un succès pour fermer la bouche aux médisants : il espéra l'obtenir en attaquant Luxembourg.

Le pays qui séparait les deux armées était boisé, coupé de fossés, de haies, de houblonnières, inégal, et bossué d'ondulations fréquentes. On y trouvait beaucoup de censes, de châteaux entourés de futaies dérobant la vue à courte distance et divisant le terrain en un vaste damier à cases assez restreintes. Un tel sol interdisait une action sérieuse à la cavalerie et donnait l'avantage au fantassin, aussi Guillaume, qui disposait de 188 escadrons et de 85 bataillons, mais dont les bataillons étaient beaucoup plus forts que les nôtres, crut-il avoir trouvé le champ où il gagnerait enfin sa première bataille.

Encore, et pour mieux assurer son succès, pensa-t-il devoir faire appel à la ruse et joindre le stratagème à l'avantage que lui fournissaient déjà un terrain favorable et la supériorité de ses troupes.

Le 31 juillet l'électeur de Bavière avait eu connaissance que son secrétaire particulier, un aventurier nommé Millevoix, était un espion à la solde de Luxembourg. Millevoix nia, mais on avait une preuve flagrante; une lettre adressée au général français écrite par Millevoix et signée de sa main était aux mains de l'électeur ; alors, se sentant perdu, le traître offrit d'écrire au maréchal ce qu'on voudrait lui dicter. Cette proposition faite à Guillaume lui suggéra tout d'un coup l'idée de retourner contre Luxembourg le système de renseignements pratiqué par le général français : le prince dicta donc à Millevoix une lettre détaillée avertissant le maréchal que le lendemain, 3 août, les alliés feraient un grand fourrage en avant de la droite française, qu'un nombre assez considérable de troupes occuperaient de grand matin les défilés séparant les deux armées, mais qu'il n'y avait point à s'inquiéter d'une démonstration simplement faite pour couvrir des fourrageurs.

Le 2, vers neuf heures du soir, la lettre fut remise à Luxembourg, qui la lut. Connaissant le caractère de véracité habituelle de son correspondant, le maréchal fut tranquille pour la journée du lendemain : d'ailleurs les dispositions de sûreté prises d'après son ordre de marche du 31 juillet lui permettaient de dormir sans s'inquiéter.

Il y avait trois ou quatre heures à peine qu'il s'était jeté sur son lit, quand on le réveilla pour lui communiquer une note urgente d'un de ses chefs de partisans, de Trassy, annonçant que des masses considérables d'infanterie paraissaient en avant de Steinkerque. Le maréchal jugea que Millevoix l'avait bien renseigné et congédia l'estafette sans rien ordonner. Une demi-heure après, un cavalier vint encore porter un billet de M. de Trassy, annonçant d'autres troupes vers Sainte-Renelle ; — en même temps le capitaine de carabiniers qui commandait le poste du moulin de Haute-Croix faisait savoir qu'une profonde colonne de cavalerie se montrait en avant de lui : — Enfin une troisième note de M. de Trassy, arrivée vers quatre heures du matin, portait que l'ennemi, en grande force, infanterie, cavalerie, artillerie, laissait Sainte-Renelle à droite et se dirigeait sur Steinkerque.

Malgré la sécurité que lui donnait le billet de Millevoix, le maréchal de Luxembourg finit par s'inquiéter de la persistance de Trassy : il résolut d'aller voir lui-même le bien fondé de ces alarmes et demanda son cheval. Le prince de Conti, messieurs de Vendôme, le comte d'Auvergne, le duc de Villeroi, le marquis de Tilladet, le duc d'Elbeuf et le chevalier de Gassion se joignirent à lui.

Le maréchal, qui, dans ces circonstances critiques, gardait toute sa lucidité, commença par expédier à M. de Bouf-

Fac simile d'une carte du temps.

flers l'ordre de le rejoindre en toute hâte; en même temps il faisait prendre les armes à toute son armée. Il se dirigea ensuite vers la brigade de Bourbonnais, qu'on lui signalait comme particulièrement menacée et gagna les hauteurs de Bucq. Arrivé en ce point, le général en chef constata qu'en face de lui et à courte distance les bois du Feuilly, de Zulmont, de Rouskou étaient remplis d'infanterie ennemie dans une proportion telle qu'il lui faudrait plus de cinq heures pour en déployer une quantité égale.

C'était une attaque à l'improviste. Tout d'abord il fallait ramener sur son terrain la brigade de Bourbonnais, qui un moment surprise s'était repliée sur la Maison du Roi : les ordres furent ensuite expédiés aux brigades de la droite de se porter en ligne, non point dans l'ordre de bataille, mais au fur et à mesure qu'elles seraient prêtes; le comte d'Auvergne rejoignit l'aile gauche, pour veiller à ce qui se passait de ce côté.

Reformer Bourbonnais face au bois de Zulmont, faire mettre pied à terre aux dragons joints à cette brigade et les déployer à la droite de l'infanterie, ne se fit point sans danger ni peine, mais le maréchal et les officiers généraux qui l'entouraient ayant eux-même placé des fractions de compagnie, comme s'ils eussent été de simples lieutenants, la ligne se trouva bientôt rétablie. Comme l'ennemi semblait diriger tout son effort sur notre droite et paraissait ne rien tenter sur la gauche, c'était à Steinkerque que devait être organisée tout d'abord la résistance, et Luxembourg montrait à cette besogne une jeunesse, une ardeur, une lucidité admirables. La brigade de Champagne, qui, bien que placée à la gauche de l'aile droite, arriva la première, fut établie à la gauche de Bourbonnois. En arrière de la première ligne ainsi composée s'établirent successivement la brigade Stuppa, Royal-Italien, Royal-Comtois, et derrière les dragons Provence.

Au fur et à mesure qu'arrivaient les régiments, on les plaçait en colonnes, brigade par brigade, Paulier en arrière de Stuppa, les Gardes derrière Paulier et en cinquième ligne Zurlauben.

La brigade du Roi entra seulement en ligne à cet instant, « et comme on s'aperçut que sur la droite du bois dans lequel estoient les ennemis, il s'avançoit encore de l'infanterie derrière les hayes, on y opposa cette brigade, aussi bien que celle du Dauphin, à la réserve du régiment de Toulouse, qui fut porté sur la gauche de Provence[1] ».

---
1. DÉPOT DE LA GUERRE. Rapport du maréchal de Luxembourg.

En arrière de toute cette infanterie, la Maison du Roi, avec la gendarmerie à sa gauche, était en réserve, ayant en seconde ligne les brigades de Phelippeaux et de Dalou, que l'exiguité du champ de déploiement avait empêché d'établir autrement qu'en colonne.

L'artillerie, qui ne faisait qu'arriver, se forma par brigades près de Bourbonnois et à la gauche de Champagne, non sans de grandes pertes en officiers et en hommes.

Luxembourg descendit alors de Bucq et gravit ensuite le cimetière de Steinkerque, d'où l'on distinguait mieux la ligne alliée.

L'ennemi attaqua seulement vers 1 heure[1]. Arrêté par des défilés sur lesquels il ne comptait pas, il avait perdu un temps précieux et par là même toutes les chances de succès que lui donnait son stratagème.

Aux prises avec notre première ligne, qui ébranlée un instant avait à cœur de réparer son égarement momentané, les têtes de colonnes alliées avaient fort à faire elles-mêmes pour ne pas plier. Ces fameux bleus de Solmes, que nous avons vus victorieux à la Boyne, trouvaient ici à qui parler; la division Mackay, les régiments de Lancer et de Douglas commençaient à céder. Les bois dans lesquels les Anglais avaient abrité tout d'abord leur marche, étaient encore à leur portée : ils s'y réfugièrent et commencèrent un feu des plus meurtriers. « Alors, dit Luxembourg, tout le monde, d'une commune voix, proposa de mettre nos meilleures pièces en œuvre, et de faire avancer la brigade des Gardes.

» L'ordre ne lui en fut pas si tôt donné, qu'elle marcha avec une fierté qui n'estoit interrompue que par la gaieté des officiers et des soldats; eux-mêmes, aussi bien que tous

---

1. *Mémoires de Berwick*. Campagne de 1692.

les généraux, furent d'avis de n'aller que l'espée à la main, et c'est comme cela qu'ils marchèrent. »

Ce fut là cette brillante charge de Steinkerque où la Maison du Roi, à peine vêtue, les cravates mal nouées, s'avança, les princes du sang en tête, sur l'infanterie anglaise.

« Les gardes suisses, continue le maréchal, imitateurs des François, marchèrent avec la mesme gaieté et la mesme hardiesse. Reinold proposa de n'aller que l'espée à la main et Waguenair dit que c'estoit la meilleure manière. Tout aussitost il vola à la teste de son bataillon et le mena à la mesme hauteur que les Gardes droit aux ennemis, qui ne purent tenir contre la contenance aussi hardie qu'avoit cette brigade ; je dis contenance, parce qu'elle ne tira pas un seul coup, mais la vigueur avec laquelle elle alla aux ennemis, les surprit assez pour qu'ils ne fissent qu'autant de résistance qu'il en falloit pour en estre joints et en mesme temps tuez de coups d'espée et de pique. »

Le carnage devenait affreux, « cinq beaux régiments anglais dit, Macaulay, étaient taillés en pièces. La plaine était jonchée de cadavres, et l'on remarqua le lendemain que toutes les blessures avaient été faites avec l'épée ou la baïonnette[1]. »

Bien que depuis la déroute ou la destruction de ces gardes anglaises la perte de la bataille fût assurée pour Guillaume, plus d'un régiment allié continua à tenir et à combattre avec acharnement. La forme du champ de bataille, couvert, ainsi qu'il a été dit, d'obstacles de toutes

---

1. Five fine regiments were entirely cut to pieces... The ground where the conflict had raged was piled with corpses ; and those who buried the slain remarked that almost all the wounds had been given in close fighting by the sword or the bayonet.
MACAULAY. *Hist. of England*, t. VII, p. 95.

sortes, empêchait toute unité d'action et ne permettait pas au commandement de faire sentir son action.

Dès le commencement du combat, et avant même d'avoir reçu les ordres du maréchal de Luxembourg, M. de Boufflers avait marché au canon : il arriva sur le champ de bataille après l'anéantissement des gardes anglaises et jugea bientôt qu'il n'avait plus autre chose à faire qu'à attendre.

Peu après toute l'armée du duc de Luxembourg était entrée en ligne, mais par fractions séparées, sans cohésion entre les éléments, sans direction générale. La bataille était une série de combats partiels, assez semblables à ce que nous voyons de nos jours, où chaque régiment, bataillon ou compagnie agit pour son compte : peu à peu nous obtenions partout l'avantage, et bientôt l'armée alliée battant de tous côtés en retraite, se retira sous Bruxelles.

Elle laissait dix mille hommes sur le champ de bataille, « mais, ajoute Macaulay, l'effet moral de la bataille était immense, la réputation de Guillaume en souffrit et ses admirateurs eux-mêmes furent contraints d'avouer qu'il n'était pas de taille à battre Luxembourg ».

Guillaume lui-même ressentit vivement ce grand échec : « Vous comprendrez sans peine, écrit-il le 4 août à Heinsius, combien je dois être désolé de n'avoir pas réussi, d'autant plus que la perte de tant de monde me met dans l'impossibilité d'exécuter mon dessein sur la Meuse. En conséquence, je vous prie de vouloir bien arrêter sans bruit les préparatifs qui étaient commencés. »

Pour que Guillaume parlât ainsi, il fallait que ce prince jugeât bien graves les conséquences de sa défaite : les plus immédiates furent l'abandon des projets sur la Meuse, et de la tentative sur Dunkerque que devait exécuter le duc de Leicester déjà débarqué à Ostende.

C'est le soir de Steinkerque que Guillaume, dans un moment de dépit, s'écria, dit-on, en parlant de Luxembourg : « Mais je ne pourrai donc jamais battre ce petit bossu-là ?

On rapporta le mot au maréchal, qui répliqua en riant : « Bossu ! comment le sait-il ? il ne m'a cependant jamais vu par derrière. »

A toutes ses qualités, Luxembourg joignait l'esprit, comme on en peut juger, et ce don de fine répartie qui caractérisa si particulièrement les hommes du XVII° siècle.

La bataille de Steinkerque, pour n'être pas régulière comme celle de Fleurus, ne fournit pas moins matière à des réflexions pleines d'enseignements.

Tout d'abord établissons que le mot de surprise, dont on se sert en parlant de Steinkerque, n'est pas vrai dans le sens que lui ont donné des historiens comme Voltaire ou Macaulay. A en croire ces récits, Luxembourg, surpris dans son lit, aurait été obligé de sauter à cheval à moitié nu, et de charger en cet état à la tête de la Maison du Roi, aussi peu vêtue[1]. Ceci est de la légende. Luxembourg fut surpris à Steinkerque, parce que ce mot doit s'entendre d'un général obligé de prendre son ordre de bataille et sa disposition de combat brusquement, au contact de l'ennemi et sous son feu ; mais avec le service de sûreté établi comme nous l'avons vu dans l'ordre du 31 juillet, Guil-

---

[1]. Voltaire dit : « Changer de terrain, donner un champ de bataille à son armée, qui n'en avait point : rétablir la droite tout en désordre, rallier trois fois ses troupes, fut l'*ouvrage de moins de deux heures.* » Or, Luxembourg, averti dès quatre heures du matin, commença son déploiement à huit heures pour le finir à onze heures. L'attaque commença entre midi et une heure et ne finit qu'entre quatre et cinq heures : total dix à douze heures et non pas deux.

laume ne pouvait même pas cacher sa marche de nuit a maréchal. Pour mieux dire, le général français la connut dès son début, mais égaré par Millevoix, il en supposa le motif autre qu'il n'était en réalité. Berwick qui assistait à la bataille a écrit à ce sujet quelques lignes fort judicieuses :

« L'on a dit communément dans le monde que nous fûmes surpris par le prince d'Orange : toutefois, par ce que j'ai raconté, l'on voit que M. de Luxembourg, trompé par la lettre de l'espion, ne se doutait pas que les ennemis eussent intention de marcher à lui, mais cela ne conclut pas qu'il fut surpris : et en effet il n'est pas facile à une grande armée d'en surprendre une autre; car comme il faut nécessairement marcher de nuit et en colonnes, quand la teste paroit, la queüe est encore bien loin, et par conséquent on a tout le temps de prendre les armes et de faire des dispositions nécessaires pour recevoir l'ennemi [1]. »

Le stratagème de Guillaume était habile, en ce qu'il annulait presque le service de sûreté du général français. Quelque alarmants que fussent les renseignements que lui envoyassent ses commandants de grand'garde ou ses partisans, Luxembourg devait fatalement penser : « Ce sont les fourrageurs annoncés par Millevoix. »

Mais ce que ne pouvait annuler Guillaume, c'était la brigade de Bourbonnais, poste avancé qu'il n'était pas possible de menacer sans qu'on ne menaçât le camp, et qui, placée au travers de la seule ouverture donnant entrée dans nos lignes, demeurait une barrière derrière laquelle le maréchal aurait toujours le temps de se déployer.

Quant au prince d'Orange ses fautes furent nombreuses à Steinkerque et du genre de celles qu'il avait commises à Saint-Denis. Le marquis de Feuquières, qui paraît avoir

1. *Mémoires de Berwick,* 1692.

mieux connu les détails de Steinkerque que ceux de Fleurus, parle ainsi de Guillaume III à cette occasion : « Ce prince, dit-il, ne devoit pas se former et se mettre en bataille à la sortie des défilés. Comme il marchoit sur plusieurs colonnes, qu'il débouchoit par plusieurs défilés, toutes ces colonnes devoient attaquer le front du camp qui leur étoit opposé, afin de porter partout la difficulté de prendre les armes et de former un front. Il lui suffisoit que ses colonnes pénétrassent ce camp pour mettre le désordre partout et pour faire prospérer en un moment les efforts qu'il faisoit faire en colonne par les troupes de sa première ligne... L'attaque d'une armée entière surprise dans son camp doit être exécutée par des colonnes fortes qui ouvrent, qui pénètrent et qui séparent le camp. Cela suffit pour sa destruction. Un champ de bataille se trouve à la tête du camp et presque jamais à sa queue.

» Ainsi donc il ne faut pas donner le temps à une armée que l'on veut surprendre dans son camp, de se mettre en bataille à la tête de ce camp, et il faut l'aborder avec tant de vivacité qu'on lui ôte la possibilité de se former[1]. »

La victoire de Steinkerque eut un grand retentissement en Europe et porta aux alliés un coup dont on trouve la trace dans la correspondance diplomatique de cette année. Les puissances telles que l'Espagne, l'Empire : les royaumes du Nord, tels que le Danemark, refusent tout subside en argent ou en hommes, ils sont épuisés, ils meurent à la peine. L'Espagne ne veut même plus entretenir ses places des Pays-Bas : C'est l'affaire dit-elle, de l'Angleterre et de la Hollande. L'Empereur prétend que c'est à Guillaume de supporter les frais de la guerre

---

1. *Mémoires de Feuquières*, t. III, p. 284. Édition de Londres 1736, chez Pierre Dunoyer, libraire à l'enseigne d'Érasme, dans le Strand.

en Allemagne : « Je ne vois pas la possibilité, écrit Guillaume le 18 novembre, que la République et moi puissions contribuer à la formation des magasins sur le Rhin et à l'entretien des troupes impériales en Piémont [1]. » Aussi toute la fermeté du prince d'Orange est-elle à bout.

Au milieu de tant de tracas, il n'était même pas à l'abri du poignard des assassins. Un aventurier nommé Grandval venait de chercher à attenter à sa vie. Dénoncé et arrêté, ce misérable avait fait des aveux complets, et on avait voulu déduire de ses révélations la complicité, dans ce crime, de Barbezieux et de Jacques II. Louis XIV avait défendu qu'on répondît à ces odieuses imputations qui montraient chez l'ennemi un véritable égarement et une injuste passion.

Guillaume était le premier à souffrir de cet abattement des esprits de son propre parti, et à peine eut-il quitté l'armée qu'il donna pour la première fois à entendre que la charge de conduire la coalition commençait à lui paraître lourde.

Ces symptômes de désespoir, dans un homme dont nous avons étudié la fermeté la persévérance, et pour dire davantage l'extrême ténacité, donnent une idée des difficultés inouïes que rencontrait Guillaume dans son œuvre contre la France. Le prince que ses défaites successives sur le champ de bataille n'ébranlent point, qui, après vingt-cinq années de guerre, toujours battu, est toujour le premier à reprendre les armes, est contraint à souhaiter la paix, tant sont grandes la faiblesse et l'apathie de ses alliés. Le dégoût de telles misères écœure davantage cette âme fortement trempée que les échecs les plus sanglants de Seneffe, de Saint-Denis, de Steinkerque ; il écrit le 13 dé-

---

[1]. *Sirtema de Grovestins*, t. VI, p. 352.

cembre à Heinsius : « Je dois vous dire sans détours que si nous pouvions obtenir la paix dans ce moment, ce qui certes ne serait pas à des conditions favorables, nous devrions cependant l'accepter; car, à mon grand déplaisir, je ne vois pas que nous ayons du mieux à attendre, tant s'en faut, car les affaires vont de mal en pis. Il n'en faudra pas moins faire de son mieux, et pour ma part je ferai tout ce qui sera en mon pouvoir [1]. »

Ailleurs il dit encore à Heinsius : « Si nous pouvions arriver à une paix, ne fût-elle que passable, ce serait fort à désirer; je suis de plus en plus confirmé dans cette opinion..... car je ne vois guères la possibilité que la République et moi puissions contribuer à la formation des magasins sur le Rhin et à l'entretien des troupes impériales en Piémont..... Je ne puis m'engager davantage à fournir ma part dans les cent cinquante mille rixdalers par lesquels on espère gagner la Saxe, et bien moins encore concourir à solder l'armée d'Italie [2].

En ce moment, tous les États de l'Europe et, jusqu'au chef de la ligue, tous les princes coalisés sont fatigués de la lutte et désespèrent d'arriver au triomphe; pourtant la Providence ne devait point permettre encore que la paix mît son terme aux dévastations de la guerre, et Guillaume, revenu d'un moment de faiblesse, reprit avec plus d'ardeur que jamais sa grande lutte contre la France.

1. Dans *Grovestins*.
2. Correspondance de Guillaume avec Heinsius, 8, 11, 21, 20 nov. 1692.

CHAPITRE XI

Guillaume III n'avait point attendu la fin de l'année 1692 pour retourner en Angleterre. Le parlement consacra de nombreuses séances à discuter la conduite de plusieurs officiers anglais à Steinkerque, émit le vœu de voir la marine s'opposer plus efficacement aux insolentes conquêtes de nos audacieux corsaires, s'occupa des droits de la presse, du règlement de quelques autres questions politiques, et exigea une modification dans le ministère.

Guillaume, préoccupé avant tout des subsides, céda à peu près sur tous les points et, les discussions des chambres étant closes, il s'embarqua le 24 mars 1693 pour la Hollande.

L'indécision et l'apathie des alliés, quand il s'agissait d'assembler des troupes et d'entamer les opérations de la campagne, se montraient chaque année avec une régularité désespérante. Guillaume trouva chez les princes allemands, chez l'Empereur, dans le cabinet de Madrid, le même manque d'enthousiasme qu'au printemps de 1692 et, comme en 1692, il sut discipliner et régenter cette troupe incohérente, pas assez intelligente pour comprendre ses projets et trop prétentieuse pour les adopter sans discussion.

ORDRE DE BATAILLE DE L'ARMÉE ALLIÉE PENDANT LA CAMPAGNE DE FLANDRES, 1693

GÉNÉRALISSIME : GUILLAUME III, PRINCE D'ORANGE

Le duc d'Auverquerque, lieutenant général, — Le prince de N...-Saarbruck, maréchal, — M. de Scravemoor, lieutenant général,
Galloway, duc d'Ormond et Laforest, généraux-majors. — le prince de N...-Wiebourg, général-major. — Comte de Tilly, général-major.

PREMIÈRE LIGNE

Cavalerie	Infanterie	Cavalerie	Infanterie	Cavalerie
Nassau-Saarbruck.	Prince Georges.	Gardes anglaises.	Hanovre, 4 escadrons.	Dragons de Vehm.
Stirum.	Infant.	Gardes flamandes.	Hanovre, 3 bataillons.	Dragons de Fourneau.
Lippenwell.	Nassau.	Gardes écossaises.		Gardes de S. A. E.
Erbach.	Schwerin.	Royal Écossais.	Brandebourg, 1 bataillon.	Compagnie Cie du gouverneur des armes
Oost-Frieslandt.	Rheingrave.	Churchill.	Brandebourg, 8 escadrons.	Vaudémont.
Sephi.	Winberg.	Fitz-Patrick.	Brandebourg, 6 escadrons.	Brunswick.
Darmstadt.	Neyelle.	Collingwood.		Do Bay.
Tilly.	Behsw.	Steule.		Spinosa.
Nassau-Weybourg.	Thungen.	Hanover.		Corlewr.
Wurfusts.	Birkenfeld.			Chizny.
Donnep.	Prince de Hessam.			Mousel.
Broawicher.	Waldeck.			Harnaut, 3 escadrons.
Gessenheld.				Bavière, 8 escadrons.
Wurtemberg.				Brandebourg, 6 escadrons.
Athlone.				
Leinding.				
Berkley.				
Gardes du corps.				
Windham.				
Grenadiers.				
Lamber.				
Galloway.				

COMTE D'ATHLONE, LIEUTENANT-GÉNÉRAL

Comte de Portland, lieutenant-général, — Obdam, lieutenant-général,
Lords Scarborough et Glocester, généraux-majors. — Zuylestein et Itersum, général-major.

SECONDE LIGNE

Cavalerie	Infanterie	Cavalerie
Laforest.	Nassau-Frise.	Brandebourg.
Wurtemberg.	Iersum.	Bathmoor.
Bouncerl.	Ravick.	Don Augustin.
Willingeff.	Wolfembrüts.	Grenobia.
Sachen.	Hubert.	Jumeles.
Zuylestein.	Fuelorp.	Spinolen.
Margoulthan.	Prince Philippe.	Fagières.
Saxe-Gotha.	Lippe-Hollande.	Pignatelli.
Heenburg.	Henbourg.	Portales.
Scravemoor.	Wood.	Bavière.
Prince Hollandais.	Argile.	Brandebourg.
Solm.	La Caillemotte.	
La Callemotte.	Pagel.	
Aylva.	Beemsderf.	
Croy-Priez.	Bouler.	
Aywen.	Regia.	
Aywen.	Tiffemn.	
	Bath.	
	Trelawny.	
	Seley.	
	Royal écossais.	
	Gardes écossaises.	
	Gardes anglaises.	
	Braubebourg.	

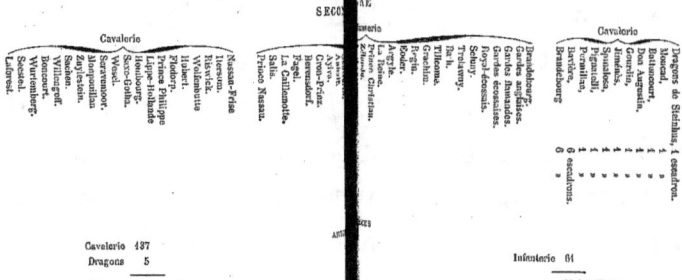

Cavalerie 137
Dragons 5
—————
TOTAL : 142 escadrons

Infanterie 61
—————
61 bataillons

Il arriva même à être prêt, cette année, un peu plus tôt que de coutume et dès la fin de mai il avait réuni entre Gand et Bruxelles 61 bataillons et 152 escadrons, les uns et les autres plus forts, comme effectif, que les nôtres.

A Versailles plusieurs plans avaient été élaborés pour la campagne de cette année. Comme on craignait pour les côtes, Monsieur, ayant sous ses ordres les maréchaux de Bellefonds et d'Humières, reçut le commandement des troupes du littoral; nous avions une armée en Catalogne sous le maréchal de Noailles, une en Piémont avec Catinat, enfin M. de Lorges commandait sur le Rhin. Le roi de France, qui avait le plus vif désir de faire la paix, pensa arriver au but en menaçant cette année le cours de la Meuse moyenne, et, si les événements le permettaient, la Moselle. On pensait que les princes alliés, qui avaient leurs États de ce côté, préféreraient la paix à la guerre, surtout si on portait les opérations militaires dans leur propre pays. En conséquence le roi décida de former deux armées en Brabant, une de siége qu'il commanderait en personne, ayant sous ses ordres le Dauphin et M. de Boufflers, une autre d'opérations, confiée au maréchal de Luxembourg : la première devait comprendre 52 bataillons et 116 escadrons, celle de Luxembourg 78 bataillons et 160 escadrons. En outre, deux petits corps séparés devaient être formés dès l'entrée en campagne : l'un, de 4 bataillons et de 16 escadrons, garderait les lignes [1] de l'Escaut à la mer, sous les ordres de M. de la Valette; l'autre, de 4 régiments de dragons ou de cavalerie commandés par M. d'Har-

---

1. Ces lignes allaient de Menin sur la Lys à Espierre, au confluent de la rivière l'Espierre et de l'Escaut. C'était une série continue de redans et de courtines reliés par 30 redoutes ou fortins. Ces lignes créées en 1688 existèrent jusqu'en 1695.

ourt, couvrirait le Luxembourg et la frontière entre Meuse
: Moselle.

Le 21 mai, l'armée du roi était réunie sous Tournai et
elle de M. de Luxembourg assemblée à Gévries sous Mons.
ouis XIV, tombé un instant malade au Quesnoi, envoya
rdre à M. de Boufflers de descendre vers Mons, tandis
ue Luxembourg, montant vers le nord, se rapprocherait de
armée alliée. En conséquence, le maréchal-duc quitta
évries le 3 juin et campa à Felluy; l'armée du roi vint à
hieusies. Le 4, Boufflers appuya vers l'ouest et s'établit à
apelle-Harlamont; Luxembourg campa à Bassy : le 7, les
eux armées se portèrent, celle du roi à Gemblours, celle
e Luxembourg à Tourine-les-Ordons.

A Gemblours, Louis XIV apprit que le maréchal de Lorges
'était emparé le 22 mai d'Heidelberg. Chamlay fut d'avis
ue cette conquête était de nature à émouvoir vivement
'Empereur; il pensa qu'en portant en Allemagne, sans
épit, le principal effort de la guerre, on obtiendrait plus
ôt qu'en Flandre les résultats dont on attendait la paix. Le
oi, après s'être rendu à son avis, décida que le Dauphin
ejoindrait M. de Lorges avec 34 bataillons et 75 esca-
lrons, et que ce qui resterait de la deuxième armée
le Flandre serait versé dans l'armée du maréchal de
uxembourg. Celui-ci devait chercher les moyens de rete-
ir le prince d'Orange sur la Dyle, afin de l'empêcher de
e porter du côté de la mer, prendrait les mesures néces-
aires pour le prévenir sur l'Escaut si le généralissime
le l'armée alliée y marchait avec toute son armée, et enfin
e combattrait s'il trouvait une occasion favorable. « Tous
es objets n'étoient ni d'une défensive ni d'une offensive
lécidée, et ce n'étoit que sur l'avantage que les généraux
rançois sçauroient se procurer, que le roi paroissoit de-

ORDRE DE BATAILLE DE L'ARMÉE FRANÇAISE EN FLANDRES, 14 juin 1693.

M. LE DUC DE LUXEMBOURG, MARÉCHAL DE FRANCE

Le maréchal de Joyeuse, MM. de Berwick et le prince de Conty, lieutenants généraux, M. le maréchal de Villeroy.
Le duc du Maine, le baron Busca, lieutenants généraux, MM. de Brézé et de Créquy, maréchaux de camp. MM. de Feuquières et de Rozen, lieutenants généraux,
MM. de Marsin et de Puységur. MM. le prince d'Elbœuf et le duc de Rocquelaure, maréchaux de camp.

PREMIÈRE LIGNE

CAVALERIE. — Asfeld. Phelyppeaux. Montfort. Quoadt. Montgon. — **INFANTERIE.** Rebé. Surville. Cadrieux. Thiange. Ch... Cauman. Albertgotty. Grédor. D'Aliacourt. Lux... La Roche guyon. — **CAVALERIE.** Dulou. Dolhem. Bonneville. Coyhs.

Brigades : Feuxerus. Asfeld. Bourbon. Dauphin. Roy... Dauphin... Mestre de camp. Cuirassiers. Charles. Foix. Piémont. Le Foy. Regt. Roussillon. La Marche. La Sarre. Toulouse. Thiange... Guiche. Royal Italien. Rouvenion. Sabre. Gardes françaises. Gardes suisses. Lyonnais. Seissannois. Gardes du roy Jacques Ousst. Grédor. Royal Hurchemond. Provence. Meure Randou. Bourgogne. Berry. Villeroy. Orléans. Royal allemand. Cravattes. Gardes du roy. Gendarmes. Chevau-légers. Galliffet. Luxbourg. Ribou. Berry. Villeroy. Bourgogne. Grenadiers à cheval. Colonel général. Coyhs.

Lieutenant général, M. de Ximenès, Lieutenants généraux, MM. de Monchevreuil et de Rubantel, M. de Vatteville,
Maréchal de camp, M. de Pracontal, MM. de Lussan et de Sobre, M. de Montmorency.

DEUXIÈME LIGNE

CAVALERIE. — Massot. La Bessière. Montrevel. — **INFANTERIE.** Bailleul. Reynold. Arbouville. Solis... Surbock. Zurlauben. Pomponne. Hautefort. — **CAVALERIE.** Rottembourg. Presle. S. Simon.

Vaillac. Hambleverdi. La Bessière. Mouterevel. Bissy. Forgulheau. Thury. Foix. Orléans. Reynold. Chalmey. Maubertie. Arbouville. Grédor. Solis. Crussol. Salis. Surbock. Stoppa Surbock. Santerre. Bugey. Chabanon. Bigny. Bulkin. Artois. Montroy. Berry. Bulkin. Anjou. Royal Danois. Presle. Villers. De Lichtome. Finus. Ley Rottembourg. Presle. Villers. De Lichtome. Prince Paul de Lorraine. Commissaire général. Saint-Simon. S. Simon.

RÉSERVE

M. de Bezons, lieutenant général.

M. DE BELLE... GARDE, brigadier

Villequier. Chauvoran... Le Foy. Asfeld.

Artillerie : 70 pièces. Total : Cavalerie : 177 escadrons.
Fusiliers : 2 bataillons. Dragons : 24 —
Bombardiers : 1 bataillon. Infanterie : 66 bataillons.

voir se déterminer à faire attaquer quelque place (1).»

Guillaume, posté, comme on l'a dit, dès le mois de mai entre Gand et Bruxelles, n'avait pas vu plutôt les armées de Louis XIV se diriger vers l'est, qu'il s'était mis lui-même en marche et avait établi son camp au sud de Louvain, dans une position extrêmement forte.

Sa droite s'appuyait à la Dyle, sur laquelle de nombreux ponts furent jetés. — Cette partie de son armée était couverte par les taillis impénétrables de la forêt de Merdael; son centre, à cheval sur la chaussée de Louvain à Namur, était établi face à la trouée qui sépare les bois de Merdael des bois de Welpe, enfin sa gauche, en bataille sur la haueur de Lovenioul, était couverte par les forêts de Welpe et de Bierbeeck et de plus par le ruisseau de Bierbeeck, qui creusait en avant de son front un ravin à pentes escarpées.

Le maréchal de Luxembourg, décidé à se rapprocher des alliés, fit chercher l'emplacement d'un camp où il trouvât des vivres pour ses troupes et du fourrage pour ses chevaux, dans lequel il lui serait facile de surveiller de près le prince d'Orange, duquel enfin il pourrait sortir promptement et gagner en quelques marches l'Escaut, si Guillaume abandonnant la Dyle cherchait à atteindre la mer.

Ce camp, il le trouva à cinq lieues au nord de la position qu'il occupait actuellement, entre Florival et Melvert, la gauche à la Dyle, la droite à la grande Geete, dans une situation telle qu'on la pouvait dire supérieure encore à celle du prince d'Orange. Le maréchal l'occupa le 15 juin.

La droite étant, comme nous venons de le dire, à Mel-

(1) Dépôt de la guerre. *Mémoire de M. de Vaux.* — *Journal du sieur de Vautier.*

dert, deux brigades d'infanterie et deux régiments de dragons furent placés en garde avancée, sur une hauteur vis-à-vis le château de Sainte-Virginie; le centre rentrait légèrement en arrière, et l'aile gauche, campée à Bossuyt, fut couverte comme la droite par deux brigades d'infanterie et deux régiments de dragons. — Cette gauche était protégée par le ruisseau de la Nèthe, par le bois de Nèthe qui précède en cet endroit la forêt de Merdael, et par le ruisseau de Werl; elle tenait de plus le haut d'une ravine profonde descendant de Bossuyt vers Valduc, directemen du sud au nord, seule trouée par laquelle pouvait se présenter l'ennemi, et dans des conditions tout à fait défavorables à l'attaque.

Vis-à-vis le centre, s'étendait une large plaine dont la seule issue était, au nord, la trouée entre les bois de Merdael et de Welpe, la même dont nous avons parlé à propos du camp de Guillaume. Cet état des lieux était bien autrement favorable à l'armée française qu'à celle des alliés, puisqu'une colonne débouchant de cette trouée vers l'ennemi fût tombée à l'improviste sur le camp anglo-hollandais, tandis qu'une troupe venant dans le sens inverse se fût trouvée tout à coup sur un large champ de bataille où le feu convergent de toute une ligne déployée déjà eût rendu impossible la formation en bataille de l'assaillant sortant du défilé.

Le maréchal, à peine arrivé dans son nouveau camp, chercha s'il ne trouverait point quelque moyen d'attaquer l'ennemi, même dans sa position actuelle. — Ardent et actif, malgré les années, il forma dans ces quelques jours plus d'un projet d'offensive, si l'on en juge par les reconnaissances nombreuses qu'il fit lui-même du camp allié s'avançant seul si près des lignes ennemies qu'il faillit un jour être fait prisonnier. Le 17 il se porta jusqu'à la lisière du bois de Bierbeeck, à deux portées de canon de l'aile gauche alliée, laissa là son escorte et, s'avançant avec un seul officier jusqu'au ruisseau, il étudia avec détail et examina successivement les diverses combinaisons qui eussent pu lui permettre une attaque par surprise ou un combat en règle. Aucune hypothèse ne lui ayant paru présenter des chances de succès, comme d'ailleurs les fourrages et les vivres avaient été épuisés en quelques jours et que l'éloignement de Namur, sa base d'opérations, l'obligeait à avoir chaque jour la moitié de son armée à des escortes de convois ou à des fourrages, il résolut de se rapprocher des deux Geetes, pays abondant en ressources. Cette manœuvre devait inquiéter le prince d'Orange qui pouvait craindre pour Huy ou pour Liège : il était donc probable que les alliés se décideraient à quitter Louvain pour suivre l'armée française ; s'ils ne se laissaient point intimider par cette marche et, au contraire, s'ils semblaient appuyer vers l'Escaut, le maréchal se dirigeait immédiatement vers Halle et Enghien en laissant au nord les sources de la Dyle, de la Lane, de l'Ysche, et menaçait Bruxelles.

En conséquence de cette décision, le maréchal de Luxembourg leva le 7 juillet son camp de Bossuyt et vint s'établir à Heylissem entre les deux Geetes ; le lendemain ayant appris que trois mille chevaux partis de Maestricht pour rejoindre le prince d'Orange étaient arrivés à Tongres, il tomba à l'improviste sur cette troupe et en détruisit la moitié ; il n'avait pu malheureusement empêcher que vingt-deux bataillons de Charleroy ne rejoignissent l'armée alliée, et ne rendissent ainsi l'infanterie ennemie fort supérieure en nombre à la nôtre.

Pendant que ces événements avaient lieu sur la Meuse,

M. de la Valette, sur la Lys, avait à soutenir l'effort de troupes six fois plus nombreuses que les siennes; le prince d'Orange avait en effet détaché vers Espierre treize bataillons et vingt-cinq escadrons, auxquels s'étaient joints six bataillons de la garnison de Gand, avec l'intention de forcer Luxembourg à s'affaiblir en faisant un détachement du même côté. Mais le maréchal comprit que, quelque célérité que pût déployer une troupe, elle arriverait forcément à Espierre trois jours après le détachement des alliés; il résolut donc de laisser M. de la Valette à son étoile et à ses propres forces, et se portant brusquement le 18 à Walef, le 19 à Vignamont, il mit le 20 le siège devant Huy. Le 21 la ville était prise, le 23 le fort Picard et le château capitulaient.

Les alliés furent consternés. Le prince d'Orange, qui tout d'abord n'avait pas voulu abandonner Louvain, comptant que cette fermeté empêcherait Luxembourg de se diriger vers Liège, avait, aussitôt la marche sur Huy connue, franchi la Geete à Jodoigne et s'était établi sous Saint-Tron. La chute inattendue de la nouvelle place assiégée le jetait dans un embarras d'autant plus grand, qu'outre l'échec matériel reçu par les alliés, la prise de Huy, en intimidant gravement les habitants de Liège, présageait la perte à brève échéance de cette cité. Ces craintes du prince d'Orange s'accrurent encore, quand il apprit le 27 que le maréchal de Luxembourg était venu la veille camper à Lesky, qu'il avait le jour même visité les retranchements de Liège et prescrit la confection de trois cents fascines par bataillon : il se mit aussitôt en marche et vint le 27 au soir camper entre les deux Geetes, en arrière de Landen.

Cependant l'ordre donné par Luxembourg au sujet des trois cents fascines était un piège tendu à son adversaire.

Les retranchements de campagne récemment élevés en avant de Liège étaient tels que pour les enlever le général français eut dû s'exposer à des pertes nullement en rapport avec l'avantage acquis : une bataille gagnée en rase campagne ne devait vraisemblablement pas coûter davantage, mais rapporterait plus de fruits. Le maréchal, qui venait d'apprendre la retraite de M. de la Valette obligé de céder au nombre, jugea que son effort devait tendre à faire rappeler par Guillaume le détachement envoyé aux lignes d'Espierre; en conséquence, il résolut de menacer l'armée alliée et, s'il en trouvait l'occasion, de l'attaquer.

Guillaume cependant n'avait aucun soupçon d'un tel plan; aussi son étonnement fut-il au comble quand il apprit, le 28 au soir, que l'armée française venait d'arriver sur la petite Geete et que ses têtes de colonne avaient occupé Landen et le village de Sainte-Gertrude. Les généraux alliés, l'électeur de Bavière, les députés des Provinces-Unies en ce moment présents à l'armée, opinèrent sans exception pour la retraite; mais Guillaume leur persuada que la position excellente qu'il pouvait prendre entre Neerwinden et Neerlanden lui était si favorable que l'armée française ne la saurait forcer. Son champ de bataille était tel, affirma-t-il, que la cavalerie du maréchal ne trouverait point l'occasion d'y fournir une charge, et comme l'infanterie alliée était en nombre supérieur à la nôtre, tout l'avantage demeurait donc à l'armée de la coalition.

Ces raisons étaient fondées assurément, mais il était une autre considération, également d'un grand poids, qui mettait Guillaume dans un étrange embarras; ce prince n'avait sur la Geete que cinq ou six méchants ponts fort peu larges et encore moins solides, et une retraite dans de telles conditions, sous les yeux d'un général aussi entreprenant que

Luxembourg, ne pouvait se terminer sans quelque désastre. Donc, n'ayant pas d'un côté la possibilité de ne pas combattre, assuré d'autre part de livrer bataille avec les plus grandes chances de victoire, le prince d'Orange fit prendre les armes à son armée et attendit Luxembourg.

Le champ de bataille sur lequel il allait établir ses troupes était la plaine qui sépare le ruisseau de Landen de la petite Geete, entre Landen et Esmael. Le front de son armée devait être tracé d'une façon générale par la ligne joignant Neerwinden à Neerlanden et Walcoven.

Tout ce pays était plat; cependant le terrain choisi par Guillaume dominait légèrement la position française et les abords par lesquels Luxembourg pouvait attaquer. Ainsi, en avant de Neerwinden et de Laer, un ruisseau qui sépare les deux villages creusait du sud au nord une ravine au fond de laquelle l'assaillant demeurait exposé, sans aucun abri, à la mousqueterie partant des villages; entre Neerwinden et Neerlanden, et borné par la ligne joignant ces deux villages, s'étendait un plateau s'élevant légèrement dans la direction du nord et commandant au sud les positions de Landen, de Sainte-Gertrude, de Waesmont et de Racou; enfin, vis-à-vis et au nord de Landen, un autre ravin menait au point qu'allait occuper tout à l'heure l'aile gauche de Guillaume, donnant ici encore l'avantage de la position aux défenseurs occupant les crêtes et la partie supérieure du thalweg.

Le 28 au soir, le prince d'Orange commença à disposer ses troupes sur l'emplacement qu'il avait choisi pour combattre, les rangeant lui-même et veillant en personne à l'occupation précise des points importants.

BATAILLE DE NEERWINDEN, D'APRÈS UNE CARTE DU TEMPS.

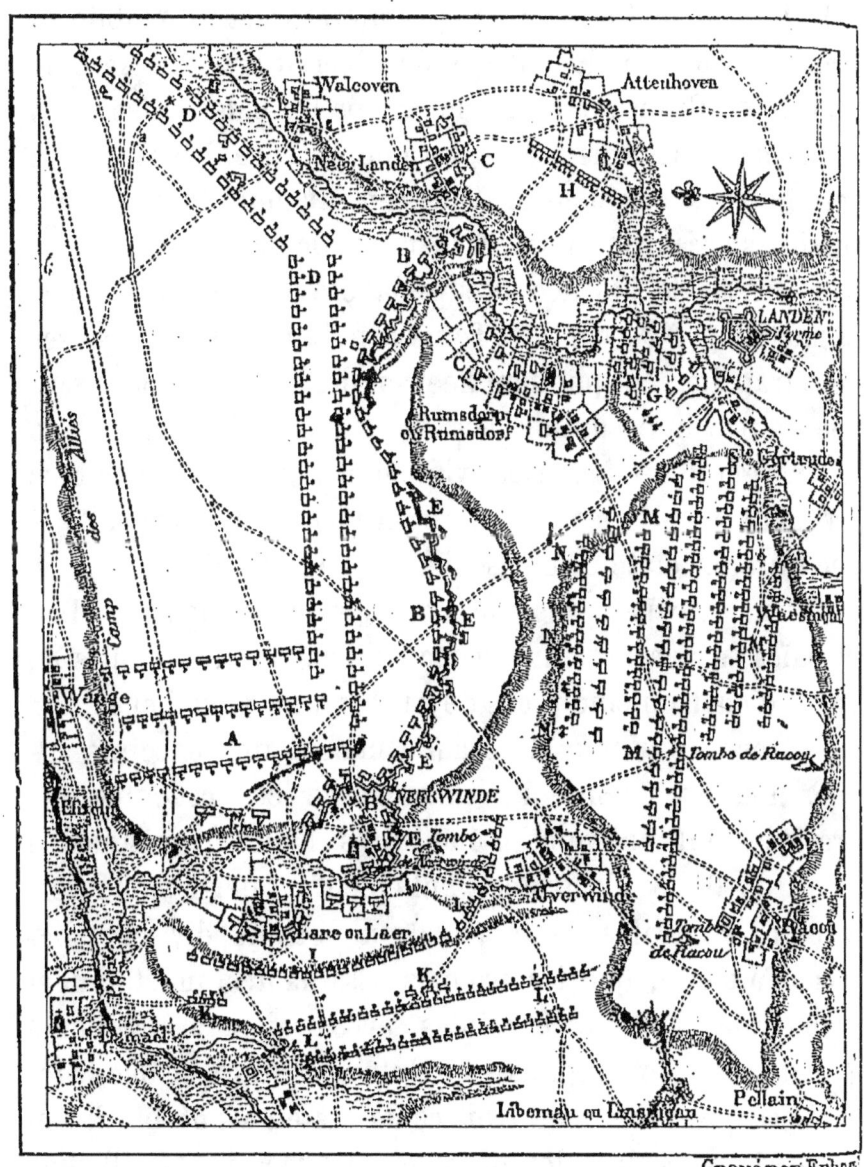

AA. — Infanterie et cavalerie ennemies de la droite.
BB — Centre ennemi dans Neerwinden et derrière les retranchements.
CC. — Gauche ennemie dans Neerlanden et postes avancés dans Rumsdorf.
DD. — Cavalerie ennemie déployée en entier, en deuxième ligne.
EE. — Retranchements du corps de bataille.
G. — Cavalerie française de la droite chargée de l'attaque de Rumsdorf.
H. — Infanterie française de la droite chargée de l'attaque de Neerlanden.
II. — Infanterie française de la gauche chargée de l'attaque de Laer et de Neerwinden.
KL. — Réserve de la gauche.
MN. — L'armée française sur 8 lignes avant le déploiement.

L'aile gauche fut formée la première : elle fut établie en avant et au sud du village de Neerlanden, derrière le hameau de Rumsdorf dont elle occupa les haies et les murs en avant; la cavalerie se déploya en potence derrière et au nord entre Neerlanden et Walcoven sur deux lignes, ayant aussi des escadrons derrière le corps de bataille.

Le centre de l'armée occupa la crête du plateau entre Rumsdorf et Neerwinden. Toute la nuit fut passée à creuser un retranchement joignant Neerwinden à Neerlanden, sauf une courte interruption derrière Rumsdorf. L'aile droite fut chargée d'occuper Neerwinden et Laer. Ces villages se prêtaient, par la façon même dont ils étaient construits, à une mise en état de défense des plus redoutables.

« Dans ce païs-là, les païsans, dans les villages, au lieu de haïes, séparent leurs héritages par de petits murs de terre, d'environ cinq pieds de haut et d'un pied d'épais [1], » qui formaient autour de chaque maison une enceinte solide. Il faudrait donc que chacune de ces redoutes improvisées fût conquise l'une après l'autre, puisque la chute de l'une n'entraînait nullement la perte de la voisine; au contraire, cette situation pouvait diviser tellement l'attaque, que les troupes assaillantes, indéfiniment maintenues dans ces enceintes, arriveraient à être peu à peu détruites ou repoussées. Outre ces murs et des haies épaisses qui, à deux ou trois cents pas en avant, bordaient des jardins, des houblonnières ou des vergers, Guillaume employa encore, pour rendre Neerwinden inexpugnable, les différentes défenses accessoires dont usait, à cette époque, la tactique du champ de bataille.— Les rues furent

---

1. *Mémoires de Feuquières*, t. III, p. 303. Feuquières est pour Neerwinden une autorité de premier ordre, puisqu'il assista à la bataille et contribua, plus que tout autre officier général, à la victoire.

coupées par des tranchées en arrière desquelles furent élevées des barricades ; en avant des coupures, on creusa des trous et l'on sema des chevaux de frise ; enfin, la partie du village tenant au grand retranchement central fut fortifiée de deux redans et d'une sorte de redoute.

S'il en faut croire Feuquières, le maréchal de Luxembourg aurait eu d'abord le projet d'attaquer le prince d'Orange à l'improviste, le 28, jour même de l'arrivée de l'armée française sur la Geete ; mais divers retards, qui ne permirent pas à notre infanterie d'entrer dans Landen avant la nuit, firent remettre la bataille au lendemain [1].

Cependant, au fur et à mesure que débouchaient les troupes, le maréchal leur faisait prendre des emplacements tels que leur formation en bataille pût, au matin, s'exécuter rapidement. Les quatre premiers bataillons arrivés occupèrent Landen et Sainte-Gertrude d'où quelques détachements alliés furent refoulés sans difficulté. De trois heures de l'après-midi, à minuit, le reste de l'infanterie fut ainsi distribué en ses divers postes, sur tout le front faisant face à Neerwinden, Rumsdorf et Neerlanden. Comme le terrain destiné au corps de bataille était fort resserré, et qu'il y avait pourtant urgence de placer immédiatement les ba-

---

[1]. « Un orage terrible, survenu dans le moment que l'armée se mettoit en marche, l'appesantit si fort, qu'elle ne put arriver assez tôt pour combattre ce même jour ; il fallut attendre au lendemain (*Mémoires de Feuquières*, t. II, p. 208). » A en croire M. de Vautier, la cause du retard eût été autre : « La marche de l'infanterie fut encore retardée par la disposition des troupes dans la marche ; quelques-uns des plus anciens régiments, ayant la queue des colonnes et sçachant qu'ils marchoient aux ennemis, voulurent après le passage du Jaar en avoir la tête : les officiers généraux qui menoient les colonnes, cédant à la volonté et à l'empressement que marquoient les troupes, leur firent prendre leur ordre de marche suivant l'ancienneté des brigades, ce qui causa un retard considérable. » Dans BEAURAIN, t. IV, p. 288.

taillons sur leurs emplacements définitifs, M. de Luxembourg les massa sur onze lignes, ployées de telle sorte l'une derrière l'autre, que le passage de cet ordre en colonne au développement sur deux lignes devait être, le lendemain, une des plus belles manœuvres de la journée.

Au point du jour, le maréchal monta à cheval et reconnut la position des alliés : il n'eut point de peine à voir que l'ennemi avait mis à profit la nuit pour se donner tous les avantages que la fortification passagère peut ajouter à un champ de bataille. — De plus, la ligne de retranchements continus élevés par Guillaume sur son front modifiait complètement la nature du terrain, et le maréchal, qui eût pu, la veille, lancer sur le centre de l'ennemi ces nombreux escadrons avec lesquels il aimait à décider de la victoire, se rendit promptement compte qu'il faudrait tout d'abord livrer un rude combat d'infanterie, et enlever une série de positions que la cavalerie ne pourrait aborder. Les villages de Laer et de Neerwinden à la droite de l'ennemi, celui de Rumsdorf à leur gauche, plus avancés dans la plaine que la ligne retranchée derrière laquelle était le centre des alliés, faisaient l'office de bastions en saillie sur une courtine, flanquaient à droite et à gauche cette ligne et en rendaient véritablement l'accès impossible. En conséquence, Luxembourg résolut d'emporter tout d'abord Laer et Neerwinden d'un côté, Rumsdorf de l'autre. A droite, le prince de Conti eut charge d'attaquer Rumsdorf avec les brigades d'infanterie de Navarre, de Bourbonnois, Lionnois, d'Anjou, d'Artois, les régiments de Maulevrier, Santerre et de Beugey, faisant vingt-cinq bataillons. — Plus à droite encore, et au delà du ruisseau de Landen, seize escadrons de dragons : dragons Caylus, de Fimarcon et d'Asfeld, devaient, après avoir mis pied à terre, prendre pour point de direction Neerlanden. M. de Créquy était avec eux.

A l'extrême gauche, vingt-neuf bataillons, en trois colonnes, furent chargés de l'attaque de Neerwinden et de Laer. C'étaient les brigades de Reynold, Gréder-Suisse, Piémont, le Roy, Orléans et les régiments de Thianges, Gréder-allemand et Crussol. Trois lieutenants généraux les commandaient : le marquis de Montchevreuil eut charge de la colonne de droite, le duc de Berwick conduisait celle du centre, M. de Rubantel eut sous ses ordres la troisième. Tout à fait à la gauche, les haies qui joignaient la Geete aux maisons de Laer furent réservées aux dragons de Colonel-général, qui eurent ordre, comme ceux de la droite, de mettre pied à terre.

Ces diverses troupes devaient former la première ligne. Le maréchal désigna, comme soutien, les régiments de Grandpré, d'Arbouville et de Soissonnois. — Plus en arrière encore, les brigades de cavalerie de Montrevel, de Massot, de la Bessière, et la réserve attendraient sur deux lignes que l'infanterie leur eût ouvert une issue à travers Neerwinden, prêtes à gagner la plaine où était massée la cavalerie alliée. Ces escadrons furent placés sous les ordres du maréchal de Joyeuse et de M. de Jiménès-lieutenant-général, des maréchaux de camp de Pracontal et de Bezons.

Le centre de notre ligne, composé de tout ce qui n'a point été cité encore, fut confié au commandement du maréchal de Villeroi, et, sous lui, aux lieutenants-généraux de Rozen (1) et de Feuquières (2). — Ces trois officiers généraux durent attendre, avant de commencer leur attaque, que

---

(1) C'était le même que nous avons vu commander en Irlande.
(2) C'est l'auteur des *Mémoires*

Neerwinden et Laer fussent, sinon emportés, du moins à demi occupés par nos troupes.

Telles étaient les mesures arrêtées par Luxembourg après la reconnaissance des positions ennemies, tels furent les ordres qu'il donna immédiatement aux généraux. Entre cinq et six heures du matin, l'armée française, qui occupait encore les emplacements sur lesquels elle avait dormi pendant la nuit, se déploya face aux alliés « par un mouvement si sçavant et si beau, dit Feuquières, que sa marche à l'ennemi forma son ordre de bataille sur deux lignes ».

Immédiatement l'artillerie française (1) prit position en avant de notre front et commença à riposter aux quatre-vingt-dix pièces de l'ennemi qui garnissaient le retranchement entre Neerwinden et Rumsdorf. Sans plus attendre, les deux attaques de droite et de gauche commencèrent, le prince de Conti se portant sur Rumsdorf, MM. de Berwick, de Montchevreuil et de Rubantel sur Laer et Neervinden. « Ce dernier village faisoit un ventre dans la plaine, dit Berwick, de manière que, comme nous marchions tous trois de front et que j'étois dans le centre, j'attaquai le premier : je pressai les ennemis et les chassai de haies en haies jusque dans la plaine au bord de laquelle je me remis en bataille (2). »

Ce résultat n'avait pas été acquis sans de grands efforts : l'ennemi, à couvert derrière les abris dont nous avons parlé, armé de fusils supérieurs comme feu à nos mousquets (3), faisait une résistance opiniâtre; vers neuf heures, notre deuxième ligne, c'est-à-dire les régiments d'Arbouville, de

---

(1) Nous n'avions que soixante-dix canons.
(2) *Mémoires de Berwick*. Campagne de 1693.
(3) L'infanterie alliée avait abandonné le mousquet pour le fusil depuis plusieurs années.

Soissonnois et de Grandpré, durent entrer en ligne et pénétrer dans Neervinden. Grâce à ces efforts, la droite alliée fut contrainte à plier, et l'aile gauche française, ayant conquis le village, se reforma du côté opposé, sans que le combat cessât.

Laer avait été emporté comme Neerwinden. A la droite également, M. le prince de Conti s'était emparé de Rumsdorf, et si en ce moment le maréchal de Villeroi avait attaqué le centre de la position, il est probable que dès la première heure la victoire se fût décidée contre Guillaume. Soit que M. de Villeroi ne se rendît pas compte du succès des deux ailes, soit qu'il eût mal compris les ordres d Luxembourg, il demeura immobile, attendant des instruc tions ou des effets plus évidents de notre victoire à Neer winden. Malheureusement le prince d'Orange sut profite de cette inaction, et voyant que notre centre n'attaquai point, il eut la hardiesse de dégarnir son retranchemen pour porter les troupes qui l'occupaient au secours de soi aile droite.

Une faute commise par MM. de Montchevreuil et de Ru bantel était de ne s'être point étendus à droite et à gauch de M. de Berwick pour faire dans Neerwinden un front ég à celui de l'ennemi. Massées au contraire dans les rues d village, n'ayant pratiqué dans les murs d'enceinte aucun trouée pour communiquer, les troupes de ces deux géné raux se trouvèrent écrasées tout à coup par les bataillon frais lancés à l'improviste par Guillaume : elles furent re foulées en désordre, chassées du village et ramenées s l'emplacement d'où elles étaient parties pour attaquer. L marquis de Montchevreuil avait été tué, le duc de Berwick blessé, était tombé aux mains de l'ennemi (1).

(1) « Les troupes qui devoient attaquer sur ma droite et sur ma gauch

L'inaction funeste du maréchal de Villeroi avait eu pour notre aile droite un résultat identique à celui obtenu pour Neerwinden. Rumsdorf, d'abord enlevé par les troupes du prince de Conti, avait dû être abandonné après une possession d'une heure.

Luxembourg n'était point homme à se décourager pour un échec. Il rallia les troupes de la première et de la deuxième ligne et, ayant ordonné qu'on les formât de nouveau, il les lança une seconde fois sur Neerwinden en les faisant soutenir par les brigades de Guiche et de Stuppa (1), tirées du corps de bataille. La faute commise à la première attaque en ne pratiquant point dans les murs de Neerwinden des trouées de communication rendit ce second assaut aussi rude que le précédent. Dissimulée derrière

---

au lieu de le faire, jugèrent qu'elles essuieroient moins de feu en se jetant dans le village ; ainsi tout à coup elles se trouvèrent derrière moi. Les ennemis, voyant cette mauvaise manœuvre, rentrèrent par la droite et la gauche dans le village : ce fut alors un feu terrible ; la confusion se mit dans les quatre brigades que commandoient Rubentel et Montchevreuil, de manière qu'ils furent rechassés, et par là je me trouvai attaqué de tous costés. Après avoir perdu un monde infini, mes troupes abandonnèrent pareillement la teste du village, et comme je tachois de m'y maintenir, dans l'espérance que M. de Luxembourg, à qui j'avois envoyé, feroit avancer du secours, je me trouvai à la fin totalement coupé. Alors je voulus tâcher de me sauver par la plaine ; et ayant osté ma cocarde blanche, l'on me prenoit pour un officier des ennemis : malheureusement le brigadier Churchill, frère de milord Churchill, présentement duc de Marlborough et mon oncle, passa auprès de moi et reconnut un seul aide de camp qui m'étoit resté, sur quoi se doutant dans l'instant que j'y pourrois bien estre, il vint à moi et me fit son prisonnier. Après nous estre embrassés, il me dit qu'il étoit obligé de me mener au prince d'Orange. Nous galopasmes longtemps sans le pouvoir trouver ; à la fin nous le rencontrasmes fort loin de l'action, dans un fonds où l'on ne voyoit ni ami ni ennemi. Ce prince me fit un compliment fort poli, à quoi je ne répondis que par une profonde révérence ; après m'avoir considéré un moment, il remit son chapeau et moi le mien ; puis il ordonna qu'on me menast à Lewe. »

Mémoires de Berwick. Campagne de 1693.

(1) Ces deux brigades faisaient 12 bataillons.

les haies, les murs, dans les maisons, l'infanterie ennemie combattait pied à pied avec sang-froid et ténacité. Comme tout d'abord cependant, elle dut céder le terrain à l'assaillant et abandonner le village à nos troupes, quand le maréchal de Villeroi n'ayant pas encore jugé à propos d'attaquer, Guillaume put de nouveau faire appel au centre de sa ligne et en tirer des défenseurs pour Neerwinden. Il fallut une seconde fois évacuer les villages.

Il était environ onze heures du matin et la journée semblait s'annoncer défavorablement pour notre armée : heureusement, nos troupes avaient à leur tête un homme sur lequel le découragement n'avait jamais eu prise. Il y eut sur le champ de bataille comme un moment de répit, puis Luxembourg, ayant ramené sa cavalerie en arrière, dans la ravine en avant de Racou, fit prévenir ses principaux officiers d'avoir à le joindre.

« Les trois maréchaux, les trois princes (1), Albergotti, et le duc de Montmorency fils aîné de M. de Luxembourg, qu'on appelait auparavant le prince de Tingry, se mirent ensemble dans ce même petit fond, peu éloigné de la cavalerie, presque à la tête du Royal-Roussillon. Le colloque fut vif à les voir et assez long, puis ils se séparèrent (2). »

Le maréchal venait de décider une troisième tentative sur Neerwinden, cette fois avec des effectifs plus considérables. Le général français qui s'était évidemment aperçu de l'inaction où était resté le centre de notre ligne, résolut de ne laisser au corps de bataille que de la cavalerie. M. de Mont-

---

(1) Le duc d'Enghien fils du grand Condé, le duc de Chartres, le prince de Conti. A la mort du grand Condé Louis XIV avait décidé que le duc d'Enghien garderait son nom de M. le Duc, tout court, et ne prendrait point celui de *M. le Prince* que portait jusque-là l'aîné des Condé comme premier prince du sang.

(2) SAINT-SIMON, *Mémoires*, t. I, p. 104.

chevreuil avait été tué, ainsi qu'on l'a dit; M. de Berwick, blessé, était prisonnier : le maréchal de Villeroi, le prince de Conti et M. de Rozen les remplacèrent, ayant sous leurs ordres outre les premières troupes les treize bataillons du centre qui n'avaient pas donné encore, la brigade des Gardes, les gardes françaises et les gardes suisses. En arrière, la Maison du Roi et la brigade Phelippeaux devaient entrer dans les retranchements au point même où ils rejoignaient le village, après que les gardes suisses et françaises y auraient pratiqué une ouverture suffisante.

M. de Feuquières, à qui en l'absence de MM. de Villeroi et de Rozen, échéait le commandement du corps de bataille désormais uniquement formé de cavalerie, eut l'ordre d'attaquer le centre des retranchements aussitôt qu'il en trouverait l'occasion, et au plus tard aussitôt Neerwinden emporté. M. de Gréquy et plusieurs bataillons de l'aile droite furent désignés pour aider M. de Feuquières dans ce mouvement; M. d'Harcourt, qui arrivait seulement sur le champ de bataille, se joignit au prince de Conti pour enlever Rumsdorf.

Le prince d'Orange n'avait perdu aucune des dernières dispositions du maréchal de Luxembourg, et voyant les deux tiers de l'armée française se porter du côté de l'aile droite alliée, il dégarnit presque en entier son retranchement du centre pour en envoyer les défenseurs à Neerwinden. Mais, soit que dans sa précipitation, il donnât mal ses ordres, soit que ses instructions ne fussent point comprises, il arriva que précisément face au marquis de Feuquières une partie de la ligne fortifiée se trouva complètement dénuée de défenseurs. En ce moment Luxembourg attaquait pour la troisième fois Neerwinden, et Guillaume, tout occupé de diriger en ce point la défense, n'était pas averti de cette trouée laissée sur son front. Feuquières, qui s'il en faut croire ses *Mémoires*, (1) avait reconnu dès le commencement de la bataille, combien avait été funeste la précédente inaction de Villeroi, jugea que l'instant d'agir était arrivé pour lui. Lançant donc en éclaireurs l'infanterie de M. de Créquy, il fraya effectivement un passage à sa cavalerie; en moins d'un quart d'heure cent escadrons français furent rangés en bataille en arrière de Guillaume, qui ignorait encore ce mouvement fatal.

L'armée alliée était coupée en deux.

Au moment même où le marquis de Feuquières exécutait heureusement cette audacieuse manœuvre, le prince de Conti et M. d'Harcourt, maîtres depuis quelque temps de Rumsdorf, s'emparaient de Landen et refoulaient vers Esmael et Neer-Espen l'aile gauche ennemie.

A notre gauche la troisième attaque de Neerwinden avait commencé pour nous avec le succès des deux premières, mais, s'il était possible, avec un acharnement plus grand chez les défenseurs. — Les forces ennemies, trois fois plus nombreuses maintenant que lors des précédents assauts, reculaient pas à pas, luttant derrière chaque haie, chaque mur, chaque fenêtre.

A l'est du village, la Maison du Roi réitérait ses charges

---

(1) Feuquières parle de l'inaction du *général de la droite*. C'est évidemment le maréchal de Villeroi qu'il faut entendre; en effet, le prince de Conti attaquant Rumsdorff, ce n'est pas à lui que Feuquières veut faire allusion : en second lieu, c'est aussitôt après le départ de Villeroi que Feuquières trouve le moment d'attaquer. Il ajoute que la manœuvre qui avait réussi deux fois à Guillaume devait échouer la troisième. D'un autre côté Saint-Simon a écrit : « Feuquières, lieutenant-général, qui ne manquoit ni de capacité ni de courage, fut accusé de n'avoir voulu faire aucun mouvement. » La vérité n'est probablement pas là, mais sans doute Villeroi avait essayé de rejeter sur son lieutenant le reproche d'inaction que ne manqua pas de lui adresser Luxembourg.

contre l'infanterie massée à la jonction du retranchement et des maisons, ne s'arrêtant que pour laisser souffler ses chevaux.

« Chaque escadron, dit Saint-Simon, témoin oculaire, défila par où il put, à travers les fossés relevés, les haies, les jardins, les houblonnières, les granges, les maisons dont on abattit ce que l'on put de murailles pour se faire des passages (1). »

La fusillade était effroyable.

Là furent tués, ou blessés grièvement M. de Lignery, le duc d'Uzès, le marquis de Montfort, Montmorency le fils aîné du duc de Luxembourg, qui au moment d'une décharge se jeta en avant du maréchal et reçut la balle destinée à son père; le comte de Luxe, son second fils, fut blessé un peu plus loin. — Racine écrivait le soir même à l'abbé Renaudot et à Boileau que Luxembourg avait été « quelque chose de surhumain, volant partout et même s'opiniâtrant à continuer les attaques, dans le temps que les plus braves étoient rebutés, menant en personne les bataillons et les escadrons à la charge (2). »

Au milieu de ce tumulte, sur ce sol jonché de mourants, dans le mouvement, le bruit, la fumée, ces officiers ne négligeaient point, entre deux charges, de se livrer à des soins qui peignent le caractère d'une époque, les mœurs militaires d'un temps.

Quoadt, le brillant officier qui avait enfoncé le dernier carré de Fleurus, ayant été tué à la deuxième charge, son commandement revenait au duc de la Feuillade : on chercha cet officier et un instant l'on ne le trouva pas : « C'est, dit

(1) SAINT-SIMON. *Mémoires*, t. I, p. 105.
(2) *Racine à Boileau*, 6 août 1693. — Cette phrase de Racine est à rapprocher de ce que La Fare nous dit de Condé à Seneffe. Voyez page 243.

Saint-Simon, qu'il étoit allé faire sa toilette ; il revint poudré et paré d'un beau surtout rouge, fort brodé d'argent, et tout son ajustement et celui de son cheval étoient magnifiques. »

La cavalerie française fut ce jour-là, plus encore que de coutume, admirable de vigueur et d'entrain ; abordant mille obstacles supposés jusqu'alors inaccessibles à des chevaux, elle témoignait, au milieu d'une mousqueterie non interrompue, de cette bravoure brillante et de cette heureuse audace qu'en dix batailles rangées Guillaume n'avait pu dompter une fois. — Ce fut en ce moment, dit-on, que placé près des dernières maisons de Neerwinden, et contemplant les gardes anglaises et hollandaises, l'infanterie de Hanovre et de Brandebourg contraintes de céder devant ces cavaliers téméraires, il s'écria, la rage au cœur : « Ah ! l'insolente nation (1) ! »

C'était dans de telles circonstances que Guillaume apparaissait lui-même, avec toutes les grandes qualités que nous avons admirées déjà à Seneffe, à Cassel, à Steinkerque. Ici il montra, en outre de son opiniâtreté ordinaire, une vigueur, un feu, une valeur brillante dont il

---

(1) La cavalerie française a conservé ces traditions. Le 1er septembre 1870, sur les hauteurs d'Illy, près Sedan, le général de Wimpfen donnait l'ordre au général Margueritte de rassembler en hâte tout ce qu'il pourrait trouver sous sa main d'escadrons, et de charger les masses d'infanterie prussienne qui nous cernaient vers l'ouest et le nord : « La division Margueritte, en réserve près du Calvaire, est la première prête. Elle s'avance le long des batteries établies sur la crête entre le bois de la Garenne et Floing, les dépasse et se porte en échelons à la gauche. Le brave général Margueritte, qui précède en reconnaissance du terrain ses chasseurs d'Afrique, reçoit une blessure à la tête qui le met hors de combat. Plusieurs de ses officiers tombent autour de lui. Le général Galiffet prend le commandement de la division, à laquelle se joint une partie de la division Salignac-Fénelon.

Malgré une pluie de balles et d'obus, les cavaliers, généraux et officiers

faisait plus rarement preuve. C'est ainsi que, voyant Neerwinden définitivement emporté, il mit l'épée à la main et chargea à la tête de deux régiment anglais la Maison du Roi qu'il parvint à arrêter un instant.

Il s'acharnait à disputer cette victoire que, jusqu'à 2 heures, il avait pu croire sienne.

Il se battit comme un soldat et faillit dix fois être tué. Sa perruque fut traversée d'un coup de feu, une autre balle coupa en deux le ruban de moire qui retenait son étoile de la Jarretière, une troisième déchira la basque gauche de son habit et lui laboura une côte. Tantôt à cheval, tantôt à pied, au milieu du feu de notre infanterie, il ralliait la sienne reculant devant l'irrésistible élan des gardes-françaises et la ramenait à l'ennemi. « On ne se bat pas ainsi; Messieurs, criait-il, c'est tirer de trop loin. — Serrez, serrez l'ennemi — de près, de près; » e lui-même, prenant un fusil, marchait au premier rang.

Au moment où Guillaume sentait déjà que c'en était fait de son aile droite et de Neerwinden, il fut averti que son centre venait d'être forcé par notre cavalerie et que désormais, coupé de son aile gauche, il était sur le point d'être pris en front et en flanc. Il put se rendre compte bientôt du triste état de ses affaires : d'un côté, sa cavalerie de la droite, rejetée vers la Geete, était chargée victorieusement

---

en tête, s'élancent en avant de toute la vitesse de leurs chevaux. La première ligne allemande est sabrée et dispersée; mais les bataillons partie en carrés, partie déployés, sont inabordables; ils envoient des décharges meurtrières aux assaillants et en jonchent le sol. Les escadrons se replient, se rallient et retournent héroïquement à la charge sans autre résultat. On dit que le roi Guillaume, qui du haut de la colline assistait à ce spectacle, ne put s'empêcher de l'admirer et de s'écrier : « *Oh! les braves gens!* »

DUCROT, *La Journée de Sedan*, p. 35. — LECOMTE, *Relation historique et critique de la guerre franco-allemande*, t. II, p. 89.

par M. de Feuquières, de l'autre notre aile gauche enlevait dans un suprême élan les dernières maisons de Neerwinden, et la Maison du Roi donnait la main en arrière du village au reste de notre cavalerie. Dès lors la défaite du prince d'Orange était certaine : son armée, repoussée sur tous les points, commençait à battre précipitamment en retraite; son centre et sa droite en particulier, étaient dans un désordre et une confusion extrêmes. Guillaume, voyant le moment où il lui deviendrait difficile à lui-même de se retirer, se mit au milieu de quelques escadrons non débandés et se décida à quitter le champ de bataille. Entraînant donc avec lui l'électeur de Bavière, il passa la Geete à Neer-Espen et partit sans s'arrêter, pour Tirlemont. Cette bataille mémorable coûtait à l'ennemi vingt mille hommes, soixante-seize pièces de canon, neuf mortiers, neuf pontons et quatre-vingt-dix étendards (1).

La solidité des retranchements construits par Guillaume fit comprendre le lendemain à Luxembourg la peine qu'il avait eue à enlever Neerwinden, et la puissance de résistance qu'avaient donnée à l'infanterie alliée, brave et opiniâtre comme son chef, ces levées de terre et ces fossés profonds.

Saint-Simon, qui visita le soir même le champ de bataille et les tranchées ennemies, nous rapporte à ce sujet quelques particularités intéressantes (2).

« Il est incroyable, dit-il, qu'en si peu d'heures qu'ils eurent à faire ces tranchées, dont la nuit couvrit la plupart,

---

(1) La médaille frappée à cette occasion porte : *De fœderatis ad Nervindam*, 1693, *cæsa hostium XX millia : tormenta belli capta LXXVI : signa relata XC.*

(2) SAINT-SIMON, *Mémoires*, t. I, p. 109.

ils aient pu leur donner l'étendue qu'elles avaient entre les deux villages (1) : la hauteur de quatre pieds, des fossés larges et profonds, la régularité partout par les flancs qu'ils y pratiquèrent et les petites redoutes qu'ils y semèrent avec des portes ou des ouvertures couvertes de demi-lunes de même. Les deux villages (2), naturellement environnés de fortes haies (3) et de fossés suivant l'usage du pays, étoient encore mieux que tout le reste. La quantité prodigieuse de corps dont les rues, surtout de celui de Neerwinden, étoient plutôt comblées que jonchées, montrait bien quelle résistance on y avait rencontrée. »

Aussi bien, Neerwinden demeurait la plus sanglante bataille du xvii° siècle, et pendant de longues années encore le paysan brabançon vit à tout moment le soc de sa charrue soulever le squelette décharné d'un ami ou d'un ennemi.

« Là, l'été suivant, dit Macaulay, ce terrain, fertilisé par vingt mille cadavres, fit éclore des milliers de pavots, et le voyageur parcourant la route de Saint-Tron à Charlemont put croire, à la vue de cette nappe rougeâtre, que la prédiction du prophète hébreu s'accomplissait à la lettre : « La terre a épanché son sang : elle se refuse à recevoir leurs cadavres (4). »

(1) Neerwinden et Neerlanden.
(2) Neerwinden et Laer.
(3) Feuquières dit que les haies étaient remplacées par des murs en terre. Il est certain qu'il y avait des murs comme séparations de jardin dans le village et des haies aux abords du village.
(4) « The next summer the soil fertilised by twenty thousand corpses, broke forth into millions of poppies. The traveller who, on the road from Saint-Tron to Tirlemont, saw that vast sheet of rich scarlet spreading from Landen to Neerwinden, could hardly help fancying that the figurative prediction of the Hebrew prophet was literally accomplished, that the earth was disclosing her blood and refusing to cover the slain. »
MACAULAY, *Hist. of Engl.*, t. VII, p. 222. — Lettre de Lord Perth à sa sœur, 11 juin 1694.

Outre ses morts et ses blessés, l'armée alliée avait perdu quinze cents prisonniers parmi lesquels figurait un certain nombre d'officiers de distinction : les principaux étaient le duc d'Ormond lieutenant général et capitaine des gardes du prince d'Orange, MM. de Scravemoor et de Zuilestein lieutenants généraux, le comte de Lippe et plusieurs autres gentilshommes qualifiés. Nos pertes s'élevaient à 8 000 hommes : parmi les tués nous comptions M. de Monchevreuil lieutenant général, le prince Paul de Lorraine fils du Prince de Lillebonne, le comte de Gassion, le duc d'Uzès, MM. de Montrevel, de Quoadt, de Bohlen ; comme blessés nous avions le duc de Berwick, fait prisonnier à Neerwinden, le maréchal de Joyeuse, le duc de la Rocheguyon, le duc de Montmorency et le comte de Luxe tous deux fils du maréchal de Luxembourg, milord Lucan, MM. de Salis, de Surville, de Villequier, de Rochefort, de Seullant, de Tracy, et le chevalier de Sillery.

Cette journée sanglante eût pu terminer la guerre si la paix eût été préparée par quelques pourparlers : les chefs alliés la désiraient, les peuples la souhaitaient avec passion ; mais Guillaume, toujours soutenu par ses ressentiments contre Louis XIV et la France, ne tarda pas à se remettre du terrible coup que venait de lui asséner Luxembourg. Sa retraite de Tirlemont à Louvain s'était effectuée au milieu des fuyards de toute sorte, soldats de toutes armes, de tous régiments, courant pêle-mêle vers Bruxelles et y apportant la consternation.

C'est ainsi qu'il avait traversé Louvain, où régnait une véritable panique, car le bruit du canon entendu toute la journée certifiait la présence de l'ennemi à courte distance. Il est certain que Luxembourg eut un moment le Brabant et la Flandre à sa discrétion ; « cependant, dit Feuquières, ses ennemis ont dit fort mal à propos que ce général auroit pu profiter de cette grande victoire plus qu'il ne le fit . » C'était déjà beaucoup que d'avoir su changer en offensive une guerre qui, après le départ du dauphin en Allemagne, ne devait plus être que strictement défensive.

En concentrant tous ses détachements, Guillaume aurait pu facilement parvenir à un effectif sensiblement plus fort que celui de Luxembourg. L'habileté du général français avait été de manœuvrer de manière à empêcher cette concentration, de provoquer par de feintes menaces l'incertitude et l'hésitation chez l'ennemi, de le forcer à s'affaiblir encore pour parer à des dangers imaginaires, et de le conduire enfin, ainsi amoindri, sur un champ de bataille. On lira avec intérêt, dans Feuquières, les réflexions qu'ont inspirées à cet écrivain militaire la campagne de 1693 en Flandre et la bataille de Neerwinden, ses remarques sur ce passage difficile de la défensive à l'offensive exécuté par Luxembourg, opération militaire toujours critique (1); enfin, on se convaincra de l'impossibilité où était le généralissime français de rien continuer avec une armée fatiguée, épuisée même, qui s'était énergiquement raidie pour un dernier effort, mais qui au lendemain de sa victoire avait un impérieux besoin de repos.

Guillaume n'avait été qu'un moment ébranlé : sans se plus troubler, il avait envisagé l'étendue de ses pertes et avait songé sur l'heure à les réparer; néanmoins, il ne pouvait faire autre chose que de reformer son armée et de couvrir Bruxelles : c'était beaucoup.

La campagne se termina par la prise de Charleroi que

---

(1) « Le passage de l'ordre défensif à l'ordre offensif est une des opérations les plus délicates de la guerre. » *Maximes* de NAPOLÉON.

les alliés eussent bien voulu secourir, mais à la chute duquel ils durent assister impuissants. Boisseleau, le défenseur de Limerick, fut nommé gouverneur de la nouvelle conquête (1), et de part et d'autre les troupes, fatiguées d'une longue campagne et d'une température qui commençait à devenir rigoureuse, gagnèrent les places fortes et s'établirent dans leurs quartiers d'hiver.

(1) A sa rentrée d'Irlande Boisseleau avait été reçu par Louis XIV, à Versailles. Ce prince lui dit : « Monsieur, vous avez travaillé pour votre gloire particulière et pour celle de la nation; je vous fais brigadier. »

Œuvres de Louis XIV. — *Portrait de Mgr le Dauphin*, à Paris, chez Martin Jouvenel, rue de la Boucleric, au bout du pont Saint-Michel, à l'image Saint-Augustin, 1693.

CHAPITRE XII

Battue à Neerwinden en compagnie des alliés, l'Angleterre avait éprouvé sur mer divers échecs qui, pour n'avoir point la triste célébrité des grandes défaites, ne lui étaient pas moins funestes. La guerre faite par nos corsaires au commerce anglais était ruineuse pour les sujets du roi Guillaume, et quand ce prince vint à la fin d'octobre ouvrir le Parlement, il trouva l'opinion publique très animée contre les amiraux. Le désastre récemment essuyé à Lagos avait mis le comble au découragement. Au mois de juin 1693 un convoi de quatre cents bâtiments de commerce escortés par vingt vaisseaux de guerre avait été attaqué, pris ou détruit par Tourville, et les pertes essuyées à cette occasion par les marchands de Londres s'étaient élevées à des millions de livres sterling. Une enquête faite au Parlement sur la conduite des amiraux Rooke, Delaval et Killegrew, qui avaient convoyé les navires marchands, avait conclu à l'incapacité et à la trahison; mais ce jugement ne rendait pas l'Océan plus sûr pour les cargaisons anglaises, et la vérité était que les flottes ennemies demeuraient impuissantes à réprimer nos intrépides marins.

Cependant le Parlement vota encore pour la prochaine

campagne des subsides (1), et quatre-vingt-trois mille hommes ; deux millions cinq cent mille livres sterling furent accordées pour la marine. L'argent voté, il fallait le recueillir ; mais ce n'était point chose facile, car le pays souffrait de ces dépenses continues et la misère était effroyable. La contribution foncière fut renouvelée à quatre shillings par livre, on établit un impôt de capitation, les droits de timbre furent remis en vigueur, les voitures de la capitale soumises à une taxe ; enfin, comme il fallait encore de l'argent et que tous les moyens étaient bons, on eut recours à une loterie qui produisit un million. C'est de cette année que date l'institution de la banque nationale d'Angleterre, fondée à l'imitation de la banque Saint-Georges de Gênes et de celle d'Amsterdam (2) : créée par le gouvernement au capital de douze cent mille livres, elle permit au Parlement de faire face à toutes les dépenses en lui fournissant immédiatement le demi-million dont il avait besoin. Pour l'avenir c'était une grande institution de plus, et une création qui devait favoriser encore le développement du commerce britannique.

Les premiers beaux jours de 1694 étaient ainsi arrivés et en même temps que les régiments destinés à servir en Flandres passaient sur le continent, la flotte anglaise avait pris la mer, décidée à ruiner ces ports de la Manche, refuges sans cesse ouverts à Jean Bart, à Duguay-Trouin, à toute cette flotte de course, terreur du commerce de Londres.

Déjà, en 1692, Saint-Malo avait été l'objet de la part des marins anglais d'une attaque qui avait misérablement échoué : cette année, ce fut sur Brest que se dirigea la

---

(1) Environ 70 millions de francs du temps.
(2) La banque Saint-Georges de Gênes avait été fondée au xive siècle, celle d'Amsterdam ne remontait qu'à 1605.

flotte des amiraux Bekerley et Talmash. Un succès semblable à celui de l'année précédente les attendait : les troupes de débarquement furent à peu près anéanties et Talmash fut tué d'un boulet tiré par la batterie qui s'appelle depuis et aujourd'hui encore : Mort à l'Anglais.

Sur le continent les événements militaires furent sans résultats de part et d'autre : Luxembourg, à la tête de quatre-vingt-un bataillons et de cent soixante-deux escadrons, se tint entre le Demer, le Jaar et la Méhaigne, menaçant Liège, empêchant Guillaume de rien tenter d'important. La France, moins épuisée après vingt ans de guerres continuelles que l'Europe tout entière, commençait cependant à souffrir des efforts qu'elle avait à fournir chaque année sans cesse ni répit. L'ordre donné à Luxembourg avait été de vivre sur le pays et de faire redouter à l'ennemi des projets offensifs bien éloignés de notre pensée.

Les premiers mois de l'année se passèrent à vivre largement à portée de Liège et de Louvain, sur ce malheureux pays qui ensemençait chaque année pour voir autrui dévorer ou ruiner ses récoltes. Les manœuvres consistèrent de part et d'autre en des déplacements sans importance, chacun ne s'écartant point du centre qu'il s'était choisi, l'armée française vivant à Vignamont, le prince d'Orange à Taviers.

Cependant, le généralissime de l'armée alliée crut un moment avoir trouvé l'occasion de prendre Luxembourg en défaut : sachant que nous n'avions dans la Flandre espagnole que des détachements sans importance, il résolut de quitter brusquement Taviers et de se porter sur l'Escaut. Les quatre marches d'avance que lui donnait sa position actuelle lui faisaient espérer de prendre Courtrai avant que Luxembourg eût seulement pu promettre un secours.

Mais Guillaume s'attaquait là à trop forte partie. Luxembourg connaissait à fond les Flandres; c'était, on l'a vu, un travailleur énergique, et la clarté de ses ordres de marche ne laisse aucun doute sur la solidité de ses connaissances géographiques : on ne parcourt pas vingt ans un pays, en consultant chaque jour les cartes et les plans, on n'entend pas fréquemment les rapports des chefs de reconnaissance, de partisans, d'éclaireurs, on n'étudie pas soi-même le terrain par des courses et des promenades journalières, sans posséder à fond la topographie d'une contrée. De quel secours ne sont pas des données aussi exactes quand il faut, comme dut le faire ici Luxembourg, dicter pour dix jours de suite l'ordre de marche d'une armée de soixante mille hommes, fractionnée en neuf colonnes. — Cette marche fut tellement combinée, les points de rassemblement, la vitesse, les haltes, furent fixés avec une telle précision que, sans un à coup, sans laisser un escadron ni un bataillon en arrière, le 24 août au matin, le prince d'Orange, parti depuis six jours de Taviers et croyant avoir 100 heures d'avance sur Luxembourg, trouva le passage sur l'Escaut occupé à Hauterive et l'armée française en bataille de l'autre côté de la rivière. — Elle était arrivée quatre heures avant lui.

Cette marche mémorable, qui montrait dans Luxembourg, non plus un génie s'illuminant sur le champ de bataille aux éclairs du canon, mais le stratégiste profond combinant sur une carte les mouvements logistiques les plus compliqués, fut le seul événement important de la campagne. Toutefois les alliés s'estimèrent vainqueurs, car pour des gens habitués à des journées comme Fleurus et Neerwinden, c'était en effet beaucoup de finir l'année dans le même état qu'ils l'avaient commencée.

Cette année 1694, relativement heureuse pour Guillaume, se termina par un deuil qui l'atteignit dans la seule affection qu'on lui connût. Dans la nuit de Noël, sa femme la princesse Marie expira dans d'atroces souffrances, emportée par la petite vérole.

Guillaume témoigna dans cette circonstance d'une sensibilité extraordinaire chez un homme de son énergie. Quand il sut que tout était perdu, il fit porter dans la chambre de sa femme ce petit lit de campagne qui le suivait en Flandres, en Irlande et dans toutes ses expéditions; mais le sommeil était loin de ses paupières, et sa douleur profonde apparaissait dans ses larmes, dans son teint plus pâle encore que d'habitude. Si Guillaume, au moment de son mariage, n'avait eu pour la princesse Marie qu'une affection fort contestable, il est certain que depuis il lui avait voué un amour profond et sincère : sa correspondance contient mille preuves de cet attachement, et l'on est heureux, en étudiant ce cœur étrange et glacial, d'y découvrir, si cachées qu'elles soient, quelques traces de faiblesse et d'affection humaines. Cet homme si réservé, qu'aucune surprise ne pouvait arracher à sa circonspection, se laissa aller dans cette circonstance à toute sa douleur : « J'étais heureux, dit-il à Burnet en lui serrant la main, j'étais heureux hier, et tout à l'heure je serai le plus misérable des hommes. Vous la connaissiez, vous. Vous saviez comme elle était bonne, mais moi seul peux dire exactement quel trésor de tendresse et de douceur renfermait son âme! » Il fondait en larmes : on l'emporta sans connaissance; quand il revint à lui, la reine était morte.

Mélange assez singulier de douceur et d'étourderie, la reine Marie s'était trouvée, à partir de 1688, dans une situation délicate et critique. Ses ennemis lui reprochaient son ingratitude et son égoïsme ; quant à ses partisans, ils admettaient qu'elle eût pu, tout en suivant son mari, ne pas autant abandonner son père : de graves reproches pèsent sur sa mémoire. Pour Guillaume elle avait été une compagne fidèle et le seul cœur sans doute dans lequel il laissât s'épancher ses craintes, ses lassitudes cruelles, ses remords parfois. La douleur du prince d'Orange fut profonde et le temps n'y apporta qu'avec lenteur sa consolation habituelle.

Par un de ces contrastes que la Providence semble créer tout exprès pour certains hommes, Guillaume perdit en même temps que l'être qu'il aimait le plus au monde, son plus redoutable adversaire : quelques jours après la mort de la reine Marie à Londres, Luxembourg s'était doucement éteint à Versailles entre les bras du P. de la Rue (1). La France à la mort de Turenne avait poussé un cri d'alarme se croyant livrée tout d'un coup à la merci de ses ennemis : pourtant, à cette époque, elle avait encore le bras du grand Condé, elle avait Rochefort, Créqui, Schomberg, Luxembourg, Bellefonds.

(1) Le Père de la Rue avait coutume de dire depuis : « Je n'ai pas vécu comme Luxembourg mais je voudrais bien mourir comme lui. »
On sait que le maréchal de Luxembourg avait été compromis dans le procès de la Voisin et qu'il fut quatorze mois enfermé à la Bastille. Malgré la calomnie, Luxembourg ne put être condamné et personne ne douta de son innocence. Voilà ce que Voltaire, bon juge en telle matière dit des accusations portées contre le maréchal :
« Ces accusations étaient aussi improbables qu'atroces. Le maréchal devait comparaître à la cour des Pairs ; le parlement et les pairs devaient revendiquer le droit de le juger : ils ne le firent pas. L'accusé se rendit lui-même à la Bastille ; démarche qui prouvait son innocence sur cet assassinat prétendu.
» Le secrétaire d'État Louvois, qui ne l'aimait pas, le fit enfermer dans une espèce de cachot de six pas et demi de long, où il tomba très malade... On lui demanda s'il n'avait pas donné des bouteilles de vin empoisonné pour faire mourir le frère de la Dupin et une fille qu'il entretenait. Il pa-

Aujourd'hui tous ces grands généraux n'étaient plus, et de cette pépinière d'élèves de Condé et de Turenne, le plus habile, Luxembourg, celui que ses quatre dernières campagnes égalaient sans conteste à ses maîtres, s'en allait au moment même où la France avait le plus besoin de son génie. Lorges, Catinat, Noailles étaient certes de bons généraux; mais il y avait loin de ces organisations bien douées au génie d'un Condé ou d'un Luxembourg. Comme une terre épuisée par des récoltes trop abondantes ne rend plus que de maigres moissons, une nation se fatigue de produire de grands hommes après qu'un petit cercle d'années en a vu vivre et briller un grand nombre. D'autres causes avaient encore avancé cette stérilité, et pour ne citer que les principales, nous rappellerons le despotisme de Louvois, ses innovations, ses créations en matière d'avancement, la tutelle dans laquelle il avait maintenu des hommes qu'il eût dû au contraire livrer à eux-mêmes, sa manie d'inspirer leurs plans aux généraux. Cette façon de tenir en laisse les militaires fut la cause première de cette pénurie de grands chefs d'armées

raissait bien absurde qu'un maréchal de France qui avait commandé des armées, eût voulu empoisonner un malheureux bourgeois et sa maîtresse sans pouvoir tirer aucun avantage d'un si grand crime.

» Parmi les imputations horribles qui faisaient la base du procès, Le Sage dit que le maréchal duc de Luxembourg avait fait un pacte avec le diable afin de pouvoir marier son fils à la fille du marquis de Louvois. L'accusé répondit : « Quand Mathieu de Montmorency épousa la veuve de Louis le Gros, il ne s'adressa point au diable, mais aux États-Généraux, qui déclarèrent que pour acquérir au roi mineur l'appui des Montmorencis, il fallait faire ce mariage. »

» Cette réponse était fière et n'était pas d'un coupable. Le procès dura quatorze mois, il n'y eut de jugement ni pour ni contre lui. Le maréchal de Luxembourg alla quelques jours à la campagne et revint ensuite à la cour faire ses fonctions de capitaine des gardes, sans voir Louvois et sans que le roi lui parlât de ce qui s'était passé. »

VOLTAIRE, *Siècle de Louis XIV*. Édit. F. Didot, 1858, t. I, p. 428, 429.

qui apparut après la mort de Luxembourg. « Louvois, dit Saint-Simon, outré d'avoir eu à compter avec des généraux comme Condé, Turenne et Luxembourg, se garda bien d'en former d'autres. Il n'en voulut que de simples et dont l'incapacité eût un besoin continuel de sa protection ; pour y parvenir il éloigna le mérite et le talent, au lieu qu'on les recherchoit avant le comble de sa puissance. On tâchoit de les démêler de bonne heure dans les sujets ; on les éprouvoit par des commandements à part pour sonder leurs forces ; et s'ils répondoient à ce qu'on en espéroit on les poussoit, on leur faisoit faire des projets pour les former ; quand ils étoient bons, on les chargeoit de leur exécution. On s'appliquoit à démêler la nature de leurs fautes. Il y en avoit qui ne se pardonnoient point parce qu'elles venoient de manque de fonds, pour les autres, qui partoient de trop d'ardeur et de surprise, on se souvenoit du grand mot de M. de Turenne, qu'il falloit avoir été battu pour devenir bon et avoir fait des fautes pour se mieux instruire ; mais c'étoient des corps séparés ou des détachements, non des armées, qu'on hasardoit sous ceux qu'on essayoit de la sorte, détachements qu'on grossissoit après et qui devenoient enfin des armées, suivant qu'on les voyoit réussir ! Par là une émulation, conséquemment une application générale, une formation continuelle de généraux et d'officiers généraux, encore qui n'ayant pas assez de fond pour conduire une armée, en avoient assez pour y briller utilement en seconds et en troisièmes, et en sous-ordre quantité d'officiers particuliers sur qui rouloient souvent de moindres choses mais avec lumière et succès...... M. de Louvois pour être pleinement le maître mit dans la tête du Roi l'ordre du tableau et les promotions, ce qui égala tout le monde, rendit l'application et le travail inutiles à tout avan-

cement, qui ne fut dû qu'à l'ancienneté et aux années. (1) »
Il nous faudrait citer tout ce passage de Saint-Simon, l'un des plus remarquables de ses *Mémoires*, et cet autre où, après les défaites de la guerre de la Succession, examinant encore l'influence de Louvois sur l'armée, il s'écrie avec amertume :

« Les maîtres ne sont plus, les écoles sont éteintes, les écoliers disparus, et avec eux tout moyen d'en élever d'autres (2) ! »

Guillaume n'avait point passé vingt ans à lutter contre les premiers capitaines de Louis XIV sans apprendre à un tel contact l'art de conduire les troupes. Inférieur à Condé et à Luxembourg, il devait être battu tant que de tels adversaires lui seraient personnellement opposés, mais on pouvait s'attendre qu'à la première campagne où il ne les trouverait plus devant lui, sa fortune à la guerre obtiendrait de meilleurs succès. L'événement n'allait pas tarder à confirmer ces hypothèses.

C'était en Flandres que Louis XIV avait décidé de réunir cette année sa principale armée; mais à qui allait échoir la lourde charge de remplacer Luxembourg? Trois noms s'offraient naturellement à l'esprit : Lorges, qui avait succédé à Turenne en 1675, Catinat qui venait de s'illustrer en Italie par les victoires de Staffarde et de la Marsaille, enfin Noailles, que ses succès en Catalogne mettaient au rang des deux premiers. Cependant il était important de conserver ces généraux à la tête des armées qu'ils avaient commandées les années précédentes. Ils connaissaient le pays où ils avaient à agir, l'ennemi qu'ils devaient combattre;

(1) SAINT-SIMON, *Mémoires*, t. V, p. 66.
(2) SAINT-SIMON, *Mémoires*, t. XIII, p. 66.

la campagne qui allait s'ouvrir sur ces trois théâtres aussi bien qu'en Flandres était comme un acte d'un drame commencé, dans lequel il eût été mauvais d'introduire un acteur nouveau. Pour toutes ces causes Louis XIV pensa avec raison qu'il fallait laisser M. de Lorges sur le Rhin, Catinat en Italie et le duc de Noailles en Catalogne; à la vérité cette décision n'indiquait pas qui on enverrait en Flandres.

Il y avait en ce moment à Versailles un maréchal de France qui devait beaucoup plus son bâton à ses bonnes relations avec madame de Maintenon et à ses talents d'homme de cour qu'à ses capacités militaires; c'était le duc de Villeroi. Fort brillant, très brave, il n'avait comme général que d'assez minces moyens. A Neerwinden il avait fait preuve d'une indécision notoire; mais quand Luxembourg l'avait spécialement chargé d'enlever le village à la tête de la Maison du Roi, il s'était montré tout à son honneur. C'était donc plutôt un soldat qu'un chef, ou pour mieux dire un général plus apte au second rang qu'au premier. Cependant Villeroi fut choisi pour commander l'armée de Flandres : on lui adjoignait le duc du Maine comme lieutenant général; le comte de Montal avec quelques bataillons fut chargé de garder le pays entre Dunkerque et le fort de la Knock, M. de Feuquières avait pour lui la défense d'Ypres, enfin Boufflers devait protéger Namur et se jeter dans la place au cas où les ennemis la voudraient assiéger.

Louis XIV avait décidé de faire comme la précédente année une guerre défensive en Flandres. Outre l'infériorité numérique des forces qu'il pouvait entretenir sur notre frontière du nord, la mort de Luxembourg nous conseillait la prudence. Au contraire Guillaume, enhardi par l'absence de son redoutable adversaire, allait sans doute oser davantage que les années précédentes : on pouvait croire que l'ennemi tenterait un siège; mais de Dunkerque à Namur le nombre des places était considérable : allait-il assiéger Dunkerque ? ou Courtray, qu'il avait menacé en vain l'année précédente, ou Ypres, ou Tournay, ou Mons, ou enfin Namur ?

C'était sur cette dernière place que Guillaume avait résolu de diriger ses efforts; mais dans cette campagne, qui demeure la moins malheureuse de toutes celles qu'il ait dirigées, il allait donner la preuve que les hautes conceptions de l'art militaire étaient au-dessus de son intelligence. Il eut la bonne fortune d'avoir pour adversaire un général plus inhabile que lui; mais il n'est pas à douter que si Luxembourg eût vécu, l'année 1695 n'eût vu pour l'armée alliée quelque grand désastre, tout au moins que la campagne ne se fût terminée au détriment marqué des coalisés.

Dès le mois de mai les armées furent en présence; les alliés avaient la supériorité numérique, mais Guillaume s'exposa à perdre cet avantage en divisant ses forces. A Becelaër, sur le Mandels, était Guillaume en personne avec le gros de son armée soit quatre-vingts escadrons et soixante-dix bataillons; plus vers le sud-ouest, sous Dixmude, le duc de Wurtemberg était détaché en avant avec vingt-deux bataillons et dix escadrons; sur la chaussée de Fleurus, le duc d'Auwerquerque avec une trentaine d'escadrons faisait face à Charleroi ou à Namur; enfin l'électeur de Bavière avait réuni sur la haute Dender trente-six bataillons et cent trente escadrons. L'inconvénient d'une telle dispersion de forces était évident; mais, heureusement pour les alliés, M. de Villeroi ne comprit pas l'avantage qu'il pouvait tirer de cette faute. Nous avons dit que M. de Montal était entre Dunkerque et Loo avec quelques bataillons, que M. de Créqui était chargé de la défense de Mons, que la principale armée française était campée entre Dunkerque et Ypres. Or, à la nouvelle de la marche de l'électeur de Bavière vers Courtray, M. de Boufflers, qui avec un détachement important gardait Namur, s'était porté au secours des lignes d'Espierres, en avant de Courtray, faisant pour ainsi dire par cette marche sa jonction avec M. de Villeroi. Six heures séparaient les deux armées françaises, et en se réunissant, elles avaient la supériorité du nombre sur chacun des quatre détachements du prince d'Orange, sans communications entre eux et tous campés dans des positions défavorables. La défaite d'un seul de ces détachements changeait sur l'heure la situation des partis en présence, et Guillaume qui, ses quatre corps d'armées réunis, était supérieur en forces à l'armée française, eût été contraint, si un seul de ces corps lui eût fait défaut, à garder la défensive pour le reste de la campagne.

La situation fut la même trois semaines durant (1), mais Villeroi n'eut point l'idée d'appeler à lui Boufflers : le prince d'Orange, après s'être ainsi imprudemment exposé à un échec, put donc rallier ses troupes sans avoir rien eu à souffrir et gagner les bords de la Sambre, où l'appelait son véritable dessein. Si rapide que fût son mouvement, il ne put empêcher Boufflers de se jeter dans Namur avec quelques milliers d'hommes ; mais les forces nombreuses accumulées dans la place ne pouvaient détourner Guillaume de son entreprise. Ce qu'il aurait pu craindre, c'était l'effort d'une armée d'opérations marchant au secours de la ville assiégée ;

(1) Feuquières dit *une semaine*, mais il se trompe ; il se passa trois semaines entre le premier campement de M. de Wurtemberg près de Dixmude et le départ de Guillaume pour Namur.

mais l'armée qui eût pu sauver Namur n'était plus commandée par le maréchal de Luxembourg, et Guillaume avait raison de ne point trop redouter Villeroi. Le 2 juillet la place fut investie par l'infanterie de l'électeur de Bavière et par les régiments allemands de Brandebourg, tandis que le prince d'Orange campé sur la rive gauche de la Sambre, à hauteur des sources de la Méhaigne, attendait Villeroi qui, pensait-on, ne pouvait manquer d'arriver. Le général français avait grossi son armée de toute l'infanterie du maréchal de Boufflers, d'une partie des troupes campées entre Loo et Ypres au commandement du marquis de Feuquières et même de quelques escadrons du détachement de M. de Montal. Guillaume, en se jetant sur Namur, avait laissé pour garder derrière lui les places de Flandres, le prince de Vaudémont avec soixante-cinq bataillons et cinquante escadrons ; mais comme ce détachement, si considérable qu'il fût, était fort inférieur à l'armée française, le général espagnol avait ordre de garder une défensive absolue, de se tenir toujours hors de portée de l'ennemi, d'éviter à tout prix une bataille.

Les mêmes raisons qui engageaient Vaudémont à ne pas combattre poussaient Villeroi à attaquer ce général, et l'on put croire que le maréchal avait à cœur de réparer son inaction du début de la campagne.

M. de Vaudémont était campé sur la rive gauche du Mandels, le dos à Deinse, la gauche à la rivière ; mal couvert en avant, n'ayant sur son flanc gauche de l'autre côté du Mandels aucune grande garde, il témoignait d'une confiance qui ne faisait pas l'éloge de ses capacités militaires : Villeroi se résolut à l'attaquer.

Après trois jours d'une marche forcée conduite avec autant de rapidité que de secret, l'armée française arriva à 5 heures du matin à portée de canon de la gauche de l'ennemi, sans qu'il eût aucun avis de notre mouvement. C'en était fait du détachement des alliés, quand M. de Villeroi fut pris d'une hésitation soudaine. Allait-il forcer un camp dans la formation de marche où était son armée? Non : il lui fallait un champ de bataille, et pour le trouver il était nécessaire d'aller passer le Mandels à Isenghien. On supplia le maréchal de tomber sur ces hommes qui dormaient encore et qu'on eût mis sur le champ en confusion, mais Villeroi tint bon ; on alla passer le Mandels à Isenghien; seulement quand on arriva au camp des ennemis on trouva Vaudémont et son armée partis.

Cette leçon ne servit ni à l'un ni à l'autre général, « car il sembloit, dit Feuquières, que messieurs de Villeroi et de Vaudémont, dans ce temps-là, disputassent entre eux à qui feroit le plus de fautes : en quoi pourtant M. le maréchal de Villeroi l'emporta sur M. de Vaudémont (1). »

En effet, le lendemain même de cette attaque manquée, le général ennemi vint camper à Arselle, près Deinse, dans une position identique à la précédente.

Il y avait en face de lui le village d'Interghiem et il appuyait sa gauche au Mandels : quant à son aile droite, elle était, dit Feuquières, absolument découverte. L'armée française joignit les troupes alliées vers six heures du matin et l'on n'at-

---

(1) *Mémoires de Feuquières*, t. II, p. 253.

Saint-Simon jette tout le déshonneur de cette affaire sur le duc du Maine qu'il accuse de faiblesse. On sait que Saint-Simon n'était point l'ami du duc du Maine, mais le récit qu'il nous fait à propos de la campagne de 1695 ne saurait être admis par les gens sérieux. Macaulay a adopté la version, qui doit plaire à des ennemis de la France et de Louis XIV; heureusement nous avons pour contredire Saint-Simon l'autorité de Feuquières, témoin oculaire des faits qu'il rapporte et qui ne dit pas un mot de ce que raconte Saint-Simon. Du reste, le duc du Maine n'était pas à faire ses preuves. Il avait combattu en diverses rencontres avec honneur, et notamment à Fleurus, où il s'était admirablement conduit.

tendit plus que le signal pour attaquer. Le centre des alliés eût coûté quelque peine à enlever; mais ni l'une ni l'autre aile n'était à même de résister longtemps, et la victoire n'était pas douteuse. Le duc du Maine, qui commandait la cavalerie, attendait des instructions; mais Villeroi n'en donna point : le jeune prince, qui était d'un naturel timide, n'osa point, tout prince du sang qu'il fût, engager l'action sans ordre formel; mais le maréchal hésita, trouva la position plus forte que ses renseignements ne le lui avaient indiqué, résista à toutes les supplications qu'on lui fit pour combattre : finalement Vaudémont échappa. C'était tellement en dehors de toutes les prévisions, que Guillaume, qui s'attendait à apprendre un désastre, écrivit au prince de Vaudémont : « Mon cousin, vous vous êtes montré plus habile général que si vous aviez gagné une bataille. » La vérité était que de deux ignorants le moins incapable avait battu l'autre.

Cependant devant Namur les opérations du siège, commencées le 2 juillet, étaient poussées avec vigueur; bientôt le corps de place ouvrait ses portes aux alliés; mais on pouvait dire que la véritable défense allait commencer, puisque Boufflers n'avait si promptement rendu la ville que pour faire dans le château une plus vaillante résistance. Pendant ce temps M. de Montal s'emparait de Dixmude et de Deinse, et le maréchal de Villeroi, en représaille des bombardements de Dunkerque et de quelques autres de nos places maritimes, jetait dans Bruxelles plusieurs milliers de boulets rouges. Quinze cents maisons devinrent la proie des flammes; mais cette mesure, par laquelle Villeroi espérait éloigner Guillaume de M. de Boufflers, n'atteignit pas son but.

Le prince d'Orange, solidement établi entre la Sambre et la Méhaigne, était décidé à laisser tomber toutes les villes du Brabant plutôt que de quitter Namur.

Son armée, divisée en trois corps, s'élevait alors au total de cinquante-sept bataillons et deux cents escadrons (1) et pouvait être augmentée de moitié par l'adjonction des troupes de M. de Vaudémont; mais les jours se passaient sans que le maréchal de Villeroi entreprît rien pour secourir Namur. Cependant le maréchal de Boufflers commençait à envisager l'avenir avec une certaine inquiétude : il était arrivé à la moitié du mois d'août en perdant chaque jour quelque ouvrage avancé, et il en vint à souhaiter la prompte arrivée de l'armée de secours ; il en écrivit au maréchal de Villeroi, lui avouant qu'il était réduit à ses derniers retranchements, et que s'il n'était pas secouru il courait risque d'être emporté d'assaut. Villeroi fort étonné entendit cet appel ; mais le général qui avait manqué trois fois, en la même campagne, l'occasion de battre les ennemis, ne devait pas être plus heureux en cette quatrième circonstance.

L'armée française campée à Perwis, la Méhaigne devant elle, fit face plusieurs jours durant à l'armée alliée, mais n'attaqua pas. Les derniers jours d'août étaient arrivés, les derniers ouvrages de la place avaient été emportés : Guillaume fixa l'assaut au 30 août.

Ce même jour, à l'aube, toutes les batteries des assiégeants, canons et mortiers, commencèrent sur la citadelle un feu sans répit; à midi, suspension d'une heure pendant laquelle le comte de Horn et milord Portland s'avancèrent près du rempart et, à travers le fossé, demandèrent à parler à M. de Boufflers : le comte de Laumont et le marquis de Gramont ayant paru, le comte de Horn leur dit que l'Électeur, voulant épargner une effusion de sang inutile, leur faisait savoir l'impossibilité où était le maréchal

---

(1) Sans compter l'armée de M. de Vaudémont ni les troupes de siège.

e Villeroi de les secourir et leur offrait de capituler à des
onditions honorables. Boufflers ne répondit pas. En consé-
uence, à une heure de l'après-midi, les assiégeants se pré-
ipitaient à l'assaut. Ils avaient à cet effet formé quatre
olonnes distinctes. La première, forte, de trois mille cinq
ents Anglais sous les ordres du lord Cuts, avait pour ob-
ectif le fort de *Terra-nova*; la seconde, de trois mille
ommes conduits par le comte de Rivera, devait attaquer
es brèches du fort Cœhorn; le général major Cave avait à
rendre ce même fort d'un autre côté; enfin deux mille
ommes, ayant à leur tête le général major Schwerin, devaient
nlever la redoute de Cassotte ou Maison du Diable. Malgré
es formidables préparatifs l'assaut ne réussit pas; il
lura cinq heures et coûta aux alliés plus de 2000
ommes (1).

C'en était fait pourtant de Namur, car Boufflers n'eût
pas été à même de soutenir deux fois une pareille attaque :
ussi le lendemain 31 ayant été fixé par Guillaume pour un
ouvel assaut, Boufflers, le 31 au matin, consentit à capi-
uler. Il eut les honneurs de la guerre et sortit de la place
ambours battants et les mèches allumées (2). Louis XIV, qui
enait à récompenser le courage alors même qu'il avait été
alheureux, créa Boufflers duc et pair.

La perte de Namur n'en était pas moins très sensible

(1) *Abel Boyer*, t II, p. 138. Voy., pour cette autorité, la note précédente,
101.

(2) A sa sortie de Namur, Boufflers fut retenu prisonnier, sous prétexte
ue les garnisons de Deinse et de Dixmude n'avaient point été traitées
ivant le cartel accepté de part et d'autre au commencement de la cam-
gne pour des capitulations de ce genre. Louis XIV ne pouvait mettre en
arallèle la liberté de quelques méchants soldats hollandais avec celle d'un
aréchal de France. Au courrier qui lui apprit la captivité de Boufflers il
pondit que dès cette heure les garnisons de Deinse et de Dixmude étaient
bres. Boufflers fut aussitôt mis en liberté, mais le manque de bonne foi de
uilaume n'en avait pas moins été manifeste.

au roi, et d'autant plus cruelle qu'avec un général plus audacieux que Villeroi elle eût été infailliblement évitée : en dernier lieu même, l'excuse de n'avoir pas pu trouver d'issue pour arriver sur l'armée alliée n'était point valable, « car, dit Feuquières, si le maréchal de Villeroi avoit aussi bien connu le dedans de la Méhaigne que M. de Luxembourg l'avoit connu en 1692, il y seroit entré par le grand et le petit Lech et auroit pu battre l'armée ennemie, dont le camp manquoit de fond et étoit contraint par la ravine de Bonesse. Dans cette occasion décisive, pour faire lever le siège de Namur il importoit d'autant moins à M. le maréchal de Villeroi de connoître le front du camp de l'ennemi qu'il ne vouloit attaquer que le derrière de ce camp; parce que c'étoit sa mauvaise disposition intérieure, par le manque de communication de la droite à la gauche de la seconde ligne, qui faisoit l'avantage de M. le maréchal de Villeroi dans la disposition qu'il pouvoit donner à son attaque, dont le principal effort étoit à son choix (1). »

Telles furent les fautes de Villeroi dans cette campagne, fautes considérables et tellement répétées qu'il fallut toute la faveur de madame de Maintenon pour maintenir à la tête des armées un homme qui s'était montré si notoirement incapable : il y demeura encore, pour le malheur de la France et de Louis XIV.

Avec la prise de Namur la campagne de 1695 finissait, et Guillaume, ayant fait prendre à son armée des quartiers d'hiver, rentrait le 10 octobre à Londres, accueilli comme s'il eût mérité le triomphe.

La fin de cette année eût fourni à ce prince, s'il l'avait voulu, l'occasion de réparer un crime, de le venger plutôt

(1) FEUQUIÈRES, *Mémoires*, t. II, p. 160.

car la réparation était impossible. Nous voulons parler du massacre des Mac-Jan à Glencoé.

Cette affaire, étouffée d'abord par les assassins, s'était enfin fait jour et avait donné lieu à une enquête entamée par ordre du parlement d'Édimbourg. Les coupables étaient nombreux, la voix publique réclamait une vengeance, la justice l'exigeait. Guillaume se devait à lui-même, devait au soin de sa réputation et de sa mémoire, de frapper au moins la main qui avait préparé cette série indigne de meurtres, l'auteur réel de ces assassinats, le maître de Stairs. Il avait là une occasion de dégager sa responsabilité, il ne la saisit point. Macaulay, l'historien véridique que l'on connaît, impartial presque toujours, mais qui, lorsqu'il est aveuglé, l'est toujours au profit de Guillaume, a jugé de cette manière la conduite du prince d'Orange en cette occasion.

« Après qu'il eut pris connaissance des documents que lui envoya Twedale, d'Édimbourg, Guillaume ne pouvait plus conserver de doutes sur la culpabilité du maître de Stairs. Frapper le coupable d'un châtiment exemplaire était le devoir sacré d'un souverain qui, la main levée vers le ciel s'était engagé par serment à réprimer dans son royaume d'Écosse toute oppression, de quelque source qu'elle vint, qui avait juré de faire justice sans acception de personnes, laissant le droit de grâce au Dispensateur de toutes les miséricordes. Cette grave faute, *ce crime* (1), Burnet a essayé non pas de le défendre, mais de l'excuser : Guillaume, suivant lui, ému de la complicité de tant de gens, aurait préféré pardonner à tous que de punir un premier massacre par un autre. Mais cette objection est un pur sophisme; car si de nombreuses mains avaient trempé dans cette œuvre

(1) « For this great fault, a fault amounting to a crime. » MACAULAY, *Hist. of Engl.*, t. VIII, p. 43.

de mort, elles avaient reçu l'impulsion directe ou indirecte d'une seule volonté. Au-dessus des assassins vulgaires en planait un autre qui les dominait tous par le savoir, le rang, la puissance. Pour tant de victimes traîtreusement égorgées la justice demandait une seule tête, et ce sera une tache éternelle pour la mémoire de Guillaume (1), que cette tête ait été refusée ».

Pendant que la mort de tant d'innocents demeurait ainsi sans vengeance, la fin de l'année 1695 se passait au milieu des réjouissances provoquées par l'heureuse issue de la campagne sur le continent. Guillaume visita l'intérieur de l'Angleterre reçu et fêté partout comme un homme qui vient de remporter sa première victoire : cependant lui-même ne se faisait pas illusion sur cet enthousiasme excité par ses succès plus que par sa personne. Au surplus, à Londres sa politique intérieure rencontrait les mêmes embarras qu'auparavant : il avait dû dissoudre le Parlement, le crédit était tombé dans un état alarmant (2), la misère publique faisait un singulier contraste avec les fêtes qui avaient signalé le retour du roi en Angleterre, enfin de nouveaux complots étaient tramés sourdement, et, non pas seulement sa couronne, mais sa vie même était en danger.

Deux conspirations élaborées par les Jacobites dès 1695

---

(1) « It must ever be considered as a blemish on the fame of William... » MACAULAY, *Hist. of Engl.*, t. VIII, p. 44.

(2) Les pièces de monnaie, jusqu'au milieu du XVII° siècle, étaient faites au ciseau et au marteau. Le rebord n'était marqué d'aucun signe et ne portait point d'inscription. En *rognant* la pièce on enlevait une certaine quantité de métal précieux, sans que la pièce pût être déclarée mauvaise, car même au moment de la fabrication, on n'eût pas trouvé deux *couronnes* absolument de même poids. A force d'être rognée, cette monnaie avait fini par ne plus valoir que les deux tiers de sa valeur nominative et ne pouvait plus servir qu'à sa valeur réelle pour les transactions à l'étranger.

avaient été reprises en 1696, mais l'une et l'autre d'un genre très différent, ourdies par des hommes de mœurs, de capacité, de situation très diverses. L'une, qui était l'exécution d'un plan d'assassinat, fût découverte et conduisit à l'échafaud Charnock, King, Keyes, Friend, Parkins, Cranburne, Lowick, et Rookwood; l'autre était un projet de soulèvement en armes aidé par une descente de troupes françaises, auquel Jacques devait prendre part en personne. Ce dernier complot ne put aboutir. Berwick, qui était passé en Angleterre pour voir par lui-même à quoi pouvait conduire un mouvement tenté de vive force, ne put s'entendre avec les conjurés. Ceux-ci prétendaient ne se soulever qu'après que les troupes françaises auraient mis le pied en Angleterre. Louis XIV demandait que d'abord les royalistes anglais prissent les armes et qu'à ce moment seulement il leur envoyât le secours promis. « Ni les uns, ni les autres, dit Berwick dans ses mémoires, ne pouvant se relâcher de leurs résolutions, de si belles dispositions ne pouvoient rien produire... A Londres j'eus plusieurs conversations avec quelques-uns des principaux seigneurs : mais j'eus beau leur dire tout ce que je pus imaginer de plus fort et leur représenter la nécessité de ne pas perdre une si belle occasion, ils demeurèrent fermes à vouloir qu'avant de se soulever le roi d'Angleterre mît pied à terre avec une armée. Pour dire la vérité, leurs raisons étoient bonnes; car il étoit certain que dès que le prince d'Orange auroit vu la révolte ou qu'il auroit eu avis du projet (ce qui ne pouvoit demeurer longtemps caché, attendu les préparatifs qu'il étoit nécessaire de faire pour le transport), il auroit dans l'instant mis une flotte en mer et aurait fait bloquer les ports de France; au moyen de quoi les soulevés, se trouvant obligés de combattre avec leurs troupes levées à la hâte contre une bonne armée composée de soldats aguerris et disciplinés, il étoit certain qu'ils auroient été bientôt écrasés (1) ».

Les choses en restèrent là, et sur ces entrefaites le complot d'assassinat ayant été découvert, le soulèvement en armes dut être indéfiniment ajourné.

L'année 1696 n'en avait pas moins montré une fois de plus à Guillaume la fragilité de son pouvoir et les difficultés d'un règne qui ne se poursuivait qu'au milieu d'intrigues et de conspirations.

Pendant qu'on instruisait à Londres le procès des Jacobites compromis dans les derniers événements, Guillaume gagnait le continent, où allait s'ouvrir la nouvelle campagne.

Les opérations de 1696 furent nulles en Flandres, et comme nous ne cherchons dans les événements militaires que des faits d'où l'on puisse tirer une instruction, nous ne nous arrêterons pas à ceux-là. Les deux armées, occupées à vivre plutôt qu'à combattre, s'observèrent sans rien tenter; le pays était épuisé, les magasins étaient vides; de part et d'autre on était à bout. De l'autre côté du détroit, cependant, la misère était plus affreuse qu'en France; la banque d'Angleterre était près de faire faillite, la Banque foncière créée cette année même, ne pouvait fournir les fonds qu'elle s'était engagée à livrer, et quand le Parlement, ainsi à bout d'expédients et de fonds, était forcé d'arrêter les paiements en Angleterre, « juste à cette heure Portland arrivait du continent, chargé par Guillaume d'obtenir de l'argent à quelque taux que ce fût. Le roi avait épuisé son crédit en Hollande pour donner du pain à son

---

(1) BERWICK, *Mémoires*, année 1696.

armée et il était à bout de ressources. — Si vous ne m'envoyez immédiatement des subsides, écrivait-il à ses ministres, mes soldats vont éclater en murmures et déserter par milliers (1). » Toutes les armées de la coalition se ressentaient de la crise subie par l'Angleterre ; point de subsides, pas d'alliés, et les princes allemands, qui marchaient avec peine quand on les payait grassement, n'eussent pas fait crédit à Guillaume ni d'un homme, ni d'un cheval.

En même temps que le prince d'Orange se trouvait ainsi sur le point d'être abandonné de ses troupes, une première défection se déclarait dans la ligue maintenue intacte jusque-là. Au milieu de l'année 1696, le duc de Savoie, passant brusquement des alliés à Louis XIV, conclut sa paix avec le roi de France, joignit ses troupes à celles de Catinat, envahit le Milanais et déclara à l'Empereur et à l'Espagne qu'il offrait sa neutralité à condition que l'Italie fût déclarée également neutre. Ces conditions furent forcément acceptées, malgré tous les efforts de Guillaume, qui n'était plus à même de soutenir ses arguments par quelques milliers de livres sterling, et qui dut en passer par où voulurent les cabinets de Vienne et de Madrid. Cependant, quand de tous côtés la partie semblait absolument perdue, quand les moins sages pensaient que la paix devait être offerte à Louis XIV à n'importe quelles conditions, Guillaume, cet homme étrange, rentré en Angleterre le 6 octobre, disait le 12 aux lords en ouvrant le Parlement : « J'ai la conviction que nous avons ici la même manière de voir, et que vous pensez comme moi que l'unique façon dont nous puissions faire la paix avec la France est l'épée à la main. »

Ce fut dans ces conjonctures qu'arriva le printemps de

---

(1) MACAULAY, *Hist. of England*, t. VIII, p. 161.

1697 et que commença la nouvelle campagne dans les Pays-Bas. La paix avec le duc de Savoie avait permis à Louis XIV de transporter en Flandres les troupes d'Italie : nous eûmes donc sur notre frontière du nord trois armées formant un total de cent trente-trois bataillons et trois cent cinquante escadrons. Trois maréchaux de France, Villeroi, Boufflers et Catinat les commandaient. La prise d'Ath par le maréchal de Catinat fut à peu près le seul événement important de la campagne. Une tentative sur Bruxelles échoua. Guillaume, campé entre Waterloo et Mont-Saint-Jean, traversa la forêt de Soignies et arriva à temps devant la capitale des Pays-Bas pour la sauver d'un nouveau bombardement. Les maréchaux hésitèrent longtemps s'ils attaqueraient le prince d'Orange dans les retranchements rapides par lesquels il venait de se couvrir. Mais on était tellement fatigué de la guerre, tellement épuisé, on aspirait à la paix avec tant d'ardeur, on la sentait tellement prochaine, que de part et d'autre on répugnait à livrer une bataille qui eût encore inutilement coûté la vie à quinze ou vingt mille braves gens. Villeroi se tint donc tranquille et les armées se contentèrent de s'observer.

Nous avons dit que tout le monde aspirait à la fin des hostilités et qu'on la sentait prochaine : cette dernière supposition n'était point sans motifs. Outre les négociations ouvertement entamées pour la paix, des conférences plus secrètes et connues seulement de l'armée, ne laissaient point de doute aux généraux que cette guerre de dix années ne touchât enfin à son terme.

Dès le commencement de la campagne, Louis XIV avait fait aux coalisés des propositions de paix que Guillaume lui-même qualifiait de justes et d'équitables. Le roi de France proposait de rendre la plupart de ses conquêtes de la présente guerre en en exceptant Strasbourg ; comme les alliés ne pouvaient espérer recouvrer par les armes la moitié de ce que leur offrait de bon gré Louis XIV, ils acceptèrent. Pas tous cependant avec le même empressement : l'Empereur qui attendait avec impatience la succession d'Espagne et qui savait devoir trouver un compétiteur dans Louis XIV, n'eût pas été fâché d'avoir, au moment de la mort de Charles II, une coalition toute formée contre la France ; l'Espagne, qui par elle-même n'avait rien fait dans cette guerre, trouvait que la part ne lui était pas présentée assez belle et réclamait des agrandissements dans les Pays-Bas. Seules l'Angleterre et la Hollande, qui avaient supporté tout le poids de la lutte en hommes et en argent, seul Guillaume, l'infatigable ennemi de la France que l'on connaît, trouvait les propositions du roi de France raisonnables. Les conférences purent enfin s'ouvrir, sous la médiation de la Suède, à Ryswick, petit hameau près de la Haye : les plénipotentiaires de la France étaient MM. de Harlay, de Crécy et de Caillières ; pour l'Angleterre, Édouard vicomte de Villiers, et le comte de Penbroke ; pour l'Espagne, don Francisco Bernardo de Quiros, enfin le comte de Kaunitz pour l'Empereur. L'histoire nous a conservé le détail des futilités qui occupèrent pendant les deux premiers mois les plénipotentiaires.

Le congrès s'était ouvert le 9 mai dans un palais appartenant au prince d'Orange. Après plusieurs séances passées à la vérification des pouvoirs, il fallut régler combien de carrosses aurait chaque ministre, combien de laquais, si les domestiques porteraient des cannes ou des épées, des pistolets. « Les ambassadeurs de l'Empereur réclamaient de droit le haut bout de la table : l'ambassadeur d'Espagne, qui n'admettait pas cette prétention, essaya de se glisser entre les deux précédents. Les ambassadeurs de l'Empereur refusaient le titre d'Excellence aux envoyés des électeurs et des républiques : « Si je ne suis pas appelé Excellence, dit le ministre de l'électeur de Brandebourg, mon maître rappelle à l'instant ses troupes de Hongrie. » Les ambassadeurs de l'Empereur insistaient pour avoir une pièce à part dans le château et une place spéciale pour leurs voitures dans la cour ; mais les ministres protestèrent, disant que rien ne justifiait cette distinction : une séance fut consacrée à cette misérable discussion. On pense bien que si les ministres alliés étaient entre eux si susceptibles, c'était bien autre chose avec ceux de la France. La principale affaire de Harlay et de Kaunitz était de se surveiller mutuellement les jambes. Il était incompatible avec la dignité de chacune de leur couronne de s'avancer l'un vers l'autre en faisant l'un quatre pas quand l'autre n'en faisait que trois. Si l'un d'eux s'apercevait que par inadvertance il s'était avancé trop vite, il retournait à la porte et gravement recommençait. Les ministres de Louis avaient rédigé leurs actes en français, les ambassadeurs de l'Empereur protestèrent contre cette atteinte aux dignités du Saint-Empire, aux droits de nations indépendantes, et ne voulurent rien entendre à ce mémoire avant qu'il n'eût été traduit en mauvais latin (1). » On pense qu'avec cette lenteur les négociations eussent pu durer plusieurs années, comme à Nimègue, et Guillaume qui, aux conditions qu'avait offertes Louis XIV, voulait absolument la paix, songea à entamer à part, d'autres pourparlers.

Le lord Portland, qui n'était autre que Bentinck, son ami et compagnon d'enfance, devait être le négociateur

---

(1) Macaulay, *Hist. of England*, t. VIII, p. 249. Voy. sur le même sujet les *Actes et mémoires des négociations de la paix de Ryswick*.

chargé de ses secrètes ouvertures. Une mission à Versailles eût été promptement connue des ambassadeurs réunis à Ryswick : Portland était à l'armée, il s'aboucha avec Boufflers dont le quartier général était à quelques pas du sien. Boufflers, qui par un courrier avait demandé à Louis XIV des instructions, reçut l'ordre d'accéder au désir de Portland. Les deux généraux, escortés d'une dizaine d'officiers, eurent leur première entrevue près de Hall, sur la route de Mons. Étant descendus de cheval, ils se retirèrent dans un verger, et en l'espace d'une heure qu'ils s'y promenèrent de long en large, « ils firent plus pour la paix, dit Macaulay, que les plénipotentiaires réunis à Ryswick n'avaient fait en deux mois ».

La grande question en litige était la reconnaissance de Guillaume comme roi d'Angleterre. Sanctionner l'usurpation de 1688 était pénible à Louis XIV, mais un tel besoin de paix se faisait sentir de toute part que le roi de France fit céder ses convictions à la satisfaction du pays : Guillaume d'Orange fut désormais, pour la France comme pour le reste de l'Europe : Guillaume III, roi d'Angleterre. Pendant que, suivant l'expression de Harlay, « les généraux faisaient la paix, » à Ryswick « les ambassadeurs faisaient la guerre ». Le 1er juillet, à Hall, Portland et Boufflers avaient réglé toutes les conditions du traité entre la France et l'Angleterre, quant à Ryswick, l'Espagne et l'Empire, par leurs prétentions chaque jours amplifiées, retardaient indéfiniment le terme des négociations. Guillaume, aussi décidé aujourd'hui à la paix qu'il avait été jusqu'alors partisan de la guerre, était désespéré de ces retards qui pouvaient compromettre les résultats déjà acquis par Portland; Louis XIV avait, en effet, déclaré que si ses conditions n'étaient pas acceptées le 10 septembre, il se considérerait comme autorisé à reprendre les hostilités. Peut-être eussions-nous été réduits à cette triste nécessité, si deux grands désastres infligés à l'Espagne n'eussent rendu cette puissance, et par suite l'Empire, moins intraitables. Le sac de Carthagène par Pointis et la prise de Barcelone par Vendôme frappèrent de terreur le cabinet de Madrid, qui mit autant d'empressement à accepter les conditions de la France qu'il avait mis jusqu'alors de lenteur à les discuter.

Le 10 septembre à minuit était le terme de rigueur fixé par Louis XIV pour la rupture des négociations : les tergiversations de M. de Kaunitz conduisirent les pourparlers jusqu'à cette heure extrême, et quand tous les ministres étaient d'accord, seul l'ambassadeur allemand soulevait encore des querelles.

Il céda enfin, au moment où le ministre suédois médiateur de ces conférences allait déclarer les négociations rompues, et se décida péniblement à signer le protocole. Il était minuit et quelques minutes.

Ainsi finissait cette mémorable guerre de la ligue d'Augsbourg, si sanglante, et où s'était englouti tant d'argent. Les États du continent étaient épuisés par trente ans de luttes presque incessantes, la misère régnait partout, et en certains pays les gens mouraient à la lettre de faim : Ryswick allait être salué partout, avec des transports de joie et d'enthousiasme. Une ère de tranquillité et de repos allait-elle enfin s'ouvrir ?

CHAPITRE XIII

La paix de Ryswick peut être considérée sous deux rapports différents. Au point de vue matériel Louis XIV y triomphait, car s'il rendait la plupart de ses conquêtes depuis le commencement de la guerre, il gardait Strasbourg qui valait l'Alsace entière. Au point de vue moral, la victoire demeurait à Guillaume qui terminait comme roi reconnu d'Angleterre une guerre entamée contre Guillaume usurpateur. Jacques II avait essayé un moment de faire admettre un représentant au congrès, mais bientôt il avait compris l'inanité de telles prétentions et s'était contenté de protester par un manifeste contre les engagements pris à Ryswick en faveur de Guillaume III.

Ce dernier prince devait être satisfait : bien que la paix dernière ne changeât en rien celle de Nimègue qui avait été un triomphe pour la France, le fait d'être reconnu comme roi d'Angleterre par son ennemi avéré et avoué Louis XIV, constituait pour le roi de France une humiliation qui dut singulièrement flatter Guillaume III. Mais si au dehors le stathouder remportait dans le traité de Ryswick, une satisfaction pour son étrange ambition, il allait trouver au sein de son nouveau royaume, en Angleterre même, des déboires bien amers.

A peine les réjouissances en l'honneur de la paix avaient-elles été terminées, qu'il avait fallu s'occuper, au Parlement, de bien des questions de politique intérieure devenues urgentes depuis que la guerre avait pris fin. La première avait été la question de l'armée. Qu'allait-on faire de cette multitude d'officiers, de ces nombreux régiments fort utiles pendant les dix années qui venaient de s'écouler, mais très embarrassants depuis que la paix était signée? Les Chambres insistaient pour que tous ces hommes fussent licenciés, les officiers congédiés; mais Guillaume était consterné à l'idée de dissoudre ces beaux régiments aguerris par dix ans de rudes campagnes, au moment où Louis XIV fixait à plus de cent mille hommes le chiffre de son armée permanente. Cependant le Parlement était inflexible. En dehors des Chambres une polémique ardente s'était allumée sur cette question, et la majorité des écrivains posaient en principe qu'une armée permanente ne pouvait exister chez un peuple jouissant d'une constitution libre. Les matelots et les navires anglais devaient suffire à protéger les côtes, et les milices bourgeoises étaient assez solides pour repousser une invasion. Des exemples tirés de l'antiquité semblaient donner un certain fonds à ces utopies. Au beau temps de la république romaine, écrivait-on, la légion était composée uniquement de citoyens; les Spartiates n'avaient point d'armée : au moment du danger tous se levaient et, le péril passé, revenaient à leurs occupations. On opposait à ces faits l'exemple de Rome asservie aux militaires dès que ceux-ci avaient formé un corps entretenu constamment par l'État, l'on montrait, à chaque page de l'histoire, les tyrannies inévitablement appuyées sur la force et les États libres ne se défendant qu'avec des soldats citoyens. Même au point de vue historique ces écrivains étaient dans l'erreur. Les armées de Marius, de Sylla et de César, formées de vieilles troupes et de mercenaires étaient incomparablement supérieures aux premières légions de la république, et au temps d'Annibal les mercenaires africains avaient écrasé en quatre mémorables batailles les légions romaines composées de citoyens. L'organisation des républiques de la Grèce militait bien moins encore en faveur des milices bourgeoises et des gardes nationales. Les Spartiates avaient fini sous les coups d'armées mercenaires, et Alexandre avait fait la conquête du monde asiatique avec des hommes soldats de profession. Mais les Anglais avaient sur ce chapitre des idées entièrement fausses, et malgré les instances de Guillaume, le Parlement s'arrêta au chiffre dérisoire de dix mille hommes. Ce fut la grosse affaire traitée dans cette session législative, et le roi d'Angleterre put voir que l'implacable obstination des Chambres à ne lui point accorder une armée plus considérable se changerait l'année prochaine en un refus formel de lui permettre autre chose qu'une simple escorte. Diverses lois furent ensuite votées, dont l'une ordonnait que quiconque était allé en France pendant la dernière guerre ne pourrait résider en Angleterre sans une autorisation spéciale : véritable ordonnance d'inquisition, absolument incompréhensible chez une nation se piquant d'être un peuple libre.

Le mois de janvier 1698 vit débarquer en Angleterre un personnage singulier, dont nous ne parlerions pas ici, si son séjour à Londres n'avait été un événement. C'était Pierre Ier, le czar de Russie qui, ayant passé à Amsterdam quelques mois à calfater des navires, venait terminer à Londres son éducation d'ouvrier charpentier. Ce grand homme, si bizarre et si étrange, avait comme on le sait la passion des constructions navales. Maître d'un immense empire sans port ni marine, il aspirait à bien connaître le détail d'un vaisseau, et l'on rapporte que pendant son séjour à Amsterdam les ambassadeurs qui venaient le complimenter, étaient obligés de l'aller chercher, à travers les poulies et les vergues, sur quelque corde de la mâture, au grand désespoir de gens n'ayant pas le pied marin. A Londres le czar témoignait de la même ardeur pour tout ce qui concernait la marine. On le voyait constamment remonter la Tamise sur un yacht qu'il aimait à gouverner lui-même ; on lui fit visiter des musées, mais, peu connaisseur en tableaux et peu admirateur des beaux-arts, il était plus ravi par un modèle de barque que par toutes les richesses de Westminster (1). Il devint bientôt la véritable curiosité de Londres ; la populace fut avide de contempler sa taille imposante, son type tartare, ses yeux noirs perçants qui à certains moments s'illuminaient de regards furieux, et à d'autres au contraire, souriaient avec une étrange douceur. Guillaume fut lui rendre visite sans aucun apparat (le czar l'avait voulu ainsi) et le reçut également sans cérémonial. Vers la fin de mars, Pierre Ier visita Portsmouth et vit à Spithead le simulacre d'un combat naval : c'était la plus agréable distraction qu'on lui pouvait offrir. « Mais, dit Macaulay, à toutes ses grandes qualités, le czar joignait toutes les sales habitudes communes, à cette époque, à ses compatriotes. Jusqu'à la fin de sa vie, cet homme habile à discipliner des armées, qui fondait des écoles, rédigeait des codes, créait des tribunaux, bâtissait des cités au milieu des déserts, joignait par des canaux les mers les plus opposées, vécut dans son palais comme un porc dans son étable, et si d'autres souverains lui offraient l'hospitalité, il ne man-

(1) Le palais de White-Hall fut brûlé quelques jours avant l'arrivée de Pierre Ier à Londres.

quait jamais de laisser sur les tapisseries ou le velours des lits d'apparat, des preuves non équivoques qu'un sauvage avait passé par là (1). »

La présence de ce singulier hôte avait peut-être apporté quelque distraction à Guillaume, mais ne l'avait pas détourné des soins de la politique générale qui devenait de jour en jour plus épineuse. Une des premières conséquences du fait qui le reconnaissait comme roi d'Angleterre, était l'envoi à Versailles d'un ambassadeur. La situation de ce ministre devait être difficile : malgré le titre nouveau accordé à son gendre, Jacques II n'avait pas cessé d'habiter Saint-Germain, d'y avoir une cour et des ministres, d'y être traité par Louis XIV et la cour de France avec toutes les prérogatives royales. Le nouvel ambassadeur de Guillaume allait avoir sous les yeux ce témoignage évident que, pour le cabinet de Versailles, son maître, malgré le traité de Ryswick, n'en était pas moins l'usurpateur de 1688. Il fallait donc du tact, de l'habileté, une grande souplesse en même temps que de l'énergie à l'occasion. Guillaume ne crut pas mieux trouver que Portland, le négociateur délicat qui avec Boufflers, avait réellement conclu le traité de Ryswick. Portland vint donc à Paris et y reçut un accueil extrêmement gracieux. Il n'y eut point d'attentions, pas de soins dont les ministres et le roi lui-même ne l'entourassent ; on lui donna des fêtes, des chasses, et toutes les distractions qu'il pouvait rêver. Le duc d'Orléans le reçut à Saint-Cloud, le dauphin à Meudon : il fut admis au coucher du Roi et y tint le bougeoir, honneur qu'avaient eu avant lui fort peu d'étrangers. Enfin, s'il n'avait coudoyé dans les allées de Versailles

---

(1) MACAULAY, *Hist. of England*, t. IX, p. 93.

Middleton, Melfort ou Berwick, des chevaliers de la Jarretière et des clefs de chambellan, il eût pu écrire à Londres qu'à la manière dont il était traité, Guillaume n'avait point en Europe de meilleur ami que Louis XIV. Portland lui-même s'entourait d'un faste qu'aucun ambassadeur anglais n'avait avant lui déployé. Son carrosse, tiré par huit chevaux napolitains, avait excité l'admiration des Parisiens le jour de son entrée : sa livrée, sa vaisselle, ses dîners, ne firent pas moins parler ; Guillaume avait tenu à cet apparat qui fit beaucoup crier les Anglais, mais le roi d'Angleterre avait pensé juste en estimant qu'en France ces dehors éclatants rehausseraient fort son ambassadeur dans l'opinion publique. On raconte qu'un marchand de la rue Dauphine, voyant passer Portland sur le Pont-Neuf dans son magnifique équipage demanda avec stupéfaction :
« N'est-ce pas le maître de ce gentilhomme, que nous avons brûlé précisément sur ce pont il y a huit ans? »

En effet, c'était lui; mais pour les Parisiens, un prince dont l'ambassadeur affectait un tel luxe, si coupable qu'il eût été il y a huit ans, ne pouvait plus être à l'heure présente qu'un très respectable monarque.

Cependant, en venant sur le continent, Portland avait une autre mission que de s'y montrer en carrosse et de surveiller la cour de Saint-Germain. — La question de la succession d'Espagne dont les alliés s'étaient occupés au moment de l'alliance d'Augsbourg et plusieurs autres fois en 1685 et 1689, allait avoir une prochaine solution : Charles II n'avait plus que quelques mois à vivre. Ce malheureux prince, âme timide dans un corps débile, s'acheminait rapidement vers la tombe, comme son royaume inclinait vers la ruine. Jamais on n'avait pu dire avec autant d'exactitude : tel maître, tel empire. L'Espagne n'avait plus au cœur de vie; un désordre effroyable régnait dans l'administration et chacun tirait de son côté un lambeau du pouvoir ; aucune main assurée ne réglait les affaires intérieures, aucune unité ne présidait à la politique étrangère ; partout le désarroi, le chaos, l'effondrement. Le roi, qui avait été jadis un enfant chétif, était resté, homme, un être misérable plus digne d'être enfermé dans un cloître que de vivre sur un trône. Il avait un moment témoigné quelque passion pour les faucons, les chiens et la chasse ; mais ces distractions l'avaient vite lassé : il ne s'attachait plus à rien. L'amour n'avait jamais eu de prise sur son âme : de ses deux femmes, l'une était morte vierge, disait-on, l'autre s'occupait davantage de faire échoir la couronne d'Espagne à un prince allemand que de donner un enfant à son mari. Le roi sombre, morose, se croyait tantôt ensorcelé, tantôt empoisonné. Toute la nuit des prêtres veillaient à son chevet, psalmodiant des prières funèbres et récitant des oraisons pour conjurer l'esprit malin. Il avait d'étranges manies : une fois, à l'Escurial, il était descendu dans le caveau qui garde les ossements des rois d'Espagne, et y avait fait ouvrir d'abord le cercueil de sa première femme Louise d'Orléans, puis celui de son père Philippe IV. Mais cette vue, loin de lui donner la vie nouvelle qu'il avait espéré trouver dans cette contemplation de la mort, l'avait plongé dans une torpeur plus profonde. Il inclinait donc visiblement vers la tombe, et sa mort, en ouvrant la succession à la couronne d'Espagne, allait être vraisemblablement pour l'Europe le signal de dissensions nouvelles.

Trois prétendants à la couronne de Charles-Quint étaient en présence : le dauphin de France, le jeune électeur de Bavière prince Joseph, et l'empereur Léopold. Il est reconnu aujourd'hui que les droits de la France étaient les meilleurs, et si l'on examine le tableau suivant, on pourra s'en convaincre d'une manière fort simple.

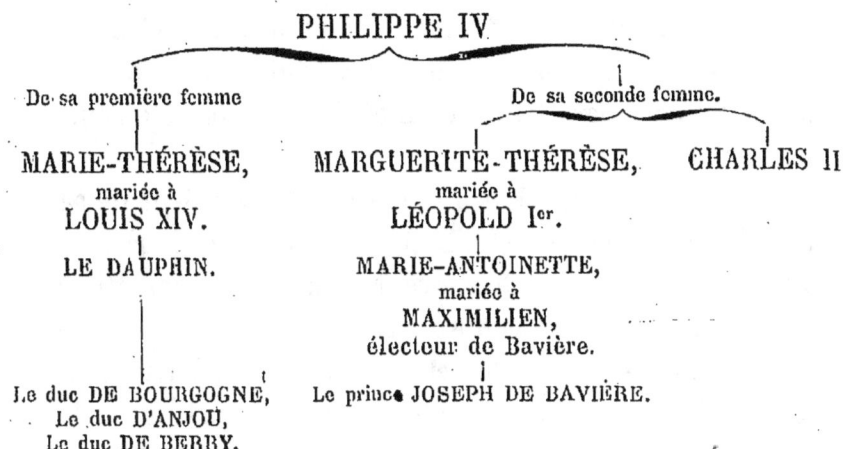

Il était évident que le dauphin fils de Marie-Thérèse, fille aînée, avait plus de droits que Marie-Antoinette, fille de Marguerite-Thérèse, et par conséquent qu'un des fils du dauphin pouvait hériter plus légitimement que le prince Joseph : c'était incontestable.

Mais on arguait qu'au traité des Pyrénées, Marie-Thérèse, en épousant Louis XIV, avait renoncé à ses droits à la couronne d'Espagne pour elle et pour ses descendants, clause qui n'avait point été stipulée quand Marguerite-Thérèse avait épousé Léopold. En conséquence, les droits du dauphin étant complètement annulés par la renonciation de sa mère, ceux du prince de Bavière prenaient le premier rang. A cette objection les partisans de la France faisaient deux réponses : la renonciation stipulée au traité des Pyrénées emportait deux cas de nullité : elle devait être valable, et devait l'être seulement, en premier lieu si elle était enregistrée par les Cortès, en second lieu si la dot de cinq cent mille écus d'or constituée à Marie-Thérèse était payée à la France. Or ni l'une ni l'autre de ces deux obligations n'avait été remplie.

Ainsi donc les droits du dauphin étaient incontestables (1), malgré la renonciation puisque les conditions d'après lesquelles cet acte devait être valable n'avaient pas été remplies par l'Espagne.

Les droits de l'empereur d'Allemagne lui venaient de sa mère Marie-Anne fille de Philippe III et tante de Charles II, mais outre qu'ils pouvaient être réclamés au même titre par Louis XIV fils d'Anne d'Autriche, ils passaient évidemment après ceux du dauphin et de l'électeur de Bavière.

Quoi qu'il en fût, il était facile de prévoir que la mort de Charles II allait amener une lutte ouverte entre la France et l'Empire : les deux parties agissaient à Madrid pour obtenir du roi mourant un testament favorisant son prétendant, mais il était probable que quel que fût le testament, il y aurait, d'un côté refus de l'accepter, et par conséquent guerre. Or l'Europe, meurtrie encore de la longue lutte terminée à Ryswick, avait besoin de repos, et cette perspective d'une lutte nouvelle, désolait à bon droit les partisans de la paix.

---

(1) Voltaire a écrit sur les droits de succession des princes une jolie boutade : « Un généalogiste prouve à un prince qu'il descend en droite ligne d'un comte dont les parents avaient fait un pacte de famille il y a trois ou quatre cents ans, avec une maison dont la mémoire même ne subsiste plus. Cette maison avait des prétentions éloignées sur une province dont le dernier possesseur est mort d'apoplexie : le prince et son conseil voit son droit évident. Cette province, qui est à quelques centaines de lieues de lui, a beau protester qu'elle ne le connaît pas, qu'elle n'a nulle envie d'être gouvernée par lui; que pour donner des droits aux gens, il faut avoir au moins leur consentement; ces discours ne parviennent seulement pas au prince, dont le droit est incontestable. Il trouve incontinent un grand nombre d'hommes qui n'ont rien à perdre; il les habille d'un gros drap bleu à cent dix sous l'aune, borde leurs chapeaux avec du gros fil blanc, les fait tourner à droite et à gauche, et marche à la gloire. »

N'était-il pas possible de trouver une combinaison qui fit admettre une solution pacifique de cette épineuse question? Guillaume III, désormais désireux de jouir en repos de la situation que lui avait faite la guerre, médita longtemps cette grave affaire. Comme il était peu scrupuleux et que les grandes injustices ne lui répugnaient point, il lui était possible d'user de mille moyens qu'un homme plus timoré ou plus honnête eût répudiés tout d'abord.

En premier lieu il réfléchit que deux partis, jaloux de se céder un héritage comme la couronne d'Espagne, consentiraient peut-être à abandonner leur droit en faveur d'un tiers peu redouté et peu à craindre. La France n'avait point tant le désir de s'agrandir que la volonté formelle d'empêcher tout agrandissement de l'Empire. Léopold pensait de même à l'égard de la France : la jalousie envers le voisin dépassait les convoitises personnelles : l'acceptation de l'électeur de Bavière, par les deux grands prétendants était donc une première solution de la question.

Guillaume songea ensuite que la succession d'Espagne devant mécontenter deux partis pour en satisfaire un troisième, le partage de cette monarchie pourrait peut-être accorder les trois prétendants. Il s'agissait de faire accepter cette idée et, ce premier pas fait, de tailler trois parts telles que l'équilibre européen n'en fût point ébranlé. Telle était la partie importante de la mission de Portland : il était urgent qu'une résolution fût promptement prise car, nous l'avons dit, le roi d'Espagne pouvait mourir d'un moment à l'autre : Portland s'aboucha avec Pomponne et Tracy.

Louis XIV était résolu à ne point laisser tomber l'héritage de Charles II entre les mains de l'empereur d'Allemagne. Continuateur de l'œuvre de Henri IV, de Richelieu et de Mazarin, il avait eu constamment en vue depuis son élévation au trône l'abaissement de la maison d'Autriche ; il avait poursuivi ce but pendant soixante ans en prodiguant le sang de ses armées et les trésors de ses peuples : ce n'était point pour laisser un Hapsbourg étendre, en une seule journée son empire aux limites de celui de Charles-Quint. Telles furent les déclarations que Pomponne et Tracy firent, au nom de la France : cependant ils ajoutèrent que le roi était prêt à faire les plus grands sacrifices pour le maintien de la paix, qu'il entendrait volontiers des propositions conciliant les divers intérêts des princes prétendants et ceux de l'Europe, qu'il ferait tous ses efforts pour ménager en particulier les intérêts de l'Angleterre. Portland qui cherchait en réalité une occasion d'entamer la question de la succession d'Espagne, fut enchanté que les premiers mots eussent été dits par la France. Quand Pomponne et Tracy lui représentèrent que l'Angleterre n'avait pas plus d'intérêt à agrandir l'Allemagne que la France, lorsqu'ils lui rappelèrent que la maison d'Autriche avait visé à la domination universelle, le ministre hollandais n'eut pas de peine à leur démontrer que la réunion de l'Espagne à la France offrait à l'Europe d'autres dangers que la réunion à l'Empire. Sans parler de la communauté de race, de tempérament, qui devait pousser les deux peuples à une fusion plus ou moins prompte, n'était-il pas évident que les deux armées, les deux flottes surtout, n'en feraient plus qu'une : de là, même au point de vue de la supériorité sur la mer, un avantage tout au détriment de l'Angleterre. Tout d'un coup, Portland, feignant d'être illuminé d'une idée subite, s'écria : « La France redoute tout accroissement de pouvoir pour l'Empereur, l'Europe redoute tout accroissement de pouvoir pour la France : pourquoi ne pas mettre un terme, une fois, à toutes ces difficultés, en convenant de placer le prince électoral de Bavière sur le trône d'Espagne? »

Dans une seconde entrevue où Pomponne et Tracy, revinrent en termes différents sur leur premier entretien, proposant un prince français pour la couronne d'Espagne sauf quelques dédommagements territoriaux à l'Empire, Portland fit la réponse du jour précédent en la donnant toujours comme une idée à lui, et se réservant, disait-il, de la soumettre à son prince.

Ce moment parut favorable à Louis XIV pour envoyer à Kensington, près de Guillaume, un ambassadeur chargé d'activer les négociations. Le comte de Tallard avait grand air, un esprit suffisant, de l'aptitude aux affaires : il fut choisi. On l'avertit qu'il n'allait point être à Londres sur le pied d'un Courtin ou d'un Barillon dont les rois d'Angleterre avaient été les très humbles serviteurs. Cependant il eut l'ordre de gagner quelques membres de l'opposition et reçut des fonds à cet effet, de déclarer que le roi son maître n'avait jamais été l'ennemi des libertés anglaises, d'exprimer les prétendus dangers que présente pour un peuple libre l'entretien permanent d'une armée, enfin d'agir de manière à affaiblir autant que possible Guillaume tout en ayant l'air de le soutenir.

De plus, comme dans la conversation de Portland, ce ministre avait témoigné qu'il était bien difficile à Guillaume de ne pas appuyer les droits de Léopold après s'y être engagé en 1680 et 1685 et même en 1674, Tallard reçut encore une copie d'un traité de 1668 par lequel l'Empereur avait jadis consenti au partage entre la France et lui, de la monarchie espagnole.

Cependant Guillaume était fort perplexe. Quelle que fût son adresse en politique et son habileté à interpréter les traités, il comprenait que dans sa négociation avec Louis XIV il jouait impitoyablement l'empereur d'Allemagne. Ni ses ministres anglais, ni les États généraux n'étaient informés de ces pourparlers : Heinsius seul, en Hollande, était son confident et son conseil.

Cependant Tallard était arrivé à Londres et y avait déployé un faste qui laissait en arrière les richesses étalées à Paris par Portland ; de son côté, Guillaume ne voulait point demeurer en reste avec Louis XIV pour la manière de traiter notre ambassadeur : ce ne fut tout d'abord que chasses, bals et réceptions : enfin, le moment vint de s'occuper de choses plus sérieuses.

Louis XIV avait mûri l'idée proposée à Pomponne et Tracy par Portland, et Tallard avait fait à Guillaume deux propositions pour partager la monarchie espagnole. D'après la première on accordait au prince Joseph fils de l'électeur, l'Espagne, les Indes et les Pays-Bas, sauf le Luxembourg qui serait cédé à la France. On donnait le Milanais à l'archiduc Charles deuxième fils de l'Empereur ; enfin Naples, la Sicile et les îles étaient réservées au Dauphin. D'après la seconde, le prince Joseph de Bavière recevait les Pays-Bas, le duc de Savoie le Milanais, l'archiduc Charles la Sicile et les îles, et le Dauphin l'Espagne et les Indes. Guillaume qui comprenait que pour le repos de l'Europe, l'une ou l'autre de ces propositions devait être acceptée, hésitait entre les deux, supputant leurs bons et leurs mauvais côtés, s'arrêtant tantôt à l'une, tantôt à l'autre. Sur ces entrefaites, le comte de Tallard lui proposa un troisième parti suivant lequel le Milanais était donné au prince Joseph, Naples, les Pays-Bas et la Sicile échéaient à l'archiduc, l'Espagne et les Indes au Dauphin ; mais cette répartition ne convenait pas autant à Guillaume qui ne trouvait pas son intérêt ni comme Anglais ni comme Hollandais à avoir l'Empire si près de lui. Il écrivit cependant à Heinsius la dernière proposition de Tallard, et Heinsius, les trois plans mis en parallèle, opta pour celui qui donnait au prince Joseph l'Espagne, les Pays-Bas et les Indes.

Guillaume, retenu en Angleterre par la session des Chambres, avait hâte de retourner en Hollande joindre Heinsius, avec lequel les détails relatifs à la négociation étaient difficilement traités par lettre. Après avoir dissous le Parlement et convoqué une nouvelle assemblée pour le 3 septembre, il partit enfin pour le continent, laissant les affaires à une régence dont un des membres était Marlborough, rentré récemment en grâce.

Tallard suivit à quelques journées le roi d'Angleterre, et eut plusieurs audiences au château du Loo choisi par Guillaume pour y continuer les négociations avec la France. Là les plans précédents furent encore modifiés et à la date du 14 août Tallard écrivait à Louis XIV les renseignements suivants : « En quittant le cabinet du roi, je pris soin de récapituler la division de la succession en ces termes : la part du Dauphin consisterait dans la possession des royaumes de Naples et de Sicile, de toutes les places que les Espagnols tiennent sur la côte de la Toscane, de Final et de ses dépendances, de la province de Guipuzcoa, y compris les villes de Fontarabie et de Saint-Sébastien : l'archiduc aurait le Milanais; le prince électoral de Bavière posséderait tout le reste de la monarchie d'Espagne, dans l'état où elle se trouve présentement. Le roi d'Angleterre me dit que cela était conforme à ses sentiments. » Ainsi donc c'était à un quatrième avis qu'on s'arrêtait, cette fois pour ne plus en changer. Les ministres anglais furent prévenus (1) alors seulement des négociations entamées et du point auquel on était arrivé : les États généraux eurent également à donner leur avis : les uns et les autres se trouvèrent d'accord pour approuver ce qui avait été fait au Loo et en conséquence le traité fut signé le 24 septembre entre la France et l'Angleterre, le 13 octobre entre la France et les Provinces Unies.

Tel fut ce qu'on a appelé le premier traité de partage, traité destiné à n'être communiqué à l'Europe qu'au moment de la mort de Charles II ; mais si secrets qu'eussent été les pourparlers, il en transpira quelque chose : bientôt l'Espagne n'ignora plus qu'on avait disposé sans elle de ses possessions et du sol même de la mère-patrie ; Léopold apprit avec stupeur que son ancien allié s'était uni, contre l'Empire, à leur commun ennemi Louis XIV. Ce fut dans l'Europe une singulière émotion : l'Espagne par la voix de son ambassadeur fit à Guillaume les représentations les plus vives ; l'Empereur et l'Électeur se plaignirent de ce manque de bonne foi ; mais ni Charles II ni Léopold n'étaient en mesure de faire davantage et les choses en demeurèrent là.

La question de la succession d'Espagne ainsi réglée, Guillaume revint à Londres où l'attendaient de nouveaux

(1) La lettre suivante de Lord Russell prouve que Guillaume, tenant fort peu compte, comme toujours, de la constitution jurée par lui, avait agi en cette circonstance d'une façon absolument personnelle et sans consulter quelque Anglais que ce fût. L'amiral Russell écrit au duc de Shrewsbury le 26 août : « Point de nouvelles ici, sinon que nous nous attendons journellement à celle de la mort du roi d'Espagne. Qu'adviendra-t-il de nous ? Dieu le sait. Je ne vois point que le roi ait pris la moindre mesure pour parer à ce grand accident, bien que l'on en ait souvent pressé ; cette négligence pourrait, selon moi, devenir fatale à l'Angleterre, et les hommes à la tête des affaires en seront blâmés, bien qu'il n'y ait pas de leur faute. » (*Correspondance of the duke of Shrewsbury with the whig leaders*, p. 552, citée par Grovestins.)

déboires. Nous avons vu qu'il avait dissous le Parlement dont il n'avait pu obtenir que le maigre appoint de 10 000 hommes. L'éventualité prochaine d'une guerre était manifeste, et précisément à l'époque où les Chambres anglaises refusaient à leur roi une armée permanente, Louis XIV rassemblait, en pleine paix, au camp de Compiègne, 60 000 hommes des plus belles troupes qu'on pût voir ; on savait encore que cette armée était la moitié seulement des forces que le monarque français tenait constamment sur pied. Qu'on fît la guerre ou qu'on maintînt la paix, il était indispensable à Guillaume de n'être point désarmé en un pareil moment : les meilleurs arguments pour faire accepter la paix sont certainement ceux qu'on appuie par des armées de 100 000 hommes; Louis XIV l'avait souvent démontré et Guillaume ne l'ignorait pas. Le roi d'Angleterre ayant donc ouvert le nouveau Parlement le 16 décembre, ne parla point du traité de partage mais insista sur la nécessité où était l'Angleterre d'entretenir une armée suffisante si elle voulait maintenir son rang en Europe. Le prince ne tarda point à s'apercevoir que l'antipathie qu'avait montrée le précédent Parlement contre l'idée d'une armée permanente n'était rien en comparaison de l'opposition que manifestait le nouveau. La discussion s'envenima au point de devenir personnellement hostile à Guillaume. Le Parlement décida que l'armée serait réduite à 7 000 hommes : que ces 7 000 hommes seraient uniquement des soldats anglais, qu'en conséquence le roi serait invité à licencier ses gardes hollandaises et les régiments protestants de Français réfugiés. Guillaume fut mortifié : il tenait particulièrement à ces régiments hollandais et français qui le servaient depuis plus de vingt ans avec une fidélité à toute épreuve et dont quelques-uns ne l'avaient pas quitté depuis le commencement de la guerre de Hollande. A la plupart de ces corps s'attachait un souvenir ; celui-ci s'était fait écharper en soutenant la retraite à Cassel, celui-là était entré le premier dans l'eau à la Boyne ; le régiment des gardes hollandaises rappelait à qui voulait l'entendre que le 30 décembre 1688, il avait forcé l'entrée de White-Hall encore occupé par les gardes de Lord Craven.

Pour la première fois Guillaume se sentit découragé. Ce n'était plus le sentiment de dépit et de fatigue qu'il avait éprouvé pendant la guerre de la ligue d'Augsbourg, c'était davantage. La résistance du Parlement l'abattait. Il n'avait plus l'énergie des premières années : la maladie, les infirmités pesaient déjà lourdement sur lui, il prit un parti extrême et étonnant de la part de cette nature indomptable : il songea à déposer la couronne d'Angleterre et à se retirer en Hollande. Quelle leçon ! quel enseignement ! Cet homme, qui, dix années auparavant, avait violé par une ambition inouïe, les droits les plus sacrés du sang, défaillait aujourd'hui sous le poids de charges qu'il s'était volontairement imposées ; et ce même homme n'était ni une nature timide ni un lâche cœur : c'était l'âme la plus solidement trempée, le caractère le plus énergique de son siècle. Il était obligé d'avouer qu'il avait voulu trop étreindre : il ouvrait de lui-même cette main qui avait essayé de saisir deux sceptres à la fois. Tant de raisons données pour pallier jadis l'horreur de son usurpation : et la défense de la religion protestante, et l'honneur du peuple anglais, et la liberté du Parlement, n'avaient donc été si habilement inventées que pour faire accepter un régime destiné à une si courte existence !

Décidé à abdiquer, Guillaume rédigea une lettre au Parlement où il exposait les motifs qui l'engageaient à descendre du trône d'Angleterre : voici ce curieux document écrit en français de la main de Guillaume :

« Mylords et messieurs, je suis venu icy dans ce royaume au désir de cette nation, pour la sauver de ruine, pour préserver vostre religion, vos lois et vos libertés. Pour ce subjet, j'ay été obligé de soutenir une longue et très onéreuse guerre pour ce royaume, laquelle, par la grâce de Dieu et la bravoure de cette nation, est à présent terminée par une bonne paix, dans laquelle vous pourriez vivre heureusement et en repos, si vous vouliez contribuer à vostre propre seureté, ainsi que je vous l'avois recommandé à l'ouverture de cette session. Mais je vois au contraire que vous avez si peu de garde à mes advis et que vous prenez si peu de soin de vostre seureté et vous exposez à une ruine évidente, vous destituant des seuls et uniques moïens qui pourroient servir à vostre défense, il ne seroit pas juste que je fusse témoin de vostre perte ne pouvant rien faire de mon costé pour l'éviter, estant hors d'estat de vous défendre et protéger, ce qui a été le seul vœu que j'ai eu en venant à ce pays. Ainsi je dois vous requérir de choisir et me nommer telles personnes que vous jugerez capables, auxquelles je puisse laisser l'administration du gouvernement en mon absence, vous asseurant que quoique je sois obligé à présent de me retirer hors du royaume je conserverés toujours la mesme inclination pour son avantage et prospérité. Que quandt je pourés juger que ma présence y serait nécessaire pour vostre défense et que je jugerés pouvoir entreprendre avec succès, je serés donc porté à y revenir et hazarder ma vie pour vostre seureté, comme je l'ai fait par le passé ; priant le bon Dieu de bénir vos délibérations et de vous inspirer ce qui est nécessaire pour le bien et la seureté du royaume (1). »

Cette lettre disait vrai : si étrange que fût ce découragement en un tel homme, il existait. La correspondance de Guillaume avec Heinsius témoigne également du désir de se retirer en Hollande, exprimé à la même époque et en tels termes que la sincérité de celui qui parle ne peut être mise en suspicion. Le 30 décembre il écrit : « Je suis si chagriné de la conduite de la Chambre des communes, dans l'affaire des troupes, que je ne puis m'occuper d'autres choses. Je prévois que je devrai en venir à une résolution extrême (2), et que je vous reverrai en Hollande plus tôt que je ne l'eusse cru. »

Le 16 janvier, autre lettre de Guillaume : « Les affaires dans le Parlement sont dans une situation désespérée, si bien que je prévois que d'ici à peu de temps je serai forcé de recourir à une mesure qui fera un grand éclat dans le monde. » Le 23, il dit encore : « Je suis au désespoir d'avoir à vous mander que nos affaires sont au plus mal et que je ne prévois ici que ruine et confusion. Si la France a donné de l'argent pour cela, elle aurait pu s'en dispenser, car généralement les hommes sont si aveugles ou si malintentionnés dans ce pays, qu'il est inutile d'y avoir recours à la corruption pour obtenir d'eux l'abandon de leur sécurité (3). »

Somers, le chancelier, fut après Heinsius le premier au-

---

(1) Nous extrayons cette pièce du livre de M. Sirtema de Grovestins, qui l'a lui-même donnée d'après un ms. de la Bibl. Harl., n° 7502, article 29. Une sorte d'introduction raconte en ces termes l'histoire du document : « The countess of Suffolk, lady of bedchamber to Q. Caroline, told Dr. Morton that she communicated this original draught to the Queen who chose to keep it, returning her only a copy. After the Queen's death, it came into the possession of princess Amelia, who gave it to lord Berkeley of Stratton for the Museum. »

(2) En français dans l'original hollandais.

(3) SIRTEMA DE GROVESTINS.

quel Guillaume fit part de son dessein ; atterré, le ministre essaya de combattre un projet qui plongeait en un jour son pays dans l'anarchie, mais le roi persista. Russell et Shrewsbury, auxquels Somers fit part de ce qu'il venait d'apprendre, ne furent pas moins consternés. Somers demanda une seconde audience, reprit le sujet de la veille et supplia Guillaume de revenir sur ce qu'il avait décidé. Mais le roi persista encore et dit : « Nous ne nous accorderons pas, milord, mon parti est pris. » Alors Somers le supplia de le dispenser de signer comme chancelier l'acte d'abdication. « J'ai reçu ce sceau de mon roi, dit-il à Guillaume, je supplie Votre Majesté de me le retirer pendant qu'elle est encore mon roi. »

Pendant ce temps, la discussion relative au licenciement de l'armée se continuait au Parlement et, malgré les efforts des ministres le renvoi des troupes hollandaises et françaises était voté à une grande majorité. Somers put croire que le jour même Guillaume enverrait aux Chambres des lettres d'abdication ; mais, par un revirement soudain, le prince se soumit. Avait-il trouvé quelque moyen d'éluder le bill de licenciement ; avait-il craint les sarcasmes qui eussent accompagné sa retraite ? redoutait-il que son abdication, en relevant les espérances des jacobites, aplanît le chemin du trône à Jacques II où à son fils ? on ne sait. Guillaume signa le bill de licenciement et dans un discours habile annonça aux Chambres qu'il s'inclinait devant leur volonté : quinze jours après, les gardes hollandaises étaient embarquées pour le continent et on procédait à la dissolution des régiments encore sur pied.

Ainsi le roi d'Angleterre ne disposait plus que de sept mille hommes de troupes, c'est-à-dire d'une force illusoire au moment où toute l'Europe comprenait que le lendemain, peut-être, entendrait un appel aux armes. Louis XIV entrevit l'instant où Guillaume serait obligé d'avoir recours à la France, comme l'avaient fait avant lui Charles II et Jacques II : il écrivit à Tallard pour offrir habilement un subside au roi d'Angleterre, à titre d'indemnité pour la principauté d'Orange. Tallard devait agir avec prudence et amener, s'il était possible, Guillaume III à parler le premier.

Les événements étaient ceux que nous venons de dire, quand un accident sur lequel n'avaient pas compté les politiques, vint mettre à néant le traité de partage et accroître les difficultés de la situation. Dans les premiers jours de l'année 1699, le prince Joseph de Bavière mourut. Cette mort modifiait singulièrement les choses. On avait pu hésiter entre les droits du dauphin et ceux de l'électeur mais le doute n'était plus permis entre les droits du dauphin et ceux de l'Empereur. Guillaume comprit que Louis XIV devenait plus que jamais maître de la situation et crut qu'il allait probablement revendiquer la totalité de la monarchie espagnole : en cela il se trompait. La remarquable dépêche du roi de France au comte de Tallard à l'occasion de la mort du jeune électeur fait ressortir clairement la modération de Louis XIV et la droiture de sa politique. Après avoir prescrit à Tallard d'attendre que Guillaume lui fasse les premières ouvertures, le roi de France s'exprime ainsi : « A la succession du roi d'Espagne, que le traité de la Haye partageait entre mon fils et les deux autres réclamants, il ne reste plus naturellement que deux compétiteurs, par suite de la mort du prince électoral de Bavière. Le changement qui résulte de cette mort n'en apportera aucun dans la résolution que j'ai prise de préférer la tranquillité de l'Europe à mon propre avantage. Mon fils abandonnait la plus grande partie de ses droits en faveur du prince électoral ; je ne pense pas à les soutenir dans toute leur étendue à présent que la mort de ce prince a rompu les engagements dans lesquels j'étais entré. Il reste par conséquent à voir comment le partage peut être fait en deux portions égales et de manière à assurer la paix générale.

« Je sais combien l'Europe serait alarmée de voir ma puissance élevée au-dessus de celle de la maison d'Autriche, si l'égalité entre les deux, de laquelle elle fait dépendre son repos, cessait d'exister. Mais, d'un autre côté, la puissance de l'empereur est tellement accrue, tant par la soumission des princes de l'empire que par la paix avantageuse qu'il vient de conclure avec les Turcs (1), qu'il est de l'intérêt général, si cette puissance s'accroît encore, que la mienne soit toujours en état de lui faire contre-poids. C'est d'après ces principes que les propositions de partage de la monarchie d'Espagne doivent être réglées. En suivant le traité de la Haye, quelque chose pourrait être ajouté aux États qui doivent appartenir à mon fils, et, en même temps, un plus grand nombre d'États et de plus considérables pourraient être assignés à l'archiduc ; il reste à faire la division de telle manière que l'augmentation de la position de mon fils serve plutôt à rassurer les États voisins et l'Europe tout entière contre le dessein de l'Empereur, qu'à donner de l'ombrage aux autres puissances ; c'est pourquoi de tant d'États que la mort du prince électoral de Bavière laisse à partager de nouveau, le seul que vous proposerez d'ajouter à ce qui doit appartenir à mon fils sera le duché de Milan. Cette augmentation ne peut exciter la jalousie de l'Angleterre, des États généraux ou des autres princes de l'Eu-

(1) C'était la paix de Karlowitz conclue le 2 février 1699.

rope, excepté ceux de l'Italie ; mais il y a des raisons de croire que, connaissant comme ils le font les desseins de l'Empereur, et voyant que je n'élève pas de prétention contraire à leurs droits et à leur souveraineté, ils préféreront voir cet État dans mes mains plutôt que dans celles de l'Empereur ; cela n'augmente pas ma puissance sur mer, et par conséquent cette acquisition n'aura aucun inconvénient pour les Anglais et les Hollandais, eu égard à leur commerce.

« D'après cet arrangement, et conformément au traité de la Haye, la part de mon fils se composerait de la province de Guipuzcoa, de Final, des villes sur la côte de Toscane, des royaumes de Naples et de Sicile, que devait lui donner ce même traité, et il se contenterait de Milan au lieu de tout ce qu'il pourrait réclamer depuis la mort du prince électoral ; l'archiduc aurait le royaume d'Espagne, les Indes, les places de la côtes d'Afrique, les îles de Sardaigne, Majorque, Minorque, Iviça et les Philippines... »

Dans la suite de cette longue et mémorable dépêche Louis XIV expliquait à Tallard que, le Milanais étant accordé au dauphin en sus des États à lui attribués dans le traité de la Haye, il serait facile à la France d'échanger cette province contre la Lorraine, peut-être même aussi Naples et la Sicile contre le duché de Savoie. Tallard n'avait à parler de ces dernières espérances que d'une façon tout à fait vague, devant se réaliser seulement dans un avenir éloigné, mais il devait insister sur la question du Milanais et s'y fixer absolument. Guillaume prétendit d'abord qu'il était inutile de procéder à un deuxième traité de partage et que l'ancien subsistait encore : en effet, un article secret, qui n'avait été communiqué ni aux ministres anglais ni aux États généraux des Provinces Unies, stipulait qu'en cas de mort du jeune électeur, son père lui *succéderait*. Louis XIV n'eut pas de peine à démontrer au roi d'Angleterre que sa proposition n'était pas admissible. Le traité secret parlait bien de l'électeur comme devant *succéder* à son fils, mais c'était seulement dans le cas où le prince Joseph fût mort sur le trône de Charles-Quint. L'électeur, père du *roi d'Espagne*, eût pu alors, jusqu'à un certain point avec légalité, prendre la couronne de son enfant; mais comment obtiendrait-il comme successeur de son fils un trône que son fils n'avait jamais occupé. L'idée de Guillaume était inacceptable et le fait était tellement évident que le roi d'Angleterre n'insista pas. Comme, à propos du premier traité la plupart des points difficiles avaient été éclaircis, la nouvelle négociation fut conclue avec rapidité : une première convention fut arrêtée dès le mois de juin 1699 et le deuxième traité de partage fut signé à Londres le 2 mars 1700 entre l'Angleterre et la France, le 25 du même mois entre la France et les États généraux.

Ce traité confirmait la paix de Ryswick et établissait que dans le cas où le roi catholique viendrait à mourir sans postérité, le dauphin obtiendrait en partage pour lui et ses héritiers le royaume de Naples et de Sicile, les îles et les villes espagnoles de Toscane, le marquisat de Final, la province de Guipuzcoa, les duchés de Lorraine et de Bar en échange desquels le duc de Lorraine recevrait le Milanais. Le reste de la monarchie espagnole, tant en Europe qu'aux Indes, devait échoir à l'archiduc Charles, à la condition cependant qu'une renonciation à cette monarchie serait signée par l'empereur Léopold et par son fils aîné le roi des Romains.

Les choses ainsi arrêtées, il fallait communiquer ce traité à l'Empereur, et Louis XIV désirait même qu'on en donnât connaissance à la cour d'Espagne; mais sur ce dernier point il fut décidé qu'on attendrait l'adhésion préalable de l'Empire. M. Hop, ambassadeur de Guillaume à Vienne, et le marquis de Villars, envoyé de Louis XIV à la même cour, annoncèrent donc au comte d'Auersperg l'engagement conjointement pris par l'Angleterre, les États généraux et la France, en même temps que le marquis de Torcy faisait à Paris à l'ambassadeur de l'Empire la même communication. Les ministres de l'Empereur se récrièrent, disant qu'il était impossible à leur souverain d'adhérer à de tels arrangements : les droits de Marie-Thérèse ne pouvaient être admis, puisque sa renonciation avait été formelle ; mais Torcy n'eut pas de peine à leur fermer la bouche en leur rappelant que les droits de Marie-Thérèse avaient tellement été reconnus valables par l'empereur Léopold lui-même, que ce prince avait jadis pris un arrangement avec Louis XIV pour le partage, entre l'Empire et la France, de la monarchie d'Espagne : le traité de 1668 était un argument sans réplique.

Cependant l'Empereur tergiversait et, suivant l'expression de Guillaume, « lanternoit » avant de prendre une décision. Il était temps pourtant de se hâter, car le roi d'Espagne n'avait plus qu'un souffle de vie, et l'on pouvait apprendre sa mort d'un moment à l'autre : mais la cour de Vienne témoignait d'une mauvaise humeur qui entravait tout arrangement. Les comtes de Kaunitz et de Harrach, qui négociaient avec Hop et Villars, traînaient les choses en longueur, attendant, dit-on, la mort de Guillaume et la liberté où serait alors Louis XIV de s'accommoder directement avec l'Empereur ; mais avec toutes ces lenteurs l'Empire se jouait lui-même, et le moment n'était pas éloigné où il reconnaîtrait qu'en cette affaire il avait agi comme l'eût pu souhaiter son pire ennemi.

CHAPITRE XIV

Ni Charles II, ni ses ministres n'avaient ignoré les deux traités qui avaient décidé sans eux du partage de la monarchie espagnole, et l'orgueil castillan s'était justement irrité d'un procédé qui était bien quelque peu étrange. Charles II, jaloux autant que tout autre Espagnol de laisser intact son héritage, avait d'abord fait un testament en faveur du jeune électeur de Bavière; mais la mort de ce prince avait rendu vaines ces dispositions comme elle avait annulé les projets de Louis XIV. Depuis cette époque, l'Empereur, appuyé par la reine d'Espagne, n'avait cessé d'intriguer auprès de Charles II pour être substitué au prince de Bavière; mais précisément à cette époque il se formait en Espagne, dans le peuple même, un parti français qui ne tarda point à manifester ouvertement ses préférences. Déjà à l'époque où le marquis d'Harcourt était arrivé à Madrid, (et c'était vers le temps où Tallard avait été envoyé en Angleterre), notre nouveau représentant avait eu des preuves manifestes que la haine de l'Espagne pour la France s'était changée en une véritable affection. Les cris de Vive le roi! Vive la France! Vive l'ambassadeur! l'avaient salué sur tout son parcours. La conclusion des deux traités de partage avait refroidi cette affection pour la France; mais aujourd'hui que l'électeur de Bavière était mort et qu'il fallait opter entre Léopold et Louis XIV, le peuple espagnol n'hésitait point à acclamer le roi de France. Tandis que Charles II demeurait incertain entre les deux prétendants, la cour d'Espagne faisait semblant d'ignorer que la seule autorité qui, dans une telle circonstance, pût justement disposer de la monarchie, était l'assemblée des Cortès. La non convocation de ces Chambres nationales fut un malheur pour la France et pour l'Europe, car il ne faut point douter que les Cortès n'eussent acclamé les droits du dauphin et donné par ce vote une telle autorité à Philippe V, que vraisemblablement la guerre de la Succession n'eût point eu lieu. « Il se trouva cependant en Espagne quelques hommes éclairés qui, s'élevant au-dessus de toutes les considérations humaines et méprisant les séductions de la cour, soutinrent avec une fermeté inébranlable les droits sacrés de la nation. Ils parlèrent au gouvernement le langage de la vérité et lui firent sentir que c'était aux communes et non pas au monarque qu'il appartenait de décider l'importante question dont il s'agissait. Ces dignes citoyens protestèrent qu'il n'y avait pas d'autre moyen légal pour connaître quel devait être le successeur de Charles II, pour terminer les contestations des prétendants et pour prévenir les malheurs d'une guerre civile et étrangère, que de remettre aux Cortès la décision de cette affaire. Ils avancèrent que la volonté seule du roi, manifestée de vive voix ou par écrit, ne pouvait conférer un droit à aucun de ces compétiteurs (1). »

Marina ne dit pas que ces hommes éclairés étaient les

---

(1) MARINA, *Teoria de las cortes*. Marina était comme principes ce que nous appelons un révolutionnaire, mais on ne peut s'empêcher d'avouer qu'il a ici entièrement raison.

membres mêmes du conseil d'État. L'un d'eux, le marquis del Freno, chargé comme rapporteur de résumer l'opinion de ses collègues sur la question de la succession, écrivit un long mémoire qui concluait à offrir la couronne à Philippe, duc d'Anjou, second fils du dauphin. Le duc d'Anjou, disait Freno, proclamé roi d'Espagne à la mort du roi régnant, du consentement du dauphin son père et du roi son aïeul, assurera à jamais l'indépendance de cette monarchie vis-à-vis de la France ; mais cette mesure doit être préparée de manière à ne pas compromettre la dignité de notre nation. Il est donc indispensable de convoquer les Cortès du royaume, pour qu'elles aient à décider sur une question aussi importante, parce que, sans l'assentiment et les ratifications de cette assemblée, le droit de succession ne sera jamais solidement établi.

Shoonenberg, l'envoyé des États généraux à Madrid, nous dit que, sauf le marquis d'Aguilar, tous les membres du conseil d'État se rangèrent à l'avis du marquis del Freno : mais la cour rejeta l'idée de convoquer les Cortès, redoutant que cette assemblée, une fois réunie, ne s'arrogeât le droit de s'immiscer dans d'autres questions importantes.

La reine d'Espagne, qui, avant la mort du jeune électeur de Bavière, avait vivement soutenu les droits de ce prince, s'était décidée depuis qu'il n'y avait plus que deux prétendants, en faveur de l'empereur Léopold. Cette princesse, le confesseur du roi, et le prince de Darmstadt envoyé jadis à Madrid par l'Empereur dans un but peu avouable (1), étaient

(1) « Le prince de Darmstadt étoit un homme fort bien fait, de la maison de Hesse, parent de la reine d'Espagne, de ces cadets qui n'ont rien, qui servent où ils peuvent pour vivre et qui vont cherchant fortune. On prétend qu'à un premier voyage qu'il fit en Espagne il ne déplut pas à la reine... Le conseil de Vienne avoit remarié le roi d'Espagne à la sœur de l'impératrice. Mais ne pouvant plus se dissimuler, au bout de quelques années de

les seules personnes de l'entourage de Charles II dévouées à la cause autrichienne. Il était nécessaire, pour amener Charles II à tester en faveur du duc d'Anjou, d'écarter ces influences allemandes qui le harcelaient sans cesse : cette négociation fut l'affaire du cardinal Porto-Carrero alors premier ministre et tout puissant dans le conseil. Charles résista d'abord, mais la résistance d'un moribond ne pouvait être ni vive, ni tenace : le confesseur, puis le prince de Darmstadt reçurent l'ordre de quitter Madrid. La reine consternée d'une disgrâce si soudaine et si peu attendue, fit tous ses efforts pour faire revenir le roi sur cette décision, mais Charles II ou plutôt Porto-Carrero fut inflexible. La décision du pape consulté dans cette affaire comme arbitre impartial, ne fut pas inutile au parti français, et contribua pour une large part à éloigner le roi d'Espagne de son penchant naturel pour Léopold. Innocent XII, gravement malade lui-même, et aussi près du tombeau que Charles II, avait déclaré que, dégagé de tout intérêt terrestre et près de paraître devant Dieu, il adjurait le roi catholique d'appeler au trône d'Espagne le seul héritier légitime : le dauphin de France ou ses enfants.

Enfin le roi céda, avec regret disent certains historiens (1),

ce second mariage, que le roi d'Espagne ne pouvoit plus avoir d'enfants, ce même conseil eut recours au prince de Darmstadt. Comme l'exécution n'étoit pas facile et demandoit des occasions qui ne pouvoient être amenées que par un long temps, ils l'engagèrent à s'attacher tout à fait au service d'Espagne, et l'empereur et ses partisans l'appuyèrent de toutes leurs forces, non seulement pour lui faire trouver tous les avantages qui pouvoient l'y fixer, mais tous les moyens encore de pouvoir demeurer à la cour, qui étoit tout leur but; c'est ce qui le fit gouverneur des armes en Catalogne après la perte de Barcelone, et, la paix faite, c'est ce qui, à la fin de cette année, le fit faire grand d'Espagne à vie, pour qu'il pût demeurer à la cour et s'y insinuer à loisir, pour venir à bout du dessein de faire un enfant à la reine. » SAINT-SIMON, *Mémoires*, t. II, p. 56.

(1) Il faut remarquer que ces historiens sont en général étrangers.

et appela à lui succéder Philippe duc d'Anjou, deuxième fils du dauphin ; à son défaut, le duc de Berry frère cadet du duc d'Anjou ; enfin, à défaut du duc de Berry, Charles archiduc d'Autriche, second fils de l'Empereur.

Le marquis d'Harcourt avait, depuis quelque temps déjà, quitté Madrid pour les Pyrénées, où il organisait une armée prête à assurer en Espagne l'exécution du traité de partage, quand M. de Blécourt, un chargé d'affaires qui l'avait remplacé auprès du roi mourant, lui envoya à Bayonne la fameuse nouvelle : Charles II était mort le 2 novembre, appelant au trône d'Espagne le duc d'Anjou.

Le courrier arriva à Paris le 9 novembre et fut le même jour à Fontainebleau, où était la Cour : Manchester, ambassadeur de Guillaume près Louis XIV, eut connaissance de la nouvelle dans la soirée et l'expédia avant la nuit à son maître, qui la reçut le 12. Guillaume ne s'étonna pas et n'éprouva aucune alarme : il estima seulement que l'Empereur serait désormais contraint d'adhérer au traité de partage, et que Tallard le presserait de consentir à l'échange projeté de la Savoie contre Naples et la Sicile. Son illusion devait être de courte durée.

A la réception du courrier qui lui annonçait la mort du roi d'Espagne et le testament de ce prince en faveur du duc d'Anjou, Louis XIV avait mandé aux ministres de se trouver le jour même à trois heures après midi chez madame de Maintenon : le dauphin fut également convoqué. Ce premier conseil, qui dura jusqu'à sept heures, n'aboutit à aucune décision : accepterait-on le testament, s'en tiendrait-on au traité de partage ? Si l'Empereur avait adhéré au traité, nul doute que le plus sage n'eût été de s'en contenter ; mais l'Empire avait opposé une mauvaise volonté formelle à toutes les avances du marquis de Villars. Sans doute on serait réduit à lui faire accepter par les armes ou le traité, ou le testament, et dans ce cas il valait mieux combattre pour le tout que pour la partie. Cependant les avis furent fort partagés, et Louis XIV lui-même pencha tout d'abord pour le traité de partage; mais le lendemain, au second conseil, les résolutions changèrent, et presque d'une commune décision, il fut décidé qu'on accepterait le testament.

« Le lendemain mardi, 16 novembre, le roi, au sortir de son lever, fit entrer l'ambassadeur d'Espagne dans son cabinet, où M. le duc d'Anjou s'était rendu par les derrières. Le roi, le lui montrant, lui dit qu'il le pouvait saluer comme son roi. Aussitôt il se jeta à ses genoux à la manière espagnole, et lui fit un assez long compliment en cette langue. Le roi lui dit qu'il ne l'entendait pas encore, et que c'était à lui de répondre pour son petit-fils. Tout aussitôt après, le roi fit, contre toute coutume, ouvrir les deux battants de la porte de son cabinet, et commanda à tout le monde qui était là presque en foule d'entrer; puis passant majestueusement les yeux sur la nombreuse compagnie : « Messieurs, leur dit-il en montrant le duc d'Anjou, voilà le roi d'Espagne. La naissance l'appelait à cette couronne, le feu roi aussi par son testament, toute la nation l'a souhaité et me l'a demandé instamment; c'était l'ordre du ciel; je l'ai accordé avec plaisir. » Et se tournant vers son petit-fils : « Soyez bon Espagnol, c'est présentement votre premier devoir, mais souvenez-vous que vous êtes né Français, pour entretenir l'union entre les deux nations; c'est le moyen de les rendre heureuses et de conserver la paix à l'Europe (1). »

Trois jours après Guillaume III apprenait que Louis XIV, ne tenant point compte du traité de partage avait adhéré

(1) SAINT-SIMON, *Mémoires*, t. III, p. 39.

aux dernières volontés de Charles II et que Philippe d'Anjou était devenu Philippe V d'Espagne.

La surprise du roi d'Angleterre fut grande : « Je ne doute pas, écrit-il à Heinsius, que ce procédé inouï de la France ne vous cause autant de surprise qu'à moi. Je n'ai jamais eu grande confiance aux engagements contractés avec la France, mais j'avoue que je n'eusse jamais pu imaginer que cette cour eût osé rompre à la face de l'Europe un traité aussi solennel, avant même qu'il eût reçu son accomplissement. » Malheureusement les rigueurs du Parlement au sujet de l'armée ne permettaient pas à Guillaume de s'opposer par la force au nouvel état de choses, et la nation anglaise accueillait avec faveur la décision de Charles II. Moins fanatique que son roi dans sa haine contre la France, ce peuple pratique ne se souciait pas de faire tuer ses hommes et de dépenser son argent pour donner à l'Espagne un prince autrichien plutôt qu'un prince français (1).

Guillaume III était donc réduit à attendre ce que ferait l'Europe : mais des nouvelles venues de divers points du continent n'annonçaient rien que de favorable à la France. A

---

(1) *Du 16 novembre*, Guillaume à Heinsius : « Le pire de tout ceci, c'est l'état où se trouvent les choses dans ce pays-ci (l'Angleterre) ; ce qui nous rejette dans de très grands embarras. L'aveuglement de ce peuple est incompréhensible ; car, sur le bruit qui circule que le roi d'Espagne a fait un testament au profit du duc d'Anjou, l'opinion se prononce déjà en faveur de l'acceptation du testament et de préférence à l'exécution du traité de partage. »

Du 18 novembre, du même au même : « Je gémis du fond de mon cœur en voyant qu'à mesure que la chose devient publique dans ce pays, la majorité se réjouit que le testament ait été préféré par la France au maintien du traité de partage. »

Du 23 novembre, id. : « Tout le monde est dans la plus grande sécurité ici, ne s'embarrassant que peu ou point du grand changement que les affaires de ce monde viennent de subir. »

peine le duc d'Anjou avait-il été déclaré roi d'Espagne par son aïeul, que le nonce et l'ambassadeur de Venise étaient venus féliciter le nouveau souverain : le lendemain l'ambassadeur de Savoie et les ministres d'Italie lui avaient rendu le même devoir. A Madrid Philippe V avait été proclamé aux acclamations du peuple : il en avait été de même à Naples, en Sicile, en Sardaigne; de même aussi aux Pays-Bas où l'électeur de Bavière, avait fait reconnaître le nouveau suzerain et l'avait salué à Bruxelles comme duc de Brabant.

L'empereur d'Allemagne n'était pas moins exaspéré que Guillaume : il eût donné beaucoup, pour revenir à ce même traité de partage dont il avait fait fi six mois auparavant; mais l'occasion était perdue et il ne pouvait s'en prendre de ses cruels mécomptes qu'à son fol entêtement.

Au comte de Wratislaw, envoyé extraordinaire de Léopold à la cour de Londres, Guillaume avait nettement répondu qu'il souffrait autant que l'Empereur du nouvel agrandissement de la maison de Bourbon, mais qu'au point de vue militaire, tenu à bride courte par son parlement, il lui était impossible de fournir un soldat à l'armée de l'Empire. Cette situation était d'autant plus pénible qu'à ce moment même Louis XIV venait de faire prisonnières sans coup férir les garnisons hollandaises cantonnées dans les places fortes des Pays-Bas, et de les remplacer par des troupes françaises. Bien que le roi de France eût envoyé aux États généraux leurs régiments intacts, l'occupation des Pays-Bas espagnols, mesure en réalité toute naturelle, parut à Guillaume une déclaration de guerre, et le plongea dans une rage particulière : « Vous pouvez particulièrement vous imaginer, écrit-il à Heinsius, combien cet événement doit me chagriner, car voilà vingt-huit ans que je travaille sans relâche, n'épargnant ni peines ni périls pour conserver cette barrière à la République ; et voilà que tout est perdu en un seul jour et sans coup férir. (1) »

La correspondance de Guillaume dans toute cette période est d'une tristesse profonde : le prince, affligé par tous ces événements auxquels il ne peut remédier par les armes, se tourne vers la diplomatie et y déploie ses plus fines subtilités. Mais là encore il échoue. Louis XIV, un moment obscurci à Ryswick, est tout d'un coup rentré en pleine lumière, et contre l'habileté de ses ambassadeurs, contre la renommée des troupes considérables qu'il entretient constamment sur pied, les puissances rivales : l'Angleterre la Hollande, l'Empire se sentent trop faibles pour tenter la lutte.

Et quel supplice pour Guillaume que d'assister impassible à ce remaniement de l'Europe après avoir trente ans de sa vie acharnément lutté pour le prévenir. Cependant d'autres mortifications lui étaient encore réservées. Les Provinces Unies avaient été comme le roi d'Angleterre vivement impressionnées par le renvoi de leurs régiments des Pays-Bas, mais l'effet produit n'était pas le même; à cette nouvelle un cri général avait été poussé dans les Provinces, et ce cri exigeait que la République reconnût au plus tôt Philippe V. On ne demandait même plus à Guillaume son avis et bien que celui-ci déclarât à Heinsius « qu'une détermination semblable, prise à son insu et sans son assentiment, serait de nature à l'offenser », il apprenait avant la fin de février que les États généraux avaient définitivement reconnu le nouveau roi d'Espagne.

Les événements s'étaient à ce point déclarés contre Guillaume quand la session législative de l'année 1701 s'ouvrit.

(1) Guillaume à Heinsius, 8 février 1701.

Elle fut mémorable par la violence des attaques contre roi d'Angleterre, par la cruelle appréciation que firent plusieurs membres de la conduite de Guillaume dans les négociations secrètes des deux années précédentes, par le blâme unanime qui frappa les deux traités de partage. Sir Edward Seymour appela ces traités un vol de grand chemin, sir John Howe en parla en tels termes que Guillaume déclara qu'il regrettait en ce jour de n'être point un simple gentilhomme pour demander raison à sir John l'épée à la main (1). Mais les Communes ne s'en tinrent pas là et Bentinck comte de Portland, avec lui les ministres qui avaient signé le traité de partage furent déclarés coupables de trahison : un comité fut nommé pour rédiger les chefs d'accusation. Guillaume était dans la consternation; l'indignation déborde à chaque ligne de ses lettres à Heinsius : « La Chambre basse, écrit-il le 22 avril, ne s'occupe à l'heure qu'il est, que de persécuter quelques personnes pour assouvir l'esprit de vengeance qui anime les factions. Il y a là de quoi se lamenter, et tout en souffre, les affaires publiques comme moi en particulier... Les passions et la violence de ces hommes vont mille fois plus loin que je n'eusse pu me l'imaginer. Il me semble que c'est un châtiment, une punition du ciel s'abattant sur cette nation. » Il eût pu dire « sur moi », car c'était surtout le roi que visaient non seulement les critiques de la chambre mais les accusations de félonie et de trahison. Les ministres furent acquittés et grâce à la modération de la Chambre des lords, les Communes parurent se calmer; cependant Guillaume sentit qu'après un vote de blâme encouru pour s'être occupé des affaires du continent, il n'avait qu'à accepter les événements accomplis et, Philippe V lui ayant écrit pour lui

(1) Smollet, *Hist. of England.*

signifier son avènement, il répondit à ce prince avec les félicitations ordinaires.

Il dut en coûter à son amour-propre, mais un grand empire sur lui-même et la facilité à sacrifier ses affections à ses intérêts avaient toujours été ses qualités distinctives : il se soumit donc aux volontés des Chambres, comme il avait fait à propos du licenciement de l'armée, et l'union sembla régner de nouveau entre le prince et le Parlement.

Diverses questions de politique intérieure avaient été abordées dans cette session : la principale fut celle de la succession d'Angleterre qui, comme celle d'Espagne, allait être pendante à la mort de Guillaume. Ce prince, en effet, n'avait point d'héritier direct, et la princesse Anne, sœur de la reine Marie, venait de perdre l'unique survivant de quatorze enfants, le jeune duc de Glocester. Guillaume tint à régler cette question et à la régler au détriment de l'héritier légitime. Il se pouvait qu'à la mort de la princesse Anne, héritière déclarée de Guillaume, le peuple anglais, cédant à un mouvement jacobite, rappelât sur le trône le fils de Jacques II : c'était une restauration qu'il fallait prévoir et d'avance empêcher. On peut affirmer en constatant ces faits que Guillaume avait fini par concevoir pour son beau-père les sentiments d'un ennemi ; fait odieux et qui semblerait prouver que si l'on s'attache aux hommes par les bienfaits dont on les comble, on arrive à les haïr d'autant plus qu'on leur a plus fait de mal. Non, il ne fallait pas qu'un Stuart catholique remontât sur le trône britannique ; Guillaume dans son tombeau ne le permettrait pas, et l'on alla chercher en Hanovre une princesse allemande, bien obscure, bien inconnue des Anglais, la princesse Sophie, qui en sa qualité d'arrière petite-fille de

Jacques Iᵉʳ Stuart, fut déclarée héritière d'Angleterre (1).

Ainsi Guillaume après s'être occupé avec tant d'activité de la succession d'Espagne, comprenait qu'il était temps de régler la succession d'Angleterre qui ne pouvait manquer d'être ouverte bientôt. Sa santé qui avait toujours été débile, s'était depuis cinq ou six ans particulièrement délabrée : son énergie morale, qui avait toujours soutenu cette fragile enveloppe, commençait à faillir ; c'était un fait connu et admis par tous et par Guillaume lui-même, que ce prince n'avait plus que quelques années à vivre. Or, pendant que de l'autre côté du détroit on entrevoyait dans un avenir prochain la mort du roi d'Angleterre, en France, à Saint-Germain, un prince qui lui aussi s'appelait le roi d'Angleterre, se hâtait également vers le tombeau. Jacques II avait supporté avec résignation, avec apathie plutôt, les différents malheurs qui l'avaient accablé mais peut-être fallait-il attribuer cette indifférence première à la certitude dans laquelle il était demeuré tout d'abord, d'un prochain rétablissement. Les échecs successifs de Rozen, de Lauzun, de Saint-Ruth avaient aigri son humeur, quoiqu'il n'en montrât rien au dehors, et la reconnaissance de Guillaume comme roi d'Angleterre lui avait porté le dernier coup. Il s'était bien rendu compte qu'à Ryswick Louis XIV avait dû céder à des raisons politiques majeures et que ce prince n'avait pu sacrifier aux intérêts d'un étranger ceux de son propre peuple ; mais ce suprême triomphe de son gendre quoique supporté sans récriminations avait entièrement abattu Jacques II. Sa santé bonne jusque-là s'était tout d'un coup altérée ; naturellement mystique, enclin à la solitude et aux méditations il passait sa vie soit

(1) Voy. a note, p. 359.

aux Jésuites, soit à son collège irlandais, absorbé par quelque pensée dominante. Le vendredi saint de l'année 1701, comme il assistait aux cérémonies religieuses de la chapelle de Saint-Germain, il fut frappé soudain d'une attaque de paralysie qui le laissa insensible et sans mouvement. Pendant quelques heures on crut que c'en était fait de lui; enfin la connaissance lui revint et la sensibilité. Fagon, médecin du roi, l'envoya aux eaux de Bourbon-l'Archambaud, et Louis XIV fit remettre à l'auguste malade dix mille écus d'or pour les frais du voyage. Quelques semaines après Jacques allait mieux, il revint à Saint-Germain, sembla avoir retrouvé ses forces, monta à cheval; mais son jugement et sa mémoire demeuraient visiblement altérés; sa conversation était sans suite; il avait peine à suivre le fil de ses idées et ne se souvenait plus à la fin d'une phrase de ce qu'il avait voulu tout d'abord exprimer. Le 13 septembre une nouvelle attaque se manifesta, et cette fois les médecins déclarèrent qu'il n'y avait plus d'espoir de ramener le prince à la santé : Jacques II se prépara à la mort d'une façon édifiante et dit tout haut qu'il pardonnait au prince d'Orange, à la princesse de Danemark, à l'Empereur (1). Sur ces entrefaites Louis XIV arriva à Saint-Germain. La ville et en particulier le château étaient pleins d'exilés anglais se demandant avec anxiété si le roi de France ne dirait point quelques mots touchant la situation future du jeune prince de Galles; mais Louis XIV s'en alla comme il était venu et ne prononça pas une parole ayant trait à ce que l'on espérait. Ce même jour madame de Maintenon avait rendu visite à la reine d'An-

---

(1) On prétend que ce dernier pardon coûta beaucoup à Jacques II qui avait peine à oublier l'appui donné à son gendre par l'Empereur prince catholique.

gleterre et s'était attendrie au triste sort de cette princesse ; les larmes de Marie de Modène firent plus en telle circonstance que n'eussent pu obtenir sans doute les prières de son royal époux ; le soir même madame de Maintenon vit le roi à Versailles et une résolution fut prise touchant la situation prochaine du fils de Jacques II. Cette résolution, qui n'était autre que la reconnaissance de Jacques III, comme roi d'Angleterre, fut soumise par Louis à ses ministres, mais désapprouvée par tous. Le roi passa outre et le lendemain se rendit à Saint-Germain, escorté d'une imposante suite. Jacques II était à toute extrémité : c'est à peine s'il pouvait parler et s'il fut capable, à l'arrivée de son hôte, de tenir relevées ses paupières déjà appesanties par un sommeil éternel. « J'ai à vous faire une communication importante dit Louis XIV au moribond. » Et comme la foule qui remplissait la chambre s'apprêtait à se retirer, le roi ajouta en se tournant vers les courtisans : « Non messieurs, restez, » puis en s'adressant au roi Jacques : « J'ai à dire à Votre Majesté, que lorsqu'il plaira à Dieu de l'appeler à lui, votre fils deviendra pour moi ce que vous avez été vous-même : le roi légitime d'Angleterre. » Jacques II put à peine articuler un remercîment ; il prononça quelques paroles inintelligibles, serra la main du roi de France, et tomba en faiblesse.

Trois jours après, ce malheureux prince mourait, et le soir même de cette mort, au bruit des trompettes et des fanfares, devant la grille du château de Saint-Germain, un héraut proclamait solennellement Jacques III : roi d'Angleterre, d'Écosse et d'Irlande. La ville était illuminée, les rues pavoisées et décorées : les Parisiens qui n'aimaient pas plus Guillaume III qu'au temps de la Boyne, saisirent avec enthousiasme cette mince revanche de Ryswick.

A la Cour, la proclamation de Jacques III comme souverain d'Angleterre avait été accueillie avec des marques d'une joie non feinte : on reconnaissait Louis XIV à ce grand acte de générosité : c'était là sa magnanimité ordinaire, son zèle pour la vraie foi. Cet acte dicté par de nobles sentiments n'en était pas moins au point de vue politique une grande faute et un procédé profondément blessant pour Guillaume. De la part de Louis XIV cette conduite n'était pas même conséquente; dès lors que ce prince avait reconnu le prince d'Orange comme roi d'Angleterre à Ryswick, il ne pouvait, après trois ans passés, au moment même où il entretenait à Londres un ambassadeur près de Guillaume III, se contredire d'une façon si éclatante. On comprenait que même après avoir reconnu Guillaume, il n'eût cessé de traiter Jacques II avec les égards royaux. Ce prince avait été roi, et dans les idées de Louis XIV, la royauté imprimait en celui qui en avait été une fois investi un caractère indélébile qu'il n'était au pouvoir de personne de lui enlever. Quand deux ans auparavant Tallard avait écrit à Louis XIV que Guillaume III se plaignait vivement du titre gardé par Jacques II, le roi de France avait très justement répondu à son ambassadeur « que pour le titre de roi d'Angleterre que conservait Jacques II, il ne voyait pas qu'on pût y trouver à redire; que la mauvaise fortune ne pouvait enlever le titre et la qualité de roi à une personne qui les avait reçus ; qu'enfin ce titre avait toujours été conservé par ceux qui volontairement avaient abdiqué leur couronne ». Mais dans l'acte qui reconnaissait Jacques III comme roi d'Angleterre, il y avait évidemment un parti pris de déplaire à Guillaume, c'était une attaque directe et non provoquée : Louis XIV avait eu tort de faire passer ses sentiments personnels avant la raison politique. En vain les ministres se rendirent chez l'ambassadeur d'Angleterre et lui expliquèrent qu'en reconnaissant le prince de Galles le roi n'avait point voulu violer le traité de Ryswick; Manchester qui n'avait point encore d'instructions se tint sur une extrême réserve, mais il ne tarda point à recevoir l'ordre de quitter la France sans prendre congé du roi : en même temps Poussin notre chargé d'affaires en Angleterre était congédié de Londres.

Guillaume III était au château du Loo quand la nouvelle de cet affront lui était parvenue. Rappeler Manchester et expulser Poussin avaient été ses premières pensées : « sur le moment il ne dit pas un mot, mais son teint pâle se colora, et il rabattit son chapeau sur ses yeux, pour qu'on n'aperçût point les altérations de son visage (1). » Quelques jours après il partit pour Londres et y fut acclamé comme il ne l'avait jamais été : chaque jour c'étaient des adresses, des protestations de dévouement et de fidélité, des témoignages de la part que prenait telle ou telle ville à l'affront fait au roi d'Angleterre : en même temps c'étaient aussi des menaces pour le parlement qui avait refusé des subsides, des injonctions de mettre l'Angleterre en état de venger par les armes la nouvelle injure de Louis XIV. L'acte de reconnaissance allait avoir pour la France des suites fatales : dès l'instant que les Anglais prenaient pour eux l'affront fait à leur roi, l'horreur pour la guerre que nous avons vu se manifester si énergiquement après Ryswick faisait place à un désir très instamment déclaré de vengeance. Dès lors, cette grande puissance anglaise sans laquelle l'Europe coalisée ne pouvait rien, ce peuple que nous avons vu en 1698

---

(1) « The king said not a word, but his pale cheek flushed : and he pulled his hat over his eyes to conceal the changes of his countenance. » MACAULAY, *Hist. of Engl.*, t. X, p. 76.

si ménager de ses hommes et de son argent, n'allait plus compter ni ses contingents ni ses subsides, et pour le plus grand dommage de la France, allait soutenir sur le continent les intérêts de l'Empereur.

Guillaume sut habilement profiter de ces dispositions et désormais plus libre dans ses allures entretint cet esprit belliqueux. Déjà depuis deux mois il négociait avec l'Empire un traité d'alliance, par lequel l'Empereur et lui s'engageaient à demander à Philippe des garanties territoriales aux Pays-Bas et en Italie, diplomatiquement d'abord et par les armes ensuite. Ce traité fut signé à la Haye le premier septembre 1701 et Guillaume vaincu à Nimègue, vaincu à Ryswick s'apprêta à une troisième guerre contre la France, espérant enfin cette fois faire payer à Louis XIV trente années de succès et de défis. Guillaume se trompait.

Ce prince, nous l'avons dit plus haut, voyait depuis quelques années sa santé s'altérer d'une façon sensible. Sentant sa fin venir, il avait envisagé la mort avec calme et pris pour sa succession en particulier les mesures dont nous avons parlé, pourtant il ne se croyait point si près du tombeau.

Guillaume avait plusieurs fois fait appel à la science et consulté les médecins sur le mal qui le rongeait. Il avait écrit à Fagon, médecin du roi de France. Mais, comme en une occurrence aussi grave, il ne voulait point avoir affaire à un courtisan, après avoir décrit soigneusement les symptômes du mal, il avait signé sa lettre : X., vicaire de paroisse. Quelques mois après, la maladie empirant, il s'était encore adressé à Fagon, cette fois sous son propre nom. Fagon avait prescrit les mêmes ordonnances et conseillé les mêmes soins ; mais le mal était sans remède et le médecin lui-même ne l'avait pas dissimulé : c'était une consomption lente qui pouvait durer quelques années encore si aucun accident violent ne venait l'achever brusquement.

Comme encore dans cet état l'énergie morale du malade était demeurée bien supérieure à sa force physique, comme sa volonté exigeait de son pauvre corps des services que ce dernier ne pouvait plus lui rendre, il montait encore à cheval, cherchant dans le mouvement du galop une activité factice. Mais il n'était plus le cavalier d'autrefois, et le 12 février 1702, comme il parcourait ainsi à grande allure le parc de Hamptoncourt sur son cheval favori Sorrel, la bête butta contre une taupinière et tomba sur les deux genoux. Guillaume, qui n'avait pas eu la force de soutenir sa monture, fut désarçonné et tomba.

Quand on le releva, on constata que le roi s'était fracturé la clavicule.

On le transporta à Kensington souffrant beaucoup et sentant que c'était là l'accident qu'avait redouté Fagon : cependant il pouvait encore guérir et la fracture semblait peu à peu se ressouder, quand, le 1er mars, des tumeurs d'un aspect inquiétant apparurent au genou. Du 2 au 5 ses forces l'abandonnèrent complètement, et le 6, comme il ne pouvait plus signer et qu'il avait à apposer sa signature sur deux Bills nouvellement votés, on dut lui faire graver une griffe. Ses adieux à Bentinck qui avait été l'ami de toute sa vie, furent touchants; à Albermarle qui revenait de Hollande et lui annonçait que les États s'apprêtaient avec activité à la guerre, il dit : « Vous savez que je n'ai pas craint la mort : en certaines circonstances elle eût été la bienvenue; mais aujourd'hui que s'ouvre cette nouvelle lutte avec la France, j'aurais été heureux de vivre quelques jours de plus. » Les évêques Tillotson et Burnet étaient dans la chambre, il leur exprima sa croyance à toutes les vérités du christianisme, mais ne manifesta pas un regret pour aucun de ses procédés envers son beau-père.

Enfin le dernier jour arriva : « Je tire rapidement à ma fin », dit-il encore d'une voix ferme; il demanda aux médecins combien il avait encore de temps à vivre, et comme ceux-ci n'osaient fixer le nombre non pas des heures mais des minutes, il avala un cordial et tendit la main à Bentinck. Il demeura ainsi quelque temps : ses yeux s'étaient fermés, sa figure creusée par les rides avait revêtu une teinte cadavérique. Tout d'un coup sa main sembla attirer à lui Bentinck et sa bouche prononça quelques mots dont on n'entendit pas le sens, puis ses doigts se détendirent et lâchèrent le bras de son ami, ses lèvres s'ouvrirent encore pour aspirer un souffle d'air, il eut une convulsion suprême et expira.

C'était le dimanche 19 mars 1702, entre 7 et 8 heures du matin.

Ainsi finissait un prince qui avait montré ce que peut une volonté énergique enfermée dans un corps débile : ce dont est capable une grande passion, même ne disposant que de moyens médiocres : comment un seul homme vaut à un peuple toute une armée. Guillaume III s'était trouvé à vingt ans en face d'une situation qui eût effrayé un général habile : mais en admettant que sa jeunesse même lui cachât la grandeur des difficultés, on ne peut nier qu'il n'entreprît une œuvre hardie, audacieuse, téméraire même : résister à un prince dont le nom seul était déjà un objet de crainte et de respect pour l'Europe. La guerre de Hollande avait été pour lui une suite de revers; mais, dans cette adversité constante, il avait toujours trouvé des paroles d'encouragement et d'enthousiasme pour consoler et entraîner ses sujets ou ses alliés. La paix de Nimègue, si glorieuse qu'elle fût pour Louis XIV, ne valait pas celle qui avait été offerte à la France en 1672. Nous avons vu à cette même époque l'influence néfaste de Louvois et l'énergie avec laquelle le sthathouder avait fait préférer à ses compatriotes le parti de la défense extrême, sans espoir, à un traité honteux réglé à des conditions humiliantes. Or il arrive souvent qu'à la guerre les partis les plus désespérés sont les plus raisonnables, et Guillaume avait vu sa glorieuse folie aboutir à un heureux résultat. Il perdit toutes ses batailles, il fut contraint à une constante défensive ; mais son énergique résistance finit par lasser la France et obtenir à la Hollande des conditions honorables.

Bien que formé au contact des plus grands généraux de Louis XIV, il n'avait pas su profiter de leur enseignement. La Boyne, la seule rencontre où il fut resté maître du champ de bataille, n'avait été qu'un combat de quelques instants ; mais sur le continent il avait été toujours battu. L'on ne saurait dire que la cause de cette mauvaise fortune constante ait été le génie des généraux qu'il avait devant lui : sans doute un Condé et un Luxembourg s'étaient facilement joués de ses combinaisons stratégiques ; mais nous avons vu qu'en 1695, même après la mort de Luxembourg, il s'était montré, en face de Villeroi, général incapable. Ce qu'il possédait à un suprême degré, c'était l'art de rallier une armée battue, de reformer des troupes en débris, de maintenir sur une position des régiments ébranlés : on peut dire de Guillaume qu'il avait le génie de la défaite.

Remarquons cependant que toujours les généraux qui l'avaient battu, lui avaient donné, après le désastre, le temps de se reconnaître. Que fût-il advenu de Guillaume si Condé après Seneffe, si Luxembourg après Neerwinden avaient poursuivi les débris de son armée? On a en général reproché à Condé et à Luxembourg leur inaction après la bataille, mais les procédés militaires de cette époque s'opposaient à une manière trop prompte d'agir. Sans compter le moins de mobilité des armées, qui exigeait un repos forcé après une grande action, un général n'était nullement persuadé à cette époque qu'il y eût un grand avantage à finir rapidement une guerre. On ne se pressait point, on allait posément, majestueusement, en campagne comme à la Cour. Luxembourg avait dérogé à cette règle dans ses quatre dernières campagnes; mais, s'il avait déployé une extrême rapidité dans les mouvements qui préparaient la bataille, la bataille gagnée il n'avait plus trouvé d'inconvénients à revenir au calme ordinaire. Cette façon d'agir est tellement dans les habitudes de l'époque que jamais, dans la correspondance du roi avec ses généraux, on ne voit un ordre portant de poursuivre une victoire : la gagner, oui, la compléter jamais. Guillaume avait donc eu toujours le temps de reformer ses armées battues; mais son talent était de les reformer avec rapidité; après Seneffe, après Cassel, après Neerwinden, il avait montré sous ce rapport une activité extraordinaire.

Au point de vue politique, son ambition et sa haine contre la France l'avaient porté à s'emparer du trône d'Angleterre. Ce trône était occupé par son beau-père, mais des considérations de cette sorte n'étaient point faites pour arrêter un tel prince. Le fond de son caractère était un grand égoïsme, et, grâce à ce sentiment, il ne reculait devant aucun des moyens qui devaient lui procurer l'objet de ses désirs. Croire que Guillaume ait usurpé la couronne d'Angleterre « *pro religione* » et « *pro libero parlamento* » comme il l'avait fait broder sur son pavillon, serait une erreur certaine. Bien que les historiens anglais, encore de notre temps, affectent de croire à la bonne foi du stathouder dans cette occasion, ses relations avec les membres de l'opposition anglaise sous Charles II et Jacques II, son mariage avec la princesse Marie, toute sa vie enfin opposent un démenti formel à cette assertion. Guillaume sentait que la souveraineté des Provinces Unies ne lui donnait pas assez de prestige pour tous les grands projets qu'il méditait contre la France. Une ligue européenne, dans laquelle entreraient l'Empereur, le roi d'Espagne, le Pape, le duc de Savoie, tous les Electeurs, les princes allemands, ne pouvait être dirigée par un simple stathouder, c'est-à-dire par un gouverneur de province. Pendant la guerre de Hollande il avait senti les inconvénients de cette position subalterne : plusieurs fois les généraux de l'Empereur, même ceux du roi d'Espagne lui avaient contesté le commandement suprême. Nature timide en apparence, mais esprit d'une rare énergie, despote dans toute la force du mot, doué d'une volonté implacable qui, lorsqu'elle ne pouvait briser l'obstacle, faisait semblant de ne pas le voir, ce prince sentait qu'il n'avait dans tous ses alliés, Empereur, roi d'Espagne, Électeurs, que des aides indociles obéissant difficilement, même quand de leur obéissance dépendait leur intérêt. Il lui fallut donc tout d'abord conquérir une situation qui lui permît de traiter en égal un empereur d'Allemagne : le trône de Jacques II était l'escabeau qui l'élevait jusqu'à l'Empereur.

D'un autre côté, l'Angleterre pendant le règne de Charles II n'avait pris qu'une part très restreinte aux luttes de l'Europe contre la France : c'était naturel, puisque le roi, les ministres et de nombreux membres du parlement anglais vivaient à la solde de Louis XIV. Guillaume considérait avec envie cette monarchie où il voyait un peuple libre, ennemi de la France et protestant fanatique, supporter mal le joug d'un prince catholique : il sentait qu'il aurait là un auxiliaire puissant pour ses projets contre Louis XIV, qu'il trouverait en Grande-Bretagne des hommes, et surtout de l'argent ce nerf vigoureux qui manquait totalement à ses alliés du continent. Ainsi deux avantages ressortaient tout d'abord de l'usurpation, avantages découlant l'un de l'autre : en premier lieu on enlevait à Louis XIV un allié, en second on lui suscitait un ennemi redoutable.

Il avait donc détrôné son beau-père et mis au service de sa haine contre la France toutes les forces de ce grand pays anglais. Il avait su habilement exploiter la mauvaise intelligence entre les deux peuples, reste barbare de la guerre de Cent ans : il avait entraîné l'Angleterre là où ne l'appelaient point ses intérêts, il lui avait demandé à profusion des hommes et de l'argent. Comme malgré le Bill des Droits il tenait fort peu compte de ses ministres, comme il traitait ses affaires lui-même et sans consulter personne, il avait engagé à son insu son nouveau pays dans une passe où ce dernier ne fût pas entré si on l'avait consulté : les discussions du parlement à propos des traités de partage le prouvèrent hautement.

Par l'alliance conclue à Augsbourg les contractants avaient juré de ramener la France aux limites du traité des Pyrénées : mais la paix de Ryswick, non seulement confirmait les conquêtes de Nimègue, mais y ajoutait encore Strasbourg.

Enfin, déçu toute sa vie dans son idée fixe d'abaisser la

France, Guillaume en mourant, la voyait s'annexer l'Espagne ou tout au moins se la donner comme fidèle alliée. La destinée de ce prince était véritablement bizarre : il avait couru toute sa vie vers un but qu'il n'avait pu saisir, et, jamais découragé, il espérait encore sur le bord de la tombe la réalisation de ses desseins. Quand, quelques heures avant sa mort il avait entendu Albermarle lui annoncer qu'en Hollande tout était prêt pour la guerre. « A cette heure avait-il dit, maintenant que la grande perspective d'une revanche s'offre enfin à moi, j'aurais désiré vivre quelque temps encore. »

Comme souverain d'Angleterre, il n'avait jamais été sympathique à ses sujets : lui-même ne cachait point assez le déplaisir qu'il avait à se trouver au milieu d'eux, ou du moins montrait trop qu'il songeait sans cesse à son ciel de Hollande. Il faisait trop sentir aux Anglais qu'il était venu les *sauver* parce qu'il avait besoin d'eux, qu'il se servait de leurs contingents et de leurs subsides parce que ces contingents lui étaient nécessaires, mais qu'il se préoccupait peu de plaire à des gens qui demeuraient pour lui des étrangers.

Comme homme privé il avait toujours été de mœurs simples, honnêtes, et, ainsi que nous l'avons remarqué tout d'abord, ce n'était pas un mince mérite pour un prince qui succédait presque à Charles II. Il est regrettable pour sa mémoire que quelques journées ne puissent être retranchées de sa vie : nous ne parlons point de son usurpation qui fût un acte politique, mais la mort des Witt, par exemple, marque son nom d'une tache ineffaçable : le massacre des Mac Jan et du clan de Glencoé est une autre page sombre de son histoire.

Nous avons pris Guillaume à sa naissance et nous l'avons mené jusqu'à son lit de mort : dans cette série de cinquante-deux années nous l'avons particulièrement suivi sur les champs de bataille, là où nous appelait le caractère spécial de cette étude. Nous devons reconnaître qu'il y avait en ce prince les qualités pour lesquelles les hommes décernent à un roi le titre de grand. Il avait poussé au suprême degré l'énergie, la ténacité, la persévérance : il n'avait jamais désespéré de son œuvre et y avait travaillé opiniâtrément; il avait été le digne émule de Louis XIV. Personnalité remarquable de ce siècle qui demeure une époque dans l'histoire du monde, sa mémoire restera éternellement unie à celle de notre grand roi. Pendant trente ans il personnifia une moitié de l'Europe, comme Louis XIV personnifia la France. De l'entente ou du désaccord de ces princes dépendait la paix ou la guerre, et si Louis le Grand demeure au premier rang parmi les grands hommes de son siècle, l'histoire impartiale et sage ne manquera point d'attribuer la seconde place à Guillaume III.

FIN

PIÈCE JUSTIFICATIVE

RELATION

DU COMBAT DE SENEFF

ENVOYÉE PAR MONSEIGNEUR LE PRINCE, DU 14ᵉ AOUST AU CAMP DE PIÉTON (1).

Les ennemis partirent le 9ᵉ de ce mois d'auprès de Nivelle et vinrent camper le mesme jour la droite au bois de Buissière (Buseray) et à Famillareux (Famille-à-Rœulx), et la gauche à Renissart et à Arquenne ayant à leur teste le ruisseau et le village de Senef et derrière eux le village de Fellury où estoit leur quartier général ; ils séjournèrent le 10 et en partirent le lendemain 11ᵉ à la pointe du jour et disposèrent leur marche sur trois colonnes qui toutes aboutissoient dans la plaine d'Haisne-Saint-Pierre et d'Haisne-Saint-Paul laissant La Haye du Rœux et Famillareux à leur droite, et Marimont à leur gauche qui pouvoit estre la route de Binche ou de Mons. Comme nous avions des postes d'infanterie et de cavalerie avancés sur des hauteurs qui n'étoient qu'à une petite demie heure en deçà de leur camp et qui favorisoient extrêmement la découverte de tous les mouvements qu'ils y pouvoient faire, monseigneur le prince fut averti à la pointe du jour par M. de La Haze major du régiment de cavalerie de Tilladet, qui commandoit ce poste avancé, que les ennemis avoient touché le boute-selle et commençoient à se mettre en marche. Il se rendit aussy tost aux censes de Jaudraumont et de Belle près du château de Van der Beck qui estoit l'endroit le plus élevé et le plus commode pour pouvoir juger de leur marche. Il demeura là quelque temps avec monseigneur le Duc et messieurs de Navailles, de Luxembourg, de Rochefort et de Fourilles, à voir le développement de leurs colonnes, et ayant considéré qu'ils estoient obligés par la situation du pays extrêmement serré et plain de grands deffilés d'avoir leur avant garde tout à fait séparée de

(1) Cette pièce est du secrétaire du Prince.

leur arrière garde et mesme hors de portée de pouvoir estre secourue en cas qu'elle fut attaquée, *il crut que cela lui donnerait occasion de pouvoir entreprendre quelque chose de considérable*, et envoya ordre aux régiments d'infanterie de la Reine et de La Fère et à la brigade de cavalerie de Tilladet qu'il avoit fait camper la veille sur le bord du Piéton à un gué qui estoit au-dessus du village de Gouy pour soutenir son poste avancé, de marcher en diligence et de se mettre en bataille derrière la garde : cet ordre fut suivy d'un autre au régiment de Navarre, au premier bataillon des fusilliers qui amenèrent six petites pièces de canon aux gardes du corps, gensdarmes et chevaux-légers de la garde. à la réserve commandée par monsieur de Cheuvier, au régiment colonel-général des dragons et à celuy des cuirassiers de passer incessamment le Piéton sur le pont de Gouy et de venir se mettre en bataille à la droite de la brigade de Tilladet et derrière une petite hauteur où les ennemis ne les pouvoient point découvrir. *Tout le camp fut adverty en mesme temps de prendre les armes* et de s'avancer sur la hauteur qui estoit en deçà du Pieton et vis à vis de Gouy.

Il se passa quelque temps à porter ces ordres et à les faire exécuter et il fut employé par S. A. S. à reconnaistre les endroits par où elle pourroit faire attaquer le village et l'église de Seneff que les ennemis avoient à leur teste et dans lequel ils avoient jeté un grand corps d'infanterie et en mesme temps faire passer sa cavallerie à la droitte du village pour aller charger l'arrière garde des ennemis qui estoit composée de toute la cavallerie d'Espagne et de quelques régiments impériaux et hollandois, sous les ordres de M. de Vaudemont qui s'estoit mis en bataille dans un lieu assés avantageux ayant à sa gauche des vergers fermés de hayes vives et à sa droite un marais au milieu duquel couloit le ruisseau de Senef, assez difficile à guéer.

Quand les troupes furent arrivées et que les attaques furent résolues, Elle (S. A. S.) envoya M. de Choiseul à l'hermitage de Nostre Dame des Sept Douleurs, pour observer un mouvement qu'on lui vint dire que les ennemis faisoient du côté de Marimont, donna ordre à M. de Montal de se mettre à la teste de l'infanterie cy dessus nommée et des dragons, et d'aller attaquer le village de Senef, et commença en même temps à marcher par le pont qui estoit à la droite de Senef, à la teste des gardes du corps, gensdarmes et chevaux-légers avec monseigneur le Duc, messieurs de Navailles, de Luxembourg et de Rochefort, ayant ordonné à M. de Fourilles de prendre sur la droite par Renissart et d'aller attaquer avec sa cavallerie six escadrons des ennemis qui estoient au coing du bois, à la queue des chariots.

Cela se fit avec assés de diligence et pendant que M. de Montal emportoit le village de Senef et que M. de Fourilles battoit ces six escadrons, monseigneur le Prince vint se mettre en bataille fort près de la cavallerie ennemie et la chargea si vigoureusement qu'il la renversa, la rompit et l'obligea de se retirer en grande confusion avec une grande perte au gros de l'armée qui s'estoit mis en bataille et qui avoit tourné à la veüe de cette charge et occupoit une fort grande hauteur qui régnoit depuis un peu en deçà du prieuré de Saint-Nicolas aux Bois, jusques au delà du village du Fay. M. le marquis de Rochefort fut blessé d'un coup de mousqueton dans l'espaule à cette première action et M. de Montal eut la jambe cassée à l'attaque du village de Senef.

Pour aller à cette hauteur où les ennemis se retirèrent, il falloient passer par des vergers qui estoient au dessus du prieuré cy dessus et qui estoient fermés de fossés, de barrières et de grosses hayes vives sans qu'on pust mesnager aucun passage ailleurs, à cause des bois de Buisseré qu'il y avoit sur la droite et des marais d'où sort une branche de ruisseau de Senef qui régnoient sur la gauche.

Les ennemis jettèrent dans ces vergers un furieux corps d'infanterie pour favoriser la retraite des leurs qui venoient d'estre battus, postèrent derrière ce corps avancé, sur la hauteur à la bouche du deffilé plusieurs bataillons pour le soustenir et mirent derrière ce dernier corps d'infanterie une ligne de cavallerie qui occupoit toute la plaine qui estoit au delà du deffilé et qui estoit assés grande. Ce poste obligea monseigneur le prince faire halte à la veüe de ces jardins et ayant mis sa cavalerie en bataille à droite et à gauche, à qui il fit occuper tout le terrain qu'il put mesnager, envoya ordre à son infanterie et aux dragons de s'avancer avec le plus de diligence qu'il leur seroit possible. Ils ne furent pas plustot arrivés qu'après en avoir fait faire les destachements nécessaires pour occuper les postes qu'il jugea à propos, il fit attaquer les ennemis retranchés dans les jardins : Le chocq et les descharges y furent extrêmement rudes, et après une assés grande résistance ils commencèrent à plier; S. A. S. sçeut si bien profiter de ce moment que, s'estant mise à la teste des gardes du corps pour charger cette infanterie, Elle fut suppliée par M. de Fourilles de voulloir trouver bon qu'il se mist à la teste des deux premiers escadrons des mesmes gardes, ce qu'Elle lui accorda, et aussy tost il passa au travers de ces bataillons, les tailla en pièces, fut soustenu de monseigneur le Prince et de monseigneur le Duc qui estoient à la teste du troisième escadron des mesmes gardes et poussa jusques à la cavallerie des ennemis qui vint le charger et la renversa. Il fut dangereusement blessé dans cette victoire d'un coup de mousquet dans le corps. Ce qui resta des ennemis après cette deroutte se retira en grande confusion au prieuré de Saint-Nicolas aux Bois qui estoit scitué à my coste; il y avoit encore des jardins enclos de hayes fort serrées où les ennemis avoient jetté beaucoup d'infanterie soustenüe d'un autre grand corps d'infanterie et de cavalerie qu'ils avoient mis en bataille sur la hauteur qui estoit au dessus du dit prieuré.

Cela fut attaqué avec la dernière vigueur mais cela ne se passa pas aisément (1) : les ennemis se voyant engagés à faire une grande résistance par la perte prochaine de leurs équipages qui restoient derrière eux, qu'ils voyoient infaillible; enfin monseigneur le Prince les poussa si vigoureusement que leur infanterie, commençant à s'esbranler, se culbuta sur le camp de troupes qu'il y avoit derrière elle avec un si grand désordre que S. A. S. ayant poussé et chargé tout ce qui s'opposoit à elle, les bataillons et les escadrons des ennemis furent tous enfoncés, presque tous deffaits et poursuivis jusques au village du Fay.

S. A. S. fut toujours accompagnée de messieurs de Navailles et de Luxembourg dans cette dernière action qui nous rendit maîtres des équipages ennemis, de ceux de monseigneur le prince d'Orange, des positions de l'armée et de plusieurs chariots chargés de munitions de guerre à la garde desquels ils

---

(1) C'est à cette attaque et non point à la précédente charge que le lieutenant général, chevalier de Fourilles, fut blessé à mort.

avoient laissé trois bataillons et quelques escadrons qui firent d'abord quelque résistance et qui furent en peu de temps emportés par M. de Luxembourg qui les alla charger; tous ces bagages furent pillés et depuis bruslés.

Avant de parler de ce qui se passa après cette dernière affaire il est à propos de faire une description du pays qui est autour du village du Fay que les ennemis avoient mis à leur teste. Les maisons en sont assez escartées, entourées de jardins et de houblonières, fermées de hayes et de fossés. A la droite de ce village (1) estoit une assez grande ravine, et à la droite de cette ravine un bois assez épais qui est le commencement de la Haye des Rœux : à la gauche du dit village estoit un petit marais avec des vergers fermés de hayes ; vis à vis de ce village, de cette ravine et de ce marais régnoit une hauteur extrêmement ouverte sur laquelle les ennemis s'estoient mis en bataille, avoient entassés bataillons sur bataillons dans ces houblonières, dans ces vergers qui estoient vis à vis de ce marais, et avoient fait plusieurs batteries qui voyoient en toutes les avenües de ce village.

Monseigneur le Prince avec monseigneur le Duc reconnut ce poste avec le plus d'exactitude qu'il fut possible, envoyant M. le duc de Navailles pour agir à la gauche (2), et M. de Luxembourg, à la droitte, opposa le plus d'infanterie qu'il pust à celle des ennemis qui faisoient un front supérieur au sien, et mit sa cavallerie en bataille sur plusieurs lignes, suivant que le terrain estoit plus ou moins ouvert, à droitte, à gauche et derrière le village.

Après que toutes choses furent disposées comme il le souhaitoit, il fit commencer l'attaque : elle fut extrêmement chaude et fort opiniastrée de part et d'autre, les ennemis rafraîchissant leur infanterie aussy tost que quelque bataillon des leurs estoit battu. Il y eut, pendant que les deux infanteries agissoient et que la nostre enfonçoit souvent l'ennemie, diverses charges de cavalerie du costé de M. de Navailles et de M. de Luxembourg qui nous furent toujours avantageuses, quelque supérieurs que fussent les ennemis qui avoient là toute leur armée en bataille, renversèrent plusieurs de leurs escadrons et taillèrent en pièces

---

(1) Condé entend ici sa droite à lui.
(2) Même observation qu'à la note précédente.

divers régiments d'infanterie et qui nous rendirent mesme, quelque temps, maistre de leur canon. Dans toute cette action, les ennemis n'entreprirent rien de leur chef et furent toujours sur la défensive. Ils tentèrent seulement quelque chose du bois qui estoit à la droitte du village, y ayant fait marcher un grand corps de cavallerie et quelques bataillons pour tascher de nous prendre en flanc, à quoi monseigneur le Prince qui s'en apersçeut remédia dans l'instant, et ayant posté les dragons et le régiment de Picardie et y ayant envoyé M. de Luxembourg avec la brigade de gendarmes de La Trousse qui se posta si bien sur le bord du bois qui estoit en cet endroit là fort estroit, qu'il lui osta l'envie de rien entreprendre. L'affaire s'étant passée en simples escarmouches, ils firent aussi un fort grand eschet (effort) du costé de M. de Navailles qui les chargea plusieurs fois avec la dernière fermeté et les renversa, cavalerie et infanterie.

Cela dura jusques à la nuit. Tout le monde étoit persuadé qu'elle termineroit l'affaire, mais au lieu de cesser elle continua plus fort qu'auparavant jusques à ce que la lune disparut et que la nuit qui devint plus obscure empescha les uns et les autres de pouvoir agir.

Nous demeurames toute la nuit dans le même poste. A la réserve de nostre cavalerie à qui l'on fit occuper un terrain plus commode et plus ouvert que celui où elle estoyt. L'obscurité fut extrêmement favorable aux ennemis qui se retirèrent aussy tost dans la plaine et se mirent en marche dès la pointe du jour pour aller du costé de Mons.

Monseigneur le Prince sortit de son poste à la même heure et s'en retourna dans son camp du Piéton.

Les ennemis ont fait une furieuse perte dans ce combat, ayant eu beaucoup de régiments taillés en pièces, plusieurs de cavalerie deffaits, perdu plus de cens drapeaux, estendards ou banderolles, de timballes, du canon et des mortiers, la plupart de leurs équipages, une bonne partie de ce qui s'estoit sauvé dans les bois ayant esté pillé par les paysans. On peut juger de la quantité de leurs gens qui y ont été tuéz ou blessés, par celle de leurs prisonniers dont nous avons icy plus de trois mil cinq cens, sans compter les officiers qui sont en grand nombre, entre lesquels sont le marquis d'Assentar mestre de camp général des troupes d'Espagne, depuis mort de ses blessures, le prince de Salm, le duc de Holstein, le prince Friderick de Nassau, les comtes de Solms et de Mérode et plusieurs colonels des trois nations et autres gens de considération.

Leurs Altesses Sérénissimes se sont toujours trouvées partout sans armes et ont toujours chargé à la teste des bataillons et des escadrons. Monseigneur le Prince a eu trois chevaux tués sous luy, monseigneur le duc deux et deux contusions l'une à la jambe et l'autre à la cuisse, messieurs de Navailles, de Luxembourg, de Rochefort et de Fourille y ont agy avec la dernière fermeté et la dernière conduite, et messieurs de Choiseul, le comte de Sault, le marquis de Villeroy, de Montal, de Genlis, de Conigsmarck, de la Cardonnière y ont montré beaucoup de vigueur. Messieurs de Magalotty et de Montauban arrivèrent sur le soir avec les troupes de M. le duc de Luxembourg et y ont aussy extrêmement bien fait; M. le marquis de Villeroy a eu le pied percé à la dernière affaire et M. de Conigsmarck a été blessé au bras.

Le combat commença à dix heures et demie du matin : les premières actions furent menées assés brusquement et durèrent jusques à deux heures après midy, la dernière, depuis deux heures jusques à minuit.

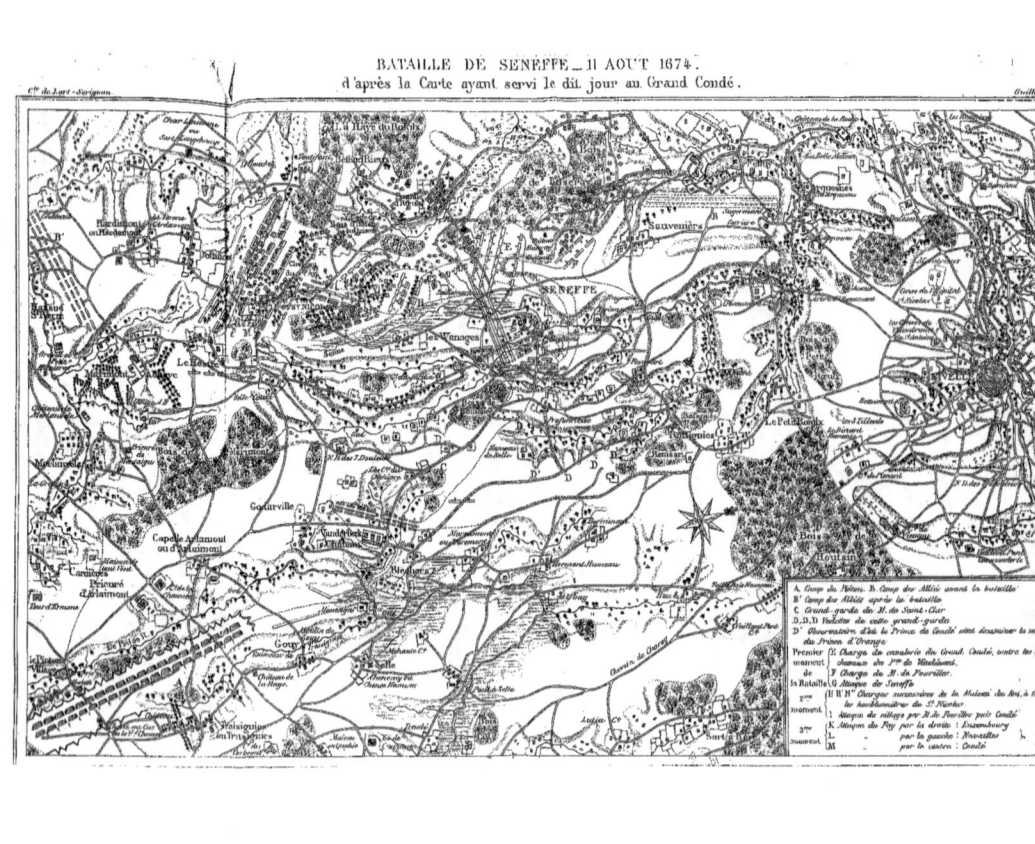

TABLE DES MATIÈRES

                                                                                Pages.

INTRODUCTION..

CHAPITRE PREMIER. — Naissance de Guillaume. Son caractère. Son éducation. Jean de Witt. Situation de la Hollande de 1650 à 1672. Causes de la guerre de 1672. Organisation de l'armée française. Organisation des troupes hollandaises. Préparatifs de Louvois. Ouverture des hostilités. Plan de campagne. Condé et Turenne. Passage du Rhin. Rochefort à Muyden.. 11

CHAPITRE II. — Républicains et Orangistes. Propositions de paix rejetées par Louvois. Le ministre français veut imposer à la Hollande des conditions humiliantes. Guillaume se déclare pour la continuation de la guerre. Il est proclamé stathouder. Impopularité du parti républicain. Massacre des frères de Witt. Complicité du prince d'Orange. Continuation des hostilités. Combat de Woerden. Marche mémorable de Luxembourg, au cœur de l'hiver, sur les chaussées de Bodegraven et de Zwammerdam...... 73

CHAPITRE III. — Négociations entre les alliés. Guillaume parvient à former *la grande alliance.* Campagne de 1673. Effectifs des forces françaises et des troupes alliées au commencement de 1674. Bellefonds et Louvois. Ouverture de la campagne. Le grand Condé. Considérations sur les procédés stratégiques et logistiques de ce capitaine. Journal des marches du

12 au 29 mai. Ordre de marche du 19 mai. Plan des alliés. Leurs tentatives. Guillaume et le comte de Souches. Marches de Condé du 8 juin au 28. Ordre de bataille de l'armée française. Ordre de bataille de l'armée alliée au 1er août 1674. Le prince de Condé s'établit au camp du Piéton, sous Seneffe, l'armée alliée à Nivelle...................... 136

CHAPITRE IV. — L'armée française sur le Piéton. Service de sûreté en stationnement. L'armée alliée s'avance sur le flanc de l'armée française. Le prince de Condé se résout à attaquer Guillaume. Bataille de Seneffe. Trois moments : Condé pouvait-il s'arrêter après le second ? Idées de Feuquières à propos de Seneffe. Discussion et réfutation. Conduite du prince d'Orange. Condé et Fourilles. Le lieutenant La Grenouille. Issue et résultat de la bataille. État des officiers tués ou blessés................. 185

CHAPITRE V. — Campagne de 1675. Mort de Turenne. Campagne de 1676. Louis XIV et Louvois à la cense d'Heurtebise. Le prince d'Orange investit Maastricht. Assaut du 26 août. Le maréchal de Schomberg fait lever le siège. Campagne de 1677. Siège de Valenciennes. Mousquetaires et Riotorts. Le prince d'Orange cherche à sauver Saint-Omer. Bataille de Cassel. Voyage du prince d'Orange en Angleterre. Projets de mariage. Guillaume demande la main de la princesse Marie d'Yorck. — Embarras et tergiversations de Charles II. Le roi d'Angleterre finit par céder. — Mariage du prince d'Orange, 25 novembre 1677........................ 231

CHAPITRE VI. — Déclaration de Guillaume à son beau-père le lendemain du mariage. Ouverture de la campagne de 1678. Gand investi par Louis XIV. Luxembourg généralissime. Négociations pour la paix. Attitude de la Suède. La paix est signée à Nimègue. Mécontentement de Guillaume. Bataille de Saint-Denis près Mons. Le chevalier de Sérignan au moulin de Castiaux. Fautes du prince d'Orange. Roque-Servière. État des officiers tués et blessés à Saint-Denis. Fin de la guerre de Hollande....... 269

CHAPITRE VII. — L'Angleterre en 1678. Titus Oates. Le bill d'exclusion. Guillaume et le traité d'alliance de 1681. Chambres de réunion. Révocation de l'Édit de Nantes. Mort de Charles II et avènement de Jacques II. Monmouth. Guillaume forme la ligue d'Augsbourg. Fautes de Jacques II. Naissance du prince de Galles. Guillaume se prépare à renverser son beau-père. Diplomatie de Louis XIV. Conseils funestes de Louvois. Guillaume passe en Angleterre. Trahison du lord Cornbury. Lauzun. Fuite de la reine d'Angleterre et du prince de Galles. Jacques II à Feversham. Attitude de Guillaume. La reine d'Angleterre à Saint-Germain. Jacques II réussit à gagner la France. Accueil de Louis XIV................. 293

CHAPITRE VIII. — Guillaume proclamé roi d'Angleterre. Bill des droits. Jacques II part pour l'Irlande. L'armée jacobite. Campagne de 1689 en Irlande. Siège de Londonderry. Campagne de 1690. Guillaume débarque à Carrick-Fergus. Bataille de la Boyne. Incertitude et hésitations de Jacques II. Fuite de l'aile droite irlandaise. Impassibilité de Guillaume au feu. Mort de Schomberg. Retraite de l'aile gauche jacobite. Jacques II se retire en France. Guillaume poursuit l'armée irlandaise. Siège de Limerick. Boisseleau. Louvois et Lauzun. Bataille de Beachy-Head........... 357

CHAPITRE IX. — Campagne de 1688 et de 1689 sur le continent. Louvois fait incendier le Palatinat. Traité secret de Guillaume avec l'Empereur. Ses différends avec les Provinces Unies. Campagne de 1690. Luxembourg généralissime de l'armée française. Prescriptions tactiques du maréchal pour le combat. Marches de vitesse des 27, 28 et 29 juillet. L'armée française passe la Sambre. Bataille de Fleurus. Le mouvement tournant par Ligny. Présence d'esprit du prince de Waldeck. Le dernier carré hollandais. Considérations tactiques sur la bataille. Erreurs de Feuquières...... 423

CHAPITRE X. Impopularité de Guillaume en Angleterre. Complots. Le prince passe sur le continent. Congrès de La Haye. Campagne de 1691. Prise de Mons. Louvois à l'armée. Sa faveur décroît. Sa mort. Combat de Leuse. Guillaume retourne en Angleterre. Complot de Marlborough. Affaire des Mac Donald de Glencoé. Campagne de 1692. Guillaume revient sur le continent. Siège de Namur. Efforts infructueux du prince d'Orange pour secourir la place. Bataille de la Hogue. Luxembourg à la tête de l'armée. Inauguration de principes tactiques nouveaux. Ordre de marche du 31 juillet. Bataille de Steinkerque. Ce qu'il faut entendre ici par *surprise*. Opinion de Berwick. Fautes de Guillaume à Steinkerque. Ce prince rentre en Angleterre... 465

CHAPITRE XI. — Session du parlement anglais (1692). Guillaume revient en Hollande. Difficultés de ce prince avec les alliés. Campagne de 1693.

Ordre de bataille des deux armées. Forte position du prince d'Orange sous Louvain. Luxembourg attire Guillaume vers Liège. Brusque retour du maréchal sur les Geetes. Dispositions défensives de Guillaume. Préparatifs d'attaque de Luxembourg. Bataille de Neerwinden. Inaction du maréchal de Villeroi. Fermeté et acharnement de Guillaume. La Maison du Roi. Mouvement du marquis de Feuquières. L'armée alliée coupée en deux. Déroute du prince d'Orange. Ce qu'il faut penser de l'inaction de Luxembourg après Neerwinden. Fin de la campagne. Guillaume passe en Angleterre.. 509

CHAPITRE XII. — Situation pécuniaire de la Grande-Bretagne. Création de la banque nationale. Tentative infructueuse de l'amiral Talmash sur Brest. Campagne de 1694. Marche mémorable de Luxembourg, de Vignamont à Courtrai. Guillaume part pour Londres. Mort de la princesse Marie. Mort de Luxembourg. Villeroi le remplace. Campagne de 1695. Impéritie du généralissime français. Guillaume reprend Namur et rentre en Angleterre. Conspirations jacobites. — Campagne de 1696. Le duc de Savoie se retire de la ligue. Campagne de 1697. Négociations pour la paix. Préoccupations des plénipotentiaires à Ryswick. Boufflers et Portland. Guillaume III reconnu comme roi d'Angleterre par Louis XIV. La paix de Ryswick est signée le 10 septembre à minuit.................... 541

CHAPITRE XIII. — Le parlement anglais vote le licenciement des troupes. Question des armées permanentes. Pierre Ier à Londres. Guillaume obligé d'envoyer un ambassadeur à Versailles. Premières négociations pour la succession d'Espagne. Droit des divers prétendants. Subtilités de Guillaume pour la solution de la question. Politique de Louis XIV. Tallard à Londres. Premier traité de partage. Attaques du parlement contre la personne de Guillaume. La chambre des communes exige le licenciement des gardes hollandaises. Guillaume veut abdiquer. Lettre au Parlement. Mort du prince Joseph de Bavière. Nouvelles négociations pour la succession d'Espagne. Modération de Louis XIV. Deuxième traité de partage... 560

CHAPITRE XIV. — Popularité du parti français à Madrid. Opinion de Marina sur la convocation des Cortès. Intrigues autour de Charles II. Le prince de Darmstadt. Opinion du pape sur la succession d'Espagne. Charles II fait son testament en faveur du duc d'Anjou. Hésitations de Louis XIV. Il accepte le testament. Philippe d'Anjou proclamé roi d'Espagne. Dépit de Guillaume et son impuissance. Il reconnaît Philippe V. Il règle sa succession et appelle à la couronne d'Angleterre la princesse Sophie de Hanovre. Mort de Jacques II. Jacques III reconnu roi d'Angleterre par Louis XIV. Irritation de Guillaume et du peuple anglais. Préparatifs de guerre. Guillaume tombe de cheval dans Hamptoncourt. Son état devient tout d'un coup inquiétant. Son attitude. Ses dernières paroles. Sa mort 593

Conclusion. — Guillaume III homme d'État, général d'armée, homme privé. Son caractère, sa moralité, son génie, sa place dans l'histoire..... 613

PIÈCES JUSTIFICATIVES

Relation de la bataille de Seneffe. Rapport du grand Condé......... 623

PLANCHES DANS L'INTÉRIEUR DU VOLUME

Portrait de Guillaume III. Eau forte de Schomberg d'après van den Velde le jeune (Au frontispice).
Champ de bataille de Saint-Denis, près Mons...................... 275
Champ de bataille de la Boyne................................... 387
Plan de la bataille de Fleurus 453
Plan du combat de Leuse (fac similé)............................ 473
Champ de bataille de Steinkerque (fac similé)................... 499
Plan de la bataille de Neerwinden............................... 522

PLANCHES A LA FIN DU VOLUME.

Plan de la bataille de Seneffe d'après la carte ayant servi au Grand Condé. Carte d'Irlande pour l'intelligence des Campagnes de Jacques II contre Guillaume III au XVIIe siècle.

PARIS. — IMPRIMERIE EMILE MARTINET, RUE MIGNON, 2.

A LA MÊME LIBRAIRIE

VIAL, colonel d'état-major, professeur d'art et d'histoire militaires à l'École d'état-major. — **Histoire abrégée des campagnes modernes**, 2ᵉ édition. Paris, 1876, 2 vol. in-8, 770 p. et 49 pl.............. 12 fr.

DUBAIL, capitaine au 81ᵉ régiment d'infanterie de ligne. — **Précis d'histoire militaire** (Turenne, Condé et Berwick. — Frédéric II. — République et Consulat. — 1ᵉʳ Empire. — Armées contemporaines jusqu'au 2 septembre 1870). Paris, 1878, 1 vol. in-12 de 272 p. avec joli atlas de 30 cartes stratégiques, plans de combats et batailles, en couleur.. 8 fr.

VANDER-BURCH (Émile), ancien professeur d'histoire et de littérature. — **Histoire militaire des Français**, depuis la Gaule avant César jusqu'en 1859. Précédée d'un tableau des principales batailles livrées par les armées françaises, depuis les excursions des Gaulois jusqu'en 1859. 5ᵉ édit., revue et continuée jusqu'à ce jour, 1868, fort vol. in-12... 2 fr. 50

FERVEL (J.-Napoléon), chef de bataillon du génie. — **Campagnes de la Révolution française dans les Pyrénées-Orientales** et description topographique de cette moitié de la chaîne pyrénéenne, publié avec autorisation du Ministre de la guerre. 2ᵉ édition, augmentée d'un atlas de 15 planches. Paris, 1861, 2 vol. in-8 et un atlas in-4 cartonné... 20 fr.

— L'atlas seul.. 12 fr.

BULOW (de), officier général prussien. — **Histoire de la campagne de 1800, en Allemagne et en Italie.** Suivie du précis de la même campagne dans la Souabe, la Bavière et l'Autriche, etc., traduit de l'allemand et précédé d'une introduction critique, par Ch.-L. Sevelinges. Paris, 1801, 1 vol. in-8........................... 3 fr.

VALMY (duc de), fils du général Kellermann. — **Histoire de la campagne de 1800**, écrite d'après des documents nouveaux et inédits. Paris, 1854, 1 vol. gr. in-8 avec 3 cartes..................... 5 fr.

FEZENSAC (duc de), général de division. — **Souvenirs militaires de 1804 à 1814.** 4ᵉ édition. Paris, 1870, in-12............. 3 fr. 50

HARDY, capitaine adjudant-major au 130ᵉ régiment d'infanterie. — *Études militaires historiques.* **L'art de la guerre chez les anciens.** Paris, 1879, 1 vol. in-8 de 174 p. avec 73 fig. dans le texte....... 4 fr.

— *Études militaires historiques.* **Les armées féodales.** Paris, 1879. Broch. in-8 de 91 p. avec 35 fig. dans le texte................. 3 fr.

— *Études militaires historiques.* **La guerre de Cent-Ans** (1346-1453). Paris, 1879, 1 vol. in-8 de 244 p. avec 27 fig. dans le texte..... 5 fr.

CHEVALET (Émile), auteur du Précis d'hist. moderne et contemporaine. — **Histoire politique et militaire de la Prusse**, depuis ses origines jusqu'à 1867. 2ᵉ édition. Paris, 1875, 1 vol. in-12. 3 fr. 50

www.ingramcontent.com/pod-product-compliance
Lightning Source LLC
Chambersburg PA
CBHW050129240426
43673CB00043B/1612